V&R unipress

Schriften des Frühneuzeitzentrums Potsdam

Herausgegeben von
Iwan-Michelangelo D'Aprile, Cornelia Klettke,
Andreas Köstler, Ralf Pröve, Stefanie Stockhorst
und Dirk Wiemann

Band 10

Janine Rischke-Neß

Subjektivierungen und Kriminalitätsdiskurse im 18. Jahrhundert

Preußische Soldaten zwischen Norm und Praxis

Mit 7 Abbildungen

V&R unipress

ZMS Bw

MIX
Papier aus verantwortungsvollen Quellen
FSC www.fsc.org FSC® C083411

Bibliografische Information der Deutschen Nationalbibliothek
Die Deutsche Nationalbibliothek verzeichnet diese Publikation in der Deutschen Nationalbibliografie; detaillierte bibliografische Daten sind im Internet über https://dnb.de abrufbar.

Gedruckt mit freundlicher Unterstützung des Zentrums für Militärgeschichte und Sozialwissenschaften der Bundeswehr, Potsdam.

Umschlagabbildung: akg-images. Siebenjähriger Krieg 1756–63. »Der gefangene schwarze Husar« (1758; der franz. Befehlshaber Prinz Clermont befragt einen gefangenen preußischen Husaren). Farbdruck nach Richard Knötel (1857–1914). Aus: Der alte Fritz in fünfzig Bildern, Berlin (Paul Kittel) 1895.
Druck und Bindung: CPI books GmbH, Birkstraße 10, D-25917 Leck
Printed in the EU.

Vandenhoeck & Ruprecht Verlage | www.vandenhoeck-ruprecht-verlage.com

ISSN 2198-5251
ISBN 978-3-8471-1164-1

Inhalt

Danksagung

Die vorliegende Arbeit wurde im Sommersemester 2019 von der Philosophischen Fakultät der Universität Potsdam als Dissertation angenommen und für die Drucklegung leicht überarbeitet. Sie ging aus einem Projekt hervor, das neue Ansätze und interessante Impulse für interdisziplinäre Forschungen zur vermeintlich altbekannten preußischen Geschichte suchte. Interdisziplinäres Arbeiten bedeutet auch Forschung zwischen den Fächern und eine gute Unterstützung von vielen Seiten, um den Arbeitsgegenstand aus vielen Perspektiven betrachten zu können.

Hier gilt mein erster Dank meinen beiden Gutachtern: Professor Dr. Ralf Pröve hat mich an der Universität Potsdam betreut, mit dem Projekt vertraut gemacht und zu einer Verknüpfung von Militär-, Kultur- und Kriminalitätsgeschichte angeregt. Dadurch war es mir möglich, mich von allzu konventionellen Denkmustern zu lösen – ich danke ihm für den Blick über den Tellerrand, für die Ermutigung, die beharrlichen Nachfragen und seine intellektuelle Unterstützung! Für die Übernahme des Zweitgutachtens danke ich Professor Dr. Stefan Kroll, der sich als Experte für soldatische Lebenswelten in der Frühen Neuzeit nicht nur bereit erklärte, das Gutachten beizusteuern, sondern mir auch im Vorfeld Impulse gab, Methodik und Begriffe klar kenntlich zu machen.

Auch für den Druckkostenzuschuss, den das Arbeitsgebiet Sozialgeschichte an der Universität Potsdam dankenswerterweise übernommen hat, möchte ich mich an dieser Stelle herzlich bedanken. Zeitweilig hat auch das Gleichstellungsbüro der Universität Potsdam die Fertigstellung der Arbeit mit einem Stipendium unterstützt und damit eine wichtige Hilfe geboten. Ebenso möchte ich dem Zentrum für Militärgeschichte und Sozialwissenschaften der Bundeswehr (ZMSBw) für eine feste Abnahme zahlreicher Publikationsexemplare danken.

Eine interdisziplinäre Arbeit »zwischen den Stühlen« lebt vor allem von der Debatte und von dem wissenschaftlichen Austausch: Im Verlauf des Projekts habe ich viele Menschen getroffen, die zum Gelingen der Arbeit in Diskussionen oder durch das Lesen von Teilkapiteln und durch konstruktive Kritik beigetragen haben. Besonders meine Freundin und Kollegin Dr. Carmen Winkel hat mit mir viele Jahre immer wieder auf die sich entwickelnden Kapitel gesehen, mir mit berechtigter Kritik, aber auch mit Ermunterung geholfen, meinen eigenen Weg durch Quellenmaterial und Methodendschungel zu finden. Liebe Carmen, dafür bin ich dir immer dankbar! Außerdem möchte ich mich bei Freunden und Kollegen bedanken, auf deren Meinung und ehrliches Feedback ich immer setzen konnte: Professor Dr. Frank Göse war für mich immer wieder ein geduldiger Ansprechpartner für die brandenburgisch-preußische Geschichte. Auch Daniela und meinen Mitdoktoranden Hassan, Johann, Andrea und Sebastian möchte ich für spannende Gespräche in den Kolloquien ebenso danken wie allen anderen Kollegen und Freunden, denen ich auf internationalen Tagungen begegnen konnte. Ebenso bin ich den Mitarbeitenden am Lehrstuhl für Militärgeschichte dankbar, die mir in meiner Zeit als wissenschaftliche Hilfskraft an der Universität Potsdam für wissenschaftliche Streitgespräche zur Verfügung standen: Conrad, Angela, Sarah und Julia sei an dieser Stelle ebenfalls noch nach vielen Jahren herzlich gedankt! Die Diskussionen über Rechtskulturen heute wie damals verbanden mich stets mit meiner Freundin Dr. Anja Schröter, obwohl unsere Forschungszeiträume mehr als 250 Jahre auseinanderlagen – auch Dir, liebe Anja, danke ich für die Perspektivwechsel!

Ganz besonders wichtig war für mich die Zeit als freie wissenschaftliche Lektorin, in der ich besonders in der Schriftleitung/Publikationsabteilung des heutigen ZMSBw immer wieder neue Blickwinkel auf wissenschaftliches Arbeiten gewann und von lieben Freunden immer unterstützt wurde: liebe Christine und liebe Carola, stellvertretend für die Mitarbeiter:innen der Publikationsabteilung möchte ich mich für eure professionellen Ratschläge und eure freundschaftliche Unterstützung bedanken!

Auch die Treffen in den Arbeitskreisen für Militärgeschichte der Frühen Neuzeit, im AK für Geschlechtergeschichte und bei den Kriminalitätshistorikern haben meine Arbeit mit anregenden Diskussionen im kleinen Kreis beeinflusst – ich profitiere bis heute von den Treffen in diese Runden! Ohne Hilfe aus dem Archiv ist aber jede Historikerin verloren, die den beinahe 300 Jahre alten Spuren nachgehen möchte – insbesondere den Mitarbeitern und Mitarbeiterinnen im Landesarchiv Sachsen-Anhalt in Dessau sowie im Geheimen Staatsarchiv PK in Berlin danke ich ausdrücklich für die freundliche Unterstützung, für Nachsicht bei der Aktenausgabe und für weitere gute Ideen für Recherchen.

Last but not least möchte ich meiner Familie danken: meinem Mann Chris, der mir immer – wie es so schön heißt – den »Rücken frei« gehalten hat und mich auch in schwierigen Phasen der Arbeit immer wieder aufgebaut und ermutigt hat. Insbesondere in einer Zeit, in der ich Arbeit, Familie und Promotion verbinden musste, war dieser Rückhalt enorm wichtig! Auch meinen beiden Jungs Moritz und Raphael möchte ich dafür danken, dass sie mich zeitweise entbehren und mich an anderen Tagen auch aus Konflikten mit meinem Arbeitsgegenstand wieder herausholen konnten.

Obwohl ich nicht aus einer Akademikerfamilie stamme, habe ich mir stets zugetraut, eine interdisziplinäre Arbeit methodisch innovativ schreiben zu können. Dieses Vertrauen verdanke ich meinen Eltern Jörg und Petra Rischke – sie haben mich stets gefördert und unterstützt und liebevoll gestärkt. Ihr habt immer daran geglaubt, dass ich diese Arbeit zu einem guten Ende führen werde, und meine Dankbarkeit dafür kann ich kaum in die richtigen Worte fassen.

Ich widme Euch dieses Buch.

1 Einleitung

»[...] Jetzt wäre es die höchste Zeit gewesen, in sich zu gehen und sich zu bessern; allein das widerspenstige Wesen war ihm schon so eigen geworden, daß es sich bei allem, was er that zeigte. Er bekam täglich Prügel. Endlich verging er sich gegen einen seiner Vorgesetzten – er mußte Gassen laufen; der Rücken wurde ihm so zerhauen, daß ganze Stücken Haut und Fleisch herabhingen, denn er war bei allen seinen Kameraden verhaßt. Nun faßte er statt den Vorsatz der endlichen Besserung den rachsüchtigsten Entschluß. Er verging sich aufs neue, und wurde, wie es die Gesetze mit sich brachten – erschossen. So schrecklich können die Folgen der Widerspenstigkeit werden.«[1]

Am Ende des 18. Jahrhunderts schien all das auf, was den Soldaten aus Sicht der aufgeklärten Zeitgenossen zu einem bedauernswerten Wesen machte: der Drang, etwas Unerlaubtes zu tun, wurde beantwortet durch harte körperliche Strafen und verhinderte jegliche Reflexion über die eigentliche Ursache der Vergehen. So war es dem einfachen Soldaten unmöglich, ein moralisch aufrichtiger und verständiger Untertan zu sein. Besonders augenscheinlich wurde dies in der preußischen Armee, die stets als anspruchsvoll und streng galt, dennoch aber alle Menschen aus den unteren Schichten aufnahm, die für Geld in den Militärdienst treten wollten.[2]

Der Alltag des Soldaten war tatsächlich geprägt durch Disziplinierungsbemühungen, ökonomische Bedürfnisse und Gewalterfahrungen.[3] In welcher

1 Wagner, Johann Jacob: Moral, in: Beispiele für die Jugend, Berlin 1796, S. 93–100, hier S. 96f.

2 Noch in den Soldatendramen des ausgehenden 18. Jahrhunderts wurde eine enge Verbindung zwischen vagierenden Schichten, einer devianten Lebensweise und einem zeitlich begrenzten Militärdienst gesehen. Etwa in Schillers Stück »Der Verbrecher aus verlorener Ehre« von 1786. Vgl. Friedrich Schiller: Der Verbrecher aus verlorener Ehre (= Neuer deutscher Novellenschatz, 24), München u. a. 1887.

3 Disziplinierung wird hier als Gesamtheit aller obrigkeitlichen Bemühungen zur Durchsetzung von Herrschaft, sowohl durch die Regierung als auch durch Vorgesetzte im Militär, über ein flexibles System von Prävention und Strafe verstanden. Vgl. Pröve, Ralf: Dimension und Reichweite der Paradigmen »Sozialdisziplinierung« und »Militarisierung« im Heiligen Römischen Reich, in: Heinz Schilling (Hg.): Institutionen, Instrumente und Akteure sozialer Kontrolle und Disziplinierung im frühneuzeitlichen Europa, Frankfurt a. M. 1999, S. 65–85.

Weise die Maßnahmen von Normierung und Regulierung durch die monarchische Regierung (per Gesetz) und Vorgesetzte (per Maßregelung) von den Soldaten aufgenommen wurden, wird die vorliegende Arbeit im Wesentlichen herausarbeiten. Des Weiteren steht die Bedeutung von »Kriminalität« im Militär und für die Soldaten sowie für die mit ihnen in Kontakt tretende Gesellschaft in Preußen im 18. Jahrhundert im Vordergrund.[4]

Einerseits versteht diese Arbeit kriminelles Handeln als Negation des regelkonformen Verhaltens im Militär, dabei dient der Begriff andererseits als Gradmesser sowohl für die Sozialisation der Militärangehörigen als auch für die Akzeptanz von deviantem Verhalten durch Obrigkeit und Zeitgenossen.[5] Im Kern der Untersuchung steht die Frage nach Formen, Ursachen und Umständen kriminellen Handelns von Militärangehörigen innerhalb und außerhalb des Militärdienstes sowie nach den Untersuchungsverfahren, der Strafverfolgung und den Gegenmaßnahmen durch Regierung und Vorgesetzte. In der Arbeit sollen daher zum einen das als »abweichend« gekennzeichnete Handeln und die Definition von »Kriminalität« anhand zeitgenössischer Einschätzungen und im Spannungsfeld von Normierung, Delikt und frühmodernem Militärrecht beleuchtet werden.[6] Zum anderen stellten Normverstöße, und damit auch kriminelles Verhalten, Reaktionsmöglichkeiten auf soziale, kulturelle und ökonomische Regulierungen dar.

In diesem Zusammenhang können die Quellen Einblicke in die subjektiv wahrgenommenen Notlagen der Soldaten und ihrer Familien im Alltag des Militärdienstes und in den individuellen Umgang mit Gewalt, Grenzen und Span-

4 Unter dem Begriff der Kriminalität werden alle Zuschreibungen von sanktionierbarem Verhalten verstanden. Daher können auch Begriffe wie »Delikt«, »Vergehen« oder »Unrecht« als semantisches Pendant gelten.

5 Der Begriff der Kriminalität wird erweitert und »Devianz« als Abweichung von sozialer und gemeinschaftlicher Norm, auch ohne rechtlichen Straftatbestand, mit einbezogen. Vgl. Schwerhoff, Gerd: Devianz in der alteuropäischen Gesellschaft. Umrisse einer historischen Kriminalitätsforschung, in: Zeitschrift für Historische Forschung 4 (1992), S. 385–414. Dabei ist davon auszugehen, dass eine Kriminalisierung durch Gesetze und damit eine Zuschreibung von Kriminalität vor allem durch Regierung und Behörden vorgenommen werden konnte und so die Basis für den Kriminalitätsdiskurs bildete. Vgl. Dollinger, Bernd; Rudolph, Matthias; Schmidt-Semisch, Henning; Urban, Monika: Konturen einer Allgemeinen Theorie der Kriminalität als kulturelle Praxis (ATKAP). Poststrukturalistische Perspektiven, in: Kriminologisches Journal 46 (2014), S. 67–88.

6 So ist zu fragen, inwieweit die zeitgenössische Einschätzung von Verbrechen durch Heinrich Zedler die tatsächliche Rechtspraxis widerspiegelt: »Crimen, heist ein Laster, Ubelthat, Missethat, Verbrechen, ingl. Anklage […] ist ein general-Wort, und begreifft die delicta in sich, jedoch machen die JCti einen Unterscheid unter selbigen, indem sie unter Crimina die Haupt-Verbrechen, welche die Republic verletzen, und mit einer Todes-Straffe angesehen werden, als Mord, Hochverrath etc. verstehen; die delicta aber nur vor die Verbrechen genommen werden, dadurch Privat-Personen beleidiget werden, als Diebstahl, Schmachreden und dergl.«. Zedler, Universal Lexicon, Bd. 3, S. 1644.

nungsfeldern im Handeln der Akteure geben. Selbst das Desertieren stellte gewissermaßen eine »Abstimmung mit den Füßen«[7] dar und konnte als Zeichen der Kritik an der Behandlung von Soldaten an der mangelhaften Versorgung, besonders in Kriegszeiten, verstanden werden. Wo sich in diesem Feld von Recht, Unrecht, Kriminalität und Strafe die preußischen Soldaten subjektiv verorteten und wie sie damit den Diskurs über Kriminalität beeinflussten, erläutern die folgenden Ausführungen zum Forschungsdesign der Arbeit im Einzelnen.

1.1 Erläuterung des Arbeitsvorhabens

Der frühneuzeitliche Soldat war eingebunden in vielfältige Normensysteme administrativ-rechtlicher sowie soziokultureller Art, welche über die Lebensführung seine Identität und Selbstwahrnehmung prägten.[8] Im 18. Jahrhundert führte die zunehmende Reglementierung »von oben«, durch Vorgesetzte, lokale Behörden, Regierungen und durch den Monarchen, zur zeitweiligen Konkurrenz von allgemein anerkannten sozialen Normen und jenen Regeln, die mit dem Aufbau der stehenden Heere für die Angehörigen des Militärs neu etabliert wurden. Gerade am preußischen Beispiel zeigte sich dabei zum einen die strikte Vehemenz, mit welcher die verschiedenen Verwaltungsebenen die neuen Normenkataloge, auch im Militär, im Namen der Monarchie durchzusetzen suchten, und zum anderen, wie oft diese Versuche an der Eigenwilligkeit der Soldaten und ihrer Familien, aber auch an den Eigeninteressen der Vorgesetzten scheiterten. Diese Divergenz zwischen Anspruch und Wirklichkeit führte zu Konflikten, die insbesondere auf der Überlagerung und Konkurrenz von traditionellen und neu etablierten Normen fußten.

Das Normenverständnis war unter anderem bestimmt durch die subjektive Verortung der Soldaten und definierte wiederum die Gruppenidentität. Dazu trug auch der Umstand bei, dass die Militärangehörigen im 18. Jahrhundert

---

7 Auch die Desertion wird in das Verständnis des Diskurses um die Kriminalität mit eingebunden. Diskurs wird daher als Möglichkeit der Erörterung und Auseinandersetzung mit der Normsetzung im Militär verstanden. Vgl. Lipp, Anne: Diskurs und Praxis. Militärgeschichte als Kulturgeschichte, in: Thomas Kühne; Benjamin Ziemann (Hg.): Was ist Militärgeschichte?, Paderborn u. a. 2000, S. 211–227.

8 In der Arbeit wird immer wieder mit den Begriffen der Identität und Selbstwahrnehmung operiert, diese sind vor allem in den Quellenkapiteln als Synomym verwendet worden, davon ausgehend, dass die eigene Identität immer mit der Perspektivierung des Selbst verbunden ist, wohl wissend, dass sich zum Begriff der Identität in der kulturwissenschaftlichen Forschung bereits ein ganzer Forschungszweig etabliert hat. Vgl. Straub, Jürgen; Geschichten erzählen, Geschichte bilden. Grundzüge einer narrativen Psychologie historischer Sinnbildung, in: ders.: Erzählung, Identität und historisches Bewusstsein. Die psychologische Konstruktion von Zeit und Geschichte (= Erinnerung, Geschichte, Identität, 1), Frankfurt a. M. 1998, S. 81–169.

einem rechtlich privilegierten Stand mit eigenständiger Gerichtsbarkeit und eigenen Rechten angehörten.[9] Aus diesem Grund definierte sich die Armee als Stand mit Sondergerichtsbarkeit, der auch in Friedenszeiten unberührt blieb. Im Konfliktfall war diese Bindung von entscheidender Bedeutung, denn sie legte fest, nach welchen rechtlichen Kodifikationen und vor welchen Gerichten Verfahren gegen Militärangehörige verhandelt werden konnten. Auch in den Darstellungen der Soldaten vor Gericht zeigt sich, dass die Mechanismen dieser Sondergerichtsbarkeit auf das Selbstbild der Männer wirkten.[10]

Dabei schuf das Militär mit seinen spezifischen hierarchischen Normen und den Anforderungen an den Kriegsdienst einen Ort für den speziellen Umgang mit militärischen Normen, deviantem Verhalten und militärischer »Kriminalität«.[11] Die Analyse von Gerichtsakten militärischer Provenienz soll nun klären, welche Normen im Militär gesetzt und von Soldaten wie Behörden anerkannt und implementiert wurden. Unter welchen Bedingungen die neuen Regularien akzeptiert oder abgelehnt wurden, zeigten eben oft die »Negativfälle«, in denen Militärangehörige gegen Normen verstießen und dafür bestraft wurden. Sie gaben Aufschluss darüber, was als »normales« und angepasstes Verhalten verstanden wurde.[12] Die unterschiedlichen Strafmaße in den Kriegsartikeln sowie die augenfällige Kluft zwischen Strafnorm und Strafpraxis sprechen dafür, dass deviantes Verhalten nicht gleichbedeutend mit »Kriminalität« sein musste.[13] Um weder dem Lobgesang auf die straffe Effizienz der preußischen Militärverwaltung zu verfallen noch fieberhaft nach Anhaltspunkten für eine vermeintlich systematische Ausbeutung der Soldaten zu suchen, stehen in den Untersuchungen die

9 Zur rechtlichen »Privilegierung« des Militärs seit dem 17. Jahrhundert vgl. Kap. 2.2.2. Als »Privilegien« werden im Sinne des 18. Jahrhunderts einfach die rechtlichen Akte der Hervorhebung einer bestimmten Klasse von Untertanen verstanden. Diese garantierten den Angehörigen z. B. den Instanzenzug bis zum König in Strafrechtssachen sowie Verfahren vor den Kriegsgerichten der Armee und nicht durch Zivilgerichte. Vgl. Mohnhaupt, Heinz: Privileg, neuzeitlich, in: Adalbert Erler; Ekkehard Kaufmann (Hg.): Handwörterbuch zur deutschen Rechtsgeschichte, Bd. 3, Berlin 1984, Sp. 2005–2011.

10 Dies entsprach auch den Vorstellungen von rechtlichen »Ungleichheiten« im ständischen System, die sich in bestimmten Repräsentationen manifestierten – und damit auch im Militär wichtig wurden. Vgl. Freist, Dagmar: »Ich will dir selbst ein Bild von mir entwerfen«. Praktiken der Selbstbildung im Spannungsfeld ständischer Normen und gesellschaftlicher Diskurse, in: Thomas Alkemeyer; Gunilla Budde, Dagmar Freist (Hg.): Selbst-Bildungen. Soziale und kulturelle Praktiken der Subjektivierung, Bielefeld 2013, S. 151–174, hier S. 152f.

11 Vgl. Nowosadtko, Jutta: Militärjustiz im 17. und 18. Jahrhundert am Beispiel des Fürstbistums Münster, in: Sylvia Kesper-Biermann; Diethelm Klippel (Hg.): Kriminalität in Mittelalter und Früher Neuzeit. Soziale, rechtliche, philosophische und literarische Aspekte, Wiesbaden 2007, S. 115–140.

12 Vgl. Schwerhoff, Devianz.

13 So sind ja bereits aus den Forschungen zur Desertion die zahlreichen »milden« Urteile bekannt, um teure Soldaten zu schützen. Vgl. Sikora, Michael: Disziplin und Desertion. Strukturprobleme militärischer Organisation im 18. Jahrhundert, Berlin 1996, S. 325–333.

Umstände im Vordergrund, die sowohl das Delikt begünstigten als auch zu einer Anzeige und eventuellen Strafverfolgung führten.

Dabei spielten die sozialen Positionen der Akteure in der Gruppe von Soldaten ebenso eine Rolle wie das Verhältnis zu den Vorgesetzten und zu Außenstehenden. Die Zugehörigkeit zu einer sozialen Gruppe zeigte sich demnach beim Zustandekommen eines Delikts (Verabredung zur Desertion) und insbesondere bei der Untersuchung und Ahndung von Delikten innerhalb der Gerichtsverfahren (in den Zeugenbefragungen und Verhören). Neben dieser Gruppenzugehörigkeit war aber auch die subjektive Einordnung des Delikts für den Verlauf eines Verfahrens von Bedeutung.

Die militärgerichtlichen Akten folgen in ihrer Darstellung einer (aus Sicht des Militärs) logischen Untersuchungssystematik und geben als eher beiläufige »Ego«-Dokumente darüber hinaus Einblicke in die Erfahrungen, Vorstellungswelten, Wissensbestände und Konflikte der Akteure. Verteidigungsstrategien und gegenseitige Schuldzuweisungen zeigen nicht nur, an welchen Schnittstellen organisatorische Probleme bestanden. Die oft und gern benutzten Argumentationen, die zum Teil auch in den Urteilsbegründungen durch die Gerichte aufgegriffen wurden, verweisen auf die dahinterliegenden Handlungslogiken, die sich auch aus der Erfolgsgarantie verschiedener Verteidigungsstrategien speisten.[14] In der Analyse der Einzelfälle werden die verschiedenen Argumente je nach Art des Delikts, nach der Bestimmung des Akteurs (Alter, Geschlecht, Dienstzeit etc.) und der an dem Verfahren beteiligten Gegner beleuchtet. So argumentierte ein junger Deserteur in einem Verfahren vermutlich anders als ein auf frischer Tat ertappter Dieb.[15] Dabei spielt die Frage danach, ob die geschilderten Strategien in Konkurrenz zu zivilen Angeklagten oder innerhalb gemischter Prozesse zwischen Soldaten und Zivilisten standen, eine wesentliche Rolle. Denn das preußische Militär bildete im 18. Jahrhundert keineswegs einen von der zivilen Gesellschaft abgeschotteten Bereich, sondern wurde von der zivilen Gerichtsbarkeit sowie von den Delikten der Garnisonsgesellschaften und der ländlichen Zivilbevölkerung beeinflusst.[16]

---

14 So wies etwa Christina Gerstenmayer anhand der sächsischen Räuberbanden nach, dass die vor Gericht gestellten Bandenmitglieder je nach Geschlecht und Alter andere Strategien nutzten, um ihr Leben zu retten. Vgl. Gerstenmayer, Christina: Spitzbuben und Erzbösewichter. Räuberbanden in Sachsen zwischen Strafverfolgung und Repräsentation, Konstanz 2013, S. 233–260.

15 Vgl. die Auswertung der Einzelfälle im Quellenkapitel Kap. 4, welches neben der Desertion als militärischem Delikt eben auch Fälle von Veruntreuung, Mord, gewaltsamer Werbung oder fahrlässiger Tötung untersucht.

16 Vgl. Studien zum Militär in den Garnisonen: Vgl. Pröve, Ralf: Stehendes Heer und städtische Gesellschaft im 18. Jahrhundert. Göttingen und seine Militärbevölkerung 1713–1756, München 1995; Heyn, Oliver: Das Militär des Fürstentums Sachsen-Hildburghausen 1680–1806,

Die soziale Verankerung der Militärangehörigen in der zivilen Gesellschaft konnte trotz vielfältiger Bemühungen durch die Regierung nicht gelöst werden. Jeder Soldat blieb im 18. Jahrhundert auch Angehöriger seiner sozialen Schicht, einer kulturellen Gruppe und/oder eines besonderen Berufsstandes.[17] Adlige Offiziere spiegelten das ständische Selbstverständnis im Offizierkorps wider, indem Verhaltensregeln aus der zivilen adligen Welt in die Militärgesellschaft getragen und dort angepasst wurden.[18] Doch auch die einfachen Soldaten und Unteroffiziere waren über Familienverhältnisse, Hochzeiten und Patenschaften sowie berufliche und gesellschaftliche Gruppenbeziehungen in der zivilen Gesellschaft tief verwurzelt. Diese Befunde haben insbesondere die Forschungen zu den Garnisonsstädten in den deutschen Territorien im 17. und 18. Jahrhundert sowie zu den Standeskulturen, insbesondere der militärischen Eliten, ergeben.

Im Fokus der Analyse stehen daher als Akteure vor allem Soldaten und Unteroffiziere der preußischen Armee sowie deren Erfahrungen mit abweichendem Verhalten, Normen und Vorschriften sowie Bestrafungen innerhalb und außerhalb des Militärs. Auch die Offiziere werden in der Analyse eine Rolle spielen, allerdings meist in der Rolle der Vorgesetzten.[19] Über den Zugang, den die »Neue Militärgeschichte« herausgearbeitet hat, sind die Soldaten und Unteroffiziere in den Armeen verschiedener Territorien des Heiligen Römischen Reiches für das 18. Jahrhundert seit 15 Jahren vermehrt in den Blick genommen worden.[20] Eine Auseinandersetzung mit den preußischen Regimentern scheiterte jedoch an den fehlenden (bzw. zerstörten) Quellenbeständen oder an der fehlenden Bereitschaft, die Soldaten in preußischen Diensten dem Vergleich mit den Lebensbedingungen in anderen deutschen Armeen zu unterziehen. Dies vielleicht aus der Befürchtung heraus, auch die preußische Heeresorganisation habe sich viel weiter als gedacht an den deutschen und europäischen Nachbarn orientiert.[21]

Köln u. a. 2015; Nowosadtko, Jutta: Stehendes Heer im Ständestaat: das Zusammenleben von Militär- und Zivilbevölkerung im Fürstbistum Münster 1650–1803, Paderborn 2011.

17 Diese ständische Ehre, die auch auf Sonderprivilegien zurückzuführen war, hat insbesondere Füssel, Marian: Gelehrtenkultur als symbolische Praxis. Rang, Ritual und Konflikt an der Universität der Frühen Neuzeit, Darmstadt 2006 aufgezeigt.

18 Diese Verknüpfung von adligem Habitus und militärischer Funktion, die zum Teil auch zu Konflikten führte, wurde herausgearbeitet von Winkel, Carmen: Im Netz des Königs. Netzwerke und Patronage in der preußischen Armee 1713–1786, Paderborn 2013.

19 Damit sei besonders auf die disziplinarische Aufgabe der Offiziere angespielt, die sich auch darin zeigte, dass zwei Offiziere bei Verhören von Verdächtigen und Zeugen innerhalb eines Verfahrens anwesend sein mussten, um als Zeugen gegenzuzeichnen.

20 Vgl. Nowosadtko, Stehendes Heer; Heyn, Sachsen-Hildburghausen, etc.

21 Hier ließen sich aufgrund der Tiefe der Analyse von Stefan Kroll vor allem die Lebensbedingungen in den kursächsischen Regimentern mit den preußischen Beispielen vergleichen, insbesondere was die Konditionen für den Alltag im Regiment anbelangte. Vgl. Kroll, Stefan: Soldaten im 18. Jahrhundert zwischen Friedensalltag und Kriegserfahrung. Lebenswelten und

Denn hier wie dort erlebten die Soldaten körperlichen Drill, eine strenge Disziplin und zum Teil gewalttätige Sanktionen.[22] Daneben bot die Zugehörigkeit zur sozialen Gruppe der Soldaten aber auch Gemeinschaft und »Kameradschaft«, die im Fall eines Krieges lebensnotwendig sein konnte und in Friedenszeiten zu einem geselligen Leben in der Garnison beitrug. Diese Lebensumstände sind in den Selbstzeugnissen von Soldaten in preußischen Diensten anschaulich geschildert. Dort wurden vor allem die »Brüche« im Ablauf beschrieben und Bestrafungen von Soldaten ausführlich dargestellt. Die »öffentliche« Sanktionierung diente der Abschreckung der Anwesenden und besaß somit eine strafende und präventive Funktion zugleich.[23] Der Militärdienst des Soldaten zeigte somit also durchaus »gewalttätige« Tendenzen bei den Disziplinierungsbemühungen, dürfte aber im alltäglichen Rahmen den zivilen Züchtigungsmaßnahmen für die Mägde und Knechte der Zeit ähnlich gewesen sein.[24] Die Erlebnisse mit dem hierarchischen System innerhalb des Militärs, die Vereidigung auf die Normen in den Kriegsartikeln sowie die öffentliche Strafpraxis besaßen sicher einen immensen Einfluss auf die Prägung der Wahrnehmung von Soldaten und Unteroffizieren.[25] Darüber hinaus beeinflusste auch die soziale Herkunft der meist aus den bäuerlichen und unteren Schichten stammenden Männer ihr Selbstverständnis als Soldaten.[26] Gewalthandlungen durch Militärangehörige waren demnach auch Teil einer ständisch geprägten Konfliktkultur.[27] Gewalt stellte also eine mögliche Reaktion und Protestmöglichkeit gegen die so empfundene Beschneidung der Rechte von Soldaten dar.

Im direkten Zusammenleben von Soldaten und Zivilisten ergaben sich verschiedene Situationen, in denen es mitunter zu Konflikten kam. Diese waren in erster Linie dort angesiedelt, wo die gesellschaftlichen Verhältnisse eine enge Verzahnung von Zivil- und Militärgesellschaft zuließen: in Garnisonen, die

Kultur in der kursächsischen Armee 1728–1796, Paderborn 2006, Kap. 3.3: Lebenswelt und Alltag in der Praxis, ab S. 220.

22 Dies illustrieren die Abbildungen zu den Militärstrafen in von Flemming, Hans Friedrich: Der vollkommene Teutsche Soldat (1726), Osnabrück 1967, 4. Th., Kap. 46, S. 514–520.

23 Vgl. Nowosadtko, Jutta: Militärjustiz in der Frühen Neuzeit. Anmerkungen zu einem vernachlässigten Feld der historischen Kriminalitätsforschung, in: Unrecht und Recht. Kriminalität und Gesellschaft im Wandel von 1500–2000: gemeinsame Landesausstellung der rheinland-pfälzischen und saarländischen Archive (hrsg. von der Landesarchivverwaltung Rheinland-Pfalz), Koblenz 2002, S. 638–651.

24 Vgl. Pröve, Dimension und Reichweite, S. 56f.

25 Vgl. Dinges, Martin: Soldatenkörper in der Frühen Neuzeit – Erfahrungen mit einem unzureichend geschützten, formierten und verletzten Körper in Selbstzeugnissen, in: Richard van Dülmen (Hg.): Körpergeschichten, Frankfurt a. M. 1996, S. 71–98, hier S. 82.

26 Vgl. Freist, Praktiken der Selbstbildung, S. 155f.

27 Vgl. Eriksson, Magnus; Krug-Richter, Barbara: Streitkulturen – eine Einführung, in: dies. (Hg.): Streitkulturen. Gewalt, Konflikt und Kommunikation in der ländlichen Gesellschaft. 16.–19. Jahrhundert, Köln u. a. 2003, S. 1–16, hier S. 15.

Soldaten als Einquartierte beherbergten, aber auch auf dem Land, wo die Beurlaubten der preußischen Regimenter zu Hause waren und auch weiterhin der Militärgerichtsbarkeit unterstanden.[28] Schließlich stellte die Werbepraxis der Regimenter, trotz wiederholter Edikte und Verbote, einen nicht enden wollenden Quell von Beschwerden über die gewalttätigen preußischen Werber, insbesondere in den deutschen Nachbarterritorien, dar.[29]

Hinzu kam der unter Soldaten übliche Genuss von Alkohol in geselliger Runde, der zur Eskalation der Konfliktsituation ebenfalls beitragen konnte.[30] Auf das Verhalten der Soldaten sowie auf die Bewertung dieses Verhaltens wirkten demnach viele verschiedene Faktoren zugleich ein – und manchmal auch gegeneinander: die soziale Herkunft und die Lebenserfahrungen des Einzelnen, seine Verortung im Militär, in der Kompanie und unter den Kameraden mit all den normativen und informellen Regularien sowie die Kontakte zur nicht-militärischen Bevölkerung und mit den sich verändernden Normensystemen.

Insbesondere mit Augenmerk auf die Arbeiten Michel Foucaults wurde seit den 1980er Jahren angesichts der Entwicklungstendenzen im 18. Jahrhundert gern eine Hegemonie der übermächtigen preußischen Monarchie konstatiert und damit eine strenge Disziplinierung von außen etikettiert. Dieses neue »Wertesystem« wurde auch durch die Soldaten innerlich als Überzeugung getragen:

> »Dies ist die Ökonomie einer neuen Spielart der Macht, die in den Disziplinen entwickelt wurde und im Zuge der gesamtgesellschaftlichen Transformation im 17./18. Jahrhundert zum allgemeinen Herrschaftsprinzip wurde. Die Techniken der Disziplinen beschränken sich nicht darauf, einerseits die Machtausübung zu verstärken und andererseits – quasi als weitere Eigenschaft – die Nützlichkeit zu erhöhen, sondern sie schaffen eine direkte Beziehung zwischen Nützlichkeit und Gefügigkeit. Je gefügiger, desto produktiver. Durch die Vermittlung von Disziplinarnormen zu persönlichen Werten beinhaltet sogar individuelles Glücksstreben die Übernahme der Unterwerfungsstrukturen. Das Individuum ist zugleich Zielscheibe und Instrument der Macht.«[31]

28 Vgl. Engelen, Beate: Soldatenfrauen in Preußen. Eine Strukturanalyse der Garnisonsgesellschaft im späten 17. und 18. Jahrhundert, Münster 2005, S. 379–409.

29 Bereits im 17. Jahrhundert war die Eindämmung der gewalttätigen Werbung Inhalt zahlreicher Edikte, die in regelmäßigen Abständen wiederholt werden mussten. So erfolgten am 20.01.1691 und wiederholt am 22.06.1713 Patente wider die Exzesse bei den Werbungen sowie am 02.01.1714 das programmatische »Edict, wegen Aufhebung gewaltsamer Werbung, und was darunter zu verstehen sey [...]«. Mylius, Christian Otto (Hg.): Corpus Constitutionum Marchicarum (CCM), Berlin/Halle 1737, T. III, 1. Abt.: Erste Abtheilung von Kriegs-Sachen, so die regulirte Trouppen im Lande betreffen, deren Kriegs-Articul etc., Sp. 359–364, und die Bestimmungen zur Werbung in den deutschen Territorien in T. III, 2. Abt.: Zweyte Abtheilung von Auswärtigen Kriegs-frembder Werbung-Cartell-Sachen etc.

30 Vgl. Dinges, Soldatenkörper, S. 80f.

31 Althoff, Martina: »Kriminalität« – eine diskursive Praxis. Foucaults Anstöße für eine Kritische Kriminologie (mit einem Vorwort von Fritz Sack), Münster 1995, S. 52.

Dieser logisch erscheinenden Schlussfolgerung Foucaults konnten und wollten sich Generationen von Soziologen, Kulturwissenschaftlern und Anthropologen nicht entziehen: allzu verlockend erschien die Erklärung der Implementation von Machtstrukturen eben gerade am Beispiel des frühneuzeitlichen Militärs.[32] Die gern formulierte These, dass sich der Soldat des 18. Jahrhunderts mehr und mehr zu einem durch Disziplinierung gefügig gemachten Knecht seiner Herren entwickelte, wie Foucault dies in seiner Analyse von Exerzierordnungen im 17. und 18. Jahrhundert andeutete, lässt sich aus dem Aktenmaterial jedoch nicht erhärten.[33] Denn eben die empirische Überprüfung des beachtlichen Gedankengebäudes anhand von Quellen aus dem Militär und über das Militär fehlten in solchen Arbeiten. Explizit will die hier publizierte Analyse an neuere kriminalitätshistorische Arbeiten und an Forschungen der »Neuen Militärgeschichte« anknüpfen, um die Handlungsspielräume von Soldaten und Unteroffizieren im 18. Jahrhundert etwas klarer zu beleuchten.

1.2 Forschungsstand zur frühneuzeitlichen Kriminalitäts- und Militärgeschichte

Eine kulturgeschichtliche Arbeit zur Kriminalität in der preußischen Armee muss sich auf die Forschungsgeschichte vieler verschiedener historischer, soziologischer, juristischer und kriminologischer Untersuchungen stützen.[34] Die Beschäftigung mit dem Phänomen »Kriminalität« ist dabei nicht neu, im Bereich der Militärgeschichte aber stellt sie bis heute weitgehend Neuland dar.[35] Obwohl »Kriminalität«[36] als wichtiges gesellschaftliches Phänomen allgemein bereits von den Zeitgenossen im 18. Jahrhundert, besonders in der Phase der so genannten Aufklärung, diskutiert wurde, blieb die Beschäftigung damit lange Zeit der

32 In diese Richtung zielte auch und gerade die fundamentale These von Otto Büsch, die in dem Zugriff auf die männliche Bevölkerung durch das Militär die Grundlage für eine Militarisierung derselben und damit eine weitgehende Disziplinierung durch die Regierung sah. Vgl. Büsch, Otto: Militärsystem und Sozialleben im alten Preußen 1713–1807. Die Anfänge der sozialen Militarisierung der preußisch-deutschen Gesellschaft, Berlin 1981.

33 Vgl. Foucault, Michel: Archäologie des Wissens, Frankfurt a. M. 1981, S. 195.

34 Zu den verschiedenen Forschungsansätzen und Fächern, die jeweils einen wichtigen Einfluss auf die Kriminalitätsgeschichte besaßen, vgl. Eibach, Joachim: Kriminalitätsgeschichte zwischen Sozialgeschichte und Historischer Kulturforschung, in: Historische Zeitschrift 263 (1996), S. 681–715; Krischer, André: Neue Forschungen zur Kriminalitätsgeschichte, in: Zeitschrift für Historische Forschung 33 (2006), S. 387–415.

35 Nowosadtko, Militärjustiz in der Frühen Neuzeit, S. 638–651, betont die mangelnde Berücksichtigung des Militärs in der Kriminalitätsgeschichtsschreibung.

36 Vgl. Berding, Helmut u. a. (Hg.): Kriminalität und abweichendes Verhalten: Deutschland im 18. und 19. Jahrhundert, Göttingen 1999.

Rechtsgeschichte vorbehalten.[37] Dieser ging es in erster Linie um die Darstellung und logische Verknüpfung der Veränderung von Strafrechtsnormen, nicht aber um die Umstände sowie soziale und kulturelle Bedingungen oder Konsequenzen kriminellen Handelns.[38] In der Kriminologie, welche sich bereits parallel im 19. Jahrhundert etablierte, standen die Akteure selbst im Zentrum der Betrachtung.

Die Beschäftigung mit aufsehenerregenden Kriminalfällen in der deutschen Geschichte und die gelehrte Auseinandersetzung mit den Vorzügen und Mängeln bestehender Polizeiordnungen führten zu dem Bedürfnis, die Charakteristika von »Verbrechernaturen« eindeutig herauszuarbeiten.[39] Die Vorstellung von der biologischen und sozialen Beschaffenheit eines Täters sowie von der Prädestination für bestimmte Delikte hielt sich noch bis weit in das 20. Jahrhundert hinein.[40] Schon im 18. Jahrhundert wiesen die so genannten »Gaunerlisten« den Verdächtigen ein besonderes Aussehen zu, das ihren schlechten Charakter auch nach außen zeige.[41]

Erst die französischen und englischen Sozialstudien seit den 1960er Jahren stellten die historische Erforschung kriminellen Handelns auf die Füße sozialwissenschaftlicher Fragestellungen. Die Blickrichtung war dabei in beiden Nationen eine jeweils andere: In Großbritannien standen die Auswertung quantitativer Quellen und die daraus ablesbaren Rückschlüsse auf Sozialstrukturen und Deliktverhalten der Delinquenten im Vordergrund.[42] Kriminalität in den Unterschichten wurde vor dem Hintergrund ungleicher Lebensbedingungen, seit dem 19. Jahrhundert besonders für die Arbeiter, als Form des sozialen Protests deklariert und unter dem Schlagwort der »moral economy« untersucht.[43] Aufgrund mangelnder Versorgung mit Lebensmitteln bewertete die Forschung den

---

37 Hausmann, Jost: Grundzüge der Strafrechtsgeschichte, S. 43–62.

38 Vgl. Regge, Jürgen: Das Justizwesen – Strafrecht und Strafrechtspflege, in: Jürgen Ziechmann (Hg.): Panorama der Fridericianischen Zeit. Friedrich der Große und seine Epoche – Ein Handbuch, Bremen 1985, S. 365–375.

39 Vgl. Wiltenburg, Joy: Formen des Sensationalismus in frühneuzeitlichen Kriminalberichten, in: Rebekka Habermas; Gerd Schwerhoff (Hg.): Verbrechen im Blick. Perspektiven der neuzeitlichen Kriminalitätsgeschichte, Frankfurt u. a. 2009, S. 323–338.

40 Vgl. Gwinner, Heinrich; Radbruch, Gustav: Geschichte des Verbrechens. Versuch einer historischen Kriminologie, Stuttgart 1951.

41 Vgl. Blauert, Andreas: Gauner- und Diebslisten: Registrieren, Identifizieren und Fahnden im 18. Jahrhundert. Mit einem Repertorium gedruckter südwestdeutscher, schweizerischer und österreichischer Listen sowie einem Faksimile der Schäffer'schen oder Sulzer Liste von 1784, Frankfurt a. M. 2001.

42 Vgl. Wettmann-Jungblut, Peter: Von Robin Hood zu Jack the Ripper. Kriminalität und Strafrecht in England vom 14. bis 19. Jahrhundert, in: Andreas Blauert; Gerd Schwerhoff (Hg.): Kriminalitätsgeschichte. Beiträge zur Sozial- und Kulturgeschichte der Vormoderne, Konstanz 2000, S. 69–89.

43 Die Delinquenten wurden in diesem positiven Sinne zu »Sozialrebellen«. Vgl. Hobsbawm, Eric: Sozialrebellen. Archaische Sozialbewegungen im 19. und 20. Jahrhundert, Neuwied 1962.

Diebstahl durch Angehörige der notleidenden Bevölkerung als berechtigte Konsequenz, da von den Betroffenen ein moralisches Recht auf die Güter der Gemeinschaft geltend gemacht wurde.[44] In Frankreich taten sich besonders Vertreter der historischen Demografieforschung hervor: im Vordergrund ihrer Arbeiten stand ebenfalls die Frage nach den sozialen Umständen, aber auch nach den Milieus, in denen Kriminalität gedeihen konnte.[45] In der Folge wurden besondere Konzepte wie das der »Ehre« als Untersuchungskategorie eingeführt.[46] Im städtischen Bereich diente die Forschung an Polizeiakten der Klärung von Umständen, Wirkmechanismen und sozialen Konsequenzen kriminellen Verhaltens. Damit lieferte die französische Sozialgeschichte entscheidende Impulse für die Kriminalitätsforschung auch in Deutschland.[47] In Anknüpfung an das englische Beispiel machte sich Dirk Blasius die quantitativen Untersuchungsmethoden zunutze und studierte strukturelle Bedingungen und Abhängigkeiten von Devianz und gesellschaftlichen bzw. politischen Bedingungen.[48]

In den letzten 25 Jahren hat sich die Kriminalitätsgeschichte in Deutschland endgültig etabliert:[49] Eine Vielzahl an Tagungen und Projekten arbeitete seit den 90er Jahren den Rückstand zur übrigen europäischen Forschung auf.[50] Auch in

---

44 Vgl. Thompson, Edward P.: Plebejische Kultur und moralische Ökonomie. Aufsätze zur englischen Sozialgeschichte des 18. und 19. Jahrhunderts, Frankfurt a. M. 1980.

45 Besonders einflussreich für die Herausbildung dieser französischen Schule der Kriminalitätsforschung war Pierre Chaunu, der in seinen demografischen Arbeiten eine weitergehende Beschäftigung mit der Kriminalitäts-Problematik im lokalen Bereich anmahnte. Vgl. Chaunu, Pierre: Histoire, science sociale. La durée, l'espace et l'homme à l'époque moderne, Paris 1974.

46 In Bezug auf das Ehrkonzept und damit einhergehende Devianz vgl. Castan, Yves: Honnêteté et relations sociales en Languedoc 1715–1780, Toulouse 1974; zur Untersuchung der Polizeiakten von Paris die detaillierte und erkenntnisreiche Arbeit von Farge, Arlette: Délinquance et criminalité. Le vol d'aliments à Paris au XVIIIe siècle, Paris 1974.

47 Vgl. Schwerhoff, Gerd: Aktenkundig und gerichtsnotorisch. Einführung in die Historische Kriminalitätsforschung, Frankfurt a. M. 1999. Zum Vorsprung der französischen Kriminalitätsforschung, besonders in Bezug zur Mentalitätsgeschichte, vgl. Halbleib, Henrik: Kriminalitätsgeschichte in Frankreich, in: Andreas Blauert; Gerd Schwerhoff (Hg.): Kriminalitätsgeschichte. Beiträge zur Sozial- und Kulturgeschichte der Vormoderne, Konstanz 2000, S. 89–121.

48 Vgl. Blasius, Dirk: Bürgerliche Gesellschaft und Kriminalität. Zur Sozialgeschichte Preußens im Vormärz, Göttingen 1976.

49 Konstatierte Gerd Schwerhoff in einem Aufsatz im Jahr 2000 noch die »Verspätung« des Forschungszweiges in Deutschland, so kann mittlerweile von einer kaum noch zu überschauenden Menge an kriminalitätshistorischen Arbeiten gesprochen werden. Vgl. Schwerhoff, Gerd: Kriminalitätsgeschichte im deutschen Sprachraum. Zum Profil eines »verspäteten« Forschungszweiges, in: Andreas Blauert; Gerd Schwerhoff (Hg.): Kriminalitätsgeschichte. Beiträge zur Sozial- und Kulturgeschichte der Vormoderne, Konstanz 2000, S. 21–69. Vgl. Schwerhoff, Gerd: Historische Kriminalitätsforschung, Frankfurt a. M. 2011.

50 So setzten sich Literatur- und Sprachwissenschaftler in Deutschland recht bald mit der Verknüpfung von Sprache und Kriminalität auseinander. Vgl. Böker, Uwe: Literatur, Kriminalität und Rechtskultur. Ein Forschungsbericht, in: ders. (Hg.): Literatur, Kriminalität

der Beschäftigung mit dem historischen Phänomen »Kriminalität« ist der »cultural turn« von einer strukturalistischen Beschreibung hin zu einem kulturgeschichtlichen Interpretationsansatz gegenüber dem Quellenmaterial, eingebettet in den jeweiligem Entstehungshintergrund, zu beobachten.[51] Die Zahl der mikrohistorischen Studien, welche die Kriminalitätsforschung mit den Ansätzen von Nachbardisziplinen wie der historischen Anthropologie, von Stadt- und Mentalitätsgeschichte sowie der Unterschichten- und Protestforschung verknüpfen, ist in den letzten Jahren stetig angewachsen.[52] Mit dieser Entwicklung ging die Erforschung von »anthropologischen Konstanten« wie dem Phänomen der Gewalt einher.[53]

Die »Neue Militärgeschichte« folgte ebenfalls seit Mitte der 1990er Jahre und hat die Erkenntnisse dieser Forschungsansätze unter kulturhistorischen Fragestellungen genutzt, um das Miteinander von Militär und Gesellschaft zu unter-

und Rechtskultur im 17. und 18. Jahrhundert. Tagung am 17. und 18. Juni 1994 an der Technischen Universität Dresden, Essen 1996, S. 11–35; vgl. auch die Beiträge in Eming, Jutta; Jarzebowski, Claudia (Hg.): Blutige Worte. Internationales und interdisziplinäres Kolloquium zum Verhältnis von Sprache und Gewalt in Mittelalter und Früher Neuzeit, Göttingen 2008. Aber auch in Ausstellungskonzeptionen spielte die Wiederherstellung von Recht zunehmend eine Rolle, vgl. Unrecht und Recht.

51 Dazu sind in den letzten Jahren zahlreiche Beiträge in Sammelbänden erschienenen. Besondere Bedeutung kommt den Arbeiten von Andreas Blauert und Gerd Schwerhoff zu. Vgl. Blauert, Andreas; Schwerhoff, Gerd (Hg.): Mit den Waffen der Justiz. Zur Kriminalitätsgeschichte des späten Mittelalters und der Frühen Neuzeit, Frankfurt a. M. 1993, sowie die Beiträge bei Häberlein, Mark (Hg.): Devianz, Widerstand und Herrschaftspraxis in der Vormoderne. Studien zu Konflikten im südwestdeutschen Raum (15.–18. Jahrhundert), Konstanz 1999.

52 Wesentliche Überblicke zum weiten Feld dieser Untersuchungen bietet Schwerhoff, Aktenkundig, S. 15–23. Zu den Städten Köln, Frankfurt und Konstanz liegen bereits vielsagende kriminalitätshistorische Arbeiten vor, vgl. Schwerhoff, Gerd: Köln im Kreuzverhör. Kriminalität, Herrschaft und Gesellschaft in einer frühneuzeitlichen Stadt, Bonn/Berlin 1991; Eibach, Joachim: Frankfurter Verhöre. Städtische Lebenswelt und Kriminalität im 18. Jahrhundert, Paderborn u. a. 2003; Schuster, Peter: Eine Stadt vor Gericht. Recht und Alltag im spätmittelalterlichen Konstanz, Paderborn 2000. Zur Widerstandsforschung vgl. Schulze, Winfried: Bäuerlicher Widerstand und feudale Herrschaft in der frühen Neuzeit, Stuttgart 1980. Der Situation von Angehörigen der Unterschicht widmete sich der Sammelband von Schmidt, Sebastian (Hg.): Arme und ihre Lebensperspektiven in der Frühen Neuzeit, Frankfurt a. M. u. a. 2008, S. 207–236.

53 Zur Enthemmung der Zivilbevölkerung durch die Erfahrungen im Dreißigjährigen Krieg vgl. Lorenz, Maren: Das Rad der Gewalt. Militär und Zivilbevölkerung in Norddeutschland nach dem Dreißigjährigen Krieg (1650–1700), Köln u. a. 2007. Auch die Erfahrung von physischer Gewalt am eigenen »Leib« rückte zunehmend in den Fokus der Analyse, vgl. Rummel, Walter: Verletzung von Körper, Ehre und Eigentum. Varianten im Umgang mit Gewalt in Dörfern des 17. Jahrhunderts, in: Andreas Blauert; Gerd Schwerhoff (Hg.): Mit den Waffen der Justiz. Zur Kriminalitätsgeschichte des späten Mittelalters und der Frühen Neuzeit, Frankfurt a. M. 1993, S. 86–114.

suchen.[54] Die Arbeiten widmeten sich der Analyse von Wahrnehmungsmustern innerhalb und außerhalb des Militärs[55] sowie den Soldatenfrauen als Angehörigen einer Großgruppe mit Sonderrechten.[56] Die Spezifik des Militärdienstes schloss spezielle Vorschriften für die Militärangehörigen und deren Familien ein. Der Dienstalltag war bis zur Pflege der Montur und des äußeren Erscheinungsbildes geregelt und griff somit weit in den privaten Raum des Soldaten hinein.[57] Dass die Konkurrenz untereinander eine soziale Disziplinierung innerhalb der Armee durch die Militärangehörigen selbst zur Folge haben konnte, wurde anhand dieser Quellen vermutet.[58] Die preußische Armee der friderizianischen Zeit galt in der älteren Militärgeschichte als Musterbeispiel der Organisation und Disziplin in Europa.[59] Wie sich diese Disziplin innerhalb der Armee durch Strafprävention, Drill und Sanktionsmechanismen tatsächlich gestaltete, ist für das preußische Heer, vor allem in Hinsicht auf die Mannschaften, bisher noch nicht eingehend untersucht.[60] Für den Bereich der zivilen Justiz liegen bisher

54 Vgl. Kroener, Bernhard R.: Vom »extraordinari Kriegsvolck« zum »miles perpetuus«. Zur Rolle der bewaffneten Macht in der europäischen Gesellschaft der Frühen Neuzeit, in: Manfred Messerschmidt (Hg.): Militärgeschichtliche Mitteilungen (MGM) 43, Freiburg i. Br. 1988, S. 141–189. Besonders die Untersuchungen von deutschen Garnisonsstädten lieferten Anhaltspunkte für eine enge Verknüpfung von Militär und Gesellschaft über Hochzeiten, Patenschaften etc. Dies lieferte Indizien gegen die lange von der Forschung suggerierte »Militarisierung« der Bürger, im Gegenteil wird mittlerweile von einer »Verbürgerlichung« der stehenden Heere in Friedenszeiten ausgegangen. Vgl. Pröve, Stehendes Heer.

55 Vgl. Möbius, Sascha: »Von Jast und Hitze wie vertaumelt«. Überlegungen zur Wahrnehmung von Gewalt durch preußische Soldaten im Siebenjährigen Krieg, in: FBPG N. F. 12, 2002, S. 1–34.

56 Vgl. Engelen, Soldatenfrauen.

57 Wiggerich, Sandro: Der Körper als Uniform. Die Normierung der soldatischen Haartracht in Preußen und in der Bundesrepublik, in: Sandro Wiggerich; Steven Kensy (Hg.): Staat Macht Uniform. Uniformen als Zeichen staatlicher Macht im Wandel?, Stuttgart 2011, S. 161–183.

58 Diese Überlegungen bildeten die Basis der Untersuchung der Militarisierung der preußischen Landbevölkerung durch Otto Büsch, der eben in der engen Verzahnung von Militär und Gesellschaft einen Disziplinierungsansatz für Adel und Monarchie sah. Vgl. Büsch, Militärsystem und Sozialleben. Dagegen kritisch hinsichtlich der Disziplinierung sowie zur Wirkung der stehenden Heere Nowosadtko, Jutta: Ordnungselement oder Störfaktor? Zur Rolle der stehenden Heere innerhalb der frühneuzeitlichen Gesellschaft, in: Ralf Pröve (Hg.): Klio in Uniform? Probleme und Perspektiven einer modernen Militärgeschichte der Frühen Neuzeit, Köln 1997, S. 5–34.

59 Hier sei auf die wichtige Arbeit zum preußischen Militär von Jany, Curt: Geschichte der Preußischen Armee vom 15. Jahrhundert bis 1914, Bd. 2: Die Armee Friedrichs des Großen 1740–1786, Osnabrück 1967, verwiesen. Auch die Arbeit von Bröckling, Ulrich: Disziplin. Soziologie und Geschichte militärischer Gehorsamsproduktion, München 1997 argumentierte in diese Richtung. Zur bisherigen Militärhistoriografie zur preußischen Armee in Gänze vgl. Deist, Wilhelm (Hg.): Militär, Staat und Gesellschaft. Studien zur preußisch-deutschen Militärgeschichte, München 1991.

60 Dies lag zum einen an der hinderlichen Grundannahme, die in den preußischen Edikten angedrohten Strafen seien in der Praxis tatsächlich durchgesetzt worden, sowie zum anderen an der für die preußischen Territorien schwierigen Quellenlage.

einige wenige mikrohistorische Studien zu einzelnen Instanzen der niederen und höheren Rechtsprechung vor.[61] Insbesondere der Blick auf die Grenzen der Zuständigkeiten von Ober- und Untergerichten konnte dabei das Bild von der Gerichtspraxis sowohl in den Gemeinden als auch in strafrechtlichen Verfahren beleuchten. Wichtige Impulse lieferte darüber hinaus die Forschung zur städtischen Gerichtsbarkeit ab 1500 in den brandenburgischen Kleinstädten.[62] Die Untersuchungen zur militärischen Gerichtsbarkeit im 18. Jahrhundert beschränkten sich für Brandenburg und Preußen dagegen bisher weitgehend auf die Beschreibung des Generalauditoriats als höchste Instanz im Militärgerichtsprozess oder auf einzelne Zeiträume, vor allem auf die Kriegszeiten.[63] Interessante Anknüpfungspunkte lieferte daneben die Selbstzeugnisforschung, die sich in den letzten 20 Jahren zunehmend mit Gerichtsakten und Verhörprotokollen als so genannten »Ego-Dokumenten« und Selbstzeugnissen beschäftigte.[64] Nachdem zunächst »klassische« Selbstzeugnisse und Autobiografien in ihrem Aussagewert zur subjektiven Wahrnehmung und Identifikation von frühneuzeitlichen Akteuren herausgestellt wurden, rückten bald auch über die Kriminalitätsgeschichte die Gerichtsakten und alle in diesem Zusammenhang produzierten Quellen über das »Ich« in den Vordergrund.[65]

Weil den Gerichtsakten im Gegensatz zu den Tagebüchern von Offizieren und Kriegsteilnehmern ein schriftliches Konstrukt, oft auch eine grundlegende Stellungnahme fehlte, wurde vor allem die nachvollziehbar transparente und gut

61 So wurden bisher die juristischen Gutachten sowie die niedere Gerichtsbarkeit der meist adligen Patrimonialgerichte für Preußen untersucht. Vgl. Hahn, Peter-Michael: Die Gerichtspraxis der altständischen Gesellschaft im Zeitalter des »Absolutismus«. Die Gutachtertätigkeit der Helmstedter Juristenfakultät für die brandenburg.-preußischen Territorien 1675–1710, Berlin 1989; Wienfort, Monika: Patrimonialgerichte in Preußen. Ländliche Gesellschaft und bürgerliches Recht 1770–1848/49, Göttingen 2001.

62 Franke, Ellen: Von Schelmen, Schlägern, Schimpf und Schande. Kriminalität in einer frühneuzeitlichen Kleinstadt. Strasburg in der Uckermark (= Konflikt, Verbrechen und Sanktion in der Gesellschaft Alteuropas, Fallstudien, 10), Köln u. a. 2013.

63 Vgl. Hülle, Werner: Das Auditoriat in Brandenburg-Preussen. Ein rechtshistorischer Beitrag zur Geschichte seines Heerwesens mit einem Exkurs über Österreich, Göttingen 1971. Zu Kriegsgerichten im Siebenjährigen Krieg vgl. Lotz, Wolfgang: Kriegsgerichtsprozesse des Siebenjährigen Krieges in Preussen. Untersuchungen zur Beurteilung militärischer Leistung durch Friedrich II., Frankfurt a. M. 1981.

64 Einer der Ersten, die sich mit Selbstzeugnissen als Quellen für Erfahrungen von Soldaten – auch etwa im Bereich der Körpererfahrungen – einsetzten, war Martin Dinges. Vgl. Dinges, Soldatenkörper.

65 Greyers, Kaspar von; Medick, Hans; Veit, Patrice (Hg.): Von der dargestellten Person zum erinnerten Ich. Europäische Selbstzeugnisse als historische Quellen (1500–1800), Köln u. a. 2001. Dabei zeigen besonders die Auswertungen dazu in den 2000er Jahren, wie umstritten der Zugang zu den Gerichtsakten als »Ego-Dokument« und Selbstzeugnis war: Tersch, Harald: Vielfalt der Formen. Selbstzeugnisse der Frühen Neuzeit als historische Quelle, in: Thomas Winkelbauer (Hg.): Vom Lebenslauf zur Biographie. Geschichte, Quellen und Probleme der historischen Biographik und Autobiographik, Krems an der Donau 2000, S. 69–98.

begründete Analyse solcher Akten mit Blick auf die Entstehungsumstände, die Schriftsprache der Akteure und den Inszenierungscharakter vor Gericht eingefordert.[66] Auch für das Militär wurden diese Erkenntnisse zunehmend fruchtbar gemacht: vor allem für das 17. Jahrhundert, das in der Gegenüberstellung mit dem 18. Jahrhundert einen weitaus autonomeren Handlungsraum für die Söldner und ihre Offiziere aufwies. Unter anderem die Arbeit von Jan Willem Huntebrinker zum Selbstverständnis der Söldner im 17. Jahrhundert zeichnete in der Analyse der Gerichtsverfahren ein vielschichtiges Bild von der Militärgerichtsbarkeit innerhalb des Regiments.[67] Dabei sind die Strafverfahren in ihrem Ablauf als auch die Darstellungs- und Verteidigungsmechanismen in den Gerichtsprotokollen herausgearbeitet und mit der militärspezifischen Handlungslogik in Beziehung gesetzt worden.

Bereits in diesen Verfahren kristallisierten sich neben den »militärspezifischen« Delikten ebenso viele allgemeine Delikte wie Diebstahl, Körperverletzung und Mord als Verhandlungssachen heraus. Weil das Militär in der Ausübung von Gewalt gewissermaßen geschult war, sowie im Umgang mit Waffen, hing den Soldaten lange Zeit das Bild von Gewalttätern und Kriminellen an, das schließlich in der Forschung zum Räuber- und Bandenwesen aufgegriffen und weiterentwickelt wurde.[68] Mit Blick auf die abtrünnigen Räuber wurde das Militär quasi zur Ausbildungsstätte derselben stilisiert. Die militärische Ausbildung ermöglichte den Soldaten nach dem Austritt aus dem Militär ein Leben in und mit der Kriminalität und bot auch noch das Handwerkszeug, um sich durch Überfälle

66 Böning, Holger: Krieg und der »gemeine Mann« im 18. Jahrhundert. Selbstzeugnisse – neue Medien – Informationsstrukturen, in: Stefanie Stockhorst (Hg.): Krieg und Frieden im 18. Jahrhundert. Kulturgeschichtliche Studien, Hannover 2015, S. 51–74. Zu den Vorsichtsmaßnahmen, die bei der Auswertung von Gerichtsakten zu berücksichtigen sind, vgl. Scheutz, Martin: Frühneuzeitliche Gerichtsakten als »Ego-Dokumente«. Eine problematische Zuschreibung am Beispiel der Gaminger Gerichtsakten aus dem 18. Jahrhundert, in: Thomas Winkelbauer (Hg.): Vom Lebenslauf zur Biographie. Geschichte, Quellen und Probleme der historischen Biographik und Autobiographik, Waidhofen/Thayna 2000, S. 99–134, und Schwerhoff, Gerd: Gerichtsakten und andere Quellen zur Kriminalitätsgeschichte, in: Michael Maurer (Hg.): Abriss der Historischen Wissenschaften, Bd. 4: Quellen, Stuttgart 2002, S. 267–301.

67 Huntebrinker, Jan Willem: »Fromme Knechte« und »Garteteufel«. Söldner als soziale Gruppe im 16. und 17. Jahrhundert, Konstanz 2010.

68 Hier sei nur auf die zahlreiche Literatur zur Struktur von Räuberbanden seit den 1970er Jahren hingewiesen, die einen engen Zusammenhang zwischen der militärischen Ausbildung und der Anwendung von Gewalt bei Raubzügen und Überfällen vermutete. Quasi in klassischer Weise zeigen das die Arbeiten von Küther, Carsten: Räuber und Gauner in Deutschland, Göttingen 1987, und Lange, Katrin: Gesellschaft und Kriminalität. Räuberbanden im 18. und frühen 19. Jahrhundert, Frankfurt a. M. 1994. Noch im Jahr 2007 erschien eine Arbeit, die anhand von einzelnen Räuberbiografien ebenfalls auf einen »idealtypischen« Weg des Räubers schloss und dabei Soldaten als besonders anfällige Gruppe ausmachte. Vgl. Lange, Martin: Räuber und Gauner ganz privat. Räuberbanden und Justiz im 18. und frühen 19. Jahrhundert, Marburg 2007.

und Raub zu bereichern.[69] In diesem Kontext war die Desertion ein Schritt auf dem Weg in eine kriminelle Karriere. Dieser vermeintlichen engen Verknüpfung von Desertion und kriminellem Handeln wurde auch in der deutschen Geschichtswissenschaft lange Zeit nicht widersprochen.

In der Militärgeschichtsforschung gingen die beiden deutschen Staaten unterschiedliche Wege. Während Deserteure noch bis in die 1970er Jahre in beiden deutschen Staaten als Verräter und Gesetzesbrecher betrachtet wurden, arbeitete die DDR-Forschung in der Folgezeit die Desertion von der altpreußischen Armee vielmehr als Akt des Protests und des Widerstands der bäuerlichen Unterschichten gegen den aufgezwungenen Militärdienst heraus.[70] Im Gegensatz zu den Arbeiten des Großen Generalstabs oder zur westdeutschen Forschung nach 1945 stellten die militärhistorischen Arbeiten in der DDR damit erstmals den einfachen Soldaten in ihren Fokus.[71] In der Bundesrepublik blieb die Forschung zum preußischen Militär lange Zeit auf die großen Schlachten und bedeutenden Offiziere begrenzt. Für die weiterführende Forschung zur Desertion und zu den Lebensbedingungen im Militär wurden dann in den 1990er Jahren die Forschungen von Ulrich Bröckling und Michael Sikora zum 17. und 18. Jahrhundert wegweisend.[72] Insbesondere die strukturellen Zusammenhänge zwischen dem hegemonialen Anspruch der preußischen Monarchen nach 1713, den taktischen und disziplinaren Anforderungen an die Soldaten und Offiziere sowie den rechtlichen Bedingungen für die Disziplinierung der Soldaten wurden hier in den Mittelpunkt der Forschung gestellt.[73]

69 Diese Sicht auf die sächsischen Räuber zeigte sich auch in der »neueren« Arbeit von Uwe Danker noch, der bereitwillig annahm, dass die Räuber, die sich selbst als »gewesene« Soldaten bezeichneten, tatsächlich einen längeren Militärdienst absolviert hatten. Kritisch dazu und mit überzeugenden Gegenargumenten Nowosadtko, Jutta: Der Militärdienst als Räuberschule? Anmerkungen zu einer verbreiteten Argumentationsfigur der historischen Kriminalitätsforschung, in: Westfälische Forschungen 54 (2004), S. 167–175, hier S. 168f.

70 So gab es in der DDR sogar einen Band zum Militär, der durch den Kinderbuchverlag Berlin herausgegeben wurde, in dem diese Zusammenhänge erklärt wurden, vgl. Renn, Ludwig; Schnitter, Helmut: Krieger, Landsknecht und Soldat, Berlin 1972. Vor allem der Militärhistoriker Olaf Groehler prägte jedoch das Bild vom preußischen Militär als Haufen von Kriminellen und gepressten Untertanen. Vgl. Groehler, Olaf: Das Heerwesen in Brandenburg und Preußen von 1640 bis 1806, Berlin 1993.

71 Schnitter, Helmut: Desertion im 18. Jahrhundert. Zwei Dokumente zum Verhältnis von Volk und Armee im spätfeudalen preußischen Militarismus, in: Militärgeschichte 13 (1974), S. 54–60.

72 Insbesondere der von beiden herausgegebene Sammelband zur Desertion benannte die Forschungslücken zu diesem Thema in der Breite. Vgl. Bröckling, Ulrich; Sikora, Michael (Hg.): Armeen und ihre Deserteure. Vernachlässigte Kapitel einer Militärgeschichte der Neuzeit, Göttingen 1998.

73 Bröckling, Ulrich: Disziplin. Soziologie und Geschichte militärischer Gehorsamsproduktion, München 1997.

Auch Sikora wertete für die Analyse dieser Dichotomie von obrigkeitlichem Machtanspruch und soldatischer Verweigerungshaltung vor allem gedruckte Publikationen zur Desertion aus, spürte den Ursachenbündeln für die großen Desertionswellen nach und konnte hier beispielsweise Indizien festmachen, um etwa den Belagerungen im 18. Jahrhundert eine hohe Desertionsgefährdung zuzuschreiben.[74] Außerdem zeigte die Auswertung der General- und Einzelpardons, dass selbst die Desertion als Delikt verhandelbar war und somit ebenfalls Zuschreibungsprozessen und Diskursen unterlag.[75]

Auf diesen Arbeiten fußten seit der Jahrtausendwende alle weiteren Studien zur Desertion in den Armeen, insbesondere in der preußischen. Der Militärhistoriker Jörg Muth näherte sich dann bereits über den Ansatz der Alltagsgeschichte der preußischen Armee, indem er das Garnisonsleben in der Potsdamer Garnison beleuchtete und mit vergleichbaren zivilen Lebenswelten verglich.[76] Dafür nutzte er neben der normativen Ebene von Edikten und gedruckten Publikationen auch das Aktenmaterial zu den Garnisonsstädten im Potsdamer Stadtarchiv und im Brandenburgischen Landeshauptarchiv sowie die zeitgenössischen juristischen Schriften zu Disziplin, Strafrecht und Desertion. In seiner Zusammenfassung stellte der Autor fest, dass es sich bei der Desertion um ein alltägliches Phänomen und daher auch um ein für die Zeitgenossen weniger spannendes Thema handelte.[77]

Der israelische Historiker Ilya Berkovich verfasste erst vor wenigen Jahren eine aus angelsächsischer Perspektive neuwertige Untersuchung zu den europäischen Regimentern des 18. Jahrhunderts, die sich den Motiven für den Dienst im Militär widmete.[78] Dafür wertete er unter anderem die Mustertabellen der österreichischen Armee aus und nutzte sozialwissenschaftliche Methoden, um die grundlegende Einstellung der Soldaten zu ihrem Dienst, vor allem in Kriegszeiten, zu beleuchten. Darüber hinaus stützte er sich auf eine Fülle von mehr oder weniger bekannten Tagebüchern und Autobiografien von Offizieren und Soldaten des

74 Sikora, Disziplin und Desertion, S. 90–94.

75 Auch neuere Forschungen zu den Verhandlungen zwischen rückkehrwilligen Deserteuren und ihren Regimentern legen diesen Schluss nahe. Vgl. Winter, Martin: Desertionsprozesse in der preußischen Armee nach dem Siebenjährigen Krieg, in: Jutta Nowosadtko; Diethelm Klippel; Kai Lohsträter (Hg.): Militär und Recht vom 16. bis 19. Jahrhundert. Gelehrter Diskurs – Praxis – Transformationen (= Herrschaft und soziale Systeme in der Frühen Neuzeit, 19), Göttingen 2016, S. 187–208.

76 Muth, Jörg: Flucht aus dem militärischen Alltag. Ursachen und individuelle Ausprägung der Desertion in der Armee Friedrichs des Großen, Freiburg i. Br. 2003.

77 Ebd., S. 159.

78 Berkovich, Ilya: Motivation in war. The experience of common soldiers in old-Regime Europe, Cambridge 2017, S. 55–94, bes. S. 71–73.

18. und vor allem des 19. Jahrhunderts.[79] Im Ergebnis stützten seine Daten die Vermutung, dass die Identifikation mit dem Regiment grundlegend war für viele Soldaten, der Militärdienst also für die Mehrheit ein selbst gewähltes Schicksal bedeutete und sich die europäischen Heere eben nicht nur aus »gepressten« Existenzen und Kriminellen zusammensetzten. Anhand der Gerichtsakten und weiterer Unterlagen aus dem Sächsischen Hauptstaatsarchiv in Dresden konnte Stephan Kroll in seiner Habilitationsschrift zur kursächsischen Armee belegen, dass die Motive für das Desertieren sehr vielfältig und durchaus individuell waren, dass in den Verhören zur Verteidigung aber immer wiederkehrende Topoi vorgebracht wurden.[80] Die Vernehmungen ganzer Truppeneinheiten nach Desertionswellen zeigten durch den Vergleich der Aussagen, dass als Gründe für die Desertion vor allem die gewaltsame Werbung, eine nicht eingehaltene Kapitulation, ein verweigerter Abschied oder die zu hart empfundene Bestrafung im Dienst genannt wurden.[81] Damit konnte Kroll zeigen, dass die Deserteure sehr genau wussten, welche Aussage vor den Kriegsgerichten strafmildernd oder strafbefreiend wirken konnte. Diese Erkenntnisse bilden in Zusammenhang mit der Forschungsdebatte um die Verhaltensweisen von Angeklagten vor frühneuzeitlichen Gerichten sowie im Hinblick auf die symbolische Kommunikation, die auch hier stattfand, ein Gerüst für die Auswertung von Militärstrafverfahren im Militär.[82]

79 Hier sind auch die üblichen preußischen Beispiele wie Ulrich Bräker, Unteroffizier Dominicus, der Soldat Laukhard oder der Grenadier Pickert zu nennen. Bräker, Ulrich: Lebensgeschichte und Natürliche Ebentheuer des Armen Mannes im Tockenburg, ND Zürich 1993; Magister F. Ch. Laukhards Leben und Schicksale: von ihm selbst beschrieben. Deutsche und französische Kultur- und Sittenbilder aus dem 18. Jahrhundert (bearb. von Viktor Petersen, mit Einl. von Paul Holzhausen), 8. Aufl., Stuttgart 1910; Pickert, Johann Christoph: Lebens-Geschichte des Unterofficier Pickert. Invalide bey der 7ten Compagnie, mit einem Nachwort versehen und hrsg. von Gotthardt Frühsorge und Christoph Schreckenberg, 2. Aufl., Göttingen 2006; Aus dem siebenjährigen Krieg. Tagebuch des preußischen Musketiers Dominicus, hrsg. von Dietrich Kerler, Neudr. der Ausg. München 1891, Osnabrück 1972. Eine interessante Auseinandersetzung mit den Herausforderungen des Militärdienstes für den Soldaten Bräker bietet Kloosterhuis, Jürgen: Donner, Blitz und Bräker. Der Soldatendienst des »armen Mannes im Trockenburg« aus der Sicht des preußischen Militärsystems, in: Alfred Messerli (Hg.): Schreibsucht. Autobiografische Schriften des Pietisten Ulrich Bräker (1735–1798), Göttingen 2004, S. 129–187.

80 Vgl. Kroll, Soldaten im 18. Jahrhundert, S. 530f.

81 Ebd.

82 Ganz allgemein zu den verschiedenen Faktoren der physischen Verhandlung vor Gericht, den Rollen der einzelnen Akteure und dem dahinterstehenden Zeremoniell vgl. die Beiträge in dem Sammelband Schulze, Reiner (Hg.): Symbolische Kommunikation vor Gericht in der Frühen Neuzeit (= Schriften zur europäischen Rechts- und Verfassungsgeschichte, 51), Berlin 2006; speziell zum Gerichtsverfahren als Aufführung vgl. in diesem Band Schild, Wolfgang: Die Strafgerichtsverhandlungen als Theater des Rechts, S. 107–124.

Ganz richtig wurde in einem Sammelband zu »Militär und Recht«[83] aus dem Jahr 2016 gerade erst darauf hingewiesen, dass wesentliche Faktoren der militärischen Gerichtspraxis, unter anderem der tatsächliche Einfluss der juristisch geschulten Militärbeamten oder Auditeure, noch einer tiefergehenden Betrachtung bedürfen.[84] Diese Erkenntnisse der bisherigen Forschung auf den Gebieten der Kriminalitäts-, Rechts-, Kultur- und Landesgeschichte sind demnach zusammenzuführen mit den soziologischen und kulturwissenschaftlichen Ansätzen, die sich vor allem mit den Fragen nach den Grundlagen für die Zuschreibung von Kriminalität unter Soldaten und durch die beteiligten Akteure vor dem Hintergrund der Rechtsnormen und -praktiken zu beschäftigten haben.

1.3 Untersuchungsrahmen und methodische Überlegungen

1.3.1 Der Untersuchungszeitraum

Als Zeitraum für die Sichtung und den Vergleich der Quellen boten sich die Regierungszeiten der ersten drei preußischen Könige Friedrich I., Friedrich Wilhelm I. und Friedrich II. in der Zeitspanne von 1705 bis 1750 und in Einzelfällen darüber hinaus für die Untersuchung an. Zum einen liegt dies darin begründet, dass die brandenburgische Armee, die im 17. Jahrhundert eine immense Erweiterung erfuhr, unter den drei Königen stetig mehr Einfluss gewann und damit auch die Entwicklung der Militärgerichtsbarkeit prägte. So nutzte bereits Friedrich I. die Truppen als Instrument der Außenpolitik, setzte diese allerdings im Dienst des Kaisers ein.[85] Nach ihm baute Friedrich Wilhelm die Armee weiter aus, gestattete weitreichende Privilegien und führte Standards im Militär ein. Und schließlich nutzte Friedrich II. die preußische Armee auch als politisches Instrument, um jene Ziele durchzusetzen, die seinem Vater verwehrt geblieben waren. In diesem Zusammenhang wurde eine Regulierung der militärischen Lebenswelten, des Militärkirchenwesens und der Militärjustiz notwendig. Eine erste Militärgerichtsordnung im Jahr 1712 sowie die Erweiterung des Generalauditoriats fielen in die Regierung des ersten preußischen Monarchen.

83 Nowosadtko, Jutta; Klippel, Diethelm; Lohsträter, Kai (Hg.): Militär und Recht vom 16. bis 19. Jahrhundert. Gelehrter Diskurs – Praxis – Transformationen (= Herrschaft und soziale Systeme in der Frühen Neuzeit, 19), Göttingen 2016.

84 Nowosadtko, Jutta: Träger der Bürokratisierung – Sekretär des Chefs? Erste Überlegungen zur Rolle der Militärjuristen im 17. und 18. Jahrhundert, in: Jutta Nowosadtko; Diethelm Klippel; Kai Lohsträter (Hg.): Militär und Recht vom 16. bis 19. Jahrhundert. Gelehrter Diskurs – Praxis – Transformationen (= Herrschaft und soziale Systeme in der Frühen Neuzeit, 19), Göttingen 2016, S. 269–286.

85 Vgl. Göse, Frank: Friedrich I. (1657–1713). Ein König in Preußen, Regensburg 2012, S. 261–270.

Die Regierungszeit des »Soldatenkönigs« Friedrich Wilhelm I. sah dann eine Konsolidierung dieser in die Wege geleiteten Aufbaumechanismen vor, die mit der Schaffung des Kantonwesens und der Strukturierung des Generalkriegsdepartements ihren Höhepunkt erfuhr.[86] In dieser relativ friedlichen Phase entwickelte sich eine Armee, die gut ausgebildet, grundlegend administrativ erfasst und stark hierarchisch gegliedert war.[87] Das adlige Offizierkorps trug die Verantwortung der Personalführung, für den Rekrutennachschub und die Ausbildung der Angeworbenen und langjährig Dienenden – ebenso war der Chef des Regiments, und in dessen Abwesenheit sein Kommandeur, für die Erhaltung der Disziplin und die Einhaltung des Kriegsrechtes verantwortlich.[88] Neben der ökonomischen Selbstständigkeit bot die Regimentswirtschaft eine eigenständige Entscheidungsgewalt als Gerichtsherr über die unterstellten Soldaten. Diese Kompetenzen wurden in Disziplinarangelegenheiten bis auf die Ebene des Kompaniechefs abgegeben.

Lediglich im Fall von peinlichen Prozessen, die eine harte Strafe an Leib und Leben des Rekruten erwarten ließen, wurde die Bestätigung des Urteils abschließend an den Chef des Regiments und schließlich an den Monarchen als obersten Befehlshaber der Armee weitergeleitet. Dieses administrative Geflecht blieb bis zum Tod Friedrichs II. bestehen.[89]

Trotz einiger Kritik, die sowohl der Vater als auch Friedrich selbst an der Eigenmächtigkeit einzelner Regimentschefs übten, begründete diese strukturelle Selbstständigkeit auch in den Augen der Monarchen die kulturelle Einheit und Identität eines Regiments, dessen Kampfeswille im Krieg gezeigt werden und dessen Soldaten in Friedenszeiten bei Revuen glänzen konnten.[90] Auch personell ließen sich große Kontinuitäten zwischen den drei Herrschern feststellen: Gediente Offiziere, die bereits im Spanischen Erbfolgekrieg ihr militärisches Können gezeigt hatten, dienten auch unter Friedrich Wilhelm – und zum Teil noch unter Friedrich II.

86 Vgl. Göse, Frank: Rittergut – Garnison – Residenz. Studien zur Sozialstruktur und politischen Wirksamkeit des brandenburgischen Adels 1648–1763, Berlin 2005.

87 Rohrschneider, Michael: Leopold I. von Anhalt-Dessau, die oranische Heeresreform und die Reorganisation der preußischen Armee unter Friedrich Wilhelm I., in: Peter Baumgart (Hg.): Die Preussische Armee zwischen Ancien Régime und Reichsgründung, Paderborn u. a. 2008, S. 45–71.

88 Zur Bedeutung der Offiziere für die Regimentswirtschaft vgl. Winkel, Im Netz des Königs, S. 10.

89 Vgl. Hubatsch, Walter: Friedrich der Große und die preußische Verwaltung, Köln u. a. 1973, S. 46–65.

90 So lautete zumindest das rückblickende Fazit Friedrichs II. vgl. Volz, Berthold: Die Werke Friedrichs des Großen in deutscher Übersetzung, Bd. 2: Geschichte meiner Zeit, Berlin 1913, S. 78: »Eigentlich rettete die Preußen nur ihre Tapferkeit und ihre Mannszucht.«

Generalfeldmarschall Fürst Leopold von Anhalt-Dessau kann etwa als prägnantes Beispiel für diese personelle Kontinuität angeführt werden: Über 50 Jahre lang stand er in preußischen Diensten und hatte schon in der Regierungszeit Friedrichs I. eine bedeutende Rolle als militärischer Ratgeber. Unter Friedrich Wilhelm I. schließlich gehörte »der Alte Dessauer« zum direkten Umfeld des Königs und nahm auch Einfluss auf die militärische Ausbildung des Kronprinzen.[91] Obwohl das Verhältnis zwischen Friedrich II. und Leopold unter dem Zerwürfnis mit dem Vater 1730 stark gelitten hatte, hielt Friedrich am Fürsten fest und dieser diente noch im Österreichischen Erbfolgekrieg und bis zu seinem Tode 1747 dem Hohenzollern-König.

Die Überlieferung des Nachlasses und der Archivalien seiner Familie, zu der neben Leopold noch weitere namhafte Offiziere der preußischen Armee gehörten, begründete zum Zweiten die Zeitspanne der Untersuchung. Während der Generalfeldmarschall eine weitgehende Kontinuität zu den regierenden Monarchen aufweist, erlauben die übrigen Familienmitglieder und deren Verwaltung der Regimenter einen Einblick in die Vielfalt der Aufgaben im militärrechtlichen Bereich zu verschiedenen Phasen im 18. Jahrhundert, denn sowohl Moritz als auch Dietrich von Anhalt-Dessau wurden von Friedrich II. als leitende Richter in Generalkriegsgerichten eingesetzt.[92] Beide Offiziere dienten ebenfalls bereits unter Friedrich Wilhelm I. und stellten somit auch persönliche Kontinuitätslinien her.[93] Aus der Beobachtung heraus, dass sich bestimmte Verfahrensweisen zunächst in einer gewissen Zeit etablieren mussten und dann in großem zeitlichem Abstand erst Anwendung fanden, wird die Arbeit nach Kontinuitäten und Brüchen im Umgang mit verschiedenen Delikten im Militär anhand von Einzelfällen aus den Jahren 1708 bis 1746 fragen. Insbesondere die praktische Ausgestaltung der Militärgerichtsordnung von 1712 sowie der zahlreichen Kriegsartikel und Reglements im Verlauf des 18. Jahrhundert zeigt, dass Vorschriften sowohl von den vorgesetzten Offizieren als auch von den Mannschaften rezipiert und aufgenommen wurden. Die Abschaffung verschiedener Rechte, etwa des Holzschlagens in den Wintermonaten in den Berliner Wäldern, sowie deren rechtliche Reglementierung wurden zum Teil bewusst umgangen, ignoriert

91 Vgl. Radtke, Dieter: Friedrich der Große und der Alte Dessauer. Des Königs Verhältnis zum Fürsten, Hildesheim 2015.

92 Moritz von Anhalt-Dessau wurde mit der Errichtung der Kriegsgerichte gegen einige Generäle im Ersten Schlesischen Krieg eingesetzt, die nach Maßgabe des Königs ihre Festungen zu früh übergeben hatten. Vgl. Liste (1742). Dietrich führte die Untersuchung gegen den Oberst von Seel des Regiments von Leps, seinen Feldwebel Trosberg und weitere Offiziere, die sich der Übervorteilung von Enrollierten und Soldaten schuldig gemacht hatten (1746).

93 Vgl. zu den Offizieren, dem Einfluss ihrer Familien und zur Kontinuität in der Beziehung zum Monarchen Winkel, Im Netz des Königs, S. 114f.

und vermieden.[94] Gleichwohl setzte im gelehrten Diskurs ein Umdenken im Umgang mit den Untertanen ein, das auch vor den Soldaten nicht haltmachte und zu einer latenten »Humanisierung« des Strafprozesses führte - auch diese Tendenzen setzten sich von oben nach unten durch und wurden sowohl von den Offizieren als auch von den Soldaten aufgenommen und instrumentalisiert.[95]

1.3.2 Herrschaft, Kommunikation und Kriminalitätsdiskurse

Wie die übrigen Gesellschaften auch, sahen sich die europäischen Armeen und ihre Mitglieder mit einem steigenden Druck der Professionalisierung in der militärischen Verwaltung konfrontiert.[96] In Brandenburg hatten auch die Erfahrungen des Dreißigjährigen Krieges zu einem Festhalten des Herrscherhauses an seinem stehenden Heer geführt: das Territorium sollte in militärischen Konflikten handlungsfähig bleiben. Dazu mussten die Regimenter effizienter strukturiert und der Soldat »funktionstüchtiger« gemacht werden. Neben die Ablösung der Kriegsunternehmer durch das zentral gelenkte System der Kompaniewirtschaft traten die zunehmend ausdifferenzierten Kriegsartikel und das Kantonsystem, das eine Erfassung aller zum Dienst tauglichen Untertanen der in den preußischen Kernlanden lebenden Männer zumindest anstrebte. Ebendiese Verbindung zwischen dem Militärdienst als Teil der Lebenswelt vieler preußischer Männer im 18. Jahrhundert mit dem Anspruch eines rechtlich privilegierten Standes, der ein eigenes Militärrecht und eigene Gerichte besaß, förderte auch zahlreiche Parallelen zur zivilen Gesellschaft zutage: die Offiziere waren ständisch geprägt und verstanden sich als Teil einer adligen Gemeinschaft, die oft auch nach anderen Regeln funktionierte als das nach bestimmten Maßstäben der Effizienz geschaffene hierarchische System des Militärs.

Auch die Unteroffiziere und Mannschaften entstammten einem sozialen Milieu, das die Männer bereits in ihren Handlungen prägte, bevor diese in den Militärdienst traten.[97] Damit waren Verhaltensweisen von Militärangehörigen

94 Vgl. Konfliktkapitel 3.3.2 zu Eigentumsdelikten im Umfeld von so genannten »Gewohnheitsrechten«.

95 Augenfällig für diese Entwicklung von oben waren die vielen Anmerkungen durch König Friedrich II., wenn dieser etwa befahl, einen Deserteur zu Festungshaft zu begnadigen oder Selbstmörder in der Armee in aller Stille begraben zu lassen, siehe Edikt vom 07.03.1747, dass die Selbstmörder ein stilles und ehrliches Begräbnis haben sollen.

96 Dies bedeutete für bürgerliche Eliten den Aufstieg über die Beamtenstellen. Vgl. Straubel, Rolf: Biographisches Handbuch der preußischen Verwaltungs- und Justizbeamten 1740–1806/15, 2 Bde., München 2009.

97 Das Konzept der Lebenswelten arbeitet dabei mit einem alltagsgeschichtlichen Ansatz, nach dem die verschiedenen funktionalen Bereiche dieser »Wirklichkeit« durch eine »Aufschich-

eben auch zu einem großen Teil durch die Regeln der Heimatgemeinde oder des eigenen Standes geprägt und kollidierten zum Teil mit den militärrechtlichen Bestimmungen.[98] Dem System des Militärs standen mitnichten bereitwillige Untertanen und abenteuerlustige Ausländer zur Verfügung, ganz im Gegenteil lieferte das Kantonsystem immer wieder Grund für Ärgernisse, da in den Proskriptionslisten alle Jungen bereits früh erfasst wurden, bevor diese ihre eigentliche Körpergröße erreicht hatten (und damit für den Militärdienst in vielen Fällen auch zu klein blieben).[99]

Nicht nur darin, wie man dem Militärdienst in der Armee entgehen konnte, zeigte sich ein gewisser »Eigensinn« der betroffenen Bevölkerungsschichten.[100] Auch innerhalb des Militärs fielen Normen und Vorschriften bei den Soldaten durchaus auf unterschiedlich fruchtbaren Boden.[101] Die bereits erwähnten verschiedenen Normensysteme, egal ob in positiv gesetzter Form von Vorschriften und Artikeln im Militär oder als informelle Regeln der eigenen sozialen Gruppe, konnten einander überlappen, beeinflussen und verändern. Damit begrenzten diese das Handlungsfeld der Soldaten und Unteroffiziere zum einen, sie eröffneten aber auch neue Handlungsoptionen und -spielräume oder erweiterten diese. Die vorliegende Arbeit sieht eine enge Verbindung zwischen dem Handeln von Militärangehörigen und den Argumentationen in Gerichtsverfahren, die sich auf erprobte und erfolgreiche Verteidigungsstrategien stützten. Dieses gemein-

---

tung« strukturiert werden. Vgl. Schütz, Alfred: Strukturen der Lebenswelt, 2. durchges. Aufl., Konstanz 2017.

98 Der sicher bekannteste Konflikt der Normen vor allem für Offiziere lag hier im Bereich der Verteidigung der ständischen Ehre: die zahlreichen Edikte gegen Duelle und die Selbstrache zeigten bekanntermaßen, dass die ständische Reputation auch bei den vorwiegend adligen Offizieren Vorrang vor der Disziplin im Militär besaß. Zum Kampf als Teil männlicher Ehrvorstellungen vgl. Frevert, Ute: Ehrenmänner. Das Duell in der bürgerlichen Gesellschaft, München 1991; insbesondere zur Rolle der Duelle für Offiziere vgl. Ludwig, Ulrike: Das Duell im Alten Reich. Transformation und Variation frühneuzeitlicher Ehrkonflikte, Berlin 2016, bes. S. 183–199.

99 Vgl. dazu Kap. 3: Konfliktfelder und das Quellenkapitel 4, insbesondere 4.7 zum Verkauf von Abschieden an die zu klein geratenen Kantonisten.

100 Eigensinn, verstanden als Bewusstsein von sich selbst und seiner eigenen Wirksamkeit, das auch mit einem gesteigerten Selbstbewusstsein, etwa bei frühneuzeitlichen Wilderern, einherging. Vgl. Schindler, Norbert: Bäuerliche Heldensagen und ihr Gegenteil: Zur Alltagsgeschichte der Wilderei im Salzburger Land im 18. Jahrhundert, in: Belinda Davis; Thomas Lindenberger; Michael Wildt (Hg.): Alltag, Erfahrung, Eigensinn. Historisch-Anthropologische Erkundungen, Frankfurt a. M. 2008, S. 150–168.

101 So näherte sich schon Lieselott Enders den Protestaktionen von bürgerlichen und bäuerlichen Gruppen gegen ungerechte Frondienste als Form des ständischen Selbstbewusstseins gegenüber lokalen Obrigkeiten an. Vgl. Enders, Lieselott: Emanzipation der Agrargesellschaften im 18. Jahrhundert – Trends und Gegentrends in der Mark Brandenburg, in: Jan Peters (Hg.): Konflikt und Kontrolle in Gutsherrschaftsgesellschaften – über Resistenz- und Herrschaftsverhalten in ländlichen Sozialgebilden der Frühen Neuzeit, Göttingen 1995, S. 404–433, hier S. 424f.

same Wissen wurde unter den Soldaten besprochen und als subjektives Analyseinstrument für die eigene Situation vor Gericht ebenfalls eingesetzt.[102]

Mit dem Begriff der »Devianz« bezeichnet die historische Forschung im Allgemeinen das von einer gesellschaftlichen Norm abweichende und somit als Verstoß gegen Regeln erkannte Verhalten, das von einer sozialen Gruppe als solches erkannt wird.[103] Dabei spielte es keine Rolle, ob diese Normen aus der gemeinschaftlichen Akzeptanz von Traditionen oder aus neuen positiv gesetzten Rechtstexten stammten. Ihre Bedeutung ergab sich aus dem gesellschaftlichen Diskurs, welcher sowohl von den Eliten in akademischen Streitschriften als auch von weiten Teilen der übrigen Bevölkerung durch Annahme, Verweigerung oder offenen Protest geführt wurde. In diesem Verständnis stellten deviantes Handeln und Kriminalität diskursive Praktiken dar, die zur »Aushandlung von Herrschaft« in der Frühen Neuzeit wesentlich beitrugen.[104]

Der Begriff der »Kriminalität« wurde längst über seine Wortbedeutung als Zusammenfassung von Tatbeständen, die aufgrund von Gesetzestexten als strafbare Handlungen geahndet werden müssen, hinaus erweitert. So beschäftigt sich die Kriminalitätsgeschichte bereits seit 30 Jahren mit der Frage nach der eigentlichen Funktion von »Kriminalität« als Zuschreibung oder Etikettierung innerhalb einer fortschreitenden schriftlichen Ausgestaltung von Recht und Unrecht seit dem Mittelalter. Die dahinterstehenden Mechanismen der Macht hat bereits Michel Foucault zum Anlass genommen, die wechselseitigen Beziehungen zwischen den rechtlichen und gesellschaftlichen Vorgaben durch Regierungen und soziale Eliten mit der Akkumulation weiterer ökonomischer oder machtpolitischer Vorteile aufzuzeigen.

Die Diskussion über Kriminalität setzte in der Forschung zunächst bei den verschiedenen Formen von Verweigerungshaltungen und Diskursen über Tradition und Recht seit dem Mittelalter an: tradiertes Recht nach jahrhundertealten Normensystemen kollidierte gerade im 18. Jahrhundert mit den Zentralisierungs- und Professionalisierungsbestrebungen der regierenden Fürsten und ihrer Eliten. Dabei zeichneten sich sowohl in den betroffenen Teilen der Bevölkerung als auch bei lokalen Eliten partikuläre und sich widerstreitende Interessen ab: Handlungen, die lange Zeit als legitim galten – etwa die Entnahme von Brennholz aus kommunalen Waldgebieten –, wurden nun zunehmend unter

102 Im Sinne der Wissenssoziologie zirkulieren in allen Kulturen Vorstellungen von sinnvollen und sinnlosen Handlungen, die also effektiv auf Erfolg und Misserfolg abzielten. Diese zu kennen, gehörte sicher zu den Grundbedürfnissen der Soldaten in der stark hierarchischen Welt des Militärs. Vgl. Berger, Peter L.; Luckmann, Thomas: Die gesellschaftliche Konstruktion der Wirklichkeit: eine Theorie der Wissenssoziologie, Frankfurt a. M. 1987.

103 Vgl. Vester, Heinz-Günther: Kompendium der Soziologie I: Grundbegriffe, Wiesbaden 2009, S. 91.

104 Vgl. Schwerhoff, Devianz in der Alteuropäischen Gesellschaft, S. 412f.

Strafe gestellt und damit kriminalisiert.[105] Der Wald wurde mehr und mehr zum Privateigentum des Grundbesitzers oder Landesherrn – die Übertretung musste durchgesetzt oder das Nutzungsrecht erneut verhandelt werden.

Bestimmte Handlungsweisen konnten demnach entweder als Übertretungen (Devianz) betrachtet oder als normenkonform (weil nach ständischem Recht nachvollziehbar und legitim) durch die Beteiligten anerkannt werden. Im Fall der meisten strafrechtlich definierten Delikte, die alle Gesellschaftsschichten und Stände betrafen, waren die Möglichkeiten zum devianten Handeln jedoch auch durch die christlich-protestantische Ethik stark begrenzt: Gewalt, Mord und Totschlag, Raub oder Diebstahl blieben keineswegs auf die nicht-militärischen devianten Gruppen beschränkt. Soldaten mordeten, vergewaltigten, raubten und stahlen ebenfalls – und auch außerhalb von kriegerischen Konflikten, die bestimmte Formen der Gewalt bereits als Teil der Kriegführung kannten.[106]

Kriminalität gehörte demnach zur Erfahrungswelt der Soldaten und der Zivilbevölkerung in unterschiedlichem Ausmaß und mit unterschiedlichen Folgen. Doch wie wurde diese »Straffälligkeit« im Militär problematisiert und instrumentalisiert? Die Forschungen zu zivilen Gerichtsverfahren vor städtischen Gerichten – aber auch in ländlichen Gemeinden – zeigen, dass Rechtsfindung und Bestrafung in einem gewissen flexiblen Rahmen von Argumentationen stattfanden.[107] Bestimmte Delikte wurden so mit ganz bestimmten Argumentationen in Zusammenhang gesetzt – sowohl in der Anklage als auch in der Verteidigung. Auch im 18. Jahrhundert wurde zudem zwischen »militärischen« Delikten und »gemeinen« Delikten unterschieden, inwieweit dies in den Gerichtsverfahren aber tatsächlich eine Rolle spielte für Soldaten oder angeklagte Zivilisten, blieb bisher fraglich.

Folgt man der These von Gerd Schwerhoff, dass Kriminalität als Gegenstand der Aushandlung und des Diskurses gewissermaßen zum Gradmesser der Herrschaft werden konnte, musste Kriminalität im Militär für die Entwicklung der Rechtssetzung zu verschiedenen Straftatbeständen eine Rolle gespielt ha-

105 Diese Entrechtlichung wurde von der Bevölkerung nicht einfach hingenommen und durch bloße Ignoranz oder Widerspenstigkeit ignoriert und umgangen. Vgl. Schindler, Norbert (Hg.): Widerspenstige Leute. Studien zur Volkskultur in der Frühen Neuzeit, Frankfurt a. M. 1992, S. 6–12.

106 Vgl. Rischke, Janine: Kriegsbericht oder Gaukeley? Militär und Gesellschaft in Berliner Zeitungsartikeln in der ersten Hälfte des 18. Jahrhunderts, in: Militär und Gesellschaft in der Frühen Neuzeit (AMG) 14 (2010), Heft 2, S. 318–347.

107 Vgl. Gleixner, Ulrike: »Das Mensch« und »Der Kerl«. Die Konstruktion von Geschlecht in Unzuchtsverfahren der Frühen Neuzeit (1700–1760), Frankfurt a. M. 1994. Gleixner betonte insbesondere die unterschiedliche Argumentation der Geschlechter vor Gericht in Unzuchtsverfahren, die für die Beteiligten durchaus schwerwiegende Konsequenzen nach sich ziehen konnten.

ben.[108] Dazu kam ein Wandel in der Bewertung des Militärdienstes und der Lebensumstände der Soldaten, die im 18. Jahrhundert vielen Zeitgenossen nicht mehr erstrebenswert erschienen. Dies gipfelte in der Darstellung des tumben und lächerlichen Soldaten in den einfachen Schwänken und der Literatur. Aber auch die Ausübung von Gewalt selbst stand bereits seit Beginn des 18. Jahrhunderts in der Diskussion.[109] Und tatsächlich finden sich in Gerichtsunterlagen zahlreiche Hinweise auf die »rohe Gewalt« von Soldaten, deren »liederliche Herkunft« und fehlendes Rechtsbewusstsein.[110] Angesichts der tatsächlichen Herkunft zahlreicher Inländer in der preußischen Armee muss diesen Bemerkungen in den Quellen jedoch mit Vorsicht begegnet werden. Vielmehr werden sowohl normative Texte wie darstellende Quellen und vermeintlich »dokumentierende« Gerichtsakten daraufhin befragt, welchen Stellenwert kriminelles Verhalten einerseits im Alltag der Soldaten sowie auch im Umgang mit anderen Bevölkerungsgruppen und aus Sicht der Vorgesetzten und der Regierung einnahm und wie »Kriminalität« als Straftatbestand durch die verschiedenen Akteure problematisiert und instrumentalisiert wurde.

Vorstellbar ist, dass die militärische Struktur bestimmte Formen der Kriminalität begünstigte: sowohl die militärische Hierarchie (Subordination/Insubordination), das Einquartierungswesen (Exzesse gegenüber der Zivilbevölkerung, Unzucht, Gewalt, Mord) als auch das tägliche Exerzieren und der Wachdienst (Trunkenheit, Schlägereien) brachten kriminelles Handeln hervor. Nicht immer jedoch unterschieden sich die Delikte von denen, die durch Handwerker oder Studenten verübt wurden – auch wenn erstere vor einem Kriegsgericht behandelt wurden. Die Handlungsoptionen oder Handlungsspielräume von Soldaten zeigten sich demnach nicht erst in den eigentlichen Gerichtsverfahren oder den Voruntersuchungen, sondern auch im Anzeigeverhalten oder in der Bewertung von regelkonformem und deviantem Verhalten durch Kameraden und Vorgesetzte.

Ein weithin bekanntes Paradigma der Frühen Neuzeit stellte der zeitgenössische Diskurs über legitime und illegitime Gewaltanwendung dar (etwa im Krieg).[111] Dieser Prozess der Verständigung kristallisierte sich dann in der

108 Schwerhoff, Historische Kriminalitätsforschung, S. 115.

109 Vgl. Nowosadtko, Der Militärdienst als Räuberschule?.

110 Insbesondere in gemischten Verfahren zwischen Zivilisten und Soldaten argumentierte die zivile Gegenseite oft mit dem vermeintlich unlauteren Lebenswandel der Soldaten und ihrer Neigung zu Gewalt. Im Kap. 3.3.6 zu den Konflikten zwischen den Geschlechtern werden ebenfalls Soldaten eines Überfalls bezichtigt, weil sie durch ihre soldatische Ausbildung vermeintlich dazu in der Lage seien.

111 Neben dem Diskurs um den »bellum justum«, der nur für die Obrigkeit stattfand, gab es auch einen Diskurs über die Anwendung von Gewalt im Krieg, der sich in Kriegszeiten auch durch die Anprangerung von Gräueltaten bei der gegnerischen Armee manifestierte. GStA PK, I. HA, Rep. 94 Kleine Erwerbungen, IV L c, Nr. 67: Abschriftliches Manifest des preu-

rechtlichen Fixierung in obrigkeitlichen Normen für das Militär heraus. Diese trafen zusätzlich auf bereits bestehende Normensysteme verschiedener gesellschaftlicher und sozialer Gruppen und überlagerten die entstehenden Normen oder konterkarierten diese sogar. Im extremen Fall führte die Konkurrenz von Normen zu einem vollkommen anderen Ergebnis als dem von der Obrigkeit intendierten: wie etwa im Fall des Heiratsverbotes für Soldaten und den daraus resultierenden »wilden Lebensgemeinschaften«, die in der Folge sogar von den Befehlshabern im Regiment stillschweigend toleriert wurden. Deviantes Verhalten zeigt sich in diesem Verständnis also ebenfalls als Form der Kommunikation über die Normierungsversuche der Obrigkeit.

Auch im Militär sind im Verlauf der gerichtlichen Verfahren, oder vielmehr innerhalb der abgefassten Gerichtsakten, Handlungslogiken der Akteure zu erkennen, die sowohl auf einen Diskurs zu strafbaren Handlungen und zu den gesellschaftlichen Normen verweisen als auch strafrechtliche Praktiken in den Blick nehmen,[112] die allgegenwärtig waren oder sich als »bewährte« Handlungsmuster im militärgerichtlichen Verfahren etabliert hatten. In den Verhören, den Begründungen für die Urteilssprüche sowie anlässlich der Anordnung der strafrechtlichen Folgen lassen sich in den Regimentsunterlagen Semantiken finden, die einerseits Handlungswissen zu den einzelnen Delikten zeigen, die andererseits bestimmte Handlungen und Verhaltensweisen zur Folge hatten und beeinflussten.[113]

Die Dokumente, die zum großen Teil die Wahrnehmung von Soldaten, Offizieren und Amtsleuten zu den verschiedenen Delikten abbilden, weisen trotz ihrer formal bedingten Struktur Semantiken auf, die Bezug nehmen auf Handlungen und Grundlagen dieser Handlungen, die nicht selten durch Diskurse und grundlegende Konzepte, etwa durch die ständische oder soziale Identität, bestimmt werden.[114] In diesem Sinn werden in der Wahrnehmung soziale Praktiken mit dem Wissen aus den Diskursen »verwoben« und von den Beteiligten ge-

ßischen Husaren-Obristen Frid. Wilh. Von Kleist d. d. … in Böhmen 1759 November 17, das Sengen und Brennen seitens österreichischer und russischer Truppen in der Mark Brandenburg und anderen angrenzenden Provinzen betreffend, vom 17.09.1759.

112 Vgl. Landwehr, Achim: Jenseits von Diskursen und Praktiken: Perspektiven kriminalitätshistorischer Forschung, in: Rebekka Habermas; Gerd Schwerhoff (Hg.): Verbrechen im Blick. Perspektiven der neuzeitlichen Kriminalitätsgeschichte, Frankfurt a. M. 2009, S. 42–70.

113 Vgl. ebd., S. 44f.: Achim Landwehr lehnt die Dichotomie zwischen Diskurs – als Auseinandersetzung allein mit der Norm – und den »Praktiken« als direktem Ausweis sozialen Handelns m. E. zu Recht ab, da bereits in der früheren Forschung zur Desertion die enge Verbindung zwischen Handlungswissen, Desertionshandlung und der Verteidigungsstrategie in einem eventuellen Verfahren unmittelbar betont wurde. Vgl. Sikora, Disziplin und Desertion, S. 363f.

114 In diesem Sinn sei auf das Analyse-Kapitel 4 verwiesen, das sich in der Mikroperspektive der Durchdringung dieser Wahrnehmungsschichten und Perspektiven widmet.

meinsam gedacht. Wenn Kriminalität als Gesamtheit der juristischen Handlungen bzw. von Handlungen, die bereits in juristischen und gesellschaftlichen Diskursen präsent sind, und von kriminellen Handlungen als Praktiken mit eigenen Handlungslogiken verstanden wird, dann ergeben sich interessante Schlussfolgerungen für das Verständnis von Herrschaft durch die Soldaten. Natürlich können anhand der Texte die tatsächlichen Handlungen nicht eindeutig nachvollzogen werden – wohl aber die Wahrnehmung und das Erleben von kriminellen Praktiken. Diese sind durch bewusste sowie unbewusste kulturelle und soziale Determinanten bestimmt. Jeder Soldat war ja durch die Erfahrungen in seinem sozialen Umfeld, mit den lokalen und militärischen Amtsträgern, den Vorgesetzten und Kameraden sowie durch kulturelle Einflüsse über regionale und standesspezifische (auch berufsständische) Ausformungen geprägt. Mit dieser »Brille« ausgestattet, waren auch Handlungen möglich, die allgemein bereits als Straftaten bekannt waren, angesichts persönlicher Auswahlmechanismen aber wohl als »Mittel« zum Zweck oder als »das kleinere Übel« gelten konnten. Wie kam es bei den Soldaten zu diesen Auswahlmechanismen? Wann entschied sich ein Soldat, den Schritt in die Kriminalität zu gehen und eine bekannte Vorschrift zu übertreten – und wenn diese Vorschrift unbekannt war, gab es aufseiten des Delinquenten kein Vorwissen dazu oder zog er sich direkt auf die Position des »Unwissenden« zurück?

Insgesamt stellt die Frage nach den Diskursen und Praktiken, die sich bei einer Straftat im Militär ergibt, auch die Frage nach den Konstrukten, die diese Wahrnehmung bestimmten. Was sagte diese Wahrnehmung etwa über das Herrschaftsverständnis der Soldaten aus? Wurden die Vorschriften und Androhungen von Strafe vielmehr als »Kommunikationsangebot« verstanden, das es den Soldaten ermöglichte, auch im Fall eines gerichtlichen Verfahrens über Argumentationsstrategien und Leumundszeugen nicht nur ein individuell günstiges Ergebnis zu erreichen, sondern vielmehr den Charakter der Kriegsartikel und Regeln infrage zu stellen und zu verändern? Damit wäre die Militärgerichtsbarkeit als Zuständigkeit des Monarchen und seiner Offiziere und Amtsleute als Feld von Diskursen und Praktiken zu verstehen, welches die Identität der Akteure einerseits und der Herrschaft und Rechtskultur andererseits bestimmte.

Neben den sieben ausgewählten Fällen aus den Regimentsunterlagen rücken damit auch jene Fälle in den Fokus, die ein bestimmtes Ergebnis schon bei der Ausübung des Delikts anstrebten. Bereits Jürgen Martschukat verwies hierbei etwa auf den mittelbaren Selbstmord durch lebensmüde Delinquenten, welche durch die grundlose Ermordung von Kindern zu einer christlichen Beichte vor dem Vollzug der Todesstrafe gelangten und ihrem Leben nicht selbst ein Ende setzen mussten.[115]

1.3.3 Die soziale Identität der Soldaten im 18. Jahrhundert

Die Soldaten der frühneuzeitlichen Armeen wurden durch die Regimenter selbst in In- und Ausländer eingeteilt, dies steigerte sich noch nach der Einführung des Kantonsystems, das bekanntlich zur Einschreibung der männlichen Einwohner aus den entsprechenden Kantonen eines Regiments in die Enrollierungslisten führte. Damit ergab sich während des Militärdienstes ein neues soziales Gefüge aus miteinander bekannten, sozial vergleichbaren Individuen und den freiwillig angeworbenen Ausländern. Doch bereits vor der Trennung zwischen den Dienstpflichtigen und den Freiwilligen bestand keine homogene Gruppe von Soldaten, die miteinander in der Armee standen.

Dennoch gibt es Anhaltspunkte dafür, Soldaten ebenfalls als soziale Gruppe zu verstehen, die eine gemeinsame Identität teilte. Als Bezugsrahmen für die Herausbildung derselben dienten zum einen das Regiment und die eigene Kompanie, gemeinsame Ziele und Werte, aber auch die gemeinsam erlebten Bedrohungen und Erfolge. Damit sei nicht nur auf Glück oder Pech in einer Schlacht verwiesen, sondern auch auf das gemeinsame Erleben von Drill, Sanktionierungen, die Erfahrung von Hunger und körperlichen Anstrengungen im Marsch und im Feld. In diesen Situationen waren die gegenseitige Unterstützung und das Verständnis der eigenen Situation grundlegend für die Selbsteinschätzung der Männer – dies beförderte das Verständnis, einer bestimmten sozialen Gruppe anzugehören, die dann auch nach außen als solche auftrat. Die Soziologen Tajfel und Turner betrachteten eine soziale Identität als Gruppenidentität, die sowohl a) die Teilhabe an mehreren sozialen Gruppen ermöglicht als auch b) nach einer positiven Selbsteinschätzung der Gruppe strebt und deren Einschätzung c) meist über die Vergleichbarkeit und Konkurrenz zu anderen sozialen Gruppen Form gewinnt.[116] Die Konkurrenz zwischen verschiedenen ständischen Gruppen, die ähnlichen sozialen Milieus entstammten, zeigt, dass für das soziale Selbstverständnis der Gruppenmitglieder darüber hinaus weitere

115 Martschukat, Jürgen: Ein Freitod durch die Hand des Henkers. Erörterungen zur Komplementarität von Diskursen und Praktiken am Beispiel von »Mord aus Lebens-Überdruß« und Todesstrafe im 18. Jahrhundert, in: Zeitschrift für Historische Forschung 27 (2000), S. 55–74.

116 Tajfel, Henri: Gruppenkonflikt und Vorurteil. Entstehung und Funktion sozialer Stereotypen (mit einem Vorwort von Wolfgang Stroebe), Bern u. a. 1982, S. 69–80. Ständische Ehrkonzepte bedienten sich in der Frühen Neuzeit ebenfalls solcher »Stereotypen« mit dem Ziel der gegenseitigen Abgrenzung.

identitätsstiftende Aspekte entscheidend sein mussten, um sich einer bestimmten sozialen Gruppe zugehörig zu fühlen.[117]

Dabei muss berücksichtigt werden, dass diese soziale Identität auch gewechselt werden konnte – für einige Gruppenmitglieder bestimmte sie das Selbstverständnis als Soldat noch vor der Zugehörigkeit zu der heimatlichen Gemeinde und zur Familie – und dass die sozialen Identitäten auch situativ wechselten. So benahm sich ein Angehöriger einer Bauernfamilie innerhalb der Familie sicher anders als im Regiment während seiner Dienstzeit. Fraglich bleibt, welchen Einfluss eben der Militärdienst und die Angehörigkeit zum Militär auf das Selbstverständnis der Soldaten nahmen und wie diese Zugehörigkeit zum Stand des Militärs gewichtet wurde.

In diesem Sinn nimmt die Frage nach Kriminalität und der Ahndung von abweichendem Verhalten im Regiment eine wichtige strukturelle und mentale Funktion ein: strukturell bedeutend war Kriminalität, wenn sie in einem solchen Maß auftrat, dass sie die Funktionstüchtigkeit der Einheit (egal ob Kompanie oder gar Regiment) gleich vollends infrage stellte oder sogar als Teil des Selbstverständnisses der Soldaten systemimmanent war.[118] Hier werden für den modernen Bereich gern die Initiationsriten bestimmter Armeeverbände vorgebracht, die in ihren Grundzügen zwar illegal, aber im sozialen Verständnis durchaus akzeptiert wurden. Genauso wissen wir heute, dass bestimmte Truppenteile auch in den Armeen des 18. Jahrhunderts ihren »Ruf« pflegten, indem etwa Husaren und Kosaken im Krieg als »Schrecken« für den Gegner wie für die Zivilbevölkerung eingesetzt wurden, aber auch zu Friedenszeiten ein selbstbewusstes Auftreten pflegten.

Interessant erscheint demnach die Frage nach der Argumentation in den Verfahren gegen die Soldaten und danach, in welchem Maß diese durch eine individuelle Perspektive oder durch die Gruppenzugehörigkeit – also ihre »soziale Identität« – geprägt wurde. In diesen Bereich fallen die Beschreibungen von Reaktionen der Klagenden und Angeklagten, die ein gewisses Selbstverständnis und durchaus einen »Eigensinn« verbalisieren konnten.[119] Bereits die Auswer-

117 Ebd., S. 118. Ähnlich dem Konzept der Lebenswelten, das in seinem Verständnis jene Lebenswelten als parallel extistente, gesellschaftlich geformte und kulturell gedeutete Wirklichkeit zu verstehen ist, aber m. E. für die aktive Wahrnehmung der Soldaten etwas kurz greift, werden hier Vorstellungen von Identitäten als Möglichkeiten der Wirklichkeitsdeutung je nach sozialem Kontext verstanden. Vgl. Vierhaus, Rudolf: Die Rekonstruktion historischer Lebenswelten. Probleme moderner Kulturgeschichtsschreibung, in: Hartmut Lehmann (Hg.): Wege zu einer neuen Kulturgeschichte, Göttingen 1995, S. 7–28.

118 Hier sei auf die wiederholte Divergenz zwischen sozialen und gesetzlichen Normen verwiesen.

119 Der Begriff des Eigensinns wird hier im Sinn der Arbeiten von Alf Lüdtke als Verständnis des eigenen Selbst gegenüber den Steuerungsmechanismen von außen verstanden. In dieser Bedeutung bildete Eigensinn durchaus keinen Widerspruch zur sozialen Identität, sondern

tungen der Gerichtsakten der Söldnerheere im 17. Jahrhundert zeigten, dass auch das Empfinden von Recht und Unrecht stark geprägt war von der gemeinsamen Linie der sozialen Gruppe.[120]

Ein wesentlicher Anhaltspunkt der Analyse soll dabei die Frage sein, wie weit eine solche Identität in der sozialen Gruppe reichen konnte. Hierbei unterschieden die Zeitgenossen vermutlich selbst zwischen Kameraden, Bekannten, Familienmitgliedern oder Angehörigen »ihrer« Kompanie. Gerade in der Forschung zur Disziplin und zu den Ordnungsbestrebungen innerhalb der Armee wurde immer wieder betont, dass ein Gegensatz zwischen den Mannschaften und Offizieren existierte.[121] Obwohl zu den Mannschaften gerechnet, bildeten die Unteroffiziere eine eigene Gruppe, die sich den Offizieren gegenüber zu verantworten hatte und für die Soldaten im täglichen Leben den Dienst überwachte.[122] Denn auch gegenteilige Beispiele einer sozialen Bindung zwischen Soldaten und ihren Offizieren sind nachweisbar: wenn beispielsweise ein gedienter Soldat für ein ziviles Amt durch den vorgesetzten Offizier oder gar den Regimentschef an den König gemeldet wurde.[123]

Interessant ist hier der Blick auf Soldaten, die gemeinsam für Verbrechen verantwortlich gemacht wurden und etwa bei einem gemeinsamen Desertionsversuch ertappt wurden: Auch die reine Zweckgemeinschaft, die nur gebildet wurde, um die Flucht aus dem Regiment erfolgreich zu organisieren, bildete eine Form der sozialen Identität, die jedoch mitunter äußerst fragil war. Wie die Verhöre zeigen, wurden vorherige Allianzen in Desertionsverfahren besonders schnell aufgegeben, um nach individuellen Verteidigungsstrategien vorzugehen. Da die einzelnen Soldaten in den Akten erst durch Normverstöße und selten durch Belobigungen sichtbar wurden, ist zudem fraglich, ob das bisherige Urteil über die Vielzahl der einfachen Soldaten als zusammengezwungene Gemeinschaft stimmig ist.[124] So wie die Zugehörigkeit zu einer sozialen Gruppe für menschliche Gesellschaften im Allgemeinen konstitutiv ist, bedeutete die Zu-

konnte im Gegenteil darin einfließen. Vgl. Lüdtke, Alf: Geschichte und Eigensinn, in: Berliner Geschichtswerkstatt (Hg.): Alltagskultur, Subjektivität und Geschichte. Zur Theorie und Praxis von Alltagsgeschichte, Münster 1994, S. 139–156.

120 Vgl. Huntebrinker, Söldner, S. 66f. Insbesondere die eigenständige Gerichtsbarkeit stärkte die Gruppenidentität, auch gegenüber dem Regimentsinhaber und dem Befehlshaber.

121 Vgl. Sikora, Disziplin und Desertion, S. 346. Sikora räumt aber auch ein, dass es Offiziere gab, die sich um ein Verständnis zwischen den Soldaten und ihren Vorgesetzten bemühten.

122 Vgl. Schmidt, Oliver H.: Zur Sozialgeschichte des Unteroffiziers der altpreußischen Armee 1736–1806. Vorüberlegungen zu einer genealogisch-prosopographischen Analyse, in: Herold-Jahrbuch, NF 3 (1998), S. 73–109.

123 Prinz Dietrich von Anhalt empfahl im Jahr 1749 zwei invalide gewordene Unteroffiziere und zwei ebenfalls beschädigte Musketiere für zivile Stellen, weil dieselben viele Jahre ehrenhaft und vorbildlich gedient hatten. I. HA, Rep. 96 Nr. 98 B – Schreiben vom 13.08.1749, Bl. 2.

124 Dieses Argument wurde in den 1980er Jahren vor allem in der DDR-Forschung stark bemüht. Vgl. Groehler, Das Heerwesen in Brandenburg und Preußen.

ordnung der Männer als Soldaten zur Gruppe des preußischen Militärs bzw. zu einem Regiment, einer bestimmten Kompanie und dort wiederum zu einer Gruppe von Kameraden eine wesentliche Form der sozialen Verortung und gegenseitigen Verantwortung.[125]

Diese Kameradschaft konnte durch bestimmte Vergehen, die auch den Zusammenhalt einer sozialen Gruppe und damit die soziale Identität der Beteiligten bedrohten, gefährdet oder zerstört werden. Der Diebstahl unter Kameraden war etwa eine solche Tat, die nicht nur zur strafrechtlichen Verfolgung, sondern vermutlich auch zum Ausschluss des Einzelnen aus seiner vormaligen Gruppe führte. Demgegenüber scheinen bestimmte Formen der Insubordination gegen Vorgesetzte durch soziale Gruppen und deren Identität erst konstituiert worden zu sein.[126] Wenn demnach ganze Truppenteile die Befolgung eines Befehls verweigerten, ist anzunehmen, dass eine grundsätzliche Verständigung über Prinzipien der eigenen Rolle als Soldat Teil der Gruppenidentität war, die durch einen bestimmten Befehl infrage gestellt wurde.[127]

1.4 Quellen und Analysen

1.4.1 Quellenkorpus und Probleme der Recherche

Eine Vielzahl an alltäglichen Gegebenheiten, Ritualen, Denkweisen und Handlungsabläufen wurde auch im 18. Jahrhundert erst dort sichtbar, wo diese neu verhandelt werden mussten, infrage gestellt oder sogar fundamental bedroht wurden: in Situationen der Übertretung von Normen.[128] Der Versuch, Regeln für das gesellschaftliche Miteinander zu etablieren, ging dabei immer Hand in Hand

125 Bei den eingezogenen Inländern kam auch noch die gemeinsame Herkunft aus den Kantonen dazu, wie die Soldatenbriefe aus dem Siebenjährigen Krieg immer wieder durchblicken lassen. So fügten die Briefeschreiber oft noch Grüße der übrigen Kameraden aus dem gleichen Ort mit an, um die Familien daheim zu informieren. Zander, Christian: Fundstücke. Dokumente und Briefe einer preußischen Bauernfamilie (1747–1953), Hamburg 2015, S. 32 f.: Brief von Christian Friedrich Zander vom 24. 11. 1756 – nach Beendigung der eigenen Nachrichten hieß es hier: »P.S. Jochen Müller, Andreas Backe, Börnicke seind noch alle gesund und laß zu Hauße vielmahls grüßen, bey Valtin Bährend bin auch gewäsen, ist beym Regiments Feldscher.«

126 Vgl. dazu den Fall von Insubordination durch Franz Dombruk und Co. in Kap. 4.3.

127 Vgl. das Kapitel zur Insubordination in 3.3.1. Hier wird unter anderem auf den Fall eines Jägerkorps eingegangen, das sich im Jahr 1745 weigerte, dem vorgesetzten Offizier und dessen Befehlen Folge zu leisten, selbst die Bestrafung einzelner Mitglieder der Gruppe konnte an der gemeinsamen Entscheidung der Soldaten nichts ändern – damit war der Tatbestand der »Meuterei« ein Kernthema der sozialen Identität der Soldaten.

128 Vgl. Schwerhoff, Historische Kriminalitätsforschung.

mit dem Verstoß gegen jene Normen.[129] Folglich beschäftigen sich Gerichtsverfahren, Verwaltungsprozesse, Beschwerden und Klagen mit der Anfechtung von positivem Recht oder mit der Verteidigung und Wiederherstellung traditioneller und angestammter Rechte.[130]

Die Bezeichnung »Gerichtsakte« geht auf den Umstand zurück, dass es sich bei den angelegten Dokumenten um die Überlieferung eines »Gerichtsaktes« handelt, der gewissermaßen durch seine Verschriftlichung einen offiziellen Charakter erhielt.[131] Dies ist insofern bedeutsam, als die schriftliche Dokumentation von Prozessen erst seit dem Spätmittelalter – und dort vor allem in den Städten – zu beobachten war. Insbesondere die Kriminalitätshistoriker, und hier vor allem Gerd Schwerhoff, konnten diese Entwicklung anhand von städtischen Urteilsbüchern bzw. an den Listen der Gefangenen und Verurteilten, wie etwa den Kölner Turmbüchern, belegen.[132] So sind als Vorläufer der Gerichtsakten die Achtbücher, Urfehdebücher und Proskriptionslisten anzusehen, die jedoch oft nur das Delikt, den Täter oder die Täterin und das Strafmaß benannten. Über die konkreten Zusammenhänge und Hintergründe der Tat gaben sie nur wenig bis gar keine Auskunft – dafür eigneten sie sich für die quantitative Auswertung, etwa um die Deliktverteilung, das bevorzugte Strafmaß oder die soziale und geschlechterspezifische Zusammensetzung der Delinquenten aufzuzeigen. Mit der zunehmenden Professionalisierung der Juristen und des Gerichtspersonals nahm auch die Verschriftlichung einen immer wichtigeren Platz ein – schon allein deshalb, um ausgewiesene Straftäter zu vermerken und diese bei einer unerlaubten Wiederkehr zu erkennen und abzustrafen.

Außerdem wurden die Akten zunehmend mit den Ergebnissen der Verhöre (Befragungen), die zum Teil auch als peinliche Befragungen (Folter) vorgenommen wurden, ergänzt – diese »Voruntersuchungen« gehörten bald zu den standardisierten Beilagen der Gerichtsverfahren.[133] Damit gehörten rechtliche Normen, gesetzt durch die jeweilige Obrigkeit sowie die Unter- und Obergerichte, die denselben zur Durchsetzung verhelfen sollten (oder aber die angestammten Rechte verteidigten), und die vor Gericht stehenden Akteure, die sich mit einer Handlung »strafbar« gemacht hatten, zum unmittelbaren Herrschaftsprozess. Jeder Machtanspruch musste ständig neu legitimiert und »aus-

129 Vgl. Eibach, Joachim: Gibt es eine Geschichte der Gewalt? Zur Praxis des Konflikts heute, in der Vormoderne und im 19. Jahrhundert, in: Rebekka Habermas; Gerd Schwerhoff (Hg.): Verbrechen im Blick. Perspektiven der neuzeitlichen Kriminalitätsgeschichte, Frankfurt a. M. 2009, S. 182–216.

130 Auf diese ebenfalls wesentliche Funktion von Gerichten, die damit auch die Sitten und Bräuche der Bevölkerung absichern konnten, vgl. Köstlin, Konrad: Sicherheit im Volksleben, München 1968, S. 101–103.

131 Vgl. Schwerhoff, Aktenkundig; Schwerhoff, Gerichtsakten.

132 Vgl. Schwerhoff, Köln im Kreuzverhör.

133 Vgl. Gleixner, »Das Mensch« und »Der Kerl«.

gehandelt« werden, indem sich einerseits die gesellschaftlichen Eliten repräsentiert sahen und andererseits die Steuern zahlende Bevölkerung bestimmte Rechte und Traditionen sichern konnte.[134]

Die Gerichtspraxis im Regiment war dagegen vor allem durch den gegenseitigen Austausch zwischen dem Oberst und seinem König als oberstem Gerichtsherrn und den landesherrlichen Behörden geprägt. Nach Abschluss des Verfahrens wurden die als »unwichtig« oder als verjährt angesehenen Akten zum Teil oder ganz zerstört oder das Material wiederverwendet. Auch die noch vorliegenden Gerichtsakten sind mitunter lückenhaft, weil Gutachten oder Zeugenaussagen verschickt wurden und nicht wieder zurückkamen.

Diese Akten wurden zentral durch das Generalauditoriat, die höchste Militärgerichtsbehörde in Brandenburg-Preußen seit dem 17. Jahrhundert, gesammelt.[135] Der komplette Bestand wurde nach Auflösung der Behörde im Jahr 1900, ebenso wie Dokumente der Geheimen Kriegskanzlei, an das Heeresarchiv in Potsdam abgegeben, das im Zweiten Weltkrieg während eines Angriffs durch britische Bomber ausbrannte. Nur Überreste sind neben den Kabinettsakten der preußischen Monarchen in das Geheime Staatsarchiv überführt und damit vor der Zerstörung gerettet worden.[136]

Als eine zentrale Behörde der preußischen Verwaltung stand das Generalauditoriat in Kontakt zu weiteren Behörden und Ämtern – viele Kriminalfälle gelangten erst nach den ersten Voruntersuchungen an die Militärbehörde –, falls es zu einem Verfahren kam. Aufgrund der notwendigen Verständigung über lokale Konflikte mit Soldaten, über verfahrensrechtliche Fragen, aber auch über Zuständigkeiten, sich widersprechende Normen und über Hintergründe vor Ort erhielten die Berichte aus zivilen Behörden auf lokaler, regionaler sowie oberster Behördenebene eine enorme Bedeutung auch für die militärische Verwaltung.[137] Während der Zeit der deutschen Teilung überdauerten die Bestände jedoch im Außenlager in Merseburg auf dem Gebiet der DDR und konnten aufgrund der politischen Lage nicht systematisch ausgewertet werden.

134 Die zahlreichen Zivilgerichtsverfahren zeigen aber auch, dass Diebstahl, Betrug und Hehlerei zu den täglichen Delikten gehörten. Vgl. GStA PK, I. HA Geheimer Rat, Rep. 49 Fiscalische Sachen: Geheimer Rat: Verschiedene Diebstahlsachen. 1748–1749, D 66 (Diebstahl).

135 Vgl. Hülle, Auditoriat, S. 8.

136 Insbesondere das durch die DFG geförderte Projekt zur Erstellung einer zivilen Ersatzüberlieferung widmete sich der Spurensuche nach allen Resten militärischer Thematik oder Provenienz, die im Zusammenhang mit zivilen Akten bei verschiedenen Behörden gelandet sind. Aus diesem doch recht umfangreichen Arsenal lassen sich noch heute Hinweise auf die militärische Verwaltung finden. Vgl. Kloosterhuis, Jürgen; Kroener, Bernhard R.; Neitmann, Klaus; Pröve, Ralf (Hg.): Militär und Gesellschaft in Preußen. Quellen zur Militärsozialisation 1713–1806: Archivalien in Berlin, Dessau und Leipzig (bearbeitet von Peter Bahl, Claudia Nowak und Ralf Pröve), 3 Bde., Berlin 2015.

137 Vgl. Kloosterhuis, Jürgen: Bauern, Bürger und Soldaten. Quellen zur Sozialisation des Militärs im preußischen Westfalen 1713–1803, Regesten 1992.

Nach der deutschen Wiedervereinigung und der damit erfolgten Zusammenführung der Bestände aller preußischen Behörden in den jeweils zuständigen Archiven (der Oberbehörden im Geheimen Staatsarchiv PK in Berlin sowie der lokalen Behörden in den jeweiligen Landesarchiven bzw. Staats- und Landesarchiven) konnte erstmals ein solches Projekt auch für das preußische Militär des 18. Jahrhunderts in Angriff genommen werden. Zwischen 2002 und 2004 erstellte eine Bearbeitergruppe eine Datenbank, in der alle in Berlin, Brandenburg, Sachsen-Anhalt und Leipzig vorhandenen Archivalien ziviler und ständischer Provenienz zu Fragen des brandenburgisch-preußischen Militärs verzeichnet, indexiert und verschlagwortet wurden.[138]

Das mittlerweile vom GStA PK publizierte Militär-Inventar zeigt, wie vielfältig das Quellenmaterial ziviler Provenienz ausfallen konnte: Nachlässe, Behördenberichte, Kabinettsminüten, Rechnungsbücher, Suppliken usw. konnten nun auch im Sinne kulturhistorischer Fragestellungen in der »Neuen Militärgeschichte« ausgewertet werden.[139] So betonten die Herausgeber des Inventars die unmittelbare Verflechtung von zivilen und militärischen Lebenswelten: »Der Untertan lebte eben als sozialisierter Soldat gleichzeitig in verschiedenen sich überschneidenden Lebenswelten, deren gegebenenfalls vorhandenes Konfliktpotential er oft zum eigenen Vorteil auszuhandeln verstand.«[140] Die Bestrebungen der Landesherren, vor allem im 17. Jahrhundert, durch eine Vielzahl an Gesetzen die Missstände (Delikte) zu beseitigen, trafen dabei auf gewachsene Rechtssysteme, die durch eine mündliche Kultur geprägt wurden und deren Mitglieder sich gegen die neue Rechtssetzung zur Wehr setzten. Damit boten die Gerichtsverfahren auch überhaupt erst Einblicke in die Lebenswelten von Unterschichten, religiösen und ethnischen Minderheiten, in die Machtbereiche lokaler Amtsträger und regionaler Eliten.

Die Militärgerichtsakten stellten dabei einen Teil der Regimentsverwaltung dar – und wurden als solche neben den Ranglisten, Berichten und anderen Vorgängen abgelegt. Der Auditeur fungierte hierbei nicht nur als juristischer Berater, sondern auch als Gerichtsschreiber und Sekretär.[141] In schwerwiegenden Fällen (Kapitalverbrechen und Delikte, die mit hohen leiblichen Strafen belegt wurden) musste er die Gerichtsakten inklusive aller Beilagen an das Generalauditoriat einsenden, dort wurden die Akten verwahrt, wenn von Interesse – oder

138 Vgl. Klosterhuis u. a., Militär und Gesellschaft in Preußen, S. VII, diese wertvolle Arbeit leisteten Peter Bahl, Claudia Nowak und Ralf Pröve.

139 Erstes Ergebnis dieser Neubewertung der Quellen unter kulturhistorischen Ansätzen war die Arbeit von Carmen Winkel, die sich mit den Netzwerken zwischen dem König und den Offizieren in preußischen Diensten auseinandersetzte. Vgl. Winkel, Im Netz des Königs.

140 Klosterhuis u. a., Militär und Gesellschaft in Preußen, S. VI.

141 Vgl. Hülle, Auditoriat, S. 74.

nach einer bestimmten Frist kassiert.[142] Alle Verfahren in Disziplinarangelegenheiten blieben im Geschäftsgang des Regiments und erreichten die zentralen Behörden nicht.

Meine Recherchen in den Archiven fokussierten zunächst auf die Delikte, die sich in ihrer Bandbreite und ihrem Auftreten auch von der Zivilgesellschaft nicht unterschieden. Dann erfolgte die Suche nach zusammenhängenden Fallakten mit Beteiligung von Militärpersonen an strafrechtlichen Prozessen und den möglicherweise verborgenen militärinternen Überlieferungen. Ziel der Suche war es, die große normative Quellenbasis mit den Zeugnissen aus der Praxis – aus dem militärischen Alltag sowie aus Gerichtsverfahren – abzugleichen und eventuell um vorhandene Selbstzeugnisse zu ergänzen.

Um eine komplette Rekonstruktion idealtypischer Fälle konnte es aufgrund der Überlieferungssituation von Beginn an nicht gehen, vielmehr ermutigten die zahlreichen »Reste« und die daraus zu erschließenden Hinweise dazu, die heterogenen Quellen und verschiedenen Perspektiven einander gegenüber und zur Seite zu stellen. Dazu gehörten unter anderem Schriftwechsel und Aufzeichnungen aus dem Kabinett, die im GStA PK in der Repositur 96 aufgeführt sind und auch über die Bedeutung von Delikten und Militärgerichtsverfahren aus Sicht der Offiziere und des Königs Aufschluss geben.[143] Hinzu kamen Überreste von Aufzeichnungen aus den einzelnen Truppenteilen, zur Verteilung von Militärvorschriften und zum Verhalten der Regimenter in Kriegszeiten.[144] Die Akten des viel erwähnten Generalauditoriats wurden in ihrer Überlieferung zu Beginn des 20. Jahrhunderts getrennt,[145] eigentlich gehörte die Behörde mit den Akten zur Geheimen Kriegskanzlei und war demnach ursprünglich den Heeresunterlagen beigeordnet, der Schriftwechsel der Behörde jedoch sowie der Auditeure und Generalauditeure wurde in das Verwaltungsarchivgut eingegliedert und blieb erhalten. Von den ursprünglichen Quellenbeständen sind in erster Linie die Abschriften der Prozesslisten und die Aufzeichnungen der Generalauditeure von einiger Aussagekraft über das Handeln der Behörde und das Selbstverständnis des Auditoriats im 18. Jahrhundert.[146] Auch die zivilen fiskalischen Bestände

142 Zu den genauen Zusammenhängen der Aktenversendung innerhalb der Militärgerichtsbehörden vgl. Kap. 2.3: Die Akteure der Militärgerichtsbarkeit in Preußen.

143 GStA PK, I. HA, Rep. 96 Geheimes Zivilkabinett, hier sind vor allem Schriftwechsel zwischen den Monarchen und ihren Regimentschefs zu finden, aber auch gesammelte Eingaben und Berichte zu Themen wie Werbung, Desertion und Regimentswirtschaft.

144 GStA PK, IV. HA, Rep. 6 Generalauditoriat, die gesamten Kriegsgerichtsprozesse der Regimenter wurden einst hier eingeordnet, heute sind vorwiegend Militärvorschriften, taktische Unterlagen und Berichte erhalten.

145 Vgl. das folgende Unterkapitel zur Ersatzüberlieferung im Detail.

146 GStA PK, I. HA, Rep. 9 Allgemeine Verwaltung, A19, aufgrund der im zivilen Bereich abgelegten Akten sind interessante Bestände zu den einzelnen Generalauditeuren erhalten geblieben.

verzeichneten mitunter gemischte Verfahren, an denen Soldaten oder Unteroffiziere beteiligt gewesen sind.[147]

Außerdem kommen die Unterlagen über auswärtige Angelegenheiten hinzu, die im Auswärtigen Departement in der Regierungszeit Friedrichs II. diejenigen Verfahren, die etwa wegen Desertion oder illegaler Werbung in fremden Territorien abgehalten wurden, vermerkten.[148] Ergänzend zu den Akten der Verwaltung und den Schriftwechseln verschiedener Akteure waren vor allem Sichtweisen von Soldaten auf die Erfahrung von Devianz und Kriminalität von Bedeutung in der Recherche. Aus diesen Gründen stellen die oft und gern zitierten Selbstzeugnisse in Form von Tagebüchern von Soldaten und Unteroffizieren eine besondere interpretatorische Verlockung dar. Die wenigen publizierten Soldatenbriefe aus den Kriegen des 18. Jahrhunderts sind dabei interessante Zeugnisse des Alltags im Kampfgeschehen.[149] Die Kriegsdarstellungen des Unteroffiziers Dominicus, des Magisters Laukhard und des in der Schweiz zum Militärdienst gepressten Ulrich Bräker etwa spielten für die explizite Frage nach der Rechtspraxis vor allem eine ergänzende Rolle, wenn sie über die bestehende rechtliche Praxis aus Sicht der Beklagten berichteten.[150]

Zum Ende des 18. Jahrhunderts fanden sich ähnliche drastische Beschreibungen vor allem in pädagogisch-erzieherischen und moralisch-religiösen Abhandlungen. Hier wurde der bestrafte Soldat zum verfehlten und irregeleiteten Menschen stilisiert, der seine harte Bestrafung selbst zu verschulden hatte.[151] Die aufklärerischen »Kriminalgeschichten« des späten 18. Jahrhunderts nahmen den devianten Soldaten zum Sinnbild der dringend benötigten Aufklärung der einfachen Volksschichten – und führten die aufsehenerregende Tat auf fehlendes Menschenvertrauen, mangelnde Bildung und unglückliche Umstände zurück.[152] Zwischen diesen Ebenen scheinen sich die Gerichtsakten und Verwaltungs-

147 GStA PK, I. HA, Rep. 49 Fiscalische Sachen, gegliedert nach Deliktgruppen und, soweit die Verfasserin dies ausmachen konnte, bisher weder gesichtet noch umfangreich ausgewertet worden. Angesichts der 60 Aktenbündel allein zum Delikt »Totschlag« für die Zeit von 1705 bis 1725 dürfte dies wohl verständlich sein.

148 So finden sich in der Repositur 63 Fälle wie dieser: GStA PK, I. HA Geheimer Rat, Rep. 63 Neuere Kriegssachen, Nr. 209: Acta wegen der Beihilfe zur Desertion durch den österreichischen Bauern Kramer 1759.

149 Bleckwenn, Hans (Hg.): Preußische Soldatenbriefe, Osnabrück 1982; und auch die erst 2015 aus privater Hand publizierten Briefe der Brüder Zander geben Aufschluss über die Wahrnehmung des Krieges bei den Soldaten. Vgl. Zander, Fundstücke.

150 Bräker, Tagebücher.

151 Wagner, Moral, S. 96f.

152 So wie dies von Karl Müchler in seinen Kriminalgeschichten von 1792 ausgeführt wird und in der Geschichte der Ermordung des Junkers von Lanken durch den Soldaten Johann Georg Hiller Ausdruck findet. Vgl. Müchler, Karl: Vielfaches Verbrechen aus geringer Ursache, in: Kriminalgeschichten. Aus gerichtlichen Akten gezogen, Berlin 1792, Nachdruck Hannover 2011, S. 34–43.

schriftstücke sowie die Schriftwechsel der beteiligten Stellen der Militärgerichtsbarkeit einzuordnen.[153] Der Aussagewert dieser Quellen ist zu prüfen, indem etwa in der Analyse kritisch hinterfragt wird, inwieweit es dieselben ermöglichen, einen Blick auf den Alltag der Soldaten zu werfen.[154] Anhand der Militärgerichtsakten wird beleuchtet, ob die Gerichtsakten verlässliche Zeugnisse der tatsächlichen Lebensbedingungen im preußischen Militär sein können und welchen Stellenwert die dort dokumentierten Fälle von Devianz und kriminellem Handeln im Alltag der Soldaten besitzen.

Waren die Gerichtsakten nach gewisser Zeit für das Regiment nicht mehr von Nutzen, wurden diese, wie viele andere Rohstoffe auch, weiterverwendet. Dieser Umstand führte dazu, dass insbesondere die Disziplinarregelungen der frühneuzeitlichen Armeen – die Problematik betraf alle europäischen Armeen – in der Praxis nur noch schwer nachzuvollziehen sind. Insbesondere der Mythos des »Gassenlaufens« konnte – auch wegen der fehlenden Belege für die Strafpraxis – bis in die heutige Zeit nicht endgültig entzaubert werden und noch immer diskutieren Landes- und Militärhistoriker darüber, ob 30-maliges Gassenlaufen einem Todesurteil gleichkam oder ob der Soldat durch eine mehrtägige Anwendung der Strafe doch noch vor dem Tod bewahrt und durch die Härte der Strafe diszipliniert werden sollte.[155]

Für die letzte These sprechen die Berichte von Delinquenten in gerichtlichen Verfahren, die solche Gassenstrafen bereits mehrfach zu bestehen hatten, sowie die Tatsache, dass auch die Monarchen bei schweren Delikten und der sichtbaren Reue der Täter geneigt waren, die Angelegenheit mit Gassenlaufen »abzutun«.[156] Auch in den Schriftwechseln der Regimentschefs mit ihren Offizieren wird die Strafe des Gassenlaufens fast beiläufig vermerkt wie in dieser Bemerkung:

> »Es ist leider die Desertion in Nordhausen auf 45 Mann hinaus gelauffen, davon aber 2 wieder bekommen und einer ist bereits außerhalb der Stadtmauer gewesen; [...] wurde auf hohe gnädigste Ordre von Ew. Hochfürstl. Durchl. wegen Desertirens in Aschers-

153 Denn auch diese sind Produkt eines Bewertungsprozesses sowie vorgefasster Typisierungen – auch im Militär.

154 So ist angesichts der postmodernen Kritik an den »Wahrheitsgehalten« historischer Sinndeutungen im klassischen Stil m. E. die Annahme sinnvoll, dass alle diese Zeugnisse Narrative sind und damit jeweils einen eigenen Blick auf die wahrgenommene Wirklichkeit abbilden.

155 Besonders schillernd wird diese Darstellung in fiktionaler Form bedient bei Guddat, Martin: Des Königs treuer Diener. Als Soldat unter Friedrich dem Großen, Hamburg 2006, S. 53f.

156 So begnadigte Friedrich I. fünf von sieben Deserteuren zum Gassenlaufen, während er die Todesurteile der vermeintlichen Rädelsführer, die solchen Komplott geführt hatten, bestätigte. Vgl. LASA, A 9b Ib, Nr. 19, Bd. II, Bl. 387: Bestätigung eines kriegsrechtlichen Urteils gegen mehrere Deserteure durch königliche Kabinettsorder Friedrichs I. 1708.

leben ziehmlich geprützschet und war der erstere von denen die […] gaße lauffen musten […].«[157]

In den Gerichtsakten wurden Hintergrundinformationen über die Akteure sichtbar und die Akten dienten der Kommunikation zwischen den Gerichtsbeamten und den Befragten über alltägliche Fragen. Somit bilden Gerichtsakten sehr wohl eine besondere Form von Selbstzeugnissen ab, die von Wahrnehmungsstrukturen, Identifikationen und Zuschreibungen der Akteure geprägt waren.[158] Jede Gerichtsakte bot dabei ein eigenes Konstrukt von historischen Erfahrungen: in den Akten trafen normative Konventionen, etwa in der Abfassung von Verhörprotokollen, auf die Aussagen der Verhörten und jeder Akteur nutzte dabei andere Narrative und konstruierte andere »Geschichten«.[159] Eine historische »Wahrheit« können die gerichtlichen Unterlagen deshalb nicht zutage fördern – denn an der Entstehung von Zeugenverhören, Gerichtsprotokollen, Klageschriften, Beweisschriften, Urteilen usw. waren viele Personen beteiligt. Je nach Umfang des Delikts waren viele Zeugen und Kläger bzw. Leumundszeugen eingebunden, sodass auch die Gerichtsakten kein tatsächliches Bild der Tatumstände gegeben haben. Wohl aber zeigen die Wahl der angerufenen Gerichtsinstanzen sowie die Anklage- und Verteidigungsstrategien vor Gericht die jeweiligen Handlungsmöglichkeiten, soziale und kulturelle Spielräume und das soziale »Kapital« der Beteiligten. Auch die Soldaten standen keineswegs allein vor Gericht, sondern waren mitunter über Kameradschaften, Hochzeit, Taufverhältnisse usw. in ein soziales System eingebunden und konnten dessen Mitglieder für Zeugenaussagen, als Leumund und als Geldgeber gewinnen.[160]

157 LASA, A 9b Ib, Nr. 19, Bd. I.: Fürst Leopold von Sachsen-Anhalt Acta enth. Verschiedenes des Fürsten Leopold Preußisches Regiment zu Fuß betreffend. 1694–1706, Bl. 345: Schreiben des von Kornichen, 05.07.1706.

158 Vgl. Schwerhoff, Gerichtsakten.

159 Folgt man diesem postmodernen Verständnis von Erzählstrukturen in den vorliegenden Texten, dann müssen die Aussagen auf allen Seiten als »Konstrukte« betrachtet werden, die jeweils für sich Wahrheitsgehalt beanspruchen. Vgl. Straub, Jürgen: Geschichten erzählen, Geschichte bilden. Grundzüge einer narrativen Psychologie historischer Sinnbildung, in: ders.: Erzählung, Identität und historisches Bewusstsein. Die psychologische Konstruktion von Zeit und Geschichte (= Erinnerung, Geschichte, Identität, 1), Frankfurt a. M. 1998, S. 81–169.

160 Diese Zusammenhänge sind bisher vor allem mit Blick auf das Militär im städtischen Bereich belegt worden. Vgl. Schwark, Thomas: Lübecks Stadtmilitär im 17. und 18. Jahrhundert. Untersuchungen zur Sozialgeschichte einer reichsstädtischen Berufsgruppe, Lübeck 1990; Pröve, Stehendes Heer, bes. S. 276–283.

1.4.2 Der Dessauer Bestand

Im Verlauf der Quellenrecherche kristallisierte sich, ausgehend von den kulturgeschichtlichen Fragestellungen, die regimentsinterne Perspektive als besonders spannendes Feld zur Analyse von Kriminalitätsdiskursen und zum Umgang mit der Militärgerichtsbarkeit durch die Soldaten heraus. Auch aufgrund der weitreichenden Zerstörung der militärinternen Akten für Preußen im Heeresarchiv stellte der Bestand an Regimentsunterlagen in den Dessauer Regimentern im Landeshauptarchiv Sachsen-Anhalt in Dessau einen besonderen Fund dar. In Brandenburg hatte die Ausformung eines stehenden Heeres nach oranischem Vorbild bereits zur Zeit von Kurfürst Friedrich Wilhelm I. begonnen und war von dessen Nachfolgern, den späteren preußischen Königen, beständig weitergeführt worden.[161] Das Infanterieregiment Anhalt-Dessau war bereits 1665 aufgestellt und 1679 durch Johann Georg von Anhalt-Dessau übernommen worden. Im Jahr 1693 bzw. 1698 erhielt Leopold I. von Anhalt-Dessau das Regiment seines Vaters, das bereits seit einiger Zeit in preußischen Diensten kämpfte, und führte es in die Schlachten im Spanischen Erbfolgekrieg, im Großen Nordischen Krieg und im Österreichischen Erbfolgekrieg. Hier zeichnete sich sein Regiment stets aus, insbesondere in der Schlacht bei Kesselsdorf 1745, und bis zu seinem Tod zwei Jahre später blieb Leopold Chef des Regiments. Diese lange Lebenszeit bewirkte zum einen eine organisatorische Beständigkeit im Regiment, die sich auch in den Regimentsunterlagen zeigte, zum anderen führte »der Alte Dessauer« Maßnahmen ein, die es effizienter und erfolgreicher machen sollten als viele andere Regimenter.[162]

Aufgrund des sozialen Prestiges, welches das Regiment durch seinen Chef und die Traditionen besaß, erhielt Fürst Leopold unter anderem das Privileg, von den weniger bedeutenden Regimentern die stärksten und schönsten Männer abwerben zu können. Außerdem erhielt er mit den Garnisonen in Magdeburg, Halberstadt und ab 1717 auch in Halle sowie in seinen eigenen Territorien Zugang zu besseren Werbeplätzen.[163] Zwischen 1705 und 1747 zählte das Dessauer Regiment dann zwischen 1200 und 2500 Soldaten. In dieser Zeit erlebten Soldaten und Offiziere des Regiments neben den Feldzügen auch lange Friedensphasen, in denen das Regiment »verbessert« werden konnte.[164] Von diesem Re-

161 Vgl. Lebensbilder: Fürst Leopold von Anhalt-Dessau. Der Alte Dessauer, in: Der Soldaten-Freund, S. 15–27, 277–291, 552–370.

162 Vgl. Kroener, Bernhard R.: Fürst Leopold von Anhalt-Dessau und das Kriegswesen in der ersten Hälfte des 18. Jahrhunderts, in: Fürst Leopold I. von Anhalt-Dessau (1676–1747). »Der alte Dessauer«: Ausstellung zum 250. Todestag (hrsg. vom Museum für Naturkunde/Vorgeschichte Dessau und Stadtarchiv Dessau), Dessau 1997, S. 16–25.

163 Vgl. Fahrig, Brandenburg-preußisches Militär in Halle, S. 432f.

164 Vgl. Rohrschneider, Leopold I. von Anhalt-Dessau, S. 60f.

giment sind nun im Landeshauptarchiv Dessau zusammenhängende Aktenkonvolute erhalten, die entweder lange Zeit (vor der politischen Wende) nicht zugänglich waren oder keine Beachtung fanden.[165] Die Akten des Dessauer Regiments zu Fuß (nur die allgemeine Verwaltung ohne Regimentsbücher, Ranglisten etc., Schriftwechsel und Finanzen) umfassten etwa 13 Kisten mit lose zusammengeführten Blättern.[166] Sie dienen in der vorliegenden Arbeit als Kern-Quellenkorpus für die Analyse von abweichendem Verhalten und der Sanktionspraxis im preußischen Militär.[167] Die militärische Provenienz macht den Aktenbestand in Dessau darüber hinaus für weitere alltags- und kulturgeschichtliche Forschungen zum Militär im 18. Jahrhundert und zur regionalen Forschung, insbesondere zur Garnison Halle, attraktiv.[168]

Damit kann idealerweise ein ungefährer Einblick in die Deliktstruktur des preußischen Militärs und die Gewichtung der Delikte untereinander gewonnen werden (vgl. Tabelle 1):

Tabelle 1: Deliktfelder in den Gerichtsakten der preußischen Armee 1700–1750

Deliktfeld	**1705–1715**	**1716–1733**	**1733–1748**
Desertion	9	10	11
Diebstahl		4	2
Dienstvergehen	1	4	1
Gewalttätige Händel/Schlägerei	7	3	3
Instruktionen	2	4	3
Totschlag	1	2	1
Unzucht		1	
Werbung, gewaltsam	3	5	3

165 Vgl. die Regimentsbücher, von denen bekannt war, dass einige im Besitz des Hauses Anhalt-Dessau geblieben und somit bis in das Landeshauptarchiv gekommen sind.

166 Zu finden sind die Blattsammlungen unter der Signatur LASA, A 9b Ib, welche chronologisch gegliedert ist und zum Teil bereits über ein digitales, online verfügbares Findbuch erschlossen werden kann. http://recherche.landesarchiv.sachsen-anhalt.de/Query/suchinfo.aspx [10.06.2018].

167 Da sich das Regiment Anhalt-Dessau, nach den Spezifikationen später als Infanterieregiment Nr. 3 bezeichnet, in die Struktur der preußischen Armee generell eingliederte, wird dieses quasi als Abbild der Regimentswirklichkeiten in der Armee behandelt, wohl wissend, dass die Bedingungen für die Militärgerichtsbarkeit auch zwischen den Regimentern variierten.

168 Verweise auf die konfliktreiche Beziehung zwischen der Garnison Halle und der Universität sind u. a. in der Stadtforschung sowie in der Erforschung studentischer Lebenswelten immer wieder gemacht worden, vgl. Brüdermann, Stefan: Göttinger Studenten und akademische Gerichtsbarkeit im 18. Jahrhundert, Göttingen 1990, S. 278; Kertscher, Hans-Joachim: Halle an der Saale, in: Wolfgang Adam; Siegrid Westphal (Hg.): Handbuch kultureller Zentren der Frühen Neuzeit, Berlin/Boston 2012, S. 757–796, hier S. 763f.

(Fortsetzung)

Deliktfeld	1705–1715	1716–1733	1733–1748
Widersetzlichkeit		1	
Gesamt: 81	23	34	24

Neben Leopold stiegen insbesondere seine Söhne Dietrich (1702–1769) und Moritz (1712–1760) bis in den Rang des Generalfeldmarschalls auf und gehörten zum engeren Umfeld des preußischen Königs.[169] Beide wurden von Friedrich II. mit der Untersuchung und Zusammenstellung von Generalkriegsgerichten beauftragt (Dietrich 1746, Moritz 1758).[170] Da die Prinzen zunächst im Regiment des Vaters gedient und dann ein eigenes Regiment erhalten hatten, sind auch diese Unterlagen im Dessauer Archiv gelagert – im zeitlichen und verwaltungstechnischen Aufwand reichen sie aber an die Unterlagen des »Alten Dessauers« nicht heran. Dennoch wurden in die Analyse auch vereinzelte Fallakten aus den beiden Regimentern des Infanterieregiments 10 (Dietrich) sowie des IR 22 (Moritz) einbezogen.[171]

In diesem Zusammenhang wurden auch die neun Akten zur Plackerei im Regiment von Leps aufgefunden.[172] Jeder dieser einzelnen Gerichtsfälle ist in unterschiedlichem Umfang mit Bezug auf ein je anderes Delikt und andere Umstände aufgenommen worden. Dennoch zeigen die Argumentationen und Verweise der Akteure in den Verfahren durchaus Parallelen und Bewertungsmuster im Umgang mit Kriminalität auf.

Es handelt sich bei den ungeordneten Akten um kaum statistisch verwertbares Material. Vielmehr reihen sich verschiedene Einzelfälle aneinander, von denen zumindest eine Erwähnung der Akteure, die Deliktbeschreibung und ein Verhör oder sogar das Urteil erhalten geblieben sind.

Obwohl keine der im Folgenden ausgewerteten Akten aus dem Dessauer Bestand alle Bestandteile enthält, lassen sich aus den Quellenresten verschiedener Verfahren die Gerichtsprozesse rekonstruieren. Sie bilden gemeinsame Gerichtspraktiken ab, die einen Rückschluss über Ausformungen der Kriegsge-

169 Vgl. Branig, Hans: Dietrich, Fürst von Anhalt-Dessau, in: Neue Deutsche Biographie (NDB), Bd. 3, Berlin 1957, S. 676; Ross, Hartmut: Moritz Prinz von Anhalt-Dessau, in: Neue Deutsche Biographie (NDB), Bd. 18, Berlin 1997, S. 134f.

170 Während es in dem Verfahren 1746 um die Untersuchung wegen organisierter Machenschaften im Regiment von Leps ging, hatte Moritz von Anhalt-Dessau die diplomatisch schwierige Aufgabe, wegen der Übergabe der Festung Breslau gegen die dortige Generalität noch im Krieg zu ermitteln und vorzugehen. Vgl. Preitz, Max: Prinz Moritz von Dessau im Siebenjährigen Krieg, München 1912, S. 8.

171 Vgl. Gieraths, Günther: Die Kampfhandlungen der Brandenburgisch-Preußischen Armee 1626–1807. Ein Quellenhandbuch, Berlin 1964.

172 LASA, A 9b IVb, Nr. 14: Inquisitionsverfahren gegen den Obersten von Seel, Feldwebel Trosberg u. Co. 1746.

richtsbarkeit in einem bestimmten Rahmen geben. Denn die Verhöre und auch Extrakte oder Sentenzen waren formalisiert und nach den Akten eingerichtet.[173] In diesem Sinne setzt die folgende Untersuchung mit der Tiefenanalyse von Form und Struktur der einzelnen Bestandteile an, um schließlich die Perspektiven der Beteiligten und die Semantik der Aussagen und Argumente auszuwerten.

1.4.3 Die qualitative Analyse

Die vorliegenden Quellen unterscheiden sich in ihrer Struktur, Intention, zum Teil auch in Bezug auf den Rezeptionskreis und den Aussagewert. Quantitative Angaben, wie sie aus den zivilen Gerichten auf allen niederen und höheren Instanzen, insbesondere für den städtischen Bereich, bekannt sind, gibt es innerhalb der preußischen Armee nicht.[174]

Die spärlichen Aufzeichnungen der Zentralbehörde sowie die weitgehend fehlende Überlieferung stellen für die Auswertung somit ein weiteres damit verknüpftes Hauptproblem der Quellenkritik dar – dazu treten jedoch noch weitere Faktoren, die eine kritische Einordnung der Schriftquellen zur Analyse von »kriminellem« Verhalten zur Folge haben: Neben der geringen schriftlichen Überlieferungen von einfachen Soldaten sowie den großen Verlusten der Überlieferung durch Gebrauch und durch die spätere Zerstörung des Heeresarchivs in Potsdam muss ebenfalls die bewusste oder subtile Indienstnahme des Textes in der Analyse berücksichtigt werden.[175] Demnach spielten auch die soziale Stellung sowie die persönliche Perspektive des Verfassers und der benannten Zeugen und deren Strategien vor Gericht eine wesentliche Rolle: dörfliche Netzwerke trafen hier mitunter auf sozial-funktionale Netzwerke der Soldaten (untereinander sowie zu Zivilpersonen). Dazu treten die immer wieder verzeichneten Konflikte zwischen Erfahrungswissen, sozialer Identität und positivem Recht im Militär (Normenkollision) durch die Zeitgenossen einerseits und die Rekonstruktion

173 Die Auditeure, welche oft auch die Akten führten, richteten sich zunehmend nach der Kriegsgerichtsordnung von 1712. Vgl. GStA PK, IV. HA, Rep. 16 Militärvorschriften, Nr. 461: Kriegsgerichtsordnung und Instruktionen König Friedrich I. über das Militärgerichtswesen 1712. Pag.

174 Als Beispiel für eine neuere Erscheinung einer kriminalitätshistorischen Arbeit, die aus den Prozess- und Fehdebüchern der Kleinstadt Strasburg in der Uckermark quantitative Angaben ziehen konnte, sei genannt Franke, Von Schelmen, Schlägern, Schimpf und Schande, zur kritischen Einordnung dieser konstruierten Zahlen besonders S. 24–28.

175 Insbesondere die Argumentation in den Verhörprotokollen ist zudem kritisch zu prüfen, da an der Gestaltung des Schrifttextes schreib- und rechtskundige Beamte mitwirkten, die zudem eine persönliche Stellung zu den Ereignissen mit einfließen lassen konnten. Vgl. Bähr, Matthias: Die Sprache der Zeugen. Argumentationsstrategien bäuerlicher Gemeinden vor dem Reichskammergericht (1693–1806), Konstanz 2012, S. 56–67.

des zeitgenössischen Begriffs von »Kriminalität« andererseits. Dieser muss in der Quellenanalyse mitbedacht und von dem modernen Forschungsbegriff klar unterschieden werden.[176]

Um die Militärgerichtsbarkeit in Preußen auch in Hinsicht auf die Rechtspraxis zu analysieren, werden die an den Militärgerichtsprozessen beteiligten Akteure näher zu betrachten sein. Neben Unteroffizieren und Soldaten, welche in den Gerichtsverfahren als Delinquenten, Zeugen oder Kläger auftreten, werden die Auditeure als ausgebildete Juristen in den Regimentern in den Blick genommen, um die Funktion dieser mittelbaren Beamten zu beleuchten. Daneben muss auch den Soldatenfrauen, die direkt in den Garnisonsstädten mit ihren dienstleistenden Männern lebten und immer wieder ebenfalls in Gerichtsprozessen auftraten, ein Platz in der Analyse eingeräumt werden, denn gerade im Umgang und Vergleich mit zivilen Bürgern und Behörden werden Sonderrechte von Militärangehörigen sichtbar.

Angelehnt an die Auswertung der Reglements, Edikte und Kabinettsordern für die einzelnen Waffengattungen, Regimenter usw. wurden die Gerichtsakten hinsichtlich ihrer Aussagekraft zu Personenkreisen, Tatumständen, der Sozialisierung des Delinquenten sowie der rechtlichen Situation innerhalb des Regiments ausgewertet. Hierbei können verschiedene theoretische Erklärungsmuster ineinandergreifen und gemeinsam genutzt werden: So bietet sich die semantische Auswertung von Suppliken, Zeugenverhören und Stellungnahmen unter diskursanalytischen Gesichtspunkten an. Besonders das Verhalten der Geschlechter in Verfahren wegen Unzucht bzw. Vergewaltigung sowie die Auseinandersetzungen zwischen Zivil- und Militärangehörigen weisen darauf hin, dass sowohl bestimmte Erwartungshaltungen seitens der Gerichte als auch Konstruktionen gewisser sozialer mildernder Umstände auf beiden Seiten eine Rolle spielen konnten. Somit kann die Annahme von Rechtsdiskursen im Sinne Foucaults ebenso mit Bourdieus Vorstellungen vom sozialen Kapital verknüpft werden, denn wie sich in den Verhörprotokollen andeutet, standen Beurlaubte und ihre Familien in einem für sie entscheidenden dörflichen und sozialen Netzwerk, das ihnen unter Umständen bessere Bedingungen vor Gericht eröffnete, teils durch Bürgschaften, teils aber auch durch beharrendes Schweigen zur Tat sowie durch Vertuschung.

176 Auch wenn der Begriff des Diskurses in der Geschichtswissenschaft bisweilen abgenutzt wirkt und zu Recht hinterfragt werden muss, bleibt einer Quellenanalyse nach kulturhistorischen Fragestellungen nur der Blick auf die hinter den Texten stehenden Mechanismen und Wissensbestände sowie auf die politischen wie eben auch rechtlichen Machtverhältnisse, die diesen zugrunde liegen. Vgl. Füssel, Marian; Neu, Tim: Diskursforschung in der Geschichtswissenschaft, in: Diskursforschung. Ein interdisziplinäres Handbuch, Bd. 1: Theorien, Methodologien und Kontroversen, Bielefeld 2014, S. 145–161.

In den Archivakten, besonders in der Berichterstattung von lokalen Obrigkeiten, begegnen Normenkonflikte in erster Linie im Zusammenhang mit Interessenskonflikten zwischen Armee und Landkreis – »violentia« erscheint hier im Zusammenhang mit gewaltsamer Werbung und der Wegnahme von Einwohnern. Die Fälle sind so zahlreich und gut dokumentiert, dass sie belegen, wie alltäglich die Erfahrung bzw. die Gefahr der Wegnahme durch das Militär in den deutschen Territorien, besonders an der Grenze zu Preußen, also in Sachsen, Mecklenburg, Niedersachsen, Polen usw., war.[177] Der Kampf um den »einzelnen Untertan« schloss auf der einen Seite die Kommunikation zwischen den deutschen Fürsten als Landesherren ein, auf der anderen Seite die detaillierte Berichterstattung durch die lokalen Behörden oder die betroffenen Bewohner, Verwandten etc., die den Angriff meldeten und auch als Zeugen gegen die Werber auftraten. In diesem Sinn stellte die Werbepraxis per se ein enormes Kriminalitätsproblem und Konfliktpotenzial für die Obrigkeit dar, nicht selten landeten Werber aufgrund von Praktiken »im grauen Bereich« in den Gefängnissen der umliegenden Territorien.[178] Damit ist anzunehmen, dass die Werbung – egal ob begleitet durch Gewalt oder durch verbale Versprechungen – zumindest in den Augen der Bevölkerung ein Vergehen war, das zu sanktionieren war und das sich in der Akzeptanz durch die Zivilgesellschaft von weiteren »militärischen« Delikten wie Desertion oder Insubordination unterschied.[179]

Die Faktoren, welche diese Unterscheidung beförderten, lagen vor allem in der persönlichen Perspektive und den sozialen Beziehungen der Soldaten untereinander oder zeigten sich an der Schnittstelle zwischen Zivilisten und Militärangehörigen.[180] Das soziale Phänomen der Kriminalität stellte damit nicht nur ein Produkt von Normen dar, sondern wurde vielmehr zu einer Form der Kommunikation zwischen der lokalen Obrigkeit und den zentralistischen Ansprüchen der preußischen Regierung. So konnte der Widerstand gegen die Werbepraxis, auch gegen die Normen oder vielmehr die Durchsetzung von bestehenden Normen, auch als Widerstand gegenüber dem Landesherrn verstanden werden.

177 Schon im 17. Jahrhundert wurden Soldaten auf Werbetouren geschickt und mussten sich mangels guter Ausrüstung auf eigene Faust durchschlagen und bei der Soldatenanwerbung auf »erlebte« Gewaltmuster zurückgreifen. Vgl. Lorenz, Das Rad der Gewalt, S. 159f.

178 Davon zeugen auch die vielen verbliebenen Schriftwechsel zwischen den Generalauditeuren und den Behörden in den Nachbarterritorien, die oft die Freilassung eines wegen Werbung inhaftierten Offiziers zum Inhalt hatten. Vgl. GStA PK, I. HA, Rep. 41 Beziehungen zu Kursachsen, Nr. 1723: Gnadengesuch für den in Kursachsen inhaftierten Kapitän Persode 1717.

179 Dies belegt die Flut an Untertanenklagen bzgl. der Werbung in verschiedenen deutschen Territorien.

180 Vgl. Konfliktkapitel 3, Unterkapitel 3.2: Rekrutierung und Anwerbung – besonders bezüglich der gewaltsamen Werbung.

Die Analyse von deviantem und kriminellem Verhalten von Militärangehörigen der preußischen Armee kann somit die Lebensumstände von Soldaten und deren Angehörigen im Militär anhand der Konfliktfälle ebenso beleuchten wie die Handlungsoptionen von Militärpersonen und weiteren Akteuren im Umfeld der Gerichtsverhandlungen, wie den juristisch ausgebildeten Auditeuren, dem Regimentschef und den Obersten.

Die Auswertung der Einzelakten, die mithilfe eines praxisorientierten Ansatzes interpretiert werden,[181] orientiert sich an folgenden Fragen für die Analyse der Gerichtsakten: Zunächst spielen der Überlieferungszusammenhang, die Gliederung der Akten und deren interne sowie externe Ordnungssysteme eine wichtige Rolle in der Analyse, und die Protokolle und Berichte der Schreiber und Verwaltungsbeamten geben vermutlich Rückschlüsse auf den Verlauf des Verfahrens, die darin hervortretenden Institutionen und seine Beteiligten.

Insbesondere die Handlungsspielräume der Soldaten und ihrer Fürsprecher und Gegner vor Gericht sollen dabei beleuchtet werden und die Möglichkeiten zur Einflussnahme auf den Verlauf der Prozesse bzw. auf die Gestaltung der Akten erhellt werden. Außerdem – und dieser Umstand ist für die vorliegende Arbeit zentral – zeigen die Argumentationen, inwieweit eine Trennung von militärischer und nicht-militärischer Sphäre im Alltag wirklich vollzogen wurde und ob die Strategie eines Militärangehörigen anders aussah als die Verteidigung eines Handwerkers oder eines Studenten etwa.

Um die Bewertung von Kriminalität als strafrechtlich relevantem Fehlverhalten nachzuvollziehen, wird die Beschreibung der devianten Handlungen in den Gerichtsakten rekonstruiert und insbesondere auf eine eigentümliche Semantik, etwa in der Beschreibung von militärischer Gewalt, geprüft.[182] In diesem Zusammenhang erscheint es angebracht, die Quellen auch nach ökonomischen, sozialen oder gesellschaftlichen Zwängen oder Erwartungshaltungen, die den Militärangehörigen zu deviantem/kriminellem Handeln verleiten konnten, zu befragen und dabei die formulierten Unterschiede zu anderen sozialen Gruppen und Gerichtsständen zu fixieren. Angesichts der grundlegenden Bedeutung, welche die strafrechtliche Verfolgung von abweichendem Verhalten in allen gesellschaftlichen Bereichen, auch im 18. Jahrhundert, zunehmend besaß, ist außerdem zu fragen, ob eine »militärische« Devianz oder Kriminalität von den

181 Vgl. Kap. 1.4.3.

182 Hier sind ebenfalls die zahlreichen interessanten Befunde in der Arbeit von Maren Lorenz zum Gewalterleben nach dem Dreißigjährigen Krieg in den schwedisch besetzten Gebieten Pommerns für das 18. Jahrhundert mit heranzuziehen. Diese zeigen in erster Linie, wie machtlos die Zivilbevölkerung militärischen Aktionen ausgesetzt war, und zeichnen ein desaströses Bild von der »Verselbstständigung« der militärischen Gewalt, aber auch von den Mechanismen, die im zivilen Bereich dagegengesetzt wurden. Vgl. Lorenz, Rad der Gewalt, S. 306.

Zeitgenossen tatsächlich festgestellt wurde und an welche Bedingungen dieses Werturteil geknüpft war und ob etwa das positive Militärrecht als Grundlage für dieses Etikett herangezogen wurde oder eher soziale Normen innerhalb der Armee.[183] Eine Analyse der verschiedenen Perspektiven der in den Prozess verwickelten zivilen und militärischen Personengruppen kann Aufschluss darüber geben, ob es in den verschiedenen sozialen Gruppen auch unterschiedliche Prioritäten im Handeln und damit in der Beurteilung von kriminellen Handlungen gab und ob es unter Offizieren häufiger zur Implementation von Normen kam. Dabei sind auch die Unterschiede in der Bewertung von devianten und kriminalisierten Handlungen durch die Regierung und die Bevölkerung von Interesse, da sowohl der Bildungsstand als auch die Verankerung des Beurlaubten in traditionellen Dorfgesellschaften und die eigene soziale Stellung unter den Kameraden sowie in der Heimat einen Einfluss auf das Verhalten des Soldaten haben konnten.

1.5 Anlage der Arbeit

1.5.1 Verfügbarkeit und Lesbarkeit der Quellen

Die Annäherung an den Untersuchungsgegenstand gestaltet sich aus verschiedenen Gründen als besondere Herausforderung: einerseits sind die Militärgerichtsakten zu einzelnen prominenten Fällen, insbesondere der Generalkriegsgerichte, sehr umfang- und detailreich. Ihnen verdanken wir die Kenntnis über die zumindest idealtypische Gerichtspraxis in der preußischen Armee, wie sie im GKG im Großen abgebildet war. Hier liegen meist alle Bestandteile des Gerichtsverfahrens zusammen vor und zeigen, wie die gerichtliche Spruchpraxis zustande kam und welche Entscheidungen und Abwägungen den Urteilen der verschiedenen Rangstufen sowie des Monarchen zugrunde lagen.[184]

Zu einer idealtypischen Gerichtsakte im Militär gehörten:

- Anzeige oder Anlass der Untersuchung / Bildung des Kriegsgerichts, das als Spruchgericht auftrat,

183 Hier gibt es eben unterschiedliche Befunde und Forschungsmeinungen: Während Ralf Pröve das Militär in Friedenszeiten durchaus als stabilisierendes Element ansieht, das sich innerhalb der bürgerlichen Gemeinschaft integrierte (Vgl. Pröve, Göttingen), bewertet Maren Lorenz dies für das 17. Jahrhundert anders und sieht militärische Gewalt als Mittel der Herrschaftssicherung, um die Zivilbevölkerung im Zaum zu halten und Herrschaftsansprüche durchzusetzen. Vgl. Lorenz, Das Rad der Gewalt, S. 318f.

184 Vgl. Kap. 2.1.2 zum Generalkriegsgericht.

- Bestimmung des Präses und der Rangstufen nach Reglement und Verfügbarkeit (im Fall von Generalkriegsgerichten wurden beinahe alle Ränge namentlich durch den Monarchen bestimmt),[185]
- Beweise – bestehend aus:
  - Befragungen von Zeugen,
  - Verhöre der Beschuldigten und Konfrontationen der Aussagen,
- eventuelle Visitationen der Tatorte oder des Quartiers durch den Auditeur,
- Zusammenfassung der Beweislage in Form von Extrakten für den Vortrag vor dem Kriegsgericht,
- Voten der Rangstufen,
- kriegsrechtliche Sentenz mit dem Urteil, den Unterschriften und den Siegeln des KG,
- Konfirmation durch den König,
- eventuelle Anweisungen an die Festungskommandeure.

Andererseits liegen die Gerichtsakten von Kriegsgerichten über einfache Soldaten sowie über Unteroffiziere oft nur als Bruchstücke oder sogar in Einzelteilen – etwa nur durch ein Verhörprotokoll nachweisbar – vor. Zudem sind die Akten von Regiment zu Regiment anders abgelegt und zugeordnet; sie bilden unterschiedliche Delikte ab, verschiedene Akteure und Strafen. Auch über die Umsetzung der Strafen erfahren wir aus den Gerichtsakten nur wenig, vielmehr zeigen Einblicke in die Kabinettsschriftstücke, dass es in einigen Fällen zur Verschärfung des Urteils kam, meistens aber zu einer Milderung der Strafe, die im Fall der einfachen Soldaten nicht selten durch den Gassenlauf ersetzt wurde.[186]

Allen vorliegenden Quellen ist jedoch gemeinsam, dass sie einen Regelverstoß in den Blick nehmen, eine Übertretung nachweisen sollen oder einen nachgewiesenen Rechtsbruch beurteilen helfen. In ihrer Vielfalt und als Bruchstücke können sie ein Gesamtbild von Gerichtspraktiken in der preußischen Armee zwischen 1705 und 1786 abbilden, da sie einander zumindest ergänzen und aus gutem Grund aufeinander verweisen können. So erscheint es angesichts der Quellenlage zur Kriegsgerichtsbarkeit allgemein und zur preußischen Militärgerichtsbarkeit im Speziellen legitim, die einzelnen Bestandteile, die zumindest idealiter zu einem Kriegsgerichtsverfahren gehörten und wohl in den meisten Fällen vorhanden waren (wie zahlreiche Verweise auf nicht mehr bestehende

185 Diese ideale Zusammenstellung galt auch nur im Friedensfall, bei Feldzügen und außerhalb der Garnison war ein Spruchgericht mit weniger Beteiligten zu bilden, das notfalls – je nach Rang – Offiziere und Soldaten anderer anwesender Regimenter dafür auslieh. Vgl. KGO 1712, Art. LX, S. 542.

186 Vgl. dazu ausführlich das Kap. 5.2.3 zur Strafe des Gassenlaufens und der damit verbundenen Strafpraxis.

Akten zeigen), miteinander in Beziehung zu setzen. Gleich einem Puzzle greifen dabei die einzelnen Quellenabschnitte in der Praxis ineinander: denn dass der Anzeige oder einer Ermittlung »ex officio« durch den Auditeur des Regiments Befragungen, mitunter Visitationen, Verhöre und Beweissammlungen folgten, die dann bewertet und schließlich beurteilt wurden, kann aufgrund der vergleichbaren Befunde zu anderen Territorien durchaus als gesetzt angenommen werden.[187]

1.5.2 Perspektiven und Arbeitsbereiche in den Quellen

In den Gerichtsverfahren trafen die Ansprüche und Normvorstellungen verschiedener gesellschaftlicher und politischer Klassen aufeinander: Perspektiven von »oben«, die vor allem durch die Regimentsinhaber, Kommandeure und Offiziere (zum Teil auch die Unteroffiziere), Vertreter der zentralen Behörden und durch den Monarchen gebildet wurden, trafen auf die Perspektiven und Handlungen der Gerichtsschreiber, Auditeure und lokalen Amtsvertreter vor Ort.

Die Perspektive »von unten« meint, Soldaten, Unteroffiziere und ihre Angehörigen in den Blick zu nehmen, obwohl auch diese Zuordnung nicht ganz zutreffend erscheint, da sie vermuten lässt, dass die Mehrheit der Soldaten aus den niedrigen Schichten kam oder sich die Militärangehörigen nur als Tagelöhner oder Angehörige mobiler Schichten verdingt hatten. Dies mag einen Teil der Rekruten betroffen haben, aber spätestens mit der Einführung des Kantonsystems 1733 dienten auch zahlreiche einheimische Männer in den preußischen Heeren, oft waren sie sozial gut integriert in der Heimatgemeinde und besaßen daher Fürsprecher. Sie gehörten zur bäuerlichen und städtischen Schicht, zum Teil sogar zum Bürgertum, auch Studenten und Handwerker gehörten zeitweise dem Militär an. Für den Verlauf eines Gerichtsverfahrens sowie für die Spruchpraxis waren alle Perspektiven auf das Verfahren zu berücksichtigen – in der Spruchpraxis betraf dies aber vor allem die Perspektive der Offiziere im Gericht, des Regimentsinhabers, des Königs und, im Verfahren selbst, die Perspektive des Auditeurs. Die Wahrnehmung und Positionierung der Soldaten und ihrer Familien war mitunter auch von Belang, wenn es gelang, das Gericht von einigen strafmildernden Tatumständen zu überzeugen. Diese Perspektiven trafen dann im Spruch des Gerichts aufeinander und führten nach der Konfirmation des Königs entweder zu weiteren rechtlichen Schritten der Verurteilten (in Form der Supplik an den König) oder zur Umsetzung der zugemessenen Strafe.

187 Vgl. Nowosadtko, Stehendes Heer, S. 116f.

In diesem Sinne werden die vorliegenden Quellen daraufhin untersucht, welche Akteure im Verfahren sichtbar werden, welchen Einfluss diese auf das Verfahren nehmen und welche Perspektiven sie auf das Delikt und den Beklagten haben. Auch die Erfahrung von regelwidrigem Verhalten konnte dabei multiperspektivisch sein: zum einen war die Anwendung von Gewalt als unmittelbare Erfahrung für die Männer durch gewaltsame Werbung gegeben – zum anderen wurden Familien- oder Gemeinschaftsmitglieder zu Zeugen bei Streitigkeiten und Übergriffen. Damit traten demnach die Rekruten zum Teil auch als Objekte von Gewaltanwendung durch Obrigkeit und andere Stände auf. Auch die Eigendarstellung der Beschuldigten sowie die Perspektive, aus der sie argumentierten, ist angesichts der nachgewiesenen kursierenden Wissensbestände über erfolgreiche Darstellungsweisen und Inszenierungen vor Gericht zu rekonstruieren und einzuordnen.

1.5.3 Fehlende Schriftzeugnisse – Devianz und Kriminalität als Teil des Lebensweges der einfachen Schichten in der Frühen Neuzeit

Da eine Mehrheit der Gemeinen weder schreiben noch lesen konnte, blieb ein großer Teil der Soldaten auch in der preußischen Armee für die Nachwelt unsichtbar. Daher wurden Gerichtsakten im Militär in der Forschung vor allem als Zeugnisse der soldatischen Lebenswelt und des Menschen in einer Welt von Krieg und Gewalt bedeutsam.[188] Der Soldat als Delinquent trat immer dort sichtbar in Erscheinung, wo die militärischen Anforderungen auf politische oder gesellschaftliche Normen trafen und diesen widersprachen – dabei entstand ein Konflikt zwischen der Durchsetzung der obrigkeitlichen Normen und den sozialen, aber auch zunehmend subjektiv empfundenen Ansprüchen.[189]

In einem dritten Analyseschritt werden die Strategien und Argumentationen der Soldaten und Unteroffiziere je nach den Umständen des Delikts, der Beweislage und der »Auswahloptionen«, die in einem Gerichtsverfahren überhaupt zur Verfügung standen, betrachtet und ausgewertet. Denn es ist anzunehmen, dass sich auch die Soldaten die gerade im 18. Jahrhundert stark widersprechende Gesetzgebung und die bisher gültigen »Gewohnheitsrechte« zunutze machten,

188 Vgl. Hagendorf, Peter: Tagebuch eines Söldners aus dem Dreißigjährigen Krieg, Göttingen 2013; Peters, Jan: Ein Söldnerleben im Dreißigjährigen Krieg. Ein Quellenhandbuch, Berlin 1993.

189 Schulze, Winfried: Die Frühe Neuzeit zwischen individueller Erfahrung und strukturgeschichtlichem Zugriff: Erfahrungen, Defizite, Konzepte, in: Helmut Neuhaus; Barbara Stollberg-Rillinger (Hg.): Menschen und Strukturen in der Geschichte Alteuropas. Festschrift für Johannes Kunisch zur Vollendung seines 65. Lebensjahres, dargebracht von Schülern, Freunden und Kollegen, Berlin 2002, S. 71–90.

um in ihrem Sinn zu argumentieren.[190] Andererseits konnten diese nur in einem gewissen Rahmen argumentieren, wenn sie etwa eines Desertionsversuchs beschuldigt wurden. In diesem Fall lieferten die Kriegsartikel sowie die »gängigen« Strategien vermutlich Vorlagen für die Argumentation, wenn etwa von einer ungerechten Behandlung durch die Vorgesetzten, von der eigenen gewalttätigen Anwerbung oder von einem versagten Urlaub als Auslöser die Rede war.[191]

Die in der Aufklärungszeit durch Zeitgenossen vertretene These vom »gefallenen Sünder«, der aufgrund der fehlenden Bildung und aus Angst vor Strafe sündigte, kann angesichts der doch guten Kenntnisse von Regeln und grundlegenden Regelverstößen, die auch in den unteren Schichten und verschiedenen Ständen verbreitet waren, zumindest angezweifelt werden.[192] Sicher gehörten Unschulds- und Unwissenheitsbeteuerungen vor Gericht zum üblichen Repertoire der Verteidigung und sind somit ebenfalls mehr als Strategie denn als wirkliches »Nicht-Wissen« zu betrachten.[193]

Die ausgewählten Quellenbestände verknüpfen aus diesem Grund einen exemplarischen Fall mit einem bestimmten Deliktfeld: Desertionskomplott, gewaltsame Werbung, Insubordination, Mord, Selbstmord und Kindesmord, Totschlag oder Fahrlässigkeit, Betrug und Vergewaltigung. Die Fallakten zu den einzelnen Deliktfeldern liegen in unterschiedlichem Umfang vor, die Auswertung zeigt aber, wie sehr die Argumentationen und Strategien sowie die Perspektiven der Akteure von den zugrundeliegenden Normen, der Art des Delikts und dem sozialen Status abhängig waren.

Bereits die erste Quellenanalyse fokussiert insbesondere Argumentationsstrategien und Abwägungen im Fall eines vermeintlichen Desertionskomplotts (Deliktfeld 1), in welches gleich mehrere Soldaten verwickelt wurden, die in den Verhören zu den Anschuldigungen Stellung beziehen mussten. In dem anschließenden Gerichtsfall um den Torschreiber Friedrich Helmholz (Deliktfeld 2)

---

190 Vgl. Köstlin, Konrad: Die Verrechtlichung der Volkskultur, in: ders. (Hg.): Das Recht der kleinen Leute. Beiträge zur Rechtlichen Volkskunde (Festschrift für Karl Sigismund Kramer zum 60. Geburtstag), Berlin-West 1976, S. 109–124.

191 In diesem Sinne wählten die Beklagten wohl aus einem Angebot von Strategien, das sich nach den anderen Akteuren und deren Auftreten, nach dem Tatvorwurf und der zu erwartenden Strafe sowie nach der persönlichen sozialen Verortung im Militär richtete. Siehe dazu insbesondere den Fall des Franz Dombruk in Kap. 4.3.

192 In diesem Sinn sind die Kriminalgeschichten, die besonders nach 1780 populär wurden und den Soldaten oft als unverständigen und ungebildeten Mann aus der Unterschicht charakterisieren, trotz ihres alltagsgeschichtlichen Ansatzes noch kritischer zu hinterfragen. Vgl. Müchler, Kriminalgeschichten.

193 Für die übrigen Schichten, insbesondere die Bauern, hatten ja bereits Forschungen auf die Bedeutung der »Arbeitsverweigerung« als Form des besonderen Eigensinns der Bevölkerung hingewiesen. Jan Peters (Hg.): Konflikt und Kontrolle in Gutsherrschaftsgesellschaften – über Resistenz- und Herrschaftsverhalten in ländlichen Sozialgebilden der Frühen Neuzeit, Göttingen 1995.

spielen die Mechanismen der Werbung für das preußische Militär vor 1733 eine wichtige Rolle – und die Frage danach, wie sich der Umgang mit dieser Form der Rekrutierung auch auf andere Akteure auswirkte. Diese Untersuchung ist im Bereich des »Iudicium mixtum« anzusiedeln, das Verfahren wurde demnach parallel bzw. in Zusammenarbeit zwischen verschiedenen Gerichtsobrigkeiten geführt.

Im dritten Deliktfeld spielt wiederum der militärische Bezugsrahmen eine entscheidende Rolle (Deliktfeld 3): Fälle von Befehlsverweigerung und Insubordination tauchten selten in den Gerichtsunterlagen auf, da diese schnell unterbunden und in den weniger harten Fällen sofort durch den Regimentschef geahndet werden konnten.[194] Die Fallakte von Franz Dombruk enthält vor allem Protokolle, welche die Wahrnehmung der Befehlsstrukturen auch aus Sicht der Dragoner schildern und zeigen, inwiefern auch von deren Seite eine Erwartungshaltung an die Vorgesetzten herangetragen wurde.

Das folgende Beispiel entstammt einer Situation, wie sie für die Kriegszeiten zu beobachten war – tödliche Anschläge auf Soldaten in dem Territorium, das sie besetzten bzw. auf dem sie lagerten (Deliktfeld 4). Der Fall von Matthes Paulmann, der vermeintlich vorsätzlich von italienischen Bauern erschossen wurde, reihte sich ein in immer wieder auftretende Zusammenstöße zwischen Soldaten und Bauern, die für jeweils eine Seite mit schwerer Verwundung oder dem Tod endeten. Hier stand weniger infrage, wer eigentlich »Schuld« am Ergebnis war, sondern es wurden vielmehr die tiefergehenden Gründe für das gegenseitige Misstrauen und die Perspektive der preußischen Soldaten auf die italienischen Einwohner thematisiert.

In einem weiteren Spannungsfeld bewegt sich der Fall des offenbar schwermütigen Soldaten Thomas Niemes, der zunächst sein Kind tötete und sich dann selbst das Leben nehmen wollte (Deliktfeld 5). In den christlich geprägten Gesellschaften stellten beide Delikte schwere Delikte dar, die wiederum mit dem Tod zu strafen und zu vergelten waren. Demgegenüber handelte es sich im Fall des jungen Musketiers Sigmund Leuthner um eine zumindest »fahrlässige« Erschießung einer jungen Magd, mit welcher der Mann unter einem Dach gelebt hatte (Deliktfeld 6). Im Zuge der Einquartierung von Soldaten in den Bürgerhäusern nahmen auch die Unfälle durch Schusswaffengebrauch deutlich zu und nicht immer waren diese unbeabsichtigt, daher stellt sich die Frage, inwiefern der Fall von Leuthner hier heraussticht.

Die anschließende Analyse betrifft den umfangreichsten, weil am besten dokumentierten Fall der Quellensammlung: den organisierten Verkauf von Ab-

194 Bis zu einem gewissen Umfang des Delikts konnte der Chef eines Regiments die Bestrafung sofort durchführen lassen. Einige Hinweise aus den Akten legen den Schluss nahe, dass dies in der Praxis auch oft der Fall war. Vgl. Kap. 3.3.1.

schieden und Trauscheinen (Deliktfeld 7). Dieser wurde eingefädelt durch einen Unteroffizier mit Wissen seines Oberst Gottfried von Seel und wirft ein Licht auf die Rekrutierungspraxis der Regimenter in den Kantonen und auf die Anfälligkeit dieser Strukturen für den Missbrauch. Darüber hinaus zeigen die zahlreichen Verhöre und Konfrontationen im Verlauf dieses Generalkriegsgerichts aber auch, welche Akteure von diesen »Plackereyen« profitieren konnten.

Die zeitliche Abfolge der Analyse ermöglicht es, auch temporäre Gesetzesänderungen und gesellschaftliche wie juristische Wandlungsprozesse im Verlauf des 18. Jahrhunderts immer wieder mit aufzunehmen. Denn alle Fälle sind mit den Deliktfeldern, aus denen sie stammen, auch im zivilen Bereich, in Verbindung zu setzen. Die enge Verzahnung zwischen den militärischen und zivilen Akteuren deutet dabei bereits an, dass eine Trennung der Deliktfelder zwischen dem Militär und der übrigen Gesellschaft kaum möglich zu sein schien.

2 Institutionelle und normative Rahmenbedingungen

2.1 Das militärgerichtliche Verfahren

2.1.1 Das Kriegsgericht

> »Dieses ist wohl zu mercken, daß bey einem besetzten Kriegs-Rechte die sache, darüber erkannt werden soll, vollkommen ausgemacht seyn muß, und nichts als das erkänntniß daran ermangeln darf, weil vor demselben nichts gethan, als gesprochen wird.«[195]

Das Kriegsgericht über Soldaten und Unteroffiziere trat zusammen, wenn sich ein begründeter Verdacht durch Befragungen und Durchsuchungen im Regiment bestätigen ließ. Es konnte aber auch »ex officio« durch den Auditeur nach erfolgter Denunziation vorgenommen werden. Grundsätzlich trat das Kriegsgericht aber erst zusammen, wenn Auditeur, Regimentschef und dazubeorderte Offiziere die belastenden Hinweise für ein Urteil zusammentragen konnten. Die militärische Rechtsprechung bedeutete für die Soldaten und Unteroffiziere ein Privileg, das sowohl von Nutzen als auch von Nachteil für einen straffälligen Militärangehörigen sein konnte. Grundsätzlich waren die Offiziere und Generäle angehalten, in ihren Regimentern strenge »Manneszucht« und Disziplin zu fördern, aber jegliche Verstöße gegen die Normen mit harten Strafen zu ahnden und somit eine Abschreckung für andere Soldaten zu erzeugen.

Noch im 16. Jahrhundert erfolgte die Rechtsprechung in den Söldnerheeren durch den Schultheißen, der selbst aus den Reihen der Soldaten stammte.[196] Die Feldordnung Kaiser Maximilians I. richtete kraft der Bestimmungen erstmals ein »Schultheißengericht« ein, das für die Rechtsprechung über die Regimentsan-

195 CIMN = Fritsch, Thomas (Hg.): Corpus Iuris Militaris Novissimum. Oder Neuestes Krieges-Recht, worinnen die militair-verordnungen, welche die Römischen Kayser, die geist- und weltliche Chur-Fürsten, die mächtigste Fürsten und andere vornehme Stände des Heil. Röm. Reichs, ingleichen die auswärtigen Könige und Republiquen bis auf die Zeit ergehen lassen, zu finden, Leipzig 1724, Capitel I: Vom Kriegs-Proceß, Sp. 5.

196 Vgl. Bonin, Burkhard von: Grundzüge der Rechtsverfassung in den deutschen Heeren zu Beginn der Neuzeit, Weimar 1904, S. 72f.

gehörigen und deren Familienangehörige zuständig war.[197] Dem Gericht saß der Oberst des Regiments vor, neben dem Schultheiß und dem Gerichtsschreiber gehörten ihm außerdem eine der Schwere des angeklagten Delikts angemessene Zahl an Beisitzern (sechs bis zwölf) sowie ein Gerichtsweibel (Gerichtsdiener) an.[198] Da der Oberst aber nur pro forma den Vorsitzenden darstellte und sich in der Praxis meist vom Schultheißen vertreten ließ, führte dieser zunehmend die Untersuchungen und Verfahren. Dabei handelte es sich um einen erfahrenen Militär im Range eines Hauptmanns, der eigene Befehlsgewalt besaß, in erster Linie aber die Anforderungen des Soldatenstandes und seines Obersten kannte sowie die Gefahr, die etwa von einem abweichenden Verhalten der Soldaten für die Disziplin in der gesamten Armee ausgehen konnte.[199] Handelte es sich bei dem Schultheißen um einen Vertreter des Obersten, bestimmten die Soldaten aus ihrer Mitte heraus die Beisitzer für das Verfahren. Dieses aus Kameraden zusammengesetzte Gericht war demnach nicht nur durch die Obrigkeit installiert, sondern auch durch die Angehörigen des Regiments direkt legitimiert, Recht zu sprechen.[200] Als Kläger vor dem Gericht trat der Profos auf, der sich im frühen 16. Jahrhundert nach französischem Vorbild in der deutschen Rechtsprechung etabliert hatte. Obwohl sich sein Amt bis in das 18. Jahrhundert hinein stark veränderte und damit im Laufe der Zeit das Ansehen eines Gerichtsbediensteten verlor, behielten auch die brandenburgischen Regimenter den Profossen als Vollstreckungsbeamten für körperliche Strafen und Ähnliches bis in das 18. Jahrhundert hinein bei.[201] In der Reiterei wurden dagegen eigene Rechtstraditionen aufgebaut, die sich stark an den Fußtruppen orientierten. Die Reitergerichte konnten auch Rittmeister und sonstige Offiziere zur Rechenschaft ziehen.[202] Gemeinsam war ihnen jedoch der Umstand, dass im Falle von Leib- und Lebensstrafen die Bestätigung des Obersten oder gar des Kurfürsten und Kriegsherrn eingeholt werden musste.[203]

197 Vgl. ebd., S. 73: So gehörten die Frauen und Kinder der Landsknechte ebenso wie der übrige Tross unter die Rechtsprechung des Regiments und wurden durch den »Hurenwaibel« beaufsichtigt.

198 Vgl. Schwind, Hans-Dieter: Kurze Geschichte der deutschen Kriegsgerichte, München 1966, S. 5.

199 Vgl. insbesondere zur gegenseitigen Einflussnahme und Disziplinierung der Söldner untereinander Huntebrinker, Söldner, S. 267f.

200 Vgl. Möller, Hans-Michael: Das Regiment der Landsknechte. Untersuchungen zu Verfassung, Recht und Selbstverständnis in deutschen Söldnerheeren des 16. Jahrhunderts, Wiesbaden 1976, S. 190.

201 In der Verpflegungsordonnanz von 1684 wird der Profos (5 Rth.) mit nur wenig mehr Lohn als der Scharfrichter (4 Rth., 12 Gr.) geführt. GStA PK, IV. HA, Rep. 16, Nr. 174: Verordnung über die Verpflegung der Soldaten und Verhaltensmaßregeln, 01.01.1684.

202 Vgl. Schwind, Kriegsgerichte, S. 7.

203 Vgl. ebd., S. 8.

Im 18. Jahrhundert war das Verhältnis zwischen Soldaten und Kriegsherrn ein anderes geworden: Gegen ein bestimmtes Handgeld wurde die Kapitulation auf eine gewisse Zeit vereinbart, das Rechtsgeschäft besiegelt und der Soldat mit der Ableistung des Eides auf den König und die Kriegsartikel in die Armee aufgenommen. Seine Privilegien erstreckten sich demnach auf die allgemeinen Soldbestimmungen und die Zugehörigkeit zu einem besonderen Gerichtsstand, dem es auch erlaubt war, sich in peinlichen Angelegenheiten an den König zu wenden und mittels einer Supplik um Gnade zu bitten.[204] Größere Vergehen und schwere Verstöße gegen die Disziplin wurden vor einem Regimentsgericht geahndet: Je nach Dienstrang des Delinquenten stellte der Regimentschef gemeinsam mit dem Auditeur ein Spruchkollegium von Offizieren und, falls der Beklagte zur Gruppe der einfachen Soldaten gehörte, von Unteroffizieren und Gemeinen zusammen.[205]

Das Gericht konnte die Untersuchung eines Falles sowohl initiieren als auch die spätere Beweisaufnahme durchführen und den Spruch fällen, besaß also in beinahe allen Belangen hohe Autonomie.[206] Der Auditeur wurde mit Vollmachten ausgestattet, die ihm die Zeugenverhöre unter Aufsicht von Offizieren oder Unteroffizieren gestatteten. Die Indizien, Geständnisse oder andere gegenständliche Beweise wurden von dem Juristen zusammengetragen und schriftlich anhand der bestehenden Rechtsbestimmungen erläutert und ausgeführt. Anschließend erfolgte eine Empfehlung für das Urteil. Die Zusammensetzung des Kriegsgerichts hing sowohl von dem Rang des Delinquenten als auch von der Erheblichkeit des Delikts ab und die Besetzung folgte in der Regel dem in der Tabelle 2 skizzierten Schema:

Tabelle 2: Chargen im Kriegsgericht nach der KGO von 1712[207]

– Präses (Stabsoffizier oder zumindest Hauptmann)
– Auditeur (ohne Stimmrecht)
– zwei Hauptleute (bzw. ein Kapitänleutnant)
– zwei Leutnants
– zwei Kornette

204 Vgl. Dancko, Johann Stephan: Kurtzer Entwurf des Kriegsrechts wie solches vornehmlich in denen Königlichen Preußischen und Churfürstl. Brandenburgischen Land-Tags-Abschieden/ Kriegs-Articuln, Ordonnanzien/ Reglementen/ Edicten & c. enthalten, Neudruck der Ausgabe 1725, Bad Honnef 1982, S. 105–107.

205 Vgl. KGO 1712, Art. XXII, S. 535. Diese Regimentsgerichte konnten nur in den Garnisonen und den regulären Regimentern durch den Kommandeur gebildet werden.

206 GStA PK, IV. HA, Rep. 16 Militärvorschriften, Nr. 461: Instruktionen König Friedrich I. über das Militärgerichtswesen, Bl. 11: Friderici Königs in Preußen und Churfürsten zu Brandenburg Kriegs-Gerichts-Ordnung de Anno 1712.

207 KGO, Art. LX, in: Fritsch, CIMN, S. 542.

– zwei Fähnriche
– zwei Feldwebel oder Wachtmeister
– zwei Sergeanten
– zwei Korporale
– zwei Gefreite
– zwei Reiter oder Gemeine

Nicht alle Klassen waren entsprechend den Vorschriften in allen Gerichtsprozessen anwesend. Handelte es sich jedoch um ein Verfahren gegen Soldaten, sollten möglichst alle unteren Rangstufen inklusive der Unteroffiziere gemeinsam den Spruch fällen. Nachdem die Assessoren berufen worden waren und von dem eingesetzten Präses des Kriegsgerichts keine Einwände gegen sie erhoben wurden, leisteten die Richter ihren Eid und versprachen, nach ihrem Gewissen zu entscheiden und im Sinne des Regiments und der preußischen Monarchie.[208]

Dann wurden die Akten durch den Auditeur mündlich zusammengefasst, die verschiedenen Argumente und Positionen wiederholt und schließlich wurde chargenweise abgestimmt, beginnend mit der untersten Klasse der Gemeinen.[209]

Bereits in der Kriegsgerichtsordnung (KGO) diente der Auditeur auch als Verteidiger und Anwalt des Angeklagten und sollte dessen Verteidigung organisieren. Mit einem Edikt von 1715 wurde dann festgelegt, dass in den Kriegsgerichten keine anderen Advokaten mehr geduldet werden sollten.[210] Demnach konnten die Soldaten eine Verteidigung durch einen Auditeur eines anderen Regiments in Anspruch nehmen und somit die Gründe für eine Verteidigung erläutern lassen. In den Kriminalverfahren fand diese Tatsache jedoch kaum Beachtung, da der Auditeur hier ohnehin angehalten war, die Tatvorwürfe gegen einen Soldaten aus der Sicht der Anklage sowie der Verteidigung zu beurteilen.

Nach der Darstellung der Fakten vor dem Gericht wurden die Voten durch die einzelnen Ranggruppen abgefasst und miteinander verglichen. Im Fall einer klaren Mehrheit für ein bestimmtes Votum konnte die Sentenz ausgefertigt werden und erst an den Kommandeur und von diesem aus an den Monarchen zur Bestätigung weitergegeben werden.[211] Kam es jedoch zu einer Pattsituation in der Beurteilung, wurden die Akten erneut herangezogen, die Fakten noch einmal anhand der Kriegsartikel und gültigen Edikte erläutert und eine zweite Ab-

208 KGO, Art. LXII.

209 Vgl. ebd., Art. LXV.

210 Vgl. Ordre, daß die Defensiones der Soldaten von einem Auditeur zu führen, vom 17.05.1715, in: Mylius, CCM, T. III, 1. Abt., Nr. CXXXVI, Sp. 373f.

211 Ebd., Art. LXXII und LXXIII.

stimmung vorgenommen.[212] Diese konnte auch erfolgen, wenn eine Gruppe in der Abstimmung vollkommen anders votiert hatte.

Aus Sicht der Obrigkeit sowie der Militärs garantierte das Kriegsgerichtsverfahren unter »Gleichen« einen professionellen Umgang mit den Herausforderungen des militärischen Alltags und dessen Problemen. Das zeigen auch die Urteilsbegründungen oft, denn sie verweisen etwa auf die Herausforderungen im Umgang mit den militärischen Waffen. In einem Verfahren gegen den Soldaten Sigmund Leuthner, einen 21-jährigen Musketier aus der Kompanie des Fürsten Dietrich von Anhalt-Dessau aus dem Regiment Anhalt-Dessau, der versehentlich die Magd seines Hauswirtes beim Hantieren mit einer ungesicherten Schrotflinte erschossen hatte, befindet sich das überlieferte Urteil in dem Nachlass des Fürsten Leopold von Anhalt-Dessau.[213]

Den Unterschriften nach setzte sich das Kriegsgericht wie in der folgenden Tabelle 3 dargestellt, zusammen:

Tabelle 3: Mitglieder der Jury im Kriegsgericht gegen Sigmund Leuthner 1721

Präses	Oberstleutnant Caspar v. Wachholtz (Chef 4. Kompanie)
Hauptleute	Major Albrecht Chr. von Platen (Chef 7. Kompanie), Kapitän von Finck (Chef 10. Kompanie), Kapitänleutnant v. Lattorf
Offiziere	Sekondeleutnant von Scharwitz (hier: de Scharowetz), Sekondeleutnant Johann Georg de Marwitz, (Fähnrich) von Bredow
Unteroffiziere: **Sergeanten**	 Sergeant Wurm, Sergeant Gedeller
Korporale	Gefreiten-Korporal August H. von Knorn, Korporal Koch
Gefreite **Gemeine**	Gefreiter Hermann Lüdecke, (Gefr.) Martin Schramm Johann Bergemann, Andreas Seizman

212 Eine solche Situation konnte meist vermieden werden, weil die Verteilung der Stimmen in der Praxis darauf hinauslief, dass neben einer geraden Anzahl an Dienstgraden meist die Charge des Präses in einer Pattsituation den Ausschlag geben konnte. Vgl. KGO, Art. LXXI, S. 544.

213 LASA, A 9b Ib, Nr. 19, Bd. III, Bl. 3–7.

Das Kriegsurteil wurde schließlich durch den Auditeur des Regiments, Johann Friedrich Meyer, gegengezeichnet und an das Generalauditoriat eingesandt.[214] Das Regiments- oder Kriegsgericht war an keinen festen Ort gebunden, sondern funktionierte über das militärische Personal im Regiment. So konnte unter normalen Umständen ein Kriegsgericht auch im Feld abgehalten werden, wenn das Regiment im Ganzen vor Ort war. Davon ist das Standgericht zu unterscheiden, das mit wesentlich weniger Richtern – ebenfalls außerhalb der Garnison im Feld – abgehalten und dessen Urteil ohne Konfirmation des Königs gleich vollstreckt werden konnte.[215]

Innerhalb von Garnisonen und auch wenn alle Rahmenbedingungen ein ordentliches Verfahren zuließen, wurden keine Standrechte verhängt – die Kriegsgerichte waren den Schnellgerichten vorzuziehen.[216] Handelte es sich bei dem Delikt um ein Vergehen gegen die Disziplin oder war eine minder schwere körperliche Strafe (also weniger als zehnmaliges Gassenlaufen) verhängt worden,[217] konnte der Regimentschef bzw. sein Kommandeur das Urteil ebenfalls vollstrecken lassen, ohne die Vermittlung der königlichen Urteilsbestätigung durch das Generalauditoriat abzuwarten. Für diese Fälle konnte der kommandierende Offizier ein »außerordentliches Kriegsgericht« einberufen, dem lediglich ein Präses (mindestens im Rang eines Kapitäns) vorsaß und dem zwei Ober- und zwei Unteroffiziere sowie jeweils ein Gefreiter und ein Gemeiner angehörten, die sich den Fall vom Auditeur vortragen und erläutern ließen.[218] Dabei waren alle Positionen zu hören, die Unterlagen ebenfalls sorgfältig zu prüfen und das Urteil, das nur in einer arbiträren Strafe oder im Spießrutenlauf bestand, zu bestätigen. Von diesen »kleinen« Kriegsrechten oder Regimentsgerichten ist in den Unterlagen der preußischen Regimenter nichts mehr zu finden. Es bestand keine Notwendigkeit, die Unterlagen weiterzuleiten oder sie aufzubewahren, wenn die Strafe abgegolten war.[219]

---

214 Vgl. LASA, A 9b Ib, Nr. 19, Bd. III: Fürst Leopold, von Sachsen-Anhalt: Acta enth. Verschiedenes, welches sich auf des Fürsten Leopold preußisches Regiment zu Fuß beziehet. 1713–1723.

215 Z. B. für die Situation auf Märschen und im Feld legte die Kriegsgerichtliche Instruktion für die Auditeure von 1712 fest, dass der Auditeur die ersten Offiziere, die er auffinden konnte, zu einem solchen Standrecht verpflichten sollte, »derer doch nicht weniger als 2 der obern, 2 der untern und 4 Gefreyte und Gemeine, samt einem praeside von einer Stabs-Person, oder wenigstens noch ein Ober-Officier soll zu sich nehmen und unter freyem Himmel denen Anwesenden den Casum proponire«. KGO 1712, Art. XX, S. 535.

216 Ebd., Art. XXI.

217 Die Kriegsgerichtsordnung spricht von »Kleinen Criminal-Sachen« oder von Verboten, die der Kommandeur des Regiments selbst erstellt hatte.

218 Ebd., Art. XXII.

219 Vermutlich wurden die Bestrafungen zwar gelistet oder notiert, die vielen Unterlagen über solche Fälle jedoch vernichtet. Denn das Papier wurde nach einer gewissen Zeit wieder-

Handelte es sich allerdings um strafrechtliche Verfahren, die Diebstahl, Gewalttätigkeiten, Mord, Raub oder militärische Vergehen wie die Desertion betrafen, musste das Kriegsgericht sein Urteil nach der Abfassung an das Generalauditoriat einsenden.[220] Der Generalauditeur legte es dann im Kabinett des Königs vor und ließ das Urteil bestätigen bzw. ändern.

Während der Auditeur des Regiments das kriegsrechtliche Verfahren in der Regel einleitete, konnte die Anzeige (Denunziation) dazu auch von jeder Person innerhalb und außerhalb des Regiments kommen. Die zahlreichen Untersuchungen für eventuelle »gemischte Verfahren« von Zivilisten und Militärangehörigen zeigen, wie konfliktbeladen das Zusammenleben zwischen Militär und Gesellschaft bisweilen sein konnte. Wollte eine Zivilperson einen Soldaten oder dessen Angehörige beklagen, musste diese zunächst einmal beim Regiment die Klage vorbringen und gleichzeitig überzeugende Beweise für die Schuld des/der Angeklagten beibringen, damit ein gemeinsames Verfahren von Regiment und lokaler Gerichtsbehörde in Gang gebracht werden konnte.[221] Aber auch wenn alle Vorgaben erfüllt wurden, konnte es passieren, dass aufgrund mangelnder Beweise das eigentliche Gerichtsverfahren und der richterliche Spruch ausblieben, wie die Fallbeispiele in der Auswertung der Gerichtsakten in Kapitel 4 zeigen.

2.1.2 Das Generalkriegsgericht

Alle Angehörigen des Offizierkorps, im Generalstab und in den Einzelstäben, sowie feindliche Spione wurden durch das Generalkriegsgericht verurteilt. Die Verfahren wurden vom König auf eine Anzeige hin oder auf dessen eigene Veranlassung initiiert. Der Monarch ernannte ebenfalls aus den Reihen seiner höchsten Generäle einen Präses, der das Gerichtsverfahren leitete, die grundlegenden Befragungen in Auftrag gab und den Zeitplan für den Gerichtsspruch verfügte.[222] Solche Verfahren bedeuteten einen hohen personellen Aufwand und konnten wegen der detaillierten Vorbereitungen auch sehr umfangreich werden. Die Prozesse besaßen außerdem einschließlich ihrer Voruntersuchungen eine doppelte Funktion im frühneuzeitlichen Herrschaftsverständnis: Zum einen wurden für ein Verfahren gegen führende Militärs große Teile des preußischen

verwendet, und anders als in »großen« Kriminalsachen bestand keine Dokumentationspflicht gegenüber dem Generalauditoriat. Vgl. Kap. 5.5.1: Infamie und Stigma.

220 Vgl. KGO, Art. XIX, in: Fritsch, CIMN, S. 533.

221 Auch in der Kriegsgerichtsordnung wird eher etwas zweideutig darauf hingewiesen, dass die Prozessführung bei der Partei mit dem größeren »Interesse« gelegen habe, dass aber beide Gerichte die Rechte der ihnen unterstellten Untertanen zu verteidigen hatten. Vgl. KGO, Art. LVIII und LIIX, S. 542.

222 Lünig, CJM, S. 846.

Offizierkorps zum Kriegsrecht herangezogen. Zum andern diente ein solcher »Musterprozess« auch der Kommunikation gegenüber den Offizieren selbst.[223] Die Kriegsgerichtsprozesse Friedrichs II. während des Siebenjährigen Krieges gegen die Offiziere, die ihre Festungen übergaben, zeigen diese Doppelfunktion ganz klar: die beklagten Generäle von Katte, von Lestwitz und von Kyau wurden beispielsweise 1758 wegen der im Herbst 1757 erfolgten Übergabe der Stadt Breslau vor Gericht gestellt.

Die Voruntersuchungen schlossen zahlreiche Juristen, Offiziere, lokale Beamte und das Generalauditoriat ein.[224] Der Prozess behandelte im Kern die militärische Reputation der betroffenen Offiziere und verhandelte deren Möglichkeiten zur Kapitulation gegenüber Österreich. Das Verfahren kommunizierte daneben aber eben auch die Grundannahme des Monarchen und einiger Generäle, dass die militärischen Tugenden des preußischen Offiziers eine vorschnelle Aufgabe einer solchen Festung verhindern sollten.[225] Da auch die richtenden Generäle und Offiziere die entsprechenden Reglements und königlichen Ordern nur als Leitfaden für ihre Entscheidungen heranzogen und die Bedeutung des Kriegsrechts durchaus verschieden auslegen konnten, zeigten sich die Beurteilungen von militärischen Verfehlungen durch die Assessoren als durchaus ambivalent.

Wie selten diese Prozesse in vollem Umfang durchgeführt wurden, belegen auch die Anmerkungen des Generalauditeurs Christian Otto Mylius. Er wurde von Moritz von Anhalt-Dessau, der für das Verfahren gegen den General von Katte durch Friedrich II. ernannt worden war, mit der Bitte angeschrieben, die Grundlagen des Prozesses zu prüfen und einen Überblick zu den Rechtsgrundlagen dieser Fälle zu liefern. Mylius stellte fest:

> »Bei denen zu des Herrn von Katsch[226] Zeiten mit demselben zugleich und nach dessen Tode, weil der Herr von Viebahn[227] kein einziges Kriegsrecht gehalten, von mir allein

223 Auch ein Gerichtsverfahren kann vor der Debatte um die Definition und Verteilung von Herrschaft im 18. Jahrhundert durchaus als Möglichkeit zur Verhandlung von Machtbefugnissen und Herrschaftsidealen ausgewertet werden. Vgl. Lüdtke, Alf: Herrschaft als soziale Praxis, in: ders. (Hg.): Herrschaft als soziale Praxis. Historische und sozial-anthropologische Studien, Göttingen 1991, S. 9–63.

224 Grünhagen, Colmar; Wachter, Franz: Akten des Kriegsgerichts von 1758 wegen der Kapitulation von Breslau am 24. November 1757 (hrsg. vom Vereine für Geschichte und Alterthum Schlesiens = Scriptores Rerum Silesiaricum, 15), Breslau 1895.

225 Vgl. Lotz, Kriegsgerichtsprozesse, S. 5f.

226 Christoph von Katsch (Generalauditeur 1699–1729, seit 1718 auch Staats- und Justizminister).

227 Moritz von Viebahn (Generalauditeur 1730–1739). Vgl. Friccius, Carl: Geschichte des deutschen, insbesondere preuss. Kriegsrechts, Berlin 1848.

gehaltenen Generalkriegsgerichten über Generals ist es allezeit ebenso gehalten worden wie bei andern.«[228]

Die geringe Anzahl der Verfahren im Generalauditoriat allgemein zeigt, dass solche umfangreichen militärischen Prozesse gegen Offiziere nicht oft vorkamen. Das lag sicher nicht daran, dass die Offiziere keine Übertretungen begangen hätten, sondern war vielmehr der Struktur des Inquisitionsverfahrens auf der einen Seite und der Regimentsgerichtsbarkeit auf der anderen Seite geschuldet: Das Sammeln von Beweisen und das Verhören von Beklagten und Zeugen wurde nur in Angriff genommen, wenn die Möglichkeit, einen Spruch durch das Kriegsgericht zu erhalten, gegeben war. Dies passierte meist nur in Fällen von Kapitalverbrechen oder bei Verbrechen gegen die Krone (Desertion, Meuterei, Spionage).[229] Mylius selbst war als Generalauditeur Hauptjurist in dem Verfahren gegen den Kronprinzen Friedrich und seine Mitverschwörer im Jahr 1730 gewesen und bezog sein Vorwissen über die Praxis in einem militärischen Generalkriegsgericht unter anderem aus diesem sehr delikaten Verfahren.[230] So bildeten die Verhöre der Angeklagten neben den Befragungen von Zeugen und lokalen Behörden einen wesentlichen Pfeiler für die spätere Entscheidung des Gerichts. Der Landesherr bestimmte den Präses und (oft) auch die Beisitzer, doch nicht in jedem Fall:

Friedrich gab seinem Gouvernement in Berlin 1763 für die Formierung des Generalkriegsgerichts wegen der Übergaben von Glatz und Schweidnitz lediglich den Präses und die zwei Generalleutnants vor – die Besetzung der geforderten übrigen fünf Klassen sollte durch das Gouvernement vorgenommen werden.[231] Die Zahl der verschiedenen Rangklassen und auch die Personenanzahl variierten dabei und wurden vermutlich in Bezug auf das Vergehen, das abgeurteilt werden sollte, sowie hinsichtlich der Stellung der Delinquenten ausgewählt. Ebenso waren Unterschiede zwischen Krieg und Frieden bedeutsam, da die Aufrechterhaltung der militärischen Disziplin im Krieg von entscheidender Bedeutung war. 1758 erließ Friedrich II. eine Order, in der die Kriegsgerichtsverfahren gegen Offiziere mit sechs Diensträngen besetzt sein sollten sowie mit dem Präses.[232] Die Verteilung des Urteils auf möglichst viele verschiedene Ränge versinnbildlichte

228 LASA, A 9b VIb, Nr. 7, Bl. 117r: Schreiben des Mylius an Moritz von Anhalt, 14.02.1758.

229 Fritsch, CIMN.

230 Vgl. Kloosterhuis, Jürgen: Katte. Ordre und Kriegsartikel. Aktenanalytische und militärhistorische Aspekte einer »facheusen« Geschichte, Berlin 2006; Kloosterhuis, Jürgen: Kriegsgericht in Köpenick. Anno 1730: Kronprinz – Katte – Königswort (Katalog zur Ausstellung), Berlin 2011.

231 Kriegsgerichtsprozess 1763, S. 172, Nr. 80: Schreiben Friedrichs II. an den Generalauditeur Goldbeck vom 06.10.1763 wegen der Besetzung des Kriegsgerichts.

232 Order Nr. 84.

auch die Fähigkeit der Offiziere zur gemeinsamen Entscheidungsfindung über ihresgleichen.

Vergleicht man einige der Verfahren zwischen 1730 und 1763 – sowohl aus den Friedensjahren wie aus dem Krieg –, zeigen sich zahlreiche Übereinstimmungen und einzelne Abweichungen in der Besetzung der Jury, wie Tabelle 4 zeigt:

Tabelle 4: Rangklassen in den Generalkriegsgerichten (GKG)

	GKG gg. Kronprinz Friedrich 1730	**GKG gg. Oberst von Seel 1746**	**GKG im Krieg 1758**	**KG im Krieg 1763**
Delikt	**Desertionskomplott/ Majestätsbeleidigung**	**Plackerei**	**Übergabe der Festung Breslau**	**Übergabe der Festungen Glatz und Schweidnitz**
Klassen				
Generalleutnants		2	3	2
Generalmajore	3	2	3	2
Oberst	3	2	3	2
Oberstleutnants	3	4	3	2
Majore	3			2
Kapitäne/Hauptmann	3			2
Gesamt	15 Offiziere	10 Offiziere	12 Offiziere	12 Offiziere

Im Kern lässt sich an den ausgewählten vier Beispielen ablesen, dass die Ränge zwischen Oberstleutnants und Generalleutnants in allen Verfahren vertreten waren.[233] Jedes Generalkriegsgericht war regimentsübergreifend angelegt, damit im Falle eines Vergehens auch der Inhaber eines Regiments bzw. sein Kommandeur zur Verantwortung gezogen werden konnte.[234] Lediglich im Verfahren gegen den Kronprinzen Friedrich und in dem letztgenannten Prozess nach Ende des Siebenjährigen Krieges 1763 wurden zusätzlich die Rangklassen der Hauptleute und der Majore mit einbezogen.[235] In der Tendenz beschränkte sich das Gericht jedoch auf eine Zahl zwischen zehn und 15 Offizieren. Dabei bedeutete das Generalkriegsrecht ein Privileg für die Angehörigen des Offizierkorps, denn sie konnten in eigenem Interesse ebenfalls ein Verfahren in Gang und ihre Klagen vor Gericht bringen. Vor das Generalkriegsgericht gehörten neben den Kriminal-Angelegenheiten der Offiziere:

233 Für das Verfahren im Jahr 1758 muss außerdem berücksichtigt werden, dass hier vor allem hochrangige Offiziere/Generäle angeklagt waren.

234 Vgl. KGO, Kap. III, Sp. 526.

235 In der Regel hing diese Einteilung mit dem Rang der Angeklagten zusammen.

- Verfahren wegen Majestätsbeleidigung,
- Meuterei, Rebellion, Desertionskomplotte,
- Spionage.

Außerdem fungierte das GKG als Appellationsinstanz für die Garnisons- und Regimentsgerichte.[236]

Aus seiner Erfahrung mit solchen Prozessen heraus gab Generalauditeur Mylius 1758 dem Fürsten Moritz ein Memorandum mit auf den Weg, das den Verlauf des Prozesses beschleunigen und den Beteiligten ihre jeweiligen Aufgaben zuteilen sollte. Zunächst hatte der Präses den versammelten Assessoren den Gegenstand des Verfahrens, den oder die Beklagten und die ihnen vorgeworfenen Vergehen bzw. Deliktbestände zu nennen, danach mussten alle Anwesenden vereidigt werden, wofür Mylius die folgende Eidformel vorgab:

> »Ich N. N. schwöre zu Gott einen leiblichen Eid, dass ich in Sachen wider N. N. auf die gelesene Acta, S. K. M. in Preussen Reglements, Ordres und Verordnungen, Kriegsarticuln und Kriegsgebraucht und was sonst recht ist nach meinem besten Wissen und Gewissen sprechen und solches nicht unterlassen will weder aus Freundschaft oder Feindschaft oder anderen menschlichen Absichten und Ursachen, wie es Namen haben mag, so wahr mir Gott helfe durch Jesum Christum. Amen.«[237]

Dieser leibliche Eid, der im Stehen abgenommen werden sollte, garantierte die Rechtmäßigkeit des Verfahrens und war bedeutsam für die Bindung der anwesenden Offiziere an ihre Aufgabe. Schließlich erwartete der Monarch, der sie für dieses Verfahren eingesetzt hatte, vor allem nach den Kriegsartikeln und Reglements abgewogene Entscheidungen, die zu einem »gerechten« Urteil im Sinne der Sache führen sollten.[238] Im Anschluss daran verlas der anwesende Generalauditeur – oder in dessen Vertretung ein Oberauditeur – den Inhalt der Akten, wobei er dazu angehalten wurde, die wesentlichen Aspekte der Untersuchungen zusammenzufassen.[239] Da es sich beim Generalkriegsgericht ebenso wie beim Kriegsgericht um ein Spruchgericht handelte, mussten Indizien für eine eventuelle Schuld, die das Verfahren überhaupt begründeten, bereits im Vorfeld durch den Generalauditeur oder durch Offiziere aus dem Umfeld der Delinquenten erhoben worden sein. Diese wurden in Form einer Generalinquisition in die Akten aufgenommen und konnten in der Spezialinquisition in Form der Befragung von Zeugen und Beklagten vertieft werden. Vor Gericht waren diese

236 KGO, Kap. III, Sp. 525.

237 LASA, A 9b VIb, Nr. 7: Acta betr. verschiedene dem Fürsten Moritz übertragene militairische Untersuchungen und Kriegsgerichte 1755/56.

238 Vgl. Prodi, Paolo: Das Sakrament der Herrschaft. Der politische Eid in der Verfassungsgeschichte des Okzidents, Berlin 1997, S. 332–374.

239 Vgl. Mylius, Pro Memoria, Punkt 1, in: LASA, A 9b VIb, Nr. 7, Bl. 4.

Ergebnisse im Idealfall nur noch vorzulegen und den Richtern zur Beurteilung zu übergeben.[240]

So war es dem General- oder Oberauditeur, der selbst kein rechtliches Votum besaß, erlaubt, von seinem Standpunkt als geschulter Jurist und aufgrund seiner Kenntnis der aktuellen Gesetzeslage eine Einschätzung der Materie und eine Empfehlung für das Urteil abzugeben.[241] Wenn die Vorlesung der Akten und die Beratung des Inhalts für die anwesenden Assessoren zufriedenstellend beendet wurde, traten die Rangklassen jeweils zusammen und berieten ihr Urteil. Die am Verfahren beteiligten Auditeure holten dann die schriftlich niedergelegten Voten der Klassen ab – beginnend mit der untersten Charge. Hierbei war es auch möglich, das Urteil und dessen Begründung zu überprüfen und, wenn der Jurist ein Missverständnis oder einen Irrtum in der Begründung fand, dieses Urteil nach Korrektur der Fehler noch einmal zu fällen.[242] Zur Verkündung der Voten wurden alle schriftlich verfassten Urteile verlesen. Der Präses als oberster Richter hatte das Recht der letzten Stimmabgabe, sodass er etwa bei einem Gleichstand zwischen den Urteilen mit seiner Stimme entscheiden konnte. Ansonsten musste das Urteil nach dem Majoritätsprinzip abgefasst werden, die einfache Mehrheit war also bestimmend.[243]

Nun wurde das Urteil, das sich nach den Voten richtete, in einer Sentenz inklusive der Urteilsbegründung verfasst und an den preußischen Monarchen über das Generalauditoriat eingesandt.[244] Obwohl der Landesherr das Urteil durch einen Machtspruch mildern oder schärfen konnte, war die Bestätigung »Confirmation« des Urteils durch den König vermutlich vor allem eine Formsache. Gerade der Konflikt zwischen dem Generalkriegsgericht und König Friedrich Wilhelm I. über das erste Urteil der Jury im Verfahren gegen den Kronprinzen zeigte, dass es dem Landesherrn sehr wohl um die Entscheidung des Gerichts ging. Er ließ dasselbe ein zweites Mal über die den Angeklagten zur Last gelegten Vergehen urteilen. Und als das Gericht dann noch immer nicht entsprechend der Kriegsartikel und Reglements entschied, sondern zahlreiche Gründe für mildernde Umstände geltend machte, nahm Friedrich Wilhelm I. durch seinen Spruch das Recht in die Hand – Hans Hermann von Katte wurde bekanntlich hingerichtet.[245] Die ebenfalls vorhandenen Bestätigungen anderer

240 Ebd.

241 Ebd., Punkt 5.

242 Ebd., Punkt 7.

243 Für das Garderegiment von Sachsen-Hildburghausen stellte Oliver Heyn anhand der Kriegsgerichtsakten für das Territorium fest, dass die Urteile der Kriegsgerichte dort vor allem dem Vorschlag des Obersten, der gleichzeitig als Präses fungierte, folgten. Vgl. Heyn, Das Militär des Fürstentums Sachsen-Hildburghausen 1680–1806, S. 400f.

244 Vgl. KGO 1712, Art. XL, S. 544.

245 Zur Begründung des Urteils durch den König selbst vgl. das umfangreiche Kapitel in dem Ausstellungsband zu dem Gerichtsverfahren im Schloss Köpenick. Vgl. Kloosterhuis,

kriegsrechtlicher Urteile durch den König zeigen ebenso wie später die Bestätigungspraxis seines Sohnes Friedrich II., dass die Entscheidungen der Offiziere im Generalkriegsgericht durchaus ernst genommen wurden. Friedrich folgte etwa in den oben genannten Kriegsgerichtsverfahren gegen seine Generäle in vollem Umfang den Voten der Militärrichter, in der Praxis wurden die Urteile nach Abgeltung eines Großteils der Festungsstrafen dann zusehends gemildert.[246]

Die Generäle und Offiziere der preußischen Armee hatten die Verpflichtung, über ihre Standesgenossen im Rahmen der bestehenden Militärgesetze – und noch vielmehr im Hinblick auf den allgemeinen Gebrauch und die militärische Tradition – als militärische Experten zu richten. Begleitet wurden sie dabei von dem juristisch geschulten Generalauditeur, die Beklagten erhielten bereits weitere Auditeure als Verteidiger. Dies zeigt bereits, dass die Ansprüche des militärischen Laiengerichts – auf der Ebene des Generalkriegsgerichts ebenso wie auf Ebene des Kriegsrechts in den Regimentern – auf eine zunehmend professionalisierte Rechtsprechung trafen, die im 18. Jahrhundert aber noch immer von den beteiligten Militärs – und eben nicht von den Juristen – getragen wurde.

2.1.3 Der Inquisitionsprozess im Militär

> »Dieses heisset nun mit einem Wort so viel, als der Auditeur muß überhaupt den gantzen Proceß, so wol den bürgerlichen als peinlichen wol verstehen. Dieses aber lernet er nicht allererst, wann er das Ambt eines Auditeurs überkommen, sondern er muß schon vorhero davon Wissenschaft haben, und also gehöret die Materie von des Auditeurs Beschaffenheit und Wissenschaft mehr zu der Materie vom Proceß überhaupt, als vom Kriegs-Proceß insonderheit.«[247]

In einem Inquisitionsprozess konnte das Gericht von sich aus »ex officio« tätig werden und musste dazu von keiner Partei angerufen werden; die Untersuchung (»inquisitio«)[248] war aber auch durch eine konkrete Anklage – eine Denunziation

Jürgen: Kriegsgericht in Köpenick. Anno 1730: Kronprinz – Katte – Königswort (Katalog zur Ausstellung), Berlin 2011, S. 9–12.

246 So wurde der wegen der Übergabe der Festung Glatz zum Tode verurteilte Oberstleutnant d'O vom König erst auf der Exekutionsstätte begnadigt und in den Ruhestand versetzt. Vgl. Kriegsgerichtsurteil 1758, S. 173f.

247 Ludovici, Jacob Friederich: Einleitung zum Kriegs-Proceß, Halle 1715, Vorrede, § VIII.

248 Oberländer, Samuel (Hg.): Lexicon Juridicium Romano-Teutonicum, unveränderter Nachdruck der 4. Aufl., Nürnberg 1753, hrsg. und eingeleitet von Rainer Polley, Köln u. a. 2000, S. 369: Inquisitio – die Nacherforschung, Untersuchung – »ist eine Information des Richters über ein Delictum von Amts wegen, oder ist eine rechtmäßige Information und Unterrichtung wegen eines Delicti, welche der Richter von Amts wegen verfahrend, vornimmt. [...] Oder ist eine Obrigkeitliche Nachforschung und Untersuchung, ob und in

– in Gang zu bringen.[249] Obwohl ein Missbrauch dieser Klagefunktion vermieden werden sollte, war die Anzeige auch anonym möglich, die Denunziation wurde im frühneuzeitlichen Recht vielmehr als Mittel zur Aufdeckung von Missständen interpretiert.[250] Der angesprochene Verdacht sollte jedoch in einer Voruntersuchung erhärtet werden, bevor es zu einer Anklage kommen konnte. Dazu begann der Prozess mit der Generalinquisition, indem am Corpus Delicti (etwa der Leiche) Hinweise auf ein Tötungsdelikt festgestellt wurden und vorab geklärt wurde, ob ein Verbrechen vorlag. Der Auditeur war ebenfalls zur Visitation des Quartiers eines Verdächtigen berechtigt.[251] In diesem Zusammenhang wurde etwa auch über den Gerichtsstand endgültig entschieden, handelte es sich etwa bei der Tat um eine Auseinandersetzung unter Soldaten, wurde der Regimentsauditeur mit der Inquisition beauftragt und hatte die Tatumstände, den Verdächtigen und eventuelle Tatzeugen zu ermitteln.[252] Die Feststellung eines »militärischen« Delikts war dementsprechend ausschlaggebend für den weiteren Verlauf des Verfahrens sowie für die Zusammenstellung des Gerichts.[253]

Dazu wurde der Hauptverdächtige ebenso wie andere Personen, die sich verdächtig gemacht hatten oder der Beihilfe bezichtigt wurden, im Rahmen der Generaluntersuchung zunächst summarisch zu allen Umständen des Delikts vernommen – und mussten zu persönlichen Vorkenntnissen genauso Auskunft geben wie zu ihrem Alibi und den eventuellen Motiven für das Delikt.[254] Im Falle des häufig in den Akten zu findenden Desertionsversuchs etwa wurde ein Angeklagter aufgefordert, die Hintergründe für das Vorhaben zu benennen und eventuelle weitere Personen zu verraten, die ebenfalls desertieren wollten.[255] Bei dieser ersten summarischen Befragung sollten zwei Offiziere zugegen sein und

wieferne ein durch das gemeine Geschrey, oder eine besondere Anzeige, oder entstandenen Verdacht angegeben, oder zu vermuthen stehendes Verbrechen begangen worden, und wie solches zu bestraffen sey.«

249 Vgl. Fritsch, CIMN, S. 27.

250 Oberländer, Lexicon, S. 213: Denunziation – Denunciatio, eine Ankündigung, Anzeigung, Verkündigung: »die Angebung des Lasters bey der Obrigkeit, ist, welche geschicht entweder durch ihre hierzu bestellte Bediente und Kundschaffter, oder auch sonst von jemanden, welcher sich übrigens mit dem Beweiß und übrigen Proceß nicht beladen mag, sondern die Untersuchung und Bestraffung des angethanen Verbrechens der Obrigkeit lediglich überlässet.«

251 Vgl. KGO 1712, Art. VI, S. 531.

252 Oberländer, Lexicon, S. 369.

253 Ebd., S. 211: Delictum militaria: »werden diejenige Verbrechen genennt, die so den Soldaten eigen sind, und zum Kriege gehören, und werden […] verschiedene erzehlet, als da sind Ausreisser; ferner, die auf Kundschafft geschickt werden, und ausbleiben; die von der Schantzer-Arbeit weggehen, die die Schildwacht verlassen, der sich zum Marsch nicht einfindet, der zum Feinde überlauffet, der im Kriege die Waffen verliehret oder verkauffet, der über den Wall springet, der Aufruhr anfänget, und andere dergleichen.«

254 Vgl. Corpus Juris Militaris Novissium, S. 28.

255 Vgl. 2.1.4: Exkurs zu Verhören im Militärstrafverfahren.

die Aussagen des Verdächtigen bezeugen, ohne aber in die eigentliche Befragung selbst einzugreifen. Auch auf den Angeklagten durch Gebärden oder Mimik sowie durch Drohreden direkten Einfluss zu nehmen, war nicht gestattet. Vielmehr hatten die Offiziere das eigentliche Verhör dem Juristen zu überlassen.[256]

Im Rahmen der anschließenden Spezialinquisition wurde dann gegen einen Verdächtigen konkret ermittelt.[257] Nach der ersten Befragung wurden daraufhin die »Spezial-Artikel« ausgefertigt, die ein Verhör, konkret auf den Tatumstand bezogen, ermöglichten. Dieses erneute Verhör brachte es zuweilen mit sich, dass der Delinquent mit einer früheren Aussage oder mit einer anderslautenden Zeugenaussage direkt konfrontiert wurde und dazu Stellung beziehen musste. Denn auch die Zeugenaussagen, die etwas zu dem Geschehen beitragen konnten, mussten durch den Auditeur und die Offiziere des Regiments aufgenommen werden.[258] Die Aussagen wurden verschriftlicht und durch Gegenzeichnung von den anwesenden Offizieren und durch den Auditeur bekräftigt. Die Verhöre gingen so lange fort, bis es entweder zu einem Geständnis des Delinquenten kam oder für den Fall, dass der Angeklagte weiterhin leugnete und wenn die Gegenbeweise durch Indizien und Zeugenaussagen so erdrückend waren, die Beweisaufnahme abgeschlossen werden konnte.[259] In diesem Zusammenhang wurde gegenüber den Delinquenten allgemein auf die »peinliche Befragung« oder Folter erkannt, wenn das Gericht unbedingt ein Geständnis forderte.

Obwohl das Foltern von Soldaten in den meisten Fällen ausgeschlossen wurde, gab es weder in den Kriegsartikeln noch in der Kriminalgerichtsordnung eine Bestimmung, welche die peinliche Befragung grundlegend ausschloss.[260] Ganz im Gegenteil war in der Kriegsgerichtsordnung von 1712 ein merkwürdiger Passus enthalten, der die Verantwortung der peinlichen Befragung auf einmal an den Auditeur abgab:

> »Wie es auch hernach mit der tortur zu halten ist, solches kömmt auf die legalité des Auditeurs an, nur daß so viel möglich, an verborgenen Orten es in der Frühstunde

256 Corpus Juris Militaris Novissimum, S. 540 – KGO, Art. XLIIX: »Nichtweniger sollen sich die assidirenden Officiers bey denen Verhören der Delinquenten so wohl als bey denen examinibus testium stille verhalten, und mit unnöthigen discoursen solches nicht interrumpiren.«

257 Schmoeckel, Matthias: Inquisitionsprozess, in: Enzyklopädie der Neuzeit. Band 5, Stuttgart/Weimar 2007, Sp. 1021–1033.

258 Handelte es sich bei dem Zeugen um einen Zivilisten, musste dazu noch ein Vertreter der zuständigen Gerichtsobrigkeit bei der Befragung anwesend sein. Vgl. KGO 1712, Art. XII, S. 533.

259 Obwohl auch zwei bezeugte Aussagen gegen den Täter als Beweis für die Täterschaft ausreichen sollten, wurde das Geständnis des Delinquenten als Beleg erster Klasse noch immer von den Gerichten bevorzugt. Vgl. Kraus, Karl: Das deutsche Militärstrafverfahren. Seine Stellung im Staatswesen und im Rechtsgebiet, München 1896, S. 33.

260 Vgl. dazu den Exkurs zum Verhör in der Militärstrafpraxis, Kap. 2.1.4.

verrichtet werde, auch ausser denen 2 Officierern, so allhier denen Verhören beywohnen, noch 2 andere darzu commandiret, und von ihnen das protocollum unterzeichnet wird.«[261]

Tatsächlich wurde die peinliche Befragung in den Regimentern eher nicht angewendet, da auch die Offiziere mit dieser Form der Befragung, die den Soldaten zudem auf Dauer stigmatisierte, nichts zu tun haben wollten. Auch der Gesetzgeber selbst, so zumindest scheint es die Formulierung nahezulegen, wollte diese Behandlung eines Soldaten unbedingt aus der Regimentsöffentlichkeit fernhalten. Gleich im folgenden Absatz trat dieselbe Instruktion zur Militärgerichtsbarkeit vehement gegen disziplinarische Strafen während des Verhörs, etwa durch das Krummschließen, Prügeln oder »Über-die-Trommel-Spannen«, ein.[262]

Der Aspekt der peinlichen Befragung war durchaus problematisch, da die Soldaten nach einer peinlichen Befragung und dem Kontakt mit dem Scharfrichter dem zeitgenössischen Verständnis entsprechend ihre Ehre verloren hatten und nicht mehr in den Militärdienst zurückkehren konnten.[263] Obwohl die peinliche Befragung nicht zum Auftrag des preußischen Auditeurs gehörte, war sie rechtlich theoretisch möglich, wie der Generalauditeur Ludwig Schulze in seinem *Corpus Juris Militaris* 1687 bemerkte:

> »Wann wir aber diese leges ingesampt ein wenig genauer besehen, so wollen sie jedoch keinen Straffwürdigen schützen: sondern lassen mir gar wohl zu, daß ich statuiren möge, wie daß ein Soldat, ja auch ein Officirer, in allen delictis atrocibus gefoltert werden möge. Gestalt dann in solchen Fällen ein Officirer und Soldat nicht mehr als ein Soldat, sondern als ein Missethäter consideriret wird.«[264]

Weiterhin beschäftigte sich der Militärjurist mit der Frage, welche Zukunft der Befragte im Militär haben könnte, wenn auch die peinliche Befragung ihn als einen Unschuldigen ausweisen würde, da schon allein die Berührung durch den Scharfrichter ihn ehrlos mache. Daraufhin verwies Schulze auf das militärische Zeremoniell zur Wiederherstellung der Ehre, das in den Regimentern schon immer vorhanden war. Indem »die Fahne über ihn geschwenget worden«, wurde

261 KGO 1712, Art. LXXIX, S. 546.

262 Ebd., Art. LXXX.

263 Vgl. Schultze, J. F.: Corpus Juris Militaris, darinnen insonderheit das Churfürstl. Brandenburgische Kriegs-Recht, und Artickels-Brieff, von neuen übersetzt und verbeßert, wie auch verschiedner anderer hohen Potentaten, Krieges-Satzungen und Observantien enthalten [...], Frankfurt und Leipzig 1687, S. 137: Krieges-Recht- oder Kriegs-Articul von 1674, Art. LXXXVIII: »Derjenige, so einmahl zum Schelm verurtheilet, oder in des Scharffrichters Händen gewesen, sol im Läger und Vestungen nicht gelitten werden.«

264 Ebd., S. 137, diesen Umstand belegt auch ein Briefwechsel zwischen dem Oberauditeur Reinecke und dem Generalauditeur Pawlowsky über die Annahme des Caspar Friedrich Kühn im Siebenjährigen Krieg als Scharfrichter bei der Armee in Schlesien, der für die Exekutionen und ebenso für die eventuelle Tortur zuständig war. GStA PK, IV. HA, Rep. 6 Generalauditoriat, Nr. 9, Bl. 6v.

sowohl dem Soldaten als auch dem Offizier seine militärische Ehre wieder zuerkannt. »Wiewohl sonsten in Ansehung dessen Unschuld, man denselben nicht pro infami erkennen kann, ungeachtet dieser Ceremonien.«[265]

Nach Abschluss der Inquisition trug der Auditeur die Akten in einem Extrakt zusammen und dem versammelten Kriegsgericht als Empfehlung für ein Urteil vor. Der Verlauf des Verfahrens wurde also durch eine fleißige Vorarbeit und durch weitreichende Rechtskenntnisse des Auditeurs mitbestimmt.[266] Nach der Abstimmung des Kriegsgerichts konnte es dann a) entweder zu einer erweiterten Beweisaufnahme kommen, weil sich einige Gerichtsklassen dafür ausgesprochen hatten, noch mehr oder eindeutige Beweise zu sammeln, oder b) zu einem Urteilsspruch aufgrund der in den Akten sichtbaren Indizien. Im Gegensatz zur zivilen Gerichtsbarkeit war es den militärischen Gerichten untersagt, die Akten an eine juristische Fakultät für eine Expertise und Urteilsempfehlung einzusenden.[267] Im Anschluss an die Verlesung der Extrakte war es den Angeklagten möglich, eine Verteidigung vorzubringen, die im 17. Jahrhundert noch mündlich erfolgte, in den Verfahren des 18. Jahrhunderts aber ebenfalls schriftlich vorbereitet und anschließend als Antwort auf die Anklageschrift verlesen wurde.[268]

Die Auditeure sollten aufgrund der Rechtslage, die durch Kriegsartikel und Edikte sowie im weitergehenden Sinn mit Bezug auf die Hals-Gerichtsordnung Kaiser Karls V. gegeben war, einen Vorschlag für die Urteilsfindung formulieren, dem der Präses und die Jury des Kriegsgerichts folgen konnten.[269]

Nach dem Abschluss des Verfahrens, der Abstimmung der einzelnen Klassen und der Verschriftlichung der Sentenz folgte die abschließende Bestätigung des Urteils. Diese erfolgte entweder durch den Kommandeur/Regimentschef oder –

265 Schulze, CJM, S. 138.

266 Fritsch, CIMN, S. 25.

267 Bereits in einem Gutachten aus dem Jahr 1640 bestätigte die Juristenfakultät von Wittenberg den eigenständigen Gerichtsstand des Militärs – trotzdem gelangten noch im 17. Jahrhundert immer wieder juristische Anfragen an die Fakultäten und Schöffenstühle, im 18. Jahrhundert wurde die Versendung dann endgültig untersagt. Vgl. Kraus, Militärstrafverfahren, S. 39. Selbst im zivilen Bereich nahmen die Einsendungen schon in der Zeit Friedrich Wilhelms I. rapide ab. Vgl. Kischkel, Thomas: Die Spruchtätigkeit der Giessener Juristenfakultät: Grundlagen – Verlauf – Inhalt, Hildesheim u. a. 2016, S. 256.

268 Das Recht zur Verteidigung wurde für die Soldaten allerdings spätestens 1715 durch Friedrich Wilhelm I. mit dem Hinweis darauf erheblich eingeschränkt, dass die Soldaten keine Defensoren nehmen und lediglich in wenigen Fällen auf die Auditeure anderer Regimenter zurückgreifen durften. Vgl. Verordnung, daß denen Militair-Delinquenten kein Advocat, sondern ein Auditeur von einem anderen Regiment zur Defension verstattet, in: Lünig, CJM, S. 965.

269 Dass die Carolina noch lange fortwirkte, zeigt auch der Hinweis des gewesenen Generalauditeurs Christian Otto Mylius in dem Generalkriegsgericht von 1758, als er in seinen Instruktionen zum Ablauf des Verfahrens auf die Rechtsgrundlage des brandenburgischen Kriegsrechts von 1674 und auf die Halsgerichtsordnung Karls V. verweist. Vgl. Kap. 2.1.2: Generalkriegsgericht.

in allen Kriminal-Sachen und todeswürdigen Verbrechen – durch den König selbst.[270]

Erst mit der Vollstreckung des Urteils bzw. mit einer eventuell nachfolgenden Begnadigung des Delinquenten endete der gesamte Inquisitionsprozess. Im Unterschied zum Akkusationsprozess, dem immer erst eine Klage vorausgehen musste, konnte der Inquisitionsprozess also durch den Untersuchungsbeamten selbst in Gang gebracht werden. Zudem waren, anders als etwa beim Standrecht im Krieg, eine detaillierte Vorarbeit in der Generalinquisition und möglichst zu einem eindeutigen Beweis führende Zeugenbefragungen und Verhöre eines Verdächtigen für den Prozess ausschlaggebend. Damit führte das Militär bereits frühzeitig ein relativ modernes Verfahren in das Kriegsrecht ein, das sowohl Vorteile als auch Nachteile bot. Zum einen führte der Mangel an Beweisen oft dazu, dass Verfahren eingestellt oder die Angeklagten durch das Kriegsgericht freigesprochen wurden.[271]

Zum anderen bereitete die Möglichkeit der anonymen Klage auch den Boden für Verleumdungen und üble Nachrede, gegen die sich die Beklagten dann oft in langwierigen Verfahren wehren mussten und die mitunter auch schwerwiegende wirtschaftliche Folgen hatten.[272] Auch die Autonomie des Regiments im Strafverfahren eröffnete bestimmte Handlungsräume und Möglichkeiten, insbesondere für die Vorgesetzten, wie der Rechtshistoriker Friedrich Kraus kritisch beurteilte:

> »Auch im Inquisitionsprozeß machte sich ›Willkür‹ geltend. In das Verfahren, welches in seinem ganzen Verlaufe dem Einfluß von Laien unterlag, wurde die Handhabung und Förderung der Disziplin hereingezogen, jedoch nicht in der berechtigten Form der Unterordnung, sondern in jener der sklavischen Unterwürfigkeit.«[273]

Man kann mitnichten aus der Laiengerichtsbarkeit der Militärangehörigen auf die Willkür in dem Verfahren schließen. Angesichts der zahlreichen Edikte zur Einschränkung der Handlungsfreiheit der Angeklagten und zur »Vereinfachung« der Verfahren ist zu vermuten, dass die Prozesse auch zuungunsten der Soldaten verlaufen konnten.

---

270 Vgl. KGO, Art. LXV, S. 546.

271 So war im Juli 1712 ein Musketier, der wegen der Ermordung seines Kameraden unter Verdacht stand und diese Tat vehement leugnete, aufgrund der fehlenden Indizien und wegen der vielen anderen möglichen Verdächtigen von dem Kriegsgericht freigesprochen worden. LASA, A 9b Ib, Nr. 19, Bd. II, Bl. 482r.

272 Vgl. das Kapitel zum Verdacht der Plackerei gegen Offiziere der friderizianischen Armee, der durchaus auch genutzt werden konnte, um Konkurrenten bei der Beförderung aus dem Weg zu räumen, bei Straubel, Rolf: »Er möchte nur wißen, daß die Armée mir gehöret.« Friedrich II. und seine Offiziere. Ausgewählte Aspekte der königlichen Personalpolitik, Berlin 2012.

273 Vgl. Kraus, Militärstrafverfahren, S. 38.

2.1.4 Das Verhör in den Kriegsgerichtsakten

Zeugenaussagen, die innerhalb der generellen Voruntersuchung aufgenommen wurden, lagen den Gerichtsakten dann oft als summarisches Protokoll bei und konnten - mussten aber nicht - auch wortwörtliche Aussagen enthalten.[274] Die Spezialinquisition dagegen wurde als Wortprotokoll aufgenommen, wobei der Stil der Mitschrift von dem Gerichtsschreiber, den Vorschriften zur Abfassung der Protokolle und den jeweiligen Fragestücken bzw. dem Ziel der Befragung abhängig sein konnte. Die einzelnen Fragen mussten dabei jedoch so formuliert sein, dass sie stets nur einen Aspekt abfragten, um klare und deutliche Aussagen zu erhalten.[275] Wenn die Umstände eine schnelle Abklärung der Tatverdächtigen erforderten und die zwei eigentlich benötigten Oberoffiziere nicht greifbar waren, konnte der Auditeur summarische Befragungen in Anwesenheit eines Zeugen mit Wissen des Kommandeurs vornehmen und so die eigentliche Spezialinquisition vorbereiten.[276]

Die Vernehmung eines Tatverdächtigen musste allerdings in Anwesenheit eines Offiziers erfolgen. Weil es den Auditeuren und den Offizieren nicht gestattet war, auf die Angeklagten einzudringen und diese durch Gesten oder Drohungen zu einem Geständnis zu bewegen, kam es nicht selten auf die Reihenfolge der Fragen und auf die »Überraschungsmomente« innerhalb dieser Befragung an, um den Inquisiten zu verunsichern.[277] Damit sollte der Betroffene zur Informationsquelle über sich selbst werden und sich quasi »selbst belasten«, um der untersuchenden Behörde die Zuschreibung der Tat abzunehmen.[278] Detailreiche Nachfragen waren ebenfalls gestattet und sollten schließlich Widersprüche in den Aussagen der Zeugen offenlegen:

> »Es soll auch der Auditeur sowohl als Assesores sich hüten, denen Zeugen etwas zu suggeriren oder derer anderen Zeugen Relation ihnen vorzulesen, jedoch ist ihm erlaubet, auch allerdings nöthig, auf die Umstände, die andere testis angegeben, blos in genere, e. g. ob M. ein Gewehr gehabt und was es gewesen, auch wer bei ihm gewesen,

---

274 Vgl. Dölfer, Johann Anthon: Das wolleingerichtete Krieges-Recht oder Rechts gegründete Information Auff was Art Bey Krieges-Berichten vornemlich aber in Criminal-Sachen ein Process vorsichtig zu formiren, wie bey Inquisitionen, Incarcerationen, Todes- und andern Straffen, wie auch Torturen und allen dergleichen bey Kriegs-Sachen vorfallenden Handlungen vorsichtig und den Rechten gemäß zu verfahren: Allen Krieges-Richtern und Assessoren, … wie auch Hohen und Niedrigen Officiren sehr nütz und dienlich; Nicht nur aus den bewehrten Scribenten zusammen gezogen, sondern auch aus eigener Erfahrung gefasset und dem Publico zum besten gestellet, Leipzig 1718, S. 10.

275 Instruktion für die Auditeure 1712, Bl. 3, Art. 23.

276 KGO, Art. XLV, S. 539.

277 Niehaus, Michael: Das Verhör: Geschichte - Theorie - Fiktion, München 2003, S. 233.

278 Ebd., S. 230.

item, ob er betrunken gewesen pp. nachzufragen? nicht weniger um wahrscheinliche Dinge Erläuterung zu negiren.«[279]

Eine Abnahme der Zeugenaussagen unter Eid war bei der Befragung in der Generalinquisition nicht nötig, wurde aber dennoch oft vorgenommen, da es jederzeit möglich schien, dass einer der Zeugen sich und andere belastete und diese Aussagen einer späteren Konfrontation dienen konnten. In den Verhören war Kontinuität zu bevorzugen und daher sollten die zum Verhör verordneten Offiziere möglichst allen Befragungen in einem Fall beiwohnen. Ihre Zeugenschaft hatten sie schließlich auch durch eine Unterschrift unter das Protokoll des Verhörs zu belegen.[280]

Innerhalb des Inquisitionsprozesses nahmen die schriftlichen Verhörprotokolle eine zentrale Funktion ein: sie sollten durch die exakte Befragung des vermeintlichen Delinquenten und der anwesenden Zeugen den »richtigen« Tathergang rekonstruieren helfen, Einblicke in die Motive des Täters und eine eventuelle Vorgeschichte mit dem Opfer geben (insbesondere bei Prügeleien und Totschlag) und eventuell weitere Hintergründe beleuchten. Die dabei unbewusst gemachten Schilderungen zu den Lebensumständen der Zeugen, zum Alltag der angesprochenen Personen oder zu »allgemeinen« Gerüchten und Wahrnehmungsstrukturen brachten dem Verhör in der Geschichtswissenschaft den Rang des »Selbstzeugnisses« oder Ego-Dokuments ein, das, wenn auch unbeabsichtigt, mitunter die Strategien der persönlichen Verteidigung und die in dem Kontext des Delikts existenten Wissensbestände verdeutlichte.[281]

So formulierten verschiedene Gerichtsordnungen einen idealtypischen Aufbau einer Zeugenbefragung ähnlich wie in dem folgenden Beispiel:

1. »Wie Zeuge mit seinem Tauff- und Zunahmen heiße?
2. Wie alt er sey?
3. Wer Zeugens Eltern gewesen?
4. Womit er sich ernähre?
5. Ob er dem Gefangenen mit Blut-Freundschafft oder Schwägerschafft zugethan sey?
6. Ob er Nutzen hiebey zu hoffen, oder Schaden zu befürchten habe?
7. Wie er zu diesem Zeugniß komme?
8. Ob er die Articul oder Interrogatoria vorhero gelesen oder lesen hören?
9. Ob er von jemand unterrichtet sey, wie er die Aussage thun solle?

279 GStA PK, IV. HA, Rep. 16 Militärvorschriften, Nr. 461: Kriegsgerichtsordnung und Instruktionen König Friedrichs I. über das Militärgerichtswesen 1712, Bl. 3.

280 KGO, Art. LIII (Unterschrift unter das Protokoll) und Art. LV zur Kontinuität der Offiziere bei der Befragung, S. 541.

281 Kritisch zu den Vor- und Nachteilen, welche die Einordnung der Gerichtsakten und ihrer Bestandteile als »Ego-Dokumente« mit sich bringen: Scheutz, Frühneuzeitliche Gerichtsakten als »Ego«-Dokumente.

10. Ob er mit seinem Neben-Zeugen sich dieserhalb abgesprochen habe?
11. Ob er in dieser Sache dem Gefangenen vorhero beyräthig gewesen?
12. Ob ihm wegen dieses Zeugnisses vorhero etwas versprochen, oder würcklich gegeben sey?«[282]

Die Zeugenverhöre waren seit dem Spätmittelalter klar strukturiert und hatten vor allem im Blick, die Glaubwürdigkeit und Zeugnisfähigkeit der aussagenden Personen zu bestätigen oder zu entkräften.[283] Dabei wurden Aussagen zu allgemeinen Umständen ebenso abgeglichen wie Aussagen zum Delikt selbst und zu dem vorliegenden Fall, hier sollten Gemeinsamkeiten in den Zeugenaussagen möglichst den Tathergang rekonstruieren und bestätigen, Widersprüche die Zeugnisunfähigkeit einzelner Zeugen belegen.[284] An diesem Punkt wurde durch die Richter zwangsläufig eine Gewichtung der aussagenden Parteien getroffen: der soziale und gesellschaftliche Stand privilegierte die Aussage des einen über den sozial darunter stehenden anderen.[285] Handelte es sich jedoch um Angehörige einer vergleichbaren sozialen Schicht, spielten der Kontext des Delikts sowie das soziale Kapital der Zeugen eine gewisse Rolle, um ihr »Gewicht« in die Waagschale zu werfen. Im Fall des toten Soldaten Paulmann 1711 zeigte sich nur anhand der Zeugenbefragungen, dass den Aussagen der anwesenden Soldaten kaum Glaubwürdigkeit beigemessen wurde.[286]

Vielmehr wurden die beiden Kameraden mit den anderslautenden Aussagen der ebenfalls bei dem Delikt anwesenden italienischen Zivilisten konfrontiert und erneut befragt, ob sie ihre Aussagen noch einmal ändern wollten. Nach einigem Nachfassen durch die zivilen und militärischen Untersuchungsrichter änderten die beiden Soldaten ihre Aussagen tatsächlich und bestätigten damit

282 Criminalordnung, in: Müller, George Friedrich: Königlich-Preußisches Krieges-Recht, oder vollständiger Innbegriff aller derjenigen publicirten Gesetze, Observantzen und Gewohnheiten, welche bey der Königl. Preußl. Armée zu beobachten sind, und ein jeder Officier und Soldate, auch sämmtliche Auditeurs, Räthe, Richters und Advocaten zu wissen nöthig haben. Nebst einer Vorrede, worinnen von denen Ursachen, weshalb die Krieges-Rechts-Wissenschaft bishero versäumt ist, gehandelt, und die Frage: Ob ein Positivum Jus Militare Commune existire? Untersucht worden, Berlin 1760, Beylagen, S. 166.

283 Zur mittelalterlichen Rechtsprechung siehe den Überblick bei Lange, Hermann: Römisches Recht im Mittelalter, Bd. I, München 1997, S. 485f.

284 Vgl. Fuchs, Ralf-Peter; Schulze, Winfried (Hg.): Wahrheit, Wissen, Erinnerung. Zeugenverhörprotokolle als Quellen für soziale Wissensbestände in der Frühen Neuzeit, Münster 2002, S. 17f.

285 Für den Zusammenhang zwischen gesellschaftlicher Distinktion als Ordnungsprinzip und der Rechtsprechung, die diese Ordnung ebenfalls bewahren sollte, vgl. Fuchs, Ralf-Peter: Unordnung durch Recht? Zum Bedeutungsverlust gesellschaftlicher Rangordnung im frühneuzeitlichen Injurienprozess, in: Marian Füssel; Thomas Weller (Hg.): Ordnung und Distinktion. Praktiken sozialer Präsentation in der ständischen Gesellschaft, Münster 2005, S. 165–180, bes. S. 171.

286 LASA, A 9b Ib, Nr. 19, Bd. II, Bl. 414–418.

augenscheinlich die Vermutung, dass ihren zuerst gemachten Aussagen keine Glaubwürdigkeit beigemessen wurde. So wie die Verhöre der Angeklagten auch, wurden die Verhöre der Zeugen meist unter Eid vorgenommen, nach den Aufzeichnungen während des Verhörs niedergeschrieben (wobei sie sich an den Zielen des Verhörs orientierten und daher entweder summarisch oder als Wortprotokoll angefertigt werden konnten) und schließlich mit den Unterschriften der anwesenden Richter und zivilen Kommissare oder Amtsleute unterschrieben. In den Zeugenverhören wurden die zum Teil auch gegen den Willen der Befragten erforschten »Tatsachen« und Widersprüche aufgenommen und später im Verhör des eigentlich Angeklagten »ex officio« verwendet. Die damit eigentlich differenzierende Beweisaufnahme in der Generalinquisition mit den eigentlichen Zeugenverhören war somit kaum noch von der Befragung des Tatverdächtigen in der Spezialinquisition zu trennen, wie auch die Beispiele im Quellenkapitel zeigen.

Erst im Zuge der Reform der Militärgerichtsbarkeit 1849/50 wurde das Verhör durch die kleine Kommission aus Auditeur und Offizieren abgelöst von einem Untersuchungsgericht, dem alle Aussagen von Zeugen schriftlich vorzulegen waren und welches bei Bedarf die Zeugen zur mündlichen Aussage vor dem Kriegsgericht aufforderte.[287] Das Verhör des Angeklagten wurde nun ebenfalls vor das gesamte Gericht verlegt und demselben ein Verteidiger an die Seite gegeben, der neben dem Ankläger ebenfalls das Recht besaß, Zeugen aufzurufen und Befragungen vorzunehmen. Bis zu diesem Zeitpunkt waren die Verhöre auf einen kleinen Kreis von Berechtigten beschränkt und eine Rechtsberatung in dem Sinn, dass der Beklagte durch einen Verteidiger vertreten und bei seinen Aussagen beraten wurde, bestand bis zu diesem Zeitpunkt nicht.

2.1.5 Das Forum Militare und »Iudicium mixtum«

Trafen verschiedene Gerichtsstände aufeinander, musste das Verfahren in einem gemischten Prozess als »Iudicium mixtum« stattfinden. Damit wurde zunächst einmal nur die Vermischung verschiedener Zuständigkeiten beschrieben. Diese konnte sowohl im Zusammentreffen der Gerichtsstände als auch bei Verhandlungen über materielle Güter und Besitzstände bestehen.[288] Kam es zu Gerichtsverfahren wegen »peinlicher« Verbrechen, waren die zuständigen Gerichte von der Landesherrschaft angewiesen, gemeinsam die Untersuchung und das

287 Friccius, Carl: Entwurf einer Verordnung über die Einführung des mündlichen Verfahrens in den kriegsgerichtlichen Untersuchungssachen, Berlin 1853, S. 15f.

288 Hellfeld, Johann August (Hg.): Repertorium Reale Practicum Iuris private Imperii Romano – Germanici oder: Vollständige Sammlung aller üblichen und brauchbaren Rechte im Heiligen Römischen Reiche und den benachbarten Landen […], Jena 1760, S. 1977.

Gerichtsverfahren anzustellen. Für Soldaten und Bürger sollten dabei die jeweiligen Gerichtsstände gewahrt bleiben und bei Verhören durch die zivilen Beamten mindestens ein Offizier und umgekehrt bei den Verhören vor den Kriegsgerichten ein ziviler Beamter zugegen sein.[289] Bereits im 17. Jahrhundert waren diese Zuständigkeiten geregelt worden, wie der Generalauditeur Schulze 1687 formulierte:

> »Auf den Fall zwischen Soldaten und Inwohnern oder Bürgern einiger Zanck oder Streitigkeit sich ereignen würde, sol der Auditeur oder Schultheiß vom Regiment oder Besatzung, des Soldaten, und der Stadt-Richter des Bürgers Verbrechen, urtheilen und bestrafen.«[290]

Die in dieser Zeit durchaus noch übliche Aktenversendung an die juristischen Fakultäten, die auch durch Militärgerichte getätigt wurde, etwa an die Wittenberger Juristenfakultät im Jahr 1640, erwirkte dabei das Urteil, dass die alleinige Zuständigkeit für die Angehörigen der Regimenter bei den Militärgerichten liege.[291] Es war aber möglich, dass die Gerichtsakten sowohl zur Begutachtung an eine juristische Fakultät geschickt wurden als auch im Kriegsgericht durch die Militärs besprochen wurden. Entscheidend für die Rechtsgültigkeit des Urteils blieb die Maßgabe, dass auf beiden Seiten durch die jeweils zuständige Gerichtsbarkeit entschieden wurde, nachdem klar war, dass es zu einem Verfahren kommen sollte.

Im Anschluss an das Gerichtsverfahren und die Bestätigung des Urteils durch den König wurde auch die Durchführung der Strafe dem Forum des Delinquenten zugesprochen – der Soldat konnte dementsprechend nur in seinem Regiment bestraft werden, der Bürger durch seine Gerichtsobrigkeit wie die Abbildung 1 verdeutlicht.

Die Regimenter waren angehalten, in strittigen Fällen mit den Behörden vor Ort zusammenzuarbeiten, um zu einem gemeinsamen Urteil zu gelangen. In der Praxis der Strafverfahren in »gemeinen« Sachen, welche die militärische Struktur nicht direkt betrafen, also im Fall von Raub, Gewalttaten, Mord oder Diebstahl, funktionierte diese gemeinsame Ermittlungsarbeit nur fallweise und auch nur dort, wo die Soldaten auf eine gute Meinung der lokalen Behörden angewiesen waren. So finden sich etwa in den Verfahren, die während des Spanischen Erbfolgekrieges in Italien stattfanden, in einigen Mordfällen, in denen Bauern vor Ort der Ermordung von Musketieren aus dem Dessauer Regiment verdächtigt

289 Kraus, Militärstrafverfahren, S. 39.

290 Corpus Juris Militaris, darinnen insonderheit das Churfürstl. Brandenburgische Kriegs-Recht, und Artickels-Brieff, von neuen übersetzt und verbeßert, wie auch verschiedner anderer hohen Potentaten, Krieges-Satzungen und Observantien enthalten [...], Frankfurt und Leipzig 1687, S. 302.

291 Vgl. Kraus, Militärstrafverfahren, S. 39.

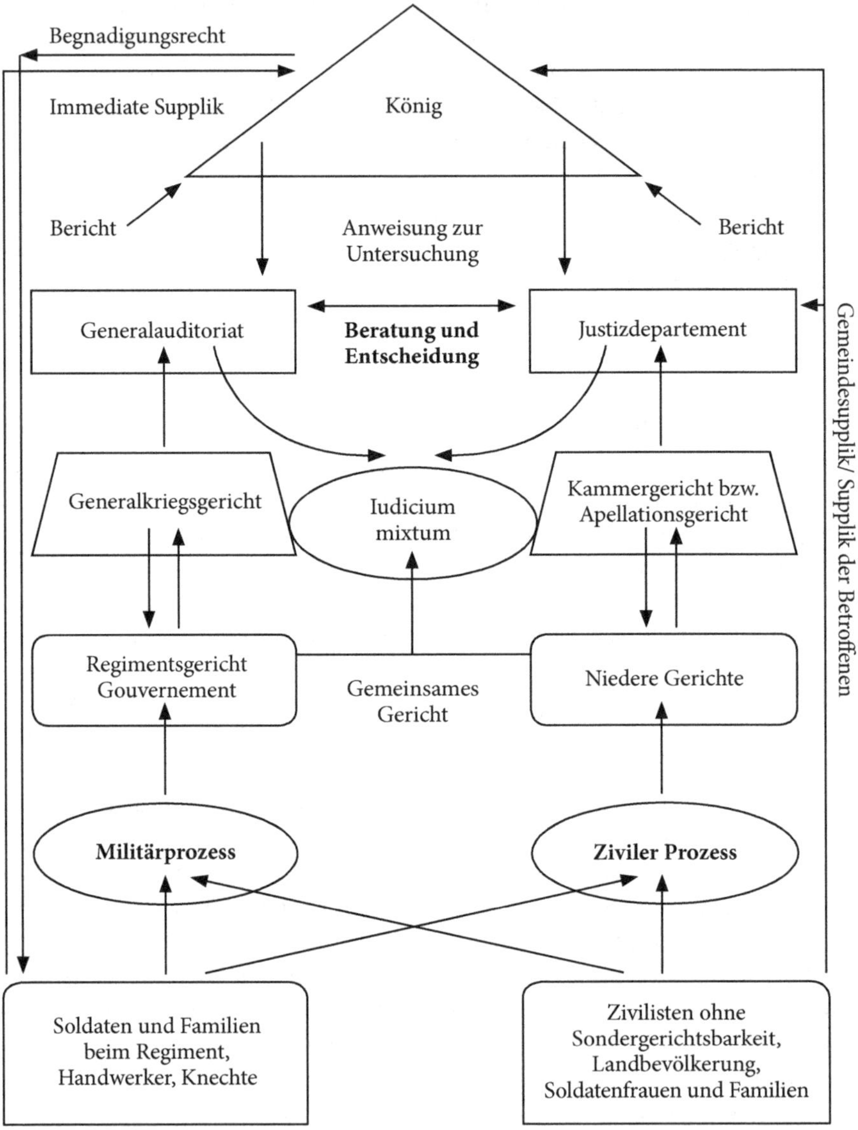

Abbildung 1: Das Iudicium mixtum im preußischen Justizsystem

wurden, gemeinsame Verhörprotokolle von Verordneten der italienischen Herzogtümer und von Offizieren des Regiments.[292] Offenbar war die Bereitschaft der zivilen Behörden, in ein Verfahren mit dem Regiment einzutreten, wenn ein

292 LASA, A 9b Ib, Nr. 19, Bd. II, Bl. 406.

Soldat betroffen war, in den heimischen Regionen jedoch nicht so weit gediehen. In einer Untersuchung gegen mehrere Bürger des Ortes Nörenberg im Jahr 1714 wegen eines Tumultes, in dessen Verlauf ein Dragoner des Derfflinger Regiments tödlich verwundet worden war, wehrten sich die Amtsträger vor Ort gegen ein gemeinsames Verfahren – obwohl dieses vom König per Order befohlen worden war. Die Akten hatte der Magistrat danach an den Schöppenstuhl in Stendal versendet. Das abschließende Urteil gegen die betreffenden Aufrührer lag komplett vor und sollte durch den König bestätigt werden. Friedrich Wilhelm sah aber das »Forum Militare«, also das Recht des Regiments auf Satisfaktion, betroffen und befahl per Dekret den Aufschub der Strafe:

> »So habt Ihr vors Künfftige ohne Beyseyn einiger Assessores vom Derffling. Regiment weiter nichts vorzunehmen, sondern, Wir haben d. eingekommen Urtheil allgstt. confirmiret und Befehlen Euch hiermit in Gnaden, wenigstens in Beyseyn des Auditeurs vom ged. Derffl. Regiment solches [...] überall buchstäblichen Innhalts nach zu exerpiren, und wann dieses, was darinnen ergehet, fleißig registriret oder Registraturen auch vom Auditeur zugleich mit unterschrieben worden, alsdann habt Ihr Unß die Acta, der Absolution oder Bestraffung wegen unverzüglich weiter zu verschicken, worbey insonderheit erwehntes Regiment wegen des erschlagenen Dragouners seine Satisfaction mit zu liquidiren und der Urtheils fester derweilen darauf mit zu erkennen hatt.«[293]

Auf der anderen Seite häuften sich im 18. Jahrhundert die Fälle, in denen Regimenter ihre Soldaten weder zu gemeinsamen Verhören mit den lokalen Behörden schickten noch einen zivilen Beamten zur Prüfung und Abzeichnung der Verhöre zuließen, obwohl die Sachlage bereits klar war.[294] Waren Soldaten in ein »gemeines« Verbrechen verwickelt und wurden sie der Täterschaft bezichtigt, mussten diese ebenfalls durch ihr Regimentsgericht verurteilt werden. Der Rechtsgang wurde damit für den/die Kläger aus der zivilen Gemeinschaft langwierig und mühselig. Nicht selten verliefen die Voruntersuchungen im Sande, wenn der Erfolg des Verfahrens vor allem im Interesse des Klägers lag: etwa bei Gewalttätigkeiten.[295]

---

293 GStA PK, I. HA, Rep. 49 Fiscalische Sachen, H 22: Geheimer Rat: Mord- und Totschlagsfälle 1714, Bl. 657v.

294 Vgl. Kap. 4.2: Im Fall Helmholz waren die beklagten Soldaten durch mehrere Augenzeugen identifiziert worden – trotzdem weigerten sich sowohl der Kommandeur als auch der Hauptmann der Kompanie, die betreffenden Musketiere auszuliefern, und schickten stattdessen eine Abschrift des von ihnen durchgeführten Verhörs.

295 Vgl. Quellenkapitel 4.2 und Konfliktkapitel 3.3.6: Sowohl im Fall des Torschreibers Helmholz als auch bei Margarete Riebow, die beide ihr Recht beim Regiment einklagen mussten, bestand kein weiteres Interesse für die Allgemeinheit als die prinzipielle Anerkennung des Klagegrundes. Sowohl die Verletzung des Schreibers als auch die vorgebrachte Verletzung der Klägerin brachten nicht genug Unterstützung zusammen, um ein Verfahren in Gang zu bringen.

Für den Verlauf des Verfahrens und auch für die Erfolgsaussichten der zivilen Gegenseite war die eindeutige Erklärung eines »Iudicium mixtum« dabei ausschlaggebend, damit sich beide Gerichte darauf beziehen konnten. Im Juni 1721 war es in Seeburg zu einer gewalttätigen Auseinandersetzung zwischen zwei Soldaten des Dessauer Regiments und den Dienern der Gebrüder von Hahn gekommen, die mit einer so schweren Verwundung eines Bediensteten endete, dass dieser wenig später daran verstarb.[296] Der preußische König Friedrich Wilhelm I. beurteilte den Fall nach der Generalinquisition, nach deren Erledigung er die Akten mit den Berichten des Fürsten Leopold empfangen hatte, so, dass die betroffenen Parteien in einem gemischten Gerichtsverfahren die Angelegenheit zu klären hatten, und ordnete das Iudicium mixtum an. Der König selbst formulierte zwei grundlegende Fragen, die in dem Verfahren geklärt werden sollten:

1. Ob die beiden Soldaten (namens Berg und Belisch) bei dieser Gewalttat allein gehandelt hatten oder ob noch weitere Mitbeschuldigte anwesend waren.
2. Wer den Streit verursacht habe, ob die Soldaten gereizt worden seien oder sich nur verteidigt hätten, weil sie eventuell zuerst körperlich angegriffen worden waren.

Eine gemeinsame Untersuchung von Zivil- und Militärgerichtsbarkeit sowie ein ebenfalls gemeinsam besetztes Gericht sollten die Verhältnisse und die Beteiligung der Soldaten klären:

> »Dieses alles aber durch das angeordnete Iudicium mixtum am füglichsten geschehen kann, also habt ihr zu verfügen, daß ged. Iudicium sowohl die von andern hiebey gravirenden 2 Soldaten, Berg und Belisch, ad articulos vernehmen, alß auch mit der Zeugen Examination Servato juris ordine verfahren, und bleibt es dannenhero dabey, daß unser Ober Auditeur Schröter, solchen Iudicio mixto mit beywohnen solte.«[297]

Obwohl die Mehrzahl der gerichtlichen Untersuchungen und Verfahren gegen Soldaten außerhalb des »militärischen Raums« als gemischte Prozesse geführt werden mussten, war oft der Unwille – von beiden Seiten – erkennbar, die Angelegenheit in einem gemeinsamen Verfahren zu klären. In einem Edikt vom 1. November 1729 musste erneut auf das Gerichtsreglement vom 11. September 1728 verwiesen und mit Nachdruck darauf bestanden werden, dass in »solchen Fällen, da bey einer Sache rei oder complices von beyden Seiten, nemlich von denen, so bey unserer Armee engagiret sind, und zugleich von denen, so unter

296 Von Sachsen-Anhalt Fürst Leopold: Acta enth. Verschiedenes welches sich auf des Fürsten Leopold preußisches Regiment zu Fuß beziehet. 1713–1723, LASA, A 9b Ib, Nr. 19, Bd. III, Bl. 406.
297 Ebd.

eine Civil-Jurisdiction gehören«, die Prüfung für ein gemischtes Verfahren vorgenommen werden sollte.[298]

Neben der wechselseitigen Begutachtung/Prüfung der Befragungen und Verhöre konnten auch parallele gerichtliche Untersuchungen zu dem Delikt gemeint sein, die entweder mit einem gemeinsamen Gerichtsverfahren gegen den/die Angeklagten endeten oder, zumeist im Falle von Soldatenvergehen, durch zwei verschiedene Gerichte – das Kriegsgericht einerseits und das zuständige Gericht andererseits – mit unterschiedlichen Urteilen erledigt wurden.[299] Da es sich bei den gemischten Prozessen aber immer um allgemeine Strafsachen handelte, welche die Struktur und Organisation des Militärs nicht betrafen, musste ein übergeordnetes Interesse entweder der Gemeinde oder gar des Landesherrn dazukommen, um aus der Untersuchung ein Verfahren zu machen.

Außerdem wurden die Prozesse mit der parallelen Untersuchung bzw. durch die Notwendigkeit der gemeinsamen Befragung und der schriftlichen Fixierung langwieriger, und während der Untersuchung änderte sich für den oder die Beklagten oft nicht viel an ihrem Status. Entweder blieben die Beschuldigten im Arrest oder – wie in den meisten Fällen im Militär – sie wurden pro forma durch den Regimentschef bestraft und im Regiment wiedereingesetzt.[300]

2.2 Die preußische Armee als Gerichtsstand

Der Militärjurist und ehemalige Auditeur Kaspar Stieler, der Ende des 17. Jahrhunderts unter dem Pseudonym »der Spaten« die Kommentierung der bestehenden Militärgesetze publizierte, notierte zum besonderen Gerichtsstand der Armee: »Es ist aber das privilegium ein solches Recht und Gesetz, das wieder das gemeine Recht leufet und etwas sonderbares einführt.«[301] Die Sondergerichts-

298 Mylius, CCM, T. III, Abt. 1, S. 482, § VI.

299 Für das schwedisch besetzte Pommern stellte Maren Lorenz fest, dass sich das Iudicium mixtum als regelrechtes »Hindernis« erwies, da die teilweise parallel angestellten Ermittlungen zu Tatumständen zur Konkurrenz der Gerichte untereinander führten. Vgl. Lorenz, Rad der Gewalt, S. 333.

300 So wurden auch die zwei Dragoner, die gegenüber der Magd Margarete Riebow gewalttätig geworden sein sollen, noch vor der Feststellung eines Urteils mit mehrmaligem Gassenlaufen bestraft und wieder in den Dienst gesetzt, nachdem sich der Kommandeur des Regiments beschwert hatte, dass er den Reitern unnötigen Urlaub hatte geben müssen. Vgl. Kapitel 5.4: Akteure vor Gericht.

301 Anonym [Spaten]: Auditeur oder Kriegs-Schultheiß, das ist richtige und untrügliche Anweisung, was maassen ein General- und Regiments-Auditör ihr hochangelegenes richterliches Amt, so in Feldlägern, als Fest- und Besatzungen, wie nicht weniger in den Quartieren, auf Zügen und Rasttagen, denen Kriegesrechten und Gewohnheiten gemäß klüglich, ge-

barkeit des Forum Militare bezog ihre Eigentümlichkeit aus der besonderen Bevorzugung – der »Privilegierung« – der Militärangehörigen.[302] Was in Zeiten der rechtlichen Umbrüche durchaus Rechtssicherheit mit sich brachte, war die enge Bindung der Armee an den Landesherrn bzw. an den Oberbefehlshaber und seine Rechtsprechung. Die Soldaten und Offiziere konnten sichergehen, ihre Angelegenheiten vor den militärischen Gerichten vertreten lassen und auch nur durch diese belangt werden zu können.

Im Verständnis des 17. und 18. Jahrhunderts entsprach es durchaus dem Sinn von Recht und »Gerechtigkeit«, wenn Militärangehörige durch die eigenen Kameraden in den Gerichten be- und verurteilt wurden. Das militärische »Geschäft« brachte schließlich einige Dinge mit sich, die aus Sicht der Soldaten von zivilen Stellen nur schwer einsehbar waren – das militärische Handwerk und all seine Begleiterscheinungen waren für die Zeitgenossen eben auch mit einem gewissen Rechtsraum für die Soldaten verbunden. Rechtsprechung ging Hand in Hand mit dem militärischen Rechtsverständnis. Im Folgenden werden die rechtlichen Rahmenbedingungen für die Militärangehörigen in der Gesamtheit sowie nach den Rangstufen beleuchtet. Die Bedeutung des Regimentschefs als Gerichtsherr über seine Soldaten wird dabei ebenso betrachtet wie das Rechtsverständnis, das den Soldaten und Offizieren im Verlauf des 18. Jahrhunderts durch Obrigkeit, Juristen und auch durch die Soldaten selbst entgegengebracht wurde.

2.2.1 Der Regimentschef als Gerichtsherr

> »Alldieweil diese Militair-Jurisdiction schlechterdings von den jure armorum, suprematus und majestatis dependiret, und nur allein auf gewiße Maße der Generalität, denen Gouverneurens, Kommandanten und Obristen temporaliter conferiret ist; also dieselbe an Ihre Königl. Majestät statt exercirt wird, [...]; so stehet nicht allein denen Kommandeurs Ihrer Königl. Majestät Truppen aller Orten frei, in denen Quartiren, Garnisonen und auf Marschen ein Kriegs-Gericht zu setzen und zu halten, sondern es mögen auch dieselbige, die peinliche oder andere Excutationes am neuen Orte erwählen und gebrauchen.«[303]

Träger der unmittelbaren Rechtsprechung im Militär ebenso wie für die Zivilgerichte war seit dem 17. Jahrhundert der Landesherr, der diesen Gerichtszwang

schicklich, gewissenhaft und löblich verwalten und beobachten sollen. [...] Aus selbsteigener Beleb- und Erfahrung herausgegeben von dem Spaten, Nürnberg 1694, S. 374.

302 Vgl. Flemming, Teutsche Soldat.

303 GStA PK, IV. HA, Rep. 16 Militärvorschriften, Nr. 461: Instruktionen König Friedrichs I. über das Militärgerichtswesen, Bl. 11: Friderici Königs in Preußen und Churfürsten zu Brandenburg Kriegs-Gerichts-Ordnung de Anno 1712.

an seine Generäle bzw. Obersten in den Regimentern übertrug.[304] Während im 17. Jahrhundert die Funktion des Landesherrn und des Oberbefehlshabers in Brandenburg noch getrennt waren, vereinten die preußischen Könige seit dem Amtsantritt von Friedrich Wilhelm I. Regierung und Oberbefehl über die Armee in einer Person.[305]

Als Stellvertreter des Königs fungierten diese im 18. Jahrhundert als Gerichtsherren, die ein Kriegsgericht sowohl formieren, diesem als Präses vorsitzen und das Urteil bis zu einem gewissen Strafmaß bestätigen oder ändern und schließlich umsetzen lassen konnten.[306] Was für die Regimentschefs im Felde galt, wurde auch auf die Gouverneure und Kommandanten angewendet: Sie hatten vor dem König die Verantwortung für alle Vorkommnisse in den unterstellten Regimentern zu tragen und sollten daher die Disziplin ihrer Offiziere und Mannschaften »scharf« überwachen.[307] Sie mussten dem Oberbefehlshaber Bericht erstatten und für die Sicherheit der Wege in und bei den Städten Sorge tragen sowie verdächtige Personen wie Bettler und Zigeuner verhaften lassen.[308]

Die preußische Regimentswirtschaft des 18. Jahrhunderts bedingte eine relativ autarke Führung der Truppe durch den Regimentschef, die sich nicht nur auf den ökonomischen Aspekt und auf die Personalführung beschränkte, sondern darüber hinaus die unmittelbare Gerichtsbarkeit über die Soldaten mit einschloss.[309] Der Oberst fungierte als Gerichtsherr, der mithilfe der juristisch geschulten Auditeure sowohl zivilrechtliche als auch strafrechtliche Tatbestände und Streitigkeiten bis zu einem gewissen Tat- und Strafumfang durch ein eigens eingesetztes Regimentsgericht entscheiden lassen konnte und die Sanktion im Anschluss im Regiment durchführen ließ.[310] Diese Praxis hatte den Vorteil, dass vor allem disziplinare Vergehen, die das Zusammenleben der Soldaten betrafen, schnell geahndet werden konnten und dem Soldaten die Möglichkeit zur Rehabilitation gaben. Andererseits gelangten somit nur die Nachrichten von schwerwiegenden Delikten (Gewaltexzesse, Raub, Mord, Desertion u. Ä.) an die zentralen Stellen der preußischen Regierung und sind dort dokumentiert worden. So erschienen in dem zentralen Verzeichnis des Generalauditoriats im Zeitraum zwischen 1716 und 1815 lediglich 85 Verfahren, an denen der Generalauditeur direkt beteiligt war.[311] Oft wurde die Behörde nur noch zur Weiter-

304 Vgl Ludovici, Einleitung zum Kriegs-Proceß, S. 4f.
305 Vgl. Krieges-Recht oder Kriegs-Articul 1674, in: Schulze, CJM, S. 11.
306 Vgl. Kraus, Militärstrafverfahren, S. 36.
307 Vgl. Reglement vor die Infanterie 1743, IX. Theil, II. Titul, u. a. IX. Art., S. 391.
308 Vgl. ebd.
309 Vgl. Winkel, Im Netz des Königs, S. 69f.
310 Vgl. Hülle, Auditoriat, S. 51f.
311 Tabelle erstellt nach den Angaben in: GStA PK, IV. HA, Rep. 6, Nr. 154 – Aktenverzeichnis der Verfahren des General-Auditoriats, unpag.

leitung der kriegsrechtlichen Sentenz an den König oder in beratender Funktion vom Regiment genutzt – selten diente sie als Appellationsinstanz für die Militärangehörigen. Der Generalauditeur selbst hatte in juristischer Funktion innerhalb von Generalkriegsgerichten über preußische Offiziere eine entscheidende Rolle.

Jene Verfahren, die zwischen 1700 und 1800 im Zusammenhang mit den Kriegsgerichten bei den Regimentern und den Generalkriegsgerichten im Register des Auditoriats aufgeführt werden, sind dementsprechend übersichtlich (vgl. Tabelle 5).

Tabelle 5: Delikte in den Prozessen des Generalauditoriats im 18. Jahrhundert

	1700–1740	1741–1755	1756–1763	1764–1786	1787–1800
Desertion	1	2	1	8	4
Befehlsverweigerung	/	2	3	1	4
Duell/Totschlag	6	/	/	1	2
Gewalttat	3	2	/	1	0
Beleidigung	1	/	/	1	1
Diebstahl/Raub	/	1	/	1	0
Sonstiges	/	3 (Betrug) + 3 ungenannt	/	1 (Betrug)	1 (Kindsmord)
Gesamt	11	13	4	14	12

Dahingegen zeigen aber vereinzelte Unterlagen aus den Kriegsgerichten, von zivilen Gerichten und die Berichte der einzelnen Auditeure in den Regimentern, in den Garnisonen und von den beteiligten Soldaten, dass sowohl deviantes Verhalten als auch die Erfahrung von Gewalt, Kriminalität und sanktioniertem Verhalten zum Lebensalltag der Militärangehörigen dazugehörten.[312] Offenbar kam es immer wieder zu eigenmächtigen Entscheidungen von Regimentschefs oder Kommandeuren über die zuvor von den Kriegsgerichten gefassten Urteile. Bereits Kurfürst Friedrich Wilhelm beklagte die eigenmächtige Begnadigung und Abmilderung von Strafen durch seine Offiziere und Generäle bei Vergehen, die eigentlich die Todesstrafe oder zumindest eine schwere Leibesstrafe zur Folge

312 So kommt keine städtische Überlieferung ohne Klagen über die Einquartierung von Soldaten in den größeren Garnisonen, die Konkurrenz im Gewerbe zwischen Soldaten und Einwohnern oder über die gewalttätige Werbung ausländischer Rekruten aus. Insbesondere in den Grenzgebieten zu den Nachbarterritorien spielten die Werbeoffiziere und -soldaten eine entscheidende Rolle und gehörten zur Lebenswelt der Menschen dort einfach dazu. Vgl. Pröve, Stehendes Heer, S. 265.

haben sollten. Diesen Angriffen auf das »Jus aggretiandi«[313] versuchte er durch einen Befehl von 1663 zu begegnen, in dem er diesen Eingriff in die Rechtsprechung im Militär als Beschädigung der Herrschaftsrechte ansah und den kommandierenden Offizieren lediglich gestattete, bei bestimmten Körperstrafen über das Maß derselben zu entscheiden.[314]

Noch im 18. Jahrhundert verwies Friedrich II. in einer Order darauf, dass in Fällen, in denen auf Spießrutenlauf entschieden wurde, der Oberst das Recht des Königs übernehme, diesen Spruch zu mildern, zu schärfen oder zu bestätigen – allerdings nur, wenn das Laufen eine bestimmte Anzahl nicht überschritt.[315] In allen Fällen jedoch, in denen auf Festungshaft, Kassation der Offizierspatente oder Lebensstrafe erkannt worden war, musste die kriegsrechtliche Sentenz nach den Vorschriften ausgefertigt und zur Konfirmation an den König eingesandt werden.[316]

In einem Schreiben an den Generalauditeur Friedrich Goldbeck vom 28. März 1778 deutete General Hans Joachim von Zieten außerdem die wichtige Funktion des Regimentschefs als Geheimnisträger der königlichen Politik an. Nicht jede Information über die Truppenführung sollte an die untergebenen Offiziere und den Stab weitergegeben werden. Ganz im Gegenteil wurden die bekannten Gesetze zwar kommuniziert, zur praktischen Umsetzung gab es aber oft noch weitere »Geheimanordnungen«:

> »Ew. Hochwohlgeb. übersende gehorsamst die Edicte, welche gewöhnlich denen Auditeurs zugestellet werden, und sind die Krieges-Articul de dt. 1749, nebst der Geheimen Declaration, wie auch die in dto. 1767 aufs Neue gedeutete, nebst einigen Frantzösischen, und Pohlnischen Exemplaren dabey, wie auch einige geschriebene Verordnungen wobey ich jedoch ratione der Geheimen Declaration derer Kriegs-Articul gedencken muß, daß solche niemahls denen Auditeurs mitgegeben wird, sondern solche nach der Ordre vom 21. Jun. 1749 nur der Chef bekommen soll.«[317]

In der Gerichtspraxis besaß der Oberst des Regiments quasi alle Vollmachten, um Entscheidungen über die alltäglichen Delikte zu treffen. Tatsächlich wurden

313 Dieses Recht beinhaltete jegliche Rechtsprechung im bürgerlichen wie strafrechtlichen Sinn über die Offiziere und Soldaten, auch in Fällen der Todesstrafe, Kassation und Infamierung der Delinquenten. Dieses Recht wurde zum Teil auf die Obersten der Regimenter übertragen. Zum Begriff des Jus aggretiandi vgl. Wild, Jacob Heinrich: Gesetze für die k.k. Armee in Auszug, nach alphabetischer Ordnung der Gegenstände eingerichtet, Wien u. a. 1787, S. 338.

314 »Befehl, daß die Obristen bey den Regimentern kein Jus aggratiandi, sondern nur die Freyheyt haben sollen, gewisser masen in genere mortis zu dispensiren«, vom 05.01.1663, in: Mylius, CCM, T. III, 1. Abt., Nr. XXIX, Sp. 77–80.

315 Vgl. Circular-Ordre an alle Regimenter und Bataillons, 06.08.1744.

316 Vgl. Müller, Krieges-Recht, S. 736.

317 GStA PK, IV. HA, Rep. 6 Generalauditoriat, Nr. 2: Autographa aus kassierten Akten des General-Auditoriats 1694–1853, Bl. 25: Schriftwechsel zwischen Generalauditeur Goldbeck und dem General von Ziethen 1778.

weitaus mehr kleinere Delikte vom Regimentschef im Beisein einiger weniger Offiziere und Gemeinen und mit dem Auditeur entschieden.[318] Die Umsetzung der Urteile erfolgte dann zeitnah. Von diesen Regimentsgerichten sind weder in den Dessauer Regimentsakten noch für andere preußische Regimenter Unterlagen erhalten geblieben – Hinweise auf diese Rechtspraxis liefern aber die eigenen Aussagen der Regimentschefs und etwaige Erklärungsschreiben, z. B. in Verfahren gegen Offiziere, die solche direkt an das Gericht adressierten. Einen Vergleich wegen gewalttätiger Auseinandersetzungen zwischen dem Hauptmann Schade und dem Adjutanten von Flemming unterzeichneten die beiden gar in Gegenwart der Vermittler.[319]

Hierbei deutet sich bereits an, dass die Offiziere für den Oberst nicht nur als Truppenführer und Verwalter der Kompanien eine wichtige Funktion besaßen. Beinahe ebenso wichtig waren die Durchsetzung der militärischen Regeln und, bei Verstoß, ihre Funktion als Richter über Soldaten und Unteroffiziere im Regiment.

2.2.2 Der Offizier in der militärischen Rechtsprechung

In Preußen bildeten die Offiziere die militärische Elite, sie stellten die Hauptleute, Obersten und Generäle der Armee. Der überwiegende Teil dieser Offiziere rekrutierte sich zudem aus dem Adel und konnte damit den aristokratischen Lebensstil auch in den militärischen Bereich übertragen: Getragen wurde der Habitus im Offizierkorps von einem adligen und ständisch geprägten Selbstverständnis.[320] Nichtsdestotrotz bedeutete der Dienst in der preußischen Armee für einige niederadlige Familien den gesellschaftlichen und finanziellen Aufstieg.[321]

Der Dienst für den Kurfürsten, und später für den König, setzte Organisationsfähigkeit, Führungsstärke und Belastbarkeit im täglichen Dienst wie im Krieg voraus. Bekanntermaßen stellten die preußischen Könige hohe Ansprüche an

318 So berichtet es auch Stephan Kroll von den kursächsischen Regimentern. Die eigentlichen Regimentsgerichte fanden nur mit einer kleinen Anzahl von Personen statt und »arbeiteten« kleinere Delikte und Fehlverhalten im Dienst zügig ab. Vgl. Kroll, Soldaten im 18. Jahrhundert, S. 567.

319 LASA, A 9b Ib, Nr. 7, Bd. IV, Bl. 132. Als Zeugen und Rechtsgremium fungierten der Oberst von Blanckensee, Oberstleutnant von Edelkirchen, Kapitän von Thumen, Kapitän von Erxleben und Fähnrich von Blanckensee.

320 Vgl. Winkel, Im Netz des Königs, S. 160f.

321 So traten die nachgeborenen Söhne der Adelsgeschlechter in den preußischen Landschaften oft in die Armee ein, weil sie sich dort einen Aufstieg versprachen. Vgl. Göse, Frank: Rittergut – Garnison – Residenz. Studien zur Sozialstruktur und politischen Wirksamkeit des brandenburgischen Adels 1648–1763, Berlin 2005, S. 30–35.

»ihre« Offiziere, die sie auch für das Handeln der Regimenter in die Pflicht nahmen.[322]

Die Aufgaben eines Kompanieführers – meistens im Rang eines Kapitäns – waren also vielfältig:

> »Eine jede Compagnie hat einen Capitain, welcher ein Gottes fürchtiger, dapferer und Kriegesversuchter Mann seyn solle; Sein Ampt ist für seine Soldaten, als ein Vater für seine Kinder, zu sorgen, sie mit guten Losamenten, Gewehr, Geld, Proviant, unklagbar zu versehen; Auff der Wacht sol er allzeit, insonderheit in Lebens- und Kriegsgefährlichen Zeiten, mit und bey seinen Fahnen in Person seyn; Er wehlet, bestellt und erhält die gantze Compagnie, was Volck er wirbt, und wider stirbt, die muß er zu ersetzen wißen.«[323]

In den Regimentern nahmen die Offiziere eine wesentliche Doppelfunktion innerhalb des Kriegsrechts ein: Einerseits waren sie als Vorgesetzte direkt mit der täglichen Aufrechterhaltung von Ordnung und Disziplin konfrontiert. Sie hatten das Recht, einfache disziplinarische Verstöße sofort zu ahnden (etwa durch Stockschläge) bzw. Strafmaßnahmen anzuordnen. Andererseits unterstanden sie selbst dem Kriegsrecht und erhielten dazu mit den immer wieder erneuerten Reglements einen Verhaltenskodex, der nur ihnen als Angehörigen des Offizierkorps zugänglich war. Die dortigen Anweisungen für die verschiedenen Handgriffe beim Schanzen, Exerzieren, auf der Wache oder beim Aufbau des Lagers waren den Soldaten und Unteroffizieren zwar weiterzugeben, die Hintergründe dafür und Zusammenhänge wurden aber in den Dienstinstruktionen ausdrücklich nur den hohen Militärs vorbehalten.[324] Dementsprechend streng waren die Auflagen für die Verwahrung von Dienstbefehlen und Reglements – diese mussten bei einer Schlacht im Lager zurückbleiben bzw. bei der Equipage, um den gegnerischen Truppen nicht in die Hände zu fallen und eventuelle Hinweise auf die Struktur und Organisation der preußischen Armee zu liefern.[325]

---

322 Vgl. Volz, Berthold: Die Werke Friedrichs des Großen in deutscher Übersetzung, Bd. 6: Die Generalprinzipien des Krieges und ihre Anwendung auf die Taktik und Disziplin der preußischen Truppen, Berlin 1913, S. 5 f.: »Es ist also eine wesentliche Pflicht jedes Generals, der eine Armee oder ein einzelnes Korps kommandiert, der Desertion vorzubeugen.« Darüber hinaus mussten aber alle Offiziere die Verantwortung für die Ordnung unter den Soldaten übernehmen: »Nicht weniger Sorgfalt erfordert die Erhaltung der Disziplin.« Ebd.

323 Schulze, CJM, S. 319: Militarische Practica.

324 So enthielten die Reglements-Vorschriften zur richtigen Aufbewahrung dieser Militärvorschriften, die nur für die Augen der preußischen Offiziere bestimmt waren. Reglement für die Infanterie von 1726, XII. Theil, IX. Titul, Art. II, S. 638: »Und der Commandeur vom Regiment soll davor rêponiren, wenn über lang oder kurtz ein Ober-Officier-Reglement fehlen möchte; Weshalb Selbiger alle 10. Tage darnach fragen muß, ob die Reglements alle da sind; Wenn aber eine Officier sein Reglement verlohren hat, soll er mit seiner Ehre davor haften.«

325 Ebd.

Die Offiziere eines Regiments hatten ihrem Rang entsprechend unterschiedlich viel Kontakt zu den Mannschaften und Unteroffizieren, als funktionelle militärische Elite waren jedoch auch für sie die militärische Befähigung und Ausbildung sowie die Erfolge in der Schlacht maßgebend. Die jungen Fähnriche und Leutnants standen über die Unteroffiziere und die Aufgaben im täglichen Wach- und Exerziergeschäft oft in einem engeren Kontakt zu den Mannschaften und kannten länger dienende Soldaten oft persönlich.[326]

In seiner Abhandlung zu den wesentlichen Kriegsrechten beschrieb der Auditeur Müller noch 1760 eine solche Situation, die aus einer Straftat heraus entstand und in welcher der Kommandeur des Regiments über die weiteren Schritte der Untersuchung zu entscheiden hatte.[327] Dass es mitunter selbst für den juristisch geschulten Auditeur schwierig war, zunächst einmal eine geordnete Untersuchung gegen den Willen des vorgesetzten Offiziers anzubringen, beklagte der Jurist besonders:

> »Es mangelt auch würcklich unter Officiers nicht an solchen Gemüthern, welche von Inquisitionen, und überhaupt von Handhabung der Gerechtigkeit so unbändig urtheilen, daß sie alles vor eine Sache ansehen, wozu sie allemal, bloß als Cavaliers, Verstand genug haben, und welches nach dem Faust-Recht, mit Hinansetzung aller Gesetze, und sonderlich der Gelehrsamkeit, ausgeführet werden müsse.«[328]

So schilderte er den Fall eines kommandierenden Offiziers, der einen Packknecht wegen eines vermeintlichen Diebstahls und zur Abschreckung für die übrigen Soldaten bestrafen lassen wollte. Der Militär ließ den Knecht ohne ein vorhergegangenes Verhör über ein Bund Stroh legen und

> »von zwey Unter-Officiers 400 Stock-Schläge in seiner Gegenwart geben, daß der arme Pack-Knecht zweymahl währenden Schlagen mit Wasser aus der Ohnmacht zu sich gebracht werden muste, und halb lebendig etwas, wovon der Auditeur hernach das Gegentheil ausfündig machte, unschuldig gestand; gleich sollte der Unglückliche dem allen ohngeachtet, und da sogar der Bestohlene, ob und was ihm gestohlen worden, zu beschwören nicht im Stande war, bey dem Wiederruf seines Geständnisses noch ferner, wie des vorgedachten Interims-Commandeurs ausdrückliche Ordre lautete, ohne Krieges-Rechts-Spruch halb todt, und bis er wiederum, der Dieb zu seyn, bekennete, geschlagen werden.«[329]

Der namenlose Auditeur in seinem Beispiel hatte das Verfahren aber nicht mitverantworten wollen und bestand auf einer geregelten Untersuchung als

326 Auch die Akten vermitteln den Eindruck, dass meist die Fähnriche und Leutnants mit den Anliegen der Soldaten unmittelbar zu tun hatten und diese bei Problemen auch bei ihnen Hilfe suchten. Vgl. Quellenkapitel 4.1 zum Desertionskomplott 1707.

327 Vgl. Müller, Krieges-Recht, S. 1.

328 Ebd.

329 Ebd., S. 2.

Grundlage des Verfahrens. Er sandte die Unterlagen an seinen Oberauditeur und erwartete dessen Instruktionen. Damit handelte er gegen den eindeutigen Befehl des kommandierenden Offiziers und wurde innerhalb des Regiments sozial geächtet:

> »So wurde der Regiments-Auditeur davor, daß er in des Königs Dienst sich nicht hatte zum Werckzeug der Ungerechtigkeit und Grausamkeit wollen gehorsamst gebrauchen lassen, mit Arrest bedrohet, mit tausend Verdruß beleget, und von dem Interims-Commandeur, sowohl bey denen Staabs- als auch sämmtlichen Officiers angeschwärzet, und verfolget.«[330]

Obwohl in dieser Geschichte ohne Angabe von Namen und weiteren Umständen die Gegensätze zwischen dem »pflichtbewussten« Auditeur und dem selbstbewussten ständisch geprägten adligen Offizier zugespitzt wurden, sprach sie doch ein großes Problem der Militärgerichtsbarkeit in den Regimentern an. Die Offiziere waren, ebenso wie ihre untergebenen Soldaten, keine fachkundigen Juristen, sondern Laien, die aufgrund der Befehle des Königs und ermächtigt durch die Militärgesetze in einem Kriegsgerichtsverfahren eingesetzt wurden. Diese Aufgabe erfüllten einige Militärs nur mit Widerwillen – und andere Offiziere versuchten eben, das Verfahren in eigener Interpretation »abzukürzen«, was allerdings auch für den Offizier mit einem Strafverfahren durch den König enden konnte.[331]

Eine wesentliche Aufgabe innerhalb der Untersuchungen im Vorfeld eines Gerichtsverfahrens bestand für die Offiziere in der Durchführung und Beaufsichtigung von Zeugenbefragungen und Verhören. Dabei hatten immer zwei Offiziere anwesend zu sein und die Arbeit des Auditeurs zu unterstützen.[332] Die Ränge der anwesenden Offiziere richteten sich dabei nach der Person des Delinquenten oder der Zeugen sowie nach dem Delikt. Offiziere selbst konnten allerdings nur durch ein Generalkriegsgericht angeklagt werden: Auch hier richteten sich die Ränge der Offiziere, die als Richter über ihre Kameraden eingesetzt wurden, nach dem Rang des Beklagten.

Außerdem forderten die Monarchen hier vehement die Einsichtnahme, hatten an dem Urteil über einen Offizier ein Mitspracherecht und eigenes Interesse, schließlich hingen an einem solchen Urteil mitunter ganze Adelsfamilien. Zum Ende seiner Regierung sah Friedrich II. einen entscheidenden Zusammenhang zwischen den Führungsqualitäten eines erfahrenen Offiziers, der die Disziplin in

330 Ebd., S. 3.

331 Vgl. dazu die Verfehlungen der Offiziere von Seel 1746 und des Obersten von Kleist aus dem Regiment Anhalt-Dessau 1722, der insbesondere auch für seinen Umgang mit Straftätern und vorschnellen Urteilen gerügt wurde. Vgl. Kap. 4.7.

332 Vgl. KGO, in: Fritsch, CIMN, Art. VI, S. 531: »und ohne einigen Verschub ein summarisches Verhör in Gegenwart 2 oder wenigstens 1 Officirer […] angestellet werden.«

seinem Regiment herstellen konnte, und dem Erfolg im Feld. Für den König war das erfolgreiche »Management« der Soldaten die Basis für eine gute militärische Aktion: Dafür musste der Offizier auch nach Wegen der Kommunikation mit seinen Untergebenen suchen:

> »Der Offizier muß einen Unterschied unter den braven und schlechten Soldaten machen, damit er sich derselben bei Gelegenheit mit Vortheil bedienen könne. [...] Was die furchtsamen jungen Leute betrifft, so muß man sie mit fortschleppen und fühllos gegen die Gefahr zu machen suchen. Auf solche Art habe ich oft gesehen, daß Offiziere Sachen unternommen haben, wegen welcher man sie beim ersten Anblicke für Verwegene ausgab.«[333]

2.2.3 Das Militärrecht für Soldaten und Unteroffiziere

Der ehemalige Auditeur Kaspar Stieler begründet in seiner Schrift von 1696 über das Amt des Militär-Schultheißen die Einrichtung der Sondergerichtsbarkeit für die Soldaten in den Armeen damit, dass diese zum einen das Vaterland und dessen Einwohner mit ihrem Leib und Leben vor Feinden schützten.[334] Zum anderen betonte Stieler, dass die Mobilität der Soldaten die Anwesenheit eines eigenen Gerichtes begründe und dass der Umgang mit Waffen und die Erfahrung von Gewalt eine Gerichtsbarkeit mit sich bringen müsse, die diese Erfahrungen mit einbezieht. Dazu komme außerdem das Verständnis, das die Soldaten von den Gesetzen und Regeln, denen sie zu folgen hatten, besitzen mussten.[335] Dieses Wissen erlangten die Männer durch regelmäßiges Vorlesen der Kriegsartikel, die sie durch einen Fahneneid bestätigen mussten, sowie durch tägliche Parolen, in denen Ergänzungen zu einzelnen Rechtsbeständen vorgenommen werden konnten.

Eine wesentliche Debatte entstand über die eigentliche Zugehörigkeit zum Forum Militare, denn im Sinne des 16. und 17. Jahrhunderts war vor allem die räumliche Nähe zum Militär für die Zuordnung zum Militärgerichtsstand ausschlaggebend, während im 18. Jahrhundert die Armee zunehmend als Personenverband – unabhängig vom eigentlichen Standort – betrachtet wurde.[336]

333 Unterricht Friedrichs II. für die Offiziere der Armee besonders die der Cavallerie (1778), in: Gesammelte Werke Friedrichs des Großen in Prosa – Ausgabe in einem Bande (hrsg. von Isaak Jost), Berlin 1837, S. 565.

334 Spaten, Auditeur, S. 376.

335 Ebd., S. 377.

336 Dancko, Kurtzer Entwurf des Kriegsrechts, S. 16: »Es werden aber unter dem Namen der Soldaten verstanden, 1. würckliche Soldaten oder Kriegs-Leuhte zu Lande und zu Wasser/ ingleichen zu Fusse und zu Pferde/ wie selbige jetzt beschrieben worden, und seynd entweder Gemeine oder Officirer vom Höchsten biß zum Niedrigsten [...] Ingleichen zur See/

Dieser Perspektivwandel verläuft über das gesamte 18. Jahrhundert: Während juristische Experten wie Kaspar Stieler bereits frühzeitig die Notwendigkeit einer Einschränkung der Militärangehörigen sahen, war die Zuordnung aller mit der Armee reisenden Personen zum Gerichtsstand des Militärs auch zu Beginn des 18. Jahrhunderts noch verbreitet. Dazu gehörten:

»Alle diejenige, welche sich bey vorerwehnten aufhalten und der Armeé folgen, entweder als Kriegs-Leuhte, z. E. Reformirte Officirer, Volunteurs etc. oder als Bediente/ so entweder zum Stabe oder prime Plane gerechnet werden, als da seynd Prediger, Auditeur, Secretarius, Feldscheer, Tambour, Paucker, Trompeter, Feld-Pfeiffer, Fahnenschmid, Sattler, Profos, Scharff-Richter, Stecken-Knecht usw. Noch pflegen sich bey den Armeen zu befinden Kriegs-Rähte/ Commissarii, Feld-Medici, Feld-Apotecker, Kaufleute, Marquetender etc.«[337]

Dagegen wandte Stieler schon 1696 ein, »es werden ordentlicher weise nur diehjenigen vor fähig gehalten, so vor Soldaten geworben, in die Musterrolle gebracht, beeydet und vor dem Feynd gestellet seyn.«[338]

Die Militärgerichtsbarkeit stand somit neben den traditionell etablierten Formen der niederen Gerichtsbarkeit und den neu etablierten Formen der hohen Gerichtsbarkeit und dadurch, insbesondere in Bezug auf die enrollierten (eingeschriebenen) Rekruten und die Beurlaubten, in Konkurrenz zu den zivilen Gerichten. Diese Rechtslage brachte den Soldaten beträchtliche Spielräume ein, denn im Fall einer Anklage musste der Kläger / die Klägerin zunächst das betreffende Regiment informieren und die Klage dort vorbringen. Insbesondere im Fall der Beurlaubten, die nur wenige Monate im Jahr bei den Regimentern exerzierten und in der übrigen Zeit als Arbeitskraft in die Heimat beurlaubt wurden, führte dies vermehrt zu Konflikten mit den lokalen Behörden.

Diese führten immer wieder Beschwerden wegen der Unruhen und Störungen durch die jungen Enrollierten an, die aus dem besonderen Selbstbewusstsein heraus, vor einer Strafverfolgung durch zivile Gerichte geschützt zu sein, eben besonders häufig durch Verstöße und Handgreiflichkeiten auffielen. So wandten sich die pommerschen Landstände 1752 mit einem dringenden Appell an Friedrich II. und stellten die tatsächlichen juristischen Schwierigkeiten vor:

»Es ist auf dem platten Lande alles von Jugend an enrollirt, und darunter sind viel, die wegen ihrer Statur niemahls Soldaten werden können. Ungehorsam, Boßheit und Muthwillen ist bey der Jugend ohnedem schon sehr groß, und es würde damit Überhand nehmen und unerträglich werden, wenn sie wüßte, daß ihre angebohrene Gerichts-Obrigkeit keine Jurisdiction, und ihr Brodherr keinen Dienst-Zwang über sie hätte; ja

[…] Unter-Officirer/ Feldwebel oder Wachtmeister, Sergeant, Gefreyter-Corporal, Fourier, Capitain des Armes, Corporal etc. […].«

337 Ebd., S. 17.

338 Spaten, Auditeur, S. 379.

die jungen Leute würden sich aus Frevol und Übermuth selbst schaden und zum künftigen Krieges-Dienst untüchtig machen.«[339]

Weiter fuhren die Beamten mit der Aufzählung der nachteiligen Vorkommnisse fort:

»Die Regimenter sind zum theil weit entfernet, es würde ihnen selbst zu größten Last gereichen, wenn sie die strafwürdigen Leute jedesmahl einholen und züchtigen laßen solten. Es könte solches zu einer Zeit geschehen, da die Arbeit am allernöthigsten ist; jene würde versäumet, diese gingen verlohren, und der Landmann unhintertreiblich zu Grunde.«[340]

Mit diesem Verweis auf wirtschaftliche Aspekte wollten die Landstände vor allem die Chancen erhöhen, beim König und den zuständigen Ressortmitgliedern und oberen Behörden Gehör für die täglichen Jurisdiktionskonflikte zu finden.

Dabei hatte bereits Friedrich Wilhelm im Sinne der lokalen Behörden entschieden, dass nur die vom Regiment einberufenen Enrollierten unter den Gerichtsbezirk des Regiments fielen.[341] Die Durchsetzung dieses Prinzips wurde aber in der Praxis durch den Widerwillen der Männer vor Ort erschwert, da diese ihre Zugehörigkeit zum Regiment durchaus nicht aufgeben wollten und daher mit Nachdruck an ihre zuständige Gerichtsbarkeit verwiesen wurden, sofern sie weder gemustert noch in das Regiment einrangiert worden waren.[342] In diesem Sinne hatten schon die Amtsleute den König mit allem Nachdruck darum gebeten:

»daß alle göttliche und weltliche Rechte denen Gerichts-Obrigkeiten die Jurisdiction über ihre Unterthanen, welches die Enrollirte so lange seyn, biß sie von denen Regimentern eingezogen und einrangiret werden, zugestehen, und daß ohne solche die unbändige Jugend sich sowohl selbst aufreiben als den Land-Mann gäntzlich ruiniren, auch aller Frevel ungestraft bleiben würde, weil die Bestraffung, die von den entfernten Regimentern erfolgen könte, viel zu weitläufig wäre.«[343]

Obwohl es sich beim stehenden Heer im 18. Jahrhundert noch um eine relativ junge Einrichtung handelte, hatten sich die Menschen mit dem System des herrschaftlichen Militärs arrangieren müssen. Die rechtlichen Rahmenbedingungen, die zunächst nach den althergebrachten Traditionen der Söldnerheere

339 GStA PK, I. HA Geheimer Rat, Rep. 96 Geheimes Zivilkabinett, Nr. 611 G, Bl. 4.

340 Ebd.

341 Zur Ausgestaltung des Kantonsystems vgl. Winter, Martin: Untertanengeist durch Militärpflicht? Das preußische Kantonsystem in brandenburgischen Städten im 18. Jahrhundert, Bielefeld 2005; Kroener, Bernhard R: Des Königs Rock. Das Offizierkorps in Frankreich, Österreich und Preußen im 18. Jahrhundert – Werkzeug sozialer Militarisierung oder Symbol gesellschaftlicher Integration?, in: Peter Baumgart (Hg.): Die Preussische Armee zwischen Ancien Régime und Reichsgründung, Paderborn u. a. 2008, S. 72–95, hier S. 76.

342 GStA PK, I. HA Geheimer Rat, Rep. 96 Geheimes Zivilkabinett, Nr. 611 G, Bl. 4.

343 Ebd.

aufgestellt und in der Auseinandersetzung zwischen Monarchen und den Soldaten angepasst und verändert wurden, formten demnach – wie andere abgeschlossene Rechtsgemeinschaften auch – das Rechtsverständnis des Militärrechts auf zwei Wegen: Zum einen besaßen die Militärangehörigen das Recht, vor den militärischen Gerichten belangt und durch Kameraden verurteilt zu werden.[344] Zum anderen schuf diese Kanalisierung des Rechtsganges auch eine selbstbewusste Gruppe von Soldaten und Offizieren, die sich gegenüber den übrigen Ständen auch außerhalb des militärischen Bereichs profilierte. Schon Kaspar Stieler bemerkte, dass die Militärangehörigen etwa in den Garnisonen dazu übergingen, von den Quartierwirten mehr zu fordern, als ihnen nach den Regelungen für die Unterbringung zustand – etwa Tabakwaren, alkoholische Getränke oder Gewürze.[345] Da nicht immer und überall das Wissen um die Militärgesetze vorhanden war, führten die Forderungen nicht selten zu Streitigkeiten und Konflikten, die auch das Ansehen der Soldaten und Offiziere in den Augen der Bevölkerung minderten. Dabei war insbesondere das Zusammenleben von Zivil- und Militärbevölkerung für die Aufrechterhaltung der guten Ordnung in den Städten in der Wahrnehmung der Obrigkeiten von entscheidender Bedeutung.

2.3 Die Akteure der Militärgerichtsbarkeit in Preußen

2.3.1 Das Generalauditoriat

Das besondere Spannungsverhältnis zwischen den Zielen und Anforderungen der aufstrebenden preußischen Monarchie und einer gleichförmigen Rechtsprechung gegenüber den Militärangehörigen konnte auch die zentrale Militärjustiz in Form des Generalauditoriats in der zweiten Hälfte des 17. Jahrhunderts nicht lösen. Zum einen verbanden sich mit der Grundlage von Rechtsprechung noch keine Postulate von Gleichberechtigung zwischen Angehörigen des Adels und der unteren Stände, zum anderen scheiterte die Konsequenz der Durchsetzung immer wieder an den »flexiblen« politischen Bestrebungen, die das Ziel der Herrschaftsetablierung und den Ausbau von Machtressourcen obenan stellten.[346] Mit der Rechtsprechung war in diesem Sinn zu Beginn des

344 KGO 1712, Art. IIX, S. 527.

345 Spaten, Auditeur, S. 381.

346 Dieses mit dem Begriff der »Staatsräson« etwas unzureichend umschriebene politische Programm wirkte zumindest im beginnenden 18. Jahrhundert recht unbestimmt, da sich Preußen der Aufgabe gegenübersah, als royaler »Emporkömmling« seinen Platz zwischen den gekrönten Häuptern in Europa zu festigen und gleichzeitig die Loyalität gegenüber den deutschen Fürsten zu sichern Vgl. Göse, Friedrich I., S. 258.

18. Jahrhunderts nur zum Teil die Herstellung von Gerechtigkeit verbunden. Vielmehr waren die Zugehörigkeit zu einem geschützten Gerichtsstand (hier im Falle des Militärs) sowie die Erfordernisse des Landesherrn (Krieg zu führen) neben der Schwere des Delikts und der Motivation dazu (mit oder ohne Vorsatz) ernsthafte Komponenten für die Urteilsfindung.

Für das preußische Militär blieb bis zum Ende der Monarchie im 20. Jahrhundert das traditionelle Verständnis von der rechtlichen Verfassung der Armee, die von dem jeweiligen Oberbefehlshaber, seit 1713 eben gleichzeitig in Gestalt des preußischen Königs, gestaltet und gesichert wurde, bestimmend.[347] Die enge Verbindung zwischen dem Gerichtsherrn, dem Spruchgericht unter Anleitung eines kundigen Juristen mit der anschließenden Urteilsfindung sowie der Bestätigung durch den König wurde erst nach Ende des Ersten Weltkrieges endgültig aufgekündigt.[348] In diesem System der Laienrichter spielten die Auditeure als Rechtsberater in den Regimentern eine wichtige Rolle als Berater, Sekretäre, Notare und Vermittler zwischen Militärjustiz und militärischer Einheit. Seit der Regierungszeit des Kurfürsten Friedrich Wilhelm orientierte sich das brandenburgisch-preußische Militärwesen an den Vorbildern aus den protestantischen Nachbarländern.

Die Funktion des Generalauditeurs als »Supervisor« für die ihm unterstellten Auditeure in den Regimentern könnte aber auch auf das Beispiel des spanischen Generalauditeurs zurückgehen, der insbesondere für die spanischen Niederlande in ähnlicher leitender Funktion nachweisbar ist.[349] Für die brandenburgisch-preußische Militärgerichtsbarkeit spielte auch das schwedische Vorbild eine entscheidende Rolle: das Auditoriat, das in Brandenburg in der zweiten Hälfte des 17. Jahrhunderts eingerichtet wurde, unterstand der Führung durch den Generalauditeur, welcher die Juristen in der gesamten Armee sowie in den Garnisonen und die Oberauditeure in den Gouvernements einsetzte, deren Berichterstattung verfolgte und die Regelung der Prozessordnungen sowie die Einhaltung der Kriegsartikel kontrollierte.[350] Er besaß darüber hinaus das direkte Vortragsrecht beim König (seit 1712) und konnte wichtige Anliegen beim Monarchen vorbringen bzw. mit den höchsten Institutionen und dem königli-

347 Vgl. Hülle, Auditoriat, S. 5: Bis zur Regierungszeit Friedrich Wilhelms I. waren die Landesregierung in Person des Kurfürsten/Monarchen und der Oberbefehl über die Armee durch den General-Feldmarschall getrennt.

348 So bemerkte der Jurist Hans-Dieter Schwind 1966, das deutsche Wehrstrafrecht im neuen deutschen Grundgesetz breche gewissermaßen »mit seiner Geschichte.« Denn fortan unterstanden die Militärangehörigen in Friedenszeiten auf deutschem Boden der regulären zivilen Strafgerichtsbarkeit. Vgl. Schwind, Kriegsgerichte, S. 2.

349 Vgl. Nowosadtko, Rolle der Militärjuristen, S. 282f.

350 »Auditeur, ist bey der Militz der Justitiarius, oder Kriegs-Richter, welcher alle vorkommenden Proceß- und andere dahin einschlagende Sachen verrichten muß.« Zedler, Universal Lexicon, Bd. 2, Sp. 2123.

chen Kabinett koordinieren.[351] Die Bedeutung dieser engen Zusammenarbeit zeigte sich besonders in Kriegszeiten: der Generalauditeur führte etwa für den König die Verhandlungen über die Auslösung von im Krieg gefangenen Offizieren.[352]

In Verfahren gegen die Offiziere war es außerdem seine Aufgabe, das Generalkriegsgericht auf Befehl des Monarchen zu formieren und den Prozess zu führen, in welchem die wichtigen Zeugenverhöre, die Vorlage aller Beweise und die Zusammenfassung der Indizien für die Urteilsfindung von ihm vorgenommen wurden. Obwohl die Gerichtsbarkeit in allen Verfahren gegen die Mannschaften und Unteroffiziere beim Regiment selbst lag, nahm das Generalauditoriat über den beim Regiment stehenden Auditeur einen wesentlichen Einfluss auf die Gestaltung der Kriegs- und Regimentsgerichte. Bei strittiger Lage der Artikel wurde Rücksprache mit dem GA gehalten.

Ebenso mussten alle schweren Strafen und Todesstrafen an den Generalauditeur gemeldet werden, der das ergangene Urteil nach Bestätigung durch den König ausfertigte und an das Regiment zurücksandte. Die zentrale Aufgabe des Generalauditeurs – die Oberaufsicht über die Militärjustiz – spiegelte sich in dessen Amtseid wider und verdeutlichte den hohen Anspruch an das Amt. Im Jahr 1674 schwor der neu ernannte Generalauditeur Johann Daniel Ports:

> »daß einem jedweden, so im kriegs-rechte zu klagen, er sey groß oder klein, officierer oder gemeiner, gebührende ohnparteysche justitz meinem besten wissen und gewissen nach administriret und die delinquenten nach inhalt der kriegsarticuln und rechten gestraffet werden sollen […].«[353]

351 So zeigen etwa die Korrespondenzen zwischen dem Generalauditeur Katsch und dem Fürsten Leopold von Anhalt-Dessau, wie elementar die Absprache zwischen dem Militärjuristen, einem der wichtigsten preußischen Militärs, und dem Hof des Königs bzw. des Kronprinzen Friedrich Wilhelm für die Herausbildung neuer Gesetztestexte und der damit einhergehenden Vollstreckungsmaßnahmen war. Vgl. LASA, Fürst Leopold, von Sachsen-Anhalt: Correspondenzen des Fürsten Leopold zu Anhalt-Dessau: u. a. mit Generalauditeur v. Katsch 1703–1714; so korrepondierte man über einige Wochen zum Thema der abschreckenden Maßnahmen in den neuen Desertionsedikten, welche statt der Todesstrafe am Strang nun das Abschneiden von Ohren und Nase als wirkungsvollere Bestrafung ansahen.

352 Die Mehrzahl dieser Prozesse wurde in Kriegszeiten bzw. vor dem Hintergrund der unmittelbaren Staatsgefährdung eingerichtet. So formierte Christian Otto Mylius im Namen Friedrich Wilhelms I. das Generalkriegsgericht gg. Kronprinz Friedrich 1730; in den Schlesischen Kriegen führte dann sein Nachfolger Andreas Friedrich von Pawlowsky die Generalkriegsgerichte gg. Offiziere durch, die ihre Festungen ohne Gegenwehr übergeben hatten. So z. B. gegen den Generalleutnant von Kyau und andere wegen Übergabe der Festung Breslau im Jahre 1758. Vgl. GStA PK, IV. HA, Rep. 6 Generalauditoriat, Nr. 154: Aktenverzeichnis der Verfahren des Generalauditoriats, Bl. 50.

353 Zitiert nach: Bonin, Burkhard von: Entwicklung des deutschen Kriegsgerichtswesens. Vortrag gehalten vor Breslauer Juristen, mit urkundlichen Beilagen (= Sammlung militärischer Abhandlungen und Studien, I,6), Rastatt 1912, S. 38.

Von den Generalauditeuren im 18. Jahrhundert verfolgten Christoph von Katsch, Moritz Viebahn, Christian Otto Mylius, Andreas von Pawlowsky und Andreas Goldbeck eine erfolgreiche Karriere, die jedoch auch vom Wohlwollen des jeweiligen Königs abhing. Einen immensen Einfluss auf die Entwicklung des Justizwesens nahm zu Beginn des 18. Jahrhunderts der Justizminister Christoph von Katsch. Der im Jahr 1665 als Christoph Katsch geborene Jurist stammte aus einer Hallenser Patrizierfamilie und hatte in Leipzig und Halle Rechtswissenschaften studiert.[354] Bereits in dieser Zeit legte Katsch einen großen Ehrgeiz an den Tag: Trotz einer finanziellen Krise seiner Familie, die ihm die Fortführung der Studien verwehrte, konnte er seine Disputation in Leipzig ablegen und begann 1687 als Anwalt in Berlin zu arbeiten. Schon im Jahr darauf war er als kurfürstlich-brandenburgischer Hof- und Kammergerichtsrat tätig und bewährte sich als fleißiger und geschickter Jurist.[355] Nur zehn Jahre später wurde Katsch bereits als Oberauditeur geführt und 1700 als Generalauditeur.

Die Ansprüche des wachsenden Heeres und sein persönlicher Ehrgeiz sowie das Ansehen seiner Familie kamen in diesem Punkt der Karriere sicher zusammen. Im Jahr 1703 wurde Katsch Mitglied im Hof- und Kammergericht zu Berlin, zwei Jahre später gar aufgrund seiner Fähigkeiten geadelt. In der entsprechenden Urkunde wird der Generalauditeur zugleich als Geheimer Kriegsrat benannt, was Friedrich Riehm zu der Vermutung bewegte, Katsch habe bereits in dieser Zeit ebenfalls im Dienst des Generalkriegskommissariats unter Leitung von Daniel von Dankelmann gestanden und sei somit unmittelbar mit allen Angelegenheiten der Einquartierung und Verpflegung der Armee sowie mit den Polizeiangelegenheiten des Militärs in Berührung gekommen.[356] Ab 1712 erhielt Katsch dann endgültig das Vortragsrecht beim König über »das Gebiet des Straf-, Kriegs- und Verwaltungsrechts, namentlich die Verfolgung von Vergehen gegen Militär-, Steuer- und Polizeireglements«.[357] In dieser Funktion wirkte er auch entscheidend an der Formulierung der Kriegsgerichtsordnung von 1712 mit, die in ihren Grundzügen das militärgerichtliche Verfahren und den Aufgabenbereich der Auditeure in den Regimentern nach allgemeinen rechtlichen Verfahrensgrundsätzen bestimmte.[358] Auch die im darauffolgenden Jahr verfassten *Kriegsartikel*

354 Vgl. Riehm, Friedrich: Christoph von Katsch 1665–1729, der erste preußische Justizminister und seine Verwandten. Ein Beitrag zur Geschichte eines Hallischen Pfännergeschlechts, Halle (Saale) 1930, S. 12.

355 Vgl. ebd., S. 13.

356 Vgl. ebd.

357 Ebd., S. 14.

358 Hülle, Auditoriat, S. 55, verweist auch auf die widersprüchlichen und umstrittenen Verdienste von Katsch hin, der wohl auch gegen seine Standeskollegen kompromisslos arbeitete und beim Kronprinzen und späteren König Friedrich Wilhelm gewisse Handlungsfreiheiten genoss. Vgl. Brocke, Bernhard vom: Christoph von Katsch, in: NDB 11 (1977), S. 326f.

für die preußische Armee trugen seine Handschrift.[359] Gemeinsam mit dem preußischen König Friedrich Wilhelm I. strukturierte Katsch das preußische Militär straffer und effizienter, bezog auch sämtliche Nebenposten in die militärrechtliche Organisation mit ein.[360]

Für seinen Einsatz erhielt Katsch schließlich die Ernennung zum Vizepräsidenten des neu gestalteten Generaldirektoriums und zum Minister des Justizdepartements. Damit verband er bis zu seinem teilweisen Rückzug 1727 die Aufsicht über die Militärjustiz und den gesamten Justizapparat in der preußischen Monarchie und besaß wohl eine Machtfülle, wie sie zeitlebens kein Nachfolger im Amt des Generalauditeurs mehr erreichen konnte.[361] Im zivilen Bereich folgte ihm der ebenfalls engagierte und kundige Samuel Cocceji, dessen Justizreformen in friderizianischer Zeit noch auf die Vorarbeiten seines Förderers zurückgingen.

Das Amt des Generalauditeurs übernahm direkt nach seinem Tod im Jahr 1729 Johann Moritz von Viebahn (1684–1739), dieser musste sich an den Leistungen des fleißigen Vorgängers messen lassen. Ihm folgte 1739 schließlich Christian Otto Mylius (1678–1760), der später vor allem durch seine Sammlung von brandenburgischen Gesetzestexten im *Corpus Constitutorum Marchicorum* (CCM) große Bekanntheit erlangte. Er studierte 1696–1702 in Halle und Leipzig und war 1716 Ratsmeister bzw. Bürgermeister und Beisitzer des Schöppenstuhls in Halle.[362]

1717 wurde er dann zum Kriminalrat im Berliner Kriminalkollegium und zum Kriegsrat im Militärdepartement ernannt. Von diesem Jahr an bis 1723 diente Mylius als Auditeur im Regiment Gens d'armes, bis er zum Generalauditeur-Leutnant befördert wurde. In dieser Funktion wurde er schließlich 1730 in den Desertionsprozess gegen Kronprinz Friedrich und Leutnant Hans Herrmann von Katte einbezogen; er führte die Verhöre mit dem Kronprinzen und leitete als zuständiger Auditeur das Kriegsgericht, was ihm bei dem späteren König keine großen Sympathien eintrug. 1738 schlug Mylius das Amt als Kammergerichtsdirektor aus und erreichte im Jahr darauf als Generalauditeur den Höhepunkt

359 Sr. Königl. Maj. in Preussen […] Allergnädigst Neu-Approborte Krieges-Articul, vor die Unter-Officirer und Gemeine Soldaten so wohl von Infanterie und Dragouner als auch Cavallerie und Artillerie, Berlin 1713.

360 So legte das Scharfrichter-Edikt von 1720 die Entlohnung für das Anschlagen der Deserteursnamen am Galgen durch den Scharfrichter mit fünf Talern fest, schrieb aber auch einen Mengenrabatt – eine feste Pauschale – vor, wenn es sich um mehrere Namen handelte (höchstens zehn Taler). Vgl. Fassmann, David: Leben und Taten des […] Königs Friderici Wilhelmi I. […], Hamburg/Breslau 1735, S. 502.

361 Vgl. Riehm, Friedrich: Christoph von Katsch 1665–1729, der erste preußische Justizminister und seine Verwandten. Ein Beitrag zur Geschichte eines Hallischen Pfännergeschlechts, Halle (Saale) 1930 S. 327.

362 Vgl. Straubel, Biographisches Handbuch, Bd. 2, S. 672f.

seiner Laufbahn. Im Jahr 1752 bat Mylius, mittlerweile schwer erkrankt, selbst um seinen Abschied, er verstarb 1760. Seinen Nachfolger hatte er jedoch frühzeitig ausgebildet und herangezogen: sein Neffe Andreas Friedrich Wilhelm von Pawlowsky (1713–1773) folgte ihm 1752 direkt in das Amt des Generalauditeurs.[363]

Beide Generalauditeure sind in dem vorliegenden Aktenmaterial häufig als vermittelnde Instanz zwischen dem Landesherrn und den Regimentern zu finden. Mylius trat nach seinem Rückzug aus dem Amt nur noch am Rande und beratend auf – dem Fürsten Moritz von Anhalt-Dessau skizzierte er im Jahr 1758 aufgrund seiner Erfahrungen den Prozessablauf für das Generalkriegsgericht gegen die Generäle von Lestwitz und von Kyau wegen der Übergabe der Festung Breslau.[364] Sein Nachfolger Pawlowsky musste im Siebenjährigen Krieg an einigen Gefangenen-Kartellen mitarbeiten und wurde während einer Kampagne gar selbst gefangen und ausgetauscht.[365] Er begann seine juristische Laufbahn 1735 als Auditeur im Infanterieregiment von Kalckstein und stieg im Frühjahr 1747 zum Generalauditeur-Leutnant auf. Mit dem Rücktritt von Mylius wurde dann Pawlowsky 1752 Generalauditeur, erhielt das damit verbundene Gehalt aber erst nach dem Tode seines Amtsvorgängers und Onkels im Jahr 1760.[366]Bereits 1765 sollte Pawlowsky anderweitig in der Justiz versorgt werden und wurde durch den bisherigen Oberauditeur Johann Ludwig Reinecke (1713–1773) abgelöst. Offenbar war der König mit der Tätigkeit seines Generalauditeurs während des Krieges nicht zufrieden gewesen. Als Pawlowsky sich 1766 beim König um den Posten als Vize-Präsident beim Oberkonsistorium warb, bemerkte der Monarch in einer königlichen Order als Antwort auf das Gesuch, dass eine Ratsstelle für jemanden, der sein »devoir nicht getan habe«, genug sei.[367] Reinecke dagegen hatte eine vorbildliche Laufbahn vorzuweisen: Wie die meisten seiner Vorgänger, die zum großen Teil aus den Reihen der Regimentsauditeure kamen und ihr Metier sozusagen »von der Pike auf« gelernt hatten, durchlief auch Reinecke eine juristische Bewährungszeit im Militär. Nach seinem Studium der Rechte 1733 in Halle war er seit 1737 im preußischen Heer beim Regiment von Hülsen engagiert, zunächst als Auditeur der Infanterie. Im August 1756 wurde er dann sogar zum Oberauditeur in Schlesien befördert und hat dort im Siebenjährigen Krieg ver-

363 Vgl. Neue Genealogisch-historische Nachrichten [...], Leipzig 1753, S. 875.
364 Vgl. Kap. 2.1.2 zum Generalkriegsgericht.
365 Vgl. Friccius, Carl: Entwurf eines deutschen Kriegsrechts, erläutert durch eine Geschichte des deutschen Kriegsrechts und einen Rechtfertigungs-Bericht, Berlin 1848, S. 208f.
366 Straubel, Biographisches Handbuch, Bd. 2, S. 722.
367 Vgl. ebd.

mutlich am Auswechslungsgeschäft mit gefangenen Soldaten mitgewirkt.[368] 1765 übernahm er den Posten als Generalauditeur und führte die Amtsgeschäfte bis zu seinem Tode 1773.[369] Das Amt übernahm nun Johann Friedrich von Goldbeck (1721–1787), der ebenfalls 1733 ein rechtswissenschaftliches Studium in Halle absolviert hatte und 1745 Regimentsauditeur im Breslauer Regiment von Kreytzen wurde. Ein paar Jahre später, 1753, bat er den Großkanzler mit Blick auf die militärische Dienstzeit um ein Justizamt.[370] So übernahm er 1756 den Posten als Oberauditeur in Berlin, beklagte sich aber 1765 nach der Ernennung des neuen Generalauditeurs über eine angebliche Zurücksetzung gegenüber seinem Amtskollegen Reinecke. Dieser Vorwurf wurde vom König schroff zurückgewiesen und Goldbeck avancierte später zum Geheimen Revisionsrat und folgte im April 1773 als Generalauditeur dem verstorbenen Kollegen Reinecke ins Amt.[371]

Die Regimentsunterlagen zeigen, dass die Generalauditeure über ihre Kontakte mit den Auditeuren in den Regimentern sowie mit den Chefs und Kommandeuren derselben einen großen persönlichen Einfluss ausüben konnten. Diese Kontakte wurden durch rege Schriftwechsel gepflegt, auch deshalb, weil die Generalauditeure selbst in einem Patronatsverhältnis zu den hohen Militärs stehen konnten. So waren die Besetzung eines Postens als Oberauditeur sowie die Empfehlung für die Beförderung zum Generalauditeur auf die Fürsprache der Generäle und Offiziere zurückzuführen. Prinz Heinrich hatte sich etwa persönlich für den Auditeur Reinecke nach dem Krieg eingesetzt, damit dieser in ein Ratsamt in Magdeburg wechseln konnte. Diese Patronats- und Abhängigkeitsverhältnisse konnten einerseits zur schnellen Beförderung der Justiz verhelfen, indem beide Seiten – Generalauditeur und Regimentschef – die kriegsrechtlichen Sentenzen schnell bearbeiteten und weitergaben.

Es konnte andererseits auch zu gewissen Erwartungshaltungen führen, die unter anderem darin bestanden, dass der in Berlin ansässige Generalauditeur wichtige Informationen aus der Residenz und der Regierung mitzuteilen hatte oder dass eine gewisse Einflussnahme auf die Verfahren erwartet wurde. Die Schriftwechsel zwischen den Generalauditeuren und den Chefs der Regimenter zeigen diese Wechselbeziehung deutlich: Die Militärs versprachen, in ihren Einheiten die Militärgesetze und die Bestimmungen des Prozessrechts umzu-

368 GStA PK, IV. HA, Rep. 6 Generalauditoriat, Nr. 10, Bl. 29. Gemeinsam mit dem Auditeur Carl Heinrich Wilcke wurde Reinecke 1756 aufgrund der Fürsprache seines Regimentskommandeurs zum Oberauditeur ernannt.

369 Straubel, Biographisches Handbuch, Bd. 2, S. 792f.

370 GStA PK, I. HA, Rep. 9 Allgemeine Verwaltung, X 1 G, Fasc. 27.

371 Straubel, Biographisches Handbuch, Bd. 1, S. 324.

setzen, und erwarteten im Gegenzug eine entsprechende Gegenleistung des hohen Justizbeamten für das eigene Regiment.[372]

2.3.2 Der Auditeur im Regiment

> »So gehören zu einem Stabe zu Fuß und zu Roß, wie auch Dragoner der Obrister, Obrist-Lieutenant, Obrist-Wachtmeister, Regiments Quartiermeister und Adjutant, Prediger, Auditeur und Secretarius, Regiments-Feldscheer/ Feld-Pfeiffer [...], Steckenknecht.«[373]

Wie aus der Versorgungs-Ordonnanz von 1684 hervorgeht, nahm der Auditeur in etwa die Stelle eines Sekretärs ein, der zwar für den Geschäftsgang von Bedeutung war, aber sonst in vielen Aspekten von der Person des Obersten und seinen Zugeständnissen an die Fähigkeiten des Auditeurs abhing. So gehörten nach der Instruktion für die Auditeure von 1712 vor allem das Verzeichnen der Soldaten der Kompanie, die Einführung der Rekruten in das Militärrecht und die Vereidigung derselben zum Hauptaufgabenfeld.[374] Während dieser Vorgänge sollten die Rekruten vor den Folgen des Meineides gewarnt werden, die Kriegsartikel durch den Auditeur vorgelesen und erläutert bekommen; außerdem wurde ihnen der Eid durch Beschwörung abgenommen:

> »Und ist ihnen ohne die Wichtigkeit des Eidschwörens und große Gefahr des Meineids, wie auch die Ceremonien, als durch Aufhebung der 3 Vorderfinger die hochheilige Dreieinigkeit, die in der Hand niedergeschlagene 2 andern Finger aber des Schwörenden Leib und Seele bedeutet würden [...] vorzuhalten.«[375]

Auch die unmittelbare seelsorgerische Betreuung der Neugeworbenen während der Eidesleistung gehörte in den Zuständigkeitsbereich des Auditeurs. Er hatte nicht nur die zugehörige Religion zu vermerken, sondern auch die Wahrung der christlichen Werte zu betonen und die Gefahr im Falle blasphemischer Äußerungen durch die Strafen in den Kriegsartikeln vor Augen zu führen.[376] Dies mag auch als ein Hinweis darauf gelesen werden, dass die Kenntnis der christlichen Lehren und die Frömmigkeit der Soldaten keineswegs vorauszusetzen waren – auch nicht im beginnenden 18. Jahrhundert. Die wenigen soldatischen Selbstzeugnisse dieser Zeit zeigen dementsprechend auch ein gewisses Maß an »Verrohung« bei den Soldaten sowie eine solide »Zweckmäßigkeit« in der Anwen-

372 GStA PK, IV. HA, Rep. 6 Generalauditoriat, Nr. 2: Autographa aus kassierten Akten des General-Auditoriats 1694–1853, Bl. 19.

373 Dancko, Kurtzer Entwurf des Kriegsrechts, S. 17.

374 Die »erste Auditeurs-Verrichtung« bestand in »Verzählung der Neuangeworbenen«. GStA PK, IV. HA, Rep. 16 Militärvorschriften, Nr. 461, Bl. 1.

375 Ebd.

376 Vgl. eEbd., Art. 5.

dung von Gebeten und Ersuchen an Gott, die sich meist auf die Situation im Kampf beschränkten.[377]

Damit bestand die alltägliche Funktion des Auditeurs, den die meisten Soldaten gleich zu Beginn kennenlernten, in der ständigen Unterrichtung der Mannschaften und Offiziere über das Kriegsrecht, die Duell- und anderen Strafsachen betreffend, sowie darin, über Kapitulationen die Desertionen betreffend zu berichten und die Mannschaftsverhältnisse.zu protokollieren[378] Diese Aufgabenbeschreibung führte wohl auch zu einer weitgehend negativen Bewertung der Regimentsjuristen in der Forschung. In der bisher einzigen Monografie zum Auditoriat in Preußen und Österreich aus dem Jahr 1979 schrieb Werner Hülle den Auditeuren einen schwierigen Stand als Stabsbedienten unter den Militärs zu, schöpfte dabei aber in der Auswertung lediglich aus normativen Quellen und arbeitete dabei das Bild eines stark angepassten und konformen Militärbeamten heraus.[379]

Dabei wertete er den Beamten als effizienten Erfüllungsgehilfen des obrigkeitlichen Staats- und Rechtsanspruches. Dieses Bild wird in den neueren Forschungen, die sich mit Delikten in den frühneuzeitlichen Armeen auseinandersetzen, zu Recht kritisiert:

> »Hülles Arbeit bedarf dringend einer Neubearbeitung, da die Angaben der Auditeure in zu wenigen Fällen dem Ablauf und Ausgang entsprechender Gerichtsverfahren gegenübergestellt wurden. Durch Hülles fast grundsätzlich positive Gewichtung des Auditeurs läßt sich so schwerlich ein zuverlässiges Bild der Rechtswirklichkeit zeichnen.«[380]

Tatsächlich konnte insbesondere die Belehrung der Soldaten zu den Kriegsartikeln auch auf die Auditeure zurückfallen, die sich im Falle der Verstöße und der Desertionen ebenso zu verantworten hatten wie die vorgesetzten Unteroffiziere und Offiziere. Insbesondere die Untersuchungen im Zuge des kriegsgerichtlichen Inquisitionsverfahrens machten den Auditeur auch für die Offiziere zu einem wichtigen Garanten der Ordnung im Regiment. »In criminalibus aber wenn ex officio entweder ad denunciationem[381] oder propter famam publicam[382]

---

377 So lesen sich die Biefe der Gebrüder Christian Friedrich und Johann Dietrich Zander aus dem Siebenjährigen Krieg streckenweise sehr nüchtern. Gottesfurcht und -vertrauen tritt immer dann hervor, wenn es um persönliche Schicksale geht, etwa um eine schwere Krankheit, wie Christian Friedrich sie im Juli 1757 nach der Schlacht von Kolin erlebte: »Der liebe Gott wird mich wohl ferner zu meiner Gesundheit helffen.« Zander, Christian F.: Fundstücke. Dokumenter und Briefe einer preußischen Bauernfamilie (1747–1953), Hamburg 2015, S. 54, Brief von Christian Friedrich Zander vom 21.07.1757.

378 Vgl. GStA PK, IV. HA, Rep. 16 Militärvorschriften, Nr. 461, Bl. 2, Art. 7.

379 Vgl. Hülle, Auditoriat, S. 62.

380 Muth, Flucht, S. 68.

381 Durch Anzeige.

382 Nach Bekanntwerden von Gerüchten.

verfahren wird, hat ein Auditeur auf das genaueste zu erforschen, woher das Berichtigte erwiesen werden möchte.«[383]

Die vielfältigen Ansprüche der Offiziere und Mannschaften, aber auch die ständige Berichtspflicht führten dazu, dass der Regimentsauditeur neben der Militärjustiz und den notariellen Angelegenheiten der Militärangehörigen auch die Verwaltung des Regiments in weiten Teilen mittrug.[384] Er kümmerte sich nicht nur um Nachlass- und Erbschaftssachen, sondern fertigte darüber hinaus Gutachten für die königlichen Behörden aus, erstellte die Heiratserlaubnis für Offiziere und Mannschaften, stand dem Regimentskommandeur mit rechtlichem Rat zur Seite und sollte etwaigen Disziplinarvergehen von Beginn an vorbeugen. Neben den alltäglichen Rechtsgeschäften machte demnach die Tätigkeit als Untersuchungsführer den anderen hauptsächlichen Anteil seiner Tätigkeit aus. Auch bei einfachen Vergehen, die nur durch ein »kleines« Standgericht geahndet wurden, wirkte der Auditeur als Rechtsberater mit. Im Falle eines Verfahren gegen den Angehörigen seines Regiments hatte der Regimentsauditeur zunächst den Inquisiten zu vernehmen und den Verdacht in der Generalinquisition zu begründen, dann die eidliche Befragung der Zeugen zu dem Delikt vorzunehmen, die Indizien und Hinweise aller Seiten zu sammeln und eventuell bei widersprechenden Zeugenaussagen die betreffenden Personen mit ihren Aussagen zu konfrontieren.[385]

In der Ausführung dieser Maßnahmen konnte sich der Auditeur auf die Vorgaben in der Kriegsgerichtsordnung von 1712 stützen.[386] Die Befugnisse gingen so weit, dass auch der Kommandeur sowie alle anderen Soldaten und Offiziere des Regiments gehalten waren, die Ermittlungen zu unterstützen. Der Kommandeur musste auf begründeten Verdacht die Durchsuchung und Beschlagnahmung von Beweismitteln genehmigen. Sogar die Sicherung des »Tatortes« durch Wachen und die sofortige Vernehmung eines Verdächtigen waren »ohne eingeholtes Commando von dem wachthabenden Offizier, soferne es ein Ober-Offizier ist«, auf Weisung des Auditeurs vorzunehmen.[387] Im Sinne des preußischen Königs sollten darüber hinaus auch Komplotte zur Vertuschung

383 GStA PK, IV. HA, Nr. 461: Kriegsgerichtsordnung und Instruktionen König Friedrich I. über das Militärgerichtswesen 1712 (KGO 1712), Bl. 3, Art. 13.

384 Vgl. Hülle, Auditoriat, S. 65.

385 Vgl. Aud.Instr. 1712, Bl. 3, Art. 19: »jedoch ist ihm erlaubet, auch allerdings nöthig auf die Umstände, die andere testis [Zeugen, Anm. d. Verf.] angegeben, blos in genere, e. g. ob M. ein Gewehr gehabt und was es gewesen, auch wer bei ihm gewesen, item, ob er betrunken gewesen pp. nachzufragen.«

386 GStA PK, IV. HA, Rep. 16 Militärvorschriften, Nr. 461, Bl. 11–15: [Kriegsgerichtsordnung] Friderici Königs in Preußen und Churfürsten zu Brandenburgs Kriegs-Gericht de Anno 1712.

387 Vgl. Aud.Instr. Bl. 3, Art. 21 zur Sisitation [Durchsuchung], Art. 22 zur sofortigen Befragung und Sicherung des Tatortes.

eines Delikts in ihrem Ausmaß ebenso untersucht werden wie die Verantwortung der vorgesetzten Offiziere, die ein solches eventuell hätten verhindern können, »ob solche schon an sich nicht sonderlich strafbar wäre, sintemal solches oft eines andern Strafe lindern kann.«[388]

Schließlich vermerken die Instruktionen für die Auditeure eindringlich, welche psychologischen Kniffe in der Befragung der Inquisiten Anwendung finden können, um die Umstände der Tat zu erhellen, Mitwisser zu enttarnen bzw. das Geständnis zu fördern. So sollte der Jurist von Beginn an sicherstellen, dass eine mögliche Beeinflussung der Befragten durch anwesende Offiziere und durch ihn selbst nicht geschehen dürfte.[389] Außerdem wurde dem Untersuchungsbeamten empfohlen: »Es kann auch wohl ein Auditeur sich stellen, als ob er den ganzen Verlauf schon wüste, jedoch er bei solchen generalibus bleibe und keine Person, Ort oder Zeit nenne.«[390] Damit griff auch das Militär die Vernehmungsmethoden des zeitgemäßen Inquisitionsprozesses auf und nutzte die Erkenntnisse im Verfahren gegenüber Soldaten und deren Angehörigen. Dass dieses Vorgehen aber auch den Zeugen, den Beklagten und den Klägern gewisse Möglichkeiten der »Ausschmückungen« in den Befragungen an die Hand gab, zeigen die Beispiele im Quellenteil.[391]

Die Privilegierung des Militärs als eigener Gerichtsstand hatte zur Folge, dass die im 18. Jahrhundert anwachsende Armee einen ständigen Bedarf an juristisch ausgebildeten Personen hatte, die im Regiment zu erfahrenen Auditeuren weitergebildet werden konnten. Die Unterlagen des Generalauditoriats listen im Zeitraum zwischen 1695 und 1806 für alle Regimenter der Infanterie, Kavallerie, in den Garnisonen, bei den Pionieren und leichten Truppen sowie in den Festungen mehr als 1200 Auditeure auf.[392] Einige dieser Juristen blieben über einen langen Zeitraum im Militärdienst und dienten sich innerhalb der Regimenter »nach oben«. Setzt man die Mehrfachnennungen mit ca. 50 Personen an,[393] die mindestens zwei- oder dreimal in den Listen erscheinen, so ergeben sich vermutlich noch immer 1000 Personen, die in diesem Zeitraum als Auditeur dienten. Da sich jedoch auch zahlreiche Lücken finden (insbesondere in den chaotischen Zeiten des Siebenjährigen Krieges), liegt die tatsächliche Anzahl der Auditeure für den genannten Zeitraum wohl noch um ein Vielfaches höher.[394]

388 Aud.Instr., Bl. 4, Art. 26.

389 Ebd., Art. 30.

390 Ebd., Art. 32.

391 Vgl. Quellenkapitel 4.

392 GStA PK, IV. HA, Rep. 6 Generalauditoriat, Nr. 155 – Aktenverzeichnis des General-Auditoriats 1702–1806.

393 Dies entspricht dem Abgleich und der internen Recherche der Verfasserin.

394 Auch ein Blick in die Lebensläufe zahlreicher Kriegs- und Landräte zeigt, dass das Amt des Auditeurs für zahlreiche Juristen zur Karriere gehörte. So zeigen allein die von Rolf Straubel

An den namhaften Auditeuren lassen sich einschlägige Bildungswege ablesen. Die Mehrzahl der Juristen studierte an den landesherrlichen Universitäten, vor allem in Halle, Frankfurt an der Oder sowie in Königsberg, einige auch in Erfurt, Leipzig oder Jena.[395] Demgegenüber erscheint die Zahl derjenigen, die den Weg zum Oberauditeur (jeweils mit einer Festung oder einem Landkreis betraut) oder sogar bis zum Generalauditeur und damit zum Vorgesetzten aller Militärjuristen gehen konnten, relativ gering: Als ein Beispiel sei hier der Auditeur Carl Heinrich Wilcke genannt, dessen Lebenslauf im folgenden Kapitel analysiert wird, um die Position der Auditeure im preußischen Militär nachzuvollziehen.

Wilcke diente zunächst 1746 bis 1756 im Infanterieregiment Jung-Borcke, seit 1747 als »Schultzesches Regiment« (Nr. 29) bezeichnet, und rückte dann 1756 für den verstorbenen Carl Friedrich Hoyer als Oberauditeur in der Festung Breslau in das Amt nach.[396] Die erfahrenen Auditeure, die zudem in den prestigeträchtigeren Regimentern ihren Dienst versahen und auch bei ihrem Oberst in einem guten Ruf standen, hatten durchaus Möglichkeiten zum weiteren Aufstieg. In der Menge der Regimenter dienten zahlreiche junge Juristen, jedoch für eine weitaus kürzere Zeit, um Erfahrungen in der Justiz zu sammeln und im Anschluss einen zivilen Posten übernehmen zu können. Dass diese Praxis ihre Tücken hatte, zeigte noch im Jahr 1780 die Anfrage des Auditeurs Johann Georg Otto, der nach Beendigung des Auditeur-Dienstes im Regiment Ramin (IR 25) beim Berliner Kammergericht um die Zulassung zum Examen bat.[397] Er diente bereits seit 1774 in dem Regiment und wollte sich nun auch für eine zivile Juristenstelle bewerben.[398] Das Kammergericht sah hier eine Vorteilnahme des Antragstellers, der sich mithilfe des Examens einen Vorsprung gegenüber »besseren« Bewerbern verschaffen wollte, und sprach dem Antragsteller die juristische Eignung ab:

> »Unseres ohnmaßgeblichen Dafürhaltens, sind vorläufige Prüfungen, auf die ungewiße Contingentz künfftiger möglichen Praesentationen, besonders in Ansehung der Auditeurs mancherley Bedencklichkeit unterworfen und dürften die von Ew. Königlichen

für die Justizbeamten nach 1740 zusammengetragenen Biografien, dass mindestens 46 von diesen im Militär gedient haben. Vgl. Straubel, Biographisches Handbuch.

395 So studierte zum Beispiel Johann Daniel Dietrich (1715–1781) die Rechte zunächst in Jena und wechselte dann nach Halle, nach einem holprigen Start im preußischen Militär erhielt er 1740 den Posten als Auditeur im Regiment von Kleist, wurde 1750 Oberauditeur in Berlin und wechselte schließlich 1756 als dritter Bürgermeister der Stadt in ein ziviles Amt. Vgl. Straubel, Biographisches Handbuch, S. 211.

396 GStA PK, IV. HA, Rep. 6 Generalauditoriat, Nr. 155 – Aktenverzeichnis des General-Auditoriats 1702–1806, Bl. 79.

397 GStA PK, Rep. 9 Allgemeine Verwaltung, Nr. J7 Fasc. 113: Acta betr. Annahme und Dienstverhältnisse der Referendare des Berliner Kammergerichts 1780, Akte 7, Bl. 1 Schreiben des Auditeurs Otto vom 03.04.1780.

398 GStA PK, IV. HA, Rep. 6 Generalauditoriat, Nr. 155: Aktenverzeichnis des General-Auditoriats 1702–1806, Bl. 13.

Majestaet im Reglement von 1749 so weißlich geäußerten Intentionen, daß bey Wiederbesetzung erledigter Justiz-Stellen unter mehreren Competenten, ohne alle Neben-Absichten, Protectionen, Empfehlungen, lediglich auf den höhern Grad der Geschicklichkeit, Rechts-Kenntniß und Fähigkeit, zu sehen sey, nicht alzu wohl enspringen.«[399]

Das Kammergericht verwies weiterhin auf den Umstand, dass Otto das Examen ohne die Benennung einer exakten Vakanz anstrebte und damit eine weitere Qualifizierung erhoffte. Das Gutachten verfehlte trotz der Verweise auf die verschiedenen Bestimmungen jedoch seine Wirkung und Friedrich II. wies in einem Schreiben in kühlem Tonfall darauf hin, dass die Befähigung des Mannes durchaus unabhängig von dem Vorhandensein einer offenen Juristenstelle durch ein Examen bewiesen werden könnte, damit der Auditeur ein berufliches Auskommen finden könne. Auch für die angesprochene Konkurrenz zu den geeigneten zivilen Kandidaten formulierte der Monarch deutlich:

»Übrigens ist der Besorgniß wegen des Eindringens der Auditeurs durch die Verordnung, daß dieselben ohne mehrgängiges Examen nicht zu einer Justiz-Bedienung admittiret werden soll, hinlängl. vorgebeugt, und wann die Examinatores ihm Schuldigkeit thun, so können alle Protectiones [...] bey der Prüfung und ungleich befundenem Subjecto zu nichts helffen.«[400]

Der weitere Fortgang der Ereignisse ist nicht mehr zu ermitteln. In den Listen des Auditoriats wird Johann Georg Otto noch bis 1785 – also für fünf weitere Jahre – als Auditeur geführt. Demnach kann ihm das angestrebte Examen entweder weiter vorenthalten worden sein oder eine vakante Stelle wurde in dieser Zeit nicht frei. Bedeutsam erscheint angesichts des enorm hohen Ausbildungspotenzials in der preußischen Armee aber die vergleichsweise geringe Zahl an Stellen im zivilen Bereich zu sein. Anders sind die vorgebrachten Einwände des Kammergerichts wohl nicht zu verstehen – die Armee brachte viele Juristen mit Erfahrungen im Kriegsrecht hervor, die dann im zivilen Leben versorgt werden wollten.

Die Juristen für die Regimenter wurden entweder auf den Vorschlag des Kommandeurs für das Amt in das Regiment berufen oder auf Empfehlung von zivilen Beamten in Augenschein genommen.[401] Bereits in der Instruktion für die Auditeure von 1712 wurden der Besuch höherer Schulen und Universitäten sowie die Examensprüfung durch das Generalauditoriat für den Dienst als Auditeur vorausgesetzt.[402] Der Dienst im Regiment umfasste dann alle rechtlichen Ange-

399 GStA PK, Rep. 9 Allgemeine Verwaltung, Nr. J7 Fasc. 113, Akte 7, Bl. 5.

400 Ebd., Bl. 6, Kabinettsorder Friedrichs II. vom 10.07.1780.

401 Vgl. Hülle, Auditoriat, S. 55.

402 So heißt es in der Einleitung zu dem Reglement, der Auditeur habe »durch ein von dem Generalauditeur oder deßen Subjecte gehaltenes Examen sich zu solcher Charge qualificiret und den gewöhnlichen Eid abgestattet.« Aud.Instr., Bl. 1.

legenheiten bürgerlich-zivilrechtlicher sowie strafrechtlicher Natur: Die Auditeure setzten Testamente auf, erstellten Heiratsurkunden, fertigten die Pässe und alle amtlichen Dokumente für die Offiziere und Soldaten an und fungierten relativ oft auch als Sekretäre des Regimentschefs.[403]

Die Verantwortung für die Beobachtung des Kriegsrechts und die Ausfertigung eines »sinnvollen«, weil dem Sinn der Kriegsartikel gemäßen Urteils durch das Kriegsgericht teilte sich der Regimentsauditeur mit den Richtern. Eine harte und ungerechtfertigte Bestrafung konnte ebenso Konsequenzen nach sich ziehen wie eine zu milde und nachsichtige Behandlung der Delinquenten. Da der Monarch als Oberbefehlshaber das letzte Recht zur Bestätigung des Urteils in Strafsachen besaß, konnte er den Auditeur für ein nicht zufriedenstellendes Ergebnis einer Verhandlung auch zur Rechenschaft ziehen. Gerade Friedrich II. zeigte sich zum Ende seines Lebens recht erbittert über die nachsichtige Beurteilung von Vergehen gegen die Subordination. So wies er im März 1782 eine vom Berliner Gouvernement eingereichte Sentenz gegen einen Soldaten des Regiments Ramin zurück:

> »Aber was ist das vor ein Kriegs Recht! es ist nicht erlaubt so zu sprechen; wenn ein Musquetier gegen einen Unter Officier losschießen will, das ist ja das größte Vergehen gegen die Subordination, und muß der Kerl wenigstens arquebusiret werden: was soll sonsten daraus werden, wenn man nicht schärfer über die Subordination halten will! Euer Auditeur muß ein Ertz Schäcker seyn, und kriegt von Mir keine Versorgung.«[404]

Da die Versorgung der Justizbeamten mit zivilen Stellen auch von der Gnade und Gunst des Monarchen abhängig war, konnten solche »Fehlentscheidungen« der Auditeure in den Augen des Königs auch später noch zu Benachteiligungen bei der Bewerbung um eine eventuell vakante Zivilstelle führen. Vor diesem Hintergrund befand sich der Jurist im Regiment also nicht nur im Spannungsfeld zwischen Regimentschef und Kriegsrecht, sondern auch zwischen den Belangen des Regiments und den regimentsübergreifenden Interessen des preußischen Königs.

Bewährten sich die Auditeure jedoch auf ihren Posten, indem sie die Fallstricke ihrer Tätigkeiten berücksichtigten und ihren Aufgaben fleißig nachgingen, wurden sie durch den Vorgesetzten bei Bedarf ins rechte Licht gerückt – sowohl von dem Chef/Kommandeur des Regiments als auch durch den vorgesetzten Generalauditeur. Diese Fürsprache konnte einerseits den Aufstieg innerhalb der Armee, etwa durch die Versetzung zu einem anerkannten Regiment

403 Anders als bei Nowosadtko, Rolle der Militärjuristen, S. 284f. beurteilt, darf die Doppelfunktion auch nicht überbewertet werden, denn die Juristen konnten durch möglichst viele Tätigkeiten außerhalb der rechtlichen Sphäre Gebühren dafür kassieren.

404 GStA PK, I. HA, Rep. 96 B Geheimes Zivilkabinett, Nr. 82, S. 273f.

oder eben in ein Gouvernement als Oberauditeur, oder andererseits die Verabschiedung aus dem Militärdienst und den Antritt einer Zivilstelle bedeuten.

In einem Schreiben an den Fürsten Moritz von Anhalt-Dessau 1753 schlug der Generalauditeur Andreas von Pawlowsky dem Regimentschef, der offenbar wegen Vakanz der Stelle um einen neuen Auditeur angefragt hatte, gleich zwei Personalien vor und begründete den ersten Vorschlag wie folgt:

> »Der erste nahmens Sutorius ist bey mir beynahe 2 Jahr in der Arbeit gewesen und hat seine Verwandten in Schwedisch Pommern, und Schweden, ist aus Cammin gebürthig, und von dem Herrn Geheimten Rath Eichel an mich recommandiret, hat auch zeithero außer einer sehr guten Conduite Fleiß und Application bewiesen und ist von solcher Familie daß Ew. Hochfürstl. Durchl. von seiner Treüe, da er ohnedem vor sich Mittel hat, völlig versichert seyn können.«[405]

Generalauditeur von Pawlowsky benannte hier die Faktoren, die zum Vorteil des Bewerbers zu nennen waren. Zunächst stammte dieser aus einer anerkannten schwedischen Familie, ein Verwandter von ihm diente bereits zur Zeit von Kurfürst Friedrich III. als Auditeur in der brandenburgischen Armee. Zudem wurde er von dem als sehr mächtig geltenden Geheimen Rat Eichel empfohlen und hatte diese Empfehlung darüber hinaus wohl durch sein Betragen (Conduite), großen Arbeitseifer und mit klugem Verstand (Application) bestätigt.[406] Als besonders entscheidenden Aspekt, der für Suterius sprach, nannte der GA die finanziellen »Mittel«, über die der junge Jurist verfüge und welche er in sein neues Amt einbringen könne. Denn zunächst musste sich der neue Auditeur um die nötige Equipage für sein Engagement, analog zu den sich selbst einkleidenden Offizieren, selbst kümmern und die Kosten allein tragen. Auch der zweite Bewerber schien in diesem Punkt gute Karten zu haben – und ebenfalls ein schlauer und ehrgeiziger Kopf zu sein:

> »Der zweyte nahmens Schmidt ist aus Tangermünde eines Postmeisters Sohn, und hat in Zeit von 8 Monathen alle Application bewiesen, auch in dortigen Gegenden keinen Anfang, und ist im Stande, die erforderliche Caution als Regiments-Quartier-Meister jederzeit zu machen.«[407]

Der Generalauditeur benannte beiläufig die Doppelfunktion, die der Auditeur übernehmen konnte. Bei eingehender Untersuchung der einzelnen Regimenter bestätigte sich, dass viele Auditeure neben dem Posten des Juristen im Regiment einen weiteren Posten wahrnahmen – entweder als Sekretär ihres Gerichtsherrn

405 LASA, A 9b Via Nr. 61: Korrespondenz des Fürsten Moritz von Anhalt-Dessau u. a. mit c) Generalauditeur Andreas von Pawlowsky, 1753–1759, Bl. 40v: Schreiben des Generalauditeurs vom 13. 12. 1753.

406 Zu der bedeutenden Position, die Eichel im Kabinett des Königs und damit allgemein in der preußischen Verwaltung einnahm, vgl. Winkel, Im Netz des Königs, S. 82f.

407 LASA, A 9b VI Nr. 61, Bl. 40v.

oder, in den meisten Fällen, als Regimentsquartiermeister.[408] Offenbar hatten die Juristen mit ihrer Ausbildung und den Fähigkeiten, die für ihre Aufgaben im täglichen Rechtsgeschäft für das Regiment anfielen, die besten Voraussetzungen für das organisatorisch anspruchsvolle Amt des Quartiermeisters ebenfalls erfüllt.

Eine weitere Anekdote um den Auditeur Johann Ewald im Regiment Prinz Heinrich 1754 illustriert, dass der Auditeur in seinem Amt vor allem als Verwaltungsjurist betrachtet wurde, dessen Bildung sich nicht negativ auf die Aufgabe als Militärjurist auswirken durfte: Der geborene Spandauer Ewald hatte in Berlin das Gymnasium besucht. Er war von einem Gönner, dem Geheimrath Achard, eifrig unterstützt worden und hatte in Halle das Studium der Rechtswissenschaften absolviert. Schon in den Jahren 1749 bis 1751 war er als Hofmeister in Potsdam gewesen und hatte eine enge Beziehung zu dem Offizier Ewald von Kleist gepflegt. Dann wurde er Auditeur im Regiment Prinz Heinrich.

Für seinen Beruf schien er jedoch nicht viel Ehrgeiz entwickelt zu haben, denn als er im Februar 1757 seinen Abschied erhielt, schrieb sein Regimentskommandeur an den Generalauditeur, »er sei wol ein guter Philosoph, aber ein schlechter Auditeur«.[409]

Eine Beispielbiografie: der Auditeur Carl Heinrich Wilcke

Carl Heinrich Wilcke war 1720 in Lenzen in der Prignitz geboren worden und hatte am 21. Oktober 1737 sein Studium der Rechtswissenschaften in Halle aufgenommen.[410] Zwischen 1746 und 1748 trat er den Posten als Auditeur im Regiment von Borck (»Jung-Borck«, seit 1747 Regiment von Schultzen) an und diente dort bis zu seiner Ernennung zum Oberauditeur in Breslau 1756. Wilcke wohnte in dieser Zeit komfortabel auf der Schmiedebrücke und knüpfte wohl auch Kontakte zu den bürgerlichen Breslauer Eliten.[411] Sein Fleiß im Regiment und wohl auch die Fürsprache seines Regimentschefs hatten ihn für die Stelle des Oberauditeurs in der schlesischen Stadt in Vorschlag gebracht, nach dem Krieg konnte er dann in eine zivile Ratsstelle in der Stadt wechseln und wurde 1766 zum Assessor beim Stadtgericht ernannt.[412] Dank der Fürsprache unter anderen durch den schlesischen Justizminister von Carmer, den Herzog von Braunschweig, den Breslauer Polizeidirektor Hoyoll sowie den Generalauditeur Goldbeck stieg Carl

408 Vgl. Zedler, Johann Heinrich: Art. »Regimentsquartiermeister«, in: ders., Universal Lexicon, Bd. 30, Sp. 1846f.

409 Straubel, Biographisches Handbuch, Bd. 2, S. 1100.

410 Universitäts-Matrikel der Universität Halle, 1737.

411 Schlesische Instantien-Notiz oder das ietzt lebende Schlesien, des 1753sten Jahres, im Gebrauch der Hohen und Niederen, Breslau 1753, S. 45.

412 Vgl. Straubel, Biographisches Handbuch, Bd. 2, S. 1100.

Heinrich Wilcke schließlich zum Stadtgerichtsdirektor in Breslau auf und verstarb 1796 in dieser Stadt.[413] Aus der Zeit seines Wirkens sind zahlreiche Briefwechsel mit verschiedenen Behörden – vor allem mit dem Generalauditeur – überliefert.

So bestätigte Minister von Schlabrendorff in einem Schreiben vom 19. August 1756 an den Generalauditeur Pawlowsky die Einsetzung von Carl Heinrich Wilcke als Oberauditeur in Breslau. Bei dem Wechsel in das neue Amt zeigten sich allerdings die Mängel im preußischen Militärsystem, die zum Teil in den privatrechtlichen Ursprüngen des Heerwesens begründet lagen. In das Amt des Auditeurs konnte nur einrücken, wer über die grundlegenden finanziellen Mittel verfügte, um sich auszustatten. Doch weitaus schwerwiegender war für den Oberst von Schultze die Einschränkung, dass der Posten des Auditeurs für 14 Tage unbesetzt bleiben musste.[414]

In seinem Schreiben an den Generalauditeur bestätigte auch der neue Oberauditeur Wilcke die Probleme seiner Überstellung, angefangen bei der Frage nach den Geldern für Equipage und Pferde bis hin zu der Frage, welchem Vorgesetztenwort er nun folgen solle:

> »Des Hrn. General-Feldmarschall haben [...] auf die gethane Anfrage wegen meiner Absendung nach Neisse bis jetzo nicht geantwortet. Der Etats-Ministre von Schlabrendorff hat mir anrathen wollen, ohne weitere Anfrage dahin abzugehen. Mein General hingegen hat mir befohlen, mit dem Regiment zu marchiren und nicht eher von demselben zu gehen, bis deshalb eine schriftliche ordre an ihn eingelauffen.«[415]

In einem weiteren Bericht bekräftigte dann auch der Generalpolizeimeister Major von Behlow das Problem des Regiments, das vor allem darin bestehe, dass die Einheit erst 14 Tage nach Abgang ihres Auditeurs Wilcke diese Stelle wieder neu besetzen dürfte.[416] In der Krisensituation des Feldzugs kollidierten damit die Ansprüche aller Beteiligten auf die Inanspruchnahme eines geschulten Juristen. Dies mag ein Indiz dafür sein, dass, unabhängig von der persönlichen Leistungsbereitschaft des einzelnen Auditeurs, das Amt desselben für das Regiment unverzichtbar war. Die zahlreichen Verweise in den Auditoriatsakten und in den Schriftwechseln mit Obrigkeiten und Offizieren auf den verschiedenen Ebenen zeigen, dass die Auditeure keineswegs nur schlecht ausgebildete Hilfsjuristen waren:

413 GStA PK, I. HA, Rep. 46B, Nr. 149a–c, Nr. 306, 136.
414 GStA PK, IV. HA, Rep. 6 Generalauditoriat, Nr. 10, Bl. 26.
415 Ebd., Bl. 27.
416 Vgl. ebd.: Schreiben des Majors von Behlow an den Generalauditeur-Leutnant von Pawlowsky vom 25.08.1756, Bl. 29.

»Es gehören aber zu dieser Function geschickte Leute, welche in den Processen, sonderlich in den Inquisitions- und Kriegs-Proceß, in denen bürgerlichen und natürlichen Rechten wohl erfahren sind.«[417]

Insbesondere die Kategorie der Erfahrung spielte eine wichtige Rolle. Als es im Jahr 1758 inmitten des Siebenjährigen Krieges zu einem Verfahren gegen mehrere Offiziere wegen der Kapitulation und Übergabe der Festungsstadt Breslau im November 1757 kam, ernannte der beauftragte Präses und Untersuchungsleiter Fürst Moritz von Anhalt-Dessau den Oberauditeur Wilcke neben dem Auditeur Garde zu den im Verfahren tätigen Juristen, die sowohl alle Unterlagen durchzusehen und in Extrakten zusammenzufassen als auch die Verhöre zu koordinieren hatten.[418] Zum Abschluss verfasste Carl Heinrich Wilcke die Sentenz aufgrund der Voten aus den einzelnen Klassen und fertigte die Sentenz aus, auch die Anwesenheit bei einigen Verhören zeichnete er gegen.

Anhand seines Beispiels lassen sich ganz gut die Bedingungen einer guten juristischen Ausbildung, die Bewährung in einem preußischen Regiment, die Beurteilung von Leistung und »Conduite«[419] durch die Vorgesetzten sowie die wichtigen Kontakte zu zivilen Verwaltungen und Eliten als Bedingungen für den Übergang in eine zivile Laufbahn, wie sie von den meisten Regimentsjuristen angestrebt wurde, festmachen. Der weitere Dienst im Militär blieb eine Alternative, wenn der Übergang in die zivile Anstellung nicht funktionierte, entweder weil es zu wenige Stellen für zu viele Anwärter gab oder weil die Bewerber die Eignung dafür durch das Rigorosum oder »große Examen« noch nicht nachgewiesen hatten. Von den zivilen Justiz- und Verwaltungsbeamten in preußischen Diensten nach 1740 konnte Rolf Straubel immerhin für 46 Personen eine Vergangenheit als Auditeur recherchieren – diese studierten in der Regel auf einer landesherrlichen Universität in Halle, Frankfurt am Main oder in Königsberg und mussten dann für mindestens zehn Jahre (in Friedenszeiten) ihren Posten als Auditeur im Regiment erfüllen, um in ein ziviles Amt wechseln zu dürfen.

Die Lebensläufe der Juristen zeigen, dass der Dienst im Militär durchaus als Vorstufe zu einer zivilen Tätigkeit genutzt wurde und mithilfe der entsprechenden Fürsprecher aus dem Militär, wie etwa im Fall von Carl Heinrich Wilcke, auch eine gute Aussicht auf einen Posten bestehen konnte. Aus einigen erhaltenen Lebensläufen, welche die Auditeure bei Bewerbungen für die zivilen Stellen beifügen sollten, lassen sich die Motivation und die Möglichkeiten zum beruflichen Weiterkommen ablesen. So vermerkte Christian Dieterich Ludwig Litz-

417 Zedler, Universal Lexicon, Bd. 2, Sp. 2123.

418 LASA, A 9b VIb, Nr. 7: Acta betr. verschiedene dem Fürsten Moritz übetragene militairische Untersuchungen und Kriegsgerichte. 1757/58.

419 Im Sinne der vorbildlichen Amtsführung und persönlichen Eignung zum Militärjuristen und zum weiteren Aufstieg in der Hierarchie.

mann (1741–1806) in einem Lebenslauf vom 3. März 1778 zu der Situation nach seinem Studium:

> »Weil ich indeßen hier keine Aussichten zu meinem weiteren Fortkommen zu finden glaubte, so ambirte ich, nach einigen Jahren, die erledigte Auditeur-Stelle beym Leib-Carabinier-Regiment und erhielt solche im Monath Februar 1767.«[420]

Nach elf Jahren Dienst bei den Leib-Carabiniers, zuletzt unter seinem Chef Philipp Christian von Bohlen, bestand Litzmann 1779 sein großes Examen, diente aber noch bis 1782 beim Regiment und wurde erst 1786 sicher als Steuerrat in der Altmark nachgewiesen.[421] Eine mustergültige Karriere im Militärdienst hatte auch der Jurist Daniel Gottlieb Andrae (1711–1778) vorzuweisen, der sich 1731 in Halle für Rechtswissenschaften einschrieb und 1737 in das Regiment von Bredow, seit 1741 Regiment von Bevern (IR 7), als Auditeur eingetreten war. Von dort wechselte er nach beinahe 20 Jahren Dienst 1756 in die Garnison Stettin und konnte dort nach dem Krieg 1763 einen Posten als Steuerrat erhalten, noch 1770 erreichte er die Ebene des Oberrechnungsrates.[422] Ein Vergleich mit den langen Reihen der Auditeure, die im Generalauditoriat gelistet wurden, lässt jedoch vermuten, dass viele Auditeure in den Reihen des Militärs blieben und nur zwischen den Regimentern wechselten.[423]

2.3.3 Der König und das Kabinett

Obwohl die eigentliche Rechtsprechung in allen militärischen Angelegenheiten zunächst dem betreffenden Regiment selbst unterlag, waren deren Chefs oder Kommandeure verpflichtet, die kriegsrechtliche Sentenz in strafrechtlichen Belangen an den König, als dem militärischen Oberbefehlshaber, zur Confirmation (Zustimmung) oder Reformation (Widerspruch) einzusenden.[424] Der Monarch allein hatte das Recht, das Urteil zu mildern, zu schärfen oder im Falle der absoluten Unzufriedenheit mit dem Urteil eine erneute Verhandlung durch das Kriegsgericht zu verlangen. Die Einsendung erfolgte über das Generalauditoriat: der Regimentsauditeur hatte die gesiegelte und gezeichnete Sentenz sowie die etwaigen Untersuchungsakten oder wesentliche Auszüge davon an das Generalauditoriat zu senden, wo es zunächst vom Generalauditeur formal geprüft und

420 GStA PK, I. HA, Rep. 125, Nr. 5, S. 662.
421 Vgl. Straubel, Biographisches Handbuch, Bd. 1, S. 581.
422 Vgl. Straubel, Biographisches Handbuch, Bd. 1, S. 11.
423 So ist der Auditeur Hermann Heinrich Caspar Blechen in den Unterlagen des GA für die Zeit von 1710 bis 1719 als Oberauditeur in Geldern und 1719 bis 1729 als Oberauditeur in Wesel verzeichnet – über die Zeit davor und danach gibt es jedoch keine Hinweise in den Akten. GStA PK.
424 Corpus Iuris Militaris Novissimum.

dann mit einer entsprechenden Zusammenfassung des Kasus an das königliche Kabinett weitergegeben wurde (vgl. Abb. 2).[425]

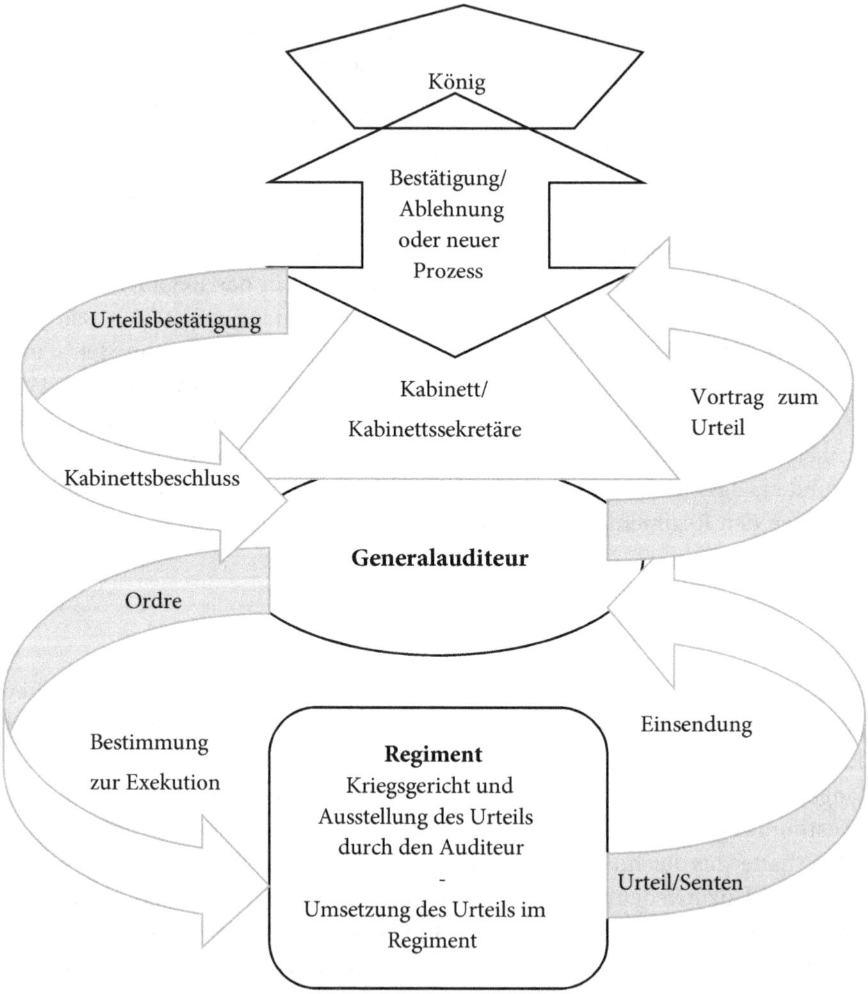

Abbildung 2: Das kriegsgerichtliche Urteil im Kabinett

Parallel wurden die kriegsrechtliche Sentenz der Untersuchung sowie die Extrakte aus den Akten direkt an das königliche Kabinett gesandt, damit sich der Monarch als Oberbefehlshaber direkt mit den kriegsrechtlichen Verfahren aus-

425 Vgl. Winkel, Im Netz des Königs, S. 82–90 zum Kabinett und zur Position der Kabinettssekretäre.

einandersetzen konnte.[426] Der Generalauditeur kam zum direkten Vortrag beim König, etwa wenn es um Fälle von Hochverrat, Spionage oder weiterer Verfahren gegen hohe preußische Offiziere ging.[427] Die große Anzahl der Fälle aus allen preußischen Regimentern machte es dagegen nötig, den Instanzenweg einzuhalten. Das Urteil gelangte demnach über das Generalauditoriat in das königliche Kabinett und wurde dem Monarchen von den Kabinettssekretären (in einer Essenz) vorgetragen, wie die Minüten, also die Verzeichnisse der königlichen Ordern aus dem Kabinett, seit 1729 verzeichnen.

Daraufhin ließ der König eine Kabinettsorder an »sein« Generalauditoriat ausfertigen, welches alles Weitere zur Umsetzung des Urteils und zur Exekution übernehmen sollte.[428] Die Aufgabe der Umsetzung lag dann bei den Regimentschefs bzw. den Kommandeuren in den Regimentern, wenn nicht wesentliche Gründe dagegensprachen.[429] Eine Eintragung zu einem gemeldeten kriegsrechtlichen Verfahren konnte in den Minüten dann folgendermaßen aussehen:

> »Se KMl. haben die hiebey kommende Sentenz, welche durch ein vereydetes Krieges-Gericht wieder den Fusil Weber Karsfeldschen Rgts. wegen fälschlich von sich angegebener Infamie abgesprochen worden, dahin confimiret, daß derselbe annoch vor dieses mahl mit der ihm zustehendten Infam-Erklärung verschonet, dagegen aber 30 mahl durch die Gaßen geführet, und hiernechst auf Lebenszeit zur Festungs Arbeit angehalten werden soll, und befehlen Sie also dero Gen. Auditoriat hiedurch in Gnaden, die Confirmation der Sentenz hiernach auszufertigen.«[430]

In Absprache mit dem Generalauditeur, der die Justizangelegenheit zunächst im Kabinett des Königs vorstellen konnte, wurde dem Regiment das weitere Ver-

426 Auf dieses Recht der Einsichtnahme in die Akten verzichteten insbesondere die beiden Könige Friedrich Wilhelm und Friedrich II. niemals: jede Entscheidung über Leibes- und Lebensstrafen wurde von ihnen geprüft. Wie tief diese Überprüfung allerdings in der Praxis des Kabinetts gehen konnte, darüber sind sich auch die Verwaltungshistoriker nicht einig. Vgl. Hubatsch, Friedrich der Große und die Verwaltung, S. 82f.

427 Aber auch über Gerichtsverfahren gegen Soldaten trug der GA selbst vor. GStA PK, I. HA, Rep. 96 B Minüten, Nr. 2, Bl. 148, 10.03.1729 – hier ging es um eine »Tätlichkeit« von Soldaten gegenüber ihren Vorgesetzten. Diesen Fall wollte Friedrich Wilhelm I. extra prüfen.

428 Zur Position des Generalauditoriats innerhalb der Verwaltung vgl. Hülle, Auditoriat; zur Verwaltung allgemein vgl. Hubatsch, Walther: Friedrich der Große und die preußische Verwaltung, Köln/Berlin 1982.

429 Widersprechende Gründe waren zum einen Hinweise auf Krankheit und Verletzung des Delinquenten, zum anderen aber konnte der König die Verschiebung der Exekution, einhergehend mit einer erneuten Prüfung der Akten, befehlen, wie einige Schreiben aus dem Kabinett belegen. Vgl. Schreiben an den Minister v. Katsch vom 10.03.1729, in dem es um die erneute Bewertung von tätlichen Angriffen durch Soldaten mehrerer Regimenter mittels der Untersuchungsakten gehen sollte. GStA PK, I. HA Rep. 96 B Minüten, Nr. 2: Kabinett: Minüten Nr. 2, September 1728 – Oktober 1729, Bl. 148.

430 GStA PK, I. HA, Rep. 96 B, Nr. 61, Expeditions-Sachen (Minüten) 1756, 1. Januar – 30. Juni, Bl. 15: An das General-Auditoriat, Berlin d. 15. Jan. 1756.

fahren oder der Vollzug der Exekution befohlen. In den meisten Fällen, die mit einer Strafe von bis zu 20-maligem Gassenlaufen geahndet wurden, konnten die Kommandeure die gefällte Strafe auch ohne Konfirmation durch den König durchführen lassen.[431] Sie konnten auch auf die Bestrafung des Delinquenten von Beginn an Einfluss nehmen, indem sie – unabhängig von dem kriegsrechtlichen Urteil – ihre Stellungnahme zu demselben abgaben und Gründe für eine Milderung des Urteils angaben. Dabei bewegten sie sich jedoch nur in einem durch das Generalauditoriat und den Monarchen akzeptierten Rahmen der Rechtsauslegung, denn dem Grundsatz, dass Soldaten teuer und wichtig für das preußische Territorium waren, wurden durchaus nicht alle strafrechtlichen Belange untergeordnet. Dies illustriert der folgende Fall, der ebenfalls in der Regierungszeit Friedrichs II. verhandelt wurde. Am 2. Dezember 1754 meldete der Generalmajor Dittrich Reinhard von Meyerinck,

> »daß gestern Abend, bey meinem unterhabenden Regiment ein Unglück vorgefallen, indehm ein Musquetier, des Capitain Printz von Cöthen Compagnie, eine alte Frau, auff der Straße, mit einem Stein todt geschlagen.«[432]

In seinem Bericht zu der verloren gegangenen gerichtlichen Sentenz beschrieb Meyerinck noch einmal den Ablauf, der sich aus den Untersuchungsakten ergab:

> »Es hat der Musquetier Friderich Biedermann meines unterhabenden Regiments von des Capitaine Printz von Koethen Compagnie den 1ten hujus des Abends nach 9 Uhr eine alte arme, ihm unbekannte Frau, welche ihm auf der Strasse begegnet, und auf sein Befragen: Wie faches an der Zeit sey?, geschimpfft, mit einem Steine geworfen, und seinem sehr wahrscheinlichen Vorgeben nach wieder seine Intention, als welche nur dahin gegangen, sie auf den Rücken zu treffen, am Kopf dergestalt verwundet, daß sie kurtz darauff verstorben.«[433]

Aus der Begründung des Militärs, der Musketier habe »wieder seine Intention« die Frau so schwer verwundet, dass sie später starb, ergab sich die wesentliche Verteidigungsstrategie, die in dem kriegsrechtlichen Verfahren durchaus sinnvoll war.

---

431 Dies zeigen auch die zahlreichen standrechtlichen Verfahren in den Garnisonen, deren Untersuchung oft sofort von dem gerichtlichen Verfahren und der anschließenden Strafe begleitet wurden. In den täglichen Parolen spiegelt sich der »Alltag« dieser Verfahrensweise signifikant wider. Vgl. Parolebuch von 1787.

432 Von Meyerinck, Dittrich Reinhardt: Acta des Kabinetts Friedrichs II. Schriftwechsel mit dem General-Major von Meyerinck 1754–55; GStA PK, I. HA Geheimer Rat, Rep. 96 Geheimes Zivilkabinett, Nr. 604 L, Bl. 1, Meldung des Delikts und der Untersuchung vom 02.12.1754.

433 Ebd., Bl. 3: Extrakt aus den Akten und kurze Beschreibung des Urteils vom 06.12.1754.

Und diese konnte den Unterschied zwischen »Totschlag« und »Unfall« ausmachen.[434] So war dann auch das Urteil durch das Kriegsgericht zu interpretieren:

> »Ich habe hierauf gedachtem Musquetier, welcher sich nach begangener That selbst arretiret, den Process formiren und in einem vereydigten Kriegsgerichte über ihn sprechen laßen, welches ihn zu 30mahligem Gaßenlauffen und 6jährigen Vestungs Bau condemniret.«[435]

Das moderate Strafmaß erfüllte seinen Zweck jedoch offenbar nicht. Während die Argumentation die Offiziere und Gemeinen des Regiments überzeugt hatte (in welcher Gewichtung diese abstimmten, ist allerdings nicht bekannt), deutete sich an, dass der König und sein Generalauditoriat zu einer anderen Einschätzung gelangten.[436] Bereits vier Tage später erging eine neue kriegesrechtliche Sentenz des Regiments, die auf das Eingreifen des Königs hin veranlasst worden war und ein erneutes Kriegsgericht über den Musketier sowie ein schärferes Strafmaß zur Folge hatte:

> »Auf Eurer Königlichen Majestaet allergnaedigsten Ordre habe ich über den Musquetier Biedermann meines unterhabenden Regiments, von des Capitaine Printz v. Koethen Compagnie ein anderweitiges Krieges-Recht commandiret, welches ihn zur Strafe des Schwerdts verurtheilet hat, nachdehm bey solchem eben wie beym erstern Krieges-Recht der Vortrag geschehen, daß nach allem Rigeur der Gesetze über den Inquisiten erkandt werden solle.«[437]

Durch die verschiedenen Ebenen, die das Urteil in einem solchen strafrechtlich relevanten Fall durchlaufen musste, gab es immer wieder Gelegenheit, für oder wider den Delinquenten in das Geschehen einzugreifen. Zunächst war das Urteil des Kriegsgerichts verpflichtend. Diese Tatsache setzte auch Friedrich II. nicht außer Kraft, indem er offensichtlich eine Wiederholung der Fallbesprechung und Urteilsfindung durch das Kriegsgericht initiierte. Der Befehlshaber des Regiments, also entweder der Chef selbst oder in dessen Abwesenheit sein Kommandeur, konnte ebenfalls eine zusätzliche Empfehlung zu dem Urteil abgeben.

434 Welche Rolle etwa der »fehlende« Vorsatz zur Tat spielen konnte, zeigt der Fall des Sigmund Leuthner, der beim Hantieren mit einem Gewehr die Magd seines Quartierwirtes unabsichtlich tödlich verletzte. Vgl. Kap. 4.6.

435 GStA PK, I. HA Geheimer Rat, Rep. 96 Geheimes Zivilkabinett, Nr. 604 L, Bl. 1, Bl. 4.

436 Nicht nur die Kriegsartikel sahen den Schutz der Zivilbevölkerung vor solchen gewalttätigen Übergriffen vor – auch in der Rechtseinstellung König Friedrichs II. spiegelte sich bereits die Überzeugung wider, dass der Täter auch die Folgen seines Handelns absehen könnte, wenn er denn wollte. Vgl. Rischke, Janine: Gegen das Recht – Deviantes Verhalten und Militärgerichtsbarkeit in der preußischen Armee, in: Eberhard Birk; Thorsten Loch; Peter Popp (Hg.): Wie Friedrich »der Große« wurde. Eine kleine Geschichte des Siebenjährigen Krieges 1756 bis 1763, Freiburg i. Br. 2012, S. 102–107.

437 GStA PK, I. HA Geheimer Rat, Rep. 96 Geheimes Zivilkabinett, Nr. 604 L, Bl. 1, Bl. 5, 2. Bericht zum erneuerten Kriegsgericht vom 10.12.1754.

Das Generalauditoriat bezog zu dem Kasus Stellung aus den vorliegenden Akten, den Kriegsartikeln und eventuell aktualisierten Edikten und Verordnungen. Auf diesen basierte dann wiederum die Falldarstellung, die aus dem Generalauditoriat an das Kabinett des Königs erging.

Die Sekretäre sammelten die kriegsrechtlichen Sentenzen (sowie auch die Supplikationen aller Militärangehörigen), da diese dem König direkt vorzulegen waren, und übergaben sie in der täglichen Besprechung. Nach der Beurteilung der vorliegenden Akten, die das Urteil des Regiments, die eventuelle Empfehlung des Kommandeurs und die Stellungnahme des Auditoriats umfassten, erfolgte die Bestätigung oder Änderung des Urteils (in wenigen Fällen, wie dem oben genannten, konnte sogar eine erneute kriegsrechtliche Untersuchung initiiert werden) durch den König.

Eine Stichprobe zu den kriegsrechtlich relevanten Kabinettsordern in den Minüten des königlichen Kabinetts zwischen 1728 und 1730 ergab, dass die Befehle sowohl genutzt wurden, um Verfahren zu initiieren als auch zu überwachen und zu befördern. Darüber hinaus prüfte der Monarch die vorgelegten Urteile und schlug im Fall einer Änderung ein übliches Strafmaß vor. Die Kürze der Antwortschreiben an seine Minister, Regimentschefs und Hauptleute verhindert es aber, genauere Schlüsse über die Erwartungshaltungen der Adressaten und die jeweils darauf abgestimmten sprachlichen Strategien auf beiden Seiten zu ziehen. Die zahlreichen Beispiele an Bitten um Pardonbriefe für ihre Soldaten durch die Obersten zeigen aber, dass diese vermutlich auf einem gemeinsamen Grundverständnis basierten.

So schrieb im September der Oberst von Kalckstein im Namen seines Soldaten Friedrich Kaubel mit der Bitte um Pardonierung an den König. Der Soldat war aus einer Kompanie des Regiments entwichen und seine Mutter daraufhin auf der Festung Küstrin inhaftiert worden.[438] Die Fürsprache des Regimentschefs führte zur Erstellung des geforderten Pardonbescheids:

> »Se. Königl. Mayt in Preußen p. Unser allgdster Herr, ertheilen dem Friderich Kaubel, so ehedem von dem Kalcksteinischen Regiment, und zwar von des Capitain v. Retzow Compagn. desertiret, hierdurch in Gnd. Perdon, mit der Versicherung, wenn Er zu dem Regiment wieder kommen u. fernerhin treu dienen wird, Er von aller Straffe frey seyn soll.«[439]

Das Eintreten des Offiziers für den Soldaten signalisierte so auch den Wert des Militärangehörigen, der sich eventuell aus seiner Körpergröße, einer guten militärischen Ausbildung und Kampfkraft, aber auch aus einer allgemein akzeptierten sozialen Position im Regiment ergeben konnte. Diese Gründe waren

438 Diese Praxis beschreibt auch Sikora, Disziplin und Desertion, S. 158 ausführlich als Taktik, um Desertionen einzudämmen und Deserteure zur Rückkehr zu bewegen.

439 GStA PK, I. HA Rep. 96 B Minüten, Nr. 1: Kabinett: Minüten, Bd. 1. 1728–1730, Bl. 640.

durch das Schreiben des Vorgesetzten ebenso angedeutet wie die Bereitschaft zur Rückkehr in das Regiment.[440]

Gab es jedoch keinen Fürsprecher in Form eines vom König akzeptierten Vormundes oder gar eines Offiziers, konnte auch die Bereitschaft der Rückkehr zum Regiment den Pardon nicht zwangsläufig herbeiführen.[441] Im selben Jahr supplizierte Gottfried Schmid an den König und bat um einen Pardon. Die Order des Königs zeigt aber, dass Schmid mit einigen Delikten in Verbindung gebracht wurde: unter anderem mit Pferdediebstahl und mit der Ausstellung falscher Pässe. So zweifelte Friedrich Wilhelm in seinem Schreiben an den Generalleutnant von Becheser, dass der Delinquent, der sich als Soldat des Thiel'schen Regiments ausgab, tatsächlich ein Anrecht auf die direkte Rechtsprechung und das Eingreifen des Königs hatte. Ganz im Gegenteil führte das Schreiben des Schmid aus Magdeburg dazu, dass dieser nun doch durch die eigenen Soldaten gefangen genommen werden sollte: »Es ist ein leichtfertiger Kerl, ihr sollet suchen denselben aufzufinden, und ihn arretiren laßen.«[442]

Die Reihenfolge der Aufzählung könnte den jeweiligen Argumenten ihr Gewicht zuschreiben, denn zunächst verweist der König darauf, dass Schmid sich als Soldat ausgegeben habe und auch einen (vermutlich gefälschten) Laufpass besitze. Außerdem schien er an Pferdediebstählen beteiligt zu sein und hatte sich von seinem Regiment entfernt. Die Glaubhaftigkeit der Angaben des Soldaten wurde jedoch demgegenüger durch keinerlei Zeugen oder Fürsprecher gestützt, kein Offizier des Regiments verwendete sich für den Supplikanten. Im Ergebnis drohten ihm nun ein kriegsrechtliches Verfahren und lange beschwerliche Haft- und Arbeitsstrafen.

2.4 Obrigkeitliche Normen und ihre Reichweite

2.4.1 Die Bedeutung der Kriegsartikel und Reglements

Das brandenburgisch-preußische Kriegsrecht entwickelte sich seit dem 16. Jahrhundert aus den Artikelbriefen der angeworbenen Söldnertruppen in Brandenburg – zunächst als Kapitulationen über verschiedene Truppenteile.[443] Diese gegenseitigen Verträge verpflichteten sowohl die Soldaten zur Ableistung

440 Dabei bleibt unklar, ob dies freiwillig geschah oder aus dem Druck heraus, die eigene Mutter aus dem Gefängnis zu befreien.

441 Ausführlich zu den Verhandlungen von Deserteuren aus dem Exil siehe Kap. 3.4.3: Desertion als Verhandlungssache.

442 Vgl. Minüten, Bd. 1, Bl. 189, Order vom 25.03.1730.

443 Vgl. Bonin, Burkhard von: Das Heeresrecht. Ein unerforschtes Gebiet des deutschen Rechtslebens, Berlin 1912, S. 16.

ihres Dienstes als auch den Kriegsherrn zur pünktlichen Zahlung des ausgehandelten Soldes sowie zu einem respektvollen Umgang mit der kämpfenden Truppe. Dabei wurden in erster Linie kriegsrechtliche Bestimmungen festgehalten. Ebenso wie die Subordination gegenüber den brandenburgischen Offizieren gefordert wurde, stellte der Landesherr den Mannschaften nach der Schlacht Gewinne in Aussicht. Dies sollte unter anderem die Motivation für den Kampf erhöhen.[444] Im Verlauf des 17. Jahrhunderts wuchs die Bedeutung militärischer Mobilmachung angesichts des Dreißigjährigen Krieges immens an: immer mehr Soldaten und erfahrene Kriegsleute wurden angeworben. In Brandenburg bewirkten besonders die militärischen Verordnungen durch Kurfürst Friedrich Wilhelm einen weitreichenden Wandel, da sich dieser an den Heeresreformen der Oranier und an der effizienten Struktur des schwedischen Heeres orientierte und etwa deren Kriegsartikel zum Vorbild seines *Churfürstlich brandenburgischen Kriegs-Recht oder Articuls-Brieff* von 1656 nahm.[445]

Dieses Kriegsrecht erschien in einer erneuten Auflage noch einmal im Jahr 1673. Der Aufbau wurde deutlicher strukturiert, die Bestimmungen der Artikel sowie deren Abfolge blieben jedoch erhalten. Dieses Werk regelte auch weiterhin den Alltag der Soldaten von Vergehen im disziplinarischen Sinne bis hin zum strafrechtlichen Verfahren.[446] Damit stellten diese Artikel das letzte gemeinsame Regelwerk für Soldaten und Offiziere dar. Infolge der zunehmenden Zentralisierung der Militärverwaltung und mit dem Übergang des Oberbefehls auf den Monarchen ging eine straffe Normierung der Militärangehörigen einher. Für die Offiziere wurden ab 1709 separate Reglements erstellt, in denen ihre moralische und militärische Führungsrolle gegenüber den Soldaten herausgestellt wurde. Für die Soldaten und Unteroffiziere regulierten die Kriegsartikel seit 1713 den strafrechtlichen Spielraum, in dem sich die Mannschaftsdienstgrade bewegten.

Zunächst umfassten diese vor allem Kapitalverbrechen und Vergehen im Dienst, während die alltäglichen Belange (etwa die Nebentätigkeit der Soldaten) an Bedeutung verloren. Die ersten *Kriegsartikel* erschienen nach dem Regierungsantritt Friedrich Wilhelms I. im Jahr 1713. 1724 folgte dann eine »revidierte« und überarbeitete Neuauflage mit einigen Ergänzungen.[447]

---

444 Pelz, Siegfried: Die Preussischen und Reichsdeutschen Kriegsartikel. Historische Entwicklung und rechtliche Einordnung, Hamburg 1979, S. 60 weist auf den ehemaligen Charakter des »Krieges-Rechtes« hin, das den Vertragsnehmern auch Gegenleistungen wie Soldzahlung, Heiratserlaubnis und Beute zusicherte.

445 Vgl. ebd., S. 15.

446 Vgl. ebd., S. 64.

447 Vgl. Rechenberg, Falk von: Die außerdienstliche Wohlverhaltenspflicht des Soldaten im Spiegel der Rechtsprechung des Bundesverwaltungsgerichts. Zugleich eine Untersuchung ihrer rechtshistorischen Wurzeln insbesondere im brandenburgisch-preußischen Wehrrecht, Frankfurt a. M. 2004, S. 40.

In der Gänze ergab sich eine unübersichtliche Gemengelage von Kriegsartikeln und anderen Anweisungen, deren Rechtskraft sich zum Teil überlagerte (vgl. Tabelle 6):

Tabelle 6: Reglements und Kriegsartikel im 18. Jahrhundert

Reglements für die Offiziere	Kriegsartikel für Unteroffiziere und Soldaten	Generalpardons
1656 und 1673 »Kriegesrecht« für alle Klassen, 1684 ergänzt		
1709	1705[448]	
1714	1713	1712
1726	1724	1714[449]
1743	1749	1743, 1746
1750 (wiederholt)		
1757 (wiederholt)	1764 (wiederholt)	
1773		1775
	1789	1780
	1797 (wiederholt)	

Das neue Kriegsrecht für die Soldaten von 1713, nunmehr als *Kriegsartikel*, begann mit den festgestellten Mängeln in der Disziplin und Lebensführung der Soldaten und formulierte in den ersten drei Artikeln die wesentlichen Ansprüche an den Militärangehörigen aus Sicht des Monarchen und der führenden Befehlshaber:

> »Ein jeder Soldat, und wer sich sonst bey denen Regimentern, Bataillons und Compagnien aufhält, muß sich eines Christlichen Wandels befleißigen, alles üppigen und ärgerlichen Lebens sich enthalten, bey dem öffentlichen Gottesdienst sich einfinden, sich des Mißbrauchs des allerheiligen Nahmens Gottes und seiner Sacramente, durch Fluchen und Schweren, bey Strafe des Stockhauses, Pfahls, Spießruthen, oder andern willkührlichen Strafe, gäntzlich enthalten.«[450]

Der zweite Artikel bestärkte noch, wie wichtig die Gottesfürchtigkeit unter den Soldaten war: alle blasphemischen Äußerungen wurden unter schwere Strafen gestellt. Zaubereien, Aberglauben und weitere kritische Bemerkungen gegenüber dem christlichen Glauben konnten demnach die Todesstrafe zur Folge haben, sie sind aber in den Militärakten kaum nachweisbar. Interessanterweise ist dieser

448 Friderici I., Königs in Preussen und Churfürstens zu Brandenburg, Kriegs-Articul vor die enrollirte Miliz, 1705, in: Corpus Iuris Militaris Novissimum, hrsg. von Thomas Fritsch, Leipzig 1724, Sp. 513–522.

449 Edict, daß die gewaltsamen Werbungen sollen eingestellet, und die dieserwegen ausgetretene Landes-Kinder pardoniret werden, 1714, in: Corpus Iuris Militaris Novissimum, hrsg. von Thomas Fritsch, Leipzig 1724, Sp. 671–676.

450 Mylius, CCM, T. III, 1. Abt, Nr. CXIV, Art. 1.

Artikel noch 1724 in der Neuauflage des Kriegsrechts inkludiert. In der Ausgabe von 1749 ist diese Bestimmung jedoch nicht mehr enthalten.

Dies spiegelte im Kleinen, was für die politische Ausrichtung der so unterschiedlichen Monarchen ebenfalls von Bedeutung sein sollte. Während Friedrich Wilhelm I. als ausgesprochen frommer Monarch galt, praktizierte sein Sohn und Nachfolger vielmehr einen »pragmatischen« Umgang mit theologischen Fragen.[451] Diesen Grundbestimmungen zur christlichen Erziehung folgen die wesentlichen Artikel 3 bis 6, welche auf den Gehorsam gegenüber dem König und seinen Generälen (Art. 3), den Offizieren (Art. 5), ihren ausgestellten Schutzbriefen (Art. 4) sowie gegenüber den Anweisungen der direkt vorgesetzten Offiziere und Unteroffiziere (Art. 6) abzielen.[452] Auch die folgende Formulierung in Artikel 7 verweigerte den Soldaten das Recht, in welcher Form auch immer, gegenüber den Vorgesetzten zu »räsonieren« oder gar die Waffe zu erheben.[453]

Im Anschluss folgten jene Bestimmungen, welche die Disziplin in der Einheit bewahren sollten und den Lebenswandel der Soldaten betrafen. Für die Frage nach der Konstruktion von abweichendem Verhalten durch die Regierung erscheinen die Formulierungen in den Artikeln 8 und 9 insofern von gewisser Bedeutung, als sie zwischen den Tatbeständen der »unnöthigen Schlägereyen und Händel« (Art. 8)[454] sowie den Duellen, die »so wol Unter-Officirer als gemeine Soldaten« austragen, unterscheiden (Art. 9).[455] Die Zuschreibung der Duellpraxis auch an die Soldaten und Unteroffiziere zeigt zumindest, dass der ehrenhafte Zweikampf, wenngleich offiziell verboten, nicht allein als Privileg der Offiziere angesehen wurde.[456]

Vielmehr stellte die Herausforderung zum Kampf auch für die einfachen Männer eine direkte Bedrohung des Lebens dar und war indirekt für die Kampfkraft der Einheit schädigend. Diesen wesentlichen Punkten folgten denn

451 Vgl. Rischke, Janine: »Auß höchster landesherrlicher Macht und Gewalt«. Zum Einfluss von Naturrecht und politischem Wertehorizont auf die Rechtspflege Friedrichs II. in Kriminalsachen in den ersten Jahren seiner Regierung, in: Frank Göse (Hg.): Friedrich der Große und die Mark Brandenburg, Berlin 2012, S. 246–265, bes. S. 248f.

452 Mylius, CCM, T. III, 1. Abt, Nr. CXIV, Art. 1, Art. 3, 4, 5 und 6.

453 Ebd., Art. 7: »Welcher Soldat aber der Ober- auch nach Gelegenheit derer Unter-Officirer Ambts Commando sicht entgegen setzet, es sey auch nur mit Worten oder raisonniren, derselbe soll, nach Condition des Beleidigten und der beschaffenen Umstände mit dreyssigmahligen Gassen-Laufen beleget; Wer aber zu dem Ende seinen Degen enblösset, oder ander Gewehr ziehet, arquebusiret werden.«

454 Mylius, CCM, T. III, 1. Abt., Nr. CXIV, Art. 8.

455 Ebd., Art. 9: »Insonderheit aber sollen diejenigen, so wol Unter-Officirer als auch gemeine Soldaten, welche einander vorsetzlich und muthwillig zu einem Duell auszufordern sich gelüsten lassen, wenn dabey eine Entleibung erfolgen solte, ohne alle Gnade aufgehänget [...] werden.«

456 Vgl. Frevert, Ehrenmänner, zum Selbstverständnis der Offiziere hinsichtlich des Duells, S. 105–118.

auch die weiteren Artikel bezüglich der Disziplin im täglichen Dienst, indem sie Ablenkungen wie das Kartenspielen während des Dienstes verboten (Art. 10), die Abwesenheit nach dem Zapfenschlag (Art. 11), die Verspätung bei Arbeitseinsätzen auf der Festung (Art. 12) sowie Trunkenheit während der Wache (Art. 14) anprangerten.[457] Diese Vorschriften waren vermutlich im Zusammenhang mit den Geselligkeitsformen der Soldaten von Bedeutung, die in erster Linie den Genuss von Alkohol beinhalteten. In der Folge waren Kartenspiele, in denen der Sold verspielt wurde, Gewalttätigkeiten aufgrund von Trunkenheit oder die Nichtausübung des Dienstes keine Seltenheit und stellten für den Ablauf des militärischen Tagesprogramms ein gewaltiges Problem dar, denn es handelte sich keineswegs um Einzelfälle. Der Ausfall mehrerer Wachposten konnte in Friedenszeiten eventuell reguliert werden, bedeutete in Kriegszeiten aber mitunter eine wesentliche Gefährdung der eigenen Verteidigung. Daher wurden in den Artikeln die angedrohten Bestrafungen vom Ernstfall abhängig gemacht. Wer in Zeiten einer Belagerung trank oder anderweitig ausfiel, sollte standrechtlich »arquebusirt« werden, in Friedenszeiten dagegen wurde der Delinquent vor allem mit dem Gassenlaufen bedacht.[458]

Die nachfolgenden Artikel betrafen die Subordination (Art. 16) und die Marschordnung (Art. 17). Das Kriegsrecht leitete damit von den Verpflichtungen in der Garnison zu den Bestimmungen über, welche die Feigheit vor dem Feind und die Desertion betrafen. Sollte der Soldat vor dem Feind davonlaufen, »ehe er seine Pflicht und Schuldigkeit rechtschaffen erwiesen« (Art. 18), sahen die Bestimmungen die standrechtliche Erschießung für diese Männer ebenso vor wie für die Soldaten, die mit der Absicht zur Flucht hinter dem marschierenden Regiment angetroffen wurden (Art. 17). Auf die klassische Desertion im Kampf dagegen stand gemäß dem Kriegsrecht die Bestrafung mit dem Strang, »es mag derselbe mit Gewalt zu Krieges-Diensten gezwungen, von anderen darzu verführet, oder solche Desertion zum ersten, zweyten oder dritten mahle geschehen seyn«.[459]

Schon der Hinweis auf die Möglichkeit zur mehrmaligen Desertion deutet an, dass die Durchsetzung dieser Vorschrift ein Ideal darstellte, dem sich die Regierungen so weit wie möglich annähern wollten. Die Praxis zeigte, dass sowohl das mehrmalige Desertieren unter Angabe von Gründen (wenn zum Beispiel kein Urlaub gewährt wurde oder ein Notfall in der Familie die Anwesenheit des Soldaten erforderte) sowie das Vorgeben, dass die gewaltsame Werbung das Verhalten mitverschuldet habe, durchaus zugelassen wurden und die Soldaten mit

457 Mylius, CCM, T. III, 1. Abt., Nr. CXIV, Art. 12, 14.

458 Ebd., Art. 15 begründet diesen Unterschied mit »der Gefahr«, in der sich die Soldaten und auch die zivilen Untertanen zu dieser Zeit befinden und die den einzelnen Militärangehörigen zu seinem gewissenhaften Dienst verpflichtet.

459 Mylius, CCM, T. III, 1. Abt., Nr. CXIV, Art. 19.

einer Leibesstrafe davonkamen.[460] Die folgenden Artikel 20 und 21 betrafen die Verschwörung mit dem Feind und Landesverrat durch Überlaufen zu demselben.

Sie sollten ebenfalls durch die Androhung des Hängens verhindert werden. Um Meutereien zu unterbinden, waren Zusammenkünfte der Soldaten ohne geselligen Hintergrund (wie etwa der Besuch eines Wirtshauses) ebenfalls bei schwerer Strafe verboten (Art. 22). Der folgende Artikel 23 zeigt dagegen, dass die Vergewaltigung einer »Weibes-Person« und die zweifache Ehe bzw. der Ehebruch weitgehend gleichgesetzt wurden.[461] Daran schloß das Verbot der eigenmächtigen Verheiratung der Soldaten an. Sie hatten vor der Eheschließung bei dem vorgesetzten Offizier um eine Heiratserlaubnis zu bitten, die dann durch den Regimentsauditeur ausgestellt und durch den Kommandeur unterzeichnet werden musste.[462] Die Zahl der Heiraten sollte jedoch geringgehalten werden. Da die Männer im Militärdienst aber fast immer in »irgendeiner« Form der Beziehung zu einer Frau standen, akzeptierten die Offiziere in vielen deutschen Territorien diese Formen der wilden Ehe, die eben nicht durch die Erlaubnis legitimiert waren.[463] Die abschließenden Artikel betrafen das Verhalten der Soldaten und Unteroffiziere in ihren Quartieren (Art. 25) und ihren Wirten gegenüber (Art. 26). Außerdem war den Männern das Versetzen der eigenen Montur oder von Teilen derselben ebenso verboten (Art. 27 und 31) wie das Schuldenmachen (Art. 28) etwa durch exzessive Ausschweifungen oder Glücksspiel. Die Artikel 28 und 29 stellten zudem Raub, Diebstahl und Einbruch unter Strafe.

Es kann angenommen werden, dass Artikel 32 ebenfalls noch aus der Zeit der Artikelbriefe, die den angeworbenen Soldaten an den jeweiligen Kriegsherrn banden, stammte. Der Artikel stellte die Vermietung der soldatischen Dienstleistung unter schwere Strafen. Die Kapitulation mit den Soldaten wurde für einen festen Zeitraum geschlossen, in dem es ihm nicht möglich war, in andere Dienste zu treten.[464] Diese Einschränkung fand in den folgenden Kriegsartikeln keine Erwähnung mehr, wohl auch, weil sich das Bild des Soldaten vom »Soldnehmer« zum »Mann des Königs« gewandelt hatte.[465] Friedrich II. erweiterte die strafrechtlichen Bestände in den Kriegsartikeln 1749 um eine Vielzahl an Artikeln zu weiteren Delikten: neben den üblichen Tatbeständen wie Insubordina-

460 Vgl. Kap. 3.4 zur Flucht aus dem Regiment.

461 Vgl. Mylius, CCM, T. III, 1. Abt., Nr. CXIV, Art. 23. Der für beide Straftaten angegebene Strafrahmen ist mit der allgemeinen Formulierung der Strafe »an Leib und Leben« weit gefasst und ließ den richtenden Offizieren einen weiten Spielraum, der wohl insbesondere in Kriegszeiten zugunsten der Soldaten genutzt wurde.

462 Die vielfältigen Missbräuche, die in diesem Zusammenhang entstehen konnten, greift das Fallbeispiel aus der Kompanie von Seel im Jahr 1746 auf, vgl. Kap. 4.7.

463 Vgl. Pröve, Stehendes Heer.

464 Vgl. Mylius, CCM, T. III, 1. Abt., Nr. CXIV, Art. 32: »Die Soldaten, so sich zur Musterung vermiethen, sollen des Lebens verlustig seyn.«

465 Vgl. Lange, Karl: Preußische Soldaten im 18. Jahrhundert, Oberhausen 2003.

tion, Meuterei, Verschwörung, Desertion, Mord, Diebstahl etc. wurden hier erstmals auch Verstöße aufgeführt, die in einem unmittelbaren Zusammenhang mit der Strafpraxis selbst standen.

So lautete der neu aufgenommene Artikel 35:

> »Wenn ein Soldat Spießruthen oder Steig-Riemen laufen soll, und sich solcher Strafe wiedersetzet, auch deshalb jemand mit einem Messer oder Gewehr, oder wie es seyn mag, anfällt, um der Strafe sich zu entziehen, so soll dennoch zuförderst die Execution des zuerkannten Gassenlaufens vollstreckt, und er sodann erst wieder in Arrest geführet, und wegen seiner Opposition von neuen über ihn Krieges-Recht gehalten, und wenn er jemand verwundet hat, am Leben gestrafet werden.«[466]

Die folgenden Artikel 36, 38 und 39 bezogen sich auf das Vortäuschen von Infamie, auf Selbstverstümmelung oder »Selbstentleibung«, um dem Militärdienst zu entgehen.[467] Auch die Anwerbung trotz unehrenhafter Berufsausübung, etwa als Schinderknecht (Art. 37), oder das wiederholte Annehmen von Militärdiensten gegen Handgeld (Art. 43) wurden hier aufgenommen.[468] Damit zeigten die Bestimmungen des Kriegsrechts 1749 im Vergleich zu den Bestimmungen von 1713, dass sie den gesellschaftlichen Wandel und den Wandel in der Darstellung von Recht und Unrecht aufnahmen. Bestimmte Straftatbestände hatten an Bedeutung verloren, während die Praxis der Anwerbung und Rekrutierung seit Beginn des 18. Jahrhunderts neue Praktiken und anschließende Verbote mit sich gebracht hatte. Auch in diesem Sinne stellten die Kriegsartikel eine Reaktion auf bereits existente und als bedrohlich empfundene Verstöße gegen die obrigkeitlichen Normen dar. Die Androhung, dass auch Tatverdächtige, die eines Verbrechens nicht überführt werden konnten, durchaus zu jahrelanger Festungshaft verurteilt werden konnten (Art. 47), diente wohl der Warnung und gleichzeitigen Abschreckung.[469]

Bereits 1764 wurden diese Kriegsartikel neu aufgelegt, im Kern aber kaum noch verändert – noch 1787 und 1797 folgten weitere »approbirte«, also wiederholte Auflagen des Kriegsrechts. Obwohl die Bestimmungen der Kriegsartikel den strafrechtlichen und disziplinarischen Rechtsraum der Soldaten umrissen, betrafen die Artikel für die Soldaten und Unteroffiziere in keinem Punkt nähere

466 Seiner Königl. Majestät in Preussen, etc. Alergnädigst neu approbirte Krieges-Articul vor Unter-Officier und gemeine Soldaten, sowohl von der Infanterie als auch Cavallerie, Dragoner und Artillerie, Brandenburg: Christian Hallen, Königl. Preuß. privil. Buchdrucker 1749 (De Dato Potsdam, den 16. Juni 1749), Art. 35.

467 Diese Bestimmungen erhielten als Möglichkeit des Austritts aus dem Militärdienst eine enorme Bedeutung. Vgl. Konfliktkapitel 3.4.

468 Vgl. zu den Formen der Kriegsdienstverweigerung inkl. Verstümmelung bis hin zum Selbstmord Kap. 4.4, zum Betrug durch unehrliche Berufe und durch wiederholte Annahme von Handgeld vgl. Kap 5.5.2.

469 Vgl. Kriegs-Articul 1749, Art. 47.

Vorgaben zu deren Umsetzung. Sie stellten vielmehr einen »Ergebniskatalog« dar als eine begründete Hinführung zu den Zusammenhängen zwischen Disziplin und den militärpolitischen Bestrebungen der preußischen Regierung.

Diese Aufgabe war den Offizieren vorbehalten, denen die Kontrolle, notwendige Bestrafung und Reintegration der Soldaten sowie die Prävention von Straftaten oblag. Ausführlich geregelt wurden die Durchführungen von Exekutionen oder die Inspektion der aufgestellten Truppen durch die *Reglements*, welche ebenfalls in der Regierungszeit Friedrich Wilhelms I. publiziert wurden.[470] So erschien das erste preußische Reglement bereits 1714, von diesem folgten für die Infanterie weitere Ausgaben 1718, 1720, 1726, 1743, 1750, 1757 und 1773.[471] Diese Vorgaben sollten die Regierungsvorstellungen des Königs und seiner Generalität zum Ausdruck bringen und bis hinein in die Kompanien umsetzen.

Während also die Kriegsartikel in erster Linie einen Regelkatalog darstellten, den es zu befolgen galt und der mit Androhung der harten Leibes- und Lebensstrafen die Soldaten von Verstößen abhalten sollte, können die Reglements eher als militärpolitisches Programm der Regierung verstanden werden, das die Offiziere mit einband. Neben den Handgriffen während des Exerzierens und den grundlegenden Vorbereitungen und Durchführungen von Märschen, Lageraufbauten etc. beinhalteten die Reglements auch Bestimmungen zu Strafen an den Soldaten, zur Durchführung von Exekutionen etc. Ein Blick auf das Reglement von 1743 verdeutlicht, wie vielfältig das Aufgabengebiet der Offiziere gegenüber den Mannschaften ausfiel.[472] Diese waren nicht nur Vorgesetzte im streng militärischen Sinn und hatten auf den Gesamtzustand der Kompanien sowie auf den Einzelzustand der Soldaten zu achten (Pflege der Frisur, der gesamten Montur inklusive Dienstwaffe). Darüber hinaus waren Kenntnisse beim Rangieren der Kompanien bzw. Bataillone oder in der Anlage eines neuen Lagers,[473] des ge-

470 Vgl. Lehmann, Max: Werbung, Wehrpflicht und Beurlaubung im Heere Friedrich Wilhelm's I., in: Historische Zeitschrift 21 (1891), S. 254–289, bes. S. 16f.

471 Weil die Reglements nur in begrenzter Stückzahl für die Offiziere angefertigt wurden und außer den Offizieren der preußischen Armee an niemanden gelangen durften, überdauerten nicht alle Exemplare die Zeit. In der Zeit zwischen 1713 und 1786 wurden nur vier neue Reglements erlassen, die übrigen waren Abdrucke. Von diesen sind die Reglements von 1714 und 1718 nur noch in Archiven oder in Auszügen in den kriegsrechtlichen Sammlungen erhalten. Vgl. Extract aus Ihrer Königl. Maj. in Preussen den 28. Febr. 1714 zu Potsdamm gegebenem und gedruckten Reglement, wie bey dero gantzen Infanterie der Dienst im Felde und in Guarnisonen geschehen soll, und wornach sich die Feld-Marschalls, Generals, Commendanten, Obristen, oder Commandeurs von denen Bataillons und die sämtliche Officirer von der Infanterie zu halten haben, in: Lünig, CJM, S. 936; vgl. Winkel, Im Netz des Königs, S. 152.

472 Reglement für die Königlich Preußische Infanterie 1743, Mit einer Einleitung von Hans Bleckwenn, Hälfte 1.2. (= Altpreußischer Kommiss, 33–34), Osnabrück 1976.

473 Vgl. ebd., I. Theil, II. Titul: Wie eine Compagnie racngiret und formiret werden soll.

ordneten Marschierens[474] sowie in den generellen Handgriffen während des Exerzierens durch die Offiziere zu erwerben und zu beachten.[475]

Im Zusammenhang mit dem Verständnis von rechtmäßigem Verhalten im Regiment zeigen der Tonfall und die Semantik der normativen Texte, dass insbesondere die Überwachung und Kontrolle der Soldaten im Feld, auf dem Marsch und während der Kampagnen eine immense Bedeutung in den Regularien besaß. So werden die Soldaten bei schwerer Strafe ermahnt, auch im Verlauf der Feldzüge stets die Anordnungen der Unteroffiziere abzuwarten und erst dann »vom Gewehr zu gehen«. Dies gilt selbst dann, wenn es darum geht, Wasser für die Kompanie zu holen: »wann die Compagnien verlesen sind, und die Bursche Wasser holen wollen, soll ein Unter-Officier, und wenn es viel Leute oder das Wasser etwas weit zu holen ist, ein Officier mit selbigen mitgeschicket werden«.[476]

2.4.2 Polizeiordnungen und Edikte

> »Der Soldatenstand hat, wegen seiner Wichtigkeit, auch sehr wichtige Gesetze; und die Uebertretung dieser strengen Gesetze darf, in demselben, noch weniger, als in andern Ständen, geduldet werden; denn in diesem würdigen Stande, welcher gleichsam ein Schild für die übrigen Stände, eine Stütze des Staats, und der rechte Arm der obrigkeitlichen Gewalt ist, kommt alles darauf ab, daß jeder in demselben unermüdeten Diensteifer, feste Treue, und den pünktlichsten Gehorsam gegen die gegebenen Befehle beweise. Ein Soldat ohne Diensteifer, ohne Treue, ohne Gehorsam verdient nicht den ehrenvollen Namen eines Soldaten. [...] Es ist also auch gantz natürlich, daß die Treulosen, die Ungehorsamen, und Nachläßigen, in diesem Stande, schärfer, als in andern Ständen bestraft werden müßen.«[477]

Mahnungen wie diese finden sich immer wieder in den fiktiven sowie den vermeintlich »authentischen« Berichten von schwerwiegenden Verbrechen in der zweiten Hälfte des 18. Jahrhunderts. Die wesentliche Vorstellung, wie die Militärangehörigen, vom Knecht bis zum General, ihre militärischen Dienste ausüben sollten und welche Verhaltensweisen diese nicht an den Tag legen durften,

---

474 Vgl. ebd., I. Theil, III. Tit. und generell Theil IV zum Marschieren in allen Einzelheiten.

475 Vgl. ebd., II. Theil betreffend die Handgriffe und III. Theil zur Chargirung; Theil V zum Exerzieren und der anschließenden Formierung des Regiments.

476 Reglement 1743, Theil VI, II. Titul, IV. Art., S. 239.

477 Umständliche Nachricht von der grausamen Mordthat, welche Joseph Zahnhofer, ein Füsilier aus der Berlinischen Garnison, 44 Jahre alt [...], bey seiner Desertion, den 15ten September 1784, bey dem Liebenwaldischen Amts-Dorfe Hammer, an einem 18jährigen Schneiderburschen [...] verübet, [...] für welche ruchlose Frevelthat derselbe heute [...] nach Urtheil und Recht, von unten auf gerädert, und sein Körper aufs Rad geflochten werden soll, Berlin 1784, S. 2.

setzten bereits die Militärvorschriften in den Kriegsrechten sowie in den Abhandlungen zum Soldatenwesen des frühen 18. Jahrhunderts voraus.[478]

Eine harte Bestrafung von Soldaten forderten die Edikte und Reglements nicht nur in »militärischen« Vergehen, sondern darüber hinaus in allen »policeylichen« Angelegenheiten, die auch die Zivilbevölkerung betrafen.[479] So hatten Soldaten und ihre Angehörigen ebenfalls mit empfindlichen Strafen bis hin zum Ausschluss aus der militärischen Gemeinschaft im Falle einer Verurteilung etwa wegen Diebstahls oder Betrugs zu rechnen.[480]

Darüber hinaus stellten die Soldaten in der Perspektive der Obrigkeiten einflussreiche Träger einer angestrebten Ordnungsvorstellung dar, mit welcher König und Behörden ein Ideal guter Ordnung und Disziplin nicht nur im Militär, sondern weit darüber hinaus etablieren wollten.[481] Obwohl den Männern gerade wegen der in Kriegszeiten gefürchteten Exzesse und verschiedener anderer Ursachen zugleich der Ruf der gefährlichen und gefährdeten Existenzen anhaftete, sollten nun diese auch im Sinne einer »guten Policey« sowohl eine den Regeln und Gesetzen entsprechende Existenz pflegen als auch die Durchsetzung polizeilicher Normen für das tägliche Zusammenleben kontrollieren und umsetzen. Diese Zwitterstellung sollte mitunter immer wieder zu Problemen und Konfrontationen führen. In den Kriegsartikeln für die Unteroffiziere und Soldaten 1749 heißt es in Artikel 24 zur Eheschließung der Soldaten:

> »Welcher ohne Vorwissen und Einwilligung seines bey der Compagnie commandirenden Ober-Officiers sich mit einer Weibes-Person ehelich versprechen solte, derselbe soll in einem Tage 15 mahl durch 200 Mann die Gassen laufen, die Weibes-Person aber ein Jahr ins Spinnhaus gebracht, und solche Zusagen, wenn sie gleich eidlich geschehen, oder das Frauen-Mensch geschwängert worden, vom Krieges-Consistorio nach Befin-

478 Zu diesen zeitgenössischen Abhandlungen gehörte neben den Sammlungen verschiedener Kriegsrechte und Edikte auch *Der vollkommene Teutsche Soldat* von Hans Flemming, der die militärrechtlichen Bestimmungen mit allgemeinen Befunden zu Völkerrecht, Lebensbedingungen in den Garnisonen, im Feld und beim Marsch mit speziellen Fragen der einzelnen Arbeitsbereiche von Soldaten und Offizieren verknüpfte und damit zum Standardwerk wurde. Vgl. Flemming, Teutsche Soldat.

479 Vgl. Härter, Karl: Strafrechts- und Kriminalitätsgeschichte der Frühen Neuzeit (= methodica – Einführungen in die rechtshistorische Forschung, 5), Berlin 2018, S. 3–9.

480 Vgl. Härter, Karl (Hg.): Repertorium der Policeyordnungen der frühen Neuzeit, 2 Bde.: Brandenburg-Preußen, Frankfurt a. M. 1998.

481 Obwohl diese Annahmen für die preußischen Könige immer vorausgesetzt werden, spielten dieselben Ordnungsvorstellungen auch in den übrigen deutschen Territorien eine entscheidende Rolle im 18. Jahrhundert. Vgl. Schwenke, Stephan: Die gezähmte Bellona? Bürger und Soldaten in den hessischen Festungs- und Garnisonsstädten Marburg und Ziegenhain im 17. und 18. Jahrhundert, Marburg 2004, S. 184–193.

den null und nichtig erkläret, im Fall aber, daß die priesterliche Coppulation wircklich vor sich gegangen, die Strafe verdoppelt werden.«[482]

Normative Quellen wie diese haben lange Zeit die Einschätzung der Lebensumstände im frühneuzeitlichen Militär geprägt.[483] Die prekäre wirtschaftliche Situation der meisten einfachen Soldaten bedingte die Einschränkung der Heiratserlaubnis durch die Obrigkeit, weil der Unterhalt für Frauen und Kinder vom Sold des Militärangehörigen scheinbar nicht zu leisten war und die familiäre Bindung des Soldaten besonders im Krieg als Motiv für die Desertion aus dem militärischen Dienst betrachtet wurde.

Diese Autorität der Quellen führte zu der Einschätzung, der Soldat im stehenden Heer des 18. Jahrhundert habe in quasi »zwangszölibatären« Verhältnissen gelebt und gelegentliche sexuelle Gelüste vor allem im Umgang mit eher zweifelhaften Frauen ausgelebt.[484] Den Normen entsprechend waren Eheschließungen ohne die Zustimmung des Regimentschefs nicht erlaubt und die Beziehungen zwischen Militärangehörigen und den Frauen der zivilen Gesellschaft waren klar geregelt.[485] Tatsächlich zeigen die Magistratsunterlagen von deutschen Garnisonsstädten, dass es zahlreiche Eheschließungen zwischen Soldaten und Frauen aus der Garnison gab. Die meisten dieser Paare hatten zudem meist eine gewisse Zeit in »wilder Ehe« zusammengelebt, oft unter den Augen des Kompanie- und Regimentschefs.[486]

Dieses Beispiel zeigt, dass die Probleme bei der Durchsetzung von Normen in der Frühen Neuzeit auch bei den Angehörigen des Militärs zu finden waren. Zudem illustriert es, dass in diesem Bereich des gesellschaftlichen Lebens, also durch Lebenspartnerschaft, Familiengründung usw., die Mängel der obrigkeitlichen Normdurchsetzung auch nach außen sichtbar wurden. Damit forderten die Soldaten und ihre Familien auch die Ordnungsbestrebungen ihres Landesherrn heraus. Der Soldat als privilegierter Dienstnehmer des Königs hatte auch die militärischen »Tugenden« und eine vorbildhafte Lebensweise an den Tag zu

482 Seiner Königl. Majestät in Preussen, etc. Alergnädigst neu approbirte Krieges-Articul vor Unter-Officier und gemeine Soldaten, sowohl von der Infanterie als auch Cavallerie, Dragoner und Artillerie, 1749 (De Dato Potsdam, den 16. Juni 1749), S. XV.

483 Dies lässt sich besonders anhand von populärwissenschaftlichen Publikationen nachvollziehen. Vgl. Lange, Preußische Soldaten.

484 Zu dem Problem der Soldatenehen schon Pröve, Stehendes Heer, S. 100–111.

485 Das Gegenteil belegen die zahlreichen Fälle, in denen sich Soldaten die Trauscheine von ihren Vorgesetzten »erkauften«, was diese auch durch den gesamten hier beobachteten Zeitraum taten, da sie das gewonnene Geld in die Werbung neuer Rekruten stecken konnten. Nur zum Teil wurde diese von allen ausgenutzte »Schwäche« des Systems aufgedeckt. Vgl. Quellenkapitel 4.7 zur Plackerei des Obersten von Seel.

486 Zur Problematik der »wilden« Ehen für das Rechtssystem, aber auch zur stabilisierenden Funktion und der daran anschließenden Duldung solcher Partnerschaften vgl. Pröve, Stehendes Heer, S. 110f.

legen. Tatsächlich erschwerten jedoch die schwierigen Lebensumstände der meisten Soldatenfamilien sowie die Herkunft vieler Soldaten aus den unteren Schichten oder aus mobilen Randgruppen diese Erfüllung des Ideals vom tugendhaften und frommen Soldaten.[487]

Die »gute Policey« – also eine Vorstellung von Ordnung, die auf der Einhaltung aller Vorschriften und der Regulierung aller Lebensbereiche fußte – blieb eine Utopie dieser Zeit. Es fehlte zudem an zuständigem Personal zur Durchsetzung der Ordnungen. Eine Überwachung der Einhaltung von Kleider-, Mühlen-, Apotheker-, Bader- oder Ärzteordnungen war ebenso unmöglich wie die konsequente Absicherung des »richtigen« Verhaltens der Bevölkerungsgruppen untereinander. Ein zusätzliches Problem für die Regierung bestand darin, dass die Soldaten als Angehörige der sozialen Schicht, aus der sie stammten, keineswegs zwangsläufig in Konkurrenz zur Zivilbevölkerung traten.

So ergab sich ein weiterer Konfliktbereich aus der häufig gezeigten solidarischen Haltung der Bevölkerung mit den Soldaten und Rekruten, die ihren Militärdienst nicht freiwillig antreten wollten. Insbesondere für das neu hinzugekommene Territorium Schlesien wurde geklagt:

> »Da auch bey der starck eingerißenen Desertion bey dem Tresckowschen Regiment, von welchem seit geendigter Campagne an 100 Mann, lauter Schlesische Landes Kinder aus hiesiger Garnison desertiret, verschiedene Bauern und Weiber wegen Verhehlung, Beherbergung und Unterhaltung derer Deserteurs zur gefänglichen Haft gezogen worden.«[488]

Trotz aller Regulierungsbemühungen häuften sich parallel zum Bedarf an Rekruten die Beschwerden der lokalen Behörden über die Landbevölkerung, die in ihren Häusern und Schuppen Deserteure versteckte.[489] Auch die wiederholten Edikte konnten solche Akte der Kollaboration nicht verhindern.[490] Allein in den ersten Regierungsjahren der preußischen Könige Friedrich I. und Friedrich Wilhelm I. wurden sowohl 1702 und 1703 als auch 1713 und wieder 1718, 1720 und 1722 Edikte gegen den Austritt der »Landeskinder« publiziert. Auch den

---

487 Vgl. Hippel, Wolfgang von: Armut, Unterschichten, Randgruppen in der Frühen Neuzeit, 2. Aufl., München 2013, S. 28–32; verwiesen sei auch auf die Diskussion gerade um die Herkunft der vielen freiwillig dienenden Soldaten, die neben dem Militärhandwerk auch durch Tagelöhnerjobs ihr Einkommen fanden.

488 GStA PK, IV. HA, Rep. 6 Generalauditoriat, Nr. 10, Bl. 84: Schreiben des Oberauditeurs Wilcke an den Generalauditeur Pawlowsky, Neisse, 19.03.1757.

489 So wurden auch immer wieder neue »Schlupfwinkel« für Deserteure benannt, in denen die Bevölkerung dieselben versteckt habe, so kam auch 1756 der Kapellenberg bei Neustadt in Verruf – in der Nachforschung erwies sich diese Angabe jedoch als bloßes Gerücht. GStA PK, I. HA Geheimer Rat, Rep. 96 Geheimes Zivilkabinett, Nr. 611 H, Bl. 13–15.

490 Meist handelte es sich um Unterstützer aus dem näheren sozialen Umfeld oder aus der eigenen Familie. Vgl. Sikora, Disziplin und Desertion, S. 148–162.

Helfern wurden darin weitreichende Folgen für ihr Handeln angedroht.[491] Innerhalb der vielfältigen »Policeyordnungen«, die das gesamte Alltagsleben der Bevölkerung im preußischen Königreich durchdringen sollten, nahmen die Militärvorschriften einen relativ geringen Raum ein.[492] Zum einen lag das wohl daran, dass die für das Militär erstellten Reglements (für Offiziere und Regimentsstab) und Kriegsartikel (für Mannschaften) die in den Augen des Landesherrn und der oberen Behörden wichtigen Bereiche für die Militärangehörigen regelten. Zum anderen wurden zivile Ordnungen ganz selbstverständlich für die Beurteilung eines Delikts in den Garnisonen mit herangezogen.[493] Auch die Kriegsgerichtsordnung von 1712 und die zivile Kriminalordnung von 1717 zeigten nicht nur eine grundlegende Übereinstimmung im Rechtsverständnis, sondern sie waren durch Generalauditeur und Justizminister Christoph von Katsch auch in persona zusammengeführt worden.[494]

2.5 Zusammenfassung: das Militärrecht in den preußischen Regimentern

> »Charakteristisch für die Justizpraxis seit dem Spätmittelalter ist, dass sie Trennlinien zwischen Innen und Außen, Einheimischen und Fremden stark reflektiert bzw. mit konstruiert.«[495]

Ähnlich wie die Gerichte der größeren Städte, die auch die Blutgerichtsbarkeit besaßen, definierte somit das Kriegsrecht, wer zum Gerichtsstand des Militärs gehörte und wer nicht. Im Unterschied dazu konnten zwar ausschließlich Militärangehörige durch Kriegsgerichte vertreten und vor diesen belangt werden. Aber auch die preußischen Monarchen als höchste richterliche Instanz der Militärgerichtsbarkeit suchten im Verlauf des 18. Jahrhunderts zunehmend nach einer Eingrenzung dieses ständischen Privilegs. Zunächst wurden die Solda-

---

491 Vgl. Edict von Bestraffung derer Deserteurs und derer, so sie verheelen, auch deshalb zu formirendem Processe 1702, Mylius, Christian Otto (Hg.): Corpus Constitutionum Magdeburgicarum novissimum oder Königl. Preuß. Und Churfl. Brandenb. Landes-Ordnungen, Edicta und Mandata im Herzogthum Magdeburg, wie auch in der Grafschafft Mansfeld. Von Anno 1680 biß 1714 publiciret und samt einigen Rescripten ans Licht gegeben, Magdeburg/Halle 1714 (CCMagd), T. 4, Nr. 37.

492 Vgl. Härter, Repertorium der Policeyordnungen.

493 Hier sei auch auf die gerade im Entstehen begriffene Dissertation von Christian Huber zum wesentlichen Einfluss des brandenburgischen Schöppenstuhls auf die Gerichtsurteile bis weit in das 18. Jahrhundert hinein verwiesen.

494 Criminal-Ordnung vor die Chur- und Neumarck 1717, in: Mylius, CCM, T. II, 3. Abt., Nr. 32.

495 Eibach, Joachim: Männer vor Gericht, Frauen vor Gericht, in: Christine Roll; Frank Pohle; Matthias Myrczek (Hg.): Grenzen und Grenzüberschreitungen. Bilanz und Perspektiven der Frühneuzeitforschung, Köln u. a. 2010, S. 559–572, hier S. 561.

tenfrauen ausgenommen, die in der Heimatgemeinde auf dem Land geblieben waren und sich nicht in den größeren Garnisonen angesiedelt hatten.[496]

In den neu dazukommenden Territorien in Schlesien wurde gar von Beginn an darauf verwiesen, dass die Frauen der Soldaten auf dem Land der jeweiligen zivilen Gerichtsbarkeit angehörten. Dies traf ebenfalls für die eingeschriebenen Männer zu, die noch keine Musterung beim Regiment erfahren hatten und somit noch gar nicht für den Militärdienst ausgewählt worden waren.[497] Die ständigen Auseinandersetzungen um die Gerichtszugehörigkeit der Enrollierten brachten auch verschiedene Stände bei der Huldigung für Friedrich II. 1740 vor und baten um Abschaffung der ständischen Privilegien für die enrollierten Untertanen. Die magdeburgischen Stände stellten in ihrem Schreiben fest, es sei »die Jugend durch das Enrollirungssystem ganz verwildert.« Die eingeschriebenen jungen Leute ließen »sich schon bedünken Soldaten zu sein«; sie seien »unbotmäßig gegen Eltern und Lehrer, widerstrebten der Bestrafung durch die Obrigkeiten und suchten, so lange sie die Pässe hätten, Schutz beim Officier«. Man stellte in der Folge fest, »Zucht, Ehrbarkeit, Disciplin und Polizei hätten infolgedessen auf dem Lande gutentheils aufgehört«.[498] Diese Bestimmungen wurden für die verschiedenen Landesteile der preußischen Monarchie immer wieder rekapituliert, dennoch gab es Lücken und Probleme bei der Umsetzung dieser Vorschriften in die Praxis.

So klagten die pommerschen Landstände noch 1752, dass die Enrollierten, unabhängig davon, ob diese beim Regiment tatsächlich einrangiert seien, sich als Militärangehörige verstünden:

> »Diese allerhöchste Decision will man hier auf alle Enrollirten ohne Unterscheid interpretiren; wir unterwinden uns aber Ewr. Königl. Majestaet in tieffster Ehrfurcht allerunterthänigst vorzutragen, daß wir solche nur von denen Enrollirten, welche würklich einrangiret und beuhrlaubet sind, verstehen, denn […] es ist auf dem platten

496 Vgl. Engelen, Soldatenfrauen, S. 379f.

497 Auch für die preußischen Gebiete gab es bereits Regeln, um die untüchtigen Enrollierten auszusortieren: Rescript, daß hinführo bloß denen Chefs des Regiments erlaubet seyn solle, diejenigen Enrollirte, so nicht zu Soldaten und Equipage-Knechten, oder Weißkittels, tüchtig den Abschied zu ertheilen, in: Mylius, Christian Otto (Hg.): Corpus Constitutionum Marchicarum Continuationum I–III. Supplementa einiger in der Chur- und Marck Brandenburg, auch incorporirten Landen, ergangenen Edicten, Mandaten, Rescripten etc. von 1737 biß 1747, Bd. 1, Berlin 1737, Nr. 44.

498 Acta Borussica 6,1: Einleitende Darstellung der Behördenorganisation und allgemeinen Verwaltung in Preußen beim Regierungsantritt Friedrichs II., Berlin 1901, Nr. 43, 02.08. 1740, S. 93. Immer wieder mussten neue Bestimmungen erlassen werden, um die Zuständigkeit der zivilen Gerichte für die Enrollierten durchzusetzen: »Es wird als ein principium regulativum festgesetzt, daß in Berlin bei Polizeidelicten von Enrollirten, die niemals in Reih und Glied gestanden haben, ausschließlich der Polizeidirector zuständig sein soll; handelt es sich dagegen um Soldaten, so sollen judicia mixta gebildet werden.«

Lande alles von Jugend an enrollirt, und darunter sind viele, die wegen ihrer Statur niemahls Soldaten werden können.«[499]

Die Stände sahen sich also der Gefahr ausgesetzt, über die Untertanen, welche gewohnheitsmäßig in die Regimentslisten eingetragen wurden, keine richterliche Verfügung zu haben und dieselben daher von Vergehen und kriminellen Handlungen nicht abhalten zu können. Selbst in Verfahren zwischen Zivilisten und Beurlaubten suchten die Soldaten nicht selten die Unterstützung durch das Regiment, da die Rechtsprechung in zivilgerichtlichen Sachen auch durch das Kriegsgericht vertreten werden konnte und mitunter für den Angehörigen des eigenen juristischen Standes vorteilhafter war.

Zu dieser Trennung der Gerichtsstände und der zunehmenden Gegenüberstellung zwischen zivilen und militärischen Gerichtsverfahren hatten auch der Einfluss des römischen Rechts und der Inquisitionsprozess beigetragen: Im 16. Jahrhundert verdrängte das römische Recht mit seinen Standardisierungsbemühungen im Deutschen Reich zunehmend das althergebrachte Gewohnheitsrecht gemeinschaftlicher Prägung. Die Einführung eines umfassenden Gesetzbuches 1532, der *Peinlichen Gerichtsordnung Karls V.* (die so genannte *Constitutio Criminalis Carolina*), hatte die Entwicklung von Gerichtsstandards beflügelt und wurde vom Landesherrn den Bedürfnissen der zentralen Landesverwaltung angepasst.[500]

Auf der niederen Instanz lag die Rechtsprechung im zivilen Bereich und in Bezug auf die bürgerlichen, zivilgerichtlichen Interessen bei den Dorf- und gutsherrlichen (Patrimonial-) Gerichten.[501] Gerichte auf der mittleren Instanz waren Land- oder Stadtgerichte in den von den Ständen weitgehend unabhängigen Städten.[502] Die obersten Gerichte waren mit der Rechtsprechung des Königs eng verbunden und betrafen vor allem die hohe Finanz- und Strafjustiz, in Form der Hof- oder Kammergerichte.

Die Rechtsprechung für die preußischen Soldaten wurde mit der Errichtung einer eigenen gerichtlichen Instanz geregelt, denn als Angehöriger des Militärs unterstand jeder Soldat der Militärgerichtsbarkeit und sollte infolgedessen vor den Regiments- oder Kriegsgerichten der preußischen Armee zur Untersuchung antreten und von diesen sein Urteil empfangen.[503] Aus politischen Gründen war

499 GStA PK, I. HA Geheimer Rat, Rep. 96 Geheimes Zivilkabinett, Nr. 611 G, Bl. 4.

500 Vgl. ebd., S. 287.

501 Vgl. Wienfort, Patrimonialgerichte in Preußen, S. 29–41.

502 Vgl. Meier, Brigitte: Das brandenburgische Stadtbürgertum als Mitgestalter der Moderne. Die kommunale Selbstverwaltung und die politische Kultur des Gemeindeliberalismus, Berlin 2001.

503 Vgl. KGO, Art. XXXVI, S. 538: Demnach war es durchaus möglich, beim König um die Übertragung des Verfahrens an ein anderes Gericht als das Kriegsgericht zu bitten. Hierzu

die Disziplin im Militär zu einem wichtigen Aspekt der Herrschaft geworden. Das seit dem 17. Jahrhundert quasi existierende und mit der Errichtung des Generalkriegsdirektoriums 1722/23 mit weitreichenden Befugnissen versehene Generalauditoriat stellte richterliche Militärbeamte für die Regimenter zur Verfügung, die sich um alle Belange der »Truppe« als Vermittler zwischen Soldaten und Offizieren auf der einen Seite und dem Gericht auf der anderen kümmern sollten.[504] Der Aufgabenbereich der »Auditeure« erstreckte sich dabei von Lehns- und Erbschaftsangelegenheiten der Militärangehörigen über leichtere disziplinarische Verfehlungen und Injurien bis hin zu schweren Eigentumsdelikten und Kapitalverbrechen.[505]

In den Kriegsgerichtsverfahren übernahm der Auditeur die Funktion des beratenden Juristen und verfolgte die Einhaltung der Prozessordnung im Verlauf eines militärgerichtlichen Verfahrens, da es sich bei den Anwesenden um juristische Laien handelte.[506] In Friedenszeiten entschied ein Regimentsgericht, das nicht nur für die militärisch ausgebildeten Soldaten, sondern darüber hinaus auch für deren Familien, also Frauen und Kinder, zuständig war. Daraus ergaben sich zwangsläufig Überschneidungen in den Zuständigkeiten, denn auf der zivilen Ebene waren Stadt- oder Landgerichte für die Rechtsprechung über die aus ihren Landkreisen stammenden Untertanen berechtigt und konnten daher von den Betroffenen in der Hoffnung auf einen milderen Urteilsspruch angerufen werden.[507] Gerade die enrollierten Landeskinder, die außerhalb der Exerzierzeit auf den heimatlichen Feldern oder in der Gemeinde arbeiteten, konnten sich an die zuständigen Gerichte wenden, um vor Ort durch die Unterstützung eines bekannten Leumunds und die soziale Vernetzung in der Region einen besseren Ausgang des Verfahrens zu erhalten.[508] Doch noch eher in umgekehrten Fällen konnte sich der Delinquent der zivilen Rechtsprechung durch den Eintritt in das Militär entziehen. Besaß der Beschuldigte als »guter« Soldat die Unterstützung

mussten aber wesentliche Gründe gegen die Personen des Kriegsgerichts oder wegen einer möglichen Benachteiligung bei der Rechtsprechung vorgebracht werden.

504 Vgl. Hülle, Auditoriat, S. 2.

505 Für das umfangreiche Aufgabenfeld ließ König Friedrich I. 1712 die »Auditeur-Instructionen« erstellen, die für das gesamte 18. Jahrhundert Gültigkeit besaßen. GStA PK, IV. HA, Rep. 16 Militärvorschriften, Nr. 461: Kriegsgerichtsordnung und Instruktionen König Friedrichs I. über das Militärgerichtswesen 1712.

506 Die Befugnisse und Aufgabenbereiche sowie die detaillierte Abfolge des Inquisitionsprozesses waren bereits durch den ersten preußischen König Friedrich I. 1712 in den »Instruktionen für das Militärgerichtswesen« auch juristisch bindend formuliert worden. GStA PK, IV. HA, Rep. 16 Militärvorschriften, Nr. 461: Instruktionen König Friedrichs I. über das Militärgerichtswesen.

507 Vgl. Wienfort, Monika: Patrimonialgerichte in Preußen. Ländliche Gesellschaft und bürgerliches Recht 1770–1848/49, Göttingen 2001.

508 Vgl. Frank, Michael: Dörfliche Gesellschaft und Kriminalität. Das Fallbeispiel Lippe 1650–1800, Paderborn u.a. 1995, S. 207f.

seines Vorgesetzten, konnte er darauf hoffen, in einem militärischen Verfahren ein günstiges Urteil zu erhalten.[509]

Die Militärgerichtsbarkeit durchdrang das militärische Milieu und schuf eine Verbindung zwischen Soldaten, Offizieren und dem Regimentschef. Obwohl die Form des Kriegsrechts im Verlauf des 17. und 18. Jahrhunderts einem fundamentalen Wandel unterzogen wurde, da das »Privatrecht« des Regimentsinhabers auf die zentrale Instanz des Landesherrn und Fürsten übertragen wurde, schien an sich kein Zweifel daran zu bestehen, dass in den Regimentern eine Disziplin zu herrschen hatte, die durch das Kriegsrecht oder die »Articul« hergestellt werden musste.

Während im 17. Jahrhundert auch für die brandenburgische Armee zu diesem Zweck noch ein gemeinsames Kriegsrecht für alle Militärangehörigen galt, wurden bereits einige Jahre nach dem Erhalt der Königswürde die ersten Kriegsartikel für Mannschaften und Unteroffiziere (1705) und schließlich Reglements für die Offiziere erlassen, die jeder militärischen Klasse ihre Funktion im Militär zuwies. Damit änderten sich auch die Rollen innerhalb der Militärgerichtsbarkeit: Während der Schultheiß in den Verfahren des 16. und 17. Jahrhunderts gegen Soldaten eine wichtige Funktion einnahm und den Prozess steuerte, wurde der juristisch geschulte Auditeur im 18. Jahrhundert zu einem »Militärbeamten«, der die Justiz im Regiment nicht nur zu steuern, sondern vielmehr zu verwalten hatte. Obwohl die riesige preußische Armee über einen großen und unübersichtlichen Stab verfügte und damit bis in die Kompanien hinein Einfluss auf den täglichen Dienstablauf nahm, ist das Forschungsinteresse an diesen nicht-kämpfenden Militärangehörigen bisher stillschweigend vorübergegangen.

Doch die Auditeure waren nicht die alleinigen Träger der Justiz im Regiment, denn anders als in den kritischen rechtswissenschaftlichen Abhandlungen des 19. und 20. Jahrhunderts formuliert,[510] trugen alle Teile des Regiments zur Urteilsfindung im Kriegsgericht bei: Der Chef bzw. Kommandeur des Regiments wurde über alle strafrechtlichen Untersuchungen informiert und hatte bis zu einer bestimmten zu erwartenden Strafe oder bei den höchsten Delikten – wie Majestätsbeleidigung, Meuterei, Desertion oder Mord – Rücksprache mit dem Generalauditoriat und damit mit dem Monarchen zu halten. Von Friedrich I. an bis zu Friedrich II. lassen sich Konstanten in der Rolle des Königs als Inhaber der obersten Befehlsgewalt über das Militär feststellen: Funktionierten die Verfahren,

509 Zwei solcher Fälle beschreibt Birgit Rehse in ihrer Untersuchung zu Bittschriften an König Friedrich Wilhelm II. von Preußen, vgl. Rehse, Birgit: Die Supplikations- und Gnadenpraxis in Brandenburg-Preußen. Eine Untersuchung am Beispiel der Kurmark unter Friedrich Wilhelm II. (1786–1797) (= Quellen und Forschungen zur brandenburgischen und preußischen Geschichte, 35), Berlin 2008, S. 150f.

510 Vgl. Kraus, Militärstrafverfahren, S. 34.

indem sie schnell durchgeführt wurden, die Urteile gut begründet ausfielen und sich an der bestehenden Rechtsprechung orientierten, wurden die Urteile von allen Monarchen meist bestätigt und zur Vollstreckung an das Regiment zurückgesandt. Die wenigen Fälle, in denen dies nicht zutraf, hatten in erster Linie mit persönlichen Überzeugungen der Monarchen zu tun, wenn diese sich für einen Reinigungseid oder für eine härtere Bestrafung von Deserteuren aussprachen.[511] In disziplinaren Angelegenheiten sowie allen Straftatbeständen, die nach den Kriegsartikeln mit bis zu achtmaligem Gassenlauf zu bestrafen waren, konnte der Regimentschef/Regimentskommandeur eigenständig Strafen verhängen und in einem internen »kleinen« Regimentsgericht entscheiden.

Die preußischen Offiziere waren als Vorgesetzte der Soldaten und als Untertanen des Königs in einer Vermittlerposition, wurden als Gutachter und Richter eingesetzt – standen aber auch selbst vor Gericht.[512] Da sie in den Gerichtsverfahren in erster Linie als Militärs Recht sprechen konnten und die Laiengerichtsbarkeit bis in das 20. Jahrhundert hinein Bestand hatte, bedurften sie wiederum der Beratung und juristischen Unterrichtung durch den Auditeur. Die Offiziere besaßen Fürsprecher in den anderen Regimentern oder waren beim Monarchen selbst hoch angesehen, sodass sie mit ihrem sozialen Kapital den Verlauf eines Verfahrens durchaus beeinflussen konnten. Andererseits standen sie ebenfalls unter einem gesellschaftlichen und politischen Druck, der insbesondere in der Regierungszeit Friedrichs II. enorm anwuchs. Die zumeist adligen Offiziere mussten demnach nicht nur ihre gesellschaftliche Stellung ausfüllen und verteidigen, sie sollten in den Augen des Königs außerdem zu befähigten Offizieren und Generälen heranwachsen, die nicht nur loyal, sondern klug und mit Umsicht ihr Regiment führten, in Schlachten Haltung bewiesen und durch eine vorbildliche Lebensführung Einfluss auf ihre Untergebenen nahmen. In Kriegszeiten standen sie im besonderen Fokus als Heerführer und wurden insbesondere während des Siebenjährigen Krieges für eigenmächtige Entscheidungen, die von der Linie Friedrichs II. abwichen, durch die Generalkriegsgerichte hart bestraft.

Was die Soldaten anbelangte, bedeutete die zunehmende Zentralisierung der militärischen Rechtsprechung in Form des Bestätigungsrechts durch den König zwei Dinge: zum Ersten zeigte sich, dass der Ermessensspielraum für deviantes Handeln kleiner wurde. Das abweichende Verhalten wurde im Verlauf des 18. Jahrhunderts bald zügiger zu einer »kriminellen« Handlung, an deren Bewertung neben dem Soldaten selbst sowohl das Kriegsgericht mit seinem Urteil, der Auditeur mit seinen Voruntersuchungen und Vorakten sowie der Monarch

511 Vgl. Quellenkapitel 4 (Fall Sigmund Leuthner und Desertionsversuche).

512 Vgl. Kap. 4.7 zu den Verfehlungen des Obersten von Kleist 1722 und des Obersten von Seel 1746.

mit der Bestätigung oder Änderung des Urteils Anteil hatten. Die Absicht der preußischen Monarchen, die Rechtsprechung in den Regimentern durch eine zentrale Stelle in der Regierung zu straffen, traf dabei aber auf die anhaltenden Autonomiebestrebungen der einzelnen Offiziere. Denn zum Zweiten brachten diese Tendenzen die zahlreichen »Schlupflöcher« für die rechtlichen Verfahren hervor, die es den Soldaten in späteren Verfahren überhaupt erst ermöglichten, ihr Handeln durch relevante Argumente zu verteidigen und zu relativieren.

3 Konfliktfelder im Regiment

Innerhalb der Regimenter sowie im Zusammenleben zwischen Militär und Zivilgesellschaft gab es auch im 18. Jahrhundert Bereiche, in denen es zu Konflikten und Auseinandersetzungen kommen konnte. Dies war aber nicht nur im Zusammenspiel zwischen den verschiedenen »Milieus« der Fall – sondern konnte durchaus auch innerhalb der militärischen Gemeinschaft auftreten. So geht die neue Militärgeschichtsforschung davon aus, dass es in verschiedenen administrativen Bereichen im Verlauf des 18. Jahrhunderts zu Experimentierphasen kam, in denen sich bewährte Prozesse und Vorgänge durchsetzen sollten, althergebrachte Gewohnheitsrechte überprüft und angepasst wurden und neue Formen der Verwaltung und der Rechtsprechung sich etablierten.

Zwischen den Soldaten und den übrigen Ständen kam es daher aufgrund der unterschiedlichen administrativen Schwerpunktsetzung in der militärischen und etwa der städtischen oder universitären Verwaltung immer wieder zu Konflikten, die durch gesellschaftliche Konfrontationen und Verhaltensmuster ergänzt wurden. Immer wieder kam es vor allem im Umfeld der Werbung, aber auch aufgrund von ständischen Ehrvorstellungen zu Schlägereien und gewalttätigen Auseinandersetzungen.

Innerhalb des Regiments lassen sich ähnliche Schwerpunkte setzen: Hier beherrschten die Verfahren wegen militärischer Delikte und schwerwiegender Verbrechen wie Desertion, Mord und Totschlag, Diebstahl oder Betrug das Feld. Disziplinare Vergehen, die insbesondere etwas über die interne gesellschaftliche Struktur und Atmosphäre im Militär aussagen können, sind selten in den Dokumenten, die der Regimentssekretär oder Auditeur anlegte, anzutreffen, denn die Ahndung vor Ort beschloss das Verfahren zugleich und der Anlass für die interne Maßregelung drang nicht nach außen. Dementsprechend lassen sich Konfliktfelder im Militär eher aus der Perspektive des Militärdienstes der Auditeure beobachten und in einen Kontext stellen: Um diese Felder genauer zu beschreiben, werden im Folgenden die im Zusammenhang mit den Herausforderungen des militärischen Dienstes auftretenden Problemkreise aus den Archivakten beleuchtet, um im folgenden Quellenkapitel ausgewählte Fallbeispiele näher unter die Lupe zu nehmen. Zunächst werden die verschiedenen Formen von Gewalt, die in den Akten sichtbar werden, in Verbindung mit dem Aufgabenspektrum des Militärs und vor dem Hintergrund der alltäglichen Erfahrung von körperlicher Züchtigung von Militärangehörigen und Zivilisten beleuchtet: hierbei werden vor allem die Thesen der neueren Gewaltforschung mit den Erkenntnissen aus dem Quellenmaterial in Verbindung gesetzt, um herauszustellen, wo innerhalb des frühneuzeitlichen Militärs strukturelle Gewalt konstatiert werden kann (Konfliktfeld I).

In engem Zusammenhang damit steht ein weiteres Konfliktfeld, das aufgrund seiner Fülle an Aktenmaterial besonders herausgestellt werden soll: die gewaltsame Werbung gehörte bereits seit dem 17. Jahrhundert zu einem durch zahlreiche Edikte und Ordern der brandenburgischen Kurfürsten und preußischen Könige vordergründig bekämpften Konfliktfelder (Konfliktfeld II).[513] Andererseits stellte diese Form der Heeresaufbringung in Zeiten knapper Kassen und fehlenden Personals (meist also in Krisen- und Kriegszeiten) ein durchaus akzeptiertes Mittel der Heeresaufbringung dar. Die zahlreichen Klagen bei den Regimentern sowie die Form, in der solche im Militär und durch den König behandelt wurden, verweisen auf eine recht »flexible« Praxis der Werbung, die auch mit gewalttätigen Mitteln durchgesetzt wurde.

Dieses Feld ist aber nicht nur aufgrund der entgegengesetzten Interessen von Militär und Zivilgesellschaft in Bezug auf die Wegnahme von Familienangehörigen und Bediensteten oder Untertanen interessant, darüber hinaus besiegelte sie für nicht wenige Soldaten den Weg in den Militärdienst – noch bevor die erste Ausbildung an den Waffen oder das erste Exerzieren stattfanden. Das wirft die Frage nach der kulturellen Bedeutung der gewaltsamen Werbung für die weitere Diensttätigkeit der Soldaten und für ihr Selbstverständnis im Regiment und gegenüber anderen Gesellschaftsteilen auf.

Im Anschluss daran werden die verschiedenen Ebenen, auf denen sich die Soldaten und andere Gruppen im Bereich ihres Militärdienstes im Alltag begegneten, beleuchtet (Konfliktfeld III). Für die Männer selbst spielten innerhalb des Regiments die Abläufe im Wachdienst, das Exerzieren und die Pflege der Montur einschließlich der anvertrauten Waffe eine wesentliche Rolle – hierüber kam es zwischen den Soldaten und ihren Vorgesetzten immer wieder zu Konflikten, die durchaus Formen der Insubordination auslösen konnten, wenn sich die Soldaten ungerecht behandelt fühlten. Das Zusammenleben in der Garnison brachte demnach verschiedene Herausforderungen mit sich – im Umgang mit den Kameraden ebenso wie im Verhalten gegenüber den Quartierwirten und den Angehörigen der Garnison. Hier konnte es auf verschiedenen Ebenen zu Kon-

513 Hier sei allein auf die umfangreichen Edikte, die Mylius in seinen CCM aufnahm, seit dem 17. Jahrhundert verwiesen.

flikten kommen: Während die Einquartierung immer wieder für Ärger sorgte, weil sich Soldaten und Wirtsleute nicht vertrugen, führte auch die Kombination von Alkohol mit dem Mitführen der Schuss- oder Blankwaffe zu zahlreichen Auseinandersetzungen – erst recht, wenn diese auch von beiden Seiten gesucht wurde. So zeigen die Akten insbesondere für Halle, dass auch die dort studierenden jungen Leute den Konflikt mit den Soldaten gern suchten und auch verschärften.

Darüber hinaus stellten die Militärangehörigen für eine bestimmte Schicht der Untertanen in den Städten eine immense Konkurrenz dar, denn etliche Soldaten sowie deren Frauen versuchten das Einkommen der Familie durch ein zusätzliches Gewerbe zu verbessern. Da die meisten Soldaten ein Handwerk erlernt hatten und der Militärdienst für diese nur ein begrenzter Abschnitt im Erwerbsleben darstellte, konnten verschiedene Bevölkerungsgruppen durch die zahlreichen Militärangehörigen in ihrem Einkommen geschmälert werden. Außerdem erhielten die Regimenter zum Teil Vorrechte bei der Versorgung mit bestimmten Nahrungsmitteln und Rohstoffen (Holz) – dass diese Vorrechte auch gegenüber der übrigen Gesellschaft verteidigt und belegt werden mussten, zeigen die vielen Beschwerden der lokalen Behörden.

Schwere Konflikte konnten schließlich auch im Bereich des Austretens aus dem Militärdienst zutage treten: zum einen klagten einige Soldaten, dass sie ihren versprochenen Abschied nicht bekamen – oder diesen teuer erkaufen sollten. Zum anderen bedeutete der eigenmächtige Austritt aus dem Militär in Form der Desertion nach bestehenden Rechten die Verwirkung des eigenen Lebens und den Verlust des gesamten Vermögens (Konfliktfeld IV). Was auf den ersten Blick als logische Konsequenz erscheint, erweist sich auf den nächsten Blick als komplexes Geflecht von Herrschaftshandeln, individueller Verhandlungstaktik und begründeter Argumentation.[514] Insbesondere die Verhöre von Deserteuren zeigen, dass sich im 18. Jahrhundert essenzielle Verteidigungs- und Argumentationsmuster etablierten, die dem Militärrecht einen individuellen Erfahrungsansatz entgegensetzten, der prinzipiell auch von den Vorgesetzten und sogar vom König nicht bestritten wurde: Das Verhalten im Fall der Desertion konnte zwischen Leben und Tod entscheiden und im Falle einer geschickten Gnadenbitte zur umfassenden Rehabilitation führen.

514 Auf dieses weite Feld weist bereits die grundlegende Arbeit von Michael Sikora, Disziplin und Desertion, S. 354f. hin.

3.1 Konfliktfeld I: das Militär als Gewaltkultur

»Und kommt ein frisch Parad, tut man ein falschen Tritt,
Dann hört man es schon rufen: Der Kerl muss auf den Glied!
Patronentasche runter, den Säbel abgelegt,
Und tapfer drauf geschmissen bis er sich nicht mehr regt.«[515]

In dem Soldatenlied aus den Befreiungskriegen gegen Frankreich wurden die Erzählmuster über die frühneuzeitlichen Armeen – insbesondere über die preußische – bedient. Hier zum Beispiel wurde die übermäßig harte Bestrafung für kleine Vergehen während des Exerzierens und des einfachen Dienstes kritisiert. Diese Einschätzung wird bis heute rückblickend durch viele Historiker geteilt:

> »Diese Entwicklung verschärfte die Wahrnehmung von Gewalt als Ausdruck ständischer Ungleichheit noch, da körperliche Auseinandersetzungen als Mittel der interpersonellen Konfliktlösung immer stärker sanktioniert und körperliche Züchtigung als Strafinstrument somit mehr und mehr zum Ausdruck einer asymmetrischen Kommunikation wurde.«[516]

Während diese Feststellung für das Verhältnis zwischen dem Hausherrn und seinen Knechten oder sogar zwischen den Offizieren und »ihren« Soldaten wohl gelten kann, sprechen die zahlreichen Auseinandersetzungen zwischen ständisch gleichgestellten Personen eine andere Sprache: Gewalt war eben nicht nur Ausdruck einer sozialen Ungleichheit, sondern konnte ebenfalls Zeichen einer sozialen Vergleichbarkeit sein. Die Konflikte um persönliche und kollektive Ehre in der Frühen Neuzeit lassen sich nur vor dem Hintergrund verstehen, dass der Konflikt zwischen gleichberechtigten Gruppen oder Einzelperson entstand, die wechselseitig das Recht der Ehre postulierten und dieselbe im Fall der Beleidigung zu verteidigen suchten.[517]

Die besonders eindrückliche Schilderung der Lebensumstände erschwert dabei oft den unbefangenen Blick auf den tatsächlichen Stellenwert von Gewaltanwendung: So folgt auch die Volkskunde der Argumentation von Zeitge-

515 Lied: O König von Preußen, Ende des 18. Jahrhunderts gedichtet auf den Husaren-Marsch, besonders in den Befreiungskriegen populär geworden. Steinitz, Wolfgang: Deutsche Volkslieder demokratischen Charakters aus sechs Jahrhunderten, Berlin 1972, S. 143f.

516 Göttsch, Silke: Körpererfahrung und soziale Schicht, in: Paul Münch (Hg.): »Erfahrung« als Kategorie der Frühneuzeitgeschichte (= HZ Beiheft, 31), München 2001, S. 107–113, hier S. 108.

517 Nur so lassen sich m. E. die vielen Fälle von Händeln zwischen Handwerkern, Studenten und etwa Soldaten auf der einen Seite sowie die ebenso zahlreichen Duelle zwischen adligen Offizieren auf der anderen Seite verstehen. Vgl. Ludwig, Ulrike: Rituale der Vergemeinschaftung? Das Duell als Phänomen einer militärischen Gewaltkultur, in: Ralf Pröve; Carmen Winkel (Hg.): Übergänge schaffen. Ritual und Performanz in der frühneuzeitlichen Militärgesellschaft, Göttingen 2012, S. 61–80.

nossen des 18. Jahrhunderts wie Ulrich Bräker, der körperliche Gewalt als ausschließlich traumatisierende Körpererfahrung für die Soldaten illustriert, immer belegt durch die plastischen Darstellungen der Erfahrungswelt im Umgang mit Drill und Züchtigung.[518] Wenn Silke Göttsch in ihrem Aufsatz zur Körpererfahrung in den sozialen Schichten feststellt, dass die leibeigenen Bauern, »wie die Soldaten oder Handwerkslehrlinge, nicht die Anwendung des Dienstzwanges an sich« infrage stellten,[519] ignoriert sie zum einen die Tatsache, dass aufgrund der fehlenden Quellenbelege bis heute nicht attestiert werden kann, dass die Zeitgenossen individuelle Klagen gegen die Anwendung von Gewalt führten, da sich sich Konflikte und ihre Lösungen zum großen Teil im mündlichen Bereich abspielten.[520] Und zum anderen folgt sie der »Logik der Quellen«, wenn sie etwa den Berichten des Deserteurs Bräker volle Authentizität zuspricht, ohne kritisch anzumerken, dass dieser seine Texte erst Jahrzehnte später und mit dem Fokus darauf, die eigene Desertion nachträglich zu legitimieren, verfasste.[521]

Nachdem gerade die Gewaltforschung in den letzten 20 Jahren mit ihren neuen Erkenntnissen aufzeigen konnte, dass körperliche Gewalt (insbesondere die Androhung derselben) durchaus als Kommunikationsangebot dienen konnte und somit die bloße Erwähnung von Gewalt oft auch eine Eskalation verhinderte,[522] blieb bisher fraglich, inwiefern diese Erkenntnisse für eine Untersuchung der alltäglichen Lebensbedingungen und Wahrnehmungen von Militärangehörigen fruchtbar gemacht werden könnten.[523] So bietet die systemtheoretische Perspektive auf die militärische Struktur und die damit verbundene Gewalt im Alltag der Männer, die zum großen Teil aus den unteren Schichten stammten und die Gewaltanwendung als Erziehungsmittel gewohnt waren, einen reizvollen Erklärungsansatz. In der Umsetzung haben sich die Systemtheoretiker, allen voran Niklas Luhmann, jedoch stets schwergetan und das Militär weitgehend ausgeklammert bzw. als autoritäres Machtgefüge abgetan.[524] Dabei

518 Vgl. Götsch, Körpererfahrung, S. 109.

519 Vgl. ebd., S. 110.

520 Vgl. Dinges, Martin: Justiznutzungen als soziale Kontrolle in der Frühen Neuzeit, in: Gerd Schwerhoff; Andreas Blauert (Hg.): Kriminalitätsgeschichte. Beiträge zur Sozial- und Kulturgeschichte der Vormoderne, Konstanz 2000, S. 503–544.

521 Vgl. Kloosterhuis, Donner, Blitz und Bräker, S. 137–140.

522 Vgl. Dinges, Soldatenkörper, S. 80.

523 Nowosadtko, Jutta: Der Militairstand ist ein privilegierter Stand, der seine eigenen Gesetze, obrigkeitliche Ordnung und Gerichtsbarkeit hat. Die »Verstaatlichung« stehender Heere in systemtheoretischer Perspektive, in: Ralf Pröve; Markus Meumann (Hg.): Herrschaft in der Frühen Neuzeit. Umrisse eines dynamisch-kommunikativen Prozesses (= Herrschaft und soziale Systeme in der Frühen Neuzeit, 2), Münster 2004, S. 121–141, hier S. 126f. regt eine systemtheoretische Auseinandersetzung mit dem Militär als »Teilgesellschaft« an.

524 Kritisch zur Leistung der Systemtheoretiker in militärsoziologischer sowie gesamtgesellschaftlicher Hinsicht vgl. Knöbl, Wolfgang; Schmidt, Gunnar: Einleitung: Warum brauchen

kann insbesondere die Frage danach, welchen Einfluss die militärische Ausbildung auf die Anwendung von Gewalt besaß und in welchen Grenzen die Gewaltausübung infolgedessen akzeptiert wurde, auch für epochenübergreifende soziologische Erklärungsmuster gewinnbringend sein.[525] Im Folgenden wird daher anhand der Fallbeispiele beleuchtet, wann diese Grenzen der Akzeptanz überschritten wurden und ab welchem Punkt dieses Verhalten gar kriminalisiert wurde. In diesem Zusammenhang werden die rechtlichen und kulturellen Bedingungen und Umstände durchleuchtet, um den individuellen oder kulturell anerzogenen Wahrnehmungsmustern im Umgang mit Gewalt nachzuspüren und um zu verstehen, wann die Ausübung von Gewalt in der Perspektive von Vorgesetzten und Kameraden zum Verbrechen wurde und strafrechtlich geahndet werden musste. Einer dieser Fälle, der in der anschließenden Analyse auf der Mikroebene näher beleuchtet wird, soll hier bereits als Beispiel kurz beschrieben und herangezogen werden:

Es handelt sich bei dem Vorfall um einen Fall aus den Unterlagen des Infanterieregiments Anhalt-Dessau, der einen scheinbar »typischen« Konflikt zwischen Militärangehörigen und der Zivilgesellschaft im 18. Jahrhundert anzeigt: während der gewaltsamen »Wegnahme« eines ortsansässigen Bauern durch die Werbesoldaten des Dessauer Regiments kam es zu dem Exzess an dem Torschreiber, der sich kritisch zum Vorgehen der Soldaten äußerte. Die Situation war – zumindest in der kurzen Beschreibung durch die städtischen Beamten – vor allem durch das aggressive Vorgehen der Soldaten eskaliert: Das Blankziehen der Dienstwaffe, die zudem auch noch gegen den unbewaffneten Zivilisten eingesetzt wurde, stellte nicht nur einen Verstoß gegen das preußische Kriegsrecht dar,[526] sondern wurde von den umstehenden Zeugen auch als Akt der Aggression

---

wir eine Soziologie des Krieges?, in: dies. (Hg.): Die Gegenwart des Krieges. Staatliche Gewalt in der Moderne, Frankfurt a. M. 2000, S. 7–22, besonders S. 7f.

525 So setzt sich die Militärsoziologie analog zur historischen Forschung, insbesondere in der Epoche des 20. und 21. Jahrhunderts, mit den gegenseitigen Einflüssen von Militär und paramilitärischen Strömungen auseinander. Vgl. Kümmel, Gerhard; Klein, Paul; Kozielski, Peter Michael: Die gewalttätige Gesellschaft. Erscheinungsformen und Ursachen von Gewalt. Handlungsmöglichkeiten für die Bundeswehr, Strausberg 2004. In der Forschung zur Frühen Neuzeit wird der Isolationsaspekt des Militärs dagegen zunehmend kritisch bewertet, vgl. Nowosadtko, Der Militärdienst als Räuberschule?, besonders S. 168f.

526 Vgl. Edikt des Kurfürsten Friedrich Wilhelm von Brandenburg über das Verhalten der Soldaten vom 06.10.1665: »Es soll sich auch keiner gelüsten lassen, jemanden, wer der auch sey, Einheimische oder Frembde, [...] zu Kriegsdiensten zu zwingen, oder mit Gewalt aus Städten, Dörffern oder auf öffentlichen Jahrmärckten und Messen wegzunehmen, oder mit Schlägen, prügeln oder in andere wege zu tractiren, sondern alle dergleichen gewaltsame insolentien und Thätlichkeiten [...] sollen gäntzlich abgethan und verboten seyn.« Zit. nach: Frauenholz, Eugen von: Entwicklungsgeschichte des Deutschen Heerwesens, Bd. IV: Das Heerwesen in der Zeit des Absolutismus, München 1940, Beilage VII, S. 146–153, hier S. 150. Das spezifische Verbot des Blankziehens des Degens oder Säbels fand dagegen erst in Art. 6 der Kriegsartikel von 1749 Eingang – und hier auch nur im Zusammenhang mit der In-

bewertet. Dass die Soldaten, insbesondere die der preußischen Armee, im 18. Jahrhundert und zum Teil auch bis in die heutige Forschung hinein einen »schlechten« Ruf besaßen, lag auch an der allgegenwärtigen Präsenz der preußischen Werber, die neue Rekruten suchen mussten.

Der Druck, der eigenen Kompanie die dringend benötigte Anzahl an Rekruten zu verschaffen, war insbesondere vor Einführung des einheitlichen Kantonsystems 1733 immens.[527] Dabei kam es mitunter zu Konflikten mit der Bevölkerung, die auch mittels Gewalt ausgetragen wurden und – analog etwa zur studentischen Gewaltkultur oder zu den Gewaltritualen der Handwerker – einer gewissen »Eskalation der Gewalt« folgten, sofern nicht die unmittelbare Konfrontation von Beginn an das eigentliche Ziel war.[528]

Um die Verknüpfung von Gewalterfahrung und Gewaltanwendung sowie die damit verbundene eventuelle Kriminalisierung der Soldaten nachzuzeichnen, werden im Anschluss einige Überlegungen zum Gewaltbegriff im militärischen Milieu und wie sich dieser für den Zugang zu den Soldaten im 18. Jahrhundert verwenden ließe, formuliert. Da Gewalt in ihrer psychischen Ausformung nicht nur individuell und subjektiv ausgeübt wird, sondern darüber hinaus auch kulturell durch gesellschaftliche und soziale Faktoren bestimmt wird, ist danach zu fragen, welche Rahmenbedingungen die gewaltsamen Verstöße gegen Normen begünstigten und inwiefern das Milieu »Militär« einen spezifischen Teil zur Gewaltbereitschaft der Soldaten beitrug und damit tatsächlich als »Räuberschule« diente.

3.1.1 Gewaltbegriff und militärische Ausbildung

Die Erforschung von Gewalt und Gewaltkriminalität hat für die Frühe Neuzeit und die Neuere Geschichte bereits wesentliche Grundlagen erarbeitet und das Verständnis von Gewalt als rein »archaischer« Form des körperlichen Konfliktaustrags erweitert.[529] In den letzten Jahren fanden Arbeiten zur physischen und

subordination. Preußen, König in, Friedrich II.: Seiner Königl. Majestät in Preussen, etc. Alergnädigst neu approbirte Krieges-Articul vor Unter-Officier und gemeine Soldaten, sowohl von der Infanterie als auch Cavallerie, Dragoner und Artillerie, Brandenburg 1749 (De Dato Potsdam, den 16. Juni 1749), Art. 6.

527 Allgemein zu den Vorgaben der Werbung im 18. Jahrhundert vgl. Gugger, Rudolf: Preußische Werbungen in der Eidgenossenschaft im 18. Jahrhundert, Berlin 1997; zur Gewaltanwendung bei der Anwerbung von Rekruten auch in anderen Territorien vgl. Pröve, Ralf: Zum Verhältnis von Militär und Gesellschaft im Spiegel gewaltsamer Rekrutierungen (1648–1789), in: Zeitschrift für Historische Forschung 22 (1995), S. 191–217.

528 Vgl. Nowosadtko, Der Militärdienst als Räuberschule?, S. 173.

529 Vgl. Dinges, Martin: Gewalt und Zivilisationsprozess, in: Traverse. Zeitschrift für Geschichte = Revue d'histoire 1 (1995), S. 70–82, hier S. 70f.; allgemein: Bornschier, Volker: Konflikt,

psychischen Gewalt, zu struktureller Gewalt und zu Gewaltkulturen einige Beachtung: sie alle gingen nicht mehr von einem einseitigen Ausüben von Gewalt, sondern vielmehr von einer kommunikativen Grundstruktur des Gewalthandelns aus.[530] Der Diskurs um die Legitimität oder Devianz im Handeln von Militärangehörigen zeigte sich in kaum einem Bereich so vielfältig und stetig wie bei der Anwendung von Gewalt durch die Soldaten: die Fallakten zeigen »zwischen den Zeilen« die Erfahrungen im täglichen Umgang mit Waffen und körperlicher Gewalt in Friedens- und Kriegszeiten sowie die mentale Verarbeitung der körperlichen Disziplinierung. In diesem Zusammenhang gewinnt die Frage nach einer Wechselbeziehung von Gewalterfahrung und der vermeintlichen »Verrohung« des Militärs an Bedeutung.[531] Anzunehmen ist allerdings, dass körperliche Züchtigung in den unteren Schichten, aus denen sich die Soldaten zum großen Teil rekrutierten, zum alltäglichen Erleben gehörten und es in Friedenszeiten mitnichten zu spezifischen Ausformungen von Gewalttätigkeiten durch Soldaten kam.[532] Die Wirkmächtigkeit der militärischen Ausbildung auch in der Wahrnehmung durch die zivile Gemeinschaft kann anhand verschiedener Konfliktfälle und Gerichtsakten, die sich mit den Konfrontationen von Soldaten und Zivilpersonen beschäftigen, beurteilt werden. Der Verdacht, das Militär erziehe die Rekruten durch Drill und Gewalt und habe somit eine Absenkung der Hemmschwelle bei der Anwendung von Gewalt zur Folge, kann weder eindeutig entkräftet noch bestätigt werden und bedarf einer eingehenden Überprüfung.[533]

Neben der Geschichtswissenschaft haben insbesondere die Anthropologie sowie die Soziologie auf mögliche Erklärungsansätze von Gewalt als einem kulturellen Phänomen und als »agonale Kommunikation« hingewiesen.[534] Demzufolge unterlagen Gewaltakte bereits einer Ritualisierung, die sowohl einen typi-

Gewalt, Kriminalität und abweichendes Verhalten: Ursachen, Zeit- und Gesellschaftsvergleiche, Berlin 2007.

530 Vgl. Jaeger, Friedrich: Der Mensch und die Gewalt. Perspektiven der historischen Forschung, in: Friedrich Jaeger; Jürgen Straub (Hg.): Was ist der Mensch, was Geschichte? Annäherungen an eine kulturwissenschaftliche Anthropologie. Jörn Rüsen zum 65. Geburtstag, Bielefeld 2005, S. 301–323.

531 Die Auswirkung von Erfahrung auf den Wissensbestand des Soldaten ermöglicht Einblicke in die Transformation von Normen und traditionellem Wissen im Militär und kann darüber hinaus Normenkollisionen sichtbar machen. Vgl. Holzem, Andreas: Geistliche im Krieg und die Normen des Kriegsverstehens. Ein religionsgeschichtliches Modell zu Ritual, Ethik und Trost zwischen militärischer Kulttradition und christlicher Friedenspflicht, in: Franz Brendle; Anton Schindling (Hg.): Geistliche im Krieg, Münster 2009, S. 41–85.

532 Die starke Wechselwirkung von sozialer Prägung und dem Verhalten in Konfliktfällen betonte in seiner Analyse der Garnison Göttingen bereits Pröve, Stehendes Heer, S. 157.

533 Hierzu der durchaus kritische Forschungsbericht bei Nowosadtko, Der Militärdienst als Räuberschule?, bes. S. 168f.

534 Walz, Rainer: Agonale Kommunikation im Dorf der Frühen Neuzeit, in: Westfälische Forschungen 42 (1992), S. 215–251.

schen »Einstiegsmoment« über verbale Äußerungen als auch ein »Eskalationsmoment« als Weiterführung der Kommunikation ohne Sprache beinhaltete.[535] Diese Prozesse verdeutlichen die Funktion von Gewalthandlungen sowohl als Teil einer (meist) männlichen Kultur der Distinktion und Verteidigung (der ständischen oder sozialen Ehre) sowie als Ausdruck von »unkommunikativem Handeln«.[536] In diesem Sinn können die verschiedenen Stufen der Androhung und Ausübung von Gewalt durch die Soldaten zum einen als bewährtes Mittel der Kommunikation und Distinktion verstanden werden. Zum anderen stellten die ebenfalls häufig auftretenden Fälle von »gestörter« Kommunikation, in denen betrunkene Soldaten einen Kaufmann verprügelten oder ein einzelner Militärangehöriger seinen Frust durch die Anwendung von Gewalt abbaute, ein soziales Problem für die betroffenen Bürger und das Ansehen des Regiments dar, das daraufhin zur konsequenten Ahndung und Kriminalisierung von Gewalthandlungen genötigt war.[537] Ebenso lässt sich anhand der Einzelbeispiele nachvollziehen, in welchen Zusammenhängen Gewaltakte durch Soldaten in den Regimentsunterlagen abgelegt werden und inwiefern dieselben selbst »Opfer« von Gewalthandlungen durch Kameraden oder gar durch frustrierte Untertanen werden, die etwa ihre Sorgen und Anspannungen in Form von Übergriffen auf einzelne Soldaten oder Wachposten entluden.[538] So gibt es ebenfalls zahlreiche Nachweise, dass sich Studenten der Universität Halle des Öfteren an den Schildwachen des Regiments »vergingen«.[539]

535 Vgl. Schwerhoff, Gerd: Social Control of Violence – Violence as Social Control: The Case of Early Modern Germany, in: Hermann Roodenburg; Pieter Spierenburg (Hg.): Social Control in Europe, Bd. 1: 1500–1800, Columbus, Ohio 2004, S. 220–246.

536 Assmann, Aleida; Assmann, Jan: Kultur und Konflikt. Aspekte einer Theorie des unkommunikativen Handelns, in: Jan Assmann; Dietrich Harth (Hg.): Kultur und Konflikt, Frankfurt a. M. 1990, S. 11–48, hier S. 14.

537 Hier ist im Sinne der Wahrung eines inneren Friedens auch davon auszugehen, dass die Regimenter bei wiederkehrenden Vorkommnissen eingreifen mussten, vgl. Pröve, Zum Verhältnis von Militär und Gesellschaft.

538 Die unterschwelligen Konflikte führten immer wieder auch zu gewaltsamen Entladungen, bei denen Gruppen von jungen Männern gegen einzelne Militärangehörige vorgingen, wie etwa im Jahr 1715, als der Korporal Friese des Regiments Anhalt-Dessau durch sächsische Bergleute verprügelt und schwer verletzt wurde. LASA, A 9b Ib, Nr. 19, Bd. III, Bl. 207f.

539 So kam es insbesondere in Halle immer wieder zu Konflikten zwischen Studenten der Universität und den Wachen des Regiments Anhalt-Dessau. LASA, A 9b Ib, Nr. 19, Bd. III, Bl. 320f.: Beschwerde wegen Beleidigung der Schildwachen durch Hallenser Studenten 1717.

3.1.2 Drill, Exerzieren und Strafen – Gemeinsamkeiten

Der Dienst im preußischen Militär war, wie auch in den übrigen europäischen Armeen, geprägt von körperlichem Drill und zum Teil von gewalttätigen Sanktionen.[540] Diese Lebensumstände sind z. B. in den Selbstzeugnissen von Soldaten in preußischen Diensten anschaulich geschildert. Ulrich Bräker äußerte in seinen autobiografischen Schriften harte Kritik an der allgegenwärtigen Gewalt im Dienst:

> »Auch da war des Fluchens und Karbatschens von prügelsüchtigen Jünkerlins, und hinwieder des Lamentierens der Geprügelten kein Ende. Wir selber zwar waren immer von den ersten auf der Stelle, und tummelten uns wacker. Aber es that uns nicht minder in der Seele weh, andre um jeder Kleinigkeit willen so unbarmherzig behandelt, und uns selber so, Jahr ein Jahr aus, coujoniert zu sehn.«[541]

Diese Argumentation wurde über die Schilderung des gewalttätigen Alltags der einfachen Soldaten umso glaubwürdiger.

Auch die Bestrafung der Soldaten wurde vor den Augen der übrigen Kameraden durchgeführt. Diese »öffentliche« Sanktionierung diente im Militär, ebenso wie im zivilen Leben, der Abschreckung der Anwesenden und besaß somit eine strafende und präventive Funktion zugleich.[542] Der Militärdienst des Soldaten zeigte also durchaus »gewalttätige« Tendenzen in der Disziplinierung selbst, durfte aber wohl den zivilen Züchtigungsmaßnahmen gegenüber Mägden und Knechten in der Zeit weitgehend entsprochen haben. Die Erlebnisse mit dem hierarchischen System innerhalb des Militärs, die Vereidigung auf die Normen in den Kriegsartikeln, die täglichen »Züchtigungen« sowie die öffentliche Strafpraxis besaßen sicher einen immensen Einfluss auf die Prägung der soldatischen Identität.[543] Somit scheinen die Gewalthandlungen durch Militärangehörige ebenfalls Teil einer ständisch geprägten Konfliktkultur zu sein.[544] Doch auch auf dieser Ebene ähneln sich die Erfahrungswelten von Handwerkslehrlingen, Knechten und Soldaten: die Anwendung von Gewalt folgte bestimmten Regeln, die je nach sozialer Ordnung, Hierarchie oder Alter bestimmt wurden. Physische Gewalt in Form von körperlicher Züchtigung während des Exerzierens oder des

540 Dies illustrieren die Abbildungen zu den Militärstrafen in Flemming, Teutsche Soldat, 4. Th., Kap. 46, S. 514–520.

541 Bräker, Ulrich: Lebensgeschichte und Natürliche Ebentheuer des Armen Mannes im Tockenburg, ND Zürich 1993, S. 112.

542 Vgl. Nowosadtko, Militärjustiz in der Frühen Neuzeit; zur abschreckenden Wirkung körperlicher Strafen allgemein Dülmen, Richard von: Theater des Schreckens. Gerichtspraxis und Strafrituale in der frühen Neuzeit, München 1988, S. 53f., der die präventive Wirkung öffentlicher Sanktionierung im 17. und noch im 18. Jahrhundert hervorhebt.

543 Vgl. Dinges, Soldatenkörper, S. 82.

544 Vgl. Eriksson; Krug-Richter, Streitkulturen – eine Einführung.

Strafens gehörte zur alltäglichen Erfahrungswelt von Soldaten. Ebenso kam es im Zusammenhang mit der Werbung immer wieder zur Anwendung von Gewalt, auch in kollektiver Form.[545]

Andererseits gehörten der Dienst an der Waffe und der Umgang mit körperlicher Gewalt zur militärischen Ausbildung und auch zur militärischen Distinktion.[546] Wie andere soziale Großgruppen auch zeigten insbesondere jene in den Garnisonen stehenden Soldaten, die sich für mehrere Jahre verpflichtet hatten, eine Zugehörigkeit zu ihrer »Einheit« (Kompanie/Regiment), die nach außen auch durch Gewalt inszeniert wurde. Im Fall der Auseinandersetzung mit anderen ständischen Gruppen (Handwerkern, Studenten) zeigte sich dabei eine ebensolche Ritualisierung, wie sie in der Forschung bereits für zahlreiche männliche Gewaltkulturen betont worden ist.[547] Dabei waren die Soldaten bei Weitem nicht die einzigen Beteiligten, die eine Waffe trugen – vielmehr war der Zugang zur »Dienstwaffe« bzw. zu verschiedenen Techniken der Gewaltausübung für diese erleichtert.

In den Gerichtsverfahren gegen gewalttätige Soldaten zeigte sich allerdings ein weiterer Aspekt für das Verständnis von Gewalt im Militär: die Befehlsgewalt, die zuerst vom preußischen Monarchen ausging und dann an die Regimentschefs als Gerichts- und Dienstherren abgegeben wurde, unterstellte die Soldaten der »Gewalt« des Regiments.[548] Diese juristische wie organisatorische Zuordnung konnte für den Delinquenten im Gerichtsverfahren von Vorteil sein, denn die Bedeutung des Soldaten für seine Kompanie, und damit für das Regiment, stand in der Abwägung des Urteils im Fall eines Vergehens sehr weit obenan.[549] Andererseits erfüllten die Soldaten als Teil eines »ehrlichen« Berufsstandes eine repräsentative Aufgabe nach außen – deviantes und durch die Kriegsartikel untersagtes gewalttätiges Verhalten, zumal gegenüber den eigenen Landeskindern, wurde geahndet, auch um eine Vorbildwirkung zu erzielen.[550]

545 Vor allem in Zeiten, in denen erhöhter Bedarf an Rekruten bestand, also etwa in Kriegszeiten, sammelten regelrecht »Werbetrupps« alle Männer ein, die ihnen über den Weg liefen – sogar, wenn diese ausdrücklich von der Werbung befreit waren. Vgl. Pröve, Militär und Gesellschaft, hier bes. S. 35.

546 Vgl. Nowosadtko, Der Militairstand, S. 121–141, bes. S. 133f.

547 Vgl. Füssel, Marian: Studentenkultur als Ort hegemonialer Männlichkeit? Überlegungen zum Wandel akademischer Habitusformen vom Ancien Régime zur Moderne, in: Martin Dinges (Hg.): Männer – Macht – Körper. Hegemoniale Männlichkeiten vom Mittelalter bis heute, Frankfurt a. M. 2005, S. 85–102.

548 Vgl. Hülle, Auditoriat, S. 51f.

549 So war das Strafmaß ebenfalls von der kriminellen Vorgeschichte, den körperlichen Eigenschaften des Soldaten (insbesonder Größe, Kraft etc.) und der militärischen Erfahrung abhängig.

550 Ein solches Bild vermitteln auch die – letztlich fruchtlosen – wiederholten Edikte und Kabinettsschreiben gegen die gewaltsame Werbung und die Wegnahme von Einwohnern durch Soldaten. So folgte der »Ordre über Aufhebung der Inlandswerbung« vom 03.04.1714

Wie immer stellte der Kriegsfall eine Ausnahmesituation in der Anwendung von Gewalt dar – doch diese folgte ebenfalls gewissen Spielregeln –, wie Bernhard Kroener und Jutta Nowosadtko in ihren Forschungen zeigen konnten.[551] Die beliebte Darstellung der Gewaltexzesse durch irreguläre Truppen der Österreicher, Preußen oder Russlands verfolgten immer auch das Ziel, das unangemessene Vorgehen zu kompromittieren und damit auch die regierende Gewalt darüber.[552] Auch wenn das Bild vom vernünftigen und ehrenvollen Soldaten, der sich an Recht und Kriegsartikel hält, ein Konstrukt durch die Obrigkeit war, entwickelten viele freiwillig angeworbene Soldaten eine Gruppenidentität, die Gewalt als Teil der Ausbildung und ständischen Kommunikation akzeptierte:

> »Unsere Pallasche waren's schon gewohnt
> heut' Brot und Fleisch,
> und morgen Fleisch und Blut zu säbeln.«[553]

3.1.3 Gewalterfahrung und Gewaltkriminalität im Regiment

In einem summarischen Verhör am 4. September 1728 verteidigte sich der Soldat des anhalt-dessauischen Regiments, Conrad Schäfer, gegen die Klage des Nachtwächters Peter Buchholz aus Calbe, welcher Schäfer der Gewalttat bezichtigte mit der Angabe, er habe den beklagten Exzess zwar begangen, dabei aber keineswegs den Pallasch aus der Scheide gezogen: »und wäre er betruncken gewesen, wollte es nimmermehr wieder thun, vor dieses mal möchte man es ihm

noch am 09.05.1714 ein geschärftes »Edikt wegen Auffhebung gewaltsamer Werbung«. Diese Maßnahmen sollten zum einen das gewaltsame Vorgehen gegen die eigene Bevölkerung verhindern, zum anderen aber auch die Landflucht derselben. Vgl. Mylius, CCM, T. III, 1. Abt.: Von Kriegs-Sachen, Nr. CXXVII.

551 So stellte Kroener für die Soldaten im Dreißigjährigen Krieg fest, dass die Anwendung von Gewalt sowohl nach allgemein akzeptierten Regeln der Sicherung des Lebensunterhaltes diente – und in Kriegszeiten von den Offizieren gesteuert wurde. Vgl. Kroener, Bernhard R.: »Kriegsgurgeln, Freireuter und Merodebrüder.« Der Soldat des Dreißigjährigen Krieges – Täter und Opfer, in: Wolfram Wette (Hg): Der Krieg des kleinen Mannes. Eine Militärgeschichte von unten, München u. a. 1992, S. 51–67, hier S. 58.

552 Besonders die Unterscheidung zwischen regulären Feldtruppen und irregulären Einheiten wurde von den kriegführenden Parteien genutzt, um die Soldaten des Gegners zu kriminalisieren und der gegnerischen Macht die Legitimität der Kriegführung abzusprechen. Vgl. Nowosadtko, Jutta: »Gehegter Krieg« – »Gezähmte Bellona«. Kombattanten, Partheygänger, Privatiers und Zivilbevölkerung im sogenannten Kleinen Krieg in der Frühen Neuzeit, in: Frank Becker (Hg.): Zivilisten und Soldaten. Entgrenzte Gewalt in der Geschichte, Essen 2015, S. 51–78, bes. S. 66–68.

553 Rieck, Gustav (Hg.): Friedrich des Großen letzter Dragoner, Johann Gottlieb Allfärtty: geboren 1740 am 10. August, gestorben 1838 am 19. Mai. Vom Verfasser des »Alten Sergeanten«, Breslau: Verlags-Komptoir 1838, S. III.

vergeben«.[554] Diese Uneinigkeit über den Einsatz der Waffe des Militärangehörigen hatte anschließend die Befragung des Nachbarn Rösener zur Folge. Eben zu diesem entscheidenden Umstand konnte der zufällig hinzugekommene Zeuge gar nichts aussagen, im Verlauf des Verhörs stellte sich jedoch heraus, dass der beschuldigte Soldat Schäfer nicht zum ersten Mal durch Gewalttätigkeiten aufgefallen war. Bereits im vorangegangenen Jahr hatte er den zweiten Nachtwächter Hans Kretschmann am »helllichten« Tage mit einem »Spanischen Rohr«[555] verprügelt. Auch diesen Exzess gestand der Militärangehörige freimütig ein, entschuldigte sich aber mit dem Verweis, »daß er dazu von anderen verhetzt worden wäre«.[556] Außerdem bat Schäfer eindringlich darum, diese Fälle nicht an das Regiment zu berichten.

Abschließend vermerkte der Gerichtsschreiber im Sinne der anwesenden Ratsmitglieder, »daß dieser Soldate dergleichen Excesse nicht mehr begehen dürffte, gleichwol aber die Nachtwächter, welche bey der Stadt unentbehrlich sind, und solches zu halten Se. Königl. Maj. in einem allergnädigsten Patent, so ernstlich anbefohlen haben, bey ihrem Dienste vor aller Gewalt nachdrücklich geschützet werden müssen.«[557]

Die zusammengefasste Zeugenaussage bildet den einzigen Nachweis zu diesem Vorfall, weitere Akten sind in den Unterlagen des Regiments Anhalt-Dessau nicht mehr erhalten. Die Kopie der Magistratsakte spricht aber dafür, dass die Gewalttaten des Soldaten Conrad Schäfer sehr wohl an das Regiment berichtet wurden. Obwohl die Tätlichkeit des Soldaten gegen den Nachtwächter in einem gänzlich anderen situativen Umfeld geschah und das Verhalten des Gemeinen wohl vom Alkohol sowie von Frust oder Langeweile beeinflusst war, sind die Beschreibungsmechanismen den Zeugenaussagen im Fall der Werbeexzesse sehr ähnlich. Sowohl der Angeklagte als auch der Kläger hoben in den Beschreibungen des Tathergangs offensichtlich den Einsatz von Waffen hervor – in diesem Fall sollte Schäfer seinen Pallasch gezogen und damit schwere Verletzungen des unbewaffneten Nachtwächters in Kauf genommen haben. Der Beschuldigte behauptete wiederum, trotz Trunkenheit, sicher zu sein, die Blankwaffe keineswegs aus der Scheide gezogen zu haben, sondern stattdessen Waffe und Futteral in einem als Stoßwaffe gegen den Nachtwächter eingesetzt zu haben.

---

554 LASA, A 9b Ib, Nr. 19, Bd. IV: Acta die Sachen des Fürsten Leopold preuß. Regiment zu Fuß betreffend 1724–1738, Bl. 123.

555 Es handelt sich beim »Spanischen Rohr« eigentlich um Bambusrohr aus Indien, das über die Kolonialmächte nach Europa gelangte und dort vor allem für Geh- und Rohrstöcke verwendet wurde. Zedler, Universal Lexicon, Bd. 38, Sp. 1173.

556 LASA, A 9b Ib, Nr. 19, Bd. IV: Acta die Sachen des Fürsten Leopold preuß. Regiment zu Fuß betreffend 1724–1738, Bl. 124.

557 Ebd.

Interessanterweise vermerkt der Schreiber in dem Protokoll: »Ob es nun wol gleichviel ist, ob er den Nachtwächter mit dem bloßen, oder in der Scheide gewesenen Pallasch so übel tractiret«, es seien weitere Zeugenaussagen zur Absicherung der Anklage nötig gewesen.[558] Der Einsatz der Waffe wird also auch von dem Beamten abgewertet, von den Konfliktparteien aber als Angelpunkt der Argumentation genutzt. In diesem Zusammenhang gewinnt die Frage nach einer Wechselbeziehung von Gewalterfahrung und der vermeintlichen »Verrohung« des Militärs an Bedeutung.[559] Untersuchungen zu den Auswirkungen der militärischen Präsenz im norddeutschen Raum nach dem Ende des Dreißigjährigen Krieges legen die Annahme nahe, dass Gewalt nicht nur in Kriegszeiten als probates Mittel zur Verteidigung und zur Selbstbehauptung auch von Zivilpersonen genutzt wurde und eine gewisse Akzeptanz der Anwendung von Gewalt zur Folge hatte.[560]

In den Städten, die zur Garnison bestimmt waren, kam es zwischen Soldaten und Bürgern immer wieder zu gewalttätigen Auseinandersetzungen, obwohl die Mannschaften in ihrem Diensteid auf die Kriegsartikel und damit auf den Schutz der Untertanen verpflichtet wurden.[561] Dieser Eid musste beim Eintritt in die Armee durch einen feierlichen Schwur körperlich, also durch Erheben der Schwurfinger, besiegelt werden. Dem Verständnis der Zeit entsprechend, verpflichtete sich der Rekrut nicht nur zum Dienst für den Landesherrn sowie dazu, den Anordnungen der Vorgesetzten Folge zu leisten, sondern darüber hinaus war der Schutz der königlichen Untertanen Bestandteil der Dienstverpflichtung.[562]

558 LASA, A 9b Ib, Nr. 19, Bd. IV: Acta die Sachen des Fürsten Leopold preuß. Regiment zu Fuß betreffend 1724–1738, Bl. 123.

559 Die Auswirkung von Erfahrung auf den Wissensbestand des Soldaten ermöglicht Einblicke in die Transformation von Normen und traditionellem Wissen im Militär und kann darüber hinaus Normenkollisionen sichtbar machen. Vgl. Holzem, Geistliche im Krieg.

560 Vgl. Eisner, Manuel: Individuelle Gewalt und Modernisierung in Europa, 1200–2000, in: Günther Albrecht (Hg.): Gewaltkriminalität zwischen Mythos und Realität, Frankfurt a. M. 2001, S. 71–100.

561 Soldateneid von 1749: »Ich N. N. gelobe und schwere zu GOTT, dem Allmächtigen, daß dem Allerdurchlauchtigsten Großmächtigsten König und Herrn, Herr Friedrich, König in Preussen etc. meinem allergnädigsten König und Hern, wie auch Dero Königreich und Landen, ich getreu, gehorsam, willig und redlich dienen, was die verfaßte und mir vorgelesene Krieges-Articul in sich begreifen, nach äusserster Möglichkeit thun und lassen [...], damit allerhöchst gedachte Se. Königlichen Majestät und Dero Armée, Königreich, Ländern und Leuten, Schaden, Verderb und Nachtheil durch mich, so viel immer möglich, verhindert und abgewendet, dagegen aber Deren Nutz und Wohlfahrt nach meinem besten Verständniß gesuchet, geschaffet, und befördert, auch vor allem Unglück verwarnet werden möge.« In: Preußen, König in, Friedrich II.: Seiner Königl. Majestät in Preussen, etc. Alergnädigst neu approbirte Krieges-Articul vor Unter-Officier und gemeine Soldaten, sowohl von der Infanterie als auch Cavallerie, Dragoner und Artillerie, Brandenburg 1749, S. 13f.

562 Bereits in den früheren Kriegsartikeln der preußischen Könige von 1713 und 1724 war daher der Schutz der Quartierwirte in den preußischen Garnisonen besonders fixiert worden:

Und doch kam es immer wieder zu Auseinandersetzungen, besonders zwischen Angehörigen verschiedener sozialer Gruppen, die eine analoge Vorstellung von sozialer Ehre und Gewalt teilten.[563] Hinzu kam der unter Soldaten nicht unübliche Genuss von Alkohol in geselliger Runde, welcher zur Eskalation der Konfliktsituation ebenfalls beitragen konnte.[564]

Diese Ausführungen zeigen, dass die Wahrnehmungen von deviantem Verhalten von Soldaten in den frühneuzeitlichen Armeen und in der Zivilgesellschaft eine immense Bedeutung für den gesellschaftlichen Diskurs besaßen. Kriminalität im Militär entsprach dabei weitgehend der Kriminalität in der Gesellschaft und wies mit dieser eine enge Konnektivität auf, da kulturelle Praktiken und soziale Zugehörigkeiten die Ausgestaltung von deviantem Verhalten prägten.

Körperliche Gewalt wurde durch die Soldaten im Alltag vor allem dort ausgeübt, wo der Kontakt von Zivil- und Militärgesellschaft und die konkurrierenden Normensysteme zu einer Eskalation führten: etwa bei der Werbung und in den Garnisonen. Die Anwendung von Gewalt als Mittel der Erziehung und Disziplinierung gehörte dagegen auch im militärischen Alltag dazu, wie den Äußerungen in den wenigen überlieferten Selbstzeugnissen, aber auch in den Gerichtsakten der preußischen Regimenter zu entnehmen ist. Die Untersuchung von Gerichtsakten brandenburgischer Garnisonsstädte, von den Zentralbehörden sowie von den wenigen erhaltenen Regimentsgerichtsakten orientiert sich an einem Katalog von Fragen, der eben das Verhältnis von Norm, Konflikt und Devianz in den Blick nimmt und die Bewertung von kriminellem Verhalten von Militärangehörigen durch die verschiedenen Akteure beleuchten will.

3.2 Konfliktfeld II: Rekrutierung und Anwerbung

Ein bedeutendes Konfliktfeld, in dem die Interessen der Regierung und des Militärs mit den Interessen der Bevölkerung und den wirtschaftlichen Interessen der Ämter und Städte kollidierten, betraf die Rekrutierung von Soldaten für die Armee. Die militärgeschichtliche Forschung hat bereits seit den 1960er Jahren dieses Themenfeld, wenn auch mit einem anderen Fokus, der sich weitaus mehr auf die Einordnung der Armee in die Prozesse von Herrschaftsbildung und

---

»Artic. XXVII Welcher Soldat seinen Wirth, Wirthin oder Gesinde ungebührend tractiret, soll aufs schärffeste nach Beschaffenheit der Umstände und Erkäntniß des Krieges-Rechts, gestrafet werden.« Kriegs-Articul vom 12.07.1713, in: Mylius, CCM, T. III, 1. Abt., Sp. 340.

563 Dabei handelte es sich nicht selten um Angehörige von Körperschaften mit einer eigenen Gerichtsbarkeit, wie etwa Handwerker oder Studenten. Besonders die preußische Garnison Halle war immer wieder von den Streitigkeiten zwischen Soldaten und Universitätsangehörigen betroffen, vgl. Fahrig, Brandenburg-preußisches Militär in Halle (1680–1740).

564 Vgl. Dinges, Soldatenkörper, S. 80f.

Monarchisierung aller Strukturen in den Territorien bezog, in den Blick genommen.[565] Dabei betonten Sozialhistoriker wie Otto Büsch und Militärhistoriker wie Manfred Messerschmidt, wie die Entwicklung der stehenden Heere mit ihren negativen Begleiterscheinungen – sowohl gewaltsame Werbungen als auch der Austritt der Untertanen aus Furcht vor der Werbung – den Ausbau des Kantonsystems schon lange Zeit vorbereitet hatten.[566] Da die Armee seit der Regierungszeit des Kurfürsten Friedrich Wilhelm immer wieder erweitert wurde, wuchs der Bedarf an geeigneten Rekruten, die sowohl körperlich in der Lage waren als auch den Ansprüchen an Gehorsam und Disziplin entsprachen.[567] König Friedrich Wilhelm I. hatte nach Regierungsantritt sogleich in einer Order die Dienstdauer auf Zeit abgeschafft und (nur für die Inländer und preußischen Untertanen) auf Lebenszeit heraufgesetzt und damit den Militärdienst zu einem Teil des Lebens der bäuerlichen Gesellschaften gemacht.[568]

Bereits in dieser Phase waren einige Regimentsinhaber dazu übergegangen, die »potenziellen« Rekruten in der Nähe ihrer Quartiere schriftlich zu erfassen, noch bevor diese Regelung durch die Verordnungen zum Kantonsystem auf den Weg gebracht wurde. Da der Militärdienst für die Inländer aber mit einer gleichzeitigen Beurlaubung für die meisten Soldaten einherging, konnten diese während der Urlaubszeit auf ihre Güter zurückkehren und kamen oft nur für die vorgeschriebenen zwei bis drei Monate zum Exerzieren zu ihren Einheiten. Damit trug Friedrich Wilhelm den wirtschaftlichen Bedürfnissen des Landes ebenso Rechnung wie den politischen Machtinteressen Preußens, die nach einer starken Armee verlangten.

Unzweifelhaft war, dass diese Bedürfnisse im Werbewesen kollidierten und somit erst große Wellen von Desertion und Austritten von Zivilisten zur Folge hatten.[569] Der König suchte über seine Regierung nach Mitteln, um den gewaltsamen Werbeexzessen zu begegnen, aber auch die Einwohner, die aus Furcht

565 Vgl. hierzu die Ausführungen im Einzelnen zur Forschung auf diesem Gebiet bei Messerschmidt, Manfred: Das Preußische Militärwesen, in: Handbuch der Preussischen Geschichte, Bd. 3: Vom Kaiserreich zum 20. Jahrhundert und Große Themen der Geschichte Preußens, Berlin u. a. 2001, S. 319–468, Bibliografie der älteren Literatur zu Fragen des Militärs in Brandenburg, S. 319–328.

566 Vgl. Büsch, Militärsystem und Sozialleben, S. 13f.

567 Vgl. dazu die Ausführungen zu dem Quellenwert der Begrifflichkeiten wie »Disziplin« und »Ordnung« im Zusammenhang mit der Kommunikation über Gewalt und Kriminalität im Militär in der Einleitung, Kap. 1.3.2.

568 Vgl. Messerschmidt, Militärwesen, S. 349.

569 Hierin sah die Militärgeschichtsforschung nach Büsch das zentrale Argument für die Desertion. Vgl. Büsch, Militärsystem und Sozialleben; Bröckling, Ulrich: Disziplin. Soziologie und Geschichte militärischer Gehorsamsproduktion, München 1997; Sikora, Michael: Das 18. Jahrhundert: Die Zeit der Deserteure, in: Ulrich Bröckling; Michael Sikora (Hg.): Armeen und ihre Deserteure. Vernachlässigte Kapitel einer Militärgeschichte der Neuzeit, Göttingen 1998, S. 86–111.

flüchteten, im Land zu behalten. Dazu griff er immer wieder auf Zwangsmaßnahmen zurück sowie auf die Androhung der Beschlagnahmung des Vermögens sowohl der desertierten Soldaten als auch der desertierten Untertanen. Das Ergebnis dieses sichtbaren Konflikts war die zunehmende Kriminalisierung weiter Bevölkerungsteile – von den Ausgetretenen bis zu Helfern und Mitwissern, die alle für ein und dasselbe Delikt hart bestraft werden sollten:

> »Die Befehle des Königs trugen häufig zur Verschärfung der Zustände bei, weil trotz der Verbote der Zwangswerbung erkennbar war, daß für ihn die Komplettierung der Regimenter mit ›stattlichen‹ Rekruten das wesentliche Anliegen blieb.«[570]

Während sich aus heutiger Sicht die zahlreichen Ordern, Edikte und Patente als Ausdruck einer gewissen »Hilflosigkeit« im Umgang mit den neuen Anforderungen von beiden Seiten deuten lassen, betonte die ältere Forschung zum Militärwesen in Brandenburg-Preußen die Behauptungen Otto Büschs, die Armee stehe aus machtpolitischen und persönlichen Gründen an erster Stelle und habe zu einer Militarisierung Preußens über das Kantonsystem geführt. Auch die sozialhistorische Forschung betonte ja im Kern die strukturelle Durchdringung der Gesellschaft mit den Anforderungen des Militärs und dass trotz der rechtlichen Freiräume, die sich für die Söhne aus Bauernfamilien durch den Militärdienst gegenüber der Grund- oder Gutsherrschaft ergeben konnten, dieselben im Militär in den gleichen harten und ausweglosen Dienst gerieten, der nur den Gutshof mit dem Exerzierplatz vertauschte.[571]

Denn die Gruppe der adligen Gutsbesitzer und der Regimentskommandeure und -inhaber sei einander stets eng verbunden gewesen und habe füreinander gesorgt. In diesem Sinn gingen Militärdienst und Beurlaubungswesen Hand in Hand, da die Bauern phasenweise unter dem harten Drill im Militär standen und in der sonstigen Zeit in der Landwirtschaft zum Besten des Gutsherrn wirtschafteten.[572]

Neben der Desertion wurde kaum ein anderes Delikt, das hauptsächlich von Militärangehörigen verübt wurde, in den Militärakten so oft behandelt wie die Werbung im Allgemeinen und die gewaltsame Ausübung derselben im Beson-

570 Messerschmidt, Militärwesen, S. 350.

571 Diese Argumentation wurde auch in der angelsächsischen Debatte lange Zeit unreflektiert rezipiert. Vgl. zuletzt Duffy, Christopher: Friedrich der Große und seine Armee, Stuttgart 2009.

572 Dem widersprach auf der anderen Seite die Forschung zur Bauernbefreiung durch den Solddienst, die es den Soldaten erlaubte, aus dem engen Abhängigkeitsverhältnis zu ihrem Gutsherrn herauszutreten, und sogar Leibeigenen die Zuordnung zu einem neuen Gerichtsherrn ermöglichte. Vgl. Bleckwenn, Hans: Bauernfreiheit durch Wehrpflicht – ein neues Bild der altpreußischen Armee, in: ders.: Zum Militärwesen des Ancien Régime. Drei grundlegende Aufsätze (mit einer biographischen Einleitung und einem Verzeichnis der Veröffentlichungen von Joachim Niemeyer), Osnabrück 1987, S. 45–72.

deren. Bis zur Einführung des Kantonsystems in Preußen 1733 blieb es ein immer wiederkehrendes Problem für die preußischen Kommandeure, ihre Regimenter »komplett« zu halten, also etwaige Verluste und Abgänge durch neue Rekruten wieder auszugleichen. Die »Werbung« – also die vermeintliche Anwerbung von Freiwilligen für den Dienst in der Armee gegen ein Handgeld – stellte damit das hauptsächliche Instrument für die Komplettierung der Truppen nach einem Feldzug oder großen Wellen von Desertionen dar. Insbesondere im ersten Jahrzehnt des 18. Jahrhunderts, während des Spanischen Erbfolgekriegs im westlichen und südlichen Europa – und des Nordischen Krieges im Nordosten des Kontinents –, waren junge, großgewachsene Männer vor kaum einer Nation sicher – denn beinahe alle bewaffneten Mächte stellten Truppen für diese Konflikte.[573]

Auch Preußen hatte sich in den Dienst des Kaisers gestellt und preußische Regimenter kämpften sowohl in den Gebieten am Rhein als auch in Italien gegen die französische Armee Ludwigs XIV.[574] In diese Phase fällt ein Teil der Militärakten aus dem Regiment Anhalt-Dessau, das sich von 1705 bis 1707, unter Generalleutnant Leopold von Anhalt-Dessau als Befehlshaber der Armee, in Italien aufhielt, 1708 in Frankreich stand und dann wieder nach Italien zog. Nach dem Ende des Kriegszugs gegen Schweden 1715 blieben die Einheiten des Regiments dann in ihren Quartieren, hauptsächlich in Halle/Saale sowie Magdeburg (ab 1716), aber zeitweilig von 1714 bis 1717 auch in Alsleben, Staßfurt, Schönebeck, Wettin oder Salze.[575] Die Schriftwechsel zwischen Leopold und seinen Offizieren sowie die noch vorhandenen Militärdokumente enthalten aus dieser Zeit vor der grundlegenden Einführung des Kantonsystems vor allem Klagen von Angehörigen, die sich an den Fürsten als Inhaber des Regiments wandten, wegen der Verschleppung ihrer Söhne, Untertanen und Ehemänner.

Für den Blick auf die Multiperspektivität der Ereignisse sind zum einen die Art der Verwandtschaft oder Beziehung der Fürsprecher und Fürsprecherinnen sowie deren Zahl und die Art und Weise, wie die Freilassung der betroffenen Personen gefordert wird, interessant. Denn obwohl die gegenseitige Kommunikation nicht in allen Fällen rekonstruiert werden konnte, geben immer wieder auftretende Argumentationsmuster, deren sich die verschiedenen fürbittenden

573 Vgl. Göse, Friedrich I., S. 266–278. Göse führt aus, dass der stets als eher repräsentierender König geltende Friedrich I. in 22 Jahren seiner 25-jährigen Regierungszeit an beiden Fronten Krieg führte und damit dem Militär weitaus mehr Aufmerksamkeit entgegenbrachte als bisher von der Forschung beachtet.

574 Der Spanische Erbfolgekrieg zwischen Ludwig XIV. und dem Haus der Bourbonen auf der einen Seite sowie den Habsburgern unter Kaiser Leopold I. und Joseph I. um die Nachfolge auf dem spanischen Thron bezog erstmals auch die Kolonialgebiete der einander gegenüberstehenden Mächte England und Frankreich mit ein. Vgl. Schnettger, Matthias: Der Spanische Erbfolgekrieg 1701–1713/14, München 2014.

575 Vgl. Gieraths, Kampfhandlungen, S. 13.

Gruppen bedienen, Hinweise darauf, wie erfolgreich bestimmte Argumente und Strategien im Konfliktfall der Werbungen gewesen sein können.

3.2.1 Werbegebot und -verbot

> »Indem bey ged. Regimente zu Dienst des Vatterlandes Teutscher Nation, unß noch einige hierzu tüchtige Mannschafft abgehet [...], so sindt Wir nicht nicht unbillig auf die Gedancken gefallen, dieselben würden in den Statt und Territorio auf unser vorherschendes und geziemendes Anhalten, gar Verstattung [tun, d. Verf.] für bares Geld und Zahlung einige Mannschafft werben und annehmen zu laßen, allermaßen hierum Wir die Herren gantz freündlich ersucht und gebethen haben wollen.«[576]

Der Leutnant, der als Werbeoffizier diesen Schein bei sich führte, sollte ihn der jeweiligen Regierung vorzeigen, damit sich dieselbe an die Absprachen mit der preußischen Monarchie bezüglich der Werbung von Soldaten für die preußische Armee erinnern konnte.[577] Das Patent wies den Militärangehörigen dementsprechend als Werber »mit Lizenz« aus, der im Dienste des Fürsten von Anhalt, und damit in letzter Konsequenz für den preußischen König, zum Dienst befähigte Leute anwerben und diese den militärischen Eid ablegen lassen sollte.[578]

Nach Einführung des Kantonwesens in Preußen wurden solche Werbepatente für die werbenden Offiziere und ihre Mannschaften vor allem für die Gebiete außerhalb der preußischen Territorien, für das deutsche und das nicht-deutsche Ausland, angefertigt.[579] Den Scheinen kam damit eine wechselseitige Bedeutung zu: einerseits verbrieften sie das Werberecht der preußischen Monarchie und eines bestimmten Regiments. Andererseits identifizierten sie den Träger des Patents als Ansprechpartner für die lokalen Behörden, den sie – theoretisch – bei Exzessen und Fehlverhalten seiner Unteroffiziere und Soldaten zur Rechenschaft ziehen konnten.[580] Das zeitgenössisch so beachtete Thema der militärischen

576 LASA, A 9b Ib, Nr. 19, Bd. III: Verschiedenes, des Fürsten Leopold Regiment zu Fuß betreffend 1713–1723, Bl. 373v: Werbeschein ohne Datum und Namen – blanko – mit der Überschrift: An die Magistrate zu Augspurg, Franckfurth am Mayn, Nürnberg, Hall in Schwaben, Bibrach, Memmingen, Ulm und Lindow.

577 Vgl. Lünig, CJM, Allgemeiner Teil – Kartelle u. a. mit Braunschweig, Dänemark usw.

578 Ebd. Auf der unteren Seite des Scheins folgt noch eine Bemerkung zu den preußischen Werbegebieten in der Schweiz: »Und weil dergl. auch für ged. Unser Regiment in der Schweiz angeworben werden, so zweifflen wir nicht die Herren werden zugleich erlauben, daß die von dort kommende undt bey obged. Officier gelisteten Leute biß zum Abmarch wohl verwahrt werden mögen.«

579 Zur Rolle insbesondere der Schweiz für die preußische Werbung vgl. Gugger, Preußische Werbungen.

580 Jürgen Kloosterhuis weist in seiner Auswertung zum Soldatenleben von Ulrich Bräker darauf hin, dass die Offiziere sich oft auch mit anderem Namen vorstellten und deren Soldaten zuweilen Zivil trugen, um nicht gleich als Werber erkannt zu werden. Dies dürfte

Werbung gewinnt auch durch die Vielzahl an Edikten und Verordnungen an Bedeutung – doch bei genauerer Betrachtung ergibt sich ein für den modernen Beobachter sehr differenziertes Bild: In der Regierungszeit des ersten preußischen Königs Friedrich wurden sieben Bestimmungen, die inhaltlich auch auf die Werbung abzielten, erlassen; dem folgten fünf Erlasse unter Friedrich Wilhelm I. zwischen 1713 und 1740 und bereits fünf Gesetzestexte in den ersten Regierungsjahren 1740–1746 unter Friedrich II.[581] Diese hohe Zahl ergab sich vor allem durch die Erwerbungen in Schlesien, das durch neue Landesgesetze, Edikte und Regulierungen erst »systematisiert« werden musste.[582] In erster Linie betrafen die Verordnungen den Kreis derjenigen Leute, die überhaupt geworben werden durften und nicht durch Rücksichtnahmen auf wirtschaftliche Belange ausgespart wurden. Neben bestimmten Handwerkszweigen und den Zünften sollten während des Spanischen Erbfolgekrieges freiwillig Enrollierte angenommen werden, und andere Berufszweige wie die Schäfer, Freimüller oder Brauer und Schnapsbrenner sollten nach den Vorschriften Männer stellen.[583] Dass der kurzfristige Bedarf an Rekruten sowie die hohe Zahl an den zu stellenden Soldaten nicht ohne gänzlichen Widerspruch aus der Bevölkerung gedeckt werden konnte, schien auch Friedrich I. klar zu sein:

> »Wir befehlen demnach hiermit allen und jeden Unsern Vasallen und Unterthanen, es Standes und Condition dieselben auch seyn, allergnädigst und ernstlich, in Aufbringung der Mannschafft obgedachter massen sich nicht widrig oder säumig zu erweisen, so lieb ihnen ist, Unsere höchste Ungnade, schwere Besraffung und andere Ahndung zu vermeiden«.[584]

auch den Behörden den Zugriff erschwert haben. Vgl. Kloosterhuis, Donner, Blitz und Bräker, S. 145.

581 Die im Anhang befindliche Tabelle wurde nach Auswertung der verschiedenen Ausgaben eines Corpus Juris Militaris, der Gesetzessammlungen zu Militärthemen und aus verstreuten Edikten und Verordnungen zusammengetragen, die Angaben zur genauen Anzahl der Edikte und Bestimmungen widersprechen sich jedoch in der Literatur. Vgl. Messerschmidt, Manfred: Das preußische Militärwesen, in: Handbuch der Preußischen Geschichte, Band 3: Vom Kaiserreich zum 20. Jahrhundert und Große Themen der Geschichte Preußens, ND Berlin 2001, S. 319–546, hier S. 357.

582 Gerade traditionell war dagegen der Generalpardon Friedrichs II. für Deserteure und entwichene Enrollierte nach seinem Regierungsantritt 1740 – einen solchen hatte im Mai 1713 auch sein Vater publizieren lassen und damit die Bedeutung der Armee für das preußische Territorium betont. Vgl. General-Pardon vor die Deserteurs, 05.05.1713 und General-Pardon vor die von Seiner Königl. Majestät in Preussen Armee biß jetzo Desertirte, imgleichen vor die entwichenen und wegen Furcht der Werbung ausgetretene Unterthanen, 28.07.1740.

583 Vgl. die Edikte wegen Werbung gewisser Mannschaft, so von denen Unterthanen und Handwerckern etc. aufzubringen, in: Mylius, CCM, T. III, 1. Abt., Nr. 84, Sp. 243f.

584 Ebd., Sp. 244.

Diesen Bestimmungen folgten ähnliche für die Städte und die Behörden auf dem Land[585] und schließlich 1708 die Instructions-Puncte vor die Königl. Preußische Infanterie, wornach dieselbe sich bey der vorseyenden Werbung, allerunterthänigst zu achten hat, als auch wie die Königliche Regierungen, Commissariate, Ober-Steuer-Directoria, Land-Räthe, Commissarien, Beambte und Magisträte sich allerunterthänigst dabey zu verhalten haben,[586] in welcher die Zuständigkeit der Regimenter, deren Zuteilung zu bestimmten Provinzen, in denen geworben werden durfte, sowie die gewaltlose Form der Anwerbung festgeschrieben wurden.

Neben der Freiwilligenwerbung traten im Verlauf der Zeit weitere Formen der Dienstverpflichtung auf, so kam es auch zur zwangsweisen Werbung von nichtsesshaften Gruppen, umherziehenden Tagelöhnern, Bettlern und Vagabunden, die nicht nur den Bedarf der Armee stillen sollten, sondern auch dem Bedürfnis nach Ordnung im Sinne der frühneuzeitlichen Herrschaftsvorstellungen nachkam. So hieß es in dem Edikt zur Werbung 1714:

> »Jedoch, wann Obrigkeiten, so wohl von Adel als Beambten in Städten und auf dem Lande ihre ungehorsame Bürger, Bauern und dergleichen Unterthanen, welche das Ihrige liederlich durchbringen, oder sonsten solche Verbrechen begehen, warum es besser eine Bürgerschafft, Commune und Dorffschafft von dergleichen Widerspenstigen zu reinigen, nicht weniger, wann Dienst-Bothen, es seyen Laquayen, Kutscher, Knechte oder andere Bediente ihre Brod-Herren nicht gut thun, und dahero denen Regimentern angewiesen und übergeben werden, daß sie dergleiche Leuthe durch Soldaten wegnehmen und auffheben lassen; Dieses und dergleichen kan und soll vor keine gewaltsame Werbung geachtet [werden, d. Verf.].«[587]

Offenbar war es dem preußischen Monarchen sehr wichtig, die gewaltsame Werbung begrifflich einzugrenzen – denn die Klagen der Untertanen ließen kein gutes Bild von der preußischen Werbetaktik entstehen. Doch die hier erwähnte »Unzufriedenheit« der Brotherren mit ihrem Gesinde öffnete zumindest eine argumentative Hintertür für die Werbeoffiziere, die sich oft genug darauf beriefen, dass es sich bei den gewaltsam Geworbenen entweder um Angehörige vagierender Gruppen, um widerspenstige Dienstboten gehandelt habe oder dass

585 Vgl. Patent, wie von denen Städten und dem platten Lande die angeworbene Mannschafft aufzubringen, in: Mylius, CCM, T. III, 2. Abt., Nr. 89.

586 Mylius, CCM, T. III, 1. Abt., Nr. 97.

587 Mylius, CCM, T. III, 1. Abt., Nr. 127, Sp. 361f.: Edict wegen Auffhebung gewaltsamer Werbung und was darunter zu verstehen sey, auch wegen derer ausgetretenen Enrollirten und Unterthanen, deren Pardon, und in Fall Aussenbleibens Bestraffung mit Confiscation des Vermögens, 09.05.1714.

diese den Soldaten und den Offizieren gegenüber grob und anmaßend aufgetreten seien.[588]

Dass sich die Rekrutierung der tauglichen Männer in einer gewissen »Grauzone« abspielte, zeigen ja auch die Schriftwechsel und Diskussionen darüber, ob es sich bei der Wegnahme einer Person tatsächlich um eine »gewaltsame« Werbung handelte, da die Ausübung von Gewalt im Rahmen der Züchtigung eines Untergebenen zur alltäglichen Erfahrung bestimmter Bevölkerungsgruppen gehörte.[589] Gerade dieser variable Bereich der Auslegung ermöglichte aber auch hier den Gebrauch und Missbrauch der Werbung durch mehrere Parteien: durch die Offiziere und ihre Werbesoldaten, durch eventuelle Vermittler oder »Anbringer«,[590] die sich mit der Übergabe von geeignetem Personal ein einträgliches Geschäft sicherten, oder auch durch die Rekruten selbst, wenn sie die Vorteile des Werbesystems erkannt hatten. Dass einige hochgewachsene junge Männer die Praxis der Werbung durchaus für sich zu nutzen wussten, zeigt der Fall des 19-jährigen Gottfried Bursch, der mit einer Größe von fünf Fuß und beinahe elf Zoll ein beliebtes Objekt der werbenden Offiziere in Ostpreußen war.[591]

Er ließ sich schließlich 1754 in Marienburg von Kapitän von Bardeleben für ein teures Handgeld von 110 Reichstalern anwerben. Doch wie der Kapitän des Regiments Itzenplitz an den König berichtete, brachte diese Werbung nicht nur Freude mit sich, obwohl der Offizier den jungen Mann bereits einige Jahre zuvor als Diener seines Vaters kennengelernt hatte:

> »Nach der Hand aber, da er unter das Goltzische Regiment gekommen, hat er seit 3 Jahren Profession gemacht, alle, die hier auf Werbung liegende Ober- und Unter-Officiers, die sich seiner Größe wegen um ihn bemühet, und einiges Geld an ihn gewandt

588 Vgl. dazu im Folgenden die Ausführungen zur Werbepraxis aus den Berichten des Amtmanns Hermann Wissmann in Kap. 3.2.3.

589 Vgl. dazu auch den Fall des Torschreibers Helmholz, der sich für einen Untertanen aus dem Dessauischen einsetzen möchte, der von Soldaten unter Prügeln fortgetrieben wird, und dabei selbst durch die Werber schwer verletzt wird – mit seinen Beschwerden bei dem Regiment aber kaum Gehör findet. Kap. 4.2.

590 Ein sehr bekannter und schriftlich gut aufbereiteter Fall ist sicherlich jener des Ulrich Bräker, des »armen Mannes aus dem Toggenburg«, der durch einen ihm Bekannten an den Werbeoffizier in Schaffhausen weitergereicht wird. Vgl. Kloosterhuis, Donner, Blitz und Bräker.

591 Oft spielten neben der Größe, die ein Mindestmaß von fünf Fuß und acht Zoll voraussetzte, aber auch die Statur und die Gesundheit, Jugend und das Aussehen eine Rolle bei der Rekrutierung. Vgl. Hanne, Wolfgang: Anmerkungen zur Körpergröße des altpreußischen Soldaten – taktischer Hintergrund, Anforderungen und Praxis, in: Zeitschrift für Heereskunde 51 (1991), S. 43–47.

haben, zu hintergehen, davon ich die commandirte und ihre Regimenter in beygefügter Liste allerunterthänigst zuverläßig anzeige.«[592]

Der Rekrut hatte also offenbar seinen Lebensunterhalt mit der Annahme der Handgelder von verschiedenen Kompanien bestritten und sich nun einem ihm gut bekannten Offizier verpflichtet, von dem er annehmen konnte, dass er ihn gegenüber den anderen Regimentern und deren Besitzansprüchen verteidigte. So erbat dann auch der besorgte Kapitän von Bardeleben bei Friedrich II.:

»Gleichwohl aber muß ich befürchten, daß die Regimenter, so auf der Liste stehen, oder noch andere, mir unbekandte, die an diesen Menschen gearbeitet, mir solchen in Anspruch nehmen, und da ich so viel Sorge und Kosten dran gewandt Processe erregen könten; deshalb Ew. Königl. Majestät ich allerunterthänigst anflehe, mich vor die Ansprüche aller diejenigen Regimenter, denen es an diesen Recruten fehl geschlagen und sich jetzt melden wolten, in höchsten Gnaden zu schützen, und solchen sämtlich aufzugeben, das sie von aller praetendi an ihn absehen, und sich beruhigen müßen.«[593]

Auch für die Offiziere war die Werbung nicht nur kostspielig, sondern aufgrund der Konkurrenzsituation auch nicht ganz ungefährlich. Die Konkurrenz in den üblichen Werbegebieten war groß und oft scheuten die Werber die Kosten und den Aufwand für eine größer angelegte Werbung – und ließen sich Personen empfehlen, die in Dienst treten wollten oder andere großgewachsene Männer kannten. Damit wurde die Konkurrenzsituation der Werber untereinander, besonders im Ausland, natürlich beträchtlich verschärft. Als im Verlauf des 18. Jahrhunderts, insbesondere aufgrund der Feldzüge in den Schlesischen Kriegen, der Bedarf an Soldaten stieg und die gegenseitige Überbietung der Werbeoffiziere bald kein Ende mehr kannte, sich Friedrich sich gezwungen, die Militärs zur gegenseitigen Absprache anzuhalten:

»Se. Königliche Majestät sind in Erfahrung gekommen, daß die ausgeschickte Officiers zur Werbung in fremde Länder, sich selber die Werbung difficultiren, indem ein Regiment dem andern Leute überbiethet, und ein Kerl bisweilen mit Officiers von verschiedenen Regimentern in Capitulation stehet.«[594]

Daher sollte sich in ein Werbegeschäft zwischen einem Offizier und einem Angeworbenen niemand mehr einmischen, sobald der Kontrakt geschlossen und das Handgeld übergeben worden war – bei Strafe der Kassation für die Offiziere

592 GStA PK, I. HA Geheimer Rat, Rep. 96 Geheimes Zivilkabinett, Nr. 611 G: Friedrich II.: Acta des Kabinetts Friedrich II. Verschiedene Werbe- und Canton-Angelegenheiten. 1749–1756, Bl. 34.

593 GStA PK, I. HA Geheimer Rat, Rep. 96 Geheimes Zivilkabinett, Nr. 611 G, Bl. 34.

594 Reglement für die Infanterie [...] 1750, Theil VIII, Tit. V, Art. VIII.

und der Karre für die Unteroffiziere.[595] In dem oben beklagten Fall war der Soldat aber regelrecht auf Beutezug seinerseits gegangen und hatte, wie von Bardeleben es ausdrückt, eine »Profession« daraus gemacht. So benannte die angehängte Liste, von deren Vollständigkeit nicht einmal der Werbeoffizier selbst ausging, nicht weniger als 19 Offiziere und Unteroffiziere von zehn verschiedenen Regimentern, von denen sich Bursch zwischen 1751 und 1754 anwerben ließ, von einigen Regimentern, etwa dem Regiment von Holstein-Gottorp, erhielt der Rekrut gar von fünf verschiedenen Offizieren Handgeld. Auch von einem Sergeanten aus dem Regiment Itzenplitz hatte er das Geld bereits zuvor genommen.[596] Aus den Kabinettsschriftwechseln geht nicht hervor, wie diese Handgeld-Tour ihr Ende fand, aber es ist anzunehmen, dass der großgewachsene Soldat zumindest bei einem der genannten Regimenter verblieb, falls er nicht selbst das Weite suchte.

Beispiel Schlesien – eine Armee richtet sich ein

Besonders interessant sind die Entwicklungen im Bereich der Werbung in den neu erworbenen Gebieten in Schlesien und der Grafschaft Glatz. Gleich nach dem Einmarsch in die Gebiete und noch während des Ersten Schlesischen Krieges erließ Friedrich II. einige Edikte und Verordnungen, um die Situation im Land zu befriedigen und das Gebiet sowie die Einwohner nach seinen Vorstellungen zu verwalten. Zunächst erfolgte der »Generalpardon« vom Juli 1740 für alle Deserteure und aus Furcht vor der Werbung aus dem Land entflohenen Untertanen, die sich innerhalb einer Frist von sechs Monaten bei ihren Regimentern oder Gerichtsobrigkeiten wiedereinfinden sollten.[597]

Im Jahr 1742 wies Friedrich den Chef des neu errichteten Garnisonregiments (Nr. 8) in Glatz, Oberst Karl Franz von der Recke, in sein neues Werbegebiet in den grotkauischen, den neissischen und den friedländischen Kreisen ein, aus dem das Regiment allein seine Mannschaft komplettieren durfte. Der König bestand aber darauf:

---

595 Ebd.: Eine Ausnahme gab es nur, wenn ein Werbeoffizier die Geschäftshandlung mit einem Rekruten unterbrach, um an einen anderen Ort zu reisen – und der Angeworbene in dieser Zeit von einem anderen Offizier ein besseres und schnelleres Angebot erhielt.

596 Ebd., Bl. 35: Liste derer Ober- und Unter-Officiers mit welchen der ehmahlige Mousquetier Goltzischen Regiments Godfried Bursch sich in ein Engagement eingelaßen nach Gerichtlicher Angabe derer alhier sich befindenden Gastwirths.

597 General-Pardon vor die von Seiner Königl. Majestät in Preussen Armee biß jetzo Desertirete, imgleichen vor die entwichenen Enrollirte, und wegen Furcht der Werbung ehmahls ausgetretene Unterthanen, welche sich zwischen hier und den letzten Februarii 1731 bey ihren Regimentern, Fahnen [...] freywillig einfinden und gestellen werden, 28.07.1740.

»Es ist aber Meine Intention keinesweges und befehle Ich hierdurch alles Ernstes, daß Ihr diese Cantons oder Creyse keinesweges als Enrollirungs Cantons oder Creyse, wie solche in meinen andern Landen üblich seyn, ansehen, noch in solchen alle Junge Mannschafft enrolliren und ihnen Päße geben sollet, sondern mein Wille ist, daß Euer unterhabendes Regt. nur einig und allein befugt seyn soll in diesen Creysen zu werben, um, wenn Ihr bey dem Regt. Abgang habt, solchen daraus zu ersetzen«.[598]

Scheinbar war die Zahl der bis dahin aus den schlesischen Territorien entflohenen Männer so stark angewachsen, dass sich der preußische Monarch genötigt sah, die Situation zu befrieden und die Werbung zu systematisieren; dass die Übertragung des preußischen Kantonsystems auf das neu besetzte Gebiet nicht angedacht war, zeigte, dass die Aktivität der Werbung tatsächlich eine Reaktion – die »Abstimmung« mit den Füßen quasi – hervorrief. Die schlesischen Untertanen hatten sich die Herrschaft nicht gewählt und bei dem großen Anteil katholischer Einwohner stieß die neue Regierung auf Skepsis, daher hatte Friedrich bereits während des Krieges mit Plakatierungen, die den guten Willen der Preußen bezeugen sollten, die Stimmung im Land zu seinen Gunsten zu beeinflussen gesucht.[599] So ist es auch zu verstehen, wenn er am Ende der Order den Obersten von Recke auffordert:

»Sodann sollet Ihr nicht mit Gewalt in den Cantons Eures Regts. werben, noch sonder Unterscheid die junge Leuthe so darin seyn engagiren, sondern Ihr sollet suchen die Leuthe so Ihr anzuwerben nöthig habt, in der Güthe zu engagiren und solches durch zureden und kleine Doucieurs willig zu machen.«[600]

Offenbar nutzten die Offensiven des Königs wenig, denn in dem Patent von 1742 ordnete er an, dass jeder Bürger das Recht habe, von jedem Soldaten und Unteroffizier den Pass zu verlangen als Ausweis für den rechtmäßigen Aufenthalt außerhalb der Garnison und um Deserteure zu entlarven.[601] Im Jahr darauf erfolgten mit dem Edikt zur Erlassung der Untertänigkeit in Schlesien und Glatz sowie mit dem Werbereglement grundlegende Verordnungen, die einerseits der Desertion begegnen sollten, andererseits die Grundsätze der Werbung durch die Regimenter und die Kriegs- und Domänenkammer regelten.[602] Die Werbung

598 GStA PK, IV. HA Preußische Armee, Rep. 11, Nr. 26: Kabinettsorder Friedrichs II. an den Kommandeur des GR8 (1742–1744), Bl. 3.

599 Vgl. Rischke, Kriegsbericht oder Gaukeley?, S. 322f.

600 GStA PK, IV. HA Preußische Armee, Rep. 11, Nr. 26: Kabinettsorder Friedrichs II. an den Kommandeur des GR8 (1742–1744), Bl. 3. Die Einhaltung dieser Anordnung sollte auch durch die neu errichtete Schlesische Kriegs- und Domänenkammer kontrolliert und beobachtet werden – hier zeigte sich also ein gewisser Zweifel des Königs, ob die gewaltsame Werbung grundlegend unterbunden werden konnte.

601 Patent zur Verhütung der Desertion, 01.04.1742.

602 Vgl. Schlesisches Werbungs- und Kanton-Reglement, 16.08.1743, wonach die die tauglichen Männer nun durch Offiziere und Deputierte der Kriegs- und Domänenkammer schriftlich erfasst wurden – und dabei viele Ausnahmen zugelassen wurden, sowie das »*Königlich-*

wurde für die preußischen Regimenter auch dadurch erschwert, dass zahlreiche Exemtionen festgeschrieben wurden, also große Teile der Bevölkerung ohnehin von der Werbung befreit waren: so durften weder ansässige Bürger oder Untertanen noch Kaufleute und Händler, Fabrikanten, Manufakturarbeiter, Durchreisende und Rentiers geworben werden, »wiedann auch derer Gesellen oder Bediente von aller gewaltsamer Werbung insonderheit gantz und gar frey seyn sollen«.[603] Damit wurde nicht nur der Kreis derjenigen, die den Werbern noch zur Verfügung standen, weitgehend eingeschränkt, sondern die Vorschriften lieferten den Männern später auch Argumente in etwaigen Verfahren, wenn diese doch von den Fahnen flüchteten. Die Begründung, durch die »gewaltsame« Wegnahme und die »illegale«, weil den Gesetzen widersprechende Werbung unrechtmäßig in den preußischen Militärdienst geraten zu sein, wurde zu einem oft verwendeten Topos vor Gericht, wie die zahlreichen Desertionsverfahren belegen.[604] Oberst von der Recke brachte seine schlesische Garnison offenbar ebenfalls kein Glück – er erhielt im Gegenteil die von Friedrich dorthin beorderten Soldaten, die sich das Regiment also keinesfalls selbst werben durfte, sondern nur dann auswählen konnte, wenn der Bedarf nicht gedeckt war, so »daß Ihr durchaus keinen eintzigen Mann aus deren Cantons Eures Regiments einziehen sollet, da Ich Euch schon 200 Mann geschicket, die Ihr in Kürtze erhalten werdet«.[605]

3.2.2 Der Preußen schlechter Ruhm: die gewaltsame Werbung

»Mit was vor entsetzlicher Animosität Preußen gegen Unß gesinnet«, urteilte Carl Leopold von Mecklenburg 1730 in einem Schreiben an den Hofrat Gustav Christiani in Regensburg.[606] Der Bruder des regierenden Herzogs von Mecklenburg prangerte die Werbemethoden der preußischen Regimenter an, es seien

> »verschiedene junge Edelleute in Preußische Dienste getreten, so in Mecklenburg die grausahmsten Excesse verüben, in dem wo nur Gelegenheit, die Leute überfallen, einen

Preußische Edict und Declaration, wie es in Zukunft in dem souverainen Herzogthum Schlesien, und Graffschafft Glatz mit Erlassung der Unterthänigkeit zu halten, das Austreten der Unterthanen aus dem Lande zu verhüten, und die Recrutirung der Regimenter nach Inhalt des Werbungs-Reglements vom 16.8.1743 vorgenommen werden soll«.

603 GStA PK, IV. HA Preußische Armee, Rep. 11, Nr. 26: Kabinettsorder Friedrichs II. an den Kommandeur des GR8 (1742–1744), Bl. 3.

604 Vgl. dazu die Ausführungen hier im Konfliktkapitel 3.2 sowie im Quellenkapitel die Argumentationen der Angeklagten Wunsch und Hanson wegen der versuchten Desertion. Vgl. Kap. 4.1.

605 GStA PK, IV. HA Preußische Armee, Rep. 11, Nr. 26: Kabinettsorder Friedrichs II. an den Kommandeur des GR8 (1742–1744), Bl. 8.

606 GStA PK, IV. HA, Rep. 1, Nr. 6.

seidenen Schnupftuch mit einen Stein in den Mund stecken, Stricke umb den Halß werffen und mit Wagen zum Lande hinauß führen«.[607]

Darüber hinaus hätten sich in Mecklenburg regelrechte Standorte der preußischen Werber gebildet, zu denen die eingefangenen Menschen gebracht würden. Die Methoden der Werbeoffiziere seien dabei immer drastischer und dreister geworden, so habe sich ein preußischer Fähnrich mit einem Schreiben bei einem mecklenburgischen Beamten gemeldet, welches das Insiegel und die Unterschrift Carl Leopolds von Mecklenburg getragen habe, und habe den Mann aufgefordert, einen bestimmten Untertanen auszuhändigen und in preußische Dienste zu geben.[608] Diese Methode und weitere Berichte über die Brutalität preußischer Werber, die es sogar als Meldungen in die gedruckten Zeitungen geschafft hatten und die unrühmlichen Methoden der preußischen Armee dokumentierten, bewogen den ehemaligen Herzog dazu, beim preußischen König vorstellig zu werden und in einigen Neujahrsbriefen auf die Missstände hinzuweisen, eine Antwort aus Berlin oder Potsdam kam jedoch nie. So wies Carl Leopold auf die größeren Zusammenhänge dieser Problematik hin, die sowohl seine Untertanen und die mecklenburgischen Stände als auch die Einigkeit im Heiligen Römischen Reich beträfen: »es sind dieses sehr betrübte Umbstände, und falls rechtschaffen gesinnete Stände diesen entsetzlichen Wesen nicht mit Nachdruck und einmüthig begegnen, wird ein totaler Zerfall im Reich entstehen«.[609] Offenbar erhoffte sich der Verfasser, mit den Nachrichten über die Werbepraktiken der preußischen Armee unter den Reichsständen weitere Verbündete zu finden, die mit ihm gemeinsam den preußischen König in die Schranken weisen sollten. Tatsächlich hatte Friedrich Wilhelm bereits frühzeitig mit beinahe allen benachbarten Territorien Kartelle und Verabredungen betreffend die Auswechslung von Deserteuren und das Werben in den jeweiligen Gebieten getroffen.[610] An den Klagen über die gewaltsame Form der Heeresaufbringung änderte sich wenig. Obwohl die Anwendung von Gewalt nicht erlaubt war, wurde sie in der Praxis täglich eingesetzt und griff damit auch in den Alltag der Bevölkerung, auch in den brandenburgischen Kernlanden, ein.

Im Juni 1716 berichtete der Amtsrat Burgdorff in einem Bittschreiben an Fürst Leopold von Anhalt-Dessau über die Werbeexzesse, die von seinem Regiment ausgingen. Dieses habe

607 Ebd.

608 Ebd.

609 Ebd.

610 Und das trotz der Kartelle, die der König wegen der Auslieferung von Deserteuren und zum Schutz der jeweiligen Bevölkerung mit den Nachbarterritorien erlassen hatte. Etwa das Cartell zwischen König Friedrich Wilhelm in Preussen und Hertzog August Wilhelm zu Braunschweig-Lüneburg-Wolfenbüttel wegen reciproquer Extradition der Deserteurs, in: Lünig, CJM, S. 980.

»weiß nicht auf weßen Ordre, unter Direction eines Unter-Officiers, Jacob Stieren, einen Knecht, welcher bereits Frau und Kinder hat, bey hiesiger Königl. Stuterey aus den so genannten Krummen Horn, allwo diejenigen Hengste gehen, gewaltsamer Weise weggenommen; Ob nun zwahr der Studten Knecht nebst noch einige andern so fort nachgeritten, dem commmandirenden Unter-Officier gehörige Remonstration zu thun, so hat solches doch nicht zum Effect gebracht werden können, sondern es ist vielmehr gedachter Studten-Knecht mit angedroheten auch würckl. erfolgten Schlägen reponsiret worden«.[611]

Es wurde also demnach nicht nur die Verschleppung des Stutenknechts beklagt, sondern darüber hinaus die schlechte Behandlung des zweiten Knechts durch die Soldaten, da er gewagt hatte, sich ihnen in den Weg zu stellen. Darüber hinaus bezweifelte der Amtsrat die Legalität dieses Unternehmens (»weßen Ordre«), da die Leidtragenden neben der Familie des Verschleppten insbesondere die wirtschaftlichen Interessen des Königs waren. Die Stuterei schien geradezu ein Ziel der Werber zu sein, an dem sie immer wieder neue junge und kräftige Männer antrafen, die sie in Dienst nehmen wollten. Zumindest schien es in der Praxis »erfolgversprechende« Werbeplätze auf dem Land zu geben. So beendete der Amtsrat seine Supplikation mit dem Verweis auf andere derartige Vorgänge einige Wochen zuvor. So müsse das wirtschaftliche Interesse der Stuterei gewahrt werden,

»weiln vor umbgefehr 8 Wochen auff Ansuchen des Herrn Lieutenant Magnus ein hießiger Studten-Knecht nahmens Elßholtz nebst 2 andern Unterthanen Söhnen zu dero hochlöbl. Regiment deren erstere bis dato und zwar unter dero Leib-Compagnie in Calbe stehet, abgegeben, und dieser jetzige Studten-Knecht Jacob Stier anstatt gemeldtem Elßholtz wiederum beym Gestüdte, indeme Er ein hiesiger Unterthan, angenommen worden«.[612]

Besonders oft kam es zwischen den verschiedenen vom König privilegierten Gerichtsständen zu Streitigkeiten über die Zuständigkeit, die sich im Fall von gewaltsamen Werbungen besonders entzünden konnten. Besonders in Halle an der Saale, welches als preußische Universitätsstadt großes Ansehen genoss und gleichzeitig einen großen Teil des Dessauer Regiments in seinen Mauern beherbergte, kam es immer wieder zu Auseinandersetzungen und Übergriffen zwischen Soldaten und Studenten. So bemühte sich die Universität zu Halle im November 1717 um einen Studierenden, der »wieder« einmal von den Soldaten der Stadt mit Schlägen eingefangen worden war: »Ew. Hochfürstl. Durchl werden Wir gezwungen abermahls wie wohl höchst ungern unterthänigst klagende zu hinterbringen, wie daß von der hiesigen Miliz am heütigen Tage wiederum Ein

611 Ebd., Bl. 242v.
612 LASA, A 9b Ib, Nr. 19, Bd. III, Bl. 243r.

Studiosus mit Gewalt weggenommen und in die Hauptwache geführet worden.«[613]

Daraufhin habe man den zuständigen Obersten von Winterfeld aufsuchen wollen, um die Sache zu klären – aber kein Soldat oder Offizier war bereit, den Aufenthaltsort desselben zu verraten. Schließlich konnten die Studentenvertreter den Befehlshaber beim Mittagessen doch noch antreffen und ihm vortragen, dass der Student herausgegeben werden solle, da er der Gerichtsbarkeit der Universität unterstehe und damit für die Soldaten nicht zu haben sei. Oberst von Winterfeld tat dieses Gesuch mit einer respektlosen Bemerkung ab und gab den Vertretern der Universität zu verstehen, dass, wer einmal in den Fängen der preußischen Armee sei, nicht mehr einfach herauskäme. Daraufhin eskalierte der Konflikt, denn die ebenfalls mit Degen versehenen Studierenden, die dem Tross an Studentenvertretern gefolgt waren, forderten nun Vergeltung: das friedliche Gesuch hatte nichts gebracht – im Gegenteil war die Universität durch den kommandierenden Offizier in ihrer Ehre und ihren Rechten verletzt worden. Schließlich kam es, wie es kommen musste: zu einem riesigen Tumult. Aber auch hier habe der Oberst von Winterfeld noch die Möglichkeit gehabt, den Konflikt beizulegen, wie der Bericht der Universitätsangehörigen betont. Aber nach Aussage des verwundeten Studenten in der Hauptwache habe der Militär kein Interesse daran gehabt nachzugeben:

> »Dahero es dann wie iedermann leichtlich zum Voraus gesehen, leider! Erfolget, daß Ein mächtiger Auflauff von Tausend und mehr Studiosis und anderen hiesigen Stadtvolcke geschehen, welche dem Verlaut nach mit Schreyen, daß Ihre von Königl. May. Ertheilte Privilegia übern Hauffen und sonsten allerhand insolentien verübet haben sollen, bis endlich der commandirende Herr Obrister sich selbst mit allen Herren Officieres auf die Hauptwache in Persohn verfüget, und wie der Verwundete aussaget, mit diesen Wordten Ordre gegeben: Avanciret, Hauet und stoßet. Wie denn auch verschiedene Studiosi von denen Soldadten nach Außage des Chirurgi so einen vebundten, gar gefehrlich blessiret worden.«[614]

Die Universität beklagte die Beseitigung verbriefter Rechte für ihre Institution durch den König und wies dann auch auf die Außenwirkung solcher Maßnahmen hin: viele Studierende kamen aus dem deutschen Ausland oder sogar aus Dänemark oder Schweden – diese hätten eine lange und gefährliche Anreise und würden dann vor Ort keine Rechtssicherheit von der Universität geboten bekommen. Die daraus entstehenden Folgen könnten für die renommierte Universität bedeuten, dass der rege Zulauf an Studierenden nachlassen und diese lieber in andere Territorien, etwa in das nahe gelegene Sachsen, nach Leipzig, abwandern würden. So war man im Schreiben des Prorektors und der Profes-

613 Ebd., Bl. 310.
614 LASA, A 9b Ib, Nr. 19, Bd. III, Bl. 310f.

soren einig, dass Leipzig schon lange die fiskalische Konkurrenz aus Halle leid war und eine solche Aktion sofort zum geldwerten Vorteil ausnützen würde:

> »wie unß gantz sicher referiret worden, [hat, d. Verf.] die Leipziger Kauff-Mannschafft ohnlängst Sr. Königl. May. in Pohlen bey der Anwesenheit repraesentiret, wie von ihnen jährlich alhier von fremden Orthen studirenden Jugend, mehr alß 2 Tonnen Goldes per Wechsel ausgezahlet würden, und also Sr. Königl. Maj. angerathen, bey der Universitaet Leipzig die Veranstaltung zu machen, damit inmehro und mehr von denen hiesigen Studiosis dorthin gezogen werden möchten.«[615]

Die Konkurrenz zwischen Universität und Garnison brachte nicht nur negative Effekte für die Studierenden mit sich, sondern bot darüber hinaus die Möglichkeit, aus persönlichen Gründen schnell einmal die Profession und den Gerichtsherrn zu wechseln. Wer dies klug zu nutzen wusste, konnte dadurch einem Gerichtsverfahren entgehen, indem er freiwillig in den preußischen Militärdienst trat – denn das Interesse an jungen, kräftigen und idealerweise großgewachsenen Männern war ja da. Im November 1716 war von dem Senat der Universität eine Klage bei Fürst Leopold eingelaufen, die ebendieses Szenario schilderte: ein Studiosus namens Köhler hatte sich freiwillig in Halle in die Hauptwache begeben und dort angezeigt, dass er Soldat werden wollte. In der Stadt hatte er zahlreiche Schulden hinterlassen und war in einige andere Übertretungen verstrickt, daher suchte er wohl den Schutz einer neuen Gerichtsobrigkeit und fand ihn auch. Denn der Oberst von Winterfeld war nicht bereit, den jungen Rekruten, der zumal freiwillig seinen Dienst angetreten hatte, aus diesem wieder zu entlassen.

Die Universität, die sich nicht nur in ihren Rechten gekränkt sah, sondern darüber hinaus auf die Wirkung solcher Entscheidungen für das zukünftige Verhalten der Studierenden hinwies, forderte die Freigabe des Studenten, damit er vor dem Gericht der Universität ein Verfahren und eine gerechte Strafe erhielte. Denn andernfalls befürchteten die Professoren,

> »daß wann die Königl. Hauptwache ein öfentl. Asylum dererjenigen Studiosorum so entweder delinquirt oder Schulden gemachet, seyn, und dieselbe alda frey aufgenommene und wieder ihre ordentliche Obrigkeit protegiret werden solten, die Universitaet an Ausübung ihrer Academischen Jurisdiction und Disciplin offenbahr gehindert und gekräncket, überdieß dero richterliche Autoritaet und Gewalt mercklich geschwächet, und gehemmet werden dürffe, indem viel liederliche und ungehorsahme Leuthe diesen Weg ergreiffen würden, da doch so lange die Universitaet gestandten dergleichen von keiner Guarnison geschehen ist, auch an sich wieder die Rechte und hergebrachte Gewohnheit läufft.«[616]

615 Ebd., Bl. 312f.
616 LASA, A 9b Ib, Nr. 19, Bd. III, Bl. 260f.

3.2.3 Werbepraxis und Klagewege

Die Frage der Rekrutierung blieb für alle frühneuzeitlichen Regimenter in Europa ein wesentliches Problem, seitdem die stehenden Heere die Kriegsunternehmer und Söldnerheere abgelöst hatten. So versuchten die brandenburgischen Kurfürsten und auch der erste preußische König noch, die Situation mit Patenten und Werbeprivilegien für die Regimenter zu entspannen. Spätestens aber mit Ausbruch des Spanischen Erbfolgekrieges war es nicht ohne Weiteres möglich, den kompletten Ersatz über Freiwilligenwerbung zu stellen.

Im *Edict, wegen Aufhebung gewaltsamer Werbung, und was darunter zu verstehen sey* von 1714 vermerkte der Artikel V für den Fall, dass sich die Regimenter nicht an die Bestimmungen in dem Edikt halten sollten:

> »Sollten aber dennoch einigen Klagen deshalb vorkommen, müssen sie zuförderst bey dem Commandeur des Regiments angebracht werden, und wann derselbe solche nicht bald remediret, hernach und nicht eher, können und mögen alle diejenigen, welche der Werbung halben leiden, sich immediate bey Se. Königl. Majestät melden, und soll ihnen schleunige Hülffe wiederfahren«.[617]

Von den Folgen der Wegnahme eines Untertanen waren jedoch nicht nur die engeren Familienangehörigen betroffen, deren Bitten bei den Regimentern oft gar nichts erreichten – in den kleineren Gerichtsbezirken, die zu adligem Grundbesitz gehörten, konnten bereits wenige junge Männer, die durch die Regimenter verschleppt wurden, verheerende wirtschaftliche Folgen nach sich ziehen, wenn diese etwa bei der Ernte dringend benötigt wurden. So seien

> »etwa dreyßig Mann den 13ten vorigen Monaths am Mittage auf unsern Ambts-Hoff zu Hakenborn gefallen, und einen Amts-Unterthanen und Cothsaßen, daselbst Nahmens Heinrich Brand, mit Gewalt von dem Amts-Hoffe, woselbst der Pächter denselben als einen Dröscher brauchet, weggenommen und mit sich nacher Egeln geführet haben«.[618]

Auch die Ämter mussten – aus Not und Erfahrung heraus – Möglichkeiten und Strategien im Umgang mit der Werbung entwickeln und so wurde zunächst auf die wirtschaftliche Leistung des Einwohners sowie auf die sozialen Folgen für dessen Familie durch die erfolgte Wegnahme Bezug genommen:

> »Wann aber ermeldter Brandt einen Cothsaßen-Hof in Hakeborn, wie auch Weib und Kind hat, und von dem Guthe so wohl S. May. Unsern allergnädigsten Herrn die Contribution und andere Praestanda, als auch unserem Amte Hattmersleben das seinige an Dienst-Gelde und andere Gefallen alljährlich abgeben muß, solches aber in

617 Mylius, CCM, T. III, 1. Abt., Nr. 127 – Edict wegen Auffhebung gewaltsamer Werbung, Sp. 362.

618 LASA, A 9b Ib, Nr. 19, Bd. III: Verschiedenes, des Fürsten Leopold Regiment zu Fuß betreffend 1713–1723, Bl. 235v.

Zuckunfft nicht erfolgen wird, wenn Er bey der Militz verbleiben solte, gestalt deßen, Eheweib sothane Praestanda unmöglich abstatten kann.«[619]

Die wirtschaftlichen Interessen des Monarchen gegen die militärischen Bedürfnisse auszuspielen, war insofern erfolgversprechend, als sich Friedrich Wilhelm I. auch genötigt sah, die Armenfürsorge zu regeln, und es ihm durchaus nicht passen konnte, wenn das Handeln seiner Soldaten zu weiteren Belastungen der Armenkasse führte.

Zudem besaßen die meist adligen Grundherrschaften sowie die Städte ihren Untertanen gegenüber eine gewisse Schutzpflicht – die gewaltsame Verschleppung der potenziellen Soldaten bedeutete auch politisch einen Machtverlust, den die Regierenden nicht ohne Weiteres hinnehmen wollten. Oft erfuhren die Soldaten bei der Mitnahme der Untertanen aus Furcht schon keine Gegenwehr und so konnte die Rekrutierung von tauglichen Männern in der Praxis gelegentlich in regelrechte »Kriegsszenerien« umschlagen, wenn die Werber zu mehreren Personen in die Häuser von Dörfern und Gemeinden eindrangen, gern auch bei Nacht, und die Lehrjungen sowie Knechte von dort mitnahmen. Dieses Vorgehen sprach für koordinierte Aktionen und war von langer Hand geplant, demnach erscheint es zweifelhaft, dass die vorgesetzten Behörden, inklusive Generalauditoriat und Generalkriegsdepartement, von der gewaltsamen Form der Heeresaufbringung nichts wussten. Wie der Oberamtmann Hermann Wissmann im Jahr 1716 berichtete, gingen dem Zugriff durch die Werbesoldaten tagelange Observationen voraus, während derer die potenziellen Soldaten ausgekundschaftet und ihr Verhältnis zu der beobachteten Gemeinde festgestellt wurde.[620] Dabei wurden besonders gern das Gesinde und die Lehrlinge ins Visier genommen, da dieselben oft noch keine Familie hatten und selbst kräftig und jung genug für den Dienst in der Armee waren.

Wie Hermann Wissmann in einem Schreiben vom 4. März 1716 an den Oberstleutnant von Kleist als Kommandeur des Regiments Anhalt-Dessau berichtet, hätten die Werbesoldaten in der Gemeinde Alvensleben keine Mühen gescheut, um an junge Rekruten zu kommen. Zu diesem Zweck hätten sie es sogar vermieden, sich als Angehörige der preußischen Armee zu erkennen zu geben: »Alß den 4ten Febr. 1716 der H. Lieutenand und Fendrich in hiesigen Keller Krug kommen, gedachter H. Fendrich wie ein Jäger verkleidet, ein

619 Ebd., Bl. 236v.

620 Ebd., Bl. 226–241r: Die »Akte Wissmann« in den Unterlagen des Dessauer Regiments umfasst nur noch die Schreiben des Oberamtmanns und eine unterstützende Stellungnahme der Magdeburger Kur-Kammer. Die erwähnten Stellungnahmen des beklagten Werbeleutnants sowie der Bescheid durch Generalauditoriat und König fehlen dagegen.

Waldthorn habende und auff der Straße des hiesigen Färbers Lehr Jungen weggenommen.«[621]

Daraufhin folgten 16 Männer des Ortes dem Fähnrich und den zehn Soldaten, während sich der Krüger Christian Lehmann, der als Amtsrichter fungierte, in den Krug begab, um sich mit dem Leutnant von Burgsdorff auseinanderzusetzen und die Freilassung des Lehrlings zu veranlassen. Nachdem der Krüger den Offizier aufforderte, den offiziellen Werbeschein für die Ortschaft und die dazugehörige Regierung vorzulegen, verwies ihn dieser darauf, »wie er seine Ordre in der Taschen hätte, und ohne derselben nichts vornehmen würde«, weigerte sich aber, dem Krüger diesen offiziellen Schein vorzulegen. Darüber hinaus beruhigte der Leutnant die Gemüter, indem er »auch des andern Tages gegen Mittag, da derselbe wiederumb mit seinen Leuthen zurück kommen, versichern laßen, daß er sich an dem Amtsgesinde nicht vergreiffen wolte, es möchte daßelbe nur geschickt werden, wohin man wolte«.[622] Doch am 12. Februar beobachteten die Amtsleute, dass der Leutnant, sein Fähnrich und mehr als 20 Soldaten die ganze Nacht die Hauptstraße des Ortes Alvensleben beobachteten. Wie sich erst später durch die vereidigten Aussagen verschiedener Bürger in den Dörfern und der Mark Alvensleben ergab, waren die Soldaten keineswegs untätig gewesen, sondern hatten eben die Bewegungen der Lehrjungen und Knechte in dem Amt genau beobachtet. Bereits am 4. Februar, am Abend nachdem der Fähnrich bereits den Lehrjungen mitgenommen hatte, waren die Werber in einige Häuser eingedrungen und hatten dort nach den Männern gesucht. Dabei gingen sie mit größter Grobheit vor und missachteten die allseits bestehende Feuergefahr, indem der Leutnant, wie alle Zeugen übereinstimmend berichteten, stets den Hausherren oder -herrinnen das Feuer aus der Hand nahm und mit diesem in der Hand sogar den Boden, die Scheune und alle Winkel visitierte.

Beim zweiten Überfall am 12. Februar waren die Offiziere und ihre Männer noch übler gelaunt – sie hatten offensichtlich bei dem Schuster Kneese und bei Andreas Möries die Abwesenheit des Hausherrn beobachtet und setzten nun die Ehefrauen unter Druck. Im ersten Haus bei Kneese, berichtete die Ehefrau in der Befragung, habe »der eine Soldate [...] zu sie gesaget, wo der Kerl das Bette hätte, wenn sie es nicht sagte, müste man ihr die Daumenschrauben ansetzen, endlich währen sie nach langen Suchen und Durchbohrung des Strohs mit denen Degen, wiederumb weggegangen«.[623]

Auch die Frau von Andreas Möries wurde von dem Offizier beleidigt und auch körperlich bedroht, als sie ihn bat, mit dem offenen Feuer wegen der Brandgefahr vorsichtiger umzugehen, »H. Lieutenant aber hätte geantwortet, du alte Vette

621 LASA, A 9b Ib, Nr. 19, Bd. III, Bl. 226r.
622 Ebd., Bl. 227v.
623 Ebd., Bl. 227r.

Hure, es ist wohl eher ein alt Hauß«, darüber hinaus sagte sie aus, »wann sie auffm Boden komen wollten, habe er sie immer wieder zurück gestoßen, endlich aber auf Anfragen gesaget, Sie solte den Sohn schaffen«.[624] Doch auch dem Böttcher Meyenkoth erging es nicht besser, da dieser bei dem zweiten Überfall am 12. Februar mit einem übel gestimmten Unteroffizier konfrontiert wurde, denn »der dabey gewesene Sergeant habe vor ihm mit der Flinte gestanden, gedräuet, wann er nicht sein Maul hielte, wollte er ihn mit der Flinte darauff stoßen«.[625] Dem Oberamtmann, der scheinbar durch Krankheit ans Bett gefesselt war, wurde offenbar vorgeworfen, er habe den Tumult anheizen lassen und die Werbung der Offiziere verhindert – so schien es zumindest nach dem Bericht des Leutnants von Burgsdorff, gegen den sich Wissmann ausdrücklich verwahrte.[626] Immer wieder finden sich in den Aktenbeständen Militärangehörige, die aufgrund von illegaler oder gewaltsamer Werbung in Arrest sitzen oder vor Gericht stehen – die Mehrheit von ihnen handelte dabei in einer rechtlichen »Grauzone«, da zwar die zwischen den einzelnen Territorien errichteten Kartelle die Praxis der Werbung im Ausland (also außerhalb der preußischen Territorien) regeln sollte, dies aber in der Realität nur selten zutraf. Der Werbedruck, der auf Offizieren und Soldaten im Werbeeinsatz lastete, entlud sich dann auch nicht selten in gewaltsamen Auseinandersetzungen oder manifestierte sich in zweifelhaften Maßnahmen der Werber, um die gutwillige Zusage der potenziellen Rekruten zu erhalten wie dies schon Ulrich Bräker in seiner bekannten Autobiografie schilderte.

3.3 Konfliktfeld III: Dienstzeit im Regiment

3.3.1 Insubordination und Widerstand gegen Vorgesetzte

Obwohl die Insubordination als solche ebenso wie die Desertion wohl eher zu den sui generis militärspezifischen Formen von Devianz und Kriminalität gezählt wird, berührt sie im Kern ebenfalls Konfliktfelder, die in der Zivilgesellschaft in Form des Widerstands gegen die Herrschaft bzw. die jeweilige Obrigkeit eine bedeutende Rolle spielten. Proteste gegen unrechtmäßige Herrschaft gab es in menschlichen Gesellschaften immer, die Ritualisierung des Widerstands war auch in der Frühen Neuzeit bereits seit dem 16. Jahrhundert immer wieder präsent: die Gewalt infolge des Bauernkrieges 1525/26 hatte sowohl bei den

624 Ebd., Bl. 229v.
625 Ebd., Bl. 228v.
626 Ebd., Bl. 226v: So benannte Wissmann seinen Bericht über die Werbevorgänge »Wahrhaffter und pflichtmäßiger Gegenbericht auf des Hn. Lieutenant von Burgsdorffs erstatteten ungleichen und unvollkommenen Bericht«.

Obrigkeiten in den betroffenen Territorien Spuren hinterlassen wie zu einer Prägung der bäuerlichen Formen von Widerstand beigetragen.[627]

In den Dessauer Regimentsunterlagen ließen sich verschiedene Formen des Protests und der Subordination festmachen, die ebenfalls unter den Begriff des Widerstands, wie ihn Winfried Schulze definiert hat, fallen können:

> »Historisch greifbar wird Widerstand immer nur im gegebenen Normen- und Sanktionssystem einer Gesellschaft. […] Historisch erheblich wird ›Widerstand‹ im hier verwendeten Sinne, wenn die jeweiligen Aktivitäten durch das Raster der zeitgenössischen Relevanzkriterien aufgegriffen und somit als Widerstandshandlungen bezeichnet und meist damit auch aktenkundig gemacht werden.«[628]

Demnach gehörte zum Widerstand alles, was den zeitgenössischen Widerstandskriterien entsprach, in individueller Hinsicht ebenso wie in kollektiver, denn die Bezeichnungen der »Rebellion«, von »Aufruhr« und »Conspiration«, die sich in den Quellen finden lassen, sind an sich bereits Bezeichnungen, die eine Gruppe von mehreren Tätern beschreiben, und sie folgen den Definitionen der Obrigkeit. Im Sinne der Kriegsartikel und Reglements gehörten in diesen Bereich des Widerstands neben den eben erwähnten kollektiven Formen auch ganz allgemein das »Räsonieren« des Einzelnen sowie die Drohgeste oder gar der körperliche Angriff auf den Vorgesetzten, die im Begriff der Insubordination für das Militär noch einmal gesondert zusammengefasst werden.

Im Jahr 1713 wandte sich ein Bürger aus dem blankenburgischen Regenstein in einer Supplik an Fürst Leopold von Anhalt-Dessau. Sein jüngster Sohn hatte in dessen Regiment in Italien sechs Jahre zunächst als Gemeiner, dann als Unteroffizier gedient und bekam nun immer häufiger Probleme mit einem vorgesetzten Offizier. Aus diesem Anlass wandte sich der Vater als Fürsprecher an den Regimentschef, um gegen die Behandlung seines Sohnes zu protestieren, »daß der H. Capitain von Wachholtz ihn sehr hart tractiret«.[629] Da der Dienst in der Kompanie des Kapitäns seinem Sohn demnach unnötig erschwert worden sei, bittet der Vater daraufhin, »daß vorgedachter Mein Sohn von dorther dimittiret, und nach Ewr. Hochfürst. Durchl. Gnädigstern Gefallen anderweit employret werde«.[630]

627 Vgl. dazu allgemein die Forschungen zum Widerstand von Schulze, Bäuerlicher Widerstand; Häberlein, Mark (Hg.): Devianz, Widerstand und Herrschaftspraxis in der Vormoderne. Studien zu Konflikten im südwestdeutschen Raum (15.–18. Jahrhundert), Konstanz 1999; Isenmann, Eberhard: Widerstandsrecht und Verfassung in Spätmittelalter und früher Neuzeit, in: Helmut Neuhaus; Barbara Stollberg-Rillinger (Hg.): Menschen und Strukturen in der Geschichte Alteuropas. Festschrift für Johannes Kunisch zur Vollendung seines 65. Lebensjahres, dargebracht von Schülern, Freunden und Kollegen, Berlin 2002, S. 37–70.

628 Vgl. Schulze, Bäuerlicher Widerstand, S. 87.

629 LASA, A 9b Ib, Nr. 19, Bd. III, Bl. 10v.

630 Ebd., Bl. 10r.

Offenbar war es dem Soldaten selbst nicht möglich oder innerhalb des militärischen Umfeldes nicht gern gesehen, gegen den Vorgesetzten eine offene Beschwerde zu führen. Hierbei wird das Problem der Grenze zwischen dem formalen Protest gegen ungerechte Behandlung und dem weitaus schwerwiegenderen »Räsonnieren« sichtbar: der Vater formulierte als ziviler Vertreter seines dienenden Sohnes die Bitte um Versetzung, stützte damit die Beschwerde des Unteroffiziers wegen der Behandlung durch den Offizier. In diesem Rahmen sollte die Beschwerde wohl gerade nicht als sozialer Protest oder gar als »Widerstand« gegen den Vorgesetzten missverstanden werden.

Im Kern der Regimentsunterlagen zur Insubordination begegnen ebenfalls Formen der Befehlsverweigerung, weil die Soldaten die Ausführung der Befehle als unrechtmäßig oder falsch ansahen. Die Gründe dafür waren vielfältig und abhängig von einem Bündel an sozialen, wirtschaftlichen und persönlichen Faktoren. So begegnen in den Regimentsunterlagen Beispiele von Arbeitsverweigerung und Ungehorsam, die vermuten lassen, dass auch bei den Soldaten ein Bewusstsein um die rechtlichen Grundlagen im Regiment vorhanden war. Fraglich bleibt die Wahrnehmung von Recht und Unrecht auch in der Frage des »Rechts auf Ungehorsam«, wie es zeitgenössisch und auf Staatsebene seit dem 17. Jahrhundert diskutiert wurde.[631] Für den Bereich der zivilen Gesellschaft, insbesondere für die ländliche Bevölkerung, betonte Winfried Schulze bereits 1980, dass zwischen der Rechtsauffassung der betroffenen Stände, die ihr Vorgehen gut begründet sahen, und der jeweiligen Obrigkeit, die jeden Akt des Auflehnens als »Rebellion« kennzeichnete, oft viel Platz für Argumentationen war.[632]

In einem Schreiben des Obersten Otto Friedrich von Leps vom 18. Juni 1717 an seinen Regimentschef Leopold von Anhalt-Dessau berichtete der Kommandeur von einem Aufruhr in der Kompanie des Kapitäns von Milagsheim. Die Ereignisse hatten wohl damit begonnen, dass die Soldaten dieser Kompanie, die zu Schanzarbeiten eingesetzt worden waren, gegen die Arbeit aufbegehrten. Unter Führung des Soldaten Donnerstag verweigerten die Musketiere die weitere Arbeit mit dem Verweis darauf, das Arbeitsmaß sei für sie weitaus höher angesetzt worden als für die anderen Kompanien.[633] Als der anwesende Unteroffizier dem Anführer daraufhin ein paar Schläge gab und ihn aufforderte, weiterzuarbeiten, wandte sich Donnerstag an seine Kameraden mit den Worten: »Kombt laßet uns herein gehen, und es dem Capitain klagen«, worauf die Soldaten um ihn herum teils mit Zweifeln, teils mit Zustimmung reagierten. Als Donnerstag die Be-

631 Vgl. Seidler, Michael: Qualification and Standing in Pufendorf's Two English Revolutions, in: Robert von Friedeburg (Hg.): Widerstandsrecht in der Frühen Neuzeit. Erträge und Perspektiven der Forschung im deutsch-britischen Vergleich, Berlin 2001, S. 329–351.

632 Vgl. Schulze, Bäuerlicher Widerstand, S. 115.

633 LASA, A 9b Ib, Nr. 19, Bd. III, Bl. 291.

schwichtigungsversuche zurückwies, entgegnete er, »wofern sie nicht mit Ihm hierin gehen wollten, keine brave Kerls wehren', er darauff fortgegangen, auch die gantze Compagnie Ihm biß nach des Hauptman von Milagsheim Quartier gefolget«.[634]

Nachdem die Soldaten auch von ihrem Kompaniechef wieder zur Arbeit geschickt wurden und dieser versprach, die Arbeitsbedingungen selbst in Augenschein zu nehmen, entspannte sich die Situation erst einmal wieder. Doch in diesem Moment wurde Donnerstag durch die Wachen festgenommen und in Arrest gebracht, was die übrigen Soldaten mit Widerwillen zur Kenntnis nahmen. Daraufhin setzte eine Dynamik ein, wie sie in den Berichten über innermilitärische Aufstände immer wieder zu finden war: die anwesenden Kameraden forderten die Herausgabe des Soldaten Donnerstag oder wollten diesem in den Arrest folgen. Die Soldaten wurden durch bewaffnete Wachen zur Arbeitsstelle gebracht, sammelten sich aber kurze Zeit später vor der Hauptwache, um sich ebenfalls in Arrest setzen zu lassen. In diesem Zusammenhang wurden noch zwei weitere Soldaten, die ebenfalls als »Anfänger« dieser Auseinandersetzung ausgemacht worden waren, festgenommen und arretiert, die übrigen Soldaten mussten an ihre Arbeitsstätte zurückkehren.[635]

Die Ähnlichkeit in der Beschreibung solcher »kollektiven« Aufstände gegen die Vorgesetzten innerhalb des Militärs sind möglicherweise einerseits auf die Konventionen der Darstellung durch die Offiziere selbst zurückzuführen: in der Wahrnehmung der Vorgesetzten folgte den aufrührerischen Worten der Anführer die Zusammenrottung der Mannschaft, der angedrohten und erfolgten Arretierung des Wortführers folgte die Solidaritätsbekundung durch die Kameraden. Andererseits spricht meines Erachtens ebenso viel dafür, die Form des Aufstandes selbst als Rechtsritual aus Sicht der Soldaten anzuerkennen.[636] Die Soldaten wollten ihre Klage mündlich bei ihrem Vorgesetzten, dem Chef der Kompanie, vorbringen und gingen aus diesem Grund gemeinsam zu dessen Lager. Diese kollektive Form des Protests scheint durchaus den bäuerlichen Protestformen seit dem 16. Jahrhundert vergleichbar, wenn auch die Entschlussfassung hier wesentlich spontaner gewesen sein mag.[637]

634 Ebd., Bl. 291.

635 Ebd., Bl. 293.

636 Zu ähnlichen Rechtsritualen im dörflichen Bereich vgl. Van Dülmen, Richard: Kulttur und Alltag in der Frühen Neuzeit, Bd. 2: Dorf und Stadt 16.–18. Jahrhundert, München 1992.

637 Dies lässt sich insbesondere an dem Fall des Dragoners Dombruk 1711 ablesen, der seine Entscheidung zum Protest im betrunkenen Zustand fällt, nichtsdestotrotz aber bereits Tage zuvor mit Kameraden über Formen des Widerstands nachgedacht hatte. Vgl. Kap. 4.3. Schulze verknüpfte den bäuerlichen Widerstand gegen die Obrigkeit als kollektive Form des Protests mit gemeinsamen Absprachen und Entscheidungen im Vorfeld, die schließlich zu der Überzeugung führten, ein offenes Statement durch Klage oder offenen Widerstand abzugeben. Vgl. Schulze, Bäuerlicher Widerstand, S. 115f.

Die Form des Protestzugs vor das Lager des Offiziers, die Solidarität der Kompanie mit dem Festgenommenen, obwohl zuvor nicht alle anwesenden Soldaten einer Meinung waren über das Vorgehen, und schließlich das Vorgehen des Kommandeurs zeigen aber, dass die Gründe für die Beschwerden nicht ignoriert wurden. Otto Friedrich von Leps nahm sich der Sache schließlich selbst an und begab sich direkt zu den Schanzarbeiten, erkundigte sich auch bei dem Unteroffizier dort über das Arbeitsmaß der Kompanie von Milagsheim: »Wie ich dann befunden, daß der Unterofficier der Compag. Nicht mehr zugemeßen hat, alß wie bey allen Compagnien befohlen worden«, so habe er die weitere Untersuchung der Sache an den Regimentsquartiermeister übergeben, um eventuell ein Kriegsgericht gegen die drei im Arrest befindlichen Soldaten vorzubereiten.[638] Daneben zeigten die Worte des Soldaten Donnerstag, der seine Kameraden daran erinnerte, dass diese als »brave Kerls« ihn in seinem Protest gegen die hart empfundene Arbeitsbelastung unterstützen sollten, dass die soziale Identität der Soldaten neben geselligen Funktionen auch in solchen »belastbaren« Situationen bedeutsam wurde. Der Protest des einzelnen Soldaten war vermutlich schneller und ohne viel Aufmerksamkeit zu erregen zu unterbinden. Als Gruppe jedoch verschafften sich die Soldaten Gehör, ebenso wie es auch schon in den Söldnerheeren des 17. Jahrhunderts der Fall gewesen war.[639] Ähnliche Verfahren lassen sich im Verlauf des 18. Jahrhunderts immer wieder in den Regimentsunterlagen finden, in Kriegs- wie in Friedenszeiten und in allen Armeeteilen der preußischen Armee. In seiner Korrespondenz mit König Friedrich II. berichtete Fürst Leopold über einen besonders schweren Fall von Insubordination, der sich zu Beginn des zweiten Schlesischen Krieges im Januar 1745 in Neiße ereignet hatte:[640]

Eine Einheit Jäger zu Fuß war in der Stadt ohne den befehlshabenden Oberstwachtmeister angelangt. Als dieser etwas verspätet eintraf, beschwerte er sich bei dem Fürsten über die Befehlsverweigerung durch seine Mannschaft, da diese trotz aller Ermahnungen seinen Befehlen nicht Folge leisten wollte. Aus der Sicht des Generalfeldmarschalls musste es sich folglich um einen Fall von Insubordination handeln, wenn nicht sogar um Meuterei. Dementsprechend behandelte er die Vorfälle in seinem Bericht als »strafbare« Handlungen:

> »Es haben sich aber dieselben alle zusammen straafbahrer Weise heraus gelaßen, und erklähret, daß sie lieber Ihr Leben verliehren wollten, als sich ferner von solchen Menschen commandiren laßen; worauff der v. Blanckensee auff mein Gutbefinden viere davon als Pagemühl, Schmidt, Malitius und Ernst arretiren und krumm zusam-

638 LASA, A 9b Ib, Nr. 19, Bd. III, Bl. 293v.
639 Vgl. Huntebrinker, Söldner, S. 64.
640 GStA PK, I. HA, Rep. 96 Nr. 97 E: Des reg. Fürsten Leopolds Immediat-Korrespondenz Vol. Va (1744/1745), Bl. 3.

> men schließen, auch den einen nahmens Pagemühl nach mein Verlangen auff der Haupt-Wache allhier auff dem bloßen Hemde prügeln laßen, welcher doch bei seinem einmahl gefaßten straafbahren Vorhaben verblieben, wie sich dann auch die andern Junge erbothen, gerne diese Prügel gleichfalls auszuhalten, wann sie nur nicht unterm Commando erwehnten Obrist-Wachtmeisters ferner stehen möchten.«[641]

Die Hintergründe für das Verhalten der Jäger liegen im Dunkeln, es finden sich keine Hinweise darauf in der Korrespondenz oder in den Dessauer Regimentsakten. Dazu kam, dass die Jäger als »irreguläre« Einheiten kein hohes Ansehen innerhalb der preußischen Armee genossen. Ihnen eilte der Ruf von Wagemut und Abenteuer voraus, also ließe sich das Verhalten durchaus auch als bloße Form der Abneigung gegen den zugewiesenen Oberstwachtmeister lesen. Dagegen sprechen aber der Zeitpunkt der Verweigerungshaltung und die wenigen Hinweise aus den Äußerungen der Jäger. Denn angesichts des heraufziehenden neuen Krieges konnten die Soldaten vermuten, dass Fälle von Insubordination schnell und hart bestraft werden konnten – durch ein schnelles Standgericht, da Gefahr im Verzug war.[642] Die Äußerungen, welche die Unfähigkeit des Offiziers betrafen, sowie die gemeinsame Haltung signalisieren aber, dass die Soldaten sich gegenüber einem »unfähigen« Befehlshaber im Recht sahen, die Gefolgschaft zu verweigern.[643] So konnten selbst das Krummschließen der vier Soldaten sowie die Prügel für den Jäger Pagemühl die Jäger nicht von ihrer Meinung abbringen, dem vorgesetzten Oberstwachtmeister Cornelius die Gefolgschaft zu verweigern. Der Hinweis von Leopold, dass die übrigen Jäger sich erboten hätten, die Prügelstrafe auf sich zu nehmen, so lange sie dann nicht unter dem Kommando des Offiziers stehen müssten, zeigt verhärtete Fronten und eventuell eine längere Vorgeschichte an.

An dem Fall des Musketiers Dietrich Kohlmann, der ebenfalls nur lückenhaft erhalten ist, kann zumindest abgelesen werden, wie die Verteidigungsstrategie im Fall des körperlichen Angriffs auf den Vorgesetzten aussehen konnte und welche Argumente nicht funktionierten. Von dem Verfahren sind lediglich der zusammenfassende Bericht des Garnisonauditeurs sowie das Anschreiben des Generalmajors von Amstell vom 22. Januar 1755 überliefert.[644] Doch dieser Fall hatte es in sich: Musketier Kohlmann, eigentlich wegen eines Handschuh-Diebstahls bei seinem Kapitän verdächtigt, widersetzte sich nicht nur den Anschuldigungen und der anschließenden Visitation seines Quartiers, darüber hinaus versuchte er

641 Ebd.

642 Vgl. Tessin, Mecklenburgisches Militär, S. 188.

643 Auch Friedrich sah seine Offiziere in der Pflicht, sich gegenüber ihren Soldaten als Vorbilder militärischen Handelns zu geben und sich den Respekt der Soldaten damit gewissermaßen zu »verdienen«. Vgl. Testamente.

644 GStA PK, Rep. I. HA, 96, Nr. 602 B: Acta des Kabinetts Friedrich II. Schriftwechsel mit dem General-Major von Amstell 1755–56, Bl. 1–2.

während der Durchsuchung den ihn überwachenden Feldwebel mit einem Messer zu verletzen. Als Entschuldigung für seine vermeintliche Verzweiflungstat gab er an, »daß er wegen der Handschue unschuldig leiden müßen, indem er die nicht entwand, der Feldwebel ihn auch in seinem Quartier weilen die Hanschue nicht da gewesen, geschlagen hätte«.[645]

Demgegenüber argumentieren die Vorgesetzten jedoch mit der durchaus vertretbaren Anzahl von Schlägen, die in dieser Form üblich waren; der verwundete Feldwebel habe ihn gar nur zweimal geschlagen und »wegen ersteres hat der Capitaine von Bonin [...] angeführet, daß er dem Kohlmann das erste mal nur höchstens 8 Schläge, das zweite mal nicht viel mehrere geben laßen, und der Verdacht ist auch durch die eidliche Außage desjenigen, dem die Handschue gestohlen worden, justificiret«.[646] Alles in allem hatte der Musketier damit schlechte Erfolgsaussichten, selbst wenn er wirklich unschuldig war und der Beraubte sich geirrt oder ihn bewusst fälschlich angegeben hatte. Durch sein Verhalten hatte er in den Augen seiner Vorgesetzten die Schuld indirekt eingestanden und durch den Angriff auf den Feldwebel Nethen nur die Tat zu vertuschen versucht. Demgegenüber versuchte der Soldat aufzuzeigen, wie verzweifelt er durch den Tatvorwurf und die Schläge war. Da in dem Extrakt keine Zeugen zugunsten des Musketiers vermerkt wurden, fehlte ihm auch noch die wichtige Fürsprache durch Kameraden oder Vorgesetzte.

Der Fall endete mit dem Urteil des Kriegsgerichts, das den Argumenten der beteiligten Offiziere und des Unteroffiziers folgte:

> »Bei welchen Umständen die angeführten Entschuldigungen von dem vereideten Kriegs-Gerichte nicht für zureichend gehalten werden können, sondern vielmehr, da des Inquisiti Kohlmanns Verbrechen wieder die Subordination ist, er auch zugestanden, daß er einen von den beiden Unter-Officiers mit dem Meßer entleiben wollen, auch den Vorsatz gefaßet, den Feldwebel damit zu erstechen, nach Anleitung des 6ten Krieges-Articuls Innhalts der Sententz zu erkennen bewogen werden.«[647]

Dies bedeutete den Tod durch Erschießen (Arquebusieren) und deklarierte den Angriff auf den Feldwebel eben nicht als Verteidigungshandlung gegen die empfangenen Schläge, sondern als sehr viel schwerwiegenderes Delikt der Insubordination gegen einen Vorgesetzten mit der Waffe – was mit dem Tode zu strafen war. Weil die Fälle von Protestaktionen und Widerstandshandlungen gegen Vorgesetzte immer wieder auftraten und aus der Perspektive der Soldaten auch legitimiert wurden, bemühten sich die Sammlungen von Rechtsfällen aus dieser Zeit, Beispielfälle aufzunehmen, die es den Auditeuren in den Regimen-

645 Ebd., Bl. 2.
646 GStA PK, Rep. I. HA, 96, Nr. 602 B: Acta des Kabinetts Friedrich II. Schriftwechsel mit dem General-Major von Amstell 1755–56, Bl. 2.
647 Ebd., Sentenz vom 20.01.1755.

tern ermöglichten, das kriminalisierte »Räsonnieren« von dem begründeten Protest gegen eine unberechtigte Handlung zu unterscheiden. Dabei waren diese Zuordnungen nicht immer einfach, wie der Beispielfall eines Unteroffiziers aus dem Jahr 1706 zeigte. In diesem Beispiel war ein Sergeant eigenmächtig losgezogen, um einen Soldaten, der nach dem Zapfenstreich nicht wieder im Quartier aufgetaucht war, zurückzuholen. Damit verstieß auch er gegen die Vorgaben,

> »indem er 1.) sich nach dem Zapfen-Streiche auff der Strasse, und nicht in seinem Quartier befunden, 2.) besoffener weise ins Brandtwein-Büdgen gegangen und daselbst mit dem Musquetier Händel angefangen, auch selbigen 3.) da er allein seiner nicht Herr werden können, durch die Wache nicht in Arrest nehmen lassen, sondern 4.) den Degen gezogen, damit den Musquetier gehauen, und ihn sonst übel tractirt«.[648]

Wegen seines unbeherrschten Auftretens, des Betrinkens und der Anwendung von Gewalt gegenüber dem Soldaten wurde der Sergeant »nach Anleitung des 5. Articuls in dem publicirten Königl. Duell-Mandat« zeitweise degradiert und damit bestraft, »daß er 8 Monathe auff die Schildt-Wache gestellet und mit Musquetier-Tractament versehen werde«.[649]

Auch der Soldat wurde bestraft, da er nicht nur gegen den Zapfenstreich verstoßen, sondern darüber hinaus gegenüber seinem vorgesetzten Unteroffizier respektlos und widerständig gehandelt hatte, indem er:

> »den Sergeanten, wie aus den Acten erhellet, nicht Parition geleistet und sich des Arrests geweigert, durch diese Weigerung aber [...] mit den Sergeanten in Händel gerathen, und [...] ob ihn gleich der Sergeant gehauen, dennoch nicht, wie er beschuldiget wird, (dessen man ihn aber nicht völlig überweisen können) das Stillet ziehen, und nach dem Sergeanten stoßen sollen«.[650]

Nach den Kriegsartikeln stand auf dieses vermeintliche Erheben der Waffe gegen den Vorgesetzten die Todesstrafe. Weil der Einsatz der Stichwaffe jedoch nicht eindeutig nachgewiesen werden konnte und vermutlich auch, weil sich der Unteroffizier so schlecht benommen hatte, wurde der Musketier in dem Urteil mit dem Leben verschont, dafür aber zu sechsmaligem Gassenlaufen verurteilt.[651] Neben den offensichtlichen Formen der Ablehnung, Auflehnung oder des formellen oder gewaltsamen Widerstands gegen die Befehlsstruktur im Militär gab es auch besondere Formen, dieser Auseinandersetzung zu entgehen: nicht immer konnte der betroffene Soldat sich überwinden, mit persönlichen Notlagen oder der wahrgenommenen Benachteiligung an die zuständigen Vorgesetzten her-

648 XLIV: Urtheil wider einen Sergeanten wegen nicht beobachteter Ordre und Widersetzung im Commando, de Anno 1706, S. 331.

649 Ebd.

650 Ebd., XLIV: Urtheil wider einen Sergeanten wegen nicht beobachteter Ordre und Widersetzung im Commando, de Anno 1706, S. 331f.

651 Ebd., S. 332.

anzutreten. In seltenen Fällen erfolgte eine solche Auflehnung post mortem. So ist zwar bekannt, dass es innerhalb des frühneuzeitlichen Militärs immer wieder zu Selbsttötungen kam, tatsächlich war die Anzahl derjenigen, die einen solchen Versuch wirklich durchführten, aber sehr gering, weil der Selbstmord in einer christlichen Kultur einerseits als Sünde beurteilt und andererseits als Straftat bewertet wurde.[652]

In seiner Korrespondenz vom 2. Oktober 1728 teilte Markgraf Friedrich Wilhelm von Brandenburg-Schwedt seinem Vetter König Friedrich Wilhelm mit, dass sich der Reiter Martin aus seinem Regiment mit einer Pistole erschossen hatte.[653] In einem beigefügten Zettel hatte der Soldat angegeben, »als wäre der Lieutenant von Münchow und annoch zwey Unterofficiers von der Comp. nahmens Flotho und Kühne Schuldt an diesem Unglück«.[654] Die Nachforschungen des Regimentschefs ergaben, dass sich Martin wegen der zusätzlichen Versorgung für ein weiteres Pferd bei dem Leutnant beschwert habe, woraufhin der Offizier dem Reiter, weil dieser »sich dawieder opponiret, und deshalb starck raisonniret gehabt, einige Schläge geben laßen, allein er versichert doch übrigens auf sein Honneur und Gewißen, daß er ihm nimmermehr ohne Uhrsach auch das geringste üble Worth zugewendet habe«.[655] Weiter stellte der Markgraf fest, der Reiter Martin habe bereits vorher Strafen wegen seines »Raisonnirens« erhalten und sei als unzuverlässiger und streitbarer Mensch bekannt gewesen.

Die Verknüpfung zwischen der Selbsttötung und der gleich mitgelieferten Begründung durch den Abschiedszettel ist an dieser Stelle sicher bemerkenswert, denn neben den Anschuldigungen gegenüber den drei Vorgesetzten lieferte der Bericht noch weitere interessante Details. Ob der Reiter psychisch labil war oder ein Aufrührer, wie es die Worte des Obersten nahelegen, kann aus den Angaben nicht mehr ermittelt werden.[656] Dass sich der Selbstmörder aber durch den Verweis auf die Mitschuld durch die harte Bestrafung und unangemessene Belastung durch die Vorgesetzten zu entschuldigen versucht, zeigt, ebenso wie die Verteidigung des Leutnants, er habe den Soldaten nie gekränkt oder persönlich angegriffen, dass auch den Soldaten eine gewisse respektable Behandlung eingeräumt werden sollte.

---

652 Vgl. Kap. 3.4.5: Flucht durch Selbstmord; Quellenkapitel 4 zum Fall des Soldaten Thomas Niemes, dessen Selbstmordversuch in der Befragung klar als Verstoß gegen die christlichen Gebote benannt wird.

653 GStA PK, I. HA, Rep. 96 Nr. 13 M, Schreiben vom 02.10.1728, ohne Paginierung.

654 Ebd.

655 Ebd., Rückseite.

656 Vielmehr handelte es sich sowohl bei der einen als auch bei der anderen Argumentation um Topoi, die in Gerichtsverfahren durchaus typisch waren, um die eigene Schuld als geringer darzustellen. Vgl. Quellenkapitel 4.

3.3.2 Diebstahl und Eigentumsdelikte

> »Gewöhnlich ist der Dieb (denn nur von dieser Art der Verbrechen und deren Bestrafung durch Zuchthausarbeit rede ich) ein Mensch aus der untersten Klasse des Volks. Seine rauhe Erziehung hat ihn zur Arbeit, die anhaltend und schwer ist, bestimmt und abgehärtet; seine Bedürfnisse schränken sich auf schlechte Kost und schlechte Kleidung ein; er ist der rauhesten Witterung ausgesetzt, kann Hunger, Durst und Kälte ertragen, und ist von aller Weichlichkeit weit entfernt: auch eine Tracht Schläge macht ihm wenig Sensation.«[657]

Diese Einschätzung spiegelte noch in der Zeit der »Aufklärung« gegen Ende des 18. Jahrhunderts die Wahrnehmung von Delikten und Delinquenten durch die gebildeteren Schichten wider.[658] Wenngleich der Autor im Anschluss daran für einen menschenwürdigen Umgang mit Verbrechern eintrat, standen die anerzogenen und angeborenen Merkmale des »Diebes« fest. Aus dieser Schicht rekrutierten sich aus Sicht der Zeitgenossen auch viele Soldaten, der Hang zum Stehlen und Rauben hing dem Militär seit dem 16. Jahrhundert an.[659]

Wie in der zivilen Gesellschaft auch, betraf die Mehrzahl der Delikte, die von den Soldaten innerhalb des Regiments und in der Garnison gegen Außenstehende begangen wurden, Diebstähle verschiedener Art. Handelte es sich bei den täglich entwendeten Gütern meist um Verbrauchs- und Genussmittel, die einfach selten vorhanden oder sehr nachgefragt waren wie Tabak, bestimmte Lebensmittel und Alkohol, so finden sich daneben Eigentumsdelikte, die eher in einer Grauzone der Zuschreibung angesiedelt waren.[660] Da Listen und Aufzeichnungen von Arrestanten in den Regimentern nur noch am Rande nachzuvollziehen und eben nicht mehr erhalten sind und zum großen Teil nur die Stammlisten und Abgangslisten aufgehoben wurden, lässt sich nicht mehr einsehen, wie viele Soldaten tatsächlich wegen der Untersuchung von Diebstahlsdelikten in Arrest

657 X [Anonym]: Etwas über die Zuchthäuser, in: Ephemeriden der Menschheit oder Bibliothek der Sittenlehre, der Politik und der Gesetzgebung, Bd. II: 1786, S. 576–585, hier S. 579.

658 Aber auch in der übrigen Bevölkerung hatten die Soldaten einen schlechten Ruf: »Bey den Soldaten ist es leider! dahin kommen, daß der Baur denselben mit einem Diebe reciprociret und bemärket.« Spaten, Auditeur, S. 329.

659 Auch die Arbeiten zu Räubern und Gaunern seit den 1980er Jahren griffen die Argumente der Zeitgenossen auf und gaben sie als selbstverständliche »Fakten« wieder: »Das Soldatenleben brachte mit sich, daß sich junge Männer an ein Lagerleben mit unregelmäßiger Soldzahlung und karger Verpflegung gewöhnten, die oft auf eigene Faust ergänzt werden musste. Dabei gewöhnten sich viele an Waffengebrauch und waren dann nach einigen Jahren kaum noch in der Lage, sich zu integrieren.« Lange, Räuber und Gauner ganz privat, S. 83.

660 So berichtete Christina Margaretha Sack von ihrem Mann Johann Christoph, der aus dem Militärdienst desertiert war, dass sie mit ihm gemeinsam Früchte stehlen gegangen sei. GStA PK, I. HA, Rep. 9, A19 Generalauditoriat, Fasc. 14, Bl. 53.

saßen. Aber Hinweise aus den Abgangslisten erwähnen vereinzelt, warum die Soldaten dort in Haft saßen.

So vermerkte eine Abgangsliste vom September 1718, dass unter den vier Arrestanten zwei Soldaten, Christoph Zahn und Hans Jürgen Stierbeig, »wegen Dieberey« festgesetzt worden waren.[661] Unter den kriegsgerichtlichen Akten findet sich keine Ermittlungsakten zu solchen Vorfällen mehr an, und es ist ebenfalls eine Vermutung, die jedoch durch die Praxis genährt wird, dass viele Diebstahlfälle, wenn sie nur gering ausfielen, sofort durch die Vorgesetzten bestraft wurden und damit keinen Niederschlag in den Akten fanden.[662] Auch in den zivilen Überlieferungen lassen sich immer wieder Angehörige der Garnison identifizieren, die gemeinsam mit Zivilisten oder sogar mit Familienmitgliedern straffällig wurden.

In den zivilen Urteilen, die Friedrich II. zur Bestätigung oder Änderung vorgelegt wurden, lassen sich vereinzelt solche Hinweise finden, die zeigen, dass die soziale Nähe zwischen Militärangehörigen und anderen sozialen Gruppen, besonders bei den Beurlaubten auf dem Land, sehr eng geblieben war. So wurden 1749 der Reiter Christoph Gruning, aus dem Regiment von Bredorff, dessen Ehefrau Anne Hedwig Wehling und Gottfried Bröcken aus Osterburg wegen Diebstahls und Hehlerei angeklagt.[663] Auf die Empfehlung des Rechtsgutachtens durch den Criminal-Senat verwies der König die Entscheidung der Sache an das Regiment, mit dem Hinweis, dass dieses auch die vollständigen Akten erhalten sollte. Der beteiligte Zivilist Bröcker wurde zu einer zweijährigen Festungshaft verurteilt, die Frau des Reiters musste für sechs Monate zur Arbeitsstraffe in ein Spinnhaus.[664]

Gelegentlich fanden sich an anderer Stelle Berichte von den bei einem Diebstahl ertappten Soldaten, zum Beispiel in den Zeitungen, über Kleinanzeigen in den *Intelligenz-Blättern*. Hier wurden, vor allem zu Unterhaltungszwecken, aus den verschiedenen Nachrichtenstationen auch kleine und große Raubzüge und »Sensationen« mitgeteilt, die meisten dieser Diebstähle würden heute höchstens im Polizeibericht Erwähnung finden.[665] Auch aus den preußischen Gebieten

661 LASA, A 9b Ib, Nr. 19, Bd. III, Bl. 330.

662 Zu dieser Praxis der Strafanwendung vgl. Kap. 5 zur Strafpraxis. Kroll, Soldaten im 18. Jahrhundert, S. 308f. gibt an, dass kleinere Vergehen durch das Regimentsgericht, bestehend aus dem Kommandeur, dem Auditeur und einigen Offizieren sowie Gemeinen, geahndet wurden.

663 GStA PK, I. HA, Rep. 49, D 66: Verschiedene Diebstahlsachen 1748–1749, Aktennr. 9.

664 Friedrich II. hatte bereits 1745 und noch einmal 1752 verfügt, dass die Soldatenfrauen auf dem Land nicht mehr der Militärgerichtsbarkeit unterworfen waren, damit eine Verurteilung zügiger vonstattengehen konnte und der Transport zum fernen Regiment vermieden wurde. Vgl. Engelen, Soldatenfrauen, S. 391.

665 So wird in einem Bericht aus Hamburg vom 07.01.1724 mitgeteilt: »Noch ein ander Dieb ist in des Commissarii Kleseken Garten ertappet, der ein neugeworbener Soldat von hiesiger

wurden hin und wieder Berichte über Straftaten von Soldaten oder ehemaligen Soldaten abgedruckt, die in ihrer Aussage erstaunlich ambivalent ausfielen.

So erwähnte eine Nachricht aus Berlin, dass bei Halberstadt einige abgedankte Soldaten in eine Kirche eingebrochen waren, um dort Gelder oder Wertsachen zu entwenden. Sie blieben jedoch erfolglos,

> »da sie aber des Diebes-Handwercks vermuthlich nicht recht kundig gewesen, und also bey Erbrechung eines Kasten zu starckes Getös gemachet, daß man solches ausserhalb der Kirche gehöret, so waren darüuber einige Leute zusammen gekommen, die Diebe aber bis auf einen entflüchtet, welchen man auf den Kirchhof dermassen mit Prügeln zugedeckt, daß er bald hernach den Geist aufgegeben«.[666]

Selbst dem Zeitungsbericht zufolge handelte es sich bei den Soldaten nicht um Berufsdiebe, die mit dem Stehlen ihr Geld verdienten, sondern offenbar um Laien, die sich zusammengeschlossen hatten, um den Raub in der Kirche zu begehen. Im Fall von abgedankten und vielleicht invaliden Soldaten kam vielmehr noch oft die Situation der Armut und sozialen Verelendung dazu,[667] Argumente, die für die Nachrichten in jener Zeit noch keine Rolle spielten. Allerdings ließen sich so in kurzen Berichten auch die Einsätze des Militärs gegenüber Verdächtigen nachvollziehen – in den Nachrichten waren Militärangehörige vor allem als Exekutivorgane der Obrigkeit und als Verteidiger einer obrigkeitlichen Ordnung präsent. Außerhalb von Kriegsphasen wurden Militär und Soldaten in erster Linie als Garanten der Sicherheit in den Territorien etabliert, was sicher auch der Zensur und damit den Interessen der Regierungen in den jeweiligen Territorien geschuldet war.[668] So lautete eine Nachricht aus Leipzig vom 1. Februar desselben Jahres:

> »Gestern zu Nacht, hat der Rath dieser Stadt, mit Beyhülffe der vor den Thoren einquartirten Infanterie, so überall die Gassen besetzet gehabt, wegen der bisherigen verübten grossen Diebereyen, durchgehends in allen Häusern ausserhalb der Stadt scharff visitiren, und alles liederliche und verdächtige Gesindel wegnehmen und in gefängliche Verwahrung bringen lassen.«[669]

Stadt-Miliz ist, und noch verschiedene Cameraden dieses Handwercks hat, die auch schon an gehörigen Ort gebracht sind.« Berlinische Zeitung, 13.01.1724, S. 5.

666 Berlinische Zeitung, 09.03.1724, Bericht aus Berlin vom 7. März, S. 7.

667 Wie schlecht die Versorgungslage für ehemalige Soldaten in Preußen im 18. Jahrhundert tatsächlich war, ist in der Forschung bisher noch nicht klar belegt, aber die Hinweise von Arbeiten zur ländlichen Unterschicht erhärten die Vermutung, dass vor allem in der ersten Hälfte des 18. Jahrhunderts die Soldaten nach ihrem Dienstende oft sich selbst überlassen wurden. Zur Belastung der Armenkassen durch die abgedankten Familien vgl. Engelen, Soldatenfrauen, S. 465.

668 Vgl. Rischke, Kriegsbericht oder Gaukeley?.

669 Berlinische Zeitung, 19.02.1724, S. 2.

Nachrichten wie diese dienten einerseits dazu, die Aktivitäten von Landesregierung und Militär als Organ für die »öffentliche Sicherheit« zu signalisieren und damit die Akzeptanz der Bevölkerung für solche militärischen Aktionen zu steigern. Zum anderen wird das Delikt des »Diebstahls«, das große Gefühle von Unsicherheit bei den Zeitgenossen auslöste, damit als Kapitalverbrechen mit großer Wirkung ernst genommen und den Tätern, dem »liederliche[n] und verdächtige[n]« Gesindel, ohne die Erwähnung von näheren Umständen ein delinquentes und gemeinschaftsschädliches Profil verliehen.[670]

Die zeitgemäße Einordnung des Diebstahls als krimineller Tatbestand, der ernsthaft zu verfolgen und hart zu ahnden war, lässt sich unter anderem in diesen Darstellungskonventionen ersehen. Hinzu kommen die zahlreichen Edikte und Verordnungen gegen Diebstahl, Hehlerei und Einbruch. Dabei ist nachzuvollziehen, dass gerade die Soldaten an strategisch wichtigen Punkten wie Stadttoren und Landesgrenzen oder an Gewässern der zusätzlichen Versuchung ausgesetzt waren, Eigentumsdelikte zu begehen, beim Schmuggel von bestimmten Waren zu helfen.[671] Aber nicht immer waren dort, wo Diebstähle angezeigt wurden, Soldaten beteiligt. Dennoch wurden sie auf Reisen bei vorfallenden Delikten genauso, wenn nicht sogar noch mehr, von den Behörden beobachtet wie andere soziale Gruppen. Der Soldat Johann Gottfried Müller, der während seiner Beurlaubung mit seiner Frau über Storkow nach Frankfurt an der Oder reisen wollte, hatte in seinem Karren einige Personen mitgenommen. Nachdem er in Storkow ankam, gingen er und der Soldat Pohl aus dem Regiment von Glasenapp zum Bürgermeister, um ihre Pässe unterschreiben zu lassen. Daraufhin »hette der Burgermeister wie er gesehen, daß in den Pässen keines Pferdes und Karren gedacht werden, sie allerseits, nebst verschiedenen andern so er nicht kenne in Arrest nehmen laßen«.[672] Wie der Soldat bald erfährt, waren auf dem Markt der Stadt mehrere Händler bestohlen worden, der Soldat und seine Begleiter erschienen also höchst verdächtig und Müller wurde befragt: »Ob nicht Arrestat vernommen, daß selbiger Zeit verschiedenen Leuten auf dem Marckte Geld ausgezogen worden?«.[673]

Nachdem Müller verneint hatte, wurde er noch über die Bekanntschaften, die er auf dem Weg in die Stadt gemacht hatte, ausgehorcht und erfuhr dabei scheinbar selbst, dass er sich mit zwielichtigen Figuren eingelassen hatte. Offenbar gab es den Kontakt zwischen Dieben und Soldaten immer wieder, daher ließen die Behörden Vorsicht walten gegenüber fremden Soldaten und falsch

670 Vgl. Gehrlach, Andreas; Kimmich, Dorothee (Hg.): Diebstahl! Zur Kulturgeschichte eines Gründungsmythos, Paderborn 2018.

671 GStA PK, II. HA, Abt. 24, B IX, Tit. X, Nr. 7: Verhütung des Schleichhandels durch militärische Grenzkommandos.

672 LASA, A 9b Ib, Nr. 19, Bd. IV, Bl. 437.

673 Ebd.

ausgestellten Pässen. Müller verteidigte sich schließlich mit einem Verweis darauf, dass er keinen Bezug zu den verhafteten Personen hatte und nur zufällig in diese Situation hineingezogen worden sei: »Er hette nichts Übles gethan, es würde auch der Bürgermeister ihm solches nicht nachsagen können. Die verdächtigen Leute kenne er nicht, vielweniger hette er Umgang mit ihnen gehabt.«[674] Obwohl die meisten Soldaten stahlen, weil sie Hunger verspürten oder aus anderen Gründen der Sold zum Leben nicht ausreichte, lastete die Verurteilung als Dieb schwer,[675] denn in der zivilen Welt galt Diebstahl als schwere Straftat, bei wiederholter Verurteilung drohte sogar die Todesstrafe. Ebenso wenig konnte sich ein Soldat auf seine Ehre und soldatische Identität berufen, wenn er als wiederholter Dieb öffentlichkeitswirksam im Regiment bestraft worden war.[676] Gewissermaßen wurde die Gerichtsbarkeit im Militär aufgrund ihrer relativen Eigenständigkeit im 18. Jahrhundert von außen immer interessiert und zum Teil ablehnend beobachtet. In der Phase der Aufklärung von oben in der zweiten Hälfte des 18. Jahrhunderts wurden gerade Soldaten zu beliebten Objekten des wissenschaftlichen Diskurses – besonders, wenn aus medizinischer Sicht Anhaltspunkte für eine zugrundeliegende Gemütserkrankung gefunden werden konnten.

So schilderte das medizinische Journal *Gnothi Sauton – Magazin zur Erfahrungsseelenkunde* von Karl Philipp Moritz besondere Fälle von Dieben und Selbstmördern aus der Armee. In der Ausgabe aus dem Jahr 1784 berichtete der ehemalige Auditeur Carl Christoph Nencke von einem Rekruten, der bereits in mehreren Regimentern der preußischen Armee gedient habe und sich schließlich beim Grenadierbataillon von Scholten an der sächsischen Grenze wieder engagieren ließ.[677] Nachdem er sich zunächst gut benahm und seinen Dienst zur Zufriedenheit der Vorgesetzten versah, wurde er wegen mehrerer leichter Diebstähle in der Garnison verhört und gab schließlich zu:

674 LASA, A 9b Ib, Nr. 19, Bd. III, Bl. 438, vgl. Kap. 5.5: Deviante Lebensformen und kriminelle Karrieren.

675 Wenn auch die Behauptung von Christopher Duffy für das preußische Militär nicht überprüft werden konnte, so sagt sie doch einiges über das Bild vom Umgang mit Diebstahl in der Armee Friedrichs II.: »Unverbesserlichen Dieben brannte man ein ›S‹ tief in die Hand ein (Spitzbube) und stieß sie aus dem Regiment aus.« Duffy, Friedrich der Große und seine Armee, S. 90.

676 Der Diskurs um die Aberkennung des Soldatenstandes wurde besonders im 19. Jahrhundert wieder stärker geführt, insbesondere, ob der Soldat, der zum dritten Mal ordentlich wegen Diebstahls gestraft wurde, aus dem Soldatenstand gestoßen werden konnte. Vgl. Ergänzungen und Erläuterungen der Preußischen Rechtsbücher durch Gesetzgebung und Wissenschaft, Supplementband 2: zu den Ergänzungen der Criminal-Ordnung, Theil II des Allgemeinen Landrechts, Breslau 1840, S. 299.

677 Nencke, Carl Christoph: Ein sonderbarer Hang zum Stehlen, in: Gnothi Sauton – Magazin zur Erfahrungsseelenkunde, Bd. II, Stück I, Nr. IV, S. 18f.

»er hätte einen unwiderstehlichen Hang, Dinge, die er oft gar nicht zu nützen wüßte, zu stehlen. Der Paroxismus[678] überfiel ihn mit Zittern und entsetzlicher Angst, und er wäre nicht eher ruhig, bis er etwas genommen. Oft fiele er mitten in der Nacht in diesen Zustand, wo er aufstehen und das erste beste ergreifen müßte, was ihm in die Hände fiele«.[679]

Da er bis dahin nicht hart bestraft, sondern von einem Regiment in das nächste weitergereicht worden war, vermutete der Delinquent auch dieses Mal, mit einer leichten Körperstrafe davonzukommen. Da aber nach den vielen Diebstählen aus Sicht des Regiments nicht mehr mit einer Besserung zu rechnen war, wurde er »als ein incorrigibler Dieb, nachdem ihm die Haare abgeschnitten worden, über die Gränze gebracht«.[680] Der Bericht ist aus quellenkritischer Sicht nur schwer richtig einzuordnen, aber ganz abgesehen von der Tatsache, dass hier medizinisch-wissenschaftlich versucht wird, dem Zwang zum Stehlen (heute bekannt als Kleptomanie) auf die Schliche zu kommen, so erscheint die anfängliche Beschreibung des Umgangs mit dem Soldaten in den vorherigen Regimentern interessant. Der Soldat war angeworben worden und hatte freimütig bekannt, bereits einmal desertiert und mehrmals an andere Regimenter weitergereicht worden zu sein. Vermutlich war es in seinem Fall nie zu einer schweren Bestrafung mit einem Gerichtsurteil gekommen. Der Soldat wird an anderer Stelle im Text als Mann von guter »Gestalt und Positur« beschrieben, der zudem gut ausgebildet war. Sicher war der Verlust eines solchen Rekruten schwerwiegend und die Regimenter versuchten mitunter, Gerichtsverfahren zu vermeiden.[681]

Dagegen zeigten die Akten aus der Perspektive der Garnisonen, die Soldaten beherbergten, wie viele Probleme auch im Zusammenhang mit »willkürlicher« Aneignung von Gütern durch die Soldaten verbunden waren: vor allem der Diebstahl von Holz aus den königlichen Wäldern in den Wintermonaten bereitete viele Probleme.[682] Viele Forsten waren zu Beginn des 18. Jahrhunderts in Domänenbesitz des Königs umgewandelt worden, was den anliegenden Gemeinden vorher gestattet wurde, musste nun als Privileg vergeben werden oder konnte untersagt werden: die Nutzung von Holz aus den Forsten.[683] Hier stießen die königlichen Beamten an die Grenze der traditionellen Ausbeutung des

678 Anfall, plötzlich auftretende heftige Attacke.
679 Nencke, Hang zum Stehlen, S. 18.
680 Ebd., S. 19.
681 Dafür spricht auch die im Quellenkapitel 4 im Fall Dombruk beschriebene Praxis, einen unliebsamen Dragoner ohne Gerichtsverfahren an die Infanterie abzugeben.
682 Zum Holzdiebstahl mit all seinen wirtschaftlichen und traditionellen Implikationen vgl. Radkau, Joachim: Holzverknappung und Krisenbewusstsein im 18. Jahrhundert, in: Geschichte und Gesellschaft 9 (1983), Heft 4, S. 513–543.
683 Vgl. ebd., S. 516.

Waldes durch die Bevölkerung, die es keineswegs einsah, dass die vorher genutzten Ressourcen nur noch dem Landesherrn zur Verfügung stehen sollten.

Auch die Soldaten beteiligten sich an den Aktionen, wenn Holz in größeren Mengen von den Einwohnern geschlagen und in die Stadt oder den Ort gebracht wurde.

So berichteten die königlichen Forstbeamten in Halle im Jahr 1717, wie sehr das Gehölz um die Stadt herum in Mitleidenschaft gezogen wurde, eben dadurch:

> »daß die daselbst im Quartier stehende Solldaten von Dero löbl. Regiment gar großen Schaden mit Holtz abhauen und tragen, in der vor Halle gelegenen Heyde verüben, indem dieselbe zu gantzen Partheyen, nebst ihren Weibern, sowohl bey Tage als des Nachts, mit Äxten und Sägen heraushohlen, und nicht nur große Zacken, sondern auch gar gantze Bäume abhauen, und solche nach ihren Quartieren tragen«.[684]

Abschließend baten der Präsident und der Oberforstmeister des Herzogtums Magdeburg um ein Eingreifen durch den Fürsten Leopold von Anhalt-Dessau, an welchen das Schreiben gerichtet war. Ein weiterer Bericht des Heidereiters Daniel Schmiedt nur zwei Wochen später zeigt jedoch, dass alle Strafandrohungen dem Problem nicht beikommen konnten, denn auch weiterhin verfuhren die Soldaten mit ihren Familien so, wie sie es für richtig befanden. Gemeinsam mit der ganzen Familie wurden weiterhin »ganze Bäume« aus dem Wäldchen getragen, um damit zu heizen und zu kochen.[685]

In einem weiteren Schreiben vom 19. November stellt Schmiedt dann schließlich fest, dass die Vorschriften gegenüber den Soldaten nicht durchzusetzen seien. Niemand würde sich an den Vorschriften orientieren, »ungeachtet der fleißigen Auffsicht, nach welcher sie nicht viel fragen, also daß man seine Dienste mit Leib und Lebens-Gefahr verrichten muß«.[686] In den zivilen Beständen der Städte und Kreise wurden im gesamten 18. Jahrhundert zahlreiche Fälle des Holzschlagens und widerrechtlichen Entwendens von Holz aus den Forsten berichtet, besonders schwerwiegend waren die Zerstörungen in den Forsten in und um Berlin, etwa im Tiergarten oder in der Jungfernheide, aus denen sich die zahlreichen Regimenter bedienten.[687] Dazu kamen die vielen anderen Einwohner, die aus finanziellen Gründen nicht immer die Mittel hatten, das Feuerholz

684 LASA, A 9b Ib, Nr. 19, Bd. III, Bl. 304.

685 Ebd., Bl. 305.

686 Ebd., Schreiben vom 19. 11. 1717 von Daniel Schmiedt, Heyde-Reiter.

687 Im Bestand des Forstdepartements liegen allein für Berlin und Umgebung drei umfangreiche Pakete für die Bestrafung von Holzdieben zwischen 1727 und 1795 vor, noch mehr Akten existieren zu Einzelfällen und Edikten zu diesem Aspekt. Eine Auswertung hinsichtlich des Anteils von Soldaten an den Diebstählen wäre daher sehr wünschenswert, auch um die Wahrnehmung des Delikts mit jener durch die Zivilbevölkerung zu vergleichen. Vgl. GStA PK, II. HA, Generaldirektorium, Abt. 33 Forstdepartement, Tit. LXII Kurmark, Nr. 4, Bd. 1: 1727–1783.

käuflich zu erwerben – ihr Anteil an den »Holzdieben« lag weitaus höher als der Anteil der Soldaten in Berlin, weil die Zivilbevölkerung dem Militär zahlenmäßig überlegen war. Ihren Weg in die Regimentsunterlagen fanden dabei offenbar nur jene Fälle, die auch für die Regimentschefs von Interesse waren: da Leopold als Kommandant von Magdeburg und Befehlshaber in Halle den ranghöchsten Offizier unter dem König darstellte, musste er sich auch für die Einhaltung der Vorschriften einsetzen. Die Akten und einzelne Verfahren blieben aber meist bei den städtischen Akten oder gingen an das Generalauditoriat.[688]

Die städtischen Behörden hatten nicht nur mit der gesetzeswidrigen Eigennutzung des Holzes zu tun, sondern auch mit dem Verkauf von Brenn- und Bauholz durch die unteren Schichten. Tagelöhner wie Soldaten besserten ihr Einkommen damit auf, dass sie »nicht nur mit 100 und mehr Karren, sondern auch mit vielen Wagen und Schlitten nach denen Heyden gefahren, darin die besten und nutzbahren Eichen und Kiefern abgestämmet und allhier auf öffentlichem Marckt verkauffet«.[689] Unter Androhung der Karrenstrafe sollten vor allem die Tagelöhner davon abgehalten werden, die Wälder um Berlin herum kleinzuhauen. Eine Ausnahme machte der König allerdings, unter Auflagen, für die Soldaten in der Garnison, indem das Herausholen des Holzes strafbar war, »außer denen Soldaten von denen zu Berlin in Garnison stehenden vier Regimenter Infanterie, jedoch auch nicht anders, als daß dieselbe kein andere als Krüppel, ›Hack‹ und Stubben Holtz« mitnehmen durften.[690] Diese Privilegierung dürfte gegenüber den Einwohnern aus den ärmeren Schichten durchaus für Unmut gesorgt haben, zeigt aber, dass die Regierung bereit war, wichtige Bereiche der Lebenshaltung für die Soldaten zu »entkriminalisieren«, wenn erkennbar war, dass diese Güter nicht anders zu beschaffen waren.

Da es sich bei den durch die Behörden als »Holzdiebstahl« gekennzeichneten Delikten um Delikte an der Grenze zwischen Gewohnheitsrecht und neu gesetztem Recht handelte, stellte die wiederholte Übertretung der Richtlinie in gewisser Weise einen Protest gegen die neue Rechtsprechung dar. Im Fall der Wilderei aber handelte es sich zwar auch um ein Gewohnheitsrecht, aber vielmehr um eine gewohnte Übertretung, denn die Jagd war bereits seit dem Mittelalter den höheren Ständen und verschiedenen Gruppen vorbehalten, das Jagdgebiet ebenfalls klar bestimmt.[691] Im Februar 1717 wurde der vermeintliche Jäger Gottfried Illmer im Amt Dürsen wegen Wilderei in Arrest gesetzt und

688 Auch im Forstdepartement liefen verschiedene Akten wegen Beschwerden der Städte über den Holzdiebstahl und illegalen Handel durch alle möglichen sozialen Gruppen ein. GStA PK, II. HA, Abt. Forstdep. Tit. LXII, Nr. 2 Kurmark – Holzdiebstahl.

689 Ebd., Bl. 3: Königlicher Erlass vom 23.02.1723.

690 Ebd.

691 Vgl. Schennach, Martin: Jagdrecht, Wilderei und »gute Policey«: Normen und ihre Durchsetzung im frühneuzeitlichen Tirol, Frankfurt a. M. 2007, S. 17.

anschließend einer Befragung unterzogen, in der es um die durch ihn verübten Wilddiebstähle ging sowie um die Verletzung eines anderen Jägers durch einen Soldaten der dortigen Garnison.[692] In der Befragung sagte Illmer dann aus, er

> »müße gestehen, daß er in zweyen mahlen in dem hiesigen Amts-Gehege bey Neuendorff Haasen geschoßen, wie er denn 8 Tage vor der Captur einen Haasen zwischen Neuendorff und Hecklingen geschoßen, wiewohl er nicht eigentl. wiße, wie weit die Grentze sich da erstrecke«.[693]

Außerdem habe er an diesem Tag einen weiteren Hasen in der Nähe des Dorfes angeschossen und schließlich am Tag seiner Verhaftung auf dem Feld beim Dorf Hasen gejagt, gemeinsam mit einigen Soldaten des Regiments Anhalt-Dessau. Um den rechtlichen Status des Befragten festzustellen, musste die Frage geklärt werden, ob Illmer bei der Kompanie stand oder sich dem Kommandeur, dem Oberstleutnant von Kleist, nur vermietet hatte. Daraufhin berichtet der Jäger umständlich, dass er eigentlich als Jäger beauftragt worden sei, nach einem Unfall mit dem Jagdhund aber in die Kompanie als Musketier gegeben worden sei und dort habe schwören müssen – demnach also eindeutig den Soldatenstatus erhalten hatte. Nach der letzten Kamapgne sei er wieder in die privaten Dienste des Oberstleutnants getreten und dieser habe ihm den Abschied versprochen, den er allerdings noch nicht erhalten habe.[694] Dass der Offizier keine Skrupel hatte, den Jäger vielseitig einzusetzen, ohne ihn danach zu fragen, ergibt auch die weitere Befragung dazu, wie es zu dem Zwischenfall mit dem lokalen Jäger gekommen war. Illmer gibt zu, dass er auf dem Feld bei Neuendorf gewildert habe, »woselbst er auch betreten und in Arrest gezogen worden, wobey der Musquetier Bock auf den hiesigen Jäger Feuer gegeben und selbigen am Schenckel, wie er gehöret, blessiret, sein Herr, der Obr.L. von Kleist hätte ihme hierzu Befehl gegeben, und gesaget, daß er dafür stehen wollte«.[695]

Nachdem der Befragte seine Aussagen mit einem Eid bekräftigt hatte, konnte er wieder gehen, und über den weiteren Verlauf der Untersuchung gibt es keine weiteren Anhaltspunkte. Bemerkenswert erscheint dennoch, dass der Kommandeur die Jagd, auch wenn es nur Hasen waren, auch gegen den Widerstand der Behörden vor Ort durchsetzen wollte. Auch aus diesen Gründen stellte die Wilderei lange Zeit ein Delikt dar, das von vielen Angehörigen der Gesellschaft eben nicht als Kriminalität anerkannt wurde, vielmehr bedurfte es großer Anstrengungen seitens der Regierung, um den Wilddiebstahl durch harte Strafen

692 LASA, A 9b Ib, Nr. 10, Bl. 142–143.
693 Ebd.
694 Ebd., Bl. 142.
695 LASA, A 9b Ib, Nr. 10, Bl. 143.

für die Wilderer und alle Mitwisser möglichst unattraktiv zu gestalten.[696] Für den Verrat von Wilderern an die Behörden wurden sogar Prämien ausgesetzt. Weil die meisten Wilderer aber nicht nur für sich jagten, sondern damit auch eine gefühlte Versorgungslücke schlossen, blieb das Problem des illegalen Jagens bestehen.[697] Dass auch Soldaten unter den Wilddieben waren, lässt erkennen, dass auch sie in dem Selbstverständnis vorgingen, entweder nicht erwischt zu werden oder aufgrund ihrer Versorgungssituation ein Anrecht auf die Jagd zu haben.[698]

Die Bereiche der Eigentumsdelikte gliederten sich demnach auch aus der Perspektive der preußischen Soldaten in vielfältige Bereiche: zum Teil gehörten die Übertretungen zu einem Diskurs um die gerechte Nutzung von Ressourcen (im Fall des Holzdiebstahls oder der Wilderei), oft ging es um kleinere Entwendungen und Mundraub, in Fällen von schwerwiegendem Diebstahl waren die Anschuldigungen durch die Soldaten nur schwer zu entkräften.

Der Ermessungsrahmen der Bestrafung bei Diebstahl war abhängig vom sozialen Rang des Diebes, dem Wert der gestohlenen Sache und vom Rang des Bestohlenen. Dennoch ist auch in den Vorschriften eine Veränderung der Gewichtung von Delikten spürbar: noch 1713 drohte jedem Dieb nach den Kriegsartikeln ebenso wie den Einbrechern die Todesstrafe.[699] Drei Jahrzehnte später unterscheiden die Kriegsartikel bereits zwischen Diebstahl und Raub und sehen eine Bestrafung von Diebstahl nach dem Ermessen und dem Umfang der Tat vor. Diese vielen Optionen ermöglichten eine flexible Strafpraxis, wenn auch vor allem für die »Diebereyen«, im Fall von Einbrüchen und Raub sollten die Verbrechen »mit härterer Leibes- und nach Befinden Lebens-Strafe« geahndet werden.[700]

Der Fall von Dietrich Kohlmann aus dem Jahr 1755 zeigt aber auch, dass der Vorwurf des Diebstahls die persönliche Identität des Soldaten belasten konnte. Der Soldat hatte den Diebstahl von Handschuhen aus dem Quartier seines Kapitäns zunächst eingestanden, wohl weil er durch die Schläge des Unteroffiziers

696 Vgl. Edict, daß die Wild-Diebe, auch diejenigen, welche in Königlichen Gehegen mit Wildpret nebst Flinten und Büchsen angetroffen werden, ohne alle Gnade aufgehangen werden sollen. Berlin, den 09.01.1728.

697 Vgl. Freitag, Winfried: Das Netzwerk der Wilderei. Wildbretschützen, ihre Helfer und Abnehmer in den Landgerichten um München im späten 17. Jahrhundert, in: Gerd Schwerhoff; Andreas Blauert (Hg.): Kriminalitätsgeschichte. Beiträge zur Sozial- und Kulturgeschichte der Vormoderne, Konstanz 2000, S. 707–757.

698 Zum umstrittenen Jagdrecht für die Bevölkerung am Beispiel Tirols in dieser Zeit vgl. Schennach, Wilderei.

699 Kriegs-Articul 1713, zitiert nach Ludovici, Einleitung zum Krieges-Process, S. 215, Art. 30: »Alle Dieberey und gewaltsame Einbrüche sollen ohnnachläßig am Leben gestrafft werden.«

700 Kriegs-Articul 1749, Art. 29, S. 6.

dazu gebracht wurde.[701] Als der Vorgesetzte mit ihm in das Quartier von Kohlmann ging, dort die Handschuhe aber nicht finden konnte, musste der Beschuldigte erneute Schläge einstecken.

Daraufhin stach Kohlmann mit einem Messer auf seinen Vorgesetzten ein und verletzte ihn schwer, immer wieder beteuernd, dass er die Handschuhe nicht gestohlen habe.[702] Letzten Endes stand mit der Anklage wegen Diebstahls und im Zuge der einsetzenden Untersuchung also immer schon die Schuldfrage im Raum, und eine Verurteilung wegen Diebstahls bedeutete auch für den Soldaten eine Minderung der Ehre. Und dies vor allem, weil die Bestrafung für solche Delikte im öffentlichen Raum der Garnison stattfand und damit über die Militärgesellschaft hinaus Wirkung zeigte. Zudem beschädigte das Image des Diebes auch die soziale Bindung zu den Kameraden, die im Ernstfall als Leumundszeugen eigentlich die Position des Beschuldigten stützen mussten. Aus diesen und anderen Ursachen mag der verzweifelte Soldat Kohlmann sein Heil im Angriff auf den Vorgesetzten gesucht haben, um die Anklage wegen Diebstahls zu unterbinden.

3.3.3 Zwischen Wache und Taverne: Konflikte im Regimentsalltag

Der Tagesablauf in der Garnison war von den immer gleichen Abläufen und Tätigkeiten geprägt, Wiederholungen sollten die Soldaten schulen und Handlungen selbstverständlich werden lassen. So begann der Tag meist sehr früh mit den ersten Exerziereinheiten: der Soldat Christian Friedrich Zander berichtete im August 1753 in einen Brief nach Hause, »wir müßen alle Tage exerciren, und des Morgens um 2 Uhr[703] müßen wir auf stehen, und dann exerciren wir hin biß 12 Uhr, wir werden düchtig geschoren«.[704] Schließlich erfolgte der Aufmarsch vor dem Zelt des kommandierenden Offiziers. Hier wurden die Männer hinsichtlich des Zustands der Kleidung, Montur und Waffen begutachtet. Für eine ordentliche und »propere« Erscheinung hatten die Soldaten Sorge zu tragen:

---

701 Vgl. Kap. 3.3.1: Insubordination.

702 GStA PK Rep. 96, I. HA, Nr. 602 B: Acta des Kabinetts Friedrich II. Schriftwechsel mit dem General-Major von Amstell 1755–56, Bl. 1–2.

703 Die Zeitangaben in den Selbstzeugnissen sind relativ und belegen vielmehr die Einschätzung, dass der Exerzierdienst sehr früh begann und relativ lang andauerte (eine tatsächliche Exerzierzeit von zehn Stunden ist aber nicht anzunehmen). Zu den Wahrnehmungsproblemen, welche die Beschreibungen in den Selbstzeugnissen bieten, vgl. Peters, Jan: Wegweiser zum Innenleben? Möglichkeiten und Grenzen der Untersuchung popularer Selbstzeugnisse der Frühen Neuzeit, in: Historische Anthropologie. Kultur – Gesellschaft – Alltag 1 (1993), Heft 2, S. 235–249.

704 Zander, Fundstücke, S. 27, Brief von Christian Friedrich Zander vom 21.08.1753, Berlin.

»Die Kerls müssen sich auch waschen, kämmen, die Stiefeletten in die Höhe ziehen, die Schuhe abputzen, die Hüthe und Mundirung auskehren, die Hals-Binden feste binden und das Seiten-Gewehr recht umspannen.«[705]

Die zur Wache eingeteilten Soldaten gingen zur Wachablösung weiter, während für die übrigen Kompanien das Exerzieren begann, das meist vom frühen Morgen bis zum Mittag andauerte.[706] Wenn ein Soldat einen ganzen Tag und die Nacht auf der Wache verbracht hatte, durfte er für zwei Nächte aussetzen, bevor er wieder zum Wachdienst musste.[707] Nach dem Exerzieren mussten wiederum die Montur und das Gewehr gereinigt werden, wie es auch Ulrich Bräker in seinen Memoiren recht eindringlich schilderte.[708] Wer beim Exerzieren Probleme hatte oder liederlich in der Aufführung war, durfte von dem vorgesetzten Unteroffizier bis zu dreimal mit dem Stock geprügelt werden.

Der Tag endete mit dem Zapfenstreich gegen 20 Uhr, in der Sommerzeit auch später, mit der Rückkehr der Soldaten in ihr Quartier.[709] Gerade hier konnte es zu Konflikten kommen, da die Bestimmungen von den Soldaten gern großzügig ausgelegt wurden, vor allem wenn Alkohol im Spiel war. Auf das Schlagen des Zapfenstreichs hin wurden die Tore der Stadt oder Garnison geschlossen, die Wachposten mussten ihre Position beziehen und der wachhabende Offizier setzte den Kommandanten oder Gouverneur durch den Rapportzettel über den erfolgten Zapfenstreich und die geplante Wachablösung in Kenntnis und teilte die Runden ein.[710] Schließlich folgte die so genannte »Bier-Patrouille«, welche die Wirtshäuser nach versteckten und betrunkenen Soldaten durchforsten sollte:

»Sobald Zapffenstreich geschlagen, muß der gemeine Soldat in seinem Quartier seyn, daferne er aber nachgehends auf der Strasse oder im Wirts-Haus attrapiret würde, soll er des Tags darauff, sonder Kriegs- und Stand-Recht, durch die Wacht-Parade sechsmal durch die Gassen lauffen.«[711]

---

705 Reglement Infanterie 1743, S. 440.

706 Vgl. Guddat, Des Königs treuer Diener, S. 40f.

707 Diese Abstände zeigen sich auch in den Aussagen der Soldaten zum täglichen Ablauf im Regiment von Leps 1746. Vgl. LASA, A 9b IVb, Nr. 14: Inquisitionsverfahren gegen den Obersten von Seel und Consorten, Anlage E: Gruppenbefragung des ersten Bataillons im Regiment von Leps.

708 Aus der Rückschau berichtete Bräker eindringlich über die aus seiner Sicht strengen Vorschriften, um die Waffen und die Uniform, die zum großen Teil weiß war, zu säubern. Vgl. Bräker, Tagebücher, S. 101.

709 Dies wurde in den Regimentern der deutschen Territorien überall ähnlich gehandhabt. Vgl. Kroll, Soldaten im 18. Jahrhundert, S. 271.

710 Reglement Infanterie 1743, S. 456f.

711 Reglement 1714, S. 938; eine ähnliche Formulierung erhält sich über das 18. Jahrhundert in den Anweisungen an die Offiziere, in denen auch noch 1743 vermerkt wurde, dass alle Soldaten, die nach dem Zapfenstreich im Wirtshaus angetroffen wurden, in Arrest zu setzen seien; Reglement Infanterie 1743, Art. X, S. 465.

Auch für die Patrouillen selbst drohten Strafen, wenn noch nach dem Schlagen des Zapfenstreichs und einer gewissen zeitlichen Frist Soldaten außerhalb ihrer Quartiere gesehen wurden oder gar ein Delikt verübten.[712] Schließlich wurde die Parole eine Stunde vor der Schließung der Tore für den nächsten Tag ausgegeben:

> »der Gouverneur giebt die Parole an den Commendanten, der Commendant giebt die Parole wieder an Major du Jour, und der Major du Jour an die übrigen Majors von der Guarnison, welche die Parole alsdenn vor ihres Commandeurs Quartier an den Adjutanten und die Feldwaibels von Bataillon ausgeben, an die Unter-Officiers aber von der Wacht giebet die Parole der Major de la Place, oder in dessen Abwesenheit, der älteste Adjoutant vor des Gouverneurs Quartier aus, und saget anbey, was an die Wachten befohlen worden, deswegen von allen Officiers-Posten ein guter Unter-Officier, von denen Unter-Officiers-Posten ein guter Gefreyter nach der Parole geschickt werden muß«.[713]

Innerhalb der Garnison etablierte sich damit in Friedenszeiten ein Dienstablauf, der täglich vom Wecken bis zum Zapfenstreich recht ähnlich und eintönig verlief: alles war auf das Einprägen durch ständige Wiederholung ausgelegt.[714] Während jedoch zumindest der Truppensoldat den Nachmittag zur Verfügung hatte, um einem Nebenerwerb nachzugehen oder sich der Pflege seiner Montur und anderen Arbeiten zu widmen, waren die Wachsoldaten für einen oder zwei Tage auf die Wache abkommandiert und durften das Wachhäuschen nur für Patrouillengänge verlassen. Zudem waren sie für die Überwachung der Arrestzellen zuständig – dies konnte mitunter auch zu einer Belastung werden, gerade wenn die ranghöheren Offiziere ihnen das Leben schwermachten oder betrunkene Kameraden nur schwer zu bändigen und im Arrest zu halten waren.

Weil der Wachdienst eben mitunter langweilig war, gestalteten sich die Soldaten mit den Mitteln, die ihnen zur Verfügung standen, den Alltag: es wurde gespielt, geraucht und getrunken. Dies führte dazu, dass auch die Wetteinsätze beim beliebten Glücksspiel stiegen und damit der Soldat, wenn er verlor, einen guten Teil des Soldes verpfändet haben konnte. Die gängigen Spiele mit Karten, Spielbrett oder Würfeln waren bereits seit dem 17. Jahrhundert untersagt, aber, wie andere Gewohnheiten auch, durch die Regierungen nicht zu unterdrücken.

---

712 Ebd., S. 466.

713 Extract aus Ihrer Königl. Maj. in Preussen den 28. Febr. 1714 zu Potsdamm gegebenem und gedruckten Reglement, wie bey dero gantzen Infanterie der Dienst im Felde und in Guarnisonen geschehen soll, und wornach sich die Feld-Marschalls, Generals, Commendanten, Obristen, oder Commandeurs von denen Bataillons und die sämtliche Officirer von der Infanterie zu halten haben, in: Lünig, CJM, S. 938.

714 Groehler, Das Heerwesen in Brandenburg und Preußen, S. 33.

Insbesondere das Spielen erzeugte dabei so negative Nebeneffekte, dass es als Form des Vergnügens und Zeitvertreibs vollkommen abgelehnt und von der preußischen Regierung bereits seit Ende des 17. Jahrhunderts bekämpft wurde.[715]

So wurde bereits in der »Verordnung, daß denen Soldaten kein Karten-Spiel verstattet oder der Wirth bestraffet werden soll« aus dem Jahr 1699 festgestellt:

> »was massen durch das vielfältige und übermäßige Karten Spielen der Soldaten, noch immerhin in denen Bier-Krügen, Kellern und Wirths-Häusern hin und wieder zum offtern allerhand Untelegenheit und Unheil vorgehet, womit es auch so weit kommt, daß zu vielen mahlen Mord und Todtschlag entstehen«.[716]

In Verbindung mit dem Alkohol stellten die Spiele demnach potenzielle Eskalationsherde – vermutlich nicht nur für die Soldaten – dar. In einem allgemeinen Edikt gegen die Kartenspiele von 1744 werden als Gründe genannt, dass »auch in einem Tage oder Abend etliche 100. bis 1000 Rthlr. verspielet und verlohren, wodurch dann unsere Unterthanen in Verfall ihres zeitlichen Glücks gerathen, gänzlich ruiniret, und wohl gar an den Bettelstab gebracht werden«.[717] Der Diskurs um den spielenden Soldaten wurde schließlich von den Zeitgenossen im Licht der Aufklärungsphase so genutzt, um dem Soldaten die Folgen seines Handelns vor Augen zu führen. In einem Aufsatz eines preußischen Offiziers in der *Berlinischen Monatsschrift* im Jahr 1781 resümierte der Soldatenfreund schließlich:

> »Nun mag das Spiel so geringe sein als es will; es wird für den gemeinen Soldaten bei seinem geringen Tractament immer zu hoch sein. Wie leicht ist sein ganzer Sold auf fünf Tage verloren! Und was bleibt ihm alsdann übrig, um nicht zu verhungern? Ich weiß nicht mehr, als drei Dinge: zu stehlen; zu betteln; oder zu desertiren.«[718]

Von der disziplinarischen Seite her gesehen wurde das Spielen somit zu einer strukturellen Gefahr, weil der Verlust von Geld nicht so einfach wiederaufgefangen werden konnte und schließlich weitere Straftaten, wie angedeutet, im Gepäck haben konnte.

Auch die Offiziere suchten in der Garnison nach Zerstreuung und Abwechslung, wobei sie jedoch größtenteils unter sich blieben. Doch das konnte sie nicht davon abhalten, ähnliche Fehler zu begehen wie die Soldaten, indem sie sich ebenfalls zu einem Spiel bereitfanden. Auch die Offiziere waren aufgrund ihrer

715 Verordnung, daß denen Soldaten kein Karten-Spiel verstattet, oder der Wirth bestraffet werden soll, Berlin, den 20.02.1699, in: Mylius, CCM, T. III, 1. Abt., Nr. LXXIV.

716 Ebd., S. 225.

717 GStA PK, I. HA, Rep. 9, JJ 10a (1725–1808), P.-Nr. 4134, Akte 26: Renovirtes Edict wider die Karten-Spiele von Bassette, und andere hohe Hazard-Spiele, den 12. September 1744; hier wird auf die vorangegangenen Edikte von 1714 und 1731 verwiesen.

718 Winterfeld, M. A. von: Überlegungen zur Verhütung der Desertion, in: Berlinische Monatsschrift, Bd. 2, Bielefeld 1784, S. 256.

Lebenshaltung ständig von Schulden bedroht, was durch das Spielen um Geld noch verschärft wurde. So formulierte König Friedrich Wilhelm I. 1729 in einer Kabinettsorder:

»Ich wil, daß Ihr sowohl an die Guarnison alß die Stadt einen scharffen Befehl ergehen laßen sollet, daß sich niemand bey hoher und harter Straffe unterstehen soll, den gantzen Tag am Sontage Biliard zu spielen und sollet ihr auff diese Ordre mit Nachdruck halten.«[719]

Diesen Zeitvertreib teilten Militärangehörige oft auch mit der Bevölkerung in der Garnison, gespielt wurde also zwischen Soldaten und anderen Ständen, ebenso wie zwischen Offizieren und Bürgern. Dabei kam es immer wieder zu Situationen, in denen das ohnehin verbotene Glücksspiel noch auf die Spitze getrieben wurde: etwa, wenn jemand falschspielte und damit dem Gegenüber das Geld aus der Tasche zog. War in einem solchen Fall sogar ein Offizier betroffen, konnte es für den Falschspieler sehr ungemütlich werden. Besonders Friedrich II. schätzte es gar nicht, wenn seine Offiziere ihre Gelder verspielten. Als im Februar 1756 eine Supplik der Maria Catharina Latomus im königlichen Kabinett einging, sah der Fall zunächst nach einem »harmlosen« Glücksspiel-Fall aus, denn die Frau schilderte, ihr Mann sei »zu einem Hazard-Spiele«[720] verleitet worden.[721] Aus Furcht vor der Bestrafung sei der Kaufmann aus Berlin geflohen und habe sie mit den Kindern allein sitzen lassen, daher bitte sie um eine Begnadigung des Ehegatten.

Nachdem auf Friedrichs Veranlassung eine Untersuchung vor Ort begann, die der Kanzler Philipp Joseph von Jariges[722] überwachte und mit dem Polizeipräsidenten Kircheisen koordinierte, kamen ganz andere Hintergründe des verbotenen Spiels zum Vorschein. Latomus hatte gemeinsam mit einem Studenten den Leutnant von Nimptsch aus dem Regiment von Itzenplitz zu einem Pharao-Spiel[723] herausgefordert und dabei betrogen.[724] Da ihm die möglichen Konse-

719 An den Major von Glasenapp, am 28.10.1729, in: Minüten 1729, Blatt 354r – Nr. 2696.

720 Das Würfelspiel (arab. yasara für würfeln) gehört zu den ältesten Formen des Glücksspiels. Im 18. Jahrhundert wurde die Bezeichnung als »Hazard-Spiel« auf alle Glücksspiele, egal ob mit Karten oder mit Würfeln, übertragen.

721 GStA PK, I. HA, Rep. 9, JJ 10a (1725–1808), Per.-Nr. 4134, Aktennr. 18.

722 Philipp Joseph von Jariges (1706–1770) wurde 1748 Großkanzler und Präsident des Kammergerichts. Er war 1755 Nachfolger des Justizministers Cocceji. Skalweit, Stephan: Jariges, Philipp Joseph von, in: Neue Deutsche Biographie 10 (1974), S. 354f.

723 Bei dem Pharao-Spiel handelte es sich um eine besondere Form des Hazard-Spiels mit Karten, in dem ein Spieler gegen die »Bank« um bestimmte Kartenformationen spielt – es galt bereits seit dem 17. Jahrhundert als schwieriges und verlustreiches Spiel. Vgl. Krünitz, Johann Georg: Ökonomisch-technologisches Encyklopädie, oder allgemeines System der Staats-, Stadt-, Haus- und Landwirthschaft und der Kunstgeschichte in alphabetischer Ordnung, Th. 157, Berlin 1833, S. 757f.

724 GStA PK, I. HA, Rep. 9, JJ 10a (1725–1808), Per.-Nr. 4134, Aktennr. 18, Bl. 5.

quenzen wohl durchaus bewusst waren, hatte sich der Kaufmann abgesetzt, bevor der Offizier oder jemand aus dem Umfeld ihn anzeigen konnte. In Abwesenheit war er zu einer Strafzahlung von 100 Dukaten verurteilt worden, die er nach Auskunft seiner Frau nicht aufbringen konnte.[725]

Schließlich setzte Friedrich die Bestrafung in Form einer zweimonatigen Festungshaft fest, damit Latomus »seinen Unfug auf eine andere Weise« sühnen konnte.[726] Die Edikte und Ordern wurden in regelmäßigen Abständen wiederholt, allein die Frequenz dieser Wiederholungen lässt vermuten, dass die Glücksspiele in der Zeit nach 1779 noch zunahmen.[727]

In den meisten Fällen gingen Spiel und der Genuss von Alkohol Hand in Hand, egal ob auf der Wache oder im Wirtshaus, und damit waren die Spiele eben auch mit einem hohen Gewaltpotenzial verknüpft. Nicht nur Soldaten, auch Handwerker, Kaufleute und andere städtische Schichten trafen hier aufeinander und spielten. Wie grundlegend der Rausch für das Alltagsleben des Soldaten und für die verschiedenen Akteure im Militär war, zeigt das folgende Kapitel über den Alkohol - denn vom Bier bis zum Branntwein wurde in den Armeen des 18. Jahrhunderts alles getrunken, mit den entsprechenden Konsequenzen.

3.3.4 Alkohol als Problemlöser im Dienst und in der Freizeit

Alkohol war zum einen für die Soldaten eine Möglichkeit, den militärischen Alltag angenehmer zu gestalten, die Kameradschaft zu festigen und auch mit zivilen Gruppen aus der Garnison Kontakte zu knüpfen.[728] Andererseits stellte insbesondere die Anfälligkeit für Ehrverletzungen und körperliche Auseinandersetzungen unter Alkoholeinfluss ein enormes Gefährdungspotenzial für die Soldaten dar,[729] da die betrunkenen Soldaten entweder ihren Dienst nicht leisten

725 Ebd., Aktennr. 31: Königlich Preußisches Allgemeines Edikt wieder das Karten-Spiel, von Bassette, Landsquenets und Pharaon, den dato Berlin, den 19ten Septembris 1731. Das Edikt vermerkte ebendiese Geldstrafe für die erste Bestrafung wegen Glücksspiels sowie die »willkürliche Festungshaft« für jene Untertanen, die nicht fähig waren, das Geld aufzubringen.

726 Ebd., Bl. 7.

727 GStA PK, II. HA, Abt. 14 Kurmark, Städtesachen CXV Sekt. vl Generalia, Nr. 35: Acta wegen des verbothenen Hazard-Spiels. Hierin das Avertissement vom 6. Aug. 1782, daß den Soldaten das Spielen in den Bier-Häusern nicht verstattet werden soll u. den Bericht des Policey-Directorii vom 1. Marty 1786.

728 Heggen, Alfred: Alkohol und bürgerliche Gesellschaft im 19. Jahrhundert. Eine Studie zur deutschen Sozialgeschichte (mit einem Geleitwort von Wilhelm Treue), Berlin 1988, S. 23.

729 Martin Dinges verwies in seiner Studie zur Gefährdung des Soldatenkörpers auf die mehrfache Gefahr, die vom Alkohol ausging: zum einen konnte dieser durchaus gepanscht sein und direkt auf den Soldaten wirken, zum anderen verleitete er eben auch friedfertige Militärangehörige zu verheerendem Fehlverhalten. Vgl. Dinges, Soldatenkörper, S. 80f.

konnten (oder wollten), Soldaten und andere soziale Gruppen gewalttätig gegeneinander vorgingen und dabei schwer verletzt wurden oder im Gegenteil das Gegenüber so schwer verwundeten, dass sie angesichts einer ernsthaften Straftat vor ein Kriegsgericht gestellt wurden.[730]

> »Wann ein Bursche besoffen auf die Parade kommet, auch wenn er sonst commandiret ist, sich besäuffet, ohne Urlaub von der Wache gehet, auf der Schildwache schläffet oder vor der Ablösung weggehet, soll selbiger in Arrest geschicket werden, und des folgenden Tages sonder Verhör und Krieges-Recht durch 200 Mann 10 mahl durch die Spießruthen lauffen.«[731]

Die ständigen Vorschriften, sich im Dienst nicht zu betrinken, können natürlich auch umgekehrt darauf verweisen, dass der Alkoholkonsum gerade im Wachdienst zu einem gewaltigen disziplinarischen Problem für die Vorgesetzten geworden war. In einer Liste zum Abgang aus dem Regiment Anhalt-Dessau vom 1. bis zum 10. September 1718 heißt es über einen in Arrest sitzenden Soldaten aus der Kompanie des Prinzen Dietrich von Anhalt-Dessau: »Johann Wilhelm Häger ist betruncken gewesen und von der Parade geblieben.«[732]

Vermutlich war Häger kein Sonderfall, sondern der ausgiebige Genuss von Alkohol führte auch zu »Ausfällen« in der Armee und hatte damit direkt sichtbare Folgen für die Kompanie und im Ernstfall für das ganze Regiment. Doch nicht nur die Soldaten tranken, auch in den Verhaltensregeln für die Unteroffiziere heißt es explizit und oft, dass diese nicht »besoffen« auf die Parade oder die Wache kommen sollten, da sie sonst zu ewiger Schildwache abgestraft werden würden – was also quasi einer Quadratur des Kreises glich, da die Eintönigkeit der Wache als Strafe drohte.[733] Der alltägliche Konsum von Bier und Wein wurde mehr als Lebensmittelversorgung betrachtet denn als Einnahme von alkoholischen Getränken.[734] Erst in größeren Mengen und mehr noch der Genuss von Branntwein und anderen Schnäpsen aus Getreide, Früchten usw. galt als grober Alkoholkonsum und war im Dienst verboten. Dieses Verbot wurde allerdings unmittelbar vor Schlachten außer Kraft gesetzt, da hier ausdrücklich Branntwein und stärkere Spirituosen ausgeschenkt wurden, um den Kampfgeist der Soldaten

---

730 Diesen Eindruck spiegeln auch die Regimentsunterlagen des Dessauer Regiments zwischen 1705 und 1746 wider, in der Mehrheit der Delikte, die in den Akten Niederschlag fanden, handelte es sich um Gewalttätigkeiten. Und eine Mehrzahl der Taten war unter dem Einfluss von Alkohol zustande gekommen. Vgl. insbesondere den Fall des Dragoners Dombruk 1711 im Quellenkapitel 4.

731 Reglement vor die Königlich-Preußischen Dragoner-Regimenter 1743, S. 271, Art. V.

732 LASA, A 9b Ib, Nr. 19, Bd. III, Bl. 330.

733 Unteroffizier-Reglement 1726, S. 191.

734 Abel, Wilhelm: Stufen der Ernährung – eine historische Skizze, Göttingen 1981, S. 19f.

zu stärken und leise Zweifel und Bedenken zu verdrängen.[735] Der Alkoholkonsum blieb jedoch nicht auf die Gemeinen und Unteroffiziere beschränkt, die zudem meist in den Wirtshäusern der Garnison ihre Konflikte austrugen. Auch die Offiziere hatten angesichts der Verpflichtung zur gemeinsamen Trinkkultur innerhalb des Regiments mit den Auswirkungen von Ehrverletzungen zu kämpfen: trotz aller Verbote des Duellierens konnten die Reglements der Verteidigung der ständischen Ehre nicht beikommen.[736]

Dennoch bemühten sich die preußischen Monarchen, die ständigen Eskalationen zwischen unterschiedlichen sozialen Gruppen, ausgelöst durch den exzessiven Alkoholgenuss, einzudämmen. Angesichts der zunehmend gewalttätigen Folgen vor allem des Branntweintrinkens erschienen im Lauf der Zeit diverse Verbote und Edikte. Bereits der erste preußische König Friedrich I. ließ in einem Edikt 1711 verlauten, dass die »Sauferey« ohne gesellschaftlichen Anlass zu unterbinden sei.[737] In dem späteren »Allgemeinen Edict wegen Abstellung des Voll-Sauffens und Gesundheit-Trinckens« vom 31. März 1718 wandte sich Friedrich Wilhelm an seine zivilen und militärischen Untergebenen und mahnte an, »daß noch vielfältig durch übermäßige Trunckenheit sich Leute selbst den unvernünfftigen Thieren gleich gemachet, darüber Mordt und Todschlag entstanden, und noch wohl dazu wegen solcher Raserey ein Vorwandt gesuchet worden, um der verdienten Todes- und anderen Straffen zu entgehen«.[738]

Um diese Eskalationen einerseits zu verhindern und andererseits die Argumentation der verminderten Schuldfähigkeit zu entkräften, verbot der König per Edikt das »Gesundheit-Trinken« und Prosten, legte allen zivilen und militärischen Obrigkeiten die Überwachung der Trinkgewohnheiten auf und ordnete Visitationen der Gastwirte und Schenken an.[739] Angesichts einer ständisch geprägten Trinkkultur, die auch der König selbst gern und oft teilte, durfte dieser Appell wohl schwer umzusetzen gewesen sein: für Handwerker, Studenten, Soldaten sowie für die Offiziere und Männer von Adel gehörte das gemeinsame Trinken zum Ausdruck ständischer Tradition:

735 Berichte über den Einsatz von starkem Alkohol als »Motivator« lassen sich auch im 18. Jahrhundert immer wieder finden. In einer Zeitungsausgabe des Röm. Kayser. Posttäglichen Mercurius vom Juni 1710 berichtet der Korrespondent aus den Niederlanden über die gegnerischen Truppen: »Obwohl auch der Marschall von Villars seinen Soldaten Brandwein außtheilen lass, und selbige durch ein Treffen Ehre zu erwerben aufgemuntert, so glaubt man doch nicht, daß er die Unserigen angreiffen […] werde.« Ebd., S. 6.

736 Dieser Konflikt zwischen dem ständischen Ehranspruch und den militärischen Anforderungen ist so grundlegend, dass er in dieser Arbeit bereits an verschiedenen Stellen Erwähnung findet. Vgl. Kap. 2.2.2 Der Offizier in der militärischen Rechtsprechung.

737 Edikt von 1711.

738 Edikt gegen das Vollsauffen, S. 2.

739 Vgl. ebd., S. 3f.

»Vor allem in Krisen- und Notzeiten scheint die feucht-fröhliche Branntweingeselligkeit zunehmend dazu zu dienen, soziale Gruppensolidarität herzustellen und in dieser seelische Spannungen und Konflikte zu lösen.«[740]

Besonders scharf formulierte das Edikt die strafrechtliche Dimension des Trinkens: wegen der vielen Fälle, in denen die Trunkenheit als Argument für ein Delikt genutzt wurde, der Alkohol quasi den Mechanismus der »falschen« Tat erst in Gang setzte. Diese Formulierungen drückten vor allem den Unmut und die Machtlosigkeit gegenüber den vielen sozial akzeptierten Formen des Trinkens, auch des Rausches, aus, gegen die auch die Androhung von harten Strafen nichts ausrichten konnte.

Innerhalb einer sozialen Gruppe war es im Gegenteil verhängnisvoller, nicht zu trinken, da über den gemeinsamen Genuss der Getränke gesellige Bindungen hergestellt wurden.[741] Dass die Mannschaften und Offiziere diese Rituale teilten, zeigen die Beschwerden über betrunkene Soldaten einerseits und die Berichte über ausufernde Abendessen bei den Offizieren andererseits. In allen deutschen Regimentern wurde Alkohol von den Soldaten in großen Mengen genossen: vor allem der Branntwein, der die Soldaten vermeintlich gegen Kälte schützte und die Motivation der Männer wieder anheizte, stieg im Verbrauch während des 18. Jahrhunderts immer weiter an.[742] Diese weitreichende Verbreitung eines Genussmittels, das in allen Ständen und allen Schichten zu festgesetzten Anlässen oder auch zu besonderen Feierlichkeiten verzehrt wurde, führte auch zu einem fehlenden Bewusstsein um die Folgen des Alkoholkonsums. Gerade im Militär schienen doch die Vorteile, wie das Beleben der erschöpften Männer, für die Vorgesetzten im Vordergrund zu stehen. In den fiktiven *Gesprächen im Reich der Toten*, die im 18. Jahrhundert Streitgespräche zwischen hohen Potentaten oder Militärs wiedergeben, findet sich 1735 eine Aussage des Feldmarschalls Florimund von Mercy zu den grundlegenden Verhaltensregeln für das Militär:

»Ein Schluck Brandwein kan, der Officier sowohl als der Soldat, bißweilen gar wohl thun, sollte es auch täglich zweymahl geschehen; doch muß sich der Officier äussersten Fleisses hüten, sich jemahlen darinnen zu berauschen. Dem Soldaten hingegen ist es erlaubt, wann er in eine Bataille, oder in einen Sturm gehet, eine doppelte Portion von Brandwein zu sich zu nehmen. Dadurch wird seine Courage destomehr erhoben; allein er muß deswegen keines weges besoffen seyn.«[743]

740 Hübner, Regina; Hübner, Manfred: Trink, Brüderlein, Trink. Illustrierte Kultur- und Sozialgeschichte deutscher Trinkgewohnheiten, Leipzig 2004, S. 54.

741 Spode, Hasso: Die Macht der Trunkenheit. Kultur- und Sozialgeschichte des Alkohols in Deutschland, Opladen 1994, S. 154.

742 Vgl. Heyn, Sachsen-Hildburghausen, S. 258f.

743 Gespräche im Reich derer Todten, S. 507, zwischen einem Feldmarschall und einem Prinzen.

Wenn die militärische Führung die positiven Auswirkungen des Alkohols auch sah, wussten die Vorgesetzten dennoch um die schlechten Folgen des übermäßigen Trinkens – aber zugunsten eines militärischen Ziels wurden diese wohl in Kauf genommen. Auch in den Dessauer Akten scheinen hin und wieder die Konflikte auf, die durch den übermäßigen Genuss von Alkohol, bei Mannschaften wie bei den Offizieren, entstanden.[744] Ein besonders interessanter Fall, der auch die Bedeutung des gesellschaftlichen Trinkens verdeutlichte, ereignete sich während des Feldzugs in Italien 1710. Zwischen dem Hauptmann Johann Georg Schade und dem Auditeur des Dragonerregiments Wittgenstein Carl Friedrich Gerlach kam es zu einem Konflikt, den beide im Nachhinein protokollieren und zu Papier bringen mussten.[745] Nicht nur die beiden Perspektiven auf die Entstehung und den Verlauf des Streits sind interessant, sondern auch die Rolle, die der Alkohol in der Argumentation einnimmt.

Am 6. oder 7. August, schon hier waren sich die beiden Kontrahenten nicht einig, kam es nach dem gemeinsamen Abendessen der Offiziere und des Auditeurs zu mündlichen und tätlichen Beleidigungen zwischen Gerlach und Schade. Der Hauptmann hatte bereits mit zwei Offizieren seines Regiments zu Abend gegessen, als sich der Auditeur in Begleitung eines weiteren Offiziers dem Zelt des Hauptmanns näherte und von diesem dazugebeten wurde.[746] Es wurde gemeinsam gegessen und getrunken, anschließend geraucht und wieder getrunken und über verschiedene Angelegenheiten diskutiert: »nach geschehener Mahlzeit wören sie zusammen sitzen geblieben und hätten biß gegen Abend mit einander getruncken, daß sie auch von dem Wein, Bier und Brandtwein truncken geworden«.[747] Schließlich tangierten die Gespräche das sensible Thema der Urlaubserlaubnis, das auch für die Offiziere eine wichtige Rolle spielte, und Hauptmann Schade spielte in einer Bemerkung darauf an, dass der Auditeur von jedem kommandierenden Offizier eine Erlaubnis für die Beurlaubung einholen müsse, egal in welchem Rang der Militär stehe.

Daraufhin entbrannte eine hitzige Debatte, da sich der Auditeur hier komplett verweigerte und stattdessen darauf verwies, dass er allein dem Generalauditeur unterstehe und der kommandierende Offizier von ihm lediglich über den Urlaub informiert werden solle.[748] Dagegen meinte Hauptmann Schade in seiner Dar-

744 Die Konflikte wurden oft noch dadurch verschärft, dass der Genuss von Alkohol eher zum alltäglichen Leben gehörte, als dass er eine Ausnahme darstellte. Vgl. Pröve, Stehendes Heer, S. 156.

745 LASA, A 9b Ib, Nr. 7, Bd. IV, Bl. 48–50.

746 Schon in der Perspektive der beiden Darstellungen wird von dem Auditeur betont, dass der Hauptmann ihn bereits früher einmal eingeladen habe, während Schade in seiner Darstellung davon spricht, es sei der »Fähnrich Gantzke nebst dem Auditeur« vor dem Zelt erschienen. Ebd., Bl. 50.

747 LASA, A 9b Ib, Nr. 7, Bd. IV, Bl. 50v.

748 Ebd., Bl. 48v.

stellung der Diskussion, es »hätte der Auditeur gesaget, er dürffte von Niemand Uhrlaub nehmen, sondern könnte sonder Uhrlaub auß dem Regiment gehen«.[749] Hier zeigte sich demnach bereits die gegensätzliche Einschätzung der Stellung des Auditeurs, sowohl in Bezug auf die militärische Hierarchie als auch innerhalb des Regiments: trotz der Einladung zum gemeinsamen Abendessen scheint insbesondere die Wahl des Themas darauf zu verweisen, dass der Auditeur von den Offizieren sozial nicht akzeptiert wurde.

Im Zuge der Debatte eskaliert schließlich die Auseinandersetzung, nachdem die Frage erörtert wird, ob der Auditeur von dem Regimentschef in den »Bock« gespannt werden sollte.[750] Daraufhin, betont Gerlach in seiner Darstellung, habe er diesen offensichtlichen Angriff auf seine Ehre mit den Worten verteidigt: »Kein ehrlicher Kerl spanne einen Auditeur in den Bock.«[751] Auf diese Bemerkung hin war die Atmosphäre spürbar aufgeladen, wie beide Kontrahenten übereinstimmend bestätigten, offenbar so sehr, dass sich der Auditeur genötigt sah, sich zu entschuldigen. Die gegenseitigen Kränkungen waren offenbar jedoch so ernst aufgenommen worden, dass es zu gegenseitigen Beleidigungen kam, die beide Männer entschieden zurückwiesen und eine Erklärung des Gegenübers forderten. Beide behaupteten, der andere habe jeweils den Begriff des »Hundts pp.«[752] verwendet.

Auf der einen Seite nahm der Auditeur Gerlach den Standpunkt ein, er habe sich gegenüber den Offizieren eher unterwürfig und freundlich verhalten und habe sich, im Gegenteil, schließlich den rasenden Hauptmann vom Leib halten müssen: »Haubtmann hat nicht nur mit vielen Schimpfworten continuiret, sondern auch gar mit der Faust fast unzehlige mahl von unten auf nach der Nasen zugestoßen, so daß ich im Retiriren um hiervon verschonet zu bleiben, einen Stuhl vorgehalten und damit parire.«[753] Dagegen stellte der Kapitän den Auditeur als vollkommen betrunken dar, denn während er, Schade, sich wiederholt für seine »Raillerie«[754] entschuldigt habe und versprochen habe, sich dem Auditeur später zu erklären, sei Gerlach immer wieder auf ihn eingedrungen:

---

749 Ebd., Bl. 50v.

750 Gemeint war hiermit eine Prügelstrafe, die eigentlich nur für den gemeinen Soldaten und die unteren Schichten außerhalb des Militärs als schnelle disziplinarische Strafe ohne Verfahren verhängt werden konnte. Dabei wurden dem Delinquenten Füße und Arme gefesselt, damit er eine buckelige Haltung einnahm, und es wurde mit einer Rute auf Rücken oder Gesäß eingeprügelt. Diese Bemerkung zielte damit auch auf die soziale Abwertung des Auditeurs. Vgl. Deutsch, Andreas: Spannende Späne. Beispiele zum Bedeutungswandel aus der Werkstatt des Deutschen Rechtswörterbuchs, in: Luise Czaikowski; Sabrina Ulbrich-Bösch; Christina Waldvogel (Hg.): Sprachwandel im Deutschen, Berlin/Boston 2018, S. 145.

751 LASA, A 9b Ib, Nr. 7, Bd. IV, Bl. Bl. 48v.

752 Ebd., Bl. 50r.

753 LASA, A 9b Ib, Nr. 7, Bd. IV, Bl. 49r.

754 Franz. für »Scherz, Spöttelei«.

»da dann jener nochmahlen explication von ihm verlanget, Deponent hätte darbey angefangen und mit der Hand ihm getrohet und gesaget: Herr gehet nun fort oder es wirdt nicht gut werden, darauf hätte der Auditeur sein Spanisch Rohr aufgehoben und gesaget: ›Komm her Kerl, her Kerl!‹«[755]

Schließlich eskaliert die Situation so weit, dass der Auditeur den Degen zieht, der Kapitän sich mit einem Stock verteidigt und der Streit mit einer Ohrverletzung des Kapitäns endet. Interessanterweise bedienen sich beide höchst unterschiedlicher Argumentationen: während der Auditeur den Alkoholkonsum mit keinem Wort erwähnt, verweist der Kapitän ganz selbstverständlich auf den Genuss von Bier, Wein und Branntwein und entschuldigt sich bei seiner Generalität für diesen Konflikt. Das gemeinsame Trinken gehörte für den Offizier zum ständischen Verhalten dazu, die Offiziere speisten und tranken gemeinsam, das Betrinken war Teil des Habitus des Adligen. Der Auditeur dagegen wirft mit keinem Wort den Alkoholkonsum als Argument in die Waagschale: anzunehmen ist, dass sich ein solches Verhalten für einen Militärjuristen eben nicht schickte. Vor allem, weil der Auditeur in seiner Stellung nicht annähernd mit dem Offizier gleichziehen konnte, was der Disput auch zeigte. Eine Verteidigung mit dem Vorwand, zu viel Alkohol genossen zu haben, hätte vermutlich eher angedeutet, dass der Jurist seinen Aufgaben nicht mehr nachkommen konnte. Die zutage getretenen Gewohnheiten des Betrinkens waren demnach nicht sehr verschieden von den Bräuchen der unteren Schichten, die ihr Zugehörigkeitsgefühl und ihre soziale Identität in der Gruppe ebenfalls durch gemeinsame Trinkgelage festigten.[756]

Vom weiteren Verlauf der Angelegenheit ließ sich in den Regimentsunterlagen kein weiteres Dokument mehr finden. Aber ein halbes Jahr später wurden zwei Schreiben vermerkt, in denen wiederum der Hauptmann Schade Erwähnung findet. Der Adjutant von Flemming unterschrieb einen Vergleich, in dem er sich offiziell bei dem Hauptmann Schade für sein Verhalten entschuldigte mit dem Verweis, dass er »gantz betruncken gewesen« und nur deswegen mit ihm in den Streit geraten sei.[757] Diesen Vergleich nahm der Kapitän großzügigerweise und hinsichtlich der guten Familie des »Delinquenten« an. Offenbar trank der Hauptmann recht gern und oft, weswegen es immer wieder einmal zu Auseinandersetzungen mit seiner Beteiligung kam. Die Liste seiner Leumundszeugen zeigt aber, dass Schade als Teil des Offizierkorps voll akzeptiert war, und lässt

755 LASA, A 9b Ib, Nr. 7, Bd. IV, Bl. 51v.

756 Hübner, Trink, Brüderlein, Trink, S. 91: »Zwar darf man davon ausgehen, daß Standeszugehörigkeit und Geldbeutel den Trinkort, die Qualität der Getränke und der Trinkgeschirre ebenso bestimmten wie die Exklusivität der Zechbrüder, am Wesen der Sache selbst änderte dies jedoch erst einmal wenig: Ratsherren trafen sich genau wie die Handwerksgesellen regelmäßig zum Umtrunk.«

757 LASA, A 9b Ib, Nr. 7, Bd. IV, Bl. 312.

vermuten, dass ihn sein soziales Prestige vor einer gerichtlichen Auseinandersetzung generell schützte. Es wurde hier in dem Vergleich nicht vermerkt, worum es eigentlich ging, aber die Argumentation der Trunkenheit wird von allen Seiten hier so selbstverständlich anerkannt, dass anzunehmen ist, dass der Alkoholgenuss in der Klasse der Offiziere eine große Rolle spielte und das gemeinsame Trinken dem Erhalt und der Festigung sozialer Bindungen, eben auch im Militär, diente:

> »Gemeinsames Trinken wurde nicht verketzert, sondern als sozial bedeutsame Form kommunikativer Beziehungen hoch geschätzt. Trinkkomments bestimmten und regelten in allen Ständen das Zechen in einer Form, die das Trinken zwar auf bestimmte Anlässe, Orte und Formen eingrenzte, dem Rausch aber einen durchaus bedeutungsvollen Platz in der ständisch-feudal geprägten Lebensweise zuordnete.«[758]

Auch die Soldaten treten immer wieder durch Trinkgelage in den Akten in Erscheinung und die Vermutung liegt nahe, dass auch sie auf Nachsicht hoffen durften, wenn sie alkoholisiert ein Delikt verübten. Trotz der strengen Regeln des Kriegsrechts und der immer wieder formulierten Ablehnung einer solchen Verteidigungsargumentation zeigt der Umgang mit betrunkenen Delinquenten, dass die Problematik des Alkoholkonsums nicht leicht zu durchbrechen war.

Im Fall des Musketiers Franke aus dem Jahr 1706, der bereits einmal desertiert war und nun ein zweites Mal versucht hatte, aus dem Militärdienst zu flüchten, stellte der Hauptmann seiner Kompanie fest, »daß wegen alzu starck verwendeter Trunkenheit, mann Ihme nicht an das Leben kommen kan, sonst hätte er wohlverdienet, andern zum Exempel aufgehenckt zu werden«.[759] Auch in den übrigen Akten, die einen Zusammenhang zwischen Trunkenheit und der Ausübung eines Delikts herstellen, werden die Beklagten gegen die Vorgabe, Alkohol nicht als Ausrede zu nutzen, durch ihren Verweis auf den Alkoholgenuss nachweislich milder abgestraft. Sowohl der Dragoner Franz Dombruk, der in seiner Untersuchung wegen Insubordination im Jahr 1711 auch Unterstützung durch die Unteroffiziere erhielt, die auf den betrunkenen Zustand des Reiters verwiesen,[760] als auch der Soldat Thomas Niemes, der sich wegen Kindsmordes und versuchten Selbstmordes verantworten sollte, konnten mit milden Urteilen rechnen.[761] Doch der Alkohol konnte auch verbinden, indem das gemeinsame Trinken von Soldaten und Zivilisten in den Wirtshäusern eine Verständigung erzeugte, die auch aus einer kurzen Trinkgemeinschaft ein dauerhaftes Netzwerk entstehen lassen konnte. Dagegen gab es in anderen Bereichen innerhalb der

758 Hübner, Trink, Brüderlein, Trink, S. 32.
759 LASA, A 9b Ib, Nr. 19, Bd. I., Bl. 345.
760 Vgl. Kap. 4.3 zum Fall Dombruk.
761 Vgl. Kap. 4.5 zum Fall Thomas Niemes 1712.

Garnison immer wiederkehrende Konfliktsituationen, mit denen Wirte wie Soldaten umzugehen lernen mussten.

3.3.5 Konflikte während der Einquartierung

Anders als in den städtischen Akten, die für einige Garnisonsstädte im 18. Jahrhundert ausgewertet wurden, zeigen die Regimentsunterlagen den Blickwinkel der Armee auf die Konfliktfelder – immer an den Schnittstellen zwischen den Interessen der Militärangehörigen und jenen der Zivilbevölkerung, die einander durchaus ähneln konnten. So betonten in den letzten Jahrzehnten zahlreiche Untersuchungen zu Garnisonsstädten eben die Konformität zwischen den sozialen Gruppen, die dazu führte, dass Zivilisten als Taufpaten von Soldaten in den Garnisonen auftraten und die Offiziere ebenfalls in engem Kontakt zu Amtsleuten und Würdenträgern standen.[762]

Auch unter den Soldaten und ihren Familien herrschte mitunter große Not, weil der Sold gering ausfiel, die Unterbringungen mit Familie oft zusätzlich bezahlt werden mussten und die Versorgung der Kinder die Haushaltskasse der Soldaten über Gebühr strapazierte. In diesen Fällen konnten die Soldaten und ihre Familien entweder den Weg nutzen, Geld über einen Nebenerwerb dazuzuverdienen oder, wo die Not besonders schwer wog, um Geld betteln zu gehen. Dieses ehrenrührige Vorgehen wählten aber meist nur ausgediente Invaliden und sehr arme Familien, denen nichts weiter übrigblieb:

> »Nicht weniger wollen Wir Unsern Soldaten, deren Weibern und Kindern, imgleichen denen Invaliden von Unserer Armée keineswegs gestatten zu betteln, immassen diejenigen Soldaten, die in Diensten stehen, ihren Sold haben, oder falls sie beurlaubet, sich selbt ihr Brodt verdienen müssen.«[763]

Obwohl in den Quellen kaum fassbar, lassen sich auch in den Befragungen Hinweise finden, dass die soziale Situation durchaus prekär war und einfache Schicksalsschläge, wie etwa der Tod des Partners, dazu führten, dass sich die finanzielle Lage des Soldatenhaushaltes extrem verschlechterte. So wurde der Witwer und alleinerziehende Vater Thomas Niemes 1711 in seinem Verhör damit konfrontiert, dass ihm sein Unteroffizier verboten hatte, auf der Straße »um Geld zu fragen«.[764] Diese Formulierung deutete an, dass der Angeklagte sich in finanzieller Not gezwungen sah, auf der Straße zu betteln, um sein Kind und sich

762 Vgl. Pröve, Stehendes Heer, S. 276f.

763 Edict wegen Ausrottung der Bettler und andern liederlichen Gesindels in Schlesien und der Graffschafft Glatz, 17.12.1747.

764 LASA, A 9b Ib, Nr. 7, Bd. 5, Bl. 49r.

durchzubringen.[765] Weil die Soldaten im beginnenden 18. Jahrhundert und noch mehr nach der Einführung des Kantonsystems für die längste Zeit des Jahres beurlaubt wurden, sahen sich vor allem die freiwillig Dienenden und Freiwächter mit der Herausforderung konfrontiert, den Lebensalltag in der Garnison, weitab von der eigenen Familie und deren Unterstützung, organisieren zu müssen.[766] Für diejenigen Soldaten, die sich nicht um eine Familie zu kümmern hatten oder sich die Kinderbetreuung mit einer Partnerin teilten, stellte der Nebenerwerb eine Möglichkeit dar, um den geringen Sold etwas aufzubessern. Die dabei ausgeübten Tätigkeiten reichten von Gelegenheitsarbeiten nach der täglichen Exerzierphase bis hin zu festen Anstellungen als Hilfskräfte oder als freie Handwerker.[767] Viele Soldaten hatten selbst ein Handwerk erlernt und versuchten nun in der Garnison, diese Fähigkeiten einzusetzen: unter den Soldaten waren viele Handwerker, die eine Zeit lang mit dem Dienst im Militär ihren Lebensunterhalt verdienten.

Sie konnten daher den in den Garnisonen ansässigen Zünften, die auch im 18. Jahrhundert in verschiedenen Handwerken die Entscheidungsgewalt über die Ausübung der Profession hatten, zur Konkurrenz werden, zumal wenn sie niedrigere Preise für die Heimarbeit im Quartier anboten. So klagte das Schneidergewerk von Frankfurt/Oder im Juni 1772, dass neben den rechtmäßigen Schneidern zu viele Pfuscher, Soldaten und Frauen das Schneiderhandwerk in der Stadt betrieben.[768] In dem Schreiben resümieren die Stadträte, dass der Magistrat bereits gegen die Pfuscher vorgehe und das Gouvernement den Anspruch der Schneidergewerke gegen die Soldaten durchzusetzen habe.[769] Wie die Forschungen zu Militär und Gesellschaft in verschiedenen Garnisonsstädten bereits zeigen konnten, blieb durch die Konkurrenz im Nahrungserwerb trotz aller bindenden sozialen Momente zwischen den Soldaten und Bürgern die Spannung zwischen den Gruppen erhalten.[770]

Aber auch das Miteinander in der Garnison, insbesondere zwischen den Gruppen mit speziellen ständischen Ehrvorstellungen, führte immer wieder zu Streit, Konflikten und Auseinandersetzungen: in Halle kam es im 18. Jahrhundert besonders oft zwischen den Studenten der Universität und den Wachen an den Toren der Stadt zu gegenseitigen Übergriffen; da sich die Studenten frei

765 Vgl. Kap. 4.5 zum Fall Thomas Niemes.

766 Bei den Freiwächtern handelte es sich um freiwillig dienende Soldaten, die in Friedenszeiten auch beurlaubt werden konnten, um einem Gewerbe in der Garnison nachzugehen. Vgl. Hanne, Wolfgang: Die Freiwächter in der altpreußischen Armee, in: Zeitschrift für Heereskunde LVI (1992), S. 32–35.

767 Vgl. Kroll, Soldaten im 18. Jahrhundert, S. 283.

768 GStA PK, II. HA, Rep. 13, Materien, Handwerks-Privilegien, Bl. 1–3.

769 Ebd.

770 Vgl. Pröve, Stehendes Heer, S. 257f.

bewegen konnten, die Soldaten aber im Dienst waren und in erster Linie die Stadttore zu überwachen und ihren Posten zu besetzen hatten, erlangten die Studenten oft die Oberhand.

Eine Ahndung solcher Fälle wurde durch die Universität oft verhindert, da sie sich allein für die Rechtsprechung gegenüber den Studierenden berufen sah und die Vergehen ihrer Mitglieder oft bagatellisierte.[771] Es sind im Dessauer Regiment auch Fälle vermerkt worden, in denen Soldaten vor den Studenten geschützt werden mussten, weil diese Angriffe auf die Schildwachen verübt hatten. So sah sich König Friedrich Wilhelm im September 1730 veranlasst, an den Senat der Universität Halle einen Beschwerdebrief zu schreiben, da die Studenten dort immer wieder auf die Schildwachen losgegangen seien und diese nicht nur gewalttätig attackiert, sondern darüber hinaus auch beschimpft und beleidigt hätten.

Nachdem der Monarch den Prorektor und seinen Senat anmahnte, die Studenten von den Gewalttätigkeiten und Beleidigungen gegen die Wachen endgültig abzuhalten, drohte er mit ernsthaften körperlichen Konsequenzen für die Angreifer:

> »Würde sich aber jemand von denen Studiosis, er sey auch wer er wolle, erkühnen, sich an die Wachten zu vergreifen, so würde solcher als ein Hundt todtgeschoßen werden, welches er sich wegen seines freveln unterfangens selbst zuzuschreiben haben würde.«[772]

Wenngleich dieser polternde Tonfall keineswegs bedeuten musste, dass die Studenten nun als vogelfrei galten und erschossen werden konnten, brachte die Formulierung doch die Ungeduld gegenüber der Universität und ihren Angehörigen auf den Punkt. Diese Konflikte setzen sich trotzdem in den nächsten Jahren weiter fort, wie die verschiedenen Beschwerden des Regiments und die Gegenklagen der Universität Halle über die Wegnahme einzelner Studenten zeigt. Auch Friedrich II. sah sich 1740 in einer seiner ersten Anweisungen genötigt, dem Senat der Universität vor Augen zu halten, wie sehr ihn die Schlägereien von Studenten und Soldaten ärgerten und dass er die Herausforderung dazu eindeutig bei den Studenten sah, die nach seinem Verständnis »nicht in gehöriger Ordnung und Disciplin gehalten werden«.[773] Im Gegensatz zu seinem Vater suchte Friedrich jedoch einen diplomatischen und effektiven Umgangston, denn er legte der Universität in der angeschlossenen Order nahe, »daß Sie die Studenten anhalten soll, bey Vermeidung höchster Königl. Ungnade, die Guarnison auf keine Weise weiter zu beunruhigen, sondern sich vernünftig und an-

771 Freitag, Werner; Minner, Katrin; Ranft, Andreas (Hg): Geschichte der Stadt Halle, Bd. 1: Halle im Mittelalter und in der Frühen Neuzeit, Halle 2006.

772 GStA PK, I. HA Rep. 96 B, Nr. 6, Bl. 22, Nr. 258, Schreiben vom 3.9.1731.

773 LASA, A 9b Ib, Nr. 19, Bd. V, Bl. 255: Schreiben Friedrichs II. an den Rektor der Universität Halle vom 09.08.1740.

ständig gegen dieselbe zu betragen«.[774] Andernfalls sehe er sich gezwungen, gegen die Mitglieder der Universität hart vorzugehen und diese in Ungnade fallen zu lassen. Sollten sie jedoch »einer vernünfftigen und anständigen Conduite sich befleißigen, [werde er] Ihnen alle Protection und Königliche Gnade angedeyhen laßen«.

Auch wussten sich die Soldaten zu helfen, wenn das Angebot an verfügbaren Waren knapp war – mitunter an den Innungen der Garnisonen vorbei versuchten sie, die Versorgung in der Gemeinschaft sicherzustellen, unter den Augen des Kommandeurs, der nur selten einschritt, wenn sich die Vergehen in einem bestimmten Bereich der Legalität bewegten. So kam es 1717 in Halle zu Klagen der Bäcker gegen das Regiment, weil dieses die Einfuhr von Brot begünstigte, das steuerfrei durch die Soldaten angeliefert und damit deutlich günstiger in der Stadt verkauft werden konnte. Damit habe das Regiment »nicht allein das Interesse der Königln. Accise verkürtzet, sondern auch denen Bäckern zu Halle ihre Nahrung entzogen«.[775]

Offenbar drängte der Kommandeur, Oberstleutnant von Kleist, aber nicht auf die Durchsetzung der Vorschriften, denn bereits kurze Zeit später schildert eine erneute Beschwerde des Stadtrates Schomer an Fürst Leopold, der Kommandeur sei verpflichtet, die »Soldaten alhier dahin anzuhalten, damit sie die Excesse durch öffentl. mit Gewalt Hereinbringung des Brodts abstellen« würden.[776] In Abwesenheit des Oberstleutnants von Kleist kommandierte der Major von Körbener. Auf das Gesuch der Räte, die Einfuhr des Brotes gegen den Widerstand der städtischen Bevölkerung zu unterbinden, gab dieser unvermittelt zur Antwort, »er müßte vor seine Soldaten Brodt haben, und er könnte es ihnen nicht verwehren«. Im Gegenzug sollten die Räte der Stadt »die Bürger verbiethen, daß sie keines von ihnen [den Soldaten, Anm. d. Verf.] kauffen«.[777] In der Folge nahm die Einfuhr des Brotes noch weiter zu, sodass die städtischen Schreiber zum Teil »10 bis 12 Schubkarren täglich«[778] verzeichneten. Der Rat Schomer sah daraufhin nur noch die Möglichkeit, dem Fürsten Leopold anzukündigen, er werde diese Angelegenheit direkt an den König berichten, sollte das Regiment die Praxis der Broteinfuhr nicht verändern. Dem kommandierenden Offizier war sicher klar gewesen, dass er sich in dieser Angelegenheit nicht gegen seine Männer stellen sollte, da die Verfügbarkeit von Nahrungsmitteln, besonders von Brot, wichtig

774 Ebd.

775 LASA, A 9b Ib, Nr. 19, Bd. II, Bl. 300: Schreiben des Kommissariats des Herzogtums Magdeburg und der Räte der Stadt Halle vom 21.08.1717.

776 LASA, A 9b Ib, Nr. 19, Bd. II, Bl. 301.

777 Ebd.

778 Ebd.

war.[779] Wurde die Garnison nicht ausreichend versorgt mit den wichtigsten Dingen des alltäglichen Bedarfs, konnte sich auch an der Frage der Verfügbarkeit von Brot die Unzufriedenheit der Soldaten entzünden und zur Eskalation führen.

Dass die Soldaten das Brot mit Gewalt hereinbrachten, kann ein Hinweis darauf sein, dass diese Aktion gegen den Willen der Bäcker und anderer Bürger geschah und es eventuell zu Protesten der Bürger an den Stadttoren gekommen war.

3.3.6 Männliche Ehre und weibliche Gunst – Konflikte zwischen den Geschlechtern

Ein Deliktfeld, das sich in den militärischen Unterlagen auffällig selten finden lässt, stellte das Feld der »sexuellen Devianz« dar. Obwohl zivile Parallelüberlieferungen zeigen, dass es sich dabei um einen Großteil an verhandelten Delikten im 18. Jahrhundert überhaupt handelte, sind kriegsgerichtliche Akten von Verfahren zu Ehebruch, Vergewaltigung, sexueller Gewalt usw. sehr rar.[780] Aufgrund der Forschungsergebnisse etwa für die ländliche Bevölkerung des 18. Jahrhunderts ist davon auszugehen, dass dieser Tatbestand auch im Zusammenhang mit den Militärangehörigen relativ häufig anzutreffen war, womöglich gibt es verschiedene Gründe für das Fehlen der juristischen Nachweise:

Zum einen handelte es sich bei Konflikten zwischen den Frauen und Soldaten oft um gemischte Prozesse, die sowohl an das Generalauditoriat als auch an die zivile Gerichtsbarkeit weitergeleitet und von dort eventuell nicht mehr an das Regiment zurückgesandt wurden. Andererseits spricht vieles dafür, dass sexuelle Vergehen bis zu einem gewissen Grad innerhalb des Regiments geahndet oder nach einer eingehenden Voruntersuchung gar nicht erst zu einem Prozess zugelassen wurden. Hierbei dürfte auch die erstrebte moralische Vorbildwirkung der Soldaten eine Rolle gespielt haben – insofern, dass die Soldaten nach außen weiterhin als »tadellose« Untertanen auftreten sollten. Und drittens spielte wohl auch die kulturelle Dimension von Sexualität und Gewalt eine Rolle bei der Zuschreibung von sexueller »Kriminalität« – entgegen dem modernen Verständnis war das Bedrängen einer Frau durchaus nicht strafbar, und selbst im Fall der Anzeige wegen Vergewaltigung musste die Frau stichhaltig belegen

779 Vgl. Kroll, Soldaten im 18. Jahrhundert, S. 521f. Kroll beschreibt an einigen Beispielen, wie die stationierten Einheiten quasi »streikten« und u. a. eine Verbesserung der Versorgungslage wünschten.

780 Verfahren wegen angezeigter sexueller Übergriffe oder wegen Notzucht finden sich nicht in den verbliebenen preußischen Militärakten, Hinweise auf Übergriffe gibt es im Zusammenhang mit anderen Delikten aber schon.

können, dass dies gegen ihren Willen geschehen war.[781] Gerade in Bezug auf das letzte Argument lassen sich in einigen Gerichtsakten zu verschiedenen Delikten und Straftatbeständen Hinweise auf dieses Verständnis finden. Interessanterweise treten diese meist im Zusammenhang mit den Vorwürfen von unangemessener Gewaltausübung auf.

Der Leutnant Milet des anhalt-dessauischen Regiments war im Jahr 1705 bei seinem Kornett Kriele zum Gastmahl eingeladen und verließ dieses zufrieden und satt, als der Hausherr von seiner Köchin informiert wurde, der hohe Gast habe sie »übel tractiret«. Daraufhin begab sich Kriele unverzüglich zum Quartier des Leutnants und schlug auf diesen zunächst mit seinem Stock und dann mit seinem Degen ein. Schließlich kam es zu einem Duell zwischen den beiden, in dessen Verlauf der Kornett den Leutnant schwer verletzte. Kornett Kriele wurde arretiert und befragt, ebenso der Leutnant, der im Verhör auf die Beschuldigung des unrechtmäßigen Schlagens nicht eingehen wollte:

> »Es ist der Leutenant weges des punctes, daß er des Cornets Köchin solle übel tractiret haben, abgehöret worden, will es aber nicht gestehen, alß nur daß er ihr seine Handt in den Busen gestecket undt mit dem Fuß ihren noch etwas in die Höhe gehoben, ist willens solches eidlich zu bekräfftigen, daß er ein mehrers nicht gethan.«[782]

Die Argumentation zeigt ganz klar, dass der Kornett der jungen Frau sehr wohl zu nahe gekommen war – in seiner Betrachtungsweise hatte er diese aber lediglich ein wenig »angefasst« und nicht verprügelt. Auch die Anzeige der Köchin selbst spricht dafür, dass die Hausangestellten, Knechte und Mägde auch von den Militärangehörigen – und auch von den Offizieren – einiges erdulden mussten. Sie zeigte wohl aus gutem Grund nicht die sexuelle Belästigung an sich an, sondern bezichtigte den Gast des Schlagens, eine Handlung, die sowohl gegen sittliche Normen als auch gegen das Recht des Hausherrn verstieß. Damit verwiesen beide Seiten indirekt auf die Akzeptanz gängiger Verhaltensmuster, wie es eben das Anfassen der Mädchen darstellte. Andererseits gab es für das Schlagen im Sinne einer Züchtigung gewisse Regeln und Grenzen, die weitaus enger gesteckt waren.[783]

781 Vgl. Lorenz, Maren: »… da der anfängliche Schmerz in Liebeshitze übergehen kann …«. Das Delikt der Nothzucht im gerichtsmedizinischen Diskurs des 18. Jahrhunderts, in: Christine Künzel (Hg.): Unzucht – Notzucht – Vergewaltigung. Definitionen und Deutungen sexueller Gewalt von der Aufklärung bis heute, Frankfurt a. M. 2003, S. 63–88.

782 LASA, A 9b Ib, Nr. 7, Bd. II, Bl. 856: von Anhalt-Dessau, Fürst Leopold: Verschiedene militärische Angelegenheiten ohne Titel, 1705.

783 Das ließ sich auch an den Diskursen um das Schlagen an sich festmachen und in der Forderung, dieses Schlagen abzuschaffen. Bereits Kurfürst Friedrich Wilhelm hatte sich gegen das übermäßige Schlagen ausgesprochen. Circular-Ordre an alle Regimenter, daß die Soldaten nicht zwischen denen Piquen übel tractiret werden sollen, vom 19.01.1688, in: Mylius, CCM, T. III, 1. Abt., Nr. LVII, S. 177f.

So nahm Kornett Kriele die Übergriffe auf seine Köchin auch als Bedrohung der eigenen Ehre wahr, die er nun gegen den Herausforderer verteidigen musste:

> »Da ihm dann seine bey sich habende Köchin klaget, daß sie der Leutenant Milet solle geschlagen haben, welches der Cornet gleich geglaubet, ihn hefftig verdroßen, und vor einen solchen Affront angenohmen, daß er dem Leutenant gleich auff einem Schlitten [...] bis in sein Quartier gefolget.«[784]

Dass der Kornett die Anzeige der Köchin sofort und ohne eine Untersuchung glaubte und dies auch als persönlichen Affront aufgriff, belegt einerseits, dass das Schlagen der Bediensteten durch Gäste eben nicht akzeptiert war, und andererseits könnte es einen Hinweis darauf geben, dass der Leutnant bereits im Vorfeld durch ähnliche Handlungen unangenehm aufgefallen war.

Somit bedingte schon das Zusammenleben der Soldatenfamilien sowie der Militärangehörigen und Frauen aus der Zivilgesellschaft eine detaillierte Auseinandersetzung mit der Geschlechterrolle von Soldaten. Denn das Militär gehörte, auch im Verständnis der späteren historischen Forschung, wie kaum eine andere soziale Großgruppe zu einem vermeintlichen Ort der »Männlichkeiten«, in welchem bestimmte Verhaltensnormen und Rollenmuster sowie eine besondere Identität, geprägt von Gehorsam und Dienst auf der einen und von Wagemut und physischer Gewalt auf der anderen Seite, ausbildet wurden.[785] Dabei sind in der Forschung die verschiedenen männlichen Identitäten vor allem analog zu den ständischen Identitäten interpretiert worden.[786] Die Duellpraxis als stark ritualisierte Verteidigung der ständisch-sozialen Ehre wurde für das 19. Jahrhundert besonders durch Ute Frevert analysiert, die Überlagerung von ständischen und »männlichen« Verhaltenskonstruktionen deutete sich hier bereits an.

In diesem Zusammenhang wurde der Begriff der »Ehre« als Konstrukt von Verhaltensanforderungen und kulturell bedingten Handlungsoptionen von Ute Frevert hervorgehoben. Dass sich die Verteidigung der persönlichen und sozialen Ehre nicht nur auf die zivilen und militärischen Eliten beschränkte, haben bereits die Arbeiten von Martin Dinges und Jutta Nowosadtko belegt. Auch der Zusammenhang zwischen männlicher Ehre und gesellschaftlicher Anerkennung, welcher den Akteuren innerhalb ihres sozialen Milieus und/oder ihrer sozialen Gruppe einen gewissen Handlungsraum zuspricht, ist damit hervorgehoben worden. Das preußische Militär erfreute sich dahingehend besonderer Beliebt-

---

784 Ebd.

785 Dinges, Martin: »Hegemoniale Männlichkeit« – Ein Konzept auf dem Prüfstand, in: ders.: Männer – Macht – Körper. Hegemoniale Männlichkeiten vom Mittelalter bis heute, Frankfurt a. M. 2005, S. 7–36.

786 Meuser, Michael: Hegemoniale Männlichkeit. Versuch einer Begriffsklärung aus soziologischer Perspektive, in: Martin Dinges (Hg.): Männer – Macht – Körper. Hegemoniale Männlichkeiten vom Mittelalter bis heute, Frankfurt a. M. 2005, S. 211–228.

heit in der Auswertung, galt doch die Armee der preußischen Könige im 18. Jahrhundert als hart gedrillte und gut exerzierte Truppe, die auf den Schlachtfeldern erfolgreich und bestens diszipliniert war. Die kulturgeschichtliche Aufarbeitung der Arbeitsteilung von Männern und Frauen innerhalb der preußischen Regimenter und deren enger Verbindung zur zivilen Gesellschaft steht allerdings noch aus.

Damit stehen weitergehende interdisziplinäre Studien in der Militärgeschichte noch am Beginn einer wichtigen und notwendigen Entwicklung, die mit der banalen Einsicht zusammenhängt, dass die Lebenswelten und sozial-gesellschaftlichen Wahrnehmungen und Diskurse auch die Angehörigen des Militärs in ebenso weitreichender Form beeinflussten wie die Nicht-Militärs.

Die junge Dienstmagd Catherine Dittmann, 24 Jahre alt und alleinstehend, war nach eigener Aussage durch den Geschlechtsverkehr mit dem 20-jährigen Christian Paul, Sohn des Pächters Johann Paul, bei dem sie im Jahr 1740 gedient hatte, geschwängert worden und wollte diesen Mann nun als Vater ihres Kindes angeben – und damit vermutlich auch zu einer Hochzeit drängen. Um dieser Schande zu entgehen, entscheidet sich die Familie, ein anderes männliches Familienmitglied, einen Soldaten, stellvertretend als Vater anzugeben und ihr die Ehe antragen zu lassen:

> »Weilen aber des Stupratoris Eltern solches nicht leyden und dergleihen Schimpff nicht haben wollen, hätten sie so fort den Musquetier vom Derschauischen Regiment, Gottfried Paulen, einen Bruder des Johann Pauls, hohlen laßen, welchen sie gebethen es über sich zu nehmen.«[787]

Das Gericht bemerkt dann zu diesem »Handel«, der sicher durchaus üblich war, aber erst durch die Entwicklung der Dinge im Nachhinein bekannt wurde:

> »dieser ehrvergeßene Mensch hätte sich auch willig und bereit dazu finden laßen, und Inquisitin durch Versprechungen sie zu heyrathen und da Er seinen Trau-Schein bereits zu Bernau hätte, dazu vermacht, von dem schon angegebenen Stupratore Christian Paul abzustehen, und bey dem Verhör auff ihn zu bekennen, wäre auch zugleich mit ihr gegangen, und vor dem Ambte sich dazu verstanden«.[788]

Da der Soldat auch nach dem offiziellen Ämtergang versichert, er werde die junge Frau ehelichen und auch nach der Einberufung zum Regiment Nachricht schicken, wo die Trauung stattfinden werde, lässt sich die schwangere Magd besänftigen und kehrt zunächst in ihr Elternhaus zurück, das einige Tagesmärsche entfernt liegt. Dort muss sie schließlich allein und ohne Trauschein entbinden, denn der Soldat Gottfried Paul zieht in den Krieg nach Schlesien und meldet sich

787 GStA PK, I. HA, Rep. 49 Fiskalische Prozesse, A (Adulteria), Nr. 233: Verschiedene Adulteria (Churmark) 1741, Bl. 2.

788 Ebd., Bl. 3.

bei seiner »Verlobten« nicht mehr. Ob er dies überhaupt vorhatte, sei dahingestellt. Die Entwicklung verläuft dann dramatisch, denn Catherine ist so arm, dass sie nun, gemeinsam mit einem Tagelöhner, erneut den Vater ihrer gerade entbundenen Tochter aufsuchen muss, um das Kind irgendwie versorgen zu lassen. Dort legt sie den Säugling in eine Decke gewickelt auf die Türschwelle – dieser wird allerdings zu spät entdeckt und stirbt an den Folgen einer Unterkühlung. Die Umstände dieses Kindstodes müssen nun offiziell erklärt werden und so werden alle Beteiligten der Reihe nach vernommen, erst jetzt kommen die Tragweite der Vorgeschichte sowie die verschiedenen Akteure ans Licht. Der nun wieder in den Fokus gerückte vermeintliche Vater des Kindes, Christian Paul, wehrt sich mit allen ihm zur Verfügung stehenden Mitteln gegen die Vaterschaft und damit gegen eine Mitschuld an dem Schicksal von Kind und Mutter.

Sein Heil kann er nach allem, was bekannt wurde, nur in der Denunziation der ohnehin gefallenen Frau suchen, die in einer Befragung bereits erklärt hatte, dass sie nach dem Heiratsversprechen durch den Soldaten Gottfried Paul auch das Bett mit ihm geteilt habe. »Wiewohlen Inquisitin ad. Artic. 17 auff Befragen auch zugestehen müßen, daß sie bereits zwey Jahr vorher mit diesem Gottfried Paul auch schon zu tun gehabt.«[789] Dieses offensichtliche Eingeständnis der jungen Magd, mit dem betreffenden Soldaten vorher bereits »bekannt« gewesen zu sein und vermutlich auch Geschlechtsverkehr gehabt zu haben, baut der Beschuldigte Christian Paul nun aus.

Er verweigert nicht nur die Anerkennung der Vaterschaft, sondern erhebt darüber hinaus schwere Vorwürfe gegen die junge Mutter. Er habe zwar mit ihr »zu thun« gehabt – aber ein Jahr früher als von ihr selbst angegeben. Darüber hinaus sei sie der Prostitution nachgegangen und nur so auch mit ihm zusammengekommen:

> »Er hätte sie ohnedem als eine Hure vor Geld gebraucht, und ihr 2 gl. deshalb gegeben, sie wäre eine gemeine Hure gewesen, und mit andern, vornehmlich aber mit seines Vaters Bruder, obgedachten Gottfried Paul, schon lange vorher zu thun gehabt, und hätten sie als Mann und Frau zusammengelegen, so Er offt selbst gesehen, daher sie ihn dann auch dazu verführet.«[790]

In den Befragungen, und mehr noch in dem zusammenfassenden Gutachten, kommen zwei Perspektiven auf die ungewollte Schwangerschaft und die Vorgeschichte zu dem unseligen Tod des Säuglings zur Sprache. Unabhängig davon, ob es sich bei Christian Paul tatsächlich um den Vater des Kindes handelte, zeigt die Untersuchung die alltägliche Problematik der Dienstleute auf, die nicht nur für wenig Geld arbeiten mussten, sondern darüber hinaus auch immer wieder

789 Ebd., Bl. 3: Rechtliches Gutachten durch das Criminal Collegium in Berlin vom 21.09.1741.
790 Ebd., Bl. 5.

mit den sexuellen Ansprüchen der Umgebung zu tun hatten. So dürfte auch Catherine Dittmann in erster Linie der Geldnot wegen der Prostitution nachgegangen sein. Das Bild des Soldaten, der mit einer »liederlichen« Frau eine Beziehung hat, wird also nicht nur für die Garnisonsstädte im Besonderen, sondern auch für die Heimatorte der Soldaten bestätigt.

Diese Form der »wilden Ehe« ist eben nicht im militärischen Milieu verortet, sondern bedient ganz klar die allgemeinen Anforderungen der unteren Schichten, die ihr Überleben mit verschiedenen Strategien sicherten. Dass Catherine mit einer Strafe von drei Jahren im Spinnhaus vergleichsweise glimpflich davonkommt, während der vermeintliche Kindsvater Christian Paul immerhin drei Monate harte Festungsarbeit leisten muss und auch der Tagelöhner, der Catherine begleitet und das Kind nicht durch Läuten im Haus gemeldet hatte, noch 14 Tage ins Gefängnis musste, scheint der Beurteilung dieser Umstände zu entsprechen. In allen Beschreibungen des Gerichtsschreibers kommt der Musketier Gottfried Paul, der wohl einen größeren Anteil an dieser tragischen Geschichte hatte, nicht gut weg. Er sei ein »ehrvergeßener Mensch«, der die Unzucht seines Neffen nicht nur habe decken wollen, sondern diesen eventuell durch sein eigenes Vorbild überhaupt erst dazu angestiftet habe.

3.4 Konfliktfeld IV: das Ende der Dienstzeit

> »Desertio juramenti, oder da man den Eid verlöschen lässet, geschiehet, wenn derjenige, dem nemlich ein Eid de- oder referiret, in angesetztem Termino nicht erscheinet, auch seines Aussenbleibens keine gehörige Ursache oder Ehrhafft adlegiret, und auf die Art verliehret man die gantze Sache«.[791]

Diese recht umständliche Definition aus Zedlers Universallexikon von 1723 zeigt bereits, dass der Begriff der Desertion im Bereich des Strafrechts schlichtweg den Eidbruch durch das Ausbleiben von einem festgesetzten Ort oder einer Zeit (hier als Termin benannt) ganz allgemein benannte.[792] Und dass der damit Eidbrüchige für den Fall des Ausbleibens gute Gründe vorweisen musste. Diese Zuschreibung beinhaltete demnach auch Ausnahmefälle, in denen ein »Austritt«, egal ob aus dem Land generell oder aus einem Regiment, unter bestimmten

791 Zedler, Universal Lexicon, Bd. 7, Sp. 647. Sehr viel allgemeiner beschreibt der Begriff der Desertion das unrechtmäßige Entfernen, das sich nicht allein auf den Militärdienst beschränkte: »Desertion, heißt die Verlassung. Also wird von einem Ehegatten, wenn der andere Ehegatte ihn bößlich verläßt, eine Desertionsklage angestellet. Es bedeutet auch dieses Wort die Verlöschung, Versäumung, als der Apellation, oder Leuterung; ferner wird es von denen Soldaten gesagt. […].«

792 Vgl. Krünitz, Desertion.

Umständen entschuldbar war.[793] Die Gerichtsakten zeigen, dass sich darum der Kriminalitätsdiskurs innerhalb der Regimenter und in den Militärgerichtsakten drehte: wann war ein Austritt aus dem Militär als Desertion zu bezeichnen und wie vollzog sich dieser im Einzelnen?[794]

Gerade weil die Desertion ein alltägliches Phänomen der Armeen im 18. Jahrhundert darstellte, bleibt also angesichts der Vermutung, dass die Zahl der desertierten Männer noch weitaus höher lag als verzeichnet, die Frage nach dem Umgang mit Desertion durch Soldaten und Vorgesetzte innerhalb eines Verfahrens. Neue Forschungen anhand von Steuerakten haben gezeigt, dass vor allem geflüchtete Untertanen, die fürchteten, ihren gesamten Besitz zu verlieren, wegen ihrer Rückkehr zum Regiment einen Pardon verhandelten und oft auch in ihren vormaligen Posten wieder einrücken konnten.[795] Diese Zusammenhänge legen den Schluss nahe, dass der Akt des Desertierens in Friedenszeiten kein unumkehrbares Zerbrechen der Verbindung mit dem Regiment bedeuten musste und dass der Deserteur vielmehr eine Verhandlungsposition einnehmen konnte, wenn er seine Rückkehr in das Regiment anbot.

Damit scheinen die Perspektive der normativen Quellen, in denen die Desertion ausnahmslos, egal ob für die freiwillig geworbenen Soldaten oder für die Einheimischen und späteren Kantonisten, mit der Todesstrafe bedroht wurde, und die Rechtspraxis weit auseinanderzuklaffen.[796] Daher ist wohl davon auszugehen, dass in der Realität der Regimenter die Desertion einen anderen Stellenwert besaß und auch andere Folgen zeigte, als es aufgrund der normativen Rechtstexte zunächst scheint. Sicher stellte das Verlassen des Dienstes durch die Soldaten die übrigen Kameraden und die Offiziere vor ganz pragmatische Probleme, jedoch zeigen die Praxis der Wiederanwerbung von Deserteuren, die Verhandlungen mit geflüchteten Soldaten noch aus dem Exil heraus sowie die weit verbreiteten Begnadigungen und Strafmilderungen ein weites Feld von Interaktionsmöglichkeiten für alle Beteiligten. Diese Handlungsoptionen konnten von den Deserteuren außerhalb des Regiments genutzt werden, sie wurden aber

793 Vgl. Schultze, CJM, S. 59f.

794 Jörg Muth führt hier zum Beispiel langwierig aus, dass die Definition in der Regierungszeit Friedrichs II. weitaus enger gefasst wurde und ein Soldat, der die Garnison verlassen hatte, erst nach Überwindung des zweiten Wachpostens als Deserteur galt. Vgl. Muth, Flucht, S. 86. Im Umfeld des Diskurses spielten solche definitorischen Überlegungen meist keine Rolle, vielmehr wurden die Absicht der Entfernung und die Planung einer Desertion in den Vordergrund gerückt.

795 Vgl. Winter, Martin: Desertionsprozesse in der preußischen Armee nach dem Siebenjährigen Krieg, in: Jutta Nowosadtko; Diethelm Klippel; Kai Lohsträter (Hg.): Militär und Recht vom 16. bis 19. Jahrhundert. Gelehrter Diskurs – Praxis – Transformationen (= Herrschaft und soziale Systeme in der Frühen Neuzeit, 19), Göttingen 2016, S. 187–208.

796 In allen Kriegsrechten und in den Kriegsartikeln von 1713 wird betont, dass der Deserteur im Kampf sofort getötet werden kann, er solle »sonder alle Gnade am Leben gestraffet und arquebusiret werden.« Kriegs-Articul 1713, S. 213, Art. 18.

auch in den Verhören zu den Verfahren sichtbar, in denen sich die Männer verschiedener Argumentationen bedienten, die zur Verteidigung der eigenen Position günstig erschienen. Diese hatten nicht selten das eigentliche Ziel, die Desertion als solche zu negieren und an ihre Stelle andere Begriffe und Handlungen zu setzen.[797] Erweitert um die zivile Komponente der unerlaubten Landflucht behandelte der Begriff der Desertion im 18. Jahrhundert das weitläufige Problem des Wegzugs von jungen Männern und Frauen wegen besserer Ausbildungs- und Arbeitsmöglichkeiten sowie das Austreten der Soldaten und einzelner Offiziere aus dem Militärdienst.[798] Dass sich der historische Blick in erster Linie auf die Vergehen der männlichen Militärbevölkerung konzentriert, ist auch ein Ergebnis der begrifflichen Verengung im 19. Jahrhundert.[799] Angesichts neu definierter Strafgesetzbücher für das Militär gewann die Desertion vor allem im Zusammenhang mit dem militärischen Dienst an Bedeutung - gerade vor dem Hintergrund der militärischen Aufgaben des Jahrhunderts und in der Rückschau auf das 18. Jahrhundert und auf dessen vermeintlich »vormoderne« Armeen.[800]

So vielfältig die Formen der Desertion ausfallen konnten, so breitgefächert waren auch die Umstände, Motivlagen und Begründungen für den Austritt bzw. für die Flucht vor dem Feind. In der Tat zeigt ein erster Blick auf die Gerichtsakten, wie heterogen und individuell die Argumentation in den Verfahren wegen Desertion ausfielen. Eine genauere Prüfung der vorgebrachten Rechtfertigungen zeigt jedoch vielfach die Kombination von persönlichen Ausgangslagen (familiäre Situation, persönliches Unglück etc.) mit jeweils vergleichbaren Umständen der Tat (Verführung durch andere Soldaten oder durch Soldatenfrauen) und ähnlichen Begründungen für die Desertion (etwa die schlechte Behandlung durch Vorgesetzte, verweigerten Urlaub u. a.). Darüber hinaus werden die sozialen Schichten, ständisches Denken und die Eingebundenheit in familiäre und kameradschaftliche Netzwerke über das Militär hinaus sichtbar.[801]

Das Desertieren stellte im 18. Jahrhundert einen großen Anteil an den strafrechtlich verfolgten Delikten im Militär dar. Außerhalb der Kriegsphasen gehörte

797 Vgl. Quellenkapitel 4.1, der Fall der Soldaten, die 1707 wegen eines verweigerten Urlaubs angaben, zu dem nächsthöheren Vorgesetzten ziehen zu wollen, um dort um den Urlaub zu bitten, zeigt, dass auch dieser ausbleibende Urlaub durchaus anstelle des »Austretens« oder Desertierens gesetzt wurde.

798 Vgl. Petri's Handbuch der Fremdwörter, 13. Aufl., Leipzig 1899, S. 253: Deserteur, »ein Ausreißer, Flüchtling, Feldflüchtiger, Ueberläufer«. Desertio, »eine Verabsäumung, Unterlassung«.

799 Auch durch die erstmalige Trennung von Militär- und Zivilstrafgerichtsbarkeit bedingt. Vgl. Wette, Krieg.

800 Vgl. Militärstrafgesetzbuch 1853.

801 Tatsächlich gab es immer auch Soldaten und Zivilisten, die bei der Arretierung von Deserteuren halfen. Vgl. Kap. 4 zu einem Desertionsversuch 1707.

es jedoch zu einem Delikt unter vielen: Alltagskriminalität wie Diebstahl und Betrug oder auch Gewaltdelikte waren weitaus häufiger vertreten.[802] Im Zusammenhang mit dem Militärdienst kam es ebenfalls häufig zu Konflikten zwischen Soldaten und Vorgesetzten, zu Auseinandersetzungen zwischen den Soldaten, zu illegalem Spiel, gemeinsamen Trinkgelagen, Betrügereien usw.[803] Aufgrund der essenziellen Bedeutung der personell gut aufgestellten Regimenter wurde der Kampf um den einzelnen Soldaten auch für die Vorgesetzten und die Regierung zu einer wichtigen Angelegenheit, nicht nur die Ausübung der richtigen Handgriffe und die Gewährleistung der erforderlichen Feuerkraft standen dabei im Zentrum der Überlegungen, sondern vielmehr die Suche nach der »besseren« Armee, die zugleich gut gedrillt und schlagkräftig, aber auch in soldatischen Werten geschult sein sollte.[804] Alle diese Überlegungen hatten ihre Achillesferse in den täglichen Konflikten innerhalb des Militärs, die durch eine schlechte Versorgungslage, durch Gewaltrituale und Langeweile, aber auch durch übermäßige Härte von Offizieren und Unteroffizieren und durch schlechte Regimentsführung vereinzelter Obristen heraufbeschworen wurden.

3.4.1 Zwischen Strafe und Pardon: Desertion und Herrschaft

Zahlreiche Edikte und Verordnungen im Verlauf des 18. Jahrhunderts betonten immer wieder die Pflicht des Soldaten, seinen Dienst zu leisten und diesen nicht »meineidiger Weise« zu verlassen.[805] So gab es neben den einzelnen Edikten und Mandaten, welche die Vergabe von Pässen an die Soldaten, deren richtige Form der Unterschriften, Siegel, Gültigkeit und Grenzen benannten, vor allem die öffentlich publizierten »Generalpardons«, durch die in regelmäßigen Abständen in einem gewissen Zeitfenster die Rückkehr für desertierte Soldaten ermöglicht wurde, ohne eine Abstrafung des Regiments zu erwarten.[806]

So berichtete der Leutnant Adam Ernst von Winterfeld in einem Bericht an den Fürsten Leopold am 21. Mai 1708, »was für viel Leute diesen Winter desertiret sind«. Aber die Verfolgung der Deserteure durch die Kavallerie sowie die publizierten Pardons halfen dabei, einige der Entwichenen wiederzubekommen:

802 Das lassen auch die wenigen noch erhaltenen Arrestlisten vermuten, welche Arrestanten vor allem wegen Diebstahls aufführen.

803 Vgl. Kroll, Soldaten im 18. Jahrhundert, S. 307–309.

804 Vgl. Friedrich II., Generalprinzipien des Krieges, S. 8.

805 Auch Kurfürst Friedrich III. sah dieses Problem bereits als ein vordringliches an und erließ 1694 ein Edict wegen der Deserteurs. Mylius, CCM, T. III, 1. Abt., Nr. 71.

806 Der erste für diese Arbeit wesentliche Generalpardon wurde 1702 erlassen und definierte bereits eine feste zeitliche Frist für die Rückmeldung und Rückkehr zum Regiment, damit der Soldat vollkommen straffrei seinen Dienst wieder antreten könnte. Mylius, CCM, T. III, 1. Abt., Nr. LXXX.

> »Von denen, so vom Commendo, welches nacher Susa marchiret, durchgegangen sind, haben des Printzen Eugeni Dragoner 3 angehalten, und 2 worunter der Jordan haben sich auff ertheileten Pardon Brieff wieder eingestellet. Von Ew. Hochf. Durchl. Leib Compagnie habe aus Cremona auch Einen wieder hohlen laßen, so ein Mußkowieter ist. Nunmehro, da ich die Compagnie in zwey Öhrter geleget, sind keine fortgegangen.«[807]

Das Desertionsdelikt als solches wurde vor allem mit dem militärischen Einsatz in Verbindung gebracht, auch im Kriegsrecht (oder Artikelbrief) der brandenburgischen Regimenter von 1673 findet sich bereits der Artikel 32:

> »Ein entwichener Reuter oder Fußknecht, der aus Unserm Dienst feldflüchtig wird, und rennet von seiner Fahne, also daß er dieselbe nicht biß auff den letzten Blutstropfen defendiret, der sol sein Leben verlieren, und da er immittelst verwundet oder getödtet wird in der Flucht, soll der Todtschläger frey gehen.«[808]

In seinen Anmerkungen zum Kriegsrecht wies der Jurist Schultze aber auch hier auf eine notwendige Erörterung der Umstände, die zur Fahnenflucht geführt haben, hin. Nach seinem Verständnis seien vier zentrale Aspekte zu beachten:

1. Begründete Ursachen für die Flucht: Hierzu zählt er das nicht richtig oder gar nicht ausgezahlte Handgeld oder den Sold, aber auch fehlende Nahrungsmittel und Kleidung sowie die gewaltsame Werbung, die den Soldaten in einen ungewollten Dienst zwinge.[809]
2. Der Geist bzw. die innere Verfassung des Delinquenten: ob dieser demnach aus einem betrügerischen Vorsatz heraus gehandelt habe oder ob das Delikt spontan und unter Einfluss von Alkohol etwa ohne Vorsatz geschehen sei.
3. Die Person des Delinquenten selbst: So betonte Schultz, dass für die Bewertung des Verbrechens die Dienstzeit des Soldaten im Regiment entscheidend sei oder ob es sich um einen neu angeworbenen Rekruten handle. Auch die soziale Gruppe und der Stand spielten eine Rolle – ein Offizier sollte anders bestraft werden als ein gemeiner Soldat. Schließlich spiele auch die Geistesverfassung (erfahren, unerfahren, geistig eingeschränkt oder sehr gerissen) eine bedeutende Rolle.
4. Die »Qualität« der Desertion: Ein Soldat, der bereits desertiert war und zum Wiederholungstäter wurde, sollte demnach anders bestraft werden als ein unerfahrener Deserteur, den vielleicht die Angst übermannt hatte.[810] Auch sei es entscheidend, ob der Soldat allein »ausgerissen« war oder ob er in der Gruppe verabredet war oder sogar selbst den Anstoß gegeben und andere dazu verleitet hatte. Wenn er schließlich zum Feind überlief, hatte er die schwersten Strafen zu erwarten, wenn er wieder gefasst wurde.

807 LASA, A 9b Ib, Nr. 19, Bd. II, Bl. 158.
808 Brandenburgisches Krieges-Recht von 1673, zitiert nach Schultze, CJM (1687), S. 59.
809 Ebd., S. 60.
810 Ebd., S. 62f.

Aber auch der Lebenswandel des Soldaten spielte in diesem Ermessenszusammenhang eine wesentliche Rolle:

»ob er hiebevor ein gutes Leben geführet habe, oder nicht? Ob er seinem Officir gehorsam gewesen, und seine Dienste wol und fleißig versehen habe, oder nicht? Ob er von sich selber wieder zurück gekehret, oder nicht? Aus diesem allen wird man leichtlich ersehen können, wie daß eine jedwede circumstantz und Umbstand dieses Verbrechens, die Straffe lindere oder mehre«.[811]

Weil diese Einschränkungen und Aspekte den Umfang dessen erheblich erweiterten, was als Desertion anzusehen war und was als Abwesenheit usw. klassifiziert und damit eventuell geringer geahndet wurde, mussten immer wieder neue Edikte und Ordern aus dem königlichen Kabinett die Deutungsvielfalt einschränken und die harten Strafen für jede Form der Entfernung vom Regiment bekräftigen.[812] Nichtsdestotrotz zeigen Darstellungen des Militärrechts durch Juristen wie Schultze, dass es durchaus einen Kriminalitätsdiskurs darum gab, was als »Fahnenflucht« und Desertion anzusehen war und welche Gründe für den Angeklagten in den verschiedenen Situationen sprachen. Die große Zahl an Strafverschärfungen, Sonderregelungen des Passwesens oder Strafen für Gastwirte im Wechsel mit Generalpardons zeigen demnach die Schwierigkeiten, das Delikt der Desertion auch gegen die Bevölkerung durchzusetzen, und waren daher auch Versuche, die Situation zu befrieden und die Deutungshoheit über das Delikt der Desertion zurückzugewinnen.

So erschienen allein in der Zeit zwischen 1700 und 1750 schon 46 Publikationen, welche die Desertion als strafbares Delikt benennen und dementsprechend ahnden helfen sollten (vgl. Tabelle 7).

Tabelle 7: Häufigkeit der Desertionsgesetze 1699–1750

Publikationsform	**Anzahl**	**Anmerkungen**
Edikte	20	
Resolution/Mandat/Verordnung	5	
Generalpardons	6	1702, 1713, 1737, 1740, 1741, 1746
Deklarationen zu den Edikten	4	
Rezess	1	
Patente/Kartelle mit anderen Ländern	6	(vor allem mit Braunschweig)

811 Ebd.

812 Kurz nach Ablauf des Generalpardons im April 1702 erfolgte im Mai ein »Renovirtes Patent, daß sich Niemand ohne Vorbewust und Erlaubnüß unterstehen sol, sich in frembde Kriegs-Dienste zu begeben oder zu werben«. Mylius, CCM, Tl. III, 2. Abt., Nr. 75. Im selben Jahr wurden die schweren Strafen auf Desertion und für die Deserteurshelfer weiter verschärft und wiederum im Juni des Jahres publiziert: Edict von Bestraffung derer Deserteurs und derer, so sie verheelen, auch deshalb zu formirendem Processe, CCMagd, T. IV, Nr. 37.

(Fortsetzung)

Publikationsform	Anzahl	Anmerkungen
Order	5	
Gesamt	46	in der Zeit von 1699 bis 1750

Die Erteilung des Pardons geschah fast immer in der Weise, wie sie etwa der Generalpardon vom 12. Februar 1702 beschreibt, nach welchem also alle Soldaten, die »meyneidiger Weise« desertiert waren, innerhalb von drei Monaten nach Publikation dieses Edikts straffrei zu ihren Regimentern zurückkehren konnten.[813] Eine typische Situation, in der eine Desertion ausgeführt wurde, ergab sich, wenn der Soldat eine Straftat begangen hatte: nach Diebstählen und oft auch nach Gewalttaten ergriffen die beteiligten Soldaten die Flucht, um einer Verfolgung und gerichtlichen Verurteilung zu entgehen. Während des Feldzuges in Italien 1707 kam es oft zu Zwischenfällen, bei denen sich die preußischen Soldaten mit den ebenso engagierten italienischen Bauern konfrontiert sahen. So kam es etwa 1707 in der Nähe von Mailand zu einem Streit um den Wein in einem Gasthaus, als die Soldaten den Wirt verdächtigten, ihnen nur von dem schlechteren Wein auszuschenken. Daraus ergab sich sofort ein »handfester Streit«, in dessen Folge vier Soldaten schwer verletzt wurden und die beiden Soldaten Hans Jürgen Teewald und Michael Achendorf flüchteten, da sie fürchteten, wegen der Schlägerei belangt zu werden.[814]

Die vielen Einzelfälle und Überlieferungen von Desertionen und von den tatsächlich erfolgten Strafen erscheinen widersprüchlich: einerseits handelte es sich bei dem Delikt (und allein schon bei einem Versuch dazu) um das schwerwiegendste militärische Verbrechen mit Folgen für den Deserteur, seine Familie und mitunter für seine Kameraden.[815] Dennoch kamen Desertionen häufig vor, auch in Friedenszeiten. Nicht selten wurden die Deserteure auf der Flucht erwischt oder stellten sich nach einiger Zeit wieder freiwillig. Doch die Alltäglichkeit der Desertion verweist auch auf einen weiteren Charakter des »Delikts« der Desertion für die jeweilige Regierung: die Desertion wurde ebenso genutzt, um Druck auszuüben und eine Rückkehr in das Regiment nach eigenen Maßstäben auszuhandeln.[816] Wie bereits Martin Winter stichprobenartig anhand der Aktenbestände der General-Invalidenkasse des preußischen Generaldirektoriums für die zweite Hälfte des 18. Jahrhunderts belegen kann, verhandelten De-

813 Mylius, CCM, T. III, 1. Abt., Nr. LXXX.

814 LASA, A 9b Ib, Nr. 19, Bd. II, Bl. 68v.

815 Immer wieder wurden Edikte und Gesetze publiziert, in denen auch den Helfern von Deserteuren schwere Strafen angedroht wurden, so z. B. in einem Edikt vom 08.06.1702, in welchem denen, die Deserteure »verheelen«, der Prozess angedeutet wurde. CCMagd, T. IV, Nr. 37.

816 Vgl. Sikora, Disziplin und Desertion, S. 263f.

serteure nicht selten aus dem Asyl heraus mit dem Regiment, bei dem sie standen, um ihr Hab und Gut und oft auch die Stellung im Regiment wiederzuerlangen.[817]

So schrieb Markgraf Friedrich Wilhelm von Brandenburg-Schwed im Juli 1725 an seinen königlichen Vetter:

> »[...] berichte untertthgst, daß sich verschiedene Deserteurs von meinem Regiment, so itzo in Holland seyn, gutwillig erboten haben wieder zukommen, wenn Ew. Königl. Mayt. ihnen einen Pardon Brieff höchsthändig unterschreiben allergndsgt. Ertheilen wollen. Bitte demnach Ew. Königl. May. Unterthgst., daß sie doch die hohe Gnade haben und für folgende 5 Reuter, Johann Bauers, Jacob Teuffel, Andreas Müllenckamp, Conrad Goltzen, und Andreas Döllen den Pardon mir gnädigst zuschicken laßen.«[818]

Möglicherweise waren die fünf Soldaten gemeinsam desertiert und suchten nun auch gemeinsam nach einem Weg zurück in das Regiment. Interessanterweise lässt der Wortlaut des Schreibens nicht darauf schließen, dass die Soldaten bestraft wurden oder bestraft werden sollten. Der Markgraf bat den Monarchen lediglich um das verbriefte Recht auf Rückkehr ohne Strafe (durch einen Pardonbrief), das durch Supplikation an den König zu erreichen war. Und der Blick in die Kabinettsminüten aus späteren Jahren legt nahe, dass Friedrich Wilhelm diese Pardonbriefe zügig ausstellen ließ und damit den Bitten der desertierten Soldaten auch meist entsprach.[819]

Vielleicht spielte auch der vom König oft vorgebrachte Gestus des »Landesvaters« eine Rolle, wenn er Gnade vor Recht ergehen ließ und einen einsichtigen Deserteur, der Reue zeigte und Besserung versprach, mit dem Pardon begnadigen ließ. Strategisch gesehen, war es sicher eine gute Einsicht, die Rückkehr in die Regimenter durch die Hintertür der Supplik wieder zuzulassen, damit konnten wankelmütige Soldaten vermutlich eher überzeugt werden, den Militärdienst wiederaufzunehmen.[820] Die Kontinuität dieser »Pardonierungspolitik« vom zweiten preußischen König zu seinem Sohn Friedrich II., der wie kaum ein anderer bereit war, mit Rechtstraditionen zugunsten einer pragmatischen Justiz zu brechen, zeigt auch, dass die Kommunikation über ein Vergehen zum Herrschaftsverständnis des 18. Jahrhunderts dazugehörte. Davon war auch das Militär nicht ausgenommen: selbst im Fall einer eindeutigen Desertion war es dem

817 Winter, Martin: Deserteursprozesse, S. 189f.

818 GStA PK, I. HA, Rep. 96 Nr. 13: Des Marggrafen Friedrich Wilhelm von Brandenburg-Schwedt Immediat-Correspondenz, Vol. I, 1718/1720–1734, Schreiben aus Schwedt vom 20.07.1725.

819 Vgl. Minüten 1728/29, Bl. 106: »Se. Königl. May. accordiren hier den gebethenen Pardon für den Deserteur Christian Aulert.«

820 Das Supplikationsrecht als Teil des Militärrechts ermöglichte als letzte Instanz die unmittelbare Kommunikation zwischen den Soldaten und dem Monarchen, wenn sie denn bis dorthin zustande kam. Vgl. Rehse, Supplikationspraxis.

Flüchtigen nach Publikation eines Generalpardons, in der Phase nach der Ediktalzitation des Deserteurs oder eben über ein persönliches Bittschreiben möglich, wieder in das Regiment, oder gar in ein anderes im Dienst des preußischen Königs, zurückzukehren.[821]

3.4.2 Desertion im Regiment Anhalt-Dessau 1705 bis 1747

»Deserteur. Ist ein sehr rechtschaffner Mann, wenn wir ihn in Dienst nehmen. Er ist ein Schelm, ein Betrüger, ein Meineidiger, wenn er uns verläßt.«[822]

Das Entweichen aus dem Militärdienst gilt in der militärhistorischen Forschung bis heute als gewaltiges strukturelles Problem der frühneuzeitlichen Heere, nicht nur in Preußen. Insbesondere das 18. Jahrhundert wird dabei gern als besondere Hochphase der Desertion bezeichnet, da in diese Zeit die organisatorische Durchdringung der stehenden Heere fiel und in den meisten europäischen Staaten ein Werbe- oder Konskriptionssytem geschaffen wurde.[823] Nach den ehemaligen preußischen Generallisten aus dem 18. Jahrhundert, die noch 1891 ausgewertet worden waren, desertierten in der friedlichen Phase, die hier im Mittelpunkt der Untersuchung steht – also zwischen 1713 und 1740–30 216 Mann.[824] Eine klare Einordnung der Größenverhältnisse zwischen dem 17. und 18. Jahrhundert sowie zwischen den verschiedenen Armeen erschweren aber die fehlenden Aufzeichnungen oder, wenn solche vorhanden waren, die eklatanten Unterschiede in der Form der Datenaufnahme in die frühneuzeitlichen Statistiken.[825] Neben diesen offensichtlichen formalen Problemen der statistischen Abweichung existieren noch definitorische Unwägbarkeiten: so wurden die vom Regiment abwesenden Soldaten zusätzlich in verschiedene Kategorien eingeteilt: vom Urlaub ausgeblieben, nicht beim Regiment gemeldet, vermisst oder desertiert (vgl. Abb. 3).[826]

821 Vgl. Winter, Deserteursprozesse, S. 194f.

822 Militarirische Briefe oder freye Gedanken über das jetzige Kriegeswesen nach dem französischen Original übersetzt von B**, Münster 1780, S. 101f.

823 Vgl. Sikora, Disziplin und Desertion, S. 54f.; Jany, Geschichte I, S. 659f.

824 Vgl. Statistische Nachrichten über die Armee Friedrich Wilhelms I., in: Mitteilungen aus dem Archiv des Königlichen Ministeriums 1891, Heft II, S. 59–65.

825 Dies beginnt schon mit dem Umstand, dass die Zeiträume so zusammengetragen wurden, wie es die Zeit für die Regimentsführung erlaubte, und es sowohl Listen gab, die einen zehntägigen Zeitraum erfassten, wie andere, die erst nach einem halben Jahr abgefasst wurden. Wurde die Liste direkt nach einer Schlacht gefertigt, waren die tatsächlichen Verluste durch Desertion ohnehin unklar. Vgl. Muth, Flucht, S. 87.

826 Diese Liste ließe sich ebenfalls noch erweitern, da der Umgang mit den Kategorien für die abwesenden Soldaten ebenso individuell gehandhabt wurde wie die zeitliche Erfassung. Vgl. Muth, Flucht, S. 87f. zu den Quantifizierungsproblemen. Der Verfasser mutmaßt allerdings,

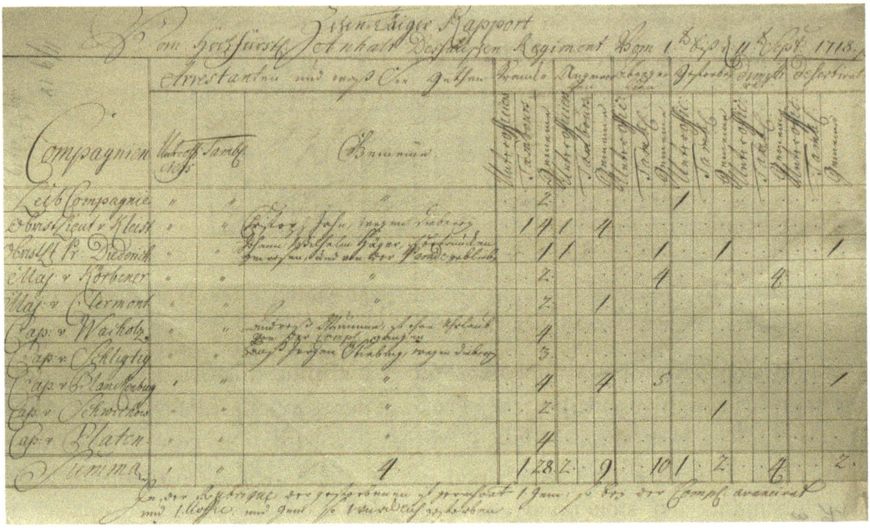

Abbildung 3: Zehntägiger Rapport des anhaltischen Regiments vom 1.–11. September 1718[827]

In den Berichten zum Abgang des Regiments mussten die Verluste kompanieweise festgehalten werden. Die Leibkompanie des Regimentschefs führte die Tabelle an, es folgten die Kompanie des Kommandeurs und nach Anciennität die weiteren Kompanien. Die Listen waren auf die Mannschaften inklusive der Unteroffiziere, Tamboure und Soldaten beschränkt, für die Offiziere gab es eine eigene Auswertung in den Regimentsunterlagen.[828] In diesem Beispiel wurden sogar neben den Gründen für den Abgang die nicht verfügbaren Soldaten, die sich wegen einiger Delikte im Arrest befanden, vermerkt. Ansonsten wurden die Veränderungen im Regiment hier eingeteilt in: Kranke, Angeworbene und Abgegangene. Diese Abgänge wiederum sind hier in die drei Abschnitte der Gestorbenen, Verabschiedeten (»dimittiret«) und der Desertierten aufgesplittert. Bereits die frühen Vorschriften bemühten sich, den Kreis der Deserteure durch exakte Beschreibung der verbotenen Handlungsweisen genau zu umreißen:

> »Derjenige Soldat, der im Lager, in der Vestung, in Quartieren und Guarnison, es sey in kleinen, oder grossen Städten, eine Viertel-Stunde ab- oder seit-werts, absonderlich auff

---

dass die zerstörten Listen aus dem Potsdamer Heeresarchiv die tatsächlichen Mengenverhältnisse der Deserteure in der preußischen Armee wiedergegeben hätten: »Mit Hilfe dieser Unterlagen wäre es ein Leichtes, gesicherte quantitative Aussagen über die Desertion zu treffen.« Ebd., S. 19.

827 LASA, Regiment zu Fuß 1718, Bl. 395.

828 Vgl. Muth, Flucht, S. 92. Das Reglement von 1743 legte in seinen Vorlagen fest, dass die monatlichen Listen der Regimenter alle Personen von den Offizieren, aus dem Unterstab, bis hin zu den Mannschaften erfassen sollten. Zu Beginn des 18. Jahrhunderts wurden diese Angaben noch oft getrennt. Vgl. Reglement Infanterie 1743, Teil 2, Anhang.

marchen, dergestalt betroffen würde, daß er mit dem Gesicht zurück kehrete, und darzu keinen Urlaub hat, noch andere redliche Ursachen anzeigen und erweisen kan, soll als ein deserteur an Leib und Leben gestraffet werden.«[829]

Besonders zu Beginn des 18. Jahrhunderts und für die Zeit des Spanischen Erbfolgekrieges finden sich im Regiment immer wieder detaillierte Abgangslisten der Mannschaften, die neben der Kompanie und dem Namen des abgegangenen Soldaten auch dessen Alter, Vaterland, die Art des Abgangs und den Zeitpunkt sowie die Rangierung im Regiment erfassten.[830] So wurde der monatliche Rapport für den August 1718 unter Angabe der Kompanien mit allen Anwerbungen des Regiments und den Abgängen sowie den Beurlaubten und Kranken vermerkt – ebenso die endgültige Stärke des Regiments zum Ende des Monats.[831] Diese unterschiedlichen Listen und Tabellen vermerkten dabei verschiedene Teilaspekte der militärischen Organisation – je nachdem, welche Informationen in welchem Zusammenhang von Bedeutung waren. Anhand der relativ dichten Überlieferung der Listen aus dem Regiment Anhalt-Dessau für die Jahre 1718–1725 ist zu vermuten, dass die Zustände des Regiments entweder nach Bedarf erfasst wurden oder Monatslisten und detaillierte Abgangslisten je parallel geführt wurden. Unter diesen Umständen lässt sich heute aber nicht mehr belegen, wie viele Listen tatsächlich nebeneinander existierten, ob die Angaben miteinander abgeglichen waren usw. Damit sind auch die Abgangslisten, wenn sie denn noch vorhanden sind, keine geeigneten Nachweise der Quantität von Desertion in diesem Regiment, sondern die detaillierten Angaben zu den desertierten Soldaten ermöglichen allenfalls einen Einblick in die soziale Struktur dieser Gruppe von Abgängen.

Im Reglement von 1726 wird bereits auf die pflichtgemäße Versendung der monatlichen Listen Bezug genommen – auch im Kapitel zur Verhütung der Desertion: Hier wird bereits auf die grundlegenden Ursachen verwiesen, die aus der Perspektive der Obrigkeit die Desertion begünstigten. So stellt das Reglement im Namen des Königs fest,

> »daß von Zeit zu Zeit Kerls von ihrer Compagnie und Fahne desertiren; Solches aber Ihnen desto mehr verwundert, weil ein Kerl von Rechts wegen keine Ursache zu klagen haben kan, denn, gleichwie Sie gnädigst hoffen wollen, ein jeder Kerl sein richtig Tractament, grosse und kleine Mundirung bekömt, und zwar an Tractament mehr, als in der meisten anderer Herren Diensten«.[832]

829 Kriegs-Articul 1713, S. 213, Art. 17.

830 LASA, Regiment zu Fuß 1718, Bl. 395.

831 Ebd., Bl. 336.

832 Reglement vor die Königl. Preußische Infanterie von 1726. Faksimiledruck der Ausgabe Berlin 1726. Mit einer Einleitung von Hans Bleckwenn (= Bibliotheca Rerum Militarum. Quellen und Darstellungen zur Militärwissenschaft und Militärgeschichte, 4), Osnabrück 1968, S. 554.

Darüber hinaus wurde den Soldaten die Ausrüstung in Form von Uniform und Waffen gestellt, die große und »kleine« Montur in Form von Gamaschen oder Leibwäsche.[833] Daneben benennt das Reglement als eigentlich wegfallenden Aspekt das Handgeld, das insbesondere für die freiwillig geworbenen »Ausländer« angemessen ausfallen sollte.[834] Als eigentliche Ursache für das Weglaufen komme demnach nur die Unkenntnis der Kriegsartikel und damit des eigentlichen militärischen Strafrechts als Erklärung infrage, denn wer die Strafe auf Desertion nicht kenne, würde auch nicht davon abgeschreckt, den geleisteten Eid zu brechen und zu desertieren:

> »Dieserhalb allerhöchstgedachte Seine Königl. Majestät nicht anders glauben können, als daß die vornehmste Ursach der Desertion ist, daß denen Kerls bey Schwerung zur Fahne die Krieges-Articles, absonderlich wegen des Desertirens, nicht deutlich vorgelesen und expliciret werden.«[835]

Ab 1735 werden die Angaben in den Listen wieder detaillierter und ermöglichen es, das Alter, die Herkunft und die Dienstjahre der desertierten Soldaten und zum Teil den weiteren Weg der Deserteure miteinander zu vergleichen. So vermerkte eine Abgangsliste vom März 1737 neben den Angaben zur Person (Name, Alter, Vaterland) auch den späteren Aufenthaltsort, wenn die Soldaten erneut in einem anderen Regiment angeworben worden waren. Ein Blick auf die Altersstruktur der Deserteure vom 1. März bis zum 12. Dezember 1737 zeigte demnach, dass die Desertion in allen Altersgruppen anzutreffen war. Die 27 Deserteure, zu denen vier Unteroffiziere und 23 Gemeine gehörten, verteilten sich folgendermaßen (vgl. Tab. 8):[836]

Tabelle 8: Liste der seit dem 1. März bis zum 12. Dezember 1737 desertierten und vom Urlaub ausgebliebenen Soldaten

Bis 25	25 bis 30	30 bis 35	35 bis 40	Älter als 40 Jahre
8	5	7	4	3

Allerdings wurden hier sowohl die Deserteure als auch die »vom Urlaub ausgebliebenen« Soldaten vermerkt. Die Angabe von 27 Deserteuren innerhalb eines Zeitraums von mehr als neun Monaten hätte eine erstaunlich geringe Rate von 2,25 % für den gesamten Zeitraum bedeutet. Eine weitere Liste vermerkt 13 der oben inkludierten Namen für Desertionen nach dem Juni 1737[837] – das wäre die

833 Vgl. Büsch, Militärsystem, S. 113–143.
834 Ebd., S. 555.
835 Ebd.
836 LASA, A 9b Ib, Nr. 19, Bd. IV., Bl. 287.
837 Ebd., Bl. 283: Die Liste vermerkt nur knapp die Kompanien, die Namen der Desertierten, die mit 13 Personen aus der obigen Liste identisch sind, unter der Bezeichnung »Liste von denen Leuthen, so nach dem 1. Junio 1737 desertiret sind«.

Hälfte der angegebenen Deserteure. Stimmen diese Angaben, wären in der Zeit zwischen dem 1. März und dem 1. Juni 1737 14 Soldaten desertiert, was bei einer Größe von etwas mehr als 1200 Mann im Dessauer Regiment noch immer nur eine Rate von 1,7 % bedeuten würde.

Eine weitaus schlüssigere Erklärung für diese geringen Zahlenangaben bieten meines Erachtens jedoch die konkurrierenden Listen, die offenbar von verschiedenen Regimentsschreibern oder Kompanien geführt wurden, die problematische Zuordnung zur Kategorie »Desertion« oder »vom Urlaub ausbleibend« sowie der hohe Druck der verantwortlichen Stabsoffiziere, das Regiment auch rein zahlenmäßig in einem guten Zustand zu halten. Auf serielle Quellen dieser Art ist demnach kein Verlass, wenn es darum geht, das Phänomen der Desertion für die erste Hälfte des 18. Jahrhunderts in einer relativ friedlichen Phase der preußischen Regierung zu erklären. Wie Tabelle 9 zeigt, variierten die abgebildeten Zeiträume in den Abgangslisten.[838]

Tabelle 9: Listen zu Deserteuren im Regiment Anhalt-Dessau 1705–1744[839]

Listen des Regiments Anhalt-Dessau	**Zeitraum**
Monatsliste	Oktober 1705 Februar, März, Oktober/November 1707 Oktober 1718 April 1723 Juni 1741
Kurzer Rapport (10 bis 14 Tage)	12.–29. März 1708 1.–11. September 1718
Langer Rapport (mehrere Monate)	April–Dezember 1707 März–Dezember 1737
Abgangslisten (Detail) / Deserteurslisten	November 1726 – September 1727 Juni 1737
Stärkenachweise nach Schlachten (Totgeschossene, Verletzte, Desertierte usw.)	19. April 1705, 18. März 1705 14. April 1741
Tageslisten	23. September 1744[840]
Stammliste[841]	April 1723

838 Darauf verweisen auch Sikora, Disziplin und Desertion, S. 33; Muth, Flucht, S. 16.

839 Siehe Verzeichnis zu den Archivalien und Aktenbündeln im Quellenregister.

840 Inkl. aller Teile der preußischen Armee, die in dem böhmischen Feldzug unter dem Befehl von Leopold von Anhalt-Dessau standen. Vgl. Jany, Curt: Geschichte der Preußischen Armee vom 15. Jahrhundert bis 1914, Bd. 2: Die Armee Friedrichs des Großen 1740–1786, Osnabrück 1967, S. 21.

841 Im Gegensatz zu den üblichen Stammlisten, die lediglich die tatsächliche Mannschaft mit Name, Alter, Größe und Glied, in dem der Soldat rangierte, vermerken, wurden hier auch Abgänge verzeichnet – die Angaben also kombiniert.

3.4.3 Zwischen »Vergehen« und »Verbrechen« – Desertion als Verhandlungssache

Alle rechtlichen Definitionsbemühungen seit dem 17. Jahrhundert konnten nicht verhindern, dass der Tatbestand der Desertion immer wieder hinterfragt wurde und im jeweiligen Kontext neu begründet werden musste.[842] Und das von allen Seiten: der vermeintliche Deserteur versuchte zunächst den Vorwurf der Desertion zu entkräften, von anderer Seite erhielt er argumentative Unterstützung von vorgesetzten Offizieren bis hin zum Regimentschef. Auch der Monarch war geneigt, in Friedenszeiten strafmildernde Umstände von Fall zu Fall gelten zu lassen und in diesem Sinn Soldaten zu begnadigen.

In einem Schreiben vom September 1725 wandte sich Friedrich Wilhelm von Brandenburg-Schwedt in der Angelegenheit des Soldaten Hans Michael Schwarz an den König, weil dieser Soldat nach drei Desertionen nun durch das Kriegsgericht zum Tode verurteilt worden war. Der Regimentschef führte aber zu dessen Verteidigung an, dass

> »dieser Deserteur aber seines Verbrechens halber große Reue versichern läßet, und Künfftig treu zu dienen versichert, er auch ein frischer wohlgewachsener Kerl ist, überdem jetzo erst von 22 Jahren und folglich der Fehler viel seiner Jugend zu imputiren, am allermeisten aber, da seine Desertion zu zweyen mahlen aus Furcht von mir oder von meinem Regiment erkant zu werden«.[843]

Daraufhin erfolgte offenbar eine Begnadigung, wie ein weiteres Schreiben aus dem Januar 1726 zeigt: hier nun berichtet der Regimentsinhaber von der Begnadigung des Deserteurs zu einer zweijährigen Festungshaft auf der Festung Küstrin, bittet den König aber erneut um eine mildere Strafe für Schwarz, »,indehm derselbe durch das 30. Mahl Steigriem Lauffen, so übel zugerichtet ist, daß er nicht in der Karre arbeiten kann, sondern wenn er anders zum Dienst wieder tüchtig werden soll, sorgsahmst curiret werden muß«.[844]

Ein weiteres Schreiben zu diesem Fall liegt nicht mehr vor, aber hinsichtlich der Arbeitskraft des Soldaten und der Fürsprache durch den Chef seines Regiments ist zu vermuten, dass auch die schwere Karrenstrafe geändert oder zumindest verkürzt wurde. Immer wieder konkurrierten die Regimenter untereinander um Deserteure, die ihre Dienstkraft in den Verhandlungen gut einsetzten und ein Regiment bzw. die zukünftige Kompanie als Vermittler in einem

842 Die eher wertneutralen Übersetzungen des Begriffs noch im 19. Jahrhundert zeigen an, dass der Begriff der Desertion stets etwas weiter gefasst wurde. Siehe Petri's Handbuch der Fremdwörter, S. 253f.: Desertation, »Verlassung, Heer- oder Fahnenflucht«, und Desertions-Proceß, »die Fluchtrüge«.

843 GStA PK, I. HA Rep. 96 Nr. 13M, Brief vom 22.09.1725.

844 Ebd., Schreiben vom 26.01.1726.

solchen Verfahren aussuchten. Im einfachen Fall konnten sie dann mit einem Pardon aus dem Exil, in das sie nach der Desertion geflüchtet waren, zurückkehren.[845]

Im besten Fall aber erhielten sie dazu noch Zugeständnisse wie die Rückübertragung ihres konfiszierten Vermögens, das Erlassen von Schulden oder eine neue Montur und Geld. Im Fall des 29-jährigen Soldaten Johann Nikolaus Veit (Feidt) setzte sich Markgraf Friedrich Wilhelm von Brandenburg-Schwedt 1729 persönlich für den Verbleib in seinem Regiment ein, nachdem Veit zuvor vom Graf Dönhoff'schen Regiment desertiert war.[846] Im Sommer des Jahres meldete sich der Soldat bei dem Rittmeister von Pletz aus der Leibkompanie des Regiments und zeigte an, dass er gegen einen Pardon in das Regiment des Markgrafen wieder zurückkehren würde.[847] In einem weiteren Schreiben nur ein paar Tage später beantwortete der Markgraf die Nachfragen von König Friedrich Wilhelm, der offenbar den Zeitpunkt der Desertion von Veit genau wissen wollte, um den Pardon zu erstellen. Der Markgraf schrieb daraufhin nur lapidar zurück, dass die Frau des Deserteurs noch in Berlin weile, daher könnte Veit noch nicht allzu lange von seinem Regiment desertiert sein.[848]

Diese Strategie allein bewegte den König jedoch offenbar noch nicht dazu, die Desertion zu pardonieren, denn Ende September des Jahres, und damit fast zwei Monate später, kam ein weiteres Schreiben des Markgrafen, indem dieser betonte, der Deserteur Veit habe sich erneut gemeldet und um den Pardon gebeten. Darüber hinaus teilte er dem Regimentschef mit, dieser könne »durch ihn auch einen Kerl bekommen«.[849] Veit hatte also erkannt, dass er die Ausstellung eines Pardons mit zusätzlichen Versprechungen befördern musste. Da er offenbar darauf beharrte, diesen Pass zu erhalten, wandte er sich mehrmals an den oben erwähnten Rittmeister und erhöhte den Gegenwert, den er anbieten konnte, kontinuierlich. Offenbar standen finanzielle Probleme oder die Sehnsucht nach Frau und Heim hinter diesen Handlungen. Die Behandlung der Angelegenheit zeigte jedoch, dass Verhandlungen wie diese für das Regiment offenbar nicht neu waren, und die Minüten bestätigen den Eindruck für einige Stichjahre, dass die Pardonbriefe auf Bitten von Offizieren erstellt wurden.[850]

845 Vgl. Sikora, Disziplin und Desertion, S. 320; Winter, Deserteursprozesse, S. 197.
846 GStA PK, I. HA Rep. 96 Nr. 13M, Brief vom 29.09.1729.
847 Ebd., Brief vom 06.08.1729.
848 Ebd., Brief vom 13.08.1729.
849 Ebd., Brief vom 26.09.1729.
850 Vgl. GStA PK, I. HA, Rep. 96 B Minüten, Nr. 2, hier lassen sich in einem Zeitraum von 13 Monaten zwischen 1728 und 1729 in jedem Monat Pardonbriefe für Soldaten finden, die jeweils entweder an den Inhaber des Regiments oder an einen fürbittenden Offizier gerichtet sind.

Alle Akteure hatten sicher unterschiedliche Motive für diesen flexiblen Umgang mit der Desertion; allen gemeinsam war jedoch meist das Ziel, den Soldaten, wenn er jung und gut ausgebildet war, für das Regiment und seine Kompanie zu erhalten. Wenn dies nicht gelang, sollte er zumindest innerhalb der Armee in einem anderen Regiment Verwendung finden. Und so lesen sich die Korrespondenzen der preußischen Monarchen mit den Regimentschefs oft auch als Tauschbörsen und »Agencies« für Deserteure, die zwischen den Regimentern und Kompanien getauscht und verhandelt wurden. Diese waren dabei nicht nur »Ware«, sondern vielmehr Akteure, die versuchten, neben dem Pardon weitere Zugeständnisse der Vorgesetzten zu erhalten. Gelegentlich konnte jedoch der Deserteur selbst als Vermittler auftreten und weitere Deserteure und ausgetretene Soldaten für die preußische Armee zurückbringen. Diese Praxis der »Wiederbeschaffung« durch Kameraden und Zivilisten fand ebenfalls im Alltagsleben einen sprachlichen Ausdruck:

> »Wer da wiederbringt den Deserteur, Dreißig Preuß'sche Thaler sein Douceur.«[851]

Auch die Kameraden erkannten bald den Wert, den ein gut ausgebildeter, junger und körperlich gut ausgestatteter Soldat für die Werber und für die preußischen Regimenter haben konnte. Dem rückkehrwilligen Deserteur stand damit neben der Fürsprache durch das Regiment ein weiterer Weg offen, um sich einen Pardon und die Rückkehr in den einigermaßen abgesicherten Sold zu verschaffen: durch das Mitbringen eines oder mehrerer weiterer Soldaten für die Armee. Diese Chance erkannte auch ein Deserteur des Regiments von Meyerinck und wollte seine Möglichkeiten, in die preußische Armee zurückzukehren, durch die Überrumpelung eines weiteren gesuchten Deserteurs verbessern:

> »maßen ein anderer Deserteur von des General Major v. Meyrinck Regiment Nahmens Jacob Daniel Böckell 6 ¾ Zoll groß, welcher 1738 desertirt ist, erwehnten Deserteur Johann Friderich Fincke gegen einen Pardon von Ewr. Königl. Mayt. und 30 Rthlr. neues Handgeld in die Hände lieffern, auch sich selbst unter erwehnte Conditione wieder engagiren will«.[852]

Weil der eigentlich fokussierte Deserteur Fink aus der Sicht des Offiziers »ein schöner Kerl« sei, bat von Thiel seinen Monarchen Friedrich II., den Pardon für den Vermittler zu bewilligen und außerdem bei der Überstellung des Geflüchteten zu helfen. Er vermutete wohl einige Gegenwehr und deutete den Plan des Soldaten Böckell, der sich um den großen Kameraden bemühen wollte, an:

> »Und da auch der Deserteur Johann Friderich Fincke auf eine gewiße Distance von Wismar in die Hände gespielet werden soll, so unterwinde mich Ew. Königl. Mayt.

851 Witzleben, Alexander von: Aus alten Parolebüchern der Berliner Garnison zur Zeit Friedrichs des Großen, Berlin 1851, S. 18.

852 GStA PK, I. HA Geheimer Rat, Rep. 96 Geheimes Zivilkabinett, Nr. 611 H, Bl. 9.

zugleich allerunterthänig zu bitten, dem in Mecklenburg stehenden Major v. Horn die allergnädigste Ordre zu ertheilen, daß er zu Empfang und Transportirung des Deserteurs Fincke ein paar Husaren commandiren dürfe.«[853]

Demnach wusste Böckell wohl, wo genau sich der Soldat Fink aufhielt und dass dieser mit seinen neuneinhalb Zoll ein guter Fang war. Obwohl der ehemalige Soldat bereits 1738 desertiert war, schadete es offenbar nicht, dass der Kamerad Böckell noch 16 Jahre später im Jahr 1754 dieses Angebot machte. Da man des Deserteurs aber durch Verlockungen und einen Pardon wohl nicht habhaft zu werden glaubte, musste dieser nun also in die Hände der preußischen Werber »gespielt« und durch die Husaren festgehalten werden. Die zusätzlichen 30 Taler, die Böckell dafür erhalten wollte, mochten ein weiterer Anreiz gewesen sein, wenn dieser ohnehin überlegt hatte, in die Armee und nach Preußen zurückzukehren.

3.4.4 Motivation und Wahrnehmung der Desertion

Im Vordergrund der bisherigen Arbeiten zum Thema der Desertion ging es, von Ausnahmen abgesehen, vor allem darum, das Delikt der Desertion qualitativ und quantitativ zu fassen.[854] Auf die Zwischentöne in den Akten ist aber auch schon hingewiesen worden, insbesondere eine kritische Auseinandersetzung mit den Protokollen zu den Befragungen in den Untersuchungen wegen Desertion oder Desertionsversuchs bieten hier ein lohnendes Ziel, das in seiner ganzen Tiefe noch nicht ausgewertet wurde.[855] In den Verhören für die kriegsgerichtliche Verhandlung geht es spürbar oft um die bereits angesprochene Deutungshoheit über das Delikt: wann handelte es sich wirklich um einen Desertionsversuch, wann war es nur eine »eigenmächtige« Entfernung vom Regiment oder aus dem Wachdienst? Im Fall eines vereitelten Desertionsversuchs weigerten sich die Beklagten zunächst, ihr Verhalten als Desertion anzuerkennen.[856]

853 Ebd.

854 Auch die bisher erschienenen sozialgeschichtlichen Arbeiten zu einzelnen Garnisonen oder zu kleinen Territorien belegen gern mit Zahlen die gefühlte Häufigkeit des Desertierens. Vgl. Heyn, Das Militär des Fürstentums Sachsen-Hildburghausen 1680–1806, S. 355, und jüngst Berkovich, Motivation in war, Tabelle, S. 73.

855 Vgl. Kroll, Soldaten im 18. Jahrhundert, S. 529.

856 Auch hier konnten entsprechende Begrifflichkeiten gefunden werden, um den Verdächtigen zu entlasten. So berichtet Keubke für das mecklenburgische Militär zu Beginn des 18. Jahrhunderts von einem Korporal, der »30 Fuchtel für das Verlassen der Garnison ohne Paß« erhielt, was in anderen Fällen durchaus als Desertionsversuch gewertet wurde. Vgl. Keubke, Klaus-Ulrich: Die Militärjustiz in Mecklenburg-Schwerin an der Wende vom 18. zum 19. Jahrhundert, in: Zeitschrift für Heereskunde 426, 2007, S. 167–174, hier S. 169.

Die angegebenen Gründe, die den einzelnen Soldaten zur Desertion bewegten, waren vielfältig, wurden aus verschiedenen Perspektiven geäußert und durchaus individuell geprägt – wenn sie diese Gründe dann auch benennen konnten. Etliche Soldaten, die desertierten und verschwanden, blieben stumme Zeugen: »Es hieß, viele Deserteure hätten selbst nicht gewusst, warum sie desertiert seien. Mutmaßlich wußten aber ebensowenige zu sagen, warum sie eigentlich Soldat geworden waren.«[857] In den Verhörprotokollen werden sie an verschiedenen Stellen in der Argumentation sichtbar: Hauptargumente für die erfolgte oder versuchte Desertion waren neben der gewaltsamen Anwerbung die eventuell fehlerhafte Kapitulation oder der nicht gewährte Urlaub,[858] nicht ausgezahltes Handgeld oder ein zu geringer Sold sowie die schlechte Versorgung im Regiment mit Lebensmitteln und Alltagsdingen.[859] Auch die Abwesenheit von zu Hause, wo die Soldaten als Teil der Wirtschaft auf dem Hof gebraucht wurden, oder die Sehnsucht nach der Familie spielten eine große Rolle.

So wurde in den Verhören auch immer wieder die Trennung von der Familie vorgebracht, die nur schwer zu ertragen war. In dem *Magazin zur Erfahrungsseelenkunde* berichtet 1784 ein ehemaliger Auditeur von einem beispielhaften Soldaten des früheren Regiments von Schulz, dass dieser aus einer inneren Verzweiflung heraus, in der Heimat nach seiner Mutter sehen zu müssen, seinen Kapitän um Urlaub bat. Dieser wurde ihm nicht gewährt, weil die Revue bevorstand und der Hauptmann auf einen erfahrenen Soldaten nicht verzichten wollte. Darauf reagierte der Soldat mit Gram:

> »Allein der Supplicant versicherte, daß er fort müßte, er hätte eine Angst nach Hause, und es wäre ihm immer, als ob jemand ihm zuriefe: geh zur Mutter! Und, setzte er hinzu, wenn Sie mich nicht mit Güte gehen lassen, so gehe ich mit Gewalt, und sollts auch mein Leben kosten.«[860]

Schließlich desertierte der Soldat, begab sich sofort nach Hause und konnte die eigene Mutter vor einem Raubmord bewahren. Dies führte auch dazu, dass er nach reumütiger Rückkehr in das Regiment »mit einer gelinden Strafe davon kam«.[861] Insbesondere die Kantonisten, deren Familien auch auf dem Land lebten, konnten sich durch die räumliche Trennung von ihren Verwandten und durch die Belastung, sich selbst und eventuell Frau und Kind in der Ferne er-

857 Sikora, Disziplin und Desertion, S. 363.

858 Vgl. Quellenkapitel 4.1: Desertionsversuch 1707.

859 Diese Fälle kann auch Stephan Kroll belegen, wenn er in seinem Kapitel zur Desertion das Beispiel eines Grenadierregiments erwähnt, das erhebliche Verbesserungen der Lebenssituationen fordert und im gegenteiligen Fall mit Desertion droht. Vgl. Kroll, Soldaten im 18. Jahrhundert, S. 538.

860 Nencke, Carl Christoph: Desertion aus unbekannten Beweggründen, in: Gnothi Sauton oder Magazin der Erfahrungsseelenkunde, Bd. II, Stück 1 (1784), S. 16.

861 Ebd., S. 17.

nähren zu müssen, zu einem solchen Schritt genötigt sehen.[862] Alleinstehende Frauen die sich in der Nähe der Soldaten aufhielten, waren für die Vorgesetzten und die Regierung stets verdächtig und mussten sich einerseits einer üblen Nachrede erwehren als auch für alle Fehler des Deserteurs von beiden Seiten instrumentalisieren lassen.[863]

In einer knappen Liste aus dem Jahr 1707 vermerkte der Schreiber die »Nahmen der 5 Mann so vermißet werden«,[864] drei Soldaten dieser Liste stammten aus der Kompanie des Kapitän Kleist, zwei kamen aus jener des Kapitäns von Leps. Davon war einer, Tomaß Frobien, »so vor 3 Jahren bey Fontanella desertiret undt sind anitzo beide mitt einer Huhre fortgegangen«.[865] Mitunter wurden Frauen aber auch bewusst als Lockmittel für die Soldaten eingesetzt, um diese zum Übertreten der Landesgrenzen zu überreden. Der sächsische Soldat Hans Jürgen berichtete nach seiner freiwilligen Rückkehr nach Sachsen und der erfolgten Desertion aus der preußischen Armee, dass er zwar einst desertiert sei, aber nur aufgrund einer Anstiftung, durch einen Soldaten und eine Soldatenfrau:

> »wie es an dem, daß er sich vor 1 ½ Jahren alß er in Bitterfeld gelegen, zur Desertion verleiten laßen, welches durch einen Preußischen Mousqu. von Prinz Leopold Regiment geschehen, so eine Mousq. Frau von Dessauischem Regiment bey sich gehabt, die vorgegeben, sie habe Freunde in Bitterfeld, von denen sie was zu fordern habe. Alß nun Deponent betruncken gewesen, dann diese Frau habe ihm tractiret, so wäre er mit ihr nach Jeßens zu gangen, und von dar nach Halle«.[866]

Schließlich habe ihn die Frau zur Kompanie ihres Mannes mitgenommen und er sei in die Dienste des Regiments Anhalt-Dessau getreten. Schon bald habe er aber seine Desertion bereut und nach einem Rückweg gesucht, indem er den Diener seines ehemaligen Kapitäns ansprach und anbot, gegen einen Pardonschein seinen Dienst wiederaufzunehmen. Nachdem er den Schein schließlich erhalten hatte und auch eine Urlaubserlaubnis von seinem Regiment, meldete er sich mit guten Vorsätzen wieder beim Regiment. Dazu bot er Informationen über die Verletzung des Kartells mit Sachsen an, indem er behauptete, »alß er in Halle zu dem Herr Major Wachholtz kommen, so habe er gesaget, daß er ein Sächsischer Deserteur sey, und aus Bitterfeld weg gangen, er hette ihn aber deßen ungeachtet angenommen, und 2 rt. Handgeld gegeben«.[867] Nachdem die preußische Armee von diesem Übertritt informiert worden war und der Major sich auch vor seinem

862 Vgl. Engelen, Soldatenfrauen, S. 92f.
863 Vgl. Sikora, Disziplin und Desertion, S. 209f.
864 LASA, A 9b Ib, Nr. 19, Bd. I, Bl. 6.
865 Ebd.
866 LASA, A 9b Ib, Nr. 19, Bd. III, Bl. 393: Verhör des Deserteurs Hanns Jürgen 1721, Bl. 393.
867 Ebd., Bl. 394.

Fürsten rechtfertigen musste, stellte dieser den Sachverhalt aus seiner Perspektive ganz anders dar.

Nach Ansicht des Offiziers war Hans Jürgen zwei Jahre zuvor in Halle »in einem weißen Kittel und rothen Camisol« zu ihm gekommen und habe betont, bei den Dänen gedient zu haben, und immer wieder darauf gedrungen, bei ihm in Dienst gestellt zu werden.

> »Weil derselbe aber nicht gar groß, hab ich ihn auf zwey Tage wieder gehen laßen; Darauf er endlich den 3ten Tag wiederkommen, und gebethen, ihn, weil er keine Subsistenz hätte, in meine Dienste zu nehmen, auf welches Ansuchen ich demselben auch Dienste gegeben. Er hat aber währenden diesen zweyen Jahren, da er unter meiner Compag. gestanden, niemahlen, ohnerachtet ich ihn scharf sondiret, etwas von sich vernehmen laßen, daß er unter denen Sachsen gedienet, mithin auch niemahls von denenselben reclamiret worden.«[868]

Warum Hans Jürgen tatsächlich wieder aus dem preußischen Regiment zurück nach Sachsen wechseln wollte, bleibt dahingestellt. Er gab in der Befragung auf der sächsischen Seite wichtige Argumente wie die Anstiftung zur Desertion, seine beständigen Bemühungen um eine Rückkehr und die angeblich bewusste Annahme als sächsischer Deserteur durch den Major von Wachholtz an. Durch die ziemlich gegenteilige Darstellung des preußischen Offiziers erscheint der Soldat aber in einem anderen Licht: die Lügen auf beiden Seiten der Grenze sollten ihm offenbar dabei helfen, in das Regiment aufgenommen zu werden und das Handgeld zu kassieren. Diese Suche nach dem Wechsel scheint eher darauf hinzuweisen, dass ihm entweder die Integration in das preußische Regiment nicht gelang oder er aus anderen Gründen (Spielschulden etc.) das Regiment verlassen wollte.

Denn die Furcht vor einer schweren Bestrafung ließ Soldaten oftmals lieber desertieren, als wegen einiger Verfehlungen unter Alkoholeinfluss das Leben zu verlieren oder am Körper gestraft zu werden.[869] Dies geschah auch dann, wenn Konflikte zwischen Soldaten und anderen sozialen Gruppen eskalierten und es zu Verletzungen kam, sei es durch Schläge oder den Einsatz von Waffen.[870] Auch die Anhäufung von Schulden kam als Anlass zur Desertion infrage, oder es galt nur, einer Vaterschaftsklage zu entgehen.[871]

Besonders im Krieg war die Belastung für die Männer spürbar, ständige Verlegungen der Lager und das dauernde Marschieren sowie die meist schlechte

868 Ebd., Bl. 397.

869 Vgl. Sikora, Disziplin und Desertion, S. 364f.

870 Vgl. Kap. 3.1 zum Militär als Gewaltkultur.

871 Auf diese Folgen der vielen unehelichen Beziehungen von Soldaten und den Frauen in einer Garnison wies Beate Engelen in ihrer Studie über Soldatenfrauen ausführlich hin. Vgl. Engelen, Soldatenfrauen, S. 554f.

Versorgungslage der Armeen zu dieser Zeit begünstigten das Entweichen der Soldaten.[872] So gab es zeitweise auch ganze »Wellen« an Desertionen:

»Das Regiment hat auf dem gantzen March 18. Deserteurs und 14 todte Pferde gehabt, doch seind noch mehrere gedrücket und lahm geworden, welches aber wegen des langen Marches, den Unß die Commissarii gegeben.«[873]

Die Deserteure hatten ihre Gelegenheit genutzt, als sich das Regiment im Marsch befand und sie durch die Vorgesetzten während einer bestimmten Phase des Zuges weniger aufmerksam bewacht worden waren. Ob alle Soldaten gleichzeitig desertierten, geht aus den dünnen Zeilen nicht hervor, da hier rückblickend die Zahl zusammengefasst wird, doch ist zumindest zu vermuten, dass sich die Entwichenen in Gruppen zur Flucht entschlossen haben.

Die Angst vor dem Militärdienst und den persönlichen Folgen war demnach besonders nach erlebten Kriegen ziemlich groß, sodass Gutsbesitzer und die Regierenden aus kleineren Territorien über die Landflucht ihrer Untertanen klagten, die aus Furcht vor dem Zugriff der preußischen Armee entwichen. So wandte sich Erdmann Friedrich von Schwerin im Jahr 1747 an König Friedrich II. mit der Klage:

»Ewrer Königl. Mayt. muß allerunterthänigst anzeigen daß in meinem Dorffe Stolpe so auf der Insul Usedom belegen, 5 Bauer Höffe ledig stehen und kann ich dieses Guht davon Ewr. Königl. Mayt jährlich über 200 Rtthlr. contribuiren, davon nicht recht nützen, weil keine Unterthanen habe, sondern solche alle zu Soldaten gewonnen seyn.«[874]

Drei seiner Untertanen seien erst vor kurzem durch den Kutscher zur Landflucht aufgewiegelt und in den Nachbarterritorien trotzdem unter das Militär gesteckt worden. Trotz aller Bemühungen des Herzogs sei es ihm nicht möglich gewesen, die drei zurückzuholen. Darüber hinaus

»ist nun der eine Hans Böckel gar in das Schwedische Pommern desertiret, welcher mir melden laßen, daß er wieder kommen und mir dienen wolte, wann er von den Soldaten frey bleiben könte, so ich dem Capitain von Görner zwar gemeldet, vom demselben aber

872 Dies war jedoch nicht nur von der Versorgungslage abhängig, sondern auch vom Kriegsglück des eigenen Regiments sowie von dem Terrain, auf dem sich das Militär befand. Während hier im Feldzug in Italien die Zahl der Desertionen hoch blieb, war die Furcht vor dem Unbekannten, etwa bei Feldzügen gegen die Tartaren, ein wesentlicher Grund, beim Regiment zu bleiben. Vgl. Kroll, Soldaten im 18. Jahrhundert, S. 539f.

873 GStA PK, I. HA, Rep. 96 Nr. 13: Des Marggrafen Friedrich Wilhelm von Brandenburg-Schwedt Immediat-Correspondenz, Vol. I, 1718/1720–1734, Schreiben aus Schwedt vom 15.06.1725.

874 GStA PK, I. HA Geheimer Rat, Rep. 96 Geheimes Zivilkabinett, Nr. 611 G: Acta des Kabinets Friedrich II. Verschiedene Werbe- und Canton-Angelegenheiten 1749–1756, Bl. 1.

doch nicht frey kriegen können, diesen Unterthan unter der Condition wieder ins Land holen zu laßen«.[875]

Dabei barg auch der Versuch zur Desertion schon einige Risiken, indem nicht nur die Mauern der Garnisonen, sondern unter Umständen die Kameraden oder Vorgesetzten zu überwinden waren. So manche Kurzschlusshandlung führte in diesem Fall zu keinem guten Ende, wie der Fall des Soldaten Jobst Herman Prange aus Dankersen im Jahr 1715 zeigte.[876]

Prange, der in der in der Kompanie des Oberstleutnants von Schliewitz stand, war nach Auszug seines Regiments im Mai des Jahres einfach zurückgeblieben, konnte aber dem Zugriff seiner Vorgesetzten nicht entgehen: »Dieser ist in einem Kruge vom Untervoigt attrapiret, und hernach mit einer Folge biß etwa eine Viertelstunde von hießiger Vestung gebracht.« Offenbar hatte der Soldat sein Zurückbleiben ohnehin zur Desertion nutzen wollen und sah nun während des Transportes die Chance gekommen – mit fatalen Folgen: »Daselbst aber, da er sich mit der Flucht salviren wollen, durch einen von der Folge also in Kopf und Schultern mit Hagel geschoßen worden, daß er vorige Nacht, und also den dritten Tag gestorben.«[877]

Nicht immer verlief jedoch die Desertion mit einem solchen Getöse, weitaus häufiger nahmen die Soldaten die Chancen über eine Beurlaubung oder einen Transport von Rekruten aus einer anderen Garnison zum Anlass, um heimlich und still aus dem Militärdienst auszutreten. Aus diesen Gründen wurden im Verlauf des 18. Jahrhunderts die Anweisungen an die Regimenter zur Verhinderung der Desertion immer wieder konkretisiert und insbesondere auf die Ausstellung der richtigen Pässe gedrungen, damit die Soldaten eben nicht einfach »verschwinden« konnten.[878] Ein früheres Edikt von 1701 schränkte auch das Überlaufen von einem Regiment der preußischen Armee in ein anderes ein, da sich in der Praxis die Offiziere damit überboten, von anderen Regimentern die besten Männer abzuwerben.[879]

Die verbliebenen Reste von Untersuchungs- und Gerichtsakten zeigen zudem, in welchen sozialen Lebenslagen Konflikte zwischen der Funktion als Soldat und der Erwartungshaltung an den »Mann« als Ernährer der Familie entstehen konnten. Dies führte mitunter nicht nur zur Flucht aus dem Lande, sondern hatte vielmehr auch eine »Flucht in den Militärdienst« zur Folge. So reichte die Witwe und in zweiter Ehe mit einem ehemaligen Grenadier verheiratete Mette Ilse

875 Ebd.

876 GStA PK, I. HA, Rep. 96 Geheimes Zivilkabinett, Nr. 520 A, Bd. I: 1714–1717, Bl. 38.

877 Ebd., Bl. 39.

878 Edict vom 27.03.1716, wie auf die Deserteurs acht zu haben und reisende Soldaten sollen Pässe vorzeigen, CCMagd., Continuatio, Nr. 94.

879 Edict wegen der Deserteurs, und was bey dem Erkäntniß über deren Bestraffung zu beobachten.Mylius, CCM, T. III, 1. Abt., Nr. LXXIX, vom 26.08.1701, S. 235f.

Wöppen bei der kur-braunschweigischen Regierung am 13. September 1768 folgende Klage gegen ihren Mann Johann Heinrich Heldberg ein:

> »Kaum hat er mir indeßen ein Jahr, weniger 6 Wochen ehelich beygewohnet, da er sich zu Bremen unter die Königl. Preußischen Truppen aufs neue engagiret, und mich solchergestalt nunmehro über Jahr und Tag böslich verlaßen hat.«[880]

Mit dem Hinweis, ihr Mann sei in preußische Dienste getreten, beförderte Ilse Wöppen demnach nicht nur die Anfrage beim preußischen Generalauditoriat wegen des entwichenen Untertans und Soldaten, sondern provozierte auch die Feststellung der Desertion und die damit verbundene Anklage gegen ihren Mann. Sie nutzte das Delikt der Desertion, um auf den eigenen sozialen Missstand und die damit verbundenen ökonomischen Folgen für sich selbst und die Kinder zu verweisen und neue Handlungsoptionen zu erschließen. Denn im Anschluss an die Klage bat die Sitzengelassene in Hinsicht auf die Lebenssituation ihrer Familie darum, dass ihre Ehe durch das Gericht geschieden und ihr die erneute Verheiratung gestattet werde.[881]

Am Beispiel der Desertion lässt sich somit aufzeigen, wie viele Variablen in einem Verfahren wegen Desertion oder Desertionsversuchs zusammenkommen konnten. Während die einen den Austritt aus dem Militär nutzten, um ihre Situation eventuell wirtschaftlich zu verbessern, sahen sich beispielsweise die beurlaubten Kantonisten den strengen Regeln der militärischen Hierarchie und des Zusammenlebens in der Garnison ausgesetzt. Doch die Flucht aus dem Regiment wurde nicht nur über die Desertion umgesetzt, sondern führte mitunter auch zu anderen Formen von Verweigerungshandlungen, welche eine Verletzung des Selbst bis hin zur Tötung zur Folge haben konnten.

3.4.5 Flucht durch Selbstmord und Selbstverstümmelung

Der preußische Arzt und ehemalige Militärchirurg Dr. Schröder berichtete rückblickend über den Fall eines preußischen Soldaten in österreichischer Gefangenschaft während des Siebenjährigen Krieges aus dem Jahr 1762, dass dieser Soldat, trotz einiger traumatischer Erlebnisse, allem Anschein nach ein verständiger Mann gewesen sei.[882] Um dem Dienst in der kaiserlichen Armee zu entgehen, entschied er sich jedoch für radikale Mittel:

880 GStA PK, I. HA, Rep. 9 Allgemeine Verwaltung, A19, Fasc. 22: General-Auditoriat 1767–69, Akte 8, Bl. 3.

881 Ebd.

882 Schröder, Herr Dr.: Graumsamkeit eines gefangenen Soldaten gegen seinen eigenen Körper, in: Gnothi Sauton oder Magazin der Erfahrungsseelenkunde, Bd. II, Stück 1, Kap. VIII, S. 60–64.

»Ohnvermerkt schlich sich dieser Salomon heimlich auf den Boden des Lazareths, schnitt sich mit einem stumpfen Brodtmesser den linken Daum ab, verband die Hand mit einem Tuch, kam wieder in diejenige Krankenstube, worin er gehörte, und erzählte bei einer Pfeife Taback, daß ihm wohl wissend sey, wie in Kaiserlichen Diensten kein fehlerhafter Mensch angenommen werde, und wie er sich nun vor allen ferneren Nachstellungen gesichert habe.«[883]

Diese Argumentation half dem verwundeten Patienten im Lazarett immer so lange, bis er von der Verletzung wieder genesen war. Im Anschluss daran wählte er noch drastischere Folgen, indem er sich ein paar Wochen nach der erfolgten Heilung beinahe selbst kastrierte, indem er sich bewusst verstümmelte.

Gegenüber dem Mediziner erklärte er immer wieder, dass er eine »brave Frau und brave Kinder« habe, und bat den Arzt erneut, ihn für den kaiserlichen Dienst auszumustern. Nachdem er auch den anderen Hoden verstümmelt hatte und nach seiner wiederholten Genesung krumm am Stock gehen musste, teilte ihm der Arzt schließlich mit, »daß die Kaiserin ihn nicht brauchen könne, und seine Frau sich seiner auch nicht freuen würde, wodurch Salomon jedesmal beruhiget wurde«.[884] Dieser Fall wurde natürlich in der Überzeugung in dem medizinischen Journal präsentiert, dass der Soldat Salomon ein Krankheitsbild aufwies, dass es ihm ermöglichte, einerseits mit Liebe von der Familie zu sprechen und auf der anderen Seite »zu der grausamsten Operation« fähig zu sein. Dabei werden die Schrecken des Krieges vollkommen ausgeklammert und die Frage danach, ob der offenbar schwer traumatisierte Soldat überhaupt noch in irgendeinem Regiment hätte dienen können und wollen. Der Fall zeigt aber auch, dass es einen Diskurs über die Verwendungsfähigkeit der Männer für den Militärdienst gab.

Um diesem zu entgehen, gab es also die Möglichkeit, über die Landesgrenze zu gehen, was allerdings keine Garantie dafür war, dass ein kräftiger und den Anforderungen der Armee entsprechender Mann den Werbern der verschiedenen europäischen Armeen entgehen konnte. Ebendiese körperlichen Voraussetzungen, zu denen neben einer gewissen Mindestkörpergröße auch die Gesundheit der Gliedmaßen sowie der Zähne gehörte, wurden von einem großen Teil der männlichen Bevölkerung der damaligen Zeit gar nicht erfüllt.[885] Entweder waren die potenziellen Rekruten zu klein oder »verwachsen« und wurden damit bereits frühzeitig aus dem Militärdienst aussortiert. Diese Praxis führte dazu, dass auch diejenigen, die dem Militärdienst um jeden Preis entgehen wollten, durch Selbstverstümmelung dem Dienst in der Armee zu entgehen versuchten.[886]

883 Ebd., S. 62.
884 Ebd., S. 63.
885 Vgl. Hanne, Anmerkungen zur Körpergröße des altpreußischen Soldaten.
886 GStA PK, I. HA, Rep. 9 Allgemeine Verwaltung, A19, Fasc. 13 – betr. General-Auditoriatssachen 1750–1751, Bl. 29: Magdeburg – Wegen der Soldaten Heinemann und Hobauhm,

Besonders beliebt und wohl nicht so schmerzlos war es etwa, die vorderen Schneidezähne auszuschlagen, um die Patronenhülsen nicht mehr aufbeißen zu können – allerdings konnte der bloße Verdacht, die Zähne vorsätzlich verletzt zu haben, schwere Festungshaft nach sich ziehen.[887] In ihren Erinnerungen an die Festungshaft in Spandau im Jahr 1780 verwiesen die kurzzeitig dorthin gebrachten Räte, die sich im so genannten »Müller-Arnold-Prozess« gegen die Rechtsauslegung Friedrichs II. gestellt hatten, auf einen Soldaten ohne Namen, der nach einer Selbstverstümmelung acht Jahre Haft dort verbüßte, weil er sich einen Zeh abgeschlagen hatte, um untauglich zu werden.[888]

Vor allem in Kriegszeiten häuften sich die Nachrichten von Selbstverstümmelungen unter den preußischen Soldaten, wie sie auch der General Heinrich August Freiherr de la Motte Fouqué für die Zeit des Zweiten Schlesischen Krieges beschrieb.[889] Erst in den Kriegsartikeln von 1749 findet sich der Sachverhalt der Selbstverstümmelung auch in den Vorschriften wieder, die den Soldaten öffentlich vorgelesen und auf welche sie den öffentliche Eid leisten sollten: »Wenn ein Soldat sich zum Krieges-Dienst untüchtig zu machen, sich muthwillig einen Finger abhackt, oder schneidet, [...] und dergleiche infame Sachen vornimmt, soll er mit Staupen-Schlag, Vestungs-Arbeit in die Karre 1, 2 bis 3 Jahr und hernach ewiger Landes-Verweisung bestrafet werden.«[890] Noch in den Vorschriften von 1713 war die Beschädigung des eigenen Körpers nicht ausdrücklich unter Strafe gestellt worden, obwohl die Akten, auch im Fall des Regiments Anhalt-Dessau, zeigen, dass es bereits in dieser Zeit zu Selbstmorden und vermutlich auch zu Selbstverstümmelungen gekommen war. Das Sprechen darüber in der Teilöffentlichkeit des Regiments war aber offenbar genauso unerwünscht wie die Taten selbst.[891]

---

wegen vorsetzlicher Verstümmelung ihrer gesunden Gliedmaßen. Berlin, d. 8. April 1751 – bis auf eine Aktennotiz war von den Unterlagen jedoch nichts mehr vorhanden.

887 Vgl. Infanterie-Reglement 1749, Art. 38 stellte das vorsätzliche Abhacken von Fingern unter schwere Strafen, u. a. Festungshaft und Landesverweis.

888 Wiedergegeben nach Guddat, Des Königs treuer Diener, S. 69. Vgl. Neumann, Johann Ernst Neumann: Aus der Festungszeit preußischer Kammergerichts- und Regierungsräte auf Spandau 1780. Tagebuch des Regierungsrates Neumann, geschrieben während der von Friedrich dem Grossen über die Richter im Müller-Arnold-Prozess verhängten Festungshaft, Berlin 1910.

889 GStA PK, I. HA, Rep. 94 A Sammlung Adam, Sch. 46: Fouqué (enthält u. a. Berichte über Selbstmord, Desertion und Strafen).

890 Kriegs-Articul 1749, S. 8, Art. 38.

891 Dennoch lassen sich für das gesamte 18. Jahrhundert immer wieder Fälle von vorsätzlichen Verletzungen am eigenen Körper feststellen. Siehe GStA PK, I. HA, Rep. 9, X18, Fasc. 76: Acten u. a. wg. der Unbrauchbarmachung für Kriegsdienste durch vorsätzliche Verstümmelung der Daumen, 1768. (Leider enthält die Akte den benannten Fall nicht mehr, gibt aber einen Hinweis darauf, dass dieses Delikt tatsächlich immer wieder vorkam.)

Wie groß dagegen die Anzahl derjenigen war, die sich aus Furcht vor dem Dienst das Leben nahmen, lässt sich kaum ermessen, da die tatsächliche Todesursache bei Männern, die noch nicht im Regiment standen, oft nicht an das Regiment gemeldet wurde. Auch für die einrangierten Soldaten, die in ihre Heimatorte beurlaubt wurden, kann hier nur angenommen werden, dass es solche Fälle gab, aber dass diese entweder nicht originär mit dem Dienst als Soldat in Verbindung gebracht wurden oder aufgrund der damit verbundenen Schande für die Familie von den Familienmitgliedern verschwiegen und durch andere Todesursachen ersetzt wurden.[892]

Selbst für die Soldaten, die während einer Schlacht den Freitod wählten, ist der Nachweis darüber kaum zu finden gewesen, da schon der Versuch, sich das Leben zu nehmen, mit einem Stigma behaftet war und damit zu den tabuisierten Straftaten gehörte.[893] In den umfangreichen Korrespondenzen zwischen den preußischen Monarchen und den Inhabern und Chefs der Regimenter scheinen immer wieder die Fragen nach der Behandlung solcher tabuisierten Themen, wie es der Selbstmord darstellte, auf. So berichtete der Markgraf Friedrich Wilhelm in einem Schreiben an seinen König vom 9. Juli 1729, »daß sich heute zwischen 4 und 5 Uhr ein Reuther von der Compag. des Rittmeister v. Wedell meines unterhabenden Regiments nahmens La Croy, in seinem Quartier mit einer Pistole vorsetzlicher Weise erschoßen hatt«.[894] Die Obduktion des Toten hatte ergeben, dass er sich selbst mit einem Kurzgewehr gerichtet hatte. Daraufhin erkundigte sich der Markgraf nach dem weiteren Vorgehen in der Sache, wohl wissend, wie in solchen Fällen meistens verfahren wurde, indem der Selbstmörder durch den Scharfrichter oder einen Helfer vergraben werden musste.[895] Bereits am Tag

892 Kroll berichtet von einem beurlaubten sächsischen Soldaten, der sich ein Trinkgelage mit einem Kameraden lieferte, diesen zum Kampf forderte und sich selbst tötete. Aufgrund seiner »boshaften« Verhaltensweise wurde er entsprechend unehrenhaft durch den Scharfrichter unter einer ehemaligen Hinrichtungsstätte begraben. Vgl. Kroll, Soldaten im 18. Jahrhundert, S. 568.

893 Vgl. Quellenkapitel 4.5 zum Fall des Soldaten Thomas Niemes 1712; da auch der Kontakt mit einem Selbstmörder in der zeitgenössischen Vorstellung »ansteckend« sein konnte, war der Umgang mit ihnen auch ein organisatorisches und hygienisches Problem. Noch 1786 erhielt der Kanonier Grünberg eine Prämie für die Losschneidung des Kanoniers Lehmann, der sich in seiner Kammer erhängt hatte. SMB, SHD, QF, Finanzen, 83/528Q.

894 GStA PK, I. HA, Rep. 96 Nr. 13 M, Schreiben vom 09. 07. 1729.

895 Erst in den Kriegsartikeln von 1749 ist der Selbstmord als strafrechtliches Delikt der Soldaten aufgeführt. Kriegs-Articul 1749, S. 9f., Art. 39: »Wenn sich jemand entweder im Arrest oder sonsten nach einer begangenen Uebelthat wegen Furcht vor die darauf gesetzte Strafe, aus muthwilliger Desperation oder Bosheit selbst um das Leben bringet, soll dessen Cörper durch den Schinder verscharret werden. Geschiehet es aber sonsten, daß sich jemand aus Melancholie oder Schwermüthigkeit um das Leben bringet, so soll derselbe gantz in der Stille weggebracht und begraben werden. Ist aber die Verwundung nicht tödtlich, oder daß er errettet und durch Hülfe beym Leben erhalten worden, soll er mit Vestungs-Arbeit und nach Befinden seiner Bosheit auf Zeit Lebens bestrafet werden.«

darauf erging vom König aus dem Kabinett heraus die kurze Order, das Regiment solle den Reiter La Croy aufgrund der Selbsttötung »durch den Schinder begraben laßen«.[896]

Weitere Anweisungen aus dem Kabinett zeigen, dass der König prinzipiell die Order ergehen ließ, Selbstmörder durch den Schinder begraben zu lassen und ihnen ein ehrenvolles Begräbnis zu verweigern. Darüber hinaus sollte diese Form der Behandlung auch weitere Nachahmer abschrecken, die sich mit dem Gedanken trugen, in Form der Selbsttötung endgültig aus dem Militärdienst auszuscheiden. Der Selbstmord an sich wurde von den Zeitgenossen auch als Akt der Feigheit angesehen, wenn mit anderen Mitteln die Entlassung aus dem Militärdienst nicht mehr möglich schien. So äußerte sich König Friedrich Wilhelm an anderer Stelle zustimmend, als sein Gouverneur in Mosel im Frühjahr 1730 selbstständig die unehrenhafte Beerdigung eines Selbstmörders anordnete: »Übrigens habt ihr recht gethan, daß ihr den Selbstmörder andern zum Exempel unterm Galgen begraben, und den Lieut. von Eyhl in Arrest habet nehmen laßen.«[897] Offenbar hatte der Offizier aus Sicht der Stadtregierung wie des Königs zur Ausführung beigetragen, der Selbstmörder aber war durch das Begräbnis an dem unehrlichsten Ort der Stadt – unter dem Galgen – noch nach dem Tod bestraft worden.[898] Als Oberbefehlshaber seiner Armee wurden Friedrich Wilhelm die Selbstmorde (wenn sie vom Regiment als solche angezeigt wurden) vorgelegt, damit er über das weitere Verfahren entscheiden konnte. Die Minütenbände des Jahre 1729 zeigen aber lediglich insgesamt sechs Anordnungen wegen der Behandlung von Selbstmördern an. Es ist zu vermuten, dass die Dunkelziffer derjenigen, die sich selbst das Leben genommen haben und deren Todesursache vielleicht von Kameraden mit einem natürlichen Tod oder als Unfall angegeben wurde, um die Entehrung für den Selbstmörder oder für seine Familie zu vermeiden, weitaus höher lag.

Eine der seltenen Angaben in den Monatslisten zur Zahl von Selbstmorden aus dem Regiment Saldern von 1771 verweist darauf, dass die Zahl der Selbstmörder im Militär noch weitaus höher gelegen haben könnte, als es die wenigen gut dokumentierten Fälle glauben machen. (vgl. Tabelle 10):

896 GStA PK, Rep. I 96 B Minüten, Nr. 2, Bl. 256r, Order-Nr. 1744.

897 GStA PK, I. HA, Rep. 96 B Minüten, Nr. 3: 1729/1730, Order-Nr. 847 vom 07.03.1730.

898 Zu dieser Form des unehrenhaften »Eselbegräbnisses« vgl. Lindemann, Mary: Armen- und Eselbegräbnis in der europäischen Frühneuzeit, eine Methode sozialer Kontrolle, in: Paul Richard Blum (Hg.): Studien zur Thematik des Todes im 16. Jahrhundert. Herzog August Bibliothek, Wolfenbüttel 1983, S. 125–139.

Tabelle 10: Abgänge im Regiment Saldern von der Revue von Mai 1770 bis Mai 1771[899]

Formen des Abgangs	**Ausländer/Freiwillige**	**Kantonisten**
Desertion	3	6
Festung (Zitadelle)	4	/
Selbstmord - erhängt	2	/
- ersäuft	2	1
- erschossen	3	/
Gesamt	14	7
Andere Abgänge	29	41
Gesamtzahl aller Abgänge	43	48
Anteil der Desertierten/Selbstmörder	32 %	14,6 %

In einem recht weiten Zeitraum zwischen den Revuen in den Jahren 1770 bis 1771 erfassten die Regimentsunterlagen für die beiden Gruppen an Soldaten jeweils 43 Abgänge unter den Ausländern und freiwillig Geworbenen und mit 48 Männern einige Kantonisten, die im selben Zeitraum vom Regiment abgegangen sind oder abgegeben wurden. Aus diesen Gruppen wurden hier nur jene ausgewertet, die als Desertierte oder Selbstmörder eingetragen wurden – hier ist der Unterschied zwischen den Gruppen auf den ersten Blick gravierend: machen doch die Selbstmorde besonders in der Gruppe der Ausländer und Freiwilligen mit sieben Personen, die sich erhängt, ertränkt oder erschossen haben, einen enormen Anteil an den Abgängen aus (allein die sieben Selbstmörder haben einen Anteil von 16 % an den Abgängen). Im selben Zeitraum wird auf der Seite der Inländer/ Kantonisten lediglich ein Selbstmord durch Ertränken/Ertrinken angezeigt. Im Gegensatz dazu liegt die Zahl der Desertierten mit sechs im Fall der Kantonisten weitaus höher als mit drei Fällen für die Freiwilligen. Auch die vier verzeichneten Insassen auf der Zitadelle, die offenbar schwere Strafen durch das Kriegsgericht erhalten haben, finden sich nur in der Gruppe der Ausländer. Hier aber zeigen sich wiederum die Probleme der frühneuzeitlichen Statistik: die Angaben sind selektiv und lassen eher vermuten, dass für die Gruppe der Kantonisten schlichtweg weitere Angaben zu Selbstmorden fehlen.

Die Einteilung in beide Gruppen diente den Vorgesetzten ja auch dazu, einen aktuellen Eindruck zu den Zahlen der tatsächlich beim Regiment stehenden Mannschaften zu erhalten, inklusive der Freiwächter, Beurlaubten und anderen zeitweise fehlenden Soldaten. Zu den Beurlaubten in ihren Heimatregionen waren die Regimenter seit der Einführung des Kantonsystems immer auf die

899 Von Saldern Infanterie Regiment Anno 1771. Rangirrolle, Listen und Extracte… Nach einem Manuskript der Zeit (mit einer Einführung von Werner Hanne, Altpreussischer Kommiss, 30), Osnabrück 1986, Anhang.

Informationen der lokalen Behörden oder der Familie und Kameraden der Soldaten angewiesen. Konnten diese aber nicht angeben, was mit einem Soldaten tatsächlich passiert war, wurde er nach Abstimmung mit dem Regimentschef oder Kommandeur als Beurlaubter weitergeführt oder zu den Deserteuren gezählt, weil vermutet werden konnte, dass der Betreffende sich abgesetzt hatte. Oder er war in der Heimat verstorben – meist durch Krankheit oder ohne weitere Angaben zu den Hintergründen. Die Tabuisierung des Selbstmordes bis weit in das 19. Jahrhundert hinein lässt eher vermuten, dass die Meldung eines Selbstmordes nur dann gemacht wurde, wenn alle Indizien dafürsprachen, viele Zeugen anwesend waren und ein Unfall oder anderer Todesgrund nicht begründet werden konnte.

3.5 Zusammenfassung: Konfliktfelder und Kriminalität in der preußischen Armee

Grundsätzlich finden sich in den Regimentsunterlagen Hinweise auf alle denkbaren Straftaten: Eigentumsdelikte waren im Militär ebenso anzutreffen wie sexuelle Übergriffe oder Gewalttaten. Mitunter begünstigten militärische Ausbildung und Verfügbarkeit der Mittel (etwa im Fall von Waffengebrauch) das Entstehen eines Delikts. Strukturell waren Diebstähle und Verfehlungen im Dienst aber wohl weitaus häufiger zu finden als Kapitalverbrechen wie Totschlag oder Mord. Für die Vorgesetzten spielten vor allem Delikte eine Rolle, die das Gefüge der Kompanie infrage stellten. Dazu gehörten neben den Störungen im Ablauf des Exerzierens vor allem Respektlosigkeit oder Gehorsamsverweigerung gegenüber den Vorgesetzten sowie die Entfernung aus dem Militärdienst durch Desertion.

Die Verteidigung von individueller und sozialer Ehre durch körperliche Gewalt gehörte zum grundlegenden Selbstverständnis vieler sozialer Gruppen in der Frühen Neuzeit. Handwerker, Studenten und Soldaten machten ihrem Ärger Luft, indem sie aufeinander losgingen. Gerade diese Anwesenheit anderer sozialer Gruppen schuf dabei überhaupt erst die Notwendigkeit zur Distinktion der Gruppen untereinander und damit auch für die frühneuzeitlichen Ehrvorstellungen: »Zugespitzt lässt sich sagen, dass Ehre nur in Anwesenheit anderer relevant ist.«[900]

Die Verwendung von Waffen bei gewalttätigen Übergriffen durch die Soldaten war zum einen der Tatsache geschuldet, dass die Werbetrupps außerhalb der Garnisonen auch die Flinten und Musketen mit sich führten und bei besonders

900 Cottier, Maurice: Fatale Gewalt. Ehre, Subjekt und Kriminalität am Übergang zur Moderne. Das Beispiel Bern 1868–1941, Konstanz/München 2017: Fatale Gewalt, S. 34.

angesehenen Regimentern die Stoßwaffe zur Montur gehörte.[901] Zum anderen war das Waffentragen auch anderen sozialen Gruppen gestattet: So gehörte es zum Privileg des Adels ebenso wie zur studentischen Kleidung. Waren diese Waffen vorhanden, wurden sie im Ernstfall auch von den Soldaten benutzt, um ihre Forderungen und Ehrvorstellungen mit Gewalt durchzusetzen.

Auch der Fall des Conrad Schäfer scheint diese Ebene der Wahrnehmung zu bestätigen: So spielt die Frage danach, ob der Soldat seine Waffe gezogen habe, in der Argumentation sowohl des verletzten Stadtwächters als auch des Angeklagten eine wesentliche Rolle.[902] Die Gewaltandrohung mit der blanken Waffe fungierte auch in den Kriegsartikeln und den Reglements für das Militär als strafverschärfendes Indiz, betonte sie doch den Willen des Soldaten, das Gegenüber mutwillig zu verletzen. Dabei ist aber auch die Frage danach zu stellen, wie geübt der jeweilige Soldat tatsächlich war im Umgang mit seiner Waffe. Dass der Gebrauch von Schuss- und Blankwaffen während des Militärdienstes trainiert wurde, mag sicher stimmen, konnte aber auch Unfälle durch Unachtsamkeit nicht verhindern.[903] Die in den Akten beschriebenen Gewalthandlungen des Schlagens mit dem bloßen Säbel/Pallasch über den Kopf zeugen von keiner besonderen Nähe zur militärischen Ausbildung. Viel eher sprechen die Verfügbarkeit der Waffen und die in allen Fällen hervortretende asymmetrische Ausgangslage, der Nachtwächter in Calbe konnte dem Soldaten nichts entgegensetzen, für die Wahl der Mittel.

Wie das Agieren der Soldaten und ihrer Angehörigen bzw. Gegner vor den zivilen und militärischen Gerichten zeigte, war die Kriminalisierung der Gewalt durch Militärangehörige von gewissen Kriterien abhängig: Die Soldaten konnten entweder eine Aggression durch das Gegenüber geltend machen oder darauf verweisen, dass die Eskalation nicht bis zum Endstadium vollzogen wurde (der Pallasch wurde nicht aus der Scheide gezogen). Im schlimmsten Fall wurde die Unzurechnungsfähigkeit vorgebracht, meist bedingt durch übermäßigen Alkoholgenuss, um das eigene Handeln im Rückblick zu bedauern und zu verurteilen.[904]

901 Insbesondere in den prestigeträchtigeren Kavallerieregimentern galt es als besonderes Privileg, dass auch die einfachen Reiter einen Säbel führen durften.

902 Auf den häufigen Einsatz dieses Arguments als Beweis für eine damit verbundene Tötungsabsicht verweist auch Lorenz, Das Rad der Gewalt, S. 315.

903 Vgl. Kap. 4.6 zum Fall des Musketiers Sigmund Leuthner wegen Fahrlässigkeit.

904 Der Genuss von Alkohol gehörte bereits in der Antike zum Alltagsleben der vorwiegend männlichen Bevölkerung dazu; insbesondere die aufputschende Wirkung von Wein, Bier oder Gebranntem wurde bewusst im Militär als Motivationshilfe eingesetzt. Die gesellige Form des gemeinsamen Trinkens fand sich jedoch über die Zeiten hinweg in allen ständischen Gesellschaften und sozialen Gruppen. Vgl. Heggen, Alkohol und bürgerliche Gesellschaft im 19. Jahrhundert, S. 8f.; zum Brauch des Zutrinkens vgl. Löffler, Klemens: Vom Zutrinken, in: Archiv für Kulturgeschichte 6 (1908), S. 71–78.

Diese Strategie der Unzurechnungsfähigkeit, die uns auch aus heutigen Gerichtsverfahren gut bekannt ist, war Folge der Strafpraxis in den Regimentern. Denn obwohl die Kriegsartikel die Strafen für Vergehen unter Alkoholeinfluss verdoppelten, wurde Trunkenheit in der Praxis als Milderungsgrund bewertet – die Soldaten waren nicht mehr in der Lage, zwischen der legitimen und der illegitimen Gewaltanwendung zu unterscheiden.[905] Dabei spielte der kulturelle Umgang mit Alkohol eine wesentliche Rolle: er wurde in allen Schichten getrunken und hatte bekannte Auswirkungen auf den Trinker. Der Verweis darauf, dass unter Einfluss von Branntwein und Bier die Hemmschwelle für die Anwendung von Gewalt herabgesenkt wurde, war für jeden Zeitgenossen nachvollziehbar und daher auch für die Militärrichter in einem Regimentsgericht verständlich. Dieses Argument besaß eine hohe Plausibilität vor Gericht. Dementsprechend zeigen die Gerichtsakten und einige Inquisitionsakten, dass sich die Verteidigungsstrategien der Soldaten und die akzeptierten Begründungen wechselseitig bedingten: Eben gerade die Erwartungshaltung von Regierung, militärischen Vorgesetzten, Familienangehörigen und sogar von der Gegenpartei bot den Soldaten zweckmäßige Optionen, die mitunter zum Erfolg führten.

Der Desertionsbegriff umfasste dabei jedoch nicht nur die Militärangehörigen, sondern bezog sich ebenso auf Untertanen, die sich ohne Erlaubnis aus dem Land begaben. Selbst die noch nicht gemusterten Rekruten auf dem Land fielen unter die Begrifflichkeit der »Desertion«. Das Entweichen aus einem Herrschaftsgebiet stellte dabei aber kein neues Phänomen dar und musste aus Sicht der Regierenden nun im 18. Jahrhundert gewissermaßen mit »Zuckerbrot und Peitsche« behandelt werden, um weitreichende Migrationsbewegungen zu vermeiden. Dieses System aus Drohung und Pardonierung zeigte das Dilemma auf, in dem sich die Vorgesetzten und auch die Monarchen befanden: Für eine große Armee mit kampferfahrenen Soldaten mussten sie in Kauf nehmen, dass sich darunter wiederum Deserteure aus anderen Armeen befanden.[906]

Die Regimentsauditeure hatten den Soldaten bei der Vereidigung nicht nur die Kriegsartikel zu erläutern, sondern die Juristen sollten jene auch von zukünftigen Desertionen abhalten. Dazu mussten sie

»nicht allein nach der Bewandnyß der Desertion umständlich fragen, und solches dem Protocollo einverleiben, ohnedem auch extraordinair einen solchen Menschen seine

905 So wurde in die Kriegsartikel von 1749 der Artikel 32 eingefügt: »Würde ein Soldat in Trunckenheit ein Verbrechen begehen, so soll ihm die Trunckenheit nicht entschuldiget, sondern er nach Befinden doppelt gestrafet werden.« Krieges-Articul 1749, Art. 32. In der Praxis wurde den Soldaten der Alkoholmissbrauch jedoch als Milderungsgrund ausgelegt und zugunsten des Beschuldigten ausgewiesen, dass dieser nur vermindert schuldfähig war.

906 Vgl. KGO: Instruktionen für die Auditeure 1712, in: Fritsch: CIMN, Art. 6.

eidbrüchigen Händel zu Gemüthe führen, und wie hart seine Strafe bei Continuirung solcher Treulosigkeit werden werde«.[907]

Die Unsicherheit durch Desertionen führte dazu, dass die »unsicheren« Soldaten durch Kameraden und Vorgesetzte stets beobachtet und von erneuten Desertionsversuchen abgehalten werden sollten.[908] Wie die im Desertionskapitel angeführten Fälle zeigen, wurde dabei zwischen den Kriegs- und Friedensphasen unterschieden: Während der Feldzüge waren Desertionen zur Abschreckung häufiger mit dem Tode bestraft worden, in Friedenszeiten jedoch versuchte man durch Pardons und den Verzicht auf Strafe, die entlaufenen Soldaten wieder zur Rückkehr in das Regiment zu bewegen. Dabei konnten die Deserteure durchaus Forderungen stellen, wenn sie gut ausgebildet waren, eine große Statur besaßen oder weitere Deserteure mit sich bringen wollten. Dieses Handeln erweiterte ihren Handlungsspielraum in einem Strafrechtsverfahren, das für sie eigentlich mit einem Todesurteil enden musste.

Ertappte Soldaten wurden in den friedlichen Jahren dagegen meistens durch den Gassenlauf bestraft, denn sie waren als gut ausgebildete und mit Montur und Waffen ausgestattete Kämpfer wertvoll für den König, aber vor allem für den Kompanie- oder Regimentschef, der seine Einheit zahlenmäßig auf hohem Niveau zu halten und immer wieder darüber Rechenschaft abzulegen hatte. Diese Nachfrage eröffnete den Soldaten demnach weitere Handlungsmöglichkeiten und Strategien, um einer Todesstrafe oder einer harten und zehrenden Festungshaft zu entgehen. Die Fürsprachen der Offiziere in den Schriftwechseln des Kabinetts zeigen, dass die Militärs sich aus ebendiesen Gründen auch für ihre einfachen Soldaten und für reumütige Deserteure aus ihren Kompanien einsetzten.

907 Ebd.

908 Circular-Ordre vom 03.12.1742, wegen derer bey denen Regimentern wieder engagirten Deserteurs, in: CCM Cont., Bd. 2, 3. Abt., Nr. 34.

4 Die Perspektive aus dem Regiment: Kriminalität in den Fallakten

4.1 Deliktfeld 1: Recht auf Urlaub und Widerstand – ein Desertionsversuch 1707

Beinahe täglich kam es zu Desertionen oder Desertionsversuchen, daher waren die militärischen Vorgesetzten auf der Hut und verfolgten jede Anzeige verdächtigen Verhaltens, um das Austreten der teuer exerzierten Soldaten zu verhindern.[909] Untersuchungen und Befragungen wegen Desertion, versuchter Desertion oder wegen des Verdachts auf Beihilfe zur Desertion gehörten im 18. Jahrhundert zum Alltag der Militärangehörigen wie der übrigen Gesellschaft, die zunehmend für die soziale Kontrolle der Soldaten durch die Landesherren herangezogen wurde.[910]

Zu Beginn des Untersuchungszeitraums befanden sich einige Einheiten der preußischen Armee wegen des Spanischen Erbfolgekrieges in Italien oder am Oberrhein, oder sie standen im Lager, wie etwa die Kompanie des Obersten Hans Jürgen von Schwerin, dessen Einheit 1707 in Nordhausen kampierte.[911] Im Zusammenhang mit der Desertion stellte auch seine Kompanie keine Ausnahme dar: Die Einheit hatte immer wieder mit Verlusten durch Desertion zu kämpfen und erst einige Tage vor dem hier geschilderten Fall waren zwei Soldaten desertiert.[912]

909 Vor allem, weil die militärischen Vorgesetzten die Anzeige eines vermeintlichen Deserteurs mit verschiedenen Vergünstigungen belohnten. Vgl. Sikora, Disziplin und Desertion.

910 Die bis heute komplexeste Arbeit zum Thema Desertion lieferte Michael Sikora, Das 18. Jahrhundert. Er beleuchtete bereits die unterschiedlichen Tatumstände und Motivlagen, die zu einem »Weglaufen« der Militärangehörigen im 18. Jahrhundert führten und konnte dies auf die straffere zentrale Organisation des Heeres zurückführen.

911 Seit 1697 besaß Friedrich III. (I.) die Erbprobstei in der Freien Reichsstadt Nordhausen, dort standen preußische Truppen während des Spanischen Erbfolgekrieges im Winterlager. Vgl. Köbler, Gerhard (Hg.): Historisches Lexikon der Deutschen Länder. Die deutschen Territorien vom Mittelalter bis zur Gegenwart, 7. Aufl. München 2007, S. 538.

912 Die Vorgeschichte von »Görcksen« und dem »Scheerenschleifer« bildet eine wichtige Grundlage der Verhörung in dem folgenden Fall.

Zwei Musketiere waren während ihrer Vorbereitungen für die Flucht erwischt worden und kamen nun zum Verhör. Die Schilderung der Vorfälle sowie die Form der Befragung zeigen, dass alle Beteiligten mit diesem Delikt bereits Umgang hatten und wussten, welche ernsten Strafen im Raum stehen konnten. Der Einzelfall bietet nur einen ersten Einstieg in die Thematik, im Fall des Verhörs kommt der Argumentation der beiden Inquisiten allerdings eine weiterreichende Bedeutung zu: sie spiegelt individuelle Wahrnehmungen von Desertion und ist dazu mit offenbar bewährten Verteidigungsmustern verknüpft.[913] In ihrer Argumentation und in der Routine der Untersuchung und bei der Arretierung der Verdächtigen zeigen die Akten, wie fragil das Urlaubssystem der preußischen Armee in der Praxis war und wie schnell die Grenze zwischen dem illegitimen und dem rechtmäßigen Austreten verwischt werden konnte.

4.1.1 Aktenbestände und Überlieferung

Auch die Akte des folgenden Falles fand sich als Teil der ungeordneten Regimentsunterlagen zum Infanterieregiment des Fürsten Leopold von Anhalt-Dessau, dessen Kompanien sich während des Spanischen Erbfolgekrieges zweitweise in unterschiedlichen Lagern und an unterschiedlichen Standorten aufhielten.[914] Von dem gesamten Vorgang sind neben der ausführlichen Anzeige mit der Schilderung der Verdachtsmomente die Befragungen der beiden Hauptangeklagten erhalten. Es ist weder ein abschließendes Urteil noch eine Sentenz oder eine königliche Order vorhanden, auch die Schriftwechsel aus dem Kabinett brachten keine Hinweise auf diesen Prozess.[915] Wie die beiden Inquisiten bestraft wurden, lässt sich aus den vorliegenden Aktenstücken nicht mehr ersehen – der Vergleich mit anderen Verfahren zu dieser Zeit scheint aber dafür zu sprechen, dass die Argumente der Angeklagten durchaus gebräuchlich und verständlich waren und ihnen auch ein gewisses Gewicht eingeräumt wurde.[916]

913 Zu der These, dass die Soldaten in ihren Verfahren gewisse Diskurse um die Delikte nutzten, weil diese auch öffentlich diskutiert wurden: Sikora, Disziplin und Desertion, S. 334f. und Kroll, Soldaten im 18. Jahrhundert, S. 529.

914 LASA, A 9b Ib, Nr. 19, Bd. II, Bl. 14–20: Actum Nordhausen, den 12ten Jan. 1707; zu den Garnisonsstandorten vgl. Gieraths, Kampfhandlungen, S. 9.

915 Das hat zum einen sicher daran gelegen, dass die preußischen Oberbefehlshaber in Italien und anderen Territorien von König Friedrich I. weitgehende Befugnisse erhalten hatten, um das Kriegsrecht anzuwenden. Vgl. Göse, Friedrich I., S. 283–286.

916 Eine solche Gewichtung der Argumente nahmen auch die Instruktionen Friedrichs I. zum Militärgerichtswesen von 1712 auf, wenn es darum ging, die Begleitumstände des Delikts, wie etwa die Trunkenheit, abzufragen. Vgl. GStA PK, IV. HA, Rep. 16 Militärvorschriften, Nr. 461: Instruktionen König Friedrichs I. über das Militärgerichtswesen, Bl. 5.

Am 11. Januar 1707 brachte der Soldat Christoph Holzapfel aus der Kompanie des Obersten von Schwerin bei seinem vorgesetzten Korporal den Verdacht gegen seinen Kameraden Gottfried Wunsch[917] zur Anzeige, dass dieser in Kürze desertieren wolle, da er »alle seine Sachen zu jüngst auch die Musquette abhenden brachte, ihm auch ein knöchern Dintenfaß und ein par Handtschuhe mitgenommen«.[918] Diese Nachricht gab der Unteroffizier an den Leutnant von Sperling weiter, der gemeinsam mit dem Oberstwachtmeister den Befehl erteilte, den Soldaten im Auge zu behalten und bei verdächtigem Verhalten sofort einzugreifen. Als sich der Korporal daraufhin auf den Weg zum Quartier des Angezeigten machte, war dieser schon nicht mehr vor Ort, sondern hatte sich zu seinem Kameraden Hans Heinrich Hanson begeben und seine Montur mit sich geführt.[919] Anschließend begab sich Korporal Schmidt nun in das Quartier von Hanson und fand vor Ort, »daß beyder Musquetierer Zeug und Sachen in einen Rantzen gebunden, und beyde Musquetten daneben gestanden in Hansons Schlaff-Cammer gelegen«.[920]

Diese Umstände bestätigten den Unteroffizier in seinem Verdacht, dass beide Musketiere ihre Desertion bereits geplant hatten, und so gab er nun den unmittelbaren Arrest für die beiden gesuchten Soldaten an und begab sich selbst auf die Suche. Der Hinweis von Christoph Holzapfel, dass die beiden wohl zu den holländischen Werbern in den Krug gegangen seien, dürfte diese Dringlichkeit nur noch verstärkt haben.[921] Während Hans Heinrich Hanson noch im Hof des Gasthauses verhaftet wurde, konnte Gottfried Wunsch erst kurz vor seinem Quartier durch einen weiteren Soldaten festgesetzt und in den Arrest gebracht werden. In der Generalinquisition schilderten dann beide die Umstände ihres Handelns, welches sie in erster Linie mit dem Argument begründeten, dass sie von dem vorgesetzten Leutnant von Sperling keinen Urlaub in ihre Heimat bekommen hatten und daraufhin nach Halberstadt zum Obersten von Schwerin als ihrem vorgesetzten Offizier gehen und diesen um die Beurlaubung bitten wollten.[922]

»Gestern nun hätte Wuntsch sein Zeug eingepacket und des Abends um 6 Uhr solches zu ihm bracht, benebst der Flinte. Er aber indem er kein Zeug außer einem Hembde

917 In der Akte immer wechselnd als Wunsch oder Wuntsch geschrieben.

918 LASA, A 9b Ib, Nr. 19, Bd. II, Bl. 14v. Die Mitnahme von Montur und Waffen sollte unbedingt verhindert werden und galt als Alarmsignal, vgl. Flemming, Teutsche Soldat, S. 131.

919 LASA, A 9b Ib, Nr. 19, Bd. II, Bl. 14v.

920 Ebd.

921 Da die Krüge und Tavernen als Werbeorte ein ansprechendes Klima ausstrahlen sollten, gab es dort oft feuchtfröhliche gesellige Runden, zu denen viel Alkohol ausgeschenkt wurde. Mitunter verpflichtete sich der eine oder andere Soldat in dieser Laune zum Militärdienst. Vgl. Sikora, Disziplin und Desertion, S. 320f.

922 LASA, A 9b Ib, Nr. 19, Bd. II, Bl. 15v.

hätte, hätte er auch nichts einpacken können, nachdem wären sie zu den Holländern, so allhier auf Werbung legen, gangen«.[923]

Ob sich die beiden Soldaten von den holländischen Werbern Hilfe erhofften oder ob sie einfach die Geselligkeit der Wirtsstube suchten, wird aus dem Gesagten nicht klar – der Verweis auf andere Kameraden, die bereits mit den Holländern tranken, schien aber zu belegen, dass die Soldaten in dem Wirtshaus oft ein- und ausgingen. So näherten sich auch Hanson und Wunsch der Holländer-Herberge, »weilen schon 3 von ihren Burschen darinnen gewesen, als Wolf Harvort, und der Uhrmacher und alda gut getruncken, auch daselbst bis 8 Uhr blieben«[924]. Dies sollte jedoch nur eine Durchgangsstation bleiben, denn

> »von dar aber wären sie gesinnet gewesen, unter dem Barfüßer Thor durch zu kriechen und durch die Hirschpforte zu gehen und hatte er dieses nicht heimlich gethan, sondern er sowohl als andere Pursche öffter gesagt: wann sie keinen Uhrlaub haben könten, so wolten sie nach Halberstadt gehen nach den Herrn Leutenant Körnichen oder den Herrn Obristen«.[925]

Hierbei widersprechen sich die angedeutete Handlung des »Kriechens« durch das Tor und das Vorgeben, diesen Weggang nicht heimlich durchführen zu wollen, sondern nur als rechtmäßigen Marsch zum nächstvorgesetzten Offizier zu vollziehen, deutlich. Schließlich sei Hanson noch im Hof der Holländer-Herberge von der Wache ertappt und in den Arrest gebracht worden. Beide Delinquenten betonten später außerdem, »wie ihnen denn der H. Leutenant Körnichen[926] zugesaget, ihr Bursche lauffet ja nicht davon, sondern wenn ihr keinen Uhrlaub erhalten könnet, so kommt zu mir, ich will ihn euch geben«.[927] Angesichts der anhaltenden Desertionen in dieser Zeit versuchte der Leutnant offenbar, durch diese Zugeständnisse an seine Männer ein Weglaufen zu verhindern.[928] Dieser Hinweis konnte für die beiden Inquisiten lebenswichtig sein,

923 Ebd., Bl. 15.

924 Ebd.

925 Ebd., Bl. 16v.

926 Friedrich Johann von Körnichen (1674–1725), geb. in Halle, war Zeit seines Lebens beim Regiment verblieben. Die Biografien der Offiziere aus dem IR 3 wurden detailliert zusammengetragen von Mitgliedern des Vereins Hallischer Familienforscher »Ekkehard« e.V., der auch eine Übersicht zur Garnison Halle ins Netzt stellte: www.verein-im-netz.de/ekkehard/5_2.html [letzter Abruf: 30.10.2020].

927 LASA, A 9b Ib, Nr. 19, Bd. II, Bl. 15v.

928 Dies zeigen die immer wieder aufgelegten und verschärften Bestimmungen gegen die Desertion, die sich allerdings mit Generalpardons, welche das Delikt wiederum im Fall der freiwilligen Rückkehr der Soldaten straffrei stellten, abwechselten. Vgl. CCMagd, T. 4, Nr. 37: Edict von Bestraffung derer Deserteurs und derer, so sie verheelen, auch deshalb zu formirendem Processe, vom 08.06.1702.

da die Argumentation auch auf die Verantwortung der Vorgesetzten verwies.[929] In diesem Sinne hatte der Leutnant vermutlich zur Beruhigung der Gemüter, und weil die Desertion in Nordhausen anhaltend hoch blieb, derart reagiert und den Soldaten die Beurlaubung versprochen.

Nichtsdestotrotz hatten Wunsch und Hanson durch die Vorbereitungen und ihr Verhalten überhaupt erst Anhaltspunkte für den Verdacht der Fahnenflucht geboten. Und auch das Verhalten, das beide zeigten, nachdem sie von den eigenen Kameraden entdeckt worden waren, ließ zumindest darauf schließen, dass sich die Soldaten der prekären Lage sehr bewusst waren. Darüber berichtete Christoph Holzapfel, der bei der Suche nach den Verdächtigen ebenfalls beteiligt war und die Kameraden auf dem Rückweg vom Wirtshaus entdeckte:

> »daß Wuntsch aus dem Hause eilig heraus gangen als er ihn gewahr worden, auch biß hinter den Doom gelauffen ein ander commandirter Musquetier nahmens Albrecht Braunitz aber wäre ihme gefolget und ihn zurück gebracht, Hanson hingegen wäre uff den Hoff gelauffen in seinem Quartiere, und alda durch eine Ecke so nur mit Brettern etwas beschlagen gewesen, sich zu retiriren gesuchet; da Er ihme aber auff dem Fuße nachgefolget und jener wohl gesehen, daß Er nicht fort zu kommen vermocht, wäre Er stehen blieben und hierauff beyde in die Haupt-Wache bracht ein jeder a part verwahret und geschloßen worden«.[930]

Die Flucht der beiden vermeintlichen Deserteure war nur zu verständlich, denn wurden sie aufgegriffen, kamen sie vor ein Kriegsgericht, und die Wahrscheinlichkeit, darin das Leben zu verwirken, war nach den Desertionswellen des Krieges sehr sehr hoch.

Bevor nun die Argumentationen der beiden Delinquenten in den Befragungen analysiert werden, sind die Akteure dieses Verfahrens näher zu beleuchten.

4.1.2 Akteure und Perspektiven auf das Geschehen

In dem verhandelten Fall ging es nicht allein um den Versuch des »unrechtmäßigen« Weglaufens, sondern auch um das grundlegende Verständnis von »Recht auf Urlaub«. Der beanstandete Urlaub war zumindest nach den Reglements nicht einklagbar, sondern von der Situation der Kompanie und des Regiments ab-

---

929 An diese Verantwortung der Offiziere mahnten auch die preußischen Monarchen in ihren Edikten, wenn sie diesen auferlegten, entsprechend der Edikte und Kriegsartikel zu entscheiden, dabei aber auch entschuldigende Gründe für den Angeklagten abzuwägen. Vgl. Circular-Ordre wegen Declaration des wieder die Deserteurs unterm 15. May 1711 publicirten Edicts, daß nunmehro der Strang ohne Unterschied die ordirnaire Straffe eines boßhafftigen Deserteurs seyn soll, vom 7. Oct. 1712, in: Mylius, CCM, T. III, 1. Abt., Nr. CIII, S. 297f.

930 Ebd.

hängig. Die vor Ort anwesenden Offiziere bestritten denn auch einen Rechtsanspruch der beiden Angeklagten und wurden in dieser Ansicht auch von einigen Kameraden der Soldaten unterstützt: schließlich hatte erst die Anzeige des Soldaten Holzapfel zu einer Überwachung und letzten Endes auch zum Arrest der beiden anderen Musketiere geführt.[931]

Als Chef der Kompanie weilte Oberst Hans Jürgen von Schwerin[932] mit seinem Leutnant Friedrich Johann von Körnichen[933] in Halberstadt und wurde von den Inquisiten als Referenz angegeben. Von größerer Bedeutung für das Geschehen war die kolportierte Aussage des Leutnants, er wolle sich um die Beurlaubung der Soldaten kümmern, damit diese keinen Grund zum Austritt aus dem Militärdienst hätten. So befanden sich als Ansprechpartner in Nordhausen vor Ort der (Sekonde-)Leutnant Johann Friedrich von Sperling,[934] Oberstwachtmeister Christian Barth und Premierleutnant Meyer.[935] Der Unteroffizier Korporal Johann Elias Schmidt hatte auf eine Anzeige des Musketiers Christoph Holzapfel die Untersuchung in Gang gebracht, und ein weiterer Kamerad namens Albrecht Braunitz setzte Wunsch schließlich fest und sagte ihm den Arrest an.[936] In dieser Konstellation standen sich demnach nicht nur Vorgesetzte und Soldaten gegenüber, vielmehr teilten einige der Kameraden von Hanson und Wunsch die Einschätzung, dass die beiden Soldaten im Begriff waren zu desertieren. Denn die beiden hatten sich zum einen in das Wirtshaus der holländischen Werber begeben, in dem auch weitere Soldaten, wie die Kameraden Wolf Harvort und der Uhrmacher, verkehrten.

Damit setzten sie sich bereits dem Verdacht aus, sich durch jene Holländer anwerben zu lassen. Darüber hinaus brachte der Verweis auf eine Vorgeschichte bei Hans Heinrich Hanson, der zufolge Hanson bereits einige Zeit zuvor mit dem Soldaten Görcksen und dem Scherenschleifer nach Halberstadt hatte gehen wollen, um nach seinem Urlaub zu fragen, neue Erkenntnisse ans Licht. Die zwei Begleiter waren kurz darauf ohne Hanson desertiert, und damit kamen weitere Verdachtsmomente gegen ihn auf. Dazu kam die Einschätzung der Situation durch die Kameraden Holzapfel und Braunitz, die den Fall anhand des Verhaltens der beiden Musketiere und ihrer Kenntnisse von Umständen der Desertion

931 Die verschiedenen Perspektiven auf dieses nicht verbürgte »Recht« deutet auch Muth in seiner Untersuchung an, wenn er betont, dass die Flucht aus dem militärischen Alltag eben auch einer Form des Widerstands gleichkam. Vgl. Muth, Flucht.

932 Vgl. Geschichte und Nachrichten von dem Königl. Preuß. Infanterieregimente Fürst Leopold von Anhalt-Dessau, Halle 1767, S. 166.

933 Vgl. ebd., S. 172.

934 Ebd., S. 166. Sperling war bereits 1711 während eines Feldzuges verstorben, sein tatsächlicher Vorname ist ungesichert.

935 Ebd., S. 165. Der Vorname ist nicht bekannt, ein Vermerk von 1709 zeigt an, dass er zu den Kadetten abgegeben wurde.

936 LASA, A 9b Ib, Nr. 19, Bd. II, Bl. 14r.

beurteilten. Diese beide nahmen unabhängig voneinander ebenfalls die Desertionsabsicht bei den Beklagten wahr und wollten das Vorhaben verhindern. Ganz offenbar gab es also auch unter den Soldaten keinen Konsens darüber, wann die Entfernung vom Regiment »rechtens« war und wann nicht. In einer Studie zu den Rückkehrverhandlungen von Deserteuren in ihre ehemaligen preußischen Regimenter konnte Martin Winter für die zweite Hälfte des 18. Jahrhunderts in Stichproben herausarbeiten, wie flexibel der Umgang mit Deserteuren in der Realität wohl war: Keineswegs bedeutete der Austritt aus dem Regiment einen Abschied ohne Wiederkehr.[937] Vor dem Hintergrund der Beteiligung Preußens an den Kriegen um die spanische Erbfolge aber war die Gefahr groß, in einem der Kriege um Italien zu fallen.[938]

Immer wieder bezogen sich Soldaten, die im Verdacht der Desertion standen oder bereits desertiert waren, auf die Einflüsse »von außen« durch Freunde, Kameraden, Lebenspartner oder auch durch Versprechung und Verführung. So gab auch Hanson an, dass er bei seiner ehemaligen Braut Anna Magdalena Schumann bei Halle noch Geld liegen habe, welches er während seines Urlaubs abholen wollte. Der Verweis auf Eltern, Geschwister oder Partner sollte vermutlich den Eindruck erwecken, dass der Soldat eben ortsgebunden und ortsansässig war, also keiner mobilen Schicht angehörte und aus diesem Grund auch nicht desertieren würde.[939]

4.1.3 Die »Desertion« im Verhör

Die beiden arretierten Soldaten Hans Heinrich Hanson und Gottfried Wunsch wurden zunächst getrennt voneinander und ganz allgemein zu dem Verdacht des Desertierens, zu den eventuellen Beweggründen und dem Plan zum erfolgreichen Austreten befragt. Die allgemeine Befragung war in die Beschreibung des vereitelten Fluchtversuchs eingegangen und die beiden Perspektiven wurden unmittelbar miteinander verwoben. Der allgemeinen Beschreibung von Goffried Wunsch folgten dabei die Ausführungen von Hans Heinrich Hanson. Beide

937 Vgl. Winter, Desertionsprozesse, S. 188f.

938 Diese Furcht vor dem Tod, die von den Zeitgenossen auch »Kanonenfieber« genannt wurde, war unter den Soldaten wohl bekannt und gefürchtet und verleitete ebenfalls viele Männer zur Desertion. Vgl. Möbius, Sascha: »Bravthun«, »Entmannende Furcht« und »Schöne Überläuferinnen«. Zum Männlichkeitsbild Preußischer Soldaten im Siebenjährigen Krieg in Quellen aus Magdeburg, Halle und der Altmark, in: Eva Labovie (Hg.): Leben in der Stadt – eine Kultur- und Geschlechtergeschichte Magdeburgs, Köln u. a. 2004, S. 79–96, bes. S. 84.

939 Vgl. zur Illegitimität, auch zu den Zuschreibungen von Kriminalität an mobile Unterschichten: Hippel, Armut, Unterschichten, Randgruppen in der Frühen Neuzeit.

wiesen jegliche Schuld von sich und bezichtigten einander gegenseitig der Anstiftung zum Weggang nach Halberstadt, um sich dort ihren Urlaub zu holen.

In den summarischen Aufzeichnungen zur Befragung von Gottfried Wunsch wurde angegeben, dass der Inquisit von Hanson darauf angesprochen worden sei, ob beide gemeinsam in Halle um Urlaub anfragen sollten. Der Leutnant von Sperling hatte ihm keinen Urlaub gegeben, und dabei habe er doch lediglich »von Hause einen neuen Rantzen hohlen [wollen] und 15 rthlr. Geld, die er bei seiner Liebsten stehen hätte«.[940] Als er seinem Kameraden gegenüber eröffnet habe, dass er kein Geld habe, um sich auf der Reise zu verpflegen, habe ihm Hanson sofort Unterstützung dabei angeboten sowie einen Vorschuss »und weiter remonstriret, wie ihm Wuntschen seine Mutter [...] denn zum Öfftern schreiben und sagen laßen, daß er nach Halle kommen und sich auf den Schuster Handwerck loß sprechen laßen sollte, könnte er ja uff die Arth dazu kommen«.[941]

Offenbar kannten sich die beiden Soldaten bereits etwas besser, sodass Wunsch seinem Kameraden einiges über seine Familie und die aktuellen Ängste erzählt hatte. Er hatte sich bis zu diesem Zeitpunkt auch offenbar nichts weiter zu Schulden kommen lassen, sonst hätten der befragende Jurist und Offizier ihn damit konfrontiert. In seinen Beschreibungen der Desertionspläne bis zur Entdeckung streut Wunsch immer wieder auch kritische Nebensätze über den Kameraden ein. Außerdem habe dieser Bekanntschaft mit einer Soldatenfrau, die ihm neue weiße Hemden besorgt habe, und die Magd aus Hansons Quartier habe ihnen bei der Desertion helfen wollen.[942] Schließlich verweist der Soldat sogar auf zwei weitere Deserteure, nämlich Görcksen und den so genannten »Scherenschleifer«, die mit Hanson bereits vor drei Wochen gemeinsam aus Nordhausen hätten weggehen wollen und deswegen am Hammer auf Hanson gewartet, ihn aber verpasst hätten.

Diese Anmerkungen machen deutlich, wie fließend der Übergang zwischen Urlaub und Desertion sein konnte und auch durchaus so wahrgenommen wurde.[943] Aber Wunsch gab noch weitere belastende Verdachtsmomente an, die seinen Kameraden Hanson zumindest in das Licht rückten, dass er bereits darüber nachgedacht hatte, vor dem Militärdienst zu fliehen, so gab er an, »daß Handson schon ehmahls im Bierhaus alhier gesagt, als ihn der Corporal Schmidt nachdrücklich geprügelt, wenn sie ihn zuviel schüren, so wüste man schon was er

940 LASA, A 9b Ib, Nr. 19, Bd. II, Bl. 15.
941 Ebd., Bl. 16.
942 Ebd.: »inmittels aber wäre die visitir-Wache kommen, da sie aus der Holländer Quartier gehen müßen«.
943 So war es keine Seltenheit, dass Soldaten aus ihrem Urlaub in der Heimat nicht mehr zum Regiment zurückkamen und später aus sicherer Entfernung an dasselbe schrieben, ihre zivile Profession vorstellten und anboten, gegen eine finanzielle Regelung ihren Pardon und ordentlichen Abschied von der Armee zu erhalten.

in Halle zu verharren hätte«.[944] Um unbemerkt von den anderen Soldaten das Wirtshaus verlassen zu können, hatte Hanson die Quartiersmagd dort hinbestellt, die sie gegen neun Uhr abends abrufen sollte. Doch noch vor der Zeit holte die Visitierwache die Soldaten aus den Bierstuben, so auch Hanson und Wunsch. Der gab nun in der Befragung an, dass sich aus seiner Sicht der Versuch, nach Halberstadt zu gelangen, zerschlagen habe, »Hanson aber hätte gesaget, da solte er ihn vor sorgen laßenm sie wolten doch wohl hinauß kommen«.[945] Als dann aber erst Hanson und dann er selbst durch den Kameraden Braunitz in Arrest gebracht wurden, sei er dieser Ankündigung »gutwillig« gefolgt.

In der anschließenden Spezialinquisition von Hans Heinrich Hanson sollten die Vorgeschichte geklärt und die Beweggründe für den erneuten Fluchtversuch rekonstruiert werden. Die zehn sehr engmaschig gehaltenen Fragen zielen nur auf Informationen aus diesem ersten Verdacht und beginnen gleich mit der Frage: »Ob er Görcksen und den Scheeren-Schleiffer wohl gekannt?«[946]. Die darauf durch Hanson formulierte Antwort liest sich wie eine Wiederholung der zuerst geschilderten Umstände: er berichtet, dass er mit den beiden Soldaten bei Leutnant Meyer gewesen sei und dort um den Urlaub gebeten habe, der Leutnant habe ihnen den Urlaub verweigert mit dem Verweis darauf, dass sich das Regiment jederzeit in Gang setzen und marschieren könnte; so entgegnete der Offizier, »es mochte etwas fürgehen, er könte ihnen keinen Uhrlaub geben«.[947]

In der anschließenden Frage verbinden sich mehrere Faktoren zutage, die beleuchten, wie das Delikt der Desertion durch die Offiziere und Obrigkeiten bewertet wurde – auf der anderen Seite gibt die Antwort Einblicke in die Rechtsauffassung des Soldaten Hanson, der durchaus zwischen »rechtmäßig« und »unrechtmäßig« unterschied. Die Befragung ist als Wortprotokoll erhalten, wobei die Befragenden mit »Nos« und der befragte Hanson als »Ille« in der Fragetabelle gekennzeichnet werden. Die Fragestücke sind nicht nummeriert.

Auf die Frage, wie sie auf diese Absage durch den Offizier reagiert hätten, gibt Hanson zu, dass sie dem Leutnant gegenüber angekündigt hätten, sie würden nach Halberstadt zum Obersten gehen und dort Urlaub beantragen, und dass er die beiden anderen Soldaten nicht angezeigt habe, weil er nicht annahm, dass sie desertieren könnten.[948]

944 LASA, A 9b Ib, Nr. 19, Bd. II, Bl. 17v.
945 Ebd.
946 Ebd.
947 Ebd., Bl. 18.
948 Ebd. Eher ist anzunehmen, dass Hanson seine Kameraden und sich nicht verdächtig machen wollte.

Der Soldat zeigte angesichts der Richtung der Fragen ganz offen an, dass er ein Problem mit der Beurlaubungspraxis des Regiments hatte.[949] Denn er fragte sich, »ob nicht ein Musquetier so gut als der andere [sei], andern gebe man Urlaub, wie ihrer denn 8 jetzo Urlaub hätten, ihnen aber hätte man keinen Uhrlaub geben wollen«.[950] Nur ganz am Rande, fast schon nebenbei, lässt Hanson dann ein weiteres Argument fallen, das in der Debatte um die Rechtmäßigkeit eines »Austritts« immer wieder vorgebracht wurde: Hanson ergänzt, »zudem wäre er mit Gewalt in Halle weggenommen worden«.[951] Die nächsten beiden Fragen gehen dann gezielt auf die Situation mit Göircksen und dem Scherenschleifer ein und warum Hanson die beiden nicht begleitet habe, um dann in der fünften Frage zum Kern der Vorwürfe an den Soldaten zu kommen: »Ob er wohl wüßte, daß dieses [Weggehen, Anm. d. Verf.] wieder seinen treuen Eyd lieff und die Straffe Lebens drauf gesetzet, wenn man Eydbrüchig und deinen Herrn untreu würde und davon lieffe?«.[952] In seiner Antwort auf diesen direkten Tatvorwurf reagiert Hanson mit einer Verknüpfung von zwei Argumenten: zum einen merkt er an, er »wäre nicht davon gelauffen«, und ergänzt, »man hätte ihn hinweg genommen, von der Straße und aus dem Hause«.[953]

Der Tatverdacht erstreckt sich gegenüber Hanson jedoch nicht nur auf die Desertion, sondern vielmehr auch auf den Vorwurf der Verführung zur Desertion.[954] Diese Beschuldigungen sind sehr schwerwiegend, da sie zusammengenommen nach den Kriegsartikeln eine schwere Bestrafung nach sich gezogen hätten. Aus diesem Grund dementiert der Soldat auch vehement den Vorwurf des vorsätzlichen Desertierens und der Verführung zur Desertion.

Vielmehr habe er nur das bekommen wollen, was ihm laut der Auskunft durch die Offiziere auch zustehe: seinen Urlaub. Außerdem müsse er mit einem Eingeständnis, dass er »meineidig« geworden sei, dann auch erklären, ob er die Kriegsartikel und Rechte kenne und warum er trotzdem dagegen verstoßen habe.

949 Auch Sikora, Disziplin und Desertion, S. 199 verweist auf die Konfliktlage, in die selbst »gutwillige« Soldaten gebracht wurden, wenn man ihnen die Beurlaubung zur Familie verweigerte.

950 LASA, A 9b Ib, Nr. 19, Bd. II, Bl. 18; angesichts der geschilderten Vorgeschichte wäre auch zu vermuten, dass der Offizier kein Vertrauen in Hanson hatte und ihn nicht beurlaubte, weil er nicht wusste, ob er zurückkäme. Dies stellt das Edikt zur Verhütung der Desertion aus dem Jahr 1713 ebenfalls fest und empfiehlt, einen unsicheren Soldaten nicht zu beurlauben. Vgl. CCM, T. III, 1. Abt., S. 343, Art. 6.

951 Ebd. Auch diese Argumentation taucht im Zusammenhang mit der Desertion oft genug auf; nach Sikora, Disziplin und Desertion, S. 321 f. waren die Vorwürfe auch nicht von der Hand zu weisen, da gewaltsame Werbung in der ersten Hälfte des 18. Jahrhunderts relativ häufig vorkam.

952 LASA, A 9b Ib, Nr. 19, Bd. II, Bl. 19.

953 Ebd.

954 Flemming, Teutsche Soldat, S. 131: »Man muß auch in Acht nehmen, ob der Ausreisser andere mehr verführet, oder ob er allein ausgerissen, oder ob er verführet worden.«

Auf der einen Seite unterstellte der Vertreter des Regiments, dass Hanson offenbar so sehr willens gewesen sei, mitzugehen und um Urlaub zu bitten, dass die beiden Delinquenten keine Angst gehabt hätten, ihm die Idee überhaupt vorzustellen und zu erzählen.[955] Dass der Musketier wohl auch aus Verzweiflung über den abgewiesenen Urlaub nach Halberstadt wollte, zeigt seine trotzige Antwort, in welcher der Inquisit plötzlich selbst Vorwürfe gegen seine Vorgesetzten vorbringt. So seien andere Soldaten sehr wohl beurlaubt worden und nur einige Kameraden hätten so wie er, Hanson, keinen Urlaub erhalten. Außerdem brachte er eine Verteidigung an, die sonst in Verfahren um die Desertion quasi zum Repertoire der erfolgversprechenden Taktiken gezählt haben dürfte: den Punkt der gewaltsamen Werbung. Dieser Aspekt wurde als glaubwürdige Begründung für das Handeln der Soldaten von den Kriegsgerichten in vielen Fällen akzeptiert, aber dieser Grund scheint in der Befragung so unvermittelt auf, dass vermutet werden kann, es handelte sich auch hier um einen Topos, der zu Verteidigungszwecken bedient wurde.[956]

Auf die abschließende Frage, ob er den Kameraden Wunsch verführt habe, mit ihm zu gehen, gab Hanson wiederum eine abschlägige Antwort: er sei von Wunsch angesprochen worden, da auch dieser aus Halle stammte. Er bot ihm also an, dass sie zusammen wegen Urlaub anfragen und dem Leutnant dazu noch vorschlagen könnten, »von unsern guten Freunden ein Stück oder drey mit uns zurücknehmen und zu Soldaten machen« zu wollen.[957] Gerade mit diesem Argument versuchte Hanson ganz offensichtlich auch in der Befragung zu zeigen, dass er nicht nur ein zuverlässiger Soldat (trotz gewaltsamer Werbung) war, sondern darüber hinaus auch engagiert für das Regiment einstand.[958] Da aber beide Inquisiten behaupteten, der jeweils andere habe die Idee und Überzeugungskraft gehabt, das Gegenüber zu überreden, mit ihm zu gehen, kommt es darüber schließlich zur Konfrontation, die aber nur ergibt, dass sich beide nicht einig sind und auch nicht mehr geklärt werden kann, wer von beiden den Vorstoß machte, nach Halberstadt zu gehen und den Urlaub einzufordern.

Nur diese Tatsache wird von beiden Delinquenten betont: sie hätten keineswegs vorgehabt zu desertieren, sondern wollten nur Urlaub nach Hause bekommen und von dort einige Freunde mit zur Armee bringen, auch hierin sind

955 Demnach sprach schon die Tatsache, dass die beiden den betreffenden Hanson überhaupt angesprochen hatten, in besonderer Weise dafür, dass der Soldat eben doch entweder einen solchen Ruf hatte oder besonders verzweifelt war.

956 Vgl. Sikora, Disziplin und Desertion, S. 216–235.

957 LASA, A 9b Ib, Nr. 19, Bd. II, Bl. 19r Dieses »Versprechen« zeigte, dass die Soldaten die Ökonomie des preußischen Militärs sehr gut kannten und wussten, welche Dinge am meisten gebraucht wurden: tüchtige Soldaten.

958 Der Soldat hoffte offensichtlich, dass die Argumente der Werbung im Sinne der preußischen Armee für mildernde Umstände in dem Verfahren sorgen könnten. Vgl. Flemming, Teutsche Soldat, S. 131.

sie sich einig. Damit endet das Verhör und auch die Fallakte endet an diesem Punkt und gibt keine weiteren Hinweise auf das weitere Verfahren. Gezeichnet wurden die Verhöre von Oberstwachtmeister Barth, Leutnant von Sperling und von J. T. Köpnack, welcher anstelle des Auditeurs Rechtsbeistand leistete.[959]

4.1.4 Desertionen im Krieg

Desertionen begleiteten die europäischen Armeen seit jeher: während in Friedenszeiten kaum Männer unter Waffen standen oder diese freiwillig dienten und daher kaum aus dem Militärdienst austraten, änderten sich die Bedingungen, wenn es zu bewaffneten Konflikten kam. Ausnahmesituationen für Soldaten und Offiziere stellten sich immer in Krisenzeiten ein – vor allem in Kriegszeiten. Auf Feldzügen und speziell vor großen Kampagnen wuchs die Zahl der Deserteure daher stark an. Die Analyse von friedlichen und konfliktreicheren Phasen legt auch für die Regimenter in Preußen eine enge Verknüpfung von Kampfhandlungen und Desertionen offen. Für das Regiment Anhalt-Dessau stellten sich die Desertionen in der davorliegenden Friedensphase von 1665 an, als das Regiment errichtet wurde, bis in das Jahr 1700 hinein, in einer Gesamtübersicht folgendermaßen dar (vgl. Tabelle 11).

Tabelle 11: Verteilung der Desertion auf Dienstchargen 1665–1700

Charge der Leibkompanie	**Anzahl der Desertionen**
Sergeanten/Capitains d'armes	1
Gefreiten-Korporale/Fouriere	0
Korporale	3
Gemeine	160 (+ 3, die laufen gelassen wurden)[960]
Gesamt	164

In der Kompanie des Regimentsinhabers waren demnach in den 35 Jahren des Regiments bis 1700 im Durchschnitt vier bis fünf Soldaten pro Jahr desertiert, sicher gab es hier auch Hochphasen und Zeiten der besonders niedrigen Desertionsraten, die zeitgleich aufgenommene Anzahl der an andere Regimenter abgegebenen Soldaten und Unteroffiziere von 135 Mann fiel damit nur etwas geringer aus. Diese niedrigen Quoten änderten sich mit dem Verlauf des Spa-

959 Der Auditeur des Regiments befand sich vermutlich ebenfalls in Halberstadt.
960 LASA, A 9b Ib, Nr. 19, Bd. I: Liste von der Hochfürstl. Anhaltinischen Leib-Compagnie von Anno 1665 bis 1700.

nischen Erbfolgekrieges. Beim Ausmarsch des Regiments in Italien am 18. März 1705 waren von den zehn Kompanien des Regiments zusammen bereits 131 Soldaten desertiert.[961] Eine solche Welle an Desertionen war vermutlich der viel geringeren Anzahl an Offizieren nicht zu verhindern, auch dadurch, dass neben den Gemeinen zum Teil auch Unteroffiziere austraten. Am 16. August 1705 nahm das Regiment unter Führung des Fürsten Leopold an der Schlacht bei Cassano teil und musste große Verluste hinnehmen, da sich die kaiserlichen Truppen unter Führung des Prinzen Eugen von Savoyen nicht gegen die französische Übermacht durchsetzen konnten.[962] In der Zeit nach der Schlacht bis zum Oktober 1705 desertierten insgesamt 233 Soldaten, fünf Unteroffiziere und zwei Tamboure, zwischen Oktober und dem 10. Dezember des Jahres noch einmal 64 Gemeine und vier Unteroffiziere.[963] Wie hier ersichtlich wird, flüchteten demnach innerhalb eines halben Jahres fast 300 Soldaten aus dem preußischen Militärdienst, diese Zahlen zeigen, dass solche Krisenzeiten also ganz andere Umfänge an Desertionen hervorbrachten als die Friedensphasen. Auch die Auslöser in diesen unterschiedlichen Phasen waren andere, der realistischen Furcht vor dem Tod während eines Feldzugs standen in den Friedensmonaten der öde Garnisonsalltag und die allgemeine Unzufriedenheit mit verschiedenen Aspekten des Militärdienstes gegenüber.[964]

Tatsächlich reihte sich auch innerhalb der großen Konfliktphasen nicht Schlacht an Schlacht, und so gab es zwischen den Kampagnen immer wieder Zeiten relativer Ruhe in den Lagern. Ein solches Lager für das Regiment Anhalt-Dessau stellte die Stadt Nordhausen dar. Bereits im Sommer 1706 hatte Leutnant von Körnichen in einem Schreiben an den Fürsten Leopold von Anhalt-Dessau die erneute Zunahme der Desertion im Regiment mitgeteilt: »es ist leider die Desertion in Nordhausen auf 45 Mann hinaus gelauffen, davon aber 2 wieder bekommen und einer ist bereits außerhalb der Stadtmauer gewesen«.[965]

In einer Kabinettsorder vom Februar 1711, kurz nach dem hier behandelten Fall, zeigte sich noch einmal, wie verheerend zum einen die anhaltenden Desertionen für den Zustand der Armee waren und wie verzweifelt die Befehlshaber mit drastischen Maßnahmen gegenzusteuern versuchten: Friedrich I. bestätigte darin die kriegsrechtliche Entscheidung, von den wieder eingefangenen Deser-

961 Ebd., Bl. 178f.

962 Die Schlacht gilt heute als beinahe vergessen, da sie zwar große Verluste und eine Niederlage für den Kaiser und die preußischen Unterstützer brachte, die Machtverhältnisse und Konflikte aber nicht ändern konnte.

963 LASA, A 9b Ib, Nr. 19, Bd. I, Bl. 230.

964 Da die Arbeit von Sikora in diesem Bereich bereits ausführlich zur Bedeutung von Angst in der Schlacht Stellung nimmt, sei hier auf das entsprechende Kapitel verwiesen. Vgl. Sikora, Disziplin und Desertion, S. 163–179.

965 LASA, A 9b Ib, Nr. 19, Bd. I, Bl. 345.

teuren zwei Deserteure in einer abschreckenden Maßnahme gut sichtbar für die übrigen Militärangehörigen aufzuhängen.[966] Bei der Bestrafung der übrigen Soldaten solle dagegen in erster Linie darauf geachtet werden, dass diese die Vorfälle ganz genau wahrnehmen und sich in Zukunft an die Regeln halten würden. Also »wann die übrigen 5 Inquisiten solche Execution mit angesehen, sogleich jeder von Ihnen mit 10mahligem Gaßen Lauffen durch 300 Mann abgestraffet, auch wenn Sie anderweit geschworen, auff das Neue Desertions Edict verwiesen werden sollen«[967].

Dass die Soldaten aufgrund ihrer Ausbildung und Kampferfahrung wertvoll für die Armee waren und daher zunehmend die Frage der angemessenen Bestrafung im Regiment im Raum stand, um ähnliche Fälle zu vermeiden, gab auch der König zu, wenn er ergänzte:

> »wan etwa außer diesen beyden Executionen der Zweck des inzwischen publicirten Neuen Desertions-Edicts und daß die Desertionen cessiren möchte, zu hoffen stünde, das solchen falls auch diese beyden extraordinarie gleich denen andern mit Gaßen Lauffen zu sträffen, und den in vorangezogenem Edicto enthaltenen Pardon, insoweit mit genießen mögen, welches Se. Königl. Maytt. Ihro nicht entgegen seyn laßen wollen«.[968]

Während der Kriegshandlungen kam es immer wieder zu einzelnen Desertionen und auch zu Desertionswellen, bei denen die Soldaten in kleinen Gruppen den Militärdienst verließen. Die akute Gefahr, in einem Gefecht sterben zu können, wurde von den Soldaten ganz offenbar auch so bewertet. Da in den kurzen Berichten des Regiments nicht vermerkt wurde, ob es sich um Inländer oder Ausländer handelte, kann hier nur gemutmaßt werden, dass in die Entscheidung noch weitere Faktoren eingingen als die Angst vor dem Tod. Im zeitgenössischen Diskurs der Militärs hieß es dementsprechend, die Soldaten müssten durch harte beispielhafte Bestrafung von Desertionsgedanken abgehalten werden. Doch auch diese Exempel sollten nach Ansicht der kommandierenden Offiziere nicht überstrapaziert werden, wie Leutnant Krusemarck am 20. August 1711 berichtete:

> »Hiernechst berichte untertthgst. daß mitt abgewichener Post die Confirmation über Johann Wenert von Capit. Körbener Comp. in puncto desertionis abgesprochene Sentenz eingelauffen: Deß Inhalts, falß kürtzlich ein Exempel bey dehm Regiment statuiret worden undt der Commandeur nicht dergleichen zu statuiren anitzo höchst

966 LASA, A 9b Ib, Nr. 19, Bd. I, Bl. 387: Bestätigung eines kriegsrechtlichen Urteils gegen mehrere Deserteure durch eine königliche Kabinettsorder Friedrichs I. 1708.
967 Ebd.
968 Ebd.

nöthig zu seyn erachtete, der Delinquente mitt 8 mahligen Gaßen-Lauffen durch 300 Mann, 2 Tage hinter einander bestraffet werden solle.«[969]

Das Kriegsrecht überließ es also der Entscheidung des Kommandeurs, die Bedeutung der Strafe zu steigern. Fanden diese »Exempel« zu oft und in jedem Desertionsfall statt, konnte dies auch auf potenzielle Bewerber abschreckend wirken und schließlich sollten nicht alle gut ausgebildeten Deserteure, die eine Gelegenheit nicht genutzt hatten, getötet werden. In der Kriegsphase auf fremdem Territorium hätte dies gewissermaßen auch einen personellen Aderlass für das Regiment bedeutet:[970]

»Weiln auch innerhalb 2 Monathl. ohngefehr bereits 3 vom Regiment gehangen worden so habe die Ihme dictirte Straffe deß Gaßen lauffens an Ihme vollziehen laßen. Die auß Valenzia zurückgekommene kostbahre Deserteurs haben schlechte Probe ihrer neugeschwohrenen Treue abgeleget, indehm 4 bereits von denenselben desertiret, hierunter ist mit LaRiche der Tambour von H. Obristen Blaspil Compagnie.«[971]

Auch im Jahr darauf kämpfte das Regiment Anhalt-Dessau noch immer damit, die Desertionen einzudämmen und für ihre Verhinderung wirksame Mittel zu finden. So berichtete Kommandeur von Winterfeld am 30. Juli 1712 an Fürst Leopold, dass bereits wieder vier Soldaten desertiert seien, davon aber einer habe eingefangen werden können, über den nun das Kriegsgericht gehalten würde. Dieses fiel für den Deserteur schlecht aus, wie das Schreiben von Kapitän Adam Ernst von Winterfeld vom 8. August 1712 zeigte:

»Über den Deserteur von des Capitain von Wachholtz Compagnie, wovon in meinem vorigen unterthänigste Meldung gethan, ist Kriegs-Gericht gehalten, und derselbe zum Strang condemniret, solche Sentenz auch von dem H. General-Lieutenant confirmiret worden, und hatt auff deßen Befehl damit anderen ein Exempel daran nehmen sollten, die Execution so gleich heute geschehen müßen.«[972]

Und dennoch: obwohl das Urteil sofort umgesetzt wurde, um der Mannschaft die Folgen einer solchen Straftat vor Augen zu führen, kam es kurze Zeit darauf erneut zu Desertionen:

969 LASA, A 9b Ib, Nr. 19, Bd. I, Bl. 380.

970 Zu diesem Zeitpunkt stand das Regiment bereits wieder in Italien. Stephan Kroll konnte anhand der Feldzüge der sächsischen Armee belegen, dass die Desertion in fremden Territorien auch abhängig war von der kulturellen Ähnlichkeit und den Perspektiven, sich im Land eigenständig ernähren zu können. Vgl. Kroll, Soldaten im 18. Jahrhundert, S. 523. In Norditalien waren die Gegebenheiten gut, was den Soldaten eventuell zusätzlichen Anreiz bot, zu desertieren.

971 LASA, A 9b Ib, Nr. 19, Bd. I, 380.

972 Ebd., Bl. 498.

»Die Desertion beginnt wieder einzureißen, denn gestern wiederumb zwey, als Martin Weiss von des Majors von Kleists und 4 andere von des Capt. von Clermont Compagnie weggelauffen sind.«[973]

4.2 Deliktfeld 2: Der Kampf um den Soldaten – gewaltsame Werbung: der Fall Helmholz 1708

4.2.1 Die Fallakten und Umstände der Untersuchung

Einen gut dokumentierten Fall, der die Umstände von gewaltsamer Werbung sowie die Gewaltausübung durch beteiligte Soldaten im Umfeld derselben aus einer Zeit vor Einführung des Kantonsystems beleuchtet, zeigt das Verfahren um den Torschreiber von Wernigerode, Heinrich Helmholz. Er hatte sich für einen gewaltsam verschleppten Bauern aus der Region einsetzen wollen und wurde dadurch schließlich selbst zum Ziel der körperlichen Attacken durch Soldaten. An diesem Fall lässt sich ablesen, wie alltäglich die Erfahrung von Gewalt durch Militärangehörige für die Zivilisten war und auch welche Mechanismen (Wirtschaftlichkeit, militärischer Aufstieg) auf der anderen Seite den Zwang zur Rekrutierung geeigneter Leute bei den Werbesoldaten noch verstärkten.[974] Heinrich Helmholz war im Dezember 1708 von Werbesoldaten der Kompanie Kleist im Dessauer Regiment verprügelt und mit dem Säbel derart stark am Kopf verwundet worden, dass er bleibende körperliche Schäden davontrug.[975] Dem Vorfall war die gewaltsame »Anwerbung« eines anhaltinischen Bauern vorausgegangen. Aufgrund der Ereignisse und wegen der vielen Zeugen leitete der Amtmann vor Ort ein Untersuchungsverfahren ein, das jedoch zu keiner Anklage der beschuldigten Musketiere führte, da der Verlauf der Untersuchungen darauf hinauszulaufen scheint, dass die Soldaten nicht vor das zivile Gericht treten mussten. Der Gerichtsakte zum Fall Helmholz gehören elf Dokumente an:

- Bericht des Hofrats Schreiber zum »Fall Helmholz« an den Fürsten Leopold von Anhalt-Dessau, Halberstadt, 25.01.1709;
- Supplik des Hofrats wg. Hauptmann von Kleist, o. O., 26.01.1709;
- Actum A: Protocoll, Commissar Casesreuter, Wernigerode, 19.12.1708;
- Actum B: Abschrift der Befragung von drei Zeugen (Barthold Krell, Jacob Hauer, Nicolaus Spittel, 22.12.1708, abgezeichnet, gesiegelt d. 03.01.1709 (Zusammenfassung);

973 Ebd.

974 LASA, A 9b Ib, Nr. 19, Bd. II: Fürst Leopold von Sachsen-Anhalt – Acta enthaltend Verschiedenes, welches sich auf des Fürsten Leopold preußischen Regiments zu Fuß bezieht als: Briefwechsel, Ordres, Listen usw. 1707–1712.

975 Ebd., Bl. 198–214.

- Actum C: Befragung von zwei Rekruten – ebenfalls Zeugen – Valentin Krull und Joachim Knorr, Wernigerode, 03.01.1709 (Zusammenfassung);
- Actum D: Aussagen der beschuldigten Musketiere Andreas Lampe und Peter Otto im Beisein ihres Kompaniechefs, Halberstadt, 14.01.1709 (Zusammenfassung);
- Actum E: Befragung des geworbenen Bergmannes Andreas Lauenburg, Halberstadt, 21.12.1708 (gezeichnet von Oberst Henning Alexander von Kleist) (Zusammenfassung);
- Anlage F: Attest des Stadtphysicus Herman von Laugon (?);
- Anlage G: Zwischenbericht des Casesreuter, Wernigerode, 04.01.1709;
- Anlage ohne Titel: Schreiben der Witwe des Chirurgen/Baders Mayer, welche den Torschreiber versorgte, Wernigerode, 23.01.1709;
- Anlage H: Bittschrift im Namen des Casesreuter (Entlohnung der Bader-Frau und Schmerzensgeld vom Regiment), Wernigerode o. D.

Die zu diesem Fall angelegte Untersuchungsakte umfasst neben der zusammenfassenden Beschreibung des Tathergangs durch den zuständigen Amtmann nach der Erzählung des Torschreibers (Protokoll A) die Zeugenbefragungen der anwesenden Bürger der Stadt (Anlagen B und C) und die zusammengefassten Hauptaussagen der vermeintlichen »Täter« des anhalt-dessauischen Regiments aus der Kompanie des Hauptmanns von Körbener (Anlage D). Es folgen die Aussage eines vermeintlich gewaltsam angeworbenen Rekruten (Anlage E) und das medizinische Gutachten des Arztes (Anlage F) sowie der Witwe des ansässigen Baders, die den Verletzten gepflegt hatte (Anlage ohne Titel). Hinzu kommt ein abschließender zusammenfassender Report, der eine Supplikation stützen sollte.

Der einleitende Text stammt aus dem Januar 1709 und wurde in Halberstadt durch einen dort ansässigen Amtmann namens Georg Christian Schreiber verfasst. Er umreißt den Stand der Sache und zählt die angehängten Unterlagen auf. Das darauffolgende Protokoll vom Dezember des Vorjahres gibt die Schilderung des Vorgangs durch den Torschreiber Heinrich Helmholz selbst wieder. Dieser gab zunächst an, dass die oben erwähnten Soldaten einen ansässigen Bauern bedrängt und gezwungen hätten, mit ihnen zum Regiment zu kommen. Dabei hätten sie ihn an den Haaren gezogen und mit der Flinte in die Rippen gestoßen. Daraufhin, so berichtete der Amtmann Casesreuter[976] in seinem Bericht an den

976 Die Untersuchung in dem Fall wird durch den Steuerkommissar Casesreuter vorgenommen, der vermutlich auf Veranlassung des Hofrats Schreiber die Verhöre führen und die Aussagen von verschiedenen Seiten verfassen soll. Der Anteil der militärischen Untersuchung ist anhand der vorliegenden Akte nicht erkennbar – der einzige Anhaltspunkt für eine wenigstens kurze Auseinandersetzung mit den Blessuren Heinrich Helmholz' besteht darin, dass die Akte in den Verwaltungsunterlagen des Regiments zu finden war.

Fürsten Leopold im Dezember 1708, »hätte gedachter Thorschreiber aus großen Mitleiden gesaget: Ihr Herren, tut doch gemach, und schlaget den Armen Mann nicht so grausam, er wird euch ja sonst unter den Händen sterben«.[977]

Auf diese Ansprache hätten die Soldaten sofort reagiert, der Gemeine Peter Brand[978] näherte sich daraufhin wohl dem Torschreiber und beleidigte ihn zunächst verbal: »Du alter Schelm, willstu auch Dienste haben?«.[979] Dann attackierte der Soldat Helmholz mit seiner Waffe, das Protokoll vermerkt, er »hätte ihn zugleich mit der Flinte grausam in die Seite gestoßen, und mit dem bloßen Säbel 3mahl über die Schuldern geschlagen, endlich aber einen Hieb gar hintern Nacken gegeben, daß der Thorschreiber zur Erde gestürzet, und in eine Ohnmacht gesunken«.[980] Die stark blutende Wunde musste dann vom ansässigen Chirurgen und dem Bader-Gesellen versorgt werden. Im Beisein der Kommissare Casesreuter und Martini wurden schließlich auch die Zeugenbefragungen der anwesenden Bürger der Stadt aufgenommen.[981]

4.2.2 Akteure und Personenkonstellationen

In dem vorliegenden Untersuchungsverfahren für ein mögliches »Iudium mixtum« lassen sich die Wege der Untersuchung genauso nachvollziehen wie die verschiedenen Personenkreise der Akteure, die im Lauf des Verfahrens als Zeugen, Beklagte oder im Umfeld der Familien und des Militärs auftraten. Beide Parteien mussten Belege für die Anschuldigung bzw. entlastende Beweise erbringen, um ein Gerichtsverfahren für sich zu entscheiden. Im Fall des Wernigeroder Torschreibers Heinrich Helmholz bedeutete dies, dass er Zeugen des Vorfalls vorweisen musste, die den Verlauf der Gewalttat bestätigten und damit dazu beitrugen, dass ein Verfahren gegen die Soldaten überhaupt erst in Gang kommen konnte. Auf seiner Seite sagten der Schmied Barthold Krell sowie die Bürger Jacob Heinrich Hauer und Nikolaus Spittel aus Wernigerode aus.

Alle drei waren an verschiedenen Orten in der Nähe des Tores gewesen und besaßen somit verschiedene Blickwinkel auf das Geschehen. Als lokaler Untersuchungsführer, der sich auch für eine Entschädigung des verletzten Torschreibers aussprach, nahm Kommissar Casesreuter die Aussagen der Zeugen auf. Da

977 LASA, A 9b Ib, Nr. 19, Bd. II, Bl. 202.
978 Dieser Name entpuppt sich im weiteren Verlauf des Verfahrens als eine falsche Angabe, die wohl aus verschiedenen Namen zusammengemischt wurde. Bei dem beklagten Soldaten handelte es sich um Peter Otto, Soldat in ebenjenem Regiment.
979 LASA, A 9b Ib, Nr. 19, Bd. II, Bl. 202.
980 Ebd.
981 Ebd., Bl. 204: Anlage B; Zeugenbefragungen fanden zunächst am 22.12.1708 statt und erneut am 03.01.1709 im Beisein des Leutnants von Bonin vom Dessauer Regiment.

sich der Vorfall auf dem Territorium des Grafen Ernst zu Stolberg-Wernigerode ereignet hatte, war bei diesen Befragungen in Wernigerode auch Ludwig Günther Martini, Kanzleidirektor des Grafen und Professor der Rechte, zugegen.[982]

In den Unterlagen wurden als Zeugen, die den Hergang direkt oder indirekt bestätigten, noch der Chirurg der Stadt, Hermann von Laugon, sowie die Frau des Baders Zacharias Mayer benannt. Mayer war erst vor kurzem verstorben und so pflegte seine Witwe die zu ihr kommenden Patienten, darunter auch Heinrich Helmholz. Das Feld der Akteure könnte noch mehr erweitert werden: Denn Frau Helmholz hatte mit ihrer eindringlichen Klage wegen des Gesundheitszustandes ihres Mannes die Untersuchung in Gang gesetzt. Vermutlich auch aus ökonomischen Gründen war sie sicher interessiert, dass ein Verfahren zugunsten ihres Mannes verlief.

Aber auch das Schicksal des weggeschleppten Bauern aus dem Dessauischen dürfte von Interesse gewesen sein, wenn er tatsächlich Frau und Kind hatte. So verwies einer der Zeugen, Jacob Heinrich Hauer, auf die späteren Berichte eines Schäfers, der den Transport des »Deßauischen Mannes« auf der Schäferstraße beobachtet hatte. Nach dessen Report hätten die »Soldaten beym Kohlgarthen noch von neuen auff den Mann loßgeschlagen«.[983] Die Gruppe habe den Weg nach Vagenstein genommen, wo der Bauer vermutlich an den Verletzungen verstorben sei.[984] Dieses Gerücht konnte allerdings nicht bestätigt werden, wahrscheinlicher ist, dass die Zeugen aufgrund der vielfältigen körperlichen Übergriffe und Züchtigungen des Bauern durch die Soldaten davon ausgingen, dass der Bauer den Strapazen letzten Endes nicht standhalten konnte.

Es scheint so, dass die Soldaten kaum einen Verteidiger auf ihrer Seite gehabt hätten, ihr Verhalten den Zivilisten (sowohl dem Bauern als auch Heinrich Helmholz) gegenüber wurde durch mehrere Zeugen bestätigt. Dennoch bediente sich das Regiment einer erfolgreichen Taktik, die auch von einigen Akteuren der militärischen Seite getragen wurde. Als Kommandeur des Regiments stand Oberst Henning Alexander von Kleist für seine Soldaten gerade. Von diesem und dem Sergeanten Schulz aus der benannten Kompanie berichtete bereits der Amtmann Schreiber an den Fürsten, dass er allen Grund habe, gegen sie zu klagen, weil diese auf sein Nachhaken wegen der beiden betroffenen Zivilisten hin sich bemühten, »bloß mich todt zu thun«.[985] Offenbar waren die Nachfragen von ziviler Seite sowie die Ermittlungen gegen die Soldaten des Regiments nicht

982 Ludwig Günther Martini (1647–1719), vgl. Jacobi, Eduard: Martini, Ludwig Günther, in: Allgemeine Deutsche Biographie, Bd. 20 (1884), S. 512f.

983 LASA, A 9b Ib, Nr. 19, Bd. II Bl. 204.

984 Für diesen Anhaltspunkt gibt es keinen Beleg, auch in den weiteren Ausführungen wurde das Schicksal des Bauern nicht weiter erwähnt. Vielmehr erscheint diese »Prognose« auf den Erfahrungen der Zeitgenossen mit den Folgen der gewaltsamen Werbungen zu beruhen.

985 LASA, A 9b Ib, Nr. 19, Bd. II Bl. 201.

gern gesehen. Aber auch der direkt vorgesetzte Offizier und Chef der Kompanie, Friedrich von Körbener, setzte sich nicht für eine Vermittlung zwischen den Positionen ein.

Erst bei der Befragung seiner Soldaten war der Hauptmann selbst (laut Protokoll) anwesend, vermutlich um den Wortlaut der Aussagen zu kontrollieren und belastende Aussagen der Soldaten zu unterbinden. Als Werbeoffizier des Regiments fungierte 1708/09 der Leutnant Anselm Christoph von Bonin.[986] Er hatte die Soldaten vermutlich erst auf diese »Werbetour« durch die Region um Wernigerode geschickt und war als Vertreter des Regiments anwesend, als die zivilen Zeugen ihre eidlichen Aussagen noch einmal bestätigten.[987] Außerdem bestand er darauf, zwei weitere Rekruten als Leumundszeugen für seine Soldaten zu hören: Valentin Krull und Joachim Knorr hatten den neu angeworbenen Bergmann Andreas Lauenburg zum Regiment zu begleiten und waren etwas zeitversetzt nach den anderen beiden Soldaten durch das Stadttor nach Wernigerode gelangt. Sie sollten den Fall aus ihrer Perspektive heraus schildern und, wenn möglich, die Soldaten von dem Vorwurf einer ungebührenden Gewaltanwendung entlasten.

Die beiden Beschuldigten waren die Musketiere Peter Otto[988] und Andreas Lampe aus der Kompanie des Hauptmanns Körbener. In einer ersten Zuschreibung wurde der Soldat Peter Otto als gebürtiger Untertan aus Altenrode bezeichnet, dieser Ort gehörte in der Nähe von Wernigerode zum Territorium des Grafen von Stolberg.[989] Umso mehr Bedeutung erhielt diese Behauptung eventuell dafür, dass der Musketier vielleicht aus der Nähe stammte. Von Andreas Lampe wurde dagegen in den Unterlagen selbst nichts weiter vermerkt. Beide Soldaten wurden immer wieder aufgefordert, für ein Verhör aus Halberstadt herüberzukommen. Doch die vorgesetzten Offiziere mauerten und so kam es schließlich »nur« zu einer Befragung im Beisein ihres Hauptmanns, das in einem summarischen Protokoll festgehalten wurde.

986 Biographisches Lexikon aller Helden und Militärpersonen, die sich in Preußischen Diensten berühmt gemacht haben (hrsg. von Anton Balthasar König), Bd. 1, Berlin 1788, S. 163f.

987 LASA, A 9b Ib, Nr. 19, Bd. II, Bl. 205.

988 Er war in der Anzeige der Frau Helmholz vom 19.12.1708 zunächst fälschlicherweise als »Peter Brand« bezeichnet worden.

989 Grimm, Paul: Ein mittelalterliches Gehöft bei Altenrode Kreis Wernigerode, in: Zeitschrift des Harz-Vereins für Geschichte und Altertumskunde 67 (1934), S. 23–37.

4.2.3 Deliktverlauf und Argumentationsstrategien

Die Zusammenfassung von Hofrat Schreiber zu Beginn der Akte versammelt die gegensätzlichen Positionen in der Auseinandersetzung, dabei ergriff der Hofrat deutliche Partei für den betroffenen Schreiber. So fasste er zusammen, die Akten zeigten, dass die Soldaten nicht nur einen Untertanen gewaltsam werben wollten, sondern darüber hinaus den Torschreiber zunächst verbal beleidigten, weil dieser sich für den betroffenen Mann einsetzen wollte, und ihn mit ihren Blankwaffen dann misshandelten. Gestützt wurde diese Perspektive durch die Zeugenbefragungen der anwesenden Händler und Kaufleute, welche die Szene am Tor beobachtet hatten. Demgegenüber sollten die Vernehmungen der Zeugen des Regiments das Gegenteil belegen. Diese seien »in Meinung, dadurch zu behaupten, daß der Thorschreiber darzu Anlaß gegeben, auch keinen solchen tieffen Hieb bekommen hätte, sondern nur mit der Flinte undt mit der Fleche des Degens, währe gestoßen und geschlagen worden«.[990]

Die Aussagen der Zeugen aufseiten Heinrich Helmholz' sind dagegen weitaus ausführlicher und nachvollziehbar. Alle Zeugen konnten genau angeben, wo sie sich zur Zeit des Vorfalls befunden und was sie in dieser Zeit getan und beobachtet hatten, sodass sich in der Schnittmenge der Aussagen die Behauptungen des Torschreibers bestätigen lassen. Der Schmied Barthold Krell lieferte vor allem Informationen zu dem Bauern, den die Soldaten von seinem Wagen wegzerrten.[991] Demnach habe der Bauer angehalten, um sein Pferd beschlagen zu lassen, und als

> »der Mann nach seinen Wagen gehen wollen, auch nur mit einem Beine aus den Hause gewesen, wären die Soldaten gekommen mit einem Bergmann und hätte einer von ihnen mit roten Haaren den Mann beym Kopfe und Haaren angefaßet und gesaget, du Kerl must auch mit, Ihn darauf auß den Hause gerißen, mit Degen und Flinten auff ihn losgestoßen, und gehauen«.[992]

Zwar habe sich der Bauer an seinem Wagen festgehalten, aber die Soldaten hätten ihm seine Hände mit Gewalt entfernt und darüber hinaus den Zeugen bedroht, als dieser aus seinem Haus kam, um zu vermitteln und den Bauern wieder freizubekommen: »Die Soldaten aber ihm geantwortet, du Kerl gehe du deinen Weg, oder wir wollen dich treffen, du solst dein Lebtag daran gedencken.«[993] Weiter beschrieb Krell die Soldaten als dermaßen aggressiv, dass er froh war, mit

990 LASA, A 9b Ib, Nr. 19, Bd. II, Bl. 199.
991 Ebd., Bl. 204.
992 Ebd., Aussage des Barthold Krell vom 22.12.1708.
993 Ebd.

dem eigenen Leben davongekommen zu sein.[994] Während der erste Zeuge zu dem Vorfall am Stadttor selbst aber nichts aussagen konnte, schilderten die folgenden beiden Beobachter, Jacob Hauer und Nicolaus Spittel, aus verschiedenen Blickwinkeln den Tumult in der Stadt. Hauer war erst zu dem Geschehen gestoßen, als sich bereits eine Menge an Menschen versammelt hatte. Beim Hinzutreten sah er, wie drei Soldaten den anhaltinischen Bauern mit ihren Degen verprügelten und ihn von der »Schwabenthür« des Schmieds wegführten.

Auch er bestätigte, dass sie den Mann »bey den Haaren fortgeschleppet, und ihn mit bloßen Degen geschlagen«.[995] Daraufhin habe der Torschreiber eingegriffen und die Soldaten angesprochen. Einer der beiden reagierte sofort und schrie ihn an, ob er vielleicht auch Dienste nehmen wollte, und fasste Helmholz beim Rock. Als dieser sich befreite, »hätte der Soldath mit der Flinte nach ihm gestoßen, und weiln der Thorschreiber zurücke gesprungen, daß er ihn nicht treffen können, hätte der Soldath mit bloßen Säbel, welchen Er gleich seinen Cameraden aus der Scheide gehabt, auff ihn loßgeschlagen«.[996]

Bei seinem zweiten Versuch habe der Soldat den Schreiber dann getroffen und verletzt – woraufhin der Zeuge ihn angerufen habe, er solle »innehalten«, worauf der bewaffnete Mann auf ihn habe losgehen wollen. Der Soldat rief Hauer ebenfalls an: »Was wilstu? Wir haben Leuthe nöthig, wiltu auch mit?«.[997] Mit dieser Androhung der Rekrutierung konnte der Soldat auch den Zeugen zum Schweigen bringen – zu groß war die Angst vor den unüberlegten Handlungen der Werbesoldaten. Offenbar schreckten die Werber auch in den Städten nicht mehr vor der Gewaltanwendung zurück, weil der Bedarf an Rekruten weiter zugenommen hatte.[998]

Da der Zeuge sich aber in sein Haus am Tor zurückziehen konnte, wandte sich der Soldat wieder Helmholz zu und hieb mit dem Säbel auf dessen Genick ein, »da den der Thorschreiber stillschweigend und mit der Hand das Genicke haltend, in sein Hauß gegangen, und sich wieder gesetzet«.[999] Die Soldaten aber seien mit dem Bergmann und dem Bauern aus der Stadt gegangen. Darüber hinaus

994 Ebd. So verwendete er Begrifflichkeiten, die im Zusammenhang mit Gewaltdelikten auch vor zivilen Gerichten immer wieder genannt wurden – so sei unter anderem »das Blut Hauffenweiß von oben herunter« an dem Bauern heruntergelaufen. Vgl. Eming, Jutta; Jarzebowski, Claudia (Hg.): Einführende Bemerkungen, in: Jutta Eming (Hg.): Blutige Worte. Internationales und interdisziplinäres Kolloquium zum Verhältnis von Sprache und Gewalt in Mittelalter und Früher Neuzeit, Göttingen 2008, S. 7–15.

995 LASA, A 9b Ib, Nr. 19, Bd. II, Bl. 204r, Aussage des Jacob Hauer vom 22. 12. 1708.

996 Ebd.

997 Ebd.

998 Der Bedarf war nicht nur durch Verluste, sondern auch durch Desertionswellen derart gestiegen, dass die Regimenter ihren »Ersatz« auch in den Heimatgemeinden der Soldaten suchten. Vgl. Desertionskapitel 3.4.2.

999 LASA, A 9b Ib, Nr. 19, Bd. II, Bl. 204. In seinem Sitz war Heinrich Helmholz dann ohnmächtig zusammengesackt.

berichtete Hauer von den Gerüchten, dass die Soldaten den anhaltinischen Untertanen auf ihrem Weg weiter gezüchtigt hätten und er an den Folgen der Gewaltausübung verstorben sei.[1000] Gerade die Überlieferung der zuletzt genannten Gerüchte sollte die Aggressivität der Soldaten hervorheben und spiegelte vermutlich die allgemeine Wahrnehmung der Bevölkerung in dieser Zeit wider.[1001] Die Ausführlichkeit der Schilderungen spricht dafür, dass Jacob Hauer die Ereignisse tatsächlich beobachtet hatte und diese aus seiner Perspektive, wenn auch mit Ausschmückungen und Zusätzen, erzählte.

Auch der dritte Zeuge, Nicolaus Spittel, bestätigte aus seiner Sicht, was Hauer zuvor berichtet hatte. Er war ebenfalls mit seiner Frau dazugekommen, als es am Stadttor laut geworden war, und konnte sehen, »wie 3 Soldathen den deßauischen Mann beym Haaren gekricket, auff ihn mit bloßen Degen und Flinten loßgeschlagen«.[1002] Auch er bestätigte, dass die Musketiere den Mann mit Gewalt von seinem Wagen und den Pferden losgerissen und ihn an den Haaren bis zum Tor geschleppt hätten. Als sich der Torschreiber in den Weg stellte, habe ihn ein Soldat bei seinem Rocke gefasst und mit der Flinte nach ihm gestoßen. Als er damit erfolglos geblieben sei, habe er seinen Degen gezogen und den Torschreiber »mit dem bloßen Degen verfolget und auff ihn loß gehauen«, den eigentlichen Hieb in den Nacken habe Spittel aus seiner Entfernung jedoch nicht sehen können.[1003]

Obwohl sich die drei Zeugen zur Zeit der Auseinandersetzung an verschiedenen Orten befanden, schilderten sie übereinstimmend die Vorkommnisse, die sich im Vorfeld abgespielt hatten und geben einen Einblick in den Konfliktverlauf und die Eskalation. Die Details bezüglich der Wegnahme des anhaltinischen Bauern stimmen ebenso überein wie die Beschreibung des Waffengebrauchs durch die Soldaten: sowohl Hauer als auch Spittel berichteten, dass der Soldat Helmholz zunächst mit der Flinte verprügelt habe und dann den Degen aus der Scheide gezogen und ihn mit diesem »bloßen« und scharfen Säbel verletzt habe. Darüber hinaus beschrieben zumindest Krell und Hauer das aggressive Verhalten der Werbesoldaten ihnen gegenüber und zeigten damit, dass dieser Vorfall für die Militärangehörigen wohl auch eine Ventilfunktion hatte und dass der Torschreiber dabei bedauerlicherweise zur falschen Zeit am falschen Ort gewesen war.[1004]

1000 Ebd., Bl. 205.

1001 Tatsächlich ließen sich ähnliche »Jagdszenen« auf brauchbare Soldaten immer wieder in den Akten, vor allem in den Beschwerden der ländlichen Amtsleute, finden. Vgl. Kap. 3.2 zur gewaltsamen Werbung.

1002 LASA, A 9b Ib, Nr. 19, Bd. II, Ebd., Bl. 205.

1003 Vgl. ebd.

1004 Obwohl die Gewaltforschung davon ausgeht, dass Gewalt auch Teil einer Kommunikationskultur ist, zeigt dieses Beispiel, dass, im verbalen wie im übertragenen Sinn, eine

Vermutlich wäre es den beiden Zeugen, die ebenfalls versuchten, für den Bauern einzuspringen, nicht anders ergangen, wenn sie von den Soldaten gestellt worden wären. Die harsche Reaktion der Musketiere auf die Einmischung des Torschreibers zeigt, dass die Soldaten an einer Entschärfung des Konflikts wohl von Beginn an kein Interesse hatten. Ob Wein oder andere Rauschmittel im Spiel waren, wissen wir nicht, aber die abrupte Verweigerung der Kommunikation, indem auf den Einspruch des Torschreibers (wie schon zuvor bei Hauer) sofort mit einer Drohung geantwortet wurde, lässt vermuten, dass der Anlass für eine Schlägerei durchaus willkommen war.[1005] Der Gebrauch der Waffen durch die Soldaten wird als illegitim umschrieben, indem die Zeugen übereinstimmend aussagen, dass der Schreiber, wie auch der Bauer, mit einer Blankwaffe traktiert wurde, deren Einsatz außerhalb des Kampfes auf dem Schlachtfeld streng verboten war.[1006] Im weiteren Verlauf des Verfahrens zeigte sich schließlich, dass die Angehörigen des Regiments die Vorteile auf ihrer Seite hatten, indem sie sich an dem Verfahren einfach nicht beteiligten: einer direkten Befragung durch die lokalen Behörden vor Ort in Wernigerode konnten sich die Beschuldigten zunächst mithilfe ihres Werbeoffiziers, des Leutnants von Bonin, entziehen. Er verwies nach der zweiten Befragung der zivilen Zeugen in Wernigerode darauf, »daß er sie [seine Soldaten] nicht stellen könnte, weil selbige nicht zugegen, und wollte er dieselben in Halberstadt laßen abhören«.[1007] Bevor die beiden beklagten Musketiere jedoch vernommen wurden, erstatteten zwei Rekruten des Regiments, die den Werbern nach Wernigerode gefolgt waren, um den Bergmann Lauenburg zum Regiment zu bringen, am 3. Januar 1709 Bericht. Valentin Krull und Joachim Knorr gaben übereinstimmend an, dass sie nicht in Hörweite gewesen seien und damit den Wortwechsel der Soldaten mit dem Torschreiber nicht hatten verfolgen können.

Valentin Krull berichtete, dass einer der Soldaten zwar »dreymahl mit der Fläche über den Rücken geschlagen, darauf ein ander Soldat zugesprungen, und dem Thorwirt mit der Flinte in den Nacken gestoßen, dabey ihm die Flinte entfallen«.[1008] Auch Joachim Knorr bestätigte, »daß der eine Soldate ihm eimahl oder drey mit dem Degen über die Mütze geschlagen, und daß darauff der andere mit der Flinte in den Nacken gestoßen; diesem sey die Flinte entfallen, worauff er

Kommunikation von Beginn an nicht möglich war. Vgl. Rischke, Janine: »Mit dem bloßen Pallasch ihm etliche Male über den Kopf geschlagen.« Gewalttätigkeiten von Soldaten in Gerichtsakten des preußischen Militärs im 18. Jahrhundert, in: Christian Th. Müller; Matthias Rogg (Hg.): Das ist Militärgeschichte! Probleme – Projekte – Perspektiven (Festschrift für Bernhard R. Kroener zum 65. Geburtstag), Paderborn 2013, S. 292–311.

1005 »Wir wollen dich treffen, du solst dein Lebtag daran gedencken.« LASA, A 9b Ib, Nr. 19, Bd. II, Bl. 204v, Aussage von Barthold Krell.

1006 Vgl. Rischke-Neß, Mit dem bloßen Pallasch.

1007 LASA, A 9b Ib, Nr. 19, Bd. II, Bl. 206v.

1008 Ebd., Bl. 208v, Aussage von Valentin Krull am 03.01.1709.

ein paar mahl zugeschlagen«.[1009] Darüber hinaus hätten die beiden nichts mehr gehört oder gesehen. In den relativ spät aufgenommenen Aussagen der beschuldigten Soldaten finden sich Argumentationsmuster, die zumindest vermuten lassen, dass nicht die Anwendung von Gewalt gegen den Torschreiber im Fokus der Bewertung als »deviantes« Verhalten lag, sondern deren legitime oder illegitime Ausführung: So behauptete Andreas Lampe, er habe sich lediglich gegen das »respektlose« Auftreten des Torschreibers gewehrt, der sie verbal beleidigt habe.[1010] Erst daraufhin hätte er »den Thorschreiber mit der Flinte gestoßen, und könnte seyn, daß er ihn mit dem Korne auf der Flinte verwundet«.[1011]

Um den respektlosen Schreiber in seine Schranken zu weisen, habe er dann, als ihm die Flinte entfallen sei, »noch etliche mahl mit den Degen, wiewohl mit der Fläche, auff den Rücken geschlagen und [sei, Anm. der Verf.] darauf seiner Wege gegangen«.[1012] Damit beendete der Soldat seine knappe Aussage zu dem eigentlichen Vorwurf, in ihrer Kürze wurde diese nur noch von der Stellungnahme des zweiten Musketiers, Peter Otto, übertroffen. Hier vermerkte der Bericht lediglich, »Peter Otto saget auß, wie er gleich mit dem geworbenen Bergmann weggegangen, und habe also nichts darvon gewußt auch nichts darvon gesehen, als er zurückkommen, sey alles vorbey gewesen«.[1013] Ein Blick auf die Aussage des angeworbenen Bergmanns Andreas Lauenburg bestätigt die Vermutung, dass sich die Angehörigen des Regiments einer Verteidigungstaktik bedienten, die vor allem darauf hinauslief, dass die Beteiligten nichts gesehen oder gehört hatten. Lauenburg gibt in der Vernehmung am 21. Dezember 1708 laut Akten zu Protokoll, er habe zwar vernommen, dass der Torschreiber mit den Soldaten gesprochen und diesen gesagt habe, sie sollten den armen Bauern gehen lassen, er »hatte aber nicht gehöret, das sie den Thorwart gescholten, hatten ihn auch nicht mit der Flinte gestoßen, hatte auch nicht gesehen, das sie ihn mit dem Säbel gehauen hätten, sondern sie wären alle 3 nach Halberstadt gegangen«.[1014] Statt Gewalt auszuüben, gibt er weiter an, habe man sich darauf besonnen, ihn gerichtlich zu belangen (»wir wollen den alten Kerl schon kriegen«). Der tatsächliche Aussagewert der in Halberstadt gemachten Aussagen erscheint demnach mehr als fragwürdig: Die Beschreibungen des Vorfalls widersprechen den Schilderungen, welche die Stadtbürger vor Ort abgegeben haben, und lassen

1009 Ebd., Aussage von Joachim Knorr am 03.01.1709.

1010 LASA, A 9b Ib, Nr. 19, Bd. II, Ebd., Bl. 202, Anlage A, Protokoll des Stadtschreibers Casesreuter vom 19.12.1708.

1011 Ebd., Bl. 210v, Aussage von Andreas Lampe vom 14.01.1709.

1012 Ebd.

1013 Ebd., Bl. 210r, Aussage von Peter Otto vom 14.01.1709.

1014 Ebd., Anlage E: Aussage von Andreas Lauenburg vor dem Regiment in Halberstadt am 21.12.1708. Die Akte wurde vom Kommandeur, Hauptmann Henning Alexander von Kleist, gegengezeichnet.

aufgrund der fehlenden Details in den Darstellungen auch keine wirklichen Zusammenhänge erkennen.

Bereits am 4. Januar 1709, also noch vor der Befragung der eigentlichen Beschuldigten, berichtete der Untersuchungsbeamte Casesreuter an den Hofrat Schreiber, er habe den Werbeoffizier Leutnant von Bonin erneut zu einer Stellungnahme geladen und dieser habe weder einen Täter gestellt noch die eigentlich erforderte Befragung der beiden Musketiere vornehmen lassen.[1015] Demnach konnten bei diesem Treffen lediglich die anwesenden Zeugen aus Wernigerode in Anwesenheit des Leutnants erneut mit ihren Aussagen konfrontiert und um Bestätigung derselben gebeten werden. Etwas frustriert stellt Casesreuter dann auch fest:

> »Und nachdem es wol einmahl gewiß genug bleibet, daß factum an sich selbst auch zutage lieget, daß der arme Thorschreiber gantz unverschuldet blessiret worden, welcher dies Zeit seines Lebens nicht verwinden wird; So bittet er gehorsambst ihme zureichende Satisfaction und Schutz im Thor zu verschaffen, insonderheit aber, daß ihme seine Schmertzen und das Arztlohn möchte bezahlet werden.«[1016]

Bereits das medizinische Gutachten des »Stadt-Physicus« vom 21. Dezember 1708 hatte die schweren Verletzungen am Haupt bestätigt, »wodurch [...] der musculus splemins wie auch tendo an dieser Seite sediert worden«.[1017] Die starke Verletzung des Nackenmuskels musste angesichts der Therapiemöglichkeiten in dieser Zeit wohl schwerwiegende Folgen haben. Helmholz selbst klagt in der abschließenden Supplik, die Casesreuter für ihn verfasste, »überdies müste er zu seinem größten Schaden einen steiffen Halß behalten«.[1018]

Die Akten geben einen Einblick in das konfliktbehaftete Verhältnis zwischen Soldaten und Zivilbevölkerung, hier vor allem aus der Perspektive der Stadtbewohner und der lokalen Behörden, und zeigen, dass es nicht allein um die Übertretung von Gesetzen ging (gewaltsame Werbung war auch in Brandenburg-Preußen bereits durch den König verboten worden), sondern um die gegenseitige Wahrnehmung der sozialen Position. Die Dokumente weisen auf eine Eskalationsspirale der Gewalt hin, welche den Konflikt zwischen dem zivilen Schreiber am Tor und den anwesenden Werbesoldaten verschärfte und einen friedlichen Ausgang des Aufeinandertreffens verhinderte. Auch die Argumentation der Soldaten im Nachhinein muss unter diesem Aspekt nicht nur als nachträgliche

1015 Ebd., Bl. 212, Anlage G: Bericht von Casesreuter an Hofrat Schreiber vom 04.01.1709.

1016 Ebd.

1017 Ebd., Bl. 211v: Anlage F – *Gutachten des Stadtphysicus und Chirurgen Dr. Hermann von Laugon vom 21.12.1708.*

1018 Ebd., Bl. 214: Supplik von Casesreuter und Helmholz wegen Erstattung der Kosten und Schmerzensgeld, ohne Datum. Hierbei dürfte es sich aber um einen letzten Akt der Verzweiflung gehandelt haben, um das Geld für Bader, Apotheker und als Entschädigung für die Verletzung zu erbitten.

Rechtfertigung verstanden, sondern auch als Verteidigung einer sozialen und gruppenspezifischen Ehre akzeptiert werden. Dementsprechend folgte die Ausübung von körperlicher Gewalt auf ebenjene Äußerungen, die entschärfend oder verschärfend wirken konnten und die der Wiederherstellung der sozialen Position dienten.[1019]

4.3 Deliktfeld 3: Insubordination – der Fall des Franz Dombruk 1711

»Er wiße es nicht, er sey betruncken gewesen.«[1020] Mit diesen Worten suchte der beschuldigte Dragoner Franz Dombruk in einem Untersuchungsverfahren im Jahr 1711 sein Verhalten gegenüber seinem Obersten Friedrich von Egeln, Kommandeur des in Flandern befindlichen Regiments von Sonsfeld, zu entschuldigen.[1021] Dombruk war dem Stabsoffizier selbstbewusst entgegengetreten, nachdem die Entscheidungen über den Verbleib eines Kameraden aus dem Regiment zum Widerstand unter den Soldaten geführt hatte: Fürst Leopold von Anhalt-Dessau hatte die Abgabe eines Dragoners zur Infanterie angeordnet, daraufhin wurde der Dragoner Arnold Schlaub von den Offizieren für die Weitergabe ausgewählt. Dieser hatte bereits lange Jahre im Regiment gedient. Die Offiziere gaben verschiedene Gründe für ihre Auswahl an, unter anderem die schlechte Disziplin von Schlaub, seine fehlende Fürsorge für das eigene Pferd sowie den ständigen Missbrauch von Alkohol, der oft auch zu Streitigkeiten mit den Quartiersleuten geführt habe.[1022]

Somit wurde dem Dragoner der Wechsel in das Regiment des Fürsten Leopold einige Tage vor der Abholung angekündigt. Am Tag der Überstellung kam es dann zu einem »Zwischenfall«, als ein Kamerad des überstellten Dragoners, der aus dem westfälischen Hamm stammende Franz Dombruk, den bereits in Gewahrsam genommenen Soldaten wieder in die Kompanie zurückholen wollte. Gemeinsam mit den Kameraden wollte Dombruk dann zum Obersten gehen und für Schlaub um den Verbleib im Regiment oder um den Abschied bitten. Offenbar war der Wortwechsel zwischen dem angetrunkenen Reiter und dem über die Entwicklung erstaunten Obersten feindselig und endete mit Schlägen und Arrest für Franz Dombruk und für zahlreiche weitere Kameraden. Im Verlauf der Inquisition, die von dem Auditeur Küster geführt und von zahlreichen Offizieren

1019 Vgl. Cottier, Fatale Gewalt, S. 32.

1020 LASA, A 9b Ib, Nr. 7, Bd. V, Bl. 181v.

1021 Vgl. Friedrich von Egeln, in: Biographisches Lexikon aller Helden und Militairpersonen, welche sich in Preußischen Diensten berühmt gemacht haben, Bd. 1, Berlin 1788, S. 394.

1022 LASA, A 9b Ib, Nr. 7, Bd. V, Bl. 179v: »Mit seinem Pferd hatt er alle Zeit so liederlich umgangen, daß es alle Campagnen marode gewesen.«

des Regiments begleitet wurde, zeigte sich, dass die beteiligten Akteure nicht nur räumlich unterschiedliche Blickwinkel auf das Vorgefallene einnahmen, sondern aufgrund ihrer Verortung in der militärischen Hierarchie und ihrer Zugehörigkeit zu den verschiedenen gesellschaftlichen Netzwerken im Regiment unterschiedliche Perspektiven entwickelten.

Anhand der Fallakten sind für die Analyse vor allem zwei wesentliche Aspekte von Interesse: Was sagen die Ereignisse über die Soldaten als »soziale« Gruppe aus? Welche Zuschreibungen nehmen die Beklagten und Zeugen vor, wie werden sie demgegenüber von den Offizieren charakterisiert? Welche Bedeutung nimmt die Störung der Kommunikation zwischen den Dienstgraden dabei ein? Schon die ständische Hierarchie, mehr noch die militärische, zeichnete gewisse Formen des Umgangs und der Kommunikation zwischen den Offizieren, Unteroffizieren und Dragonern vor. An welcher Stelle und aus welchen Gründen misslang diese Kommunikation in dem vorliegenden Beispiel? Worauf lässt sich dieses »Missverständnis« zurückführen, insbesondere wenn es um die Verurteilung des devianten Verhaltens eines Dragoners ging? Inwieweit bestimmten die Vorstellungen von ständischer Ehre und die Zugehörigkeit zu einer sozialen Gruppe diese Fehlkommunikation – vor allem aus der Sicht der Dragoner?

4.3.1 Fallakte und Anklage

Die Fallakten wurden im Jahr 1711 angelegt, und zwar im Lager bei Lewarde, während des Spanischen Erbfolgekrieges, und sind vermutlich an das Regiment des Prinzen Leopold gekommen, da dieser als Oberbefehlshaber der preußischen Truppen die höchste richterliche Instanz darstellte.[1023] Die Untersuchung läuft gegen Angehörige des Sonsfeld'schen Dragonerregiments.[1024] Obwohl die Fallakte zum großen Teil aus den Verhören und gegenseitigen Konfrontationen sowie Augenzeugenberichten besteht und weder eine Sentenz noch die Bestätigung eines Urteils vorhanden sind, umfasst die Akte mit 30 Seiten auf 15 Blättern eine im Vergleich recht umfangreiche und zusammenhängende Quellenbasis:

Zunächst schildert der Fähnrich von Mirbach, der Zeuge des Vorfalls und seiner Umstände wurde, aus seiner Sicht die Vorgänge vom 17. Mai 1711.[1025] Zur Absicherung der Perspektive sind ebenfalls die Zeugenaussagen des Capitain

1023 So erhielt er vom König Instruktionen für die Ausübung der militärischen Gerichtsbarkeit – und die ersten Kriegsartikel mit dem Oberbefehl 1705. Vgl. Schrötter, Robert Freiherr von: Das preußische Offizierskorps unter dem ersten König von Preußen, in: Forschungen zur Brandenburgischen und Preußischen Geschichte 27 (1914), S. 97–167, hier S. 158.

1024 Einer der Mitbeschuldigten, Arnold Schlaub, diente in der Kompanie des Obersten.

1025 LASA, A 9b Ib, Nr. 7, Bd. V, Bl. 177: Bericht des Fähnrichs von Mirbach vom 25.5.1711.

d'armes[1026] Hans Ernst Morgenstern (Bl. 178–180) und des Wachtmeisters Johann Berens Mayland (Bl. 180) aufgenommen worden. Beide waren mit dem Transport sowie der Übergabe des Soldaten an die angereiste Abordnung des Infanterieregiments Varenne[1027] beauftragt und hatten auch für die Sicherheit des Transportes zu sorgen. Schließlich sind die zusammenfassenden Aussagen eines Fähnrichs und eines Korporals, die in der Nähe gestanden hatten, als der Beschuldigte in den Arrest geführt wurde, angefügt.[1028]

In der Aktenlistung folgt nun eine Aufstellung der Kritikpunkte, welche die Offiziere mit Blick auf die Abgabe von Arnold Schlaub erstellt hatten, damit der Oberst dieser Argumentation folgend den Dragoner Schlaub, der ein »liederlicher Mensch« sei, statt eines frischen Rekruten an die Infanterie abgebe.[1029] Im Anschluss daran folgt die Generalinquisition des Franz Dombruk, die in 33 Artikel gegliedert ist, mit allgemeinen Fragen nach dem Namen, der Herkunft, Alter und Dienstzeit beginnt, um sich dann der Vorgeschichte und dem Vorfall selbst zu nähern. Gleich im fünften Artikel wird Dombruk gefragt, warum er in Arrest sei – und dieser gibt darauf die eingangs zitierte Erklärung ab, die sich fortan als roter Faden durch die gesamte Befragung zieht: er sei betrunken gewesen und wisse nun nichts mehr.[1030] Die Befragung, deren Artikel und Verlauf vermutlich durch den erwähnten Auditeur Küster vorgegeben sind, konfrontiert den Angeklagten vor allem mit den von ihm getätigten und von Zeugen bekräftigten wortwörtlichen Aussagen, um ihn dazu zu bringen, das Fehlverhalten gegenüber den Vorgesetzten einzuräumen und sich dem Kriegsrecht zu unterstellen.[1031]

Daneben versuchen die Untersuchungsrichter weitere Beteiligte zu finden und nachdem Dombruk im Verlauf der Befragung auch einige weitere Dragoner

1026 Es handelte sich dabei um einen Unteroffiziersgrad in der preußischen Armee im 18./19. Jahrhundert, vergleichbar mit dem Feldwebel oder Fourier. Der Capitain d'armes war für die Waffen der Kompanie zuständig. Vgl. Glossar militärischer Fachbegriffe, in: Scharnhorst, Gerhard von: Private und dienstliche Schriften, Bd. 5: Preußen 1808–1809. Leiter der Militärreorganisation (hrsg. von Johannes Kunisch in Verbindung mit Michael Sikora, bearbeitet von Tilman Stieve), Köln u. a. 2009, S. 814.

1027 Das Regiment führte als Regiment zu Fuß des Generalleutnants Jacques l'Aumonier, Marquis de Varenne (1641–1717), nach den Dessauer Spezifikationen die Stammnummer 13, es war 1685 in Soest eingerichtet und vor allem mit Hugenotten versehen worden. Unter seinem ersten Chef Varenne zeichnete es sich im Spanischen Erbfolgekrieg mehrfach aus, besonders in der Schlacht bei Malplaquet.

1028 LASA, A 9b Ib, Nr. 7, Bd. V, Bl. 181v: Aussagen des Fähnrichs von Litwitz und des Korporals Lück zur Arretierung von Franz Dombruk.

1029 Ebd., Bl. 177v.

1030 Ebd., Bl. 181r.

1031 Anhand dieser Argumentation innerhalb der Befragung zeigt sich, dass auch in diesem Fall das Geständnis auch eine Form der Anerkennung von Fehlverhalten war und dieser Umstand in die spätere Urteilsfindung mit einbezogen werden musste.

benennt, die mit ihm gemeinsam gegen den Beschluss des Obersten vorgehen wollten, werden diese in den folgenden Tagen ebenfalls befragt: Nachdem Dombruk selbst mit dem Wachtmeister konfrontiert wurde, dem er vor seiner Auseinandersetzung mit dem Oberst von Egeln bereits begegnet war, folgte die Befragung des ebenfalls im Arrest befindlichen Dragoners Peter Farbig.[1032] Anschließend wurden weitere Dragoner zu ihrer Rolle in dem »Aufruhr« befragt, zur räumlichen Nähe zum Geschehen und zu ihrer Position gegenüber dem Vorschlag von Dombruk: ob sie bereit gewesen seien, sich gemeinsam mit ihm und weiteren Kameraden zum Obersten zu begeben und bei diesem für Schlaub um den Verbleib oder den Abschied zu bitten. Zum Abschluss lieferten die beiden Unteroffiziere Morgenstern und Mayland noch einmal unter Eid ihre Berichte ab, dabei wurden sie vor allem zu den gehörten mündlichen Äußerungen des Delinquenten befragt und sollten diese bestätigen. Aufgrund des anhaltenden Beteuerns Dombruks, er wisse nicht, was er gesprochen habe, denn er sei zu betrunken gewesen, mussten die zwei Zeugenaussagen in dem gerichtlichen Verfahren als Gegenbeweise Gültigkeit erhalten.[1033]

Aus den verschiedenen Äußerungen und Zeugenberichten ergibt sich am Ende zumindest dieser Tatverlauf: Der Dragoner Arnold Schlaub sollte durch einen Offizier und zwei Musketiere seines neuen Regiments zu demselben begleitet werden, vorher sollte der Capitain d'armes gemeinsam mit ihm die Montur aus dessen Quartier holen und begleitete ihn dorthin. Als sie an den Zelten der Kompanie anlangten, waren gerade die Dragoner um Franz Dombruk mit ihrer Fourage zurückgekehrt und Dombruk wandte sich an Schlaub mit der Frage: »Wo solstu hin?«.[1034] Als der Angesprochene darauf verwies, dass er nun abgeholt werde, so wie es ihm bekannt gemacht worden sei, reagierte sein Kamerad unwirsch: »Bleib du in der Compagnie, wir wollen sehen, wer dich soll heraus nehmen, wir wollen lieber alle mit in Arrest gehen.«[1035] Daraufhin sei der Dragoner Schlaub auch unter die Dragoner gegangen und der Capitain d'armes habe dem Fähnrich von Mirbach, der ihn mit der Abholung der Montur beauftragt hatte, Bericht erstattet darüber, dass die Reiter nun zusammenstehen und »murmeln« würden. Einige Zeit darauf, berichtete der Fähnrich später, sei

1032 LASA, A 9b Ib, Nr. 7, Bd. V, Bl. 184r.

1033 Nach Lünig, CJM, S. 367 genügten in einigen Fällen zwei Zeugenaussagen als glaubhafter Beweis, wenn kein Geständnis vorhanden war.

1034 LASA, A 9b Ib, Nr. 7, Bd. V, Bl. 178r.

1035 Diese Aussage wurde im Wortlaut von dem Capitain d'armes Ernst Morgenstern wiedergegeben (Bl. 178r) sowie von dem Kameraden Peter Farbig in der Befragung bestätigt (Bl. 185v).

> »der Wacht-Meister von der Compagnie zu ihnen gekommen und referiret, daß Dombrok und die Burschen den Schlaben nicht ausfahren laßen wollen, so hätte der Capitain selbigen gesagt, kriegt ihn wieder in Arrest bis der H. Obrister kombt«.[1036]

Weiter äußerte der Wachtmeister, dass Dombruk und seine Kameraden ihr Unverständnis darüber geäußert hätten, warum Schlaub überhaupt an die Infanterie abgeben werden sollte. Deswegen wies Mayland den Dragoner darauf hin, dass der Oberst von Egeln demnächst in die Kompanie komme, sie könnten ihm ihre Beschwerde selbst vortragen, den Schlaub aber würde er wieder in Arrest nehmen. Dem hatte Dombruk zugestimmt, auch Arnold Schlaub sei brav wieder in den Arrest gegangen und sollte nun so schnell wie möglich zum Infanterieregiment gebracht werden.[1037] Als der Oberst nun durch die Kompanie geritten kam, um sich zu erkundigen, was vorgefallen war, hätten es die Dragoner mit der Angst zu tun bekommen, während Dombruk dem Kommandeur schnell entgegenging, löste sich die Gruppe auf. Wie der Fähnrich Mirbach berichtete, habe sich der Dragoner dem Obersten nicht nur genähert, sondern diesem auch »ungebührliche« Vorhaltungen wegen des Kameraden gemacht:

> »Wie der H. Obrist. die Compagnie lang reiten wollen, wäre der Dombrok mit umbgespandten Degen ihme entgegen gekommen, da er dann zu ihm gesagt, »Kerl was fängstu an?« Worauff dieser geandtwortet, und zwar mit ungebührlicher Arth, »Herr Obrister, das geht nicht an, der Kerl ist vor Dragoner angenommen, wo er dazu nicht capable ist, so gebt ihn den Abschiedt!«, und wie dieser wieder gesagt »Meinstu daß unter der Infanterie nicht ansehnliche Leute dienen, er dient da dem König so wohl alß hier«, und der Kerl ein loses Maul hierauff gehabt, so hätte ihn H. Obrister mitt seinen Stöckgen etliche Schläge gegeben und in Arrest zu bringen befohlen, so dann auch geschehen.«[1038]

Der von dem Offizier geschilderte Wortwechsel sowie die geschehene Arretierung wurden von dem ebenfalls anwesenden Fähnrich von Litwitz noch gestützt – er ergänzte sogar, Dombruk habe sich beim Fortgehen umgedreht und mit seiner rechten Hand dem fortreitenden Obersten gedroht.[1039] Um seine Aussage abzustützen, verwies er dabei auf einen Wortwechsel mit dem anwesenden Korporal Lück, der in seiner Nähe gestanden und gesagt habe, »Herr Fehnrich, sehen sie das wohl?«, worauf der Fähnrich geantwortet habe, »ich sehe es wohl«, und sich daher ganz sicher gewesen sei, »derselbe würde es also auch bezeigen können«. Doch hier zeigt sich bereits eine Perspektivverschiebung, die auch in den späteren Zeugenaussagen zwischen Offizieren und insbesondere den Dragonern immer wieder sichtbar wird: Der Korporal bezeugt die vermeintliche Drohge-

1036 Ebd., Bl. 177r.
1037 LASA, A 9b Ib, Nr. 7, Bd. V, Bl. 180r.
1038 Ebd., Bl. 178v.
1039 Ebd., Bl. 181v.

bärde des Dragoners keineswegs und widerspricht, er habe eine solche nicht gesehen, sondern vielmehr die Äußerung des abgeführten Dombruk gemeint, »daß der Dombrok mit trotziger Mine zu den H. Obristen gesagt: ich bin kein Rebell, H. Obrister schlage Er mich nicht«.[1040] Die Form der Befragungen weiterer Dragoner zeigt, dass die Untersuchungsrichter vor allem den Tatbestand des Komplotts der Dragoner gegen den Obersten bzw. seine Offiziere untersuchen und feststellen wollten.

Die Gefahr, die von einer Versammlung der Soldaten ausgehen konnte, war bereits in den Kriegsartikeln für die Infanterie festgehalten worden:

> »Alle verdächtigen Rottirungen, Zusammenkünfte und Berathschlagungen, sollen am Leibe oder Leben gestrafet, auch die Urheber nach Befinden ohne Gnade zum Tode verurtheilet, und es alsofort exequiret werden. Diejenige auch, so von solchen Rottirungen, verdächtigen Zusammenkünften, und Berathschlagungen über leichtfertiges Vorhaben etwas erfahren, und solches bey ihrem commandirenden Officier nicht anzeigen, sollen ebenfalls am Leibe, und nach Befinden am Leben gestrafet werden.«[1041]

Wie sich im weiteren Verfahren ergab, war der Unmut über die Abgabe des Kameraden, nicht nur bei Franz Dombruk, bereits vor dem Tag der Abholung groß gewesen und es war im Vorfeld bei den Soldaten zu Überlegungen gekommen, wie man dem entgegensteuern könnte.[1042] Ob diese noch unverbindlichen Verabredungen als Komplott oder Aufruhr gewertet werden sollten, hing auch von der Argumentation der Angeklagten ab, zunächst aber bildeten sich im Verfahren Akteurs-Gruppen unter den militärischen Vorgesetzten und den Dragonern heraus, die im Folgenden näher erläutert werden sollen.

4.3.2 Akteure und Personenkonstellationen

Im Zentrum der Untersuchung standen die zwei Dragoner Arnold Schlaub und Franz Dombruk: Der Lebenswandel des Ersteren führte ganz offenbar zu Unstimmigkeiten mit den Vorgesetzten und in der Folge zur Abgabe an die Infanterie, die sein Kamerad Dombruk nun prinzipiell zu verhindern suchte.[1043] Um diese herum entwickelten sich Netzwerke, die sowohl von langlebiger (Ka-

1040 Ebd.

1041 Kriegs-Articul 1749, S. 6, Art. 22.

1042 LASA, A 9b Ib, Nr. 7, Bd. V, Bl. 185r – in der Aussage Peter Farbigs dazu, wie sie die Übergabe Schlaubs an die Musketiere verhindern wollten, heißt es, »die Compagnie hätte wollen austreten und den H. Obristen bitten, daß Er den Kerl möchten seinen Abschied ertheilen«.

1043 Dabei war die Abgabe von Soldaten aus dem Regiment ein ganz normaler »Geschäftsgang« im Militär. Jedes Regiment hatte monatlichen Abgang durch den Austausch von Soldaten oder die Abgabe von einzelnen Gemeinen an ein anderes Regiment.

meradschaft) als auch temporärer Natur (Hierarchie im Regiment) waren und die den Verlauf der Handlungen prägten und die Beurteilung durch die übrigen Akteure (vgl. Tabelle 12).

Tabelle 12: Akteure im Inquisitionsverfahren gegen Franz Dombruk 1711

Offiziere und Vorgesetzte	Dragoner	Weitere Beteiligte
Oberst Friedrich von Egeln	Arnold Schlaub Franz Dombruk (Inquisit)	Küster (Auditeur)
Kapitän v. Blankenburg (Zeugenverhöre)	Peter Farbig	
Leutnant Warenberg (Verhöre)	Mathias Becker	
Fähnriche von Mirbach (Zeuge) von Litwitz (Zeuge) von Cortenbach (Verhöre)	Peter Burfeld	
Capitain d'armes Ernst Morgenstern (Zeuge)	Johann H. Höker	
Wachtmeister Johann Berens Mayland (Zeuge)	Georg Körner	
	Johan Diterich Schultze	
	Georg Krainberg	
	Heinrich Ostendorff	

So hatte der schließlich fortgebrachte Arnold Schlaub durch sein abweichendes Verhalten zur Eskalation indirekt beigetragen: die Behandlung seines Pferdes sowie das Verhalten gegenüber der Zivilbevölkerung hatten zur Folge, dass die Offiziere ihn aus der Kompanie entfernen wollten. Er habe erstens den Streit mit seinem Quartierwirt gesucht, sei zweitens mit seinem Pferd rücksichtslos umgegangen und habe, nachdem er ein neues Pferd erhalten habe, drittens »sich so besoffen, und mit der Wirthin Streit gehabt und auf Sie zugeschlagen, sein Pferd damahls verfüttert, und kurtz darauff getrucket, als nun dieses wieder curiret, zum zweyten mahl getrucket, so daß solches Pferd gantz verdorben«.[1044] Darüber hinaus habe er sich seinen Vorgesetzten, insbesondere den Unteroffizieren gegenüber ungehorsam verhalten, »so daß wir Unterschriebene, endlich genöthiget worden dem H. Obristen vorzustellen, obgedachten Schlab an des anderen seinen Platz, der Infanterie zu übergeben«.[1045]

Gezeichnet war das Dokument sowohl von einem ehemaligen Offizier der Kompanie, dem Leutnant Schätzky, als auch von Kapitän von Bergen sowie dem Fähnrich von Mirbach, die zu dieser Zeit bei der Kompanie standen. Mit diesem

1044 LASA, A 9b Ib, Nr. 7, Bd. V, Bl. 179v.
1045 Ebd.

Verhalten von Anton Schlaub, das sich unmittelbar auf die Struktur in der Kompanie ausgewirkt hatte, löste dieser also langfristig den »Tumult« der Dragoner aus, der allerdings auch durch das Selbstverständnis der Reiter beeinflusst wurde. Franz Dombruk als Hauptangeklagter hatte es selbst formuliert, wie es etwa Peter Farbig in seiner Erinnerung ausdrucksvoll wiedergab. So hatte der Hauptbeklagte in der Erinnerung von Farbig nach den Soldaten, die Schlaub abholen sollten, in der Form gefragt: »Wo sind sie?«, um dann hinzuzufügen: »Die soll der Teuffel hohlen.«[1046]

Als entscheidendes Kriterium kristallisierte sich in den Verhören der Umstand der Versammlung der Mannschaft und damit der mögliche Vorwurf der Meuterei und des Komplotts gegen die Vorgesetzten heraus.[1047] Jeder Dragoner, der im Umfeld dieses Vorfeldes namentlich erwähnt wurde, war zum Verhör gebracht und befragt worden (vgl. Tabelle 13). Eine wesentliche Frage dabei war, wer sich »bei dem Haufen« aufgehalten habe. Damit war die Versammlung von Dragonern angesprochen, unter die sich Arnold Schlaub für eine gewisse Zeit geflüchtet hatte, um der Überstellung an die Infanterie zu entgehen.

Tabelle 13: Befragte Dragoner und Unteroffiziere im Fall Dombruk 1711

Vor- und Zuname	**Alter**	**Unterstützung von Dombruk?**	**Aufenthaltsort?**
Franz Dombruk	38	Auslöser	Betrunken, beim Obersten
Peter Farbig		Ja	Bei dem »Haufen«
Mathias Becker	30	Ja	Bei dem »Haufen«
Peter Burfeld		Nein	Nicht in der Kompanie
Johann Heinrich Höker	22	Ja	In seinem Zelt
Georg Körner	40	Nein	Bei dem »Haufen«
Johann Dietrich Schultze	26	Ja	Am Feuer sitzend
Georg Krainberg	40	Ja	Auf der Weide
Heinrich Ostendorff		Nein	Weiß von nichts
Capitain d'armes Hans Morgenstern	44	Nein	Zeuge
Wachtmeister Johann Berens Mayland	49	Nein	Zeuge

1046 Ebd., Bl. 184r.

1047 Kriegs-Articul 1713, S. 214: »Alle verdächtigen Rottirungen, Zusammenkünffte, Berathschlagungen, seynd bey Leib- und Lebens-Straffe verbothen, auch sollen deren Anstiffter und Urheber alsofort ohne alle Gnade verurtheilet und exequiret werden.«

4.3.3 Deliktverlauf und Verteidigungsstrategien

Die Fallakten zeigen deutlich die auseinanderliegenden Positionen der beiden Konfliktparteien: auf der einen Seite stehen die Offiziere und der Oberst, denen es vor allem um die Frage der Subordination und Disziplin geht. In diesem Kontext ist bereits die vorgenommene Verurteilung von Arnold Schlaub zu sehen, der von den Offizieren der Kompanie aufgrund seiner Lebensführung ein schlechtes Zeugnis erhält und auf Befehl des Obersten aussortiert und abgegeben werden soll.[1048] Dem stehen die Argumente der Dragoner gegenüber, die Franz Dombruk gegenüber dem Wachtmeister, dem Obersten und später im Verhör vorbringt: für die Kameradschaft mit dem abzugebenden Dragoner spielen diese obrigkeitlichen Beurteilungen keine Rolle, sondern viel eher der Umstand, dass Schlaub an die Infanterie abgegeben werden soll, was von den Reitern abfällig beurteilt wird. So schlussfolgern neben Franz Dombruk und Peter Farbig auch andere Dragoner: »Wenn wir recht thäten, so müsten Wir uns den Schlaben von den Mousqetieren nicht nehmen laßen«.[1049]

Obwohl also die Argumentation der Soldaten wortwörtlich gegen die Infanterie läuft, handelt es sich bei der angestrengten Untersuchung um eine grundlegende Kommunikation über Fragen der Subordination und darüber, wo das Bestimmungsrecht der Offiziere in den Augen der Dragoner endet. Damit zeigt sich, dass die Soldaten sich ebenso als Vertreter ihrer Gemeinschaft und des bestehenden Herrschaftsverhältnisses ansehen wie die Offiziere und ihr Oberst Friedrich von Egeln, welche die Normen im Regiment durchsetzen sollen.[1050] Die Auseinandersetzung über die Versetzung des Kameraden wird zum Diskurs über die Praxis dieser Soldatenlieferung und führt zu diskursiven Handlungen.

Der »liederliche« Lebenswandel ihres Kameraden, der offenbar sowohl das Pferd als auch Zivilpersonen in Mitleidenschaft gezogen hatte, spielte in den Augen der Dragoner keine entscheidende Rolle. Als Angehöriger des Dragonerregiments gehörte er zu ihrer sozialen Gruppe, die sich ganz offenbar von den Soldaten der Infanterieregimenter abheben wollte.[1051] Obwohl in er in seinem ersten Generalverhör beinahe alle Fragen zurückwies, blieb Dombruks Position,

1048 Bereits in dem einführenden Bericht vermerkt der Fähnrich von Mirbach: »daß der Recruite ein guter Kerl, Arnold Schlabe aber ein liederlicher Mensch wäre, und daß es also beßer sein würde, wenn Man diesen vor jenen abgeben könte«. LASA, A 9b Ib, Nr. 7, Bd. V, Bl. 177.

1049 Ebd., Bl. 185v.

1050 Zu ähnlichen Strukturen im Zusammenhang mit zivilen Amtsträgern und der zivilen Bevölkerung vgl. Löffler, Ursula: Dörfliche Amtsträger im Staatswerdungsprozess der Frühen Neuzeit: die Vermittlung von Herrschaft auf dem Lande im Herzogtum Magdeburg 17. und 18. Jahrhundert (= Herrschaft und soziale Systeme in der Frühen Neuzeit, 8), Münster u.a. 2005 S. 35.

1051 Gottberg, Bernd: Die preußische Kavallerie 1648 bis 1871, Berlin (Ost) 1988.

ebenso wie die der übrigen Kameraden, ungetrübt: »Ihre Intention wäre gewesen, daß sie den Herrn Obristen bitten wolten, den Kerl, wenn er ja unter die Mousquetiers solte, nur einen Schein zu geben, daß er ehrlich gedienet.«[1052] Auch der Kamerad Peter Farbig bestätigte in der Befragung das gemeinsame Vorgehen der Soldaten, um sich für den Verbleib oder das Ausscheiden aus dem Dienst einzusetzen, nicht aber, um die Dragoner gegen die Offiziere aufzubringen, wie es das Verfahren insbesondere Franz Dombruk unterstellt.

So berichtete Farbig:

> »Wie nun der H. Obrist in die Compagnie gekommen zu dem Ende Er, Matthias Becker, Girge Körner und Hinrich Höker entgegen gegangen, Dombruk aber wäre voraus zu den H. Obristen gelauffen, und die anderen wären zurück geblieben, da dann der H. Obrister so gleich zu den Dombruk angefangen, ob er die Compagnie wolte rebellisch machen.«[1053]

Auch der abzugebende Schlaub hatte aus Sicht seiner Vorgesetzten schon Probleme mit der Befolgung von Regeln und mit der militärischen Subordination gehabt. Dass sich die Dragoner nun zusammenfanden, um für den Verbleib des Kameraden zu sprechen, konnte in diesem Sinn auch als Komplott im Sinne einer beginnenden Meuterei betrachtet werden und musste daher von Beginn an unterbunden werden. Die Aussagen der Offiziere und der Dragoner unterscheiden sich in diesen Punkten ebenfalls deutlich: während die Vorgesetzten die Respektlosigkeit im Vorgehen von Franz Dombruk betonen, geben die Kameraden an, als wie unpassend auch sie das Vorgehen des Obersten bewerteten, als dieser Franz Dombruk durch sofortige Prügel zu disziplinieren versuchte. So bestätigte auch Korporal Lück die Worte des Dragoners, mit denen er sich in den Arrest verabschiedete: »ich bin kein Rebell,[1054] H. Obrister, schlage Er mich nicht«.[1055]

In seinem Bericht zu dem Geschehen hatte der Fähnrich von Mirbach, der den Capitain d'armes und den Wachtmeister mit der Übergabe Schlaubs an die Musketiere beauftragt hatte, den Gang des Dragoners Dombruk zu dem auf dem Pferd sitzenden Obersten Friedrich von Egeln ausführlich beschrieben und als

1052 LASA, A 9b Ib, Nr. 7, Bd. V, Bl. 183f.

1053 LASA, A 9b Ib, Nr. 7, Bd. V, Bl. 184r.

1054 Rebell, Substantiv zu »rebellisch«, von frz. *rebelle* für ›widerspenstig, empörerisch, aufrührerisch‹ (16. Jh.). Ein Rebell war gleichzusetzen mit einem Aufrührer und bezeichnete ebenfalls jemanden, der den Aufruhr durch Worte und Taten anzettelte. Wobei seit dem 19. Jahrhundert der Begriff Rebellion als aktive und auch zur Gewalt neigende Form des Widerstands betrachtet wurde. Vgl. Roth, Klaus: Geschichte des Widerstandsdenkens – ein ideengeschichtlicher Überblick, in: Bernd Ladwig; Klaus Roth (Hg.): Recht auf Widerstand? Ideengeschichtliche und philosophische Perspektiven (= Studien zu Grund- und Menschenrechten, 12), Potsdam 2006, S. 7–55, hier S. 8 und S. 48.

1055 LASA, A 9b Ib, Nr. 7, Bd. V, Bl. 181v.

ungebührliches Verhalten gegenüber dem Offizier beurteilt. Insbesondere das ungestüme Auftreten, die Annäherung an den Obersten, ohne um Erlaubnis zu fragen, und darüber hinaus der – aus Sicht des Vorgesetzten – respektlose Ton gegenüber Friedrich von Egeln hätten die Reaktion darauf geradezu herausgefordert. Aus dieser Perspektive heraus erscheint das Auftreten des betrunkenen Reiters unangemessen und anmaßend, vor allem dem Amt des Obersten und Kommandeurs gegenüber, die empfangenen Schläge wurden von dem Fähnrich daher als folgerichtige Strafe eingeschätzt. Dabei formulierte der Offizier drei Aspekte, die in dieser Konfrontation gegen den Soldaten sprachen:

1. Sei Dombruk seinem Obersten mit umgespannten Gurt, also kampfbereit, entgegengegangen.
2. Habe er sich dem Kommandeur gegenüber in »ungebührlicher« Art ausgedrückt und diesen zum Verbleib des Kameraden Schlaub oder zu dessen Verabschiedung aufgefordert.
3. Zeigte Dombruk in Reaktion auf die Meinung des Obersten, die Infanterie diene dem König ebenso gut, wie die Dragoner es täten, ein »loses Maul«, womit wahrscheinlich abfällige und unflätige Ausdrücke gemeint waren.[1056]

Diese Argumente sowie die gegenseitige Absprache der Dragoner untereinander wurden als Punkte, die gegen den vermeintlichen Aufrührer sprachen, auch von Auditeur Küster, der das Gerichtsverfahren leitete, so vermerkt.

Auf der anderen Seite zeigen die Zeugenbeschreibungen sowie die Diskussionen der Dragoner untereinander, dass Dombruk mit seinen Argumenten nicht allein war: insbesondere das soziale Selbstverständnis der Dragoner gegenüber den Soldaten der Infanterie war ein Aspekt, der auch den Kameraden von Franz Dombruk und Arnold Schlaub durchaus wichtig und verteidigungswürdig war. Im Verhör sowie in den Gesprächen mit den verschiedenen Dragonern klingt an, dass auch andere Soldaten die Ansicht teilten, der Dragoner Schlaub müsse entweder Dragoner bleiben oder verabschiedet werden. Die Frage, ob dies wirklich einer Ablehnung gegenüber der Infanterie entsprang oder vielmehr Zeichen der sozialen Identität der Dragoner untereinander war, wirft auch ein Licht auf die zugrundeliegenden Motive, die den Soldaten erst zu seinem Protest bewegten. Die große Bedeutung, die Dombruk selbst der Identifikation der Dragoner untereinander beimaß, lässt sich meines Erachtens nur aus den Handlungen des Angeklagten ablesen:

1056 Als »loses« Maul wurde umgangssprachlich die unangemessene Ausdrucksweise meist im Sinne einer sehr geringschätzigen und »schmutzigen« Artikulation verstanden. Vgl. Schemann, Hans: Deutsche Idiomatik. Wörterbuch der deutschen Redewendungen im Kontext, 2. Aufl., Berlin 2011, S. 532.

- Zunächst sprach die Bitte des Dragoners Arnold Schlaub, für ihn beim Obersten um die Dimission zu bitten, dafür, dass die Kameradschaft unter den Soldaten solche Stellvertreterhandlungen einschloss.
- Franz Dombruk diente bereits seit zwölf Jahren bei dem Regiment und hatte in dieser Zeit auch an einigen Feldzügen teilgenommen, sich damit innerhalb seines Umfeldes bewährt.
- Auch der Umstand, dass Dombruk während des Vorfalls nach der einstimmigen Meinung aller Zeugen betrunken war, unterstreicht, dass er zunächst den Mut fassen musste, um überhaupt zu handeln.[1057] Ihm wurde noch während des Verhörs bedeutet, dass der betrunkene Zustand ihn nicht entschuldigen könnte, aber selbst der Wachtmeister und der Capitain d'armes finden in ihren Aussagen Entschuldigungen für ihn. So antwortet etwa der Wachtmeister Johann Berends auf die Frage, ob Dombruk zu betrunken gewesen sei, um für seine Taten Verantwortung übernehmen zu können: »Das könnte er nicht sagen, er wäre gantz voll gewesen, wenn er nüchtern gewesen, würde er es nicht gethan haben.«[1058]
- Zusätzlich erwähnt Berends zur Entlastung des Angeklagten, dass dieser angesichts der Umstände zu dem Dragoner Schlaub im Arrest erklärt habe: »Gehe du nur, das sind so wohl ehrliche Kerls dar runter der Infanterie dienen, alß diese unter den Dragonern.«[1059] Damit habe er wohl die vorherige Meinung der Dragoner, dass bei der Infanterie nur unehrliche Soldaten dienten, entschärfen wollen.
- Auch seinen Degen, den er für den Gang zum Obersten umgespannt hatte, gab er dem Wachtmeister, als dieser ihn in den Arrest führen wollte, freiwillig und ohne Gegenwehr ab.

Obwohl der Genuss von Alkohol im 18. Jahrhundert wohl zu den alltäglichen Gelegenheiten möglich war, wirkten sich das ständige Trinken und die daraus entstehende Gewaltbereitschaft und Selbstüberschätzung bis in den Dienstalltag aus. Im Bereich der Subordination konnte dies auch deshalb so schwerwiegend sein, weil die soziale Identität des Soldaten von den Vorgesetzten anders wahrgenommen wurde als durch die Soldaten selbst. Für den Offizier und Obersten hatte der Soldat zu funktionieren und sich in Form einer guten Disziplin in das Regiment einzufügen und nicht zu widersprechen.

Wie die Auswertung der Verhörprotokolle jedoch gezeigt hat, verstanden sich die Dragoner als soziale Gruppe mit eigenen Wert- und Ehrvorstellungen, die

1057 Wie grundlegend der Genuss von Branntwein und anderen alkoholischen Getränken wie Bier oder Wein zum alltäglichen Leben der Soldaten dazugehörte, vermitteln auch die zahlreichen Verweise auf den »Rausch« in den Akten. Vgl. Kap. 3.3.4 zum Alkoholkonsum.

1058 LASA, A 9b Ib, Nr. 7, Bd. V, Bl. 232.

1059 Ebd.

sich von den Soldaten der Infanterie klar abgrenzen wollte und daher die Abgabe eines Dragoners als Bestrafung der gesamten Kompanie interpretierte.[1060] Selbst der Umstand, dass Franz Dombruk nur unter dem Eindruck des Alkohols seinen Standpunkt äußern konnte und damit gegen die Entscheidung des Kommandeurs Opposition bezog, führte nicht dazu, dass sich die Kameraden abwandten und versuchten, sich aus der Sache herauszureden. In dem Reglement von 1743 riet Friedrich II. seinen Offizieren, das Gespräch mit einem betrunkenen »Burschen« zu vermeiden, »vielweniger solche schlagen, indem man viele Exempel hat, daß ein Kerl besoffener Weise auf solche Art das Leben verwürckt«.[1061] Dagegen solle der betreffende Soldat am nächsten Tag nach der Ernüchterung für seine Vergehen doppelt so hart bestraft werden.

4.4 Deliktfeld 4: Soldaten als Opfer von Gewalt – der Tod des Paulmann 1711

4.4.1 Die Fallakten und der Deliktverlauf

Eine besondere Gemengelage fällt in den Regimentsakten besonders in der Zeit des Spanischen Erbfolgekrieges unvermutet auf: die Gewalt an Soldaten durch italienische Bauern während der Kampagnen in Italien zwischen 1705 und 1712. Die Gewalttätigkeiten bestanden auf beiden Seiten, wie die Berichte der kommandierenden Offiziere zeigen, und obwohl hier die Perspektive aus dem Regiment heraus näher beleuchtet werden soll, erscheint es wesentlich, die wiederkehrende Eskalation der Gewalt auf beiden Seiten zu betrachten.

In einem Bericht des Leutnants Krusemarck vom September 1711 ist zu ersehen, dass die preußischen Soldaten beim Fouragieren in dem fremden Land ebenfalls nicht zimperlich vorgingen. So erwähnt der Leutnant den Fall eines Bauern, der von Soldaten des Regiments Anhalt-Dessau in der Nähe von Podenzano[1062] durch Schüsse schwer verletzt worden war: »Undt soll die Ursach diese seyn, daß die Soldaten Ihnen Hühner genommen undt alß er Ihnen

1060 Trotzdem nannte Friedrich II. die durch seinen Vater weitgehend sich selbst überlassene Kavallerie »verwahrlost« und ohne rechte Führung und Disziplin, bis er selbst den Oberbefehl übernahm. Vgl. Der politische Zustand Brandenburgs einst und jetzt, in: Berthold Volz (Hg.): Die Werke Friedrichs des Großen, Bd. 1, Berlin 1913, S. 187.

1061 Reglement vor die Königl. Preußische Infanterie 1743. Faksimiledruck der Ausgabe Berlin 1743. Mit einer Einleitung von Hans Bleckwenn, Hälfte 1.2. (= Altpreußischer Kommiss, 33–34), Osnabrück 1976, S. 549, XI. Teil, Art. XII.

1062 Hierbei handelte es sich vermutlich um die Gemeinde Pondenzano in der Provinz Piacenza, seit dem 16. Jahrhundert zum Herzogtum Parma gehörig. Bis 1731 herrschte dort die Familie Farnese.

nachgelauffen undt Ihnen, daß er sie kennete, nachgeschrien, haben sie sich umbgewandt und Korn gegeben.«[1063]

Dabei hatten die Musketiere aus der Kompanie des Kapitäns von Clermont dem Mann das Kinn weggeschossen, sodass der Bauer in Lebensgefahr schwebte und diese Auseinandersetzung vermutlich nicht überlebte. Die zuständige Gemeinde klagte gegen diese Behandlung beim Regiment und der Offizier sah sich veranlasst, die Sache genauer zu untersuchen. Allerdings wurden ihm bei dieser Untersuchung durch den Befehlshaber der Armee, den Generalleutnant Prinz Eugen von Savoyen, Steine in den Weg gelegt, indem der Fürst die schnelle Zurücksendung der Akten verlangte.

> »Weiln ich Nuhn nicht wiße, warumb der Gen. Lieut. die Acten so gleich nach Verleihung wieder zurück verlanget, so muß mich befürchten, Verdruß mit ihm zu haben, wenn er ersehen sollte, daß ich solche Ew. Hochfürstl. Durchl. zugesandt. Ewr. Hochfürstl. Durchl. könten sonder Maßgebung gnäd. Geruhen nach Befinden Mir anzubefehlen die Acta abzufordern, so würde alle Collision evitiren können.«[1064]

Offenbar war dem Befehlshaber nicht daran gelegen, die Sache näher zu untersuchen und allzu viel Staub aufzuwirbeln, da Vorfälle wie diese immer wieder vorkamen. Wie aber argumentierten Soldaten und Vorgesetzte, wenn es um den Tod der eigenen Leute ging? Was bedeuteten die Auseinandersetzungen zwischen preußischen Soldaten und italienischen Bauern in der Perspektive der Betroffenen und der Zeugen?

Im Dezember 1711 kam es in dem italienischen Ort Sontovero zu einem Zusammentreffen zwischen italienischen Bauern und preußischen Soldaten, das mit dem Tod des Musketiers Matthes Paulmann endete.[1065] Der Soldat war durch einen Schuss in den Oberkörper getötet worden, nachdem er eine Unterhaltung mit den Bauern geführt und sich beide Parteien gegenseitig beleidigt hatten. Paulmann brach an Ort und Stelle zusammen und war sofort tot, auch die deswegen durchgeführte Obduktion bestätigte den Tod durch Erschießen. Eine gemeinsame Untersuchung von lokalen Vertretern des Herzogs von Parma sowie durch den Oberauditeur Dancker sollte anschließend die Hintergründe der Tat beleuchten, die zu den Schüssen auf Paulmann geführt hatten. Auch in diesem Fall blieb lediglich das Protokoll der Befragungen der Soldaten aus dem Regiment Anhalt erhalten. Eine summarische Befragung der Zivilisten, die als Zeugen bei dem Vorfall vor Ort waren, wurde hier lediglich in einer Konfrontation erwähnt.

1063 LASA, A 9b Ib, Nr. 19, Bd. II, Bl. 428.
1064 Ebd., Schreiben des Krusemarck vom 12.09.1711.
1065 LASA, A 9b Ib, Nr. 19, Bd. II: Fürst Leopold von Anhalt-Dessau: Acta enthaltend Verschiedenes, welches sich auf des Fürsten Leopold preußisches Regiment zu Fuß bezieht, als Briefwechsel, Ordres, Listen usw., Bl. 412–417.

Alle sonstigen Unterlagen über die Untersuchung, wie diese bewertet wurden und ob es zu einem Urteil gegen die vermeintlichen Mörder kam, konnte auch durch Querverweise auf die Kabinettsunterlagen nicht mehr rekonstruiert werden. Ähnlich gelagerte Fälle in dem Zeitraum zeigen aber, dass es immer wieder zu gewaltsamen Konflikten zwischen den preußischen Soldaten und den italienischen Bauern kam.[1066] Aus den Unterlagen geht hervor, dass Christian Macher, Gefreiter im Regiment Anhalt-Dessau und 28 Jahre alt, mit dem erschossenen Matthes Paulmann und einem weiteren Soldaten ins Quartier gekommen war, wo Paulmann nach einem Wortgefecht mit einem italienischen Bauern erschossen worden war.[1067] Daraufhin hatte Macher den Gefreiten Gädicke mit der Nachricht zum Gefreiten-Korporal geschickt, der wiederum den Leutnant benachrichtigte. Nach der Rekonstruktion der Tatumstände waren die Soldaten an diesem besagten Dienstag gerade beim Kapitän gewesen, um eine Fleischration abzuholen, und trafen dort mit dem ehemaligen Kameraden von Paulmann, Hans Strehl oder auch »Strehlmann«, zusammen. Macher berichtete später im Verhör:

> »Als sie nun alle drey hierher auf den Hoff gekommen, wiewohl er der erste und Paulmann der letzte gewesen, so wehren hier auffm Hoffe drey Bauern mit Flinten gestanden, welche mit des Defuncty [Paulmann, Anm. d. Verf.] Wirthin geredet. Als nun sie so herauff gekommen, habe der eine Bauer auf Deponenten [Macher, Anm. d. Verf.] angeschlagen, Depon. aber wehre zum ihm gegangen und hätte gefragt, worumb er ihn schießen wollte, darauff jener die Flinte wieder auff den Arm geleget, und hinter der Mauer des Stalls, welcher des Defuncty Wirthin zugehöret, gegangen, Depon. aber mit Strehlen in sein Quartier gegangen.«[1068]

Der Schuss sei genau in dieser Zeit geschehen – beide Soldaten waren daraufhin zwar zu ihrem Kameraden herausgestürmt, konnten aber nur noch sehen, wie Paulmann getroffen zu Boden fiel und »ohngefehr 12 Schritte von gedachtem Stalle sich umgedrehet, und gleich nieder gefallen, und sonder ein Wort zusprechen todt geblieben«. Darüber hinaus seien die Bauern äußerst aggressiv gewesen:

> »Die 3 bauern wehrn damahls hinter d. StallMauer gestanden und als Depon. dar herumb gehen wollen, umb Lerm zu machen, hätten die zwey davon ihn mit der Flinte gedräuhet und gesaget: Er solle nur kommen. Und inzwischen der dritte, welcher looß geschoßen, wieder gelahden, und hiernechst wehren sie alle drey weggelauffen.«[1069]

1066 Auch vor den Offizieren machten die Auseinandersetzungen nicht halt, im Jahr 1710 war der Fähnrich von Kettwig ebenfalls durch italienische Bauern erschossen worden. Vgl. Übersicht zur Garnison Halle – als PDF abrufbar über: »Ekkehard« e.V.: www.verein-im-netz.de/ekkehard/5_2.html [letzter Abruf: 30.10.2020], S. 1.

1067 LASA, A 9b Ib, Nr. 19, Bd. II, Bl. 412v.

1068 Ebd., Bl. 412.

1069 Ebd.

Dieser Aussage nach hatte der Bauer also nicht nur einen Soldaten erschossen, sondern auch dem zweiten Soldaten, Macher, mit dem Gewehr gedroht.[1070] Der 22-jährige Hans Strehl (»Strehlmann«) bestätigte zwar, dass der Bauer den vorangehenden Macher mit seiner Flinte ins Visier genommen habe, aber erst, nachdem er von Paulmann beleidigt worden war.[1071] Darüber hinaus bekräftigte Strehl die bereits zuvor geschilderten Ereignisse bis zum Schuss und dass die Soldaten diesen lediglich aus dem Quartier gehört hatten und erst dann zu dem erschossenen Kameraden gekommen seien.

In der Vorgeschichte erwähnte Strehl allerdings auch, dass Paulmann die Bauern zunächst beleidigt und als »Coglioni«[1072] beschimpft habe, erst dann sei die Situation wohl eskaliert.[1073] Entscheidend war in diesem Fall, dass sich die beiden Soldaten Macher und Strehl durchaus nicht einig werden konnten, wie der genaue Verlauf der Auseinandersetzung zwischen den Bauern und Paulmann gewesen sein könnte: während Macher immer wieder darauf beharrte, dass er mit Strehl bereits in sein Quartier gegangen sei, behauptete zumindest dieser immer wieder, dass er die ersten Wortwechsel zwischen Paulmann und dem Bauern gehört habe.

In der Situation der Befragung und der anschließenden Konfrontation zwischen den Soldaten und der anwesenden Wirtin sowie eines weiteren Zeugen (ein Zimmermann aus dem Ort) werden nicht nur die unterschiedlichen Perspektiven auf das Geschehen ersichtlich, sondern auch die Erzählstrategien der beiden Parteien, die entweder eine vorteilhafte Wendung zugunsten der Befragten oder zugunsten Paulmanns befördern sollten.[1074] Im Folgenden werden diese Personenkonstellationen und ihre Beziehungen zueinander näher beleuchtet.

4.4.2 Akteure und Personenkonstellationen

Wie das Tableau der Akteure zeigt, handelte es sich bei dem vorliegenden Fall um einen Konflikt zwischen Militärangehörigen und Zivilisten, die für ihre Seite jeweils Unterstützung mobilisieren konnten (vgl. Tabelle 14):

1070 Bedeutsam erscheint hier, dass die befragten Soldaten das Waffentragen der Bauern nicht wirklich thematisieren, sondern nur deren Einsatz als Drohung gegen die Militärangehörigen.

1071 Ebd., Bl. 415r. So hatte Paulmann nach Strehls Aussage mit seiner Frage »Cosa Fate in Quartiero mio Coglioni?« den Bauern aufgebracht.

1072 Im Italienischen für: dumme Säcke, Arschlöcher, aber auch: Hoden.

1073 Ebd., Bl. 416v. Wortwörtlich habe Paulmann die Frage geäußert: »Cosa Fate in mio quartiero coglioni?«.

1074 Insbesondere die beiden Soldaten versuchten immer wieder zu betonen, dass sie sich herausgehalten hätten aus der Diskussion.

Tabelle 14: Befragte und Beteiligte im Verfahren »Paulmann« 1711

Opfer/ Erschossener	Matthes Paulmann[1075]
Zeugen	Soldat Christian Macher[1076] Soldat Hans Strehl(mann)[1077] Zivilisten: Anna Pageni (Frau des Quartierwirts Francesco Pagano), Zimmermann Giuseppe Tirammi
Vorgesetzte	Gefreiter Gädicke, Gefreiten-Korporal (ohne Name)
Offizier	Leutnant Johann von Dossow[1078]
Obrigkeiten im Prozess	Fiskal des Herzogs von Parma (ohne Name) Oberauditeur Dancker Oberstwachtmeister v. Ahrendt

Bei den Zeugen, die sich zur Tatzeit in der Nähe befanden, handelte es sich zum einen um den Kameraden von Paulmann beziehungsweise um einen Bekannten aus einem anderen Regiment, der mit ihm im selben Quartier untergebracht war, sowie um einen italienischen Handwerker und die Frau des italienischen Wirtes. Die übrigen (meist) namentlich genannten Personen waren entweder in den Kommunikationsgang bei der Meldung des Verfahrens oder in die direkte Untersuchung involviert.[1079] Der 28-jährige Christian Macher war ein Kamerad des Erschossenen, hatte mit ihm in der gleichen Kompanie gedient und war direkt im Quartier nebenan untergebracht. Diese frühe Bekanntschaft führte auch dazu, dass die Soldaten sich gemeinsam auf den Weg zurück aus dem Quartier des Kapitäns machten, wo sie soeben Lebensmittel zum Verzehr erhalten hatten.[1080] Auch der zweite Soldat, Hans Strehl, 22 Jahre jung, war bereits mit dem erschossenen Paulmann bekannt gewesen, der ihn im Lager wohl wiedererkannt hatte, »von wannen Defuncty den Strehlmann alter Cameradschafft halber mit sich hierher zu Gaste gebethen«.[1081] Die drei Soldaten verbanden demnach eine Waffenbrüderschaft, die Nachbarschaft im Quartier und – zumindest in einem

1075 Regiment Anhalt-Dessau, Kompanie des Kapitäns Christoph Alein von Clermont, gest. 1720 in Oranienbaum. Mehr ist über den Offizier nicht bekannt. Vgl. Geschichte und Nachrichten von dem königl. preuß. Infanterieregimente Fürst Franz Adolph von Anhalt-Bernburg von der Zeit seiner Stiftung bis zum 18sten Aug. des Jahres 1767, S. 157.

1076 LASA, A 9b Ib, Nr. 19, Bd. II, Bl. 416.

1077 Kompanie des Kapitäns von Bernoits.

1078 1715 als Premierleutnant vom Regiment verabschiedet. Vgl. Ekkehard, Forschungen, S. 3, Nr. 41.

1079 So rekonstruierten die Untersuchungsrichter in dem Verfahren ebenfalls, wer wann die Meldung über den Tod von Matthes Paulmann weitergegeben hatte.

1080 Es war sogar die Rede davon, dass sie eine Portion Fleisch erhalten hatten – das war ein seltenes Festessen auch für die Soldaten. Vgl. LASA, A 9b Ib, Nr. 19, Bd. II, Bl. 412.

1081 Ebd.

Fall – die Kompanie, in der sie Dienst taten. Die erwähnten Vorgesetzten im Regiment, wie der Leutnant von Dossow, hatten die Nachricht von zuständigen Untergebenen (Gefreiter – Gefreiten-Korporal – Leutnant) gemeldet bekommen und weitergeleitet. Schließlich wurde die Untersuchung unter der Leitung eines Fiskals des Herzogs von Parma und des Oberauditeurs Duncker[1082] sowie des Oberstwachtmeisters Ahrendt initiiert. Die Beamten hatten alle bei dem Vorfall Anwesenden zu befragen, den Tatort zu besichtigen und Beweise für die Schuld der einen oder anderen Seite zu finden.[1083] Weil diese Nachweise möglichst durch ein Geständnis eingebracht werden sollten, dienten die nun angestellten Befragungen der allgemeinen Feststellung aller Umstände des Falles sowie der Konfrontation möglicher Tatverdächtiger mit den Zeugenaussagen. Dabei konnten die Untersuchungsrichter Widersprüche in den Aussagen feststellen und diese im weiteren Verfahren einsetzen.

4.4.3 Die Darstellung des Falles im Verhör

Zunächst erfolgte die Befragung des Soldaten Christian Macher, der mit Matthes Paulmann in der Kompanie des Kapitäns von Clermont gedient hatte. Die Befragung umfasste 15 so genannte Fragestücke, die vom Allgemeinen ins Spezifische gingen und zunächst allgemeine Dinge erfragten wie die Namen und Alter der Befragten. Schließlich endeten sie mit einer Frage zu dem Sachverhalt oder zu einem Detail des Vorfalls, wie in hier im Fall von Macher mit einer Frage danach, ob Paulmann bei seinem Ableben, »als er geschoßen worden, etwas in d. Hand gehabt, oder sonsten etwas bey ihm gelegen?«. Daraufhin antwortet Macher, das sei nicht der Fall gewesen, denn »der Sabel wehre in der Scheide und auch im Gehenck gestecket, und habe Er sonst nichts bey ihm gesehen«.[1084]

Darauf folgt die Befragung des ehemaligen Kameraden von Matthes Paulmann, Hans Strehl, der das Geschehen ebenfalls verfolgt hatte. Dieses Verhör erfolgt in zwölf Artikeln, die genauso mit einfachen Fragen nach dem Namen und Alter beginnen und schließlich mit der Frage nach dem vermuteten Motiv für die Tötung des Soldaten enden und mit der Frage danach, warum der Bauer Paulmann hätte erschießen sollen.[1085] Etwas ausführlicher schildert Strehl die

1082 Vermutlich Dietrich Duncker oder Dancker, der für den Zeitraum von 1704 bis 1715 als Auditeur im Infanterieregiment 14, das bis 1708 von Christoph Albrecht von Canitz geführt wurde und anschließend von Prinz Friedrich Ludwig von Oranien bis 1713. Offenbar wurde Duncker als Oberauditeur für den Feldzug in Italien eingesetzt. Vgl. Straubel, Biographisches Handbuch, Bd. 1.

1083 Vgl. KGO 1712, S. 545.

1084 LASA, A 9b Ib, Nr. 19, Bd. II, Bl. 412.

1085 LASA, A 9b Ib, Nr. 19, Bd. II, Bl. 416.

Gespräche zwischen Paulmann und den italienischen Bauern, auch über deren Verhalten scheint er mehr zu wissen, als es Macher angab. So beschreibt er den Zeitpunkt des Todes so, dass sich beide Soldaten in ihrem Quartier aufgehalten hätten und:

> »inzwischen der Schuß draußen geschehen, da sie dann hinaus gelauffen, und gesehen, daß der Defuncty von der Stall Ecke hergekommen und einige Schritte auff den Hoff gekommen, die Hand vor der Brust haltend und darauff gleich todt niedergefallen«.[1086]

Darüber hinaus weiß Strehl sogar noch zu berichten, dass die Bauern in diesem Moment höchst aggressiv reagiert hätten, »als nun Macher umb die Ecke gehen und sehen wollen«, wo sie blieben, »hätten sie auf ihn auch angeschlagen und gesaget, Er sollte nur kommen, wenn er auch schlafen wollte, wo jener schlieff«.[1087] Außerdem betont der Soldat, dass Paulmann auch nicht betrunken gewesen sei, als er mit den Bauern zu diskutieren begann. Schließlich wird auch Hans Strehl von den Untersuchungsbeamten gefragt, ob Paulmann etwas in seinen Händen gehabt habe, als er erschossen wurde. Doch auch Strehl verneint die Frage und betont, der Degen habe in der Scheide gesteckt und seinen Gurt habe der Erschossene ebenfalls noch am Leib getragen. Doch genau diese Frage sollte noch zu einigen Auseinandersetzungen der beiden Soldaten führen. In der Zwischenzeit wurden auch die italienischen Zeugen durch den zivilen Beamten vernommen und ihre Aussagen protokolliert. In den Untersuchungsakten lagen die Extrakte vor (das besagt zumindest eine Notiz), hier sind die Zeugenaussagen der Wirtin und des Zimmermanns jedoch nur noch in der Konfrontation mit den beiden preußischen Soldaten erkennbar.

Aufgrund der Zeugenaussagen werden Macher und Strehl in der Spezialinquisition direkt zu den Umständen der Tat und zu eventuellen Widersprüchen in den Aussagen befragt: Es wird durch diese Gegenüberstellung schnell klar, dass die Positionen der beiden Parteien nicht weiter voneinander entfernt liegen könnten: während Macher und Strehl immer von drei Bauern berichteten, die sich der Wirtin und dem Gut genähert hätten und mit Paulmann in Streit geraten seien, berichtete die Wirtin selbst, dass es sich lediglich um zwei Bauern gehandelt habe.[1088] Auch betonte Hans Strehl in seiner Befragung, dass alle Bauern bewaffnet und aggressiv gewesen seien.[1089]

1086 Ebd.

1087 Auch Strehl erwähnte in der Befragung schon früh, dass Macher von einem Bauern bedroht wurde und der Soldat die Situation nur entschärfen konnte, indem er ihn direkt ansprach: »Warumb willstu mich schießen?«, und damit vermutlich die Folgen eines solchen Angriffs für den Bauern beschwor. Ebd., Bl. 416.

1088 LASA, A 9b Ib, Nr. 19, Bd. II, Bl. 416r.

1089 Ebd.: »Sie hätten alle drey Flinten gehabt.«

4.4.4 Hintergründe: Konflikte im fremden Territorium

Allerdings bietet das Protokoll, das in Form eines Wortprotokolls vorliegt, Anhaltspunkte zu den Lebensumständen der deutschen Soldaten als Besatzer in der Fremde. Denn in dieser Zeit stand das Regiment des Fürsten Leopold in Sontovero in Italien – mit Genehmigung des Herzogs von Parma.[1090] Zum einen bedeutete dies, dass die Bevölkerung gegenüber der Einquartierung der fremden Soldaten Vorbehalte hatte. Zum anderen aber ergab sich daraus im Fall von Delikten die Notwendigkeit, auf dem fremden Gebiet solche Vorfälle mit einer gewissen Diplomatie zu untersuchen, da auch der Herzog bestrebt war, seine Untertanen vor dem Zugriff der preußischen Justiz sowie vor den Soldaten vor Ort zu bewahren.[1091] Noch im selben Jahr kam es im Dezember zu einer erneuten Auseinandersetzung zwischen einem italienischen Bauern und dem Musketier Carl Lohs, in deren Verlauf es zu einer tödlichen Verwundung des Soldaten durch die Schusswaffe des Bauern kam.[1092]

Wie der Soldat Johann Georg Packwitz, 25 Jahre alt und aus der Kompanie des Obersten v. Winterfeld, zu dem Vorfall berichten kann, hatte der erschossene Carl Lohs zuerst mit dem Gewehr auf den Bauern, der sich hinter einem Birnbaum versteckt hatte, angeschlagen und sei dann um den Baum und eine Hecke herum auf diesen zugegangen.

Immer wieder kam es zu Konflikten zwischen Besatzern und Soldaten, in vielen Fällen endeten diese gewaltsam. Die vielfältigen Klagen der Kompaniechefs über Todesfälle unter den Soldaten durch italienische Bauern zeigen, dass die preußische Armee neben der stetig anhaltenden Desertion ein weiteres Problem hatte, das die Struktur und das Funktionieren beeinträchtigte. So berichtete ein Offizier im März 1708 aus dem Lager von Castel Nouvo de Terri, dass der Soldat

> »Wilhelm Regeler von dero Compagnie den 16ten dieses gegen Abendt ein paar seiner Cameraden zugesprochen, wie es aber etwas finster gewesen, hat er gesaget, er wolle nach seinen Quartiers gehen; ist aber nicht herein gekommen«.[1093]

Offenbar galt Regeler als ein »sicherer« und verlässlicher Soldat, der nicht aus spontanen Entschlüssen aus der Armee austreten würde. Sofort wird daher die naheliegende Erklärung angebracht:

1090 Zwischen 1678 und 1727 regierte Francesco Farnese als Herzog von Parma und Piacenza, der zeitweilig eine Allianz mit dem preußischen König gegen die spanischen Bourbonen einging. Vgl. Göse, Friedrich I., S. 261f. Weber, Ottocar: Die Quadrupel-Allianz vom Jahre 1718: ein Beitrag zur Geschichte der Diplomatie im 18. Jahrhundert, Wien 1887, S. 98f.

1091 LASA, A 9b Ib, Nr. 19, Bd. II, Bl. 62f. verweist ebenfalls auf Händel zwischen italienischen Bauern und den Soldaten des Regiments Anhalt 1707.

1092 LASA, A 9b Ib, Nr. 19, Bd. II, Bl. 419v.

1093 LASA, A 9b Ib, Nr. 19, Bd. II, Bl. 138.

»Als ist zu vermuthen, daß ihn die Bauern vielleicht todt geschlagen haben; wann er hätte desertiren wollen, hätte er doch etwas von seinen Sachen würden mitnehmen, hat aber weiter nichts mitgenommen, als waß er am Leibe gehabt, ich habe mich seinetwegen an unterschiedenen Orthen erkundigen laßen, haben aber nichts erforschen können.«[1094]

Wie schwierig mitunter die Aufklärung solcher Todes- und Vermisstenfälle sein konnte, zeigte auch der Fall des Musketier Zanker, der im Jahr 1712 erschlagen auf einem Acker vorgefunden wurde.[1095] Noch unerklärlicher wurde die Angelegenheit, weil sein Kamerad Christoph Schmidt, der mit dem Toten in der Leibkompanie des Fürsten Leopold gedient hatte, die Nacht neben ihm geschlafen hatte und sich am nächsten Morgen nicht daran erinnern konnte, was Zanker passiert war. Seine letzten Erinnerungen reichten so weit, dass die beiden Musketiere, die ziemlich betrunken aus einem Wirtshaus in Pondenzano gekommen waren, auf mehrere Bauern trafen, welche die Gunst der Stunde nutzen wollten, um den Soldaten eine Lektion zu erteilen:

»wie sie des Abends aus dem Wirts-Hause weggegangen, weren etliche Bauern, Bündels auff dem Puckel habende hinter ihnen die Straße nach gekommen, mit denenselben hätten sie Händel gekriegt, er wiße aber nicht, was Sie eigentlich mit ihnen vorgehabt, denn er betruncken gewesen; dieselben aber hätten sie darauff angefallen und da sich Zancker und Er durch die Hecke auff den Acker retiriret, hätten die Bauern sie verfolget, und ihn Schmitten der eine mit einem weißen Prügel auff den Kopf geschlagen daß er zur Erdten gefallen, und weilen Er ohnedeme betruncken gewesen auch so liegengeblieben und eingeschlaffen«.[1096]

Die Angaben des Soldaten waren aufgrund des hohen Alkoholpegels so vage, dass er selbst schließlich nur noch abschließend feststellen konnte, »daß er also nicht wiße, wer Zanckern erschlagen, es müßten aber diese Bauern auch gethan haben«.[1097] Er sei zwar in der Nacht aufgewacht und habe auch gesehen, dass Zanker in seiner Nähe gelegen habe, und erst als er ihn beim Namen rief und keine Antwort erhielt, sich der Kamerad auch nicht bewegte, habe er die Meldung an seine Vorgesetzten abgegeben. In der Untersuchung wurde mit der Entschuldigung, dass dem Soldaten Schmidt durch die große Menge an Alkohol viele Dinge nicht mehr einfielen, kein großer Glauben geschenkt. Im Gegenteil sah das Kriegsgericht die fehlenden Tatzeugen und die Widersprüche in seinen Aussagen, die nur in der zusammengefassten Form des Urteils vorliegen:

»Weilen nun so viele iudicia wieder Inquisiten militiret, daß er wißen müßte, was sie vor Händel eigentlich mit denen Bauern vorgehabt, wie, wer und warumb der Zancker ums

1094 Ebd., Bl. 138.
1095 Ebd., Bl. 482.
1096 Ebd.
1097 Ebd.

Leben gebracht, in dem er weiß, daß diese Bauern Bündels auff den Nacken gehabt, der Eine Inquisiten mit einem weißen Prügel geschlagen, imgleichen die Leute in der Hecke gezeugt, wor sie sich durch retiriret, und auch wie viel Schritte Zancker von ihm gewesen, wie die Bauern Inquisiten geschlagen und andere dergleichen Umbstände mehr.«[1098]

Demnach hatte man direkt vor Ort den Ablauf des Mordes nachgestellt und den Soldaten Schmidt auch befragt, wo die beiden durch die Hecke gegangen waren und wo beide in der Nacht gelegen hatten. Das Kriegsgericht entschließt sich aufgrund der Fakten und weil an den Aussagen des Kameraden Schmidt erhebliche Zweifel bestehen zu einem drastischen Schritt: es erkennt die »Territio« durch den Scharfrichter als Befragung an, der Generalleutnant von Arnim bestätigt diesen Gerichtsspruch auch. Doch nach Vorzeigen der Instrumente durch den Henker bestand Schmidt noch immer auf seiner Unschuld und wurde wegen fehlender Beweise freigesprochen.[1099]

Kam es zu Auseinandersetzungen mit Todesfolge unter den Soldaten, hatten auch die Hauptleute das Problem, einen gut ausgebildeten Mann teuer ersetzen zu müssen. Gerade in der hier beschriebenen späten Phase des Spanischen Erbfolgekrieges hatten auch schon große Desertionswellen den Regimentern in Italien stark zugesetzt, sodass der Verlust jedes einzelnen Soldaten auch in wirtschaftlicher Hinsicht als Katastrophe angesehen wurde. So berichtete der Kapitän von Sydow an Leopold, dass am 20. Oktober des Jahres 1712 ein Soldat seiner Kompanie von Bauern während der Jagd erschossen worden sei und er für diesen Kerl Vergeltung verlange und deshalb auch schon an den General von Arnim geschrieben habe.

Dieser hatte ihm daraufhin empfohlen, sich friedlich mit der Gemeinde der Täter zu vergleichen und keine Repressalien anzudrohen, was dem Kapitän merklich schwerfiel: »Indes ich den Cörper herein holete und die Bauern scharff träuete, wo sie sich nicht mit mir abfündeten, ich aus demselben Dorffe wieder einen Bauern wollte todtschießen laßen.«[1100]

Nach einer erneuten Intervention seines Obersten ließ sich Sydow jedoch zu dem Angebot der Gemeinde bewegen, einen Vergleich anzunehmen und ge-

1098 Ebd.

1099 Ebd., Bl. 483: Demnach laut Inhalt der von einem Kriegsgericht abgesprochenen »Sententz in pt. Homicidy, die dem Musquetier Christoph Schmidten von der Hochfürstl. Leib Compagnie des Hochf. Anhal. Regiments, deßhalb darinnen zuerkandte Territio lauda dergestalt vollenzogen worden, daß demselben der Scharffrichter mit seinen Instrumenten vorgezeuget, derselbe sich auch gestellet als sollte und wollte Er Ihn angreifen, doch aber unangegriffen gelaßen, und Inquisitus in der Güte, die rechte Wahrheit zusagen, ermahnet worden, derselbe aber weiter nichts als was Er in dem wieder ihn formirten Process ausgesaget, gestehen wollen: So wird er hiermit seines Arrestes erlaßen, und von ferner Straffe durch ein deßhalb verordnetes Regt. Gericht frey gesprochen. Exile d. 18. July 1712«.

1100 LASA, A 9b Ib, Nr. 19, Bd. II, Bl. 530.

meinsam mit dem General eine Erklärung zu unterschreiben, dass er »weiter keine Praetension machen wolte, auch daß dem Dorffe kein Leid geschehe«. Dann würde der Kapitän Geld und Pistolen als geldwerte Gegenleistung für den erschossenen Soldaten erhalten. Auch an dieser Stelle ist also zu beobachten, dass die Generalität keine unnötigen Prozesse wegen solcher Gewalteskalationen, aber auch keine Rache in Eigenregie der Hauptleute wollte. In diesem Stadium der Besetzung war der Frieden mit den Bewohnern vor Ort fragil und vermutlich regional sehr unterschiedlich. Daher konnte sich der Befehlshaber eine weitere Eskalation der Übergriffe nicht leisten und versuchte in diesem Sinn auf die Offiziere in den Regimentern einzuwirken.

4.5 Deliktfeld 5: Melancholie und Selbstmord – der Fall Thomas Niemes 1712

4.5.1 Die Fallakten und Umstände der Untersuchung

Zwischen den Rechnungen, Schriftwechseln der Hauptleute mit dem Fürsten Leopold und einigen Tabellen zum Abgang im Regiment befand sich eine nur vier Blätter umfassende Sentenz zu einem Gerichtsverfahren, welche neben der Deliktschilderung und dem Urteil (A) auch noch (als Anlage) das Protokoll eines Verhörs (B), die Zusammenfassung von Zeugenbefragungen (C) und die finale königliche Order (D) zu dem Verfahren enthielt. Bei dem vorliegenden Fall handelt es sich zweifelsfrei um den schmalsten der aufgefundenen Teile von Gerichtsakten, der darin dokumentierte Vorfall erhält jedoch aus vielen Gründen sowohl in gesellschaftlicher Hinsicht als auch in Bezug auf die Strafpraxis im Regiment eine besondere Bedeutung: Die Akte berichtet am 28. September 1712 von der Untersuchung gegen den Soldaten Thomas Niemes vom Regiment des Prinzen Friedrich Wilhelm, aus der Kompanie des Kapitäns von Riecheln, der wegen Kindstötung und versuchten Selbstmordes festgenommen wurde. In der Sentenz, welche die Voruntersuchungen, Befragungen und ergangenen Schriftwechsel mit dem Kabinett des Königs bereits zusammenfasst, wurde zunächst einmal nur der Tatverdacht »wegen Attentati Infanticidy et autochina« vermerkt.[1101]

Nach einer Order von König Friedrich I. sollten die Hintergründe der Tat eingehend beleuchtet und sowohl die Umstände der Tat als auch der bisherige Lebenswandel des Soldaten geprüft werden. Hier nennt die Sentenz bereits die wesentlichen »mildernden« Umstände, die in der Urteilsfindung später eine

1101 LASA, A 9b Ib, Nr. 7, Bd. V, Bl. 47v: Sententia (A).

wesentliche Rolle gespielt hatten, mit Verweis auf die Befragung des Delinquenten heißt es:

> »So dünckt wohl scheinbahrl. zu seyn, daß Inquisit einige Gedanken wegen seiner auff dem Marsch allhier nach Lüttig gestorbenen Frauen und Betrübniß ihme möge zu Hertzen gezogen haben. Zudehm auch die Kranckheit, so er am Leibe gehabt, welche er (wie er vorgiebet) niemand habe dürffen offenbahren, auch deßelben Tages in etwas betruncken geweßen.«[1102]

Dem Akt der Kindstötung war also nach der Aussage des Täters, welche vom Gericht offenbar für wahr befunden wurde, eine schwere Depression vorausgegangen, ausgelöst durch den Verlust der Ehefrau und Partnerin und überfordert mit der Betreuung eines Babys sowie mit den eigenen körperlichen Beschwerden. Anders als in der überwiegenden Zahl der Gerichtsakten, die zunächst den genauen Tathergang und dann die Beweise für die Schuld des Täters liefern, wird in der Sentenz vielmehr die Pathologisierung des schwermütigen Delinquenten ausgebreitet.[1103] Niemes habe sich zu der Tat getrieben gefühlt, da ihn die Melancholie bereits im Griff gehabt habe, »zumahlen er etl. Tage vorher schon betrübt, und solches nicht ein simulirter Affect mag gewesen seyn«.[1104] Als Leumund für diese Aussage wird der Pater Arnoldi, in dessen Gemeinde der Soldat das Abendmahl besuchte, angeführt, denn diesem habe der Soldat seine Beichte abgelegt und tiefe Reue über die Tat bekundet. Das beiliegende Examine (C), in dem die Zeugenaussagen des Paters und einiger Kameraden zusammengefasst werden, bestätige die Einschätzung der vorliegenden Depression noch und vermerke die Reue und das Gelöbnis der Besserung. Aus diesen Gründen

> »wird Inquisit Thomas Niemes laut Sr. Königl. Maytt. Aller-Gnädigsten Ordre solcher Gestalt, doch unter fleißiger Auffsicht der Unt.-Officiers und der hiesigen Geistl., welche Inquisitum fleißig conversiren werden, auß dem Arrest loß gelassen. Mitt der Verwarnung künfftiger Zeit vor dergleichen und anderen großen Sünden sich zu hüten«.[1105]

Obwohl der Verdacht der Kindstötung aus Vorsatz also bestätigt werden konnte und auch der Selbstmordversuch nicht entkräftet wurde, konnte Thomas Niemes den Arrest verlassen und als Soldat beim Regiment verbleiben. Welche Bedeu-

1102 Ebd.

1103 Vgl. Ludi, Regula: Die Fabrikation des Verbrechens. Zur Geschichte der modernen Kriminalpolitik 1750–1850, Tübingen 1999, S. 214f. Im Zuge der wissenschaftlichen Auseinandersetzung mit psychischen Krankheiten wurde zunehmend die »Analogie zwischen Kriminalität und Krankheit« hergestellt und auch mit solchen körperlichen Metaphern versehen. In diesem Verständnis bot die Melancholie eine Erklärung für die krankhafte Verhaltensweise von Verbrechern generell.

1104 LASA, A 9b Ib, Nr. 7, Bd. V, Bl. 47v: Sententia (A).

1105 Ebd., Bl. 47r.

tung diese Delikte in der christlich-protestantischen Gesellschaft Preußens und innerhalb des Militärs besaßen, zeigt vor allem die Befragung des Delinquenten in Anwesenheit von Leutnant von Eichler vom Regiment Anhalt-Zerbst und von Fähnrich Bessel vom Regiment von der Heyden.[1106] In 23 Spezialartikeln wurden Tathergang, Motivation und Umstände des Delikts hinterfragt. In dieser Spezialbefragung schilderte Niemes den Verlust seiner Frau auf dem Marsch von Mons nach Lüttich und die schwierige Versorgung seines Kindes, das er fortan nicht nur ernähren, sondern auch allein tragen musste, weil er kein Netzwerk (von Familie oder Nachbarn) um sich hatte, in dessen Betreuung er das Kind geben konnte.[1107]

Auch die Verwundung aus den Feldzügen, bzw. eine Versteifung daraus im Nacken, hatte große Schmerzen mit sich gebracht, sodass er, der vorher nie seelische Probleme gehabt hatte, nun die Trostlosigkeit seiner Situation sah. Also antwortete er etwa auf die Frage, ob er vorher »mit melancholischem Gemüte befasset gewesen«, mit dem Verweis auf den Hauptauslöser seiner Verzweiflung: »Weiln seine Frau aber vor der Zeit gestorben und [er, d. Verf.] sich mit dem Kinde schleppen muste, ihme solches wäre sehr zu Herzen gegangen, auch einen Schaden S.V. an dem Membro Virili gehabt, welche ihme große Schmertzen veruhrsachet.«[1108]

4.5.2 Personenkonstellationen im Verfahren und Argumentationsstrategien

Im Zentrum der Untersuchung steht damit Thomas Niemes, Soldat in der Kompanie des Kapitän von Riecheln aus dem Regiment des Erbprinzen Friedrich von Hessen-Kassel (IR 12),[1109] dessen Herkunft und soziale Stellung aufgrund der fehlenden Generalinquisition nicht mehr rekonstruiert werden kann. Offenbar gehörte Niemes jedoch schon seit einiger Zeit zu dem Regiment, wie die Beziehungen zu seinen Kameraden und zu dem Pater Arnoldi andeuten. Dass der Inquisit (eventuell) verheiratet war und ein Kind hatte, geht aus den Untersuchungsakten hervor.[1110] In der Spezialinquisition waren 23 Artikel vorbereitet

1106 Ebd., Bl. 48v.

1107 Die Formulierungen der Antworten sind in der dritten Person verfasst, sodass auch hier von dem ordnenden Werk eines Schreibers oder gar des Auditeurs (nicht vermerkt) ausgegangen werden kann – die Ausführungen hier beziehen sich daher nicht auf den Wortlaut, sondern vielmehr auf die Argumentation des Delinquenten in dem Verhör.

1108 LASA, A 9b Ib, Nr. 7, Bd. V, Bl. 48v.

1109 Siehe Gieraths, Kampfhandlungen.

1110 Weil das Zusammenleben von Soldaten und ihren Frauen auch ohne Trauschein in den meisten Armeen geduldet wurde, kann hier nicht automatisch auf eine vorliegende Ehe geschlossen werden. Da der Umstand der Verbindung jedoch im Verhör nicht angespro-

worden, die speziell auf die Hintergründe der Delikte, den Ablauf des Kindsmordes und die Motivation und Gründe für denselben abzielten. Zunächst war die Eingangsfrage so formuliert, dass Thomas Niemes seine Frau angeben und von ihrem Tod berichten sollte.[1111] Die Fragen zwei und drei beschäftigten sich mit dem Verhältnis zum Kind, ob er dieses getragen habe und warum er es nicht anderen zur Betreuung überlassen habe. Diese Fragen sollten vermutlich das Verhältnis zwischen Kind und Vater beleuchten, denn gleich in der vierten Frage kamen die Artikel auf das »melancholische Gemüt« des Soldaten zu sprechen.

Die darauffolgenden Artikel fünf bis elf konzentrierten sich vor allem auf die Gottesfürchtigkeit des Inquisiten und auf die Umstände seiner angegebenen Melancholie. So musste Niemes zunächst bestätigen, dass er gottesfürchtig war und fleißig zur Messe und zum Heiligen Abendmahl gegangen sei. Dann folgte der zentrale siebte Artikel, in dem Niemes gefragt wurde, »[o]b er nicht wiße, und auß Göttl. Wort informiret sey, daß wer sich oder die seinigen selbst umbringet, zeitl. Und ewige Straffe zu gewärtigen habe?«. Diese Frage zielte direkt auf die Verbindung zwischen der Selbsttötung als Bruch der göttlichen Gesetze, nach denen das menschliche Leben von Gott gegeben und nur durch ihn beendet werden konnte.[1112]

Die Artikel fragen der Reihe nach die relevanten Begründungen und mildernden Umstände ab: zunächst formuliert Frage zwölf den Vorwurf, dass der Inquisit mit seinen Taten mehr dem Teufel nütze als dem lieben Gott, um dann direkt im 13. Artikel darauf zu sprechen zu kommen, ob der Inquisit während der Taten betrunken gewesen sei. Laut Protokoll gab Niemes daraufhin zur Antwort: »Er hätte vormittags etwas Brandt-Wein imgleichen 2 Kannen Bier um seine Melancholey zu vergeßen, getruncken, solches möchte ihn damahlß zu solcher That einen großen Anlaß gegeben haben.«[1113] Nach Aussage von Niemes hatten sich also zum einen die Melancholie und der Alkohol gegenseitig bedingt, und nach diesen recht klaren Aussagen zum Umfang des genossenen Alkohols muten die beiden nächsten Antworten doch recht vage an.

Artikel 14 fragt, »um welche Zeit es geweßen, da er das Kind zum ersten Mahl von der Brücke inß Waßer werffen wollen?«, worauf Niemes mit dem Hinweis antwortet, er wisse es nicht mehr, da er zu diesem Zeitpunkt so verwirrt gewesen sei. Die folgende Frage zeigt an, dass ein Bürger der Stadt in diesem Moment wohl eingegriffen und das Unglück verhindert hatte (Artikel 15), doch das habe nicht verhindert, dass der Inquisit daraufhin vorhatte, das Kind mit einem Stein zu

chen wird und die Verstorbene von Niemes selbst als seine »Frau« angegeben wird, übernehme ich diese Aussage für den Fall.

1111 LASA, A 9b Ib, Nr. 7, Bd. V, Bl. 48v.

1112 Vgl. Art. »Selbst-Mord«, in: Johann Heinrich Zedler: Grosses vollständiges Universal-Lexikon, Bd. 36, Leipzig/Halle 1743, Sp. 1595–1614.

1113 LASA, A 9b Ib, Nr. 7, Bd. V, Bl. 49v.

erschlagen (Artikel 16), und schließlich mit diesem in die Maas gelaufen war, um sich und sein Kind zu töten (Artikel 17). In allen diesen Punkten berief sich Thomas Niemes auf seine schwermütige Verfassung und »daß der Todt seiner Fr. zudehm auch die große Schmertzen solches veruhrsachet, und wüßte als gantz und gar nicht wie ihm selben Tages geschehen«.[1114]

Er gab weiter an, dass er nicht mehr wisse, wer ihn jedes Mal an seinem Vorhaben gehindert habe (Artikel 18), noch, zu welcher Zeit und in welchem Abstand er diese Vorhaben gefasst habe (Artikel 19). Aus den Frageartikeln wird auch klar, dass die Tragödie wohl eine weitere Vorgeschichte hatte, denn Artikel 20 fragt explizit: »Ob nicht Inquisitus gestehen müße, daß er auß Boßheit und weil ihm der Sergeant Heldt verbothen, niemand auff der Gaßen um Geld anzusprechen, solche böße That außüben wollen?«. Demnach kam zu den bereits angezeigten Gründen wie Überforderung und körperliche Schmerzen vermutlich eine schwierige finanzielle Lage für den Soldaten und sein Kind hinzu: denn es war keine Seltenheit, dass in einer Soldatenehe beide Partner zum gemeinsamen Unterhalt beitrugen – erst recht, wenn Kinder vorhanden waren.[1115] Die »beweibten« Soldaten eines Regiments hatten zwar die Unterstützung durch die Ehefrau oder Partnerin, sie waren aber wegen der zusätzlichen finanziellen Belastung für die Regimentskasse, wenn Frauen und Kinder mitverköstigt werden mussten, auch eine große Belastung.[1116] Meistens handelte es sich um Soldaten aus dem »Ausland«, die nicht beurlaubt wurden und mit ihren Familien in den Garnisonen blieben. Hier besaßen viele von ihnen, und auch deren Ehefrauen und Liebsten, meist noch eine oder mehrere Nebentätigkeiten neben dem Dienst in der Armee, um den Lebensunterhalt für sich und die Familie zu sichern.[1117] So kam es in den Garnisonen immer wieder zu Auseinandersetzungen zwischen den Zünften und der Armee, weil einige der Militärangehörigen Handwerksdienste zu sehr günstigen Preisen anboten und ausführten, und damit zu einer wirtschaftlichen Konkurrenz der Handwerker wurden. Andererseits konnte eine stabile Partnerschaft zum Garanten für die Loyalität des Einzelnen werden: wenn die Soldaten glücklich verheiratet waren und ihre Liebsten in der Nähe hatten, setzten sie sich aus der Perspektive ihrer Vorgesetzten weitaus seltener ab und desertierten nicht so häufig.[1118]

1114 LASA, A 9b Ib, Nr. 7, Bd. V, Bl. 49v.

1115 Vgl. Meumann, Markus: Soldatenfamilien und uneheliche Kinder. Ein soziales Problem im Gefolge der stehenden Heere, in Bernhard R. Kroener; Ralf Pröve (Hg.): Krieg und Frieden. Militär und Gesellschaft in der Frühen Neuzeit, Paderborn 1996, S. 219–236.

1116 Daraus entstand auch die Diskussion um die Heiratserlaubnis, welche direkt vom Chef des Regiments eingeholt werden musste. Vgl. Ordre an alle Regimenter, daß kein Geld von den Enrollirten vor die Trauscheine genommen werden soll, in: CCM Cont., Bd. 1, Nr. 20.

1117 Vgl. Engelen, Soldatenfrauen in Preußen, S. 53–60.

1118 Vgl. Pröve, Stehendes Heer, S. 100f.

Anstatt dieses Argument aber hervorzuheben, beruft sich Niemes wiederum auf die »oben angeführten Uhrsachen seiner damahligen Melancholey«.[1119] Daraufhin sollte der Soldat seine Sünden bekennen und die Strafe dafür annehmen (Artikel 21), darüber hinaus spielte die Frage nach der ehrlichen Reue für das Verbrechen eine wesentliche Rolle (Artikel 22). Der Delinquent erkannte die begangene Tat vollständig an, auch das Vorhaben, sich selbst zu töten, und unterstellte sich der Gnade Gottes sowie der weltlichen Gnade des Königs, »Letzte aber in der ungezweiffelten Hoffnung, daß ihm Gnade vor Recht sowohl von dem höchsten Gott alß von Sr. Königl. May. wiederfahren werde.« Ebenso werden in den Unterlagen die mit dem Verfahren betrauten Offiziere benannt, welche die Befragungen und die Sentenz auch gegenzeichneten: zum einen handelte es sich um den Oberstleutnant Du Fort vom Regiment des Marquis de Varenne.[1120] Als Zeugen der Anhörung fungierten der Leutnant Eichler vom Regiment des Fürsten Anton Günther von Anhalt-Zerbst[1121] sowie der Fähnrich Bessel vom Regiment des Generals der Kavallerie von der Heyden.[1122] Verschiedene Einheiten der Regimenter standen im Jahr 1712 in Lüttich, was eine Auswahl an Offizieren ermöglichte.

Daneben traten insbesondere die Fürsprecher und Zeugen für den Inquisiten in Erscheinung: der katholische Pater Hubertus Arnoldi bestätigte demnach in seiner Aussage, er habe mit dem Delinquenten nach der Tat über die Sündhaftigkeit der angeklagten Verbrechen gesprochen und diesem scharf ins Gewissen geredet, woraufhin Niemes gestanden,

> »daß ihm solches hertzl. Leyd wäre, auch zugleich eine Reüe bey dem Thomas Niemes verspühret, und hierinnen das allermeißte, den Todt seiner Fr. weiln er sich mit dem Kinde schlagen und quälen müßte, zudehm auch die damahlige große Schmertzen wegen seiner am Leibe befind. Kranckheit (so anitzund gantz und gar gehoben) verurhsachet hätte«.[1123]

Die zusammengefassten Ausführungen des Paters schienen die Eindrücke aus der Spezialinquisition noch zu bestätigen. Auch wurden diese durch die Kameraden Hans Siemert und Heinrich Ring, Soldaten in demselben Regiment, bekräftigt. Der Soldat Ring von der Kompanie des Kapitäns von Blanckenburg sagte demzufolge aus, er habe am Tag vor der Tat »vorhero eine kleine Betrübniß«

1119 LASA, A 9b Ib, Nr. 7, Bd. V, Bl. 49r.

1120 Ebd., Regiment Jacques l'Aumier Marquis de Varenne (IR 13).

1121 Ebd., IR 8.

1122 Der spätere Gouverneur von Wesel hatte 1692 das Kavallerieregiment des Generalfeldmarschalls Alexander von Spaen übernommen und war seit 1695 in holländischen Diensten. Seit wann er wieder mit seinem Regiment in der preußischen Armee diente, ist nicht bekannt. Vgl. König, Biographisches Lexikon, Bd. 2, S. 152.

1123 LASA, A 9b Ib, Nr. 7, Bd. V, Bl. 50v.

verspürt, wollte aber auf den Kameraden deswegen nicht eindringen, wusste also nichts über die Hintergründe dieser Traurigkeit.[1124]

Der ebenfalls mit Niemes in einem Quartier liegende Soldat Siemert von der Kompanie des Kapitäns du Cloos bezeugte darüber hinaus, dass der Beklagte bereits ein paar Tage vor der Tat während eines Gesprächs gesagt habe, er sei herzlich betrübt, und dass er gemeint habe: »ich glaube, daß ich eine Sache werde thun müßen, welche mir ewig gereüen wird«.[1125] Beiden Kameraden war also an dem Soldaten eine Veränderung aufgefallen und sie bestätigten die Angaben aus der Spezialinquisition. An dieser Stelle wäre es ebenso möglich gewesen, die vorherige Kenntnis abzustreiten oder aber die Kenntnis der Melancholie vorzutäuschen, um den Kameraden vor zu harter Strafe zu bewahren.

Auf der anderen Seite erwähnt auch Thomas Niemes in seinem Verhör, dass er sich seinen Kameraden gegenüber erklärt habe, weil er sich die eigene Traurigkeit nicht erklären konnte. Die Information für sein Umfeld war wichtig, um seine Handlung nachzuvollziehen, aber auch im Nachhinein sprach diese Äußerung dafür, dass der Soldat einer großen psychischen Belastung ausgesetzt gewesen war. Die Ähnlichkeit der Aussagen der Soldaten und des Paters bestätigt scheinbar die Annahme, dass die Umstände des Todes der Ehefrau und die Belastungen durch die Betreuung des Kindes und die körperliche Versehrtheit psychische Folgen hatten. So fasste denn auch der Schreiber und Protokollist die Untersuchungen dahingehend zusammen:

> »Auff Sr. Königl. Mayt. unßers Aller-Gnädigsten H. Aller-Gnädigsten Ordre hat man sich ferner Inquisiti Leben und vorigen Wandels von deßen Cammeraden erkundiget. Welche ihme denn dießes Zeügniß geben, daß so lange er unter der Copagnie geweßen, und selben gekandt, nichts Übles wüßten nachzusagen.«[1126]

Die Befragung hatte die Verteidigung des Soldaten befördert, indem die Argumente des gottesfürchtigen Lebens, einer durch Verlust und Krankheit ausgelösten Schwermut, die durch den Genuss von Alkohol noch verstärkt worden war, sowie das Eingeständnis der Tat und die tief empfundene Reue vermutlich dazu führten, dass der Soldat als Opfer seiner Melancholie und damit als durch die Tat ohnehin gebrochener Delinquent wahrgenommen wurde. Die Kameraden seines Regiments hatten dies noch bestätigt. Ansonsten aber war an dem Vollzug der Tat keine weitere Person beteiligt gewesen: Delikte wie Kindsmord und Selbstmord

1124 Ebd.

1125 Ebd.

1126 Ebd, Bl. 50r. Die Befragungen zum Lebenswandel und den Hintergründen gehörten demnach vor allem in den Untersuchungen von Selbstmorden zur Untersuchungspraxis, vgl. Kästner, Alexander: Tödliche Geschichte(n). Selbsttötungen in Kursachsen im Spannungsfeld von Normen und Praktiken 1517–1815, Konstanz 2012, S. 210.

wurden in der Regel allein und im Heimlichen vollzogen, zu verstörend waren die Konsequenzen wohl aus Sicht der Zeitgenossen.

4.5.3 Selbstmord in der preußischen Armee

Auch das Phänomen der Selbsttötung gehörte zur militärischen Alltagswelt dazu, darin unterschied sich die Armee nicht wesentlich von der übrigen Gesellschaft, vielmehr bedingten viele Faktoren die Entscheidung zur Tat.[1127] In der Regierungszeit Friedrich Wilhelms wurde die Entfernung und Beisetzung von Selbstmördern – auch aus Angst vor der Reaktion oder Nachahmung durch Kameraden – nach wie vor den unehrlichen Ständen überlassen und die Tat damit auch im Nachhinein zusätzlich kriminalisiert.[1128] In den Kabinettsordern finden sich immer wieder Formulierungen wie diese: »Der sich selbst entleibete Grenadier Klingebeil soll vom Schinder begraben werden.«[1129]

Nicht selten jedoch war die Selbsttötung ein spontaner Akt der Verzweiflung, der entweder einer zu erwartenden Bestrafung (durch das Gericht) vorausging oder durch psychischen und seelischen Druck anderer Art bedingt war. So waren 1748 in einem Diebstahl an dem Hofrat Schirmeister drei Personen des schweren Diebstahls beschuldigt worden: während die Witwe Cantius und deren Sohn die Gerichtsverhandlungen abwarteten, hatte sich der ebenfalls angeklagte Dragoner Johann Gerhard vom Regiment Bayreuth selbst gerichtet, um dem Verfahren und der Strafe – eventuell aber auch der Belastung der anderen Mittäter durch das Verhör zu entgehen.[1130] Die Beweislage in dem Verfahren war so dünn, dass der Prozess letzten Endes eingestellt wurde, dies erlebte der Dragoner jedoch nicht mehr.

Als Form der Flucht aus dem militärischen Dienst stellte Selbstmord für die frühneuzeitlichen Armeen eine reelle, auch zahlenmäßige relevante Herausfor-

1127 Wie Jörg Muth für die zweite Hälfte des 18. Jahrhunderts schlussfolgert, fiel der Anteil an Selbstmördern nach den statistischen Daten jener Zeit bei den Soldaten höher aus als in der Zivilgesellschaft. Wie hoch allerdings in beiden Teilen der Gesellschaften die Dunkelziffer lag, lässt sich nicht mehr eindeutig bestimmen. Vgl. Muth, Flucht, S. 14f.

1128 Vgl. Kästner, Alexander: Zwischen Mitleid und Stigmatisierung – Selbstmord als Kriminaldelikt?, in: Eide, Statuten und Prozesse. Ein Quellen- und Lesebuch zur Stadtgeschichte von Bautzen (hrsg. von Gerd Schwerhoff, Marion Völker und der Stadt Bautzen), Bautzen 2002, S. 208–215, hier S. 208.

1129 GStA PK, I. HA, Rep 96 B Minüten, Nr. 2: September 1728 – Oktober 1729, 189r – Nr. 1239: An den Major von Jürgas aus dem Kabinett, d. 17. April 1729, 189r – Nr. 1239: An den Major von Jürgas aus dem Kabinett, d. 17. April.

1130 GStA PK, I. HA Geheimer Rat, Rep. 49 Fiscalia, D 66 (Diebstahl): Geheimer Rat: Verschiedene Diebstahlsachen. 1748–1749, Fallakte 5.

derung dar.[1131] Aber auch die sonstigen Motive waren so vielfältig wie die Herausforderungen und Belastungen der Soldaten im militärischen Alltag oder gar im Krieg. Neben wirtschaftlichen und persönlichen Gründen konnte auch die militärische Struktur von Befehl und Gehorsam für den Soldaten zu einer Herausforderung werden, der er sich nicht stellen konnte oder wollte.

Es kam mitunter zu Protestaktionen, die von der Verweigerung von Arbeitshandlungen bis zum offenen Protest und sogar zum Selbstmord führen konnten, um der Zuständigkeit der Armee zu entgehen.[1132] So berichtete der Markgraf Friedrich Wilhelm in einem Schreiben vom 2. Oktober 1728, »daß sich ein Reuther von der Comapg. des Rittmeisters von Kalckreuth, und zwar der vierte Mann aus dem ersten Gliede, nahmens Martin, mit eigener Hant, und zwar vorsetzlich, mit einer Pistole, auf seiner Cammer erschoßen hatt«.[1133] In einem Brief hatte der Soldat seine vorgesetzten Unteroffiziere und einen Leutnant schwer belastet und ihnen eine Mitschuld an seinem Tod wegen der Behandlung, die er von ihnen erhalten habe, zugesprochen. Nachdem der Markgraf eine Untersuchung der Vorwürfe in Auftrag gegeben hatte und die Ergebnisse die Beschuldigungen nicht bestätigten konnten, bescheinigte auch Friedrich Wilhelm dem Reiter eine schlechte Gesinnung:

> »Nun kann ich selbst von diesem Kerl das Zeugniß geben, daß er jederzeit einer der desparabelsten und liederlichsten Gemüther gewesen ist, der seines Raisonnirens halber zum Öfftern Straffe gelitten, daß auch daher also Ew. Königl. May. Den Lieutenant vorjetzo vollkommen excusiret halten können.«[1134]

Im Nachhinein ist an dieser Stelle nicht klar zu trennen, ob diese negative Meinung tatsächlich schon vor der Tat des Soldaten bestand oder ob der Regimentschef den Selbstmörder erst nachträglich mit schlechten Eigenschaften bedachte, um eine Erklärung für den drastischen Schritt Martins zu liefern. Nach dieser Argumentation setzte der Freitod demnach vielmehr das »Fehlverhalten« des ohnehin schlecht beleumundeten Täters fort.

Sollte durch eine Selbsttötung eine weitere Tat verdeckt werden, war, zumindest den Regeln nach, in der Bestrafung kein Erbarmen zu zeigen: der Selbstmord eines arretierten, überführten oder verurteilten Delinquenten führte zum Vergraben des Körpers durch den Schinder.[1135] Eine Ausnahme wurde be-

---

1131 Vgl. Kap. 3.4.5 zum Selbstmord und zur Selbstverstümmelung als Formen der Flucht vor dem Militärdienst.

1132 Vgl. Kapitel 3.4: Konfliktfeld IV: das Ende der Dienstzeit, das diese Fälle ebenfalls thematisiert.

1133 GStA PK, I. HA, Rep. 96 Nr. 13 M: Des Marggrafen Friedrich Wilhelm von Brandenburg-Schwedt Immediat-Correspoondenz, Vol. I, 1718–1734, unpag., Brief an den König vom 02. 10. 1728.

1134 Ebd., Brief an den König vom 02. 10. 1728.

1135 Vgl. Kriegs-Articul 1749, Art. 39, S. 9.

reits 1749 in den Fällen gemacht, in denen dem Selbstmord eine psychische Erkrankung in Form einer Melancholie oder Schwermut vorausgegangen war: »Geschiehet es aber sonsten, daß sich jemand aus Melancholie oder Schwermüthigkeit um das Leben bringet, so soll derselbe gantz in der Stille weggebracht und begraben werden.«[1136] Derselbe Artikel drohte allerdings auch für den Fall des Überlebens mit der Strafe der Festungshaft, je nach Befinden durch das Kriegsgericht sogar auf Lebenszeit.[1137] Demnach gehörte der Selbstmord zu den justiziablen Verbrechen, die ebenso hart geahndet werden sollten wie Gotteslästerung, Totschlag oder Diebstahl. Denn im Sinne der christlichen Lehre hatten sich Selbstmörder nicht nur vor einer Aufgabe oder Herausforderung gedrückt, sondern vielmehr gegen den unlösbaren Vertrag mit Gott verstoßen, der allein ihr Leben in der diesseitigen Welt beenden konnte, damit sie in die jenseitige Welt überwechseln konnten.[1138]

4.5.4 Kindsmorde durch Soldaten im 18. Jahrhundert

Die Fallakte berührt neben dem unausgeführten Delikt des versuchten Selbstmordes in erster Linie das Delikt des Kindsmordes. Auch Soldatenfrauen waren unter den Täterinnen, die wegen Kindsmordes angeklagt wurden, oder es handelte sich um Dienstmägde und Frauen aus den unteren Schichten, die mit Soldaten Umgang hatten.[1139] Das Delikt an sich stellte die soziale Kontrolle der Gemeinschaft über den Sexualtrieb der Ledigen immer wieder infrage, auch wenn solche Tötungen ebenfalls innerhalb der Ehe vorkommen konnten.[1140] Besonders schwierig wurde es jedoch für die Frauen, wenn sie trotz des Heiratsversprechens mit einem Soldaten die Ehe nicht schließen konnten. So erging es 1771/72 der 21-jährigen Catharina Würbs, die mit dem Soldaten Simon Wehringer in Karlsruhe die Ehe eingehen wollte und von diesem ein Kind erwartete. Da der vorgesetzte Major jedoch die Heirat untersagte und den Schein

1136 Ebd.

1137 Vgl. ebd.: »Ist aber die Verwundung nicht tödtlich, oder daß er errettet und durch Hülfe beym Leben erhalten worden, soll er mit Vestungs-Arbeit und nach Befinden seiner Bosheit auf Zeit Lebens bestrafet werden.«

1138 Gaudlitz, Gottlieb: Die Höchst verdammliche Sünde des grausamen Selbst-Mords, wurde [...] allen Sündern, zu ihrer nötigen Warnung vorgestellet, Leipzig 1736.

1139 Beate Engelen verweist in dem Zusammenhang besonders auf den hohen Anteil von Soldaten als Väter unehelicher Kinder in den großen preußischen Garnisonen, vor allem aber in Schlesien, wo sie für die Zeit nach der Besetzung des schlesischen Territoriums bis 1748 28 % der Väter von getöteten Kindern unter den Soldaten nachweisen kann. Vgl. Engelen, Soldatenfrauen, S. 451.

1140 Peters, Kirsten: Kindsmord als schöne Kunst betrachtet: eine motivgeschichtliche Untersuchung der Literatur des 18. Jahrhunderts, Würzburg 2001, S. 29f.

nicht ausstellen wollte, musste sich die junge Frau als liederliche Dirne beschimpfen lassen und das Eheversprechen wurde gelöst.[1141]

In den Akten oder in gedruckten Publikationen des 18. Jahrhunderts werden Soldaten, die Kinder töten, in erster Linie der Gruppe der Gewaltverbrecher zugeschrieben. Ein solcher Mord wurde entweder aus Hass verübt oder als indirekt initiierter Selbstmord.[1142] Fälle von Kindstötungen mit dem Willen, durch das Gericht zum Tode verurteilt zu werden, tauchten in Gerichtsakten immer wieder auf: Gemeinsam war ihnen, dass die Täter zunächst ein unschuldiges und oft sehr junges Kind töteten, um dann selbst vom Henker gerichtet zu werden.[1143] Dies bekannten sie dann meist auch in der Vernehmung. Wenn es sich bei diesem »mittelbaren Selbstmord« um einen gesellschaftlichen Diskurs des späten 18. Jahrhunderts handelte, so ließen sich zumindest die Handlungslogiken für diese Form des erweiterten Suizids an dem Fall von Thomas Niemes festmachen:

> »Mit dem Ziel, auf dem Schafott zu sterben, töteten die Täter oder Täterinnen ein kleines Kind, da ein solches noch frei von Schuld und somit dessen Seelenheil auch ohne Beichte und Buße vor dem Tod gewiß war. Manchmal war es das eigene Kind, manchmal ein fremdes. Dann übergaben sie sich freiwillig in die Hände des Henkers [...].«[1144]

Obwohl die Ansatzpunkte auf den ersten Blick ähnlich scheinen: auch Niemes war melancholisch und des Lebens überdrüssig, er wollte seinem Leben ebenfalls ein Ende setzen. Außerdem konnte er als gottesfürchtiger Mensch davon ausgehen, dass er auch vor einer Hinrichtung vor den Geistlichen die Buße leisten und seine Sünde bereuen konnte. Diese Form des Sterbens war zudem mit wenigen Einbußen für die Verwandtschaft und das soziale Umfeld verbunden, da der Büßer seine Strafe antrat.[1145] Da die Absicht, sich selbst zu töten, bereits unter Strafe stand, und die Angehörigen mitunter zu befürchten hatten, dass das Vermögen des Selbstmörders eingezogen wurde oder dieser durch die Tat stigmatisiert und entehrt wurde,[1146] kam es mitunter immer wieder zu solchen

1141 Die ausführliche Schilderung des Falles findet sich bei Peters, Kindsmord, S. 195f.

1142 Vgl. Martschukat, Jürgen: Ein Freitod durch die Hand des Henkers. Erörterungen zur Komplementarität von Diskursen und Praktiken am Beispiel von »Mord aus Lebens-Überdruß« und Todesstrafe im 18. Jahrhundert, in: Zeitschrift für Historische Forschung 27 (2000), S. 53–74.

1143 Bereits der Arzt Johann Carl Wilhelm Moehsen wies in seinen Vorlesungen zum Selbstmord in der Berliner Mittwochsgesellschaft 1787 darauf hin, dass die Form des »indirekten Selbstmordes« über die Tötung eines Kindes oft verheimlicht und kaum bekannt, trotzdem aber recht häufig der Fall war unter Selbstmördern. Vgl. Baumann, Ursula: Vom Recht des Menschen auf den eigenen Tod: Die Geschichte des Suizids vom 18. bis zum 20. Jahrhundert, Weimar 2001, S. 108f.

1144 Ebd., S. 54.

1145 Vgl. Lorenz, Maren: Kriminelle Körper – Gestörte Gemüter. Die Normierung des Individuums in Gerichtsmedizin und Psychiatrie der Aufklärung, Hamburg 1999, S. 270f.

1146 Vgl. Kästner, Selbsttötungen, S. 211.

Verzweiflungstaten, die einen indirekten Suizid (durch den Scharfrichter) zur Folge hatten.

Besonders in Stadtchroniken finden ähnliche Berichte immer wieder Erwähnung:

> »Ao. 1726 am grünen Donnerstage hat ein betrunckener Soldat von dem alhier in Guarnison liegenden Fürstl. Anhaltischen Regiment, Nahmens Kreid, von Berlin gebürtig, des Schusters Rönnigers Söhnlein von drey Jahren mit dem Pallasch tod gehauen, weßhalb er einige Zeit hernach enthauptet und aufs Rad gelegt worden.«[1147]

Die Kürze der Chronik gibt allerdings keinen Aufschluss darüber, wie oft es sich bei derlei Fällen um einen mittelbaren Selbstmord handelte und der Täter demnach selbst sterben wollte.

Das Verhör von Thomas Niemes stellt demgegenüber jedoch klar den Lebenswillen des Angeklagten heraus. Denn dieser betont in den Befragungen, dass er jetzt um die Schwere seines Verbrechens wisse, die Tat und den Versuch sehr bereue und um die Gnade Gottes sowie des Königs flehe »Ja – er müße es bekennen, daß er sich dadurch an Gott sehr versündiget, und dabey zeitl. Straffe verdienet hätte. Letzte aber in der ungezweiffelten Hoffnung, daß ihm Gnade vor Recht sowohl von dem höchsten Gott alß von Sr. Königl. May. wiederfahren werde.«[1148] Es erscheint daher nicht wahrscheinlich, dass sich Niemes bereits seit längerer Zeit mit dem Vorsatz trug, sich zu töten, sondern dass es vielmehr zu einer Steigerung der individuell wahrgenommenen Belastung kam und schließlich in der Endgültigkeit des Selbstmordes ein Ende dieser Belastungen erkannt wurde. Hieran zeigt sich aber auch, dass die Gründe für eine Selbsttötung häufiger in der individuellen Perspektive zu suchen waren als etwa in der militärischen Struktur, die den Soldaten etwa in seine Tat getrieben habe:

> »Die verschiedensten und sogar widersprüchlichsten Ereignisse im Leben können unterschiedslos als Vorwand für den Selbstmord dienen. […] Weder gibt es irgendein Mißgeschick im Leben, sei es noch so unbedeutend, von dem man im Vorhinein sagen könnte, es sei keinesfalls geeignet, ein Leben unerträglich zu machen; noch könnte man mit mehr Recht von einem andern sagen, daß es diese Folge nun unbedingt haben werde. Wir sehen, wie Menschen sich in unsagbarem Unglück behaupten, während andere wegen einer Geringfügigkeit den Tod suchen.«[1149]

1147 Dreyhaupt, Johann Christph von: Pagus Neletici et Nudzici, Ausführliche diplomatisch-historische Beschreibung des zum ehemaligen Primat und Ertz-Stifft, nunmehr aber durch den westphälischen Friedens-Schluß secularisirten Herzogthum Magdeburg gehörigen Saal-Creyses […] insonderheit der Städte Halle, Neumarckt, Glaucha, Wettin, Lobegun, Cönnern und Alsleben, Erster Theil, Halle 1755, S. 522.

1148 LASA, A 9b Ib, Nr. 7, Bd. V, Bl. 49r.

1149 Durkheim, Selbstmord, S. 344.

Der Soziologe Emile Durkheim versuchte mittels der Kombination von verschiedenen individuellen, gesellschaftlichen und sozialen Faktoren den Schritt des Einzelnen zur Selbsttötung zu erklären und stellte fest, dass jene »individuellen« Gründe nicht nur sehr vielfältig sind und waren, sondern immer auch im Zusammenwirken mit den Begleitumständen der Tat zu sehen sind. Aus diesem Grund ist die fehlende familiäre Unterstützung für Thomas Niemes sowie die große Trauer über den Verlust der Lebensgefährtin für den Verlauf der Ereignisse ebenso entscheidend gewesen wie die so empfundene sich verschärfende Beanspruchung durch Kind, körperlichen Schmerz und die wirtschaftliche Notsituation. Der Diskurs über Selbstmord im Militär weist demnach ähnliche Strukturen auf wie in der übrigen Gesellschaft auch: die Selbsttötung gehörte zu den Verstößen gegen die Bestimmungen Gottes einerseits und untergrub das Gebot »du sollst nicht töten«. Der Soldat entzog sich dadurch andererseits auch seiner Verantwortung: sowohl für das Kind als auch in seiner Aufgabe als Militärangehöriger für das Regiment.[1150]

In einer Zeit, als es die Traumatologie noch nicht gab, führte die Suche nach »biologischen« Gründen und »Fehlern«, welche zu der Ausführung von Selbstmordgedanken führten, schließlich zur Melancholie als erklärendem Moment. Zentrales Argument im Diskurs um die Vorsätzlichkeit und Zurechnungsfähigkeit eines Selbstmörders war die Einschätzung des Umfeldes und die Antwort auf die Frage, ob eine Selbsttötung spontan geschehen oder lange geplant war. Oder ob sie etwa der Flucht vor einer gerichtlichen Strafe oder vor einem Verfahren gegen einen Delinquenten diente. Gab es aber Anhaltspunkte, die für eine seelische Erkrankung sprachen, im Allgemeinen als Melancholie bezeichnet, dann galt ein Selbstmord oder der versuchte Suizid als Folge dieses Schwermutes und nicht als Folge einer Irreleitung des Verstandes. Der Delinquent wurde quasi der Verantwortung für die Tat enthoben.[1151]

Das führte umgekehrt zu einer Erwartungshaltung in einem Verfahren wegen eines Selbstmordversuchs: der oder die Beklagte hatte eigentlich nur die Möglichkeit, den versuchten Selbstmord als geplantes Unternehmen zu bestätigen oder mit dem Verweis auf eine Krankheit die Verantwortung komplett abzuge-

1150 Durkheim spricht in diesem Zusammenhang von dem »altruistischen« Selbstmord, wonach der Selbstmörder den Freitod wählt, weil er für seine soziale Gruppe nicht mehr verwendungsfähig ist. Vgl. Durkheim, Selbstmord, S. 65.

1151 Wie Alexander Kästner am Beispiel von Selbstmördern in Bautzen zeigt, wurden Personen, die der Melancholie bezichtigt wurden, sogar vom sächsischen Kurfürsten insoweit begnadigt, dass sie in aller Stille auf dem Kirchhof, also in geweihter Erde und damit ehrenhaft, beigesetzt werden durften, vgl. Kästner, Tödliche Geschichte(n), S. 211; die exakt festgelegten verschiedenen Abstufungen von ehrenhaften und unehrenhaften Bestattungen betont auch Lind, Vera: Selbstmord in der Frühen Neuzeit. Diskurs, Lebenswelt und kultureller Wandel am Beispiel der Herzogtümer Schleswig und Holstein, Göttingen 1999, S. 35.

ben.[1152] Dass der Soldat mit seinem Vorhaben, sich das Leben zu nehmen, auch Kritik an den Lebensbedingungen im Militär formulieren könnte, zeichnet sich als Diskurs der Mediziner und Psychologen erst zum Ende des 18. Jahrhunderts ab.[1153]

4.6 Deliktfeld 6: Fahrlässigkeit – der Fall Leuthner 1721

4.6.1 Vorgeschichte und Urteilsspruch

Am 17. März 1721 erging von dem preußischen Regiment Anhalt-Dessau eine kriegsrechtliche Sentenz zur Bestätigung an den König: Das Urteil beschreibt den Fall des Musketiers Sigmund Leuthner, der beim Schunkeln und Singen mit der Magd seines bürgerlichen Wirtes in Halle versehentlich die am Ofen stehende Flinte umgestoßen hatte, worauf sich ein Schuss löste, die Magd getroffen wurde und diese ein paar Stunden später an ihren schweren Verletzungen verstarb.[1154] In der anschließenden Inquisition sollte nun geklärt werden, ob es sich bei dem Vorfall um einen bedauerlichen Unfall, um Totschlag oder eine fahrlässige Tötung handelte. Ähnliche Vorfälle gab es im Zusammenleben von Soldaten und Zivilisten immer wieder – oft auch als Ergebnis längerer Auseinandersetzungen zwischen den Konfliktparteien.

Auch in den üblichen Chroniken der Zeit sind solche Vorkommnisse hin und wieder vermerkt, weil sie die Sensationslust der Leser befriedigten, wie etwa der Eintrag in der *Saalischen Chronik* aus dem Jahr 1727 zeigt:

> »Den 28. April früh um 7 Uhr ist eine 75jährige Frau, des Kunstdrechslers Krügers Ehefrau, in der Stuben am Tisch sitzend, von dem bey ihnen im Quartier liegenden Soldaten, Johann Kreil, von Altenburg gebürtig, vorsetzlicher Weise, ohne alle Ursache, dergestalt in die lincke Seite geschossen worden, daß sie Tages darauf, unter grossen

1152 Auch Julia Schreiner weist für das 18. Jahrhundert und im Zuge der medizinisch-anatomischen Entdeckungen darauf hin, dass der Suizid zunehmend pathologisiert wurde. Demnach war der Täter entweder ein bewusster Sünder oder befand sich im Zustand einer Krankheit. Vgl. Schreiner, Julia: Jenseits vom Glück. Suizid, Melancholie und Hypochondrie in deutschsprachigen Texten des späten 18. Jahrhunderts, München 2003, S. 166.

1153 Vgl. Moehsen, Johann Karl Wilhelm: Betrachtungen über die Berlinischen Selbstmörder, in: Berlinische Monatsschrift, Bd. 12, 1788, S. 200–223, bes. S. 214.

1154 Gewalttaten unter Beteiligung von Schusswaffen gehörten in den Garnisonsstädten zu den besonderen Gefahren und waren aufgrund der verheerenden Wirkung umso mehr gefürchtet. Vgl. Allkämper, Urte: Die Braut des Soldaten. Symbolische Kommunikation mit der Waffe von der Frühen Neuzeit bis zur Gegenwart, in: Militär und Gesellschaft in der Frühen Neuzeit 8 (2004), S. 47.

Schmertzen verstorben; der Thäter ward den 14. May enthauptet und aufs Rad gelegt.«[1155]

Hierbei war der Umstand des »Vorsatzes« nicht nur für die Verurteilung entscheidend, denn nur dieser wurde nach dem Kriegsartikel 26 strafrechtlich geahndet, sondern die Bestrafung des Vergehens wurde in ihrer Härte außerdem zur Abschreckung und zur Warnung vor solchen Taten genutzt. So sollte kein Soldat seinen Wirt, die Wirtin oder dessen Gesinde »ungebührlich tractiren«.[1156] Während der in der Chronik ausgewiesene Soldat von einem Kriegsgericht des Vorsatzes überführt werden konnte, musste das Gericht im Fall von Sigmund Leuthner über Zeugenbefragungen und über die Rekonstruktion des »Leumunds« des jungen Soldaten eine Aussage treffen. Dafür formierte der Oberstleutnant Caspar von Wachholtz vom Regiment Anhalt-Dessau als Präses das Kriegsgericht, das sich aus drei Hauptleuten, drei Leutnants, vier Unteroffizieren und vier Gemeinen zusammensetzte.[1157] Obwohl es sich bei der vorliegenden Akte wohl eher um einen Überrest der vormaligen Gerichtsakte handelt, denn nur noch die Sentenz durch das Kriegsgericht und die Urteilsbestätigung durch König Friedrich Wilhelm I. sind erhalten, zeigt doch dieser Fall die über das Urteil und dessen Begründung einsetzende Kommunikation zwischen den Militärrichtern im Regiment und dem Monarchen, der das Urteil ändern konnte – und es in diesem Fall auch empfahl.

Während der Recherchen für die vorliegende Arbeit in den verbliebenen Regimentsunterlagen preußischer Regimenter konnte diese Sentenz als einziges Original ausfindig gemacht werden: das bedeutet, dass den Akten die gesiegelte und durch die einzelnen Militärangehörigen unterschriebene Sentenz beiliegt, während vermutlich eine Kopie davon an das Generalauditoriat gesandt wurde.[1158] In der Sentenz und der Antwort durch den König lassen sich die verschiedenen Perspektiven auf das Delikt sowie die Beurteilung des Delinquenten ablesen, und sie geben Auskunft über das Verständnis militärischer Leistungs-

1155 Pagus Nelecti et Nudzici oer Ausführliche Diplomatisch-Historische Beschreibung des zum ehemaligen Primat und Ertz-Stifft, nunmehr aber durch den westphälischen Friedens-Schluß secularisirten Herzogthum Magdeburg gehörigen Saal-Creyses, […] mit nöthigen Registern versehen von Johann Christoph von Dreyhaupt […], Zweyter Theil, Halle 1755, S. 522.

1156 Mylius, CCM, T. III, 1. Abt., Kriegs-Articul 1713, Nr. CXIV, Art. 26.

1157 LASA, A 9b Ib, Nr. 19, Bd. III: Fürst Leopold, von Sachsen-Anhalt: Acta enth. Verschiedenes welches sich auf des Fürsten Leopold preußisches Regiment zu Fuß beziehet 1713–1723, Bl. 6.

1158 Im Regelfall verhielt es sich andersherum – in den Regimentsunterlagen wurde lediglich die Abschrift eingeordnet, während die originale Akte an das Generalauditoriat und den König gesandt wurde. Eventuell wurden auch gleich zwei Sentenzen ausgefertigt – dieser Fall ist aber, wie beschrieben, für kein weiteres Verfahren in den analysierten Akten auffindbar gewesen.

fähigkeit und der grundlegenden Anforderungen an die militärische Struktur und den Soldaten: anders ausgedrückt geht es um die Frage des professionellen Umgangs mit Schusswaffen und wie dieser dem Anspruch, junge und große Soldaten zu rekrutieren und zu disziplinieren, im Weg stehen kann.

Die Sentenz schildert den Hergang des Unglücks und beschreibt, dass der Soldat Leuthner mit der Flinte des Hauswirts, die sich immer in der Stube bei der »Hölle« befinde, seine Handgriffe geübt habe und auch an diesem Tag die Flinte, »die aber vorher niehmals gelahden gewesen«, mit dem Vorsatz zu exerzieren in die Hände genommen habe. Davon habe ihn aber die Magd, die mit ihm am Ofen saß, abgehalten und ihn stattdessen gebeten, ein bayerisches Lied aus seiner Heimat zu singen:

> »Welches er gethan, und sich auf den Stuhl gesetzet, nachdem er nun so mit dem Stuhl geschunkelt, ist die Flinte nach Inquisiti Außsage, währendem solchen Schunkelns, nun, und auf Inquisitens linken Knie gefallen, worauf Er die Flinte mitt dem Knie an den Ofen geklemmet, da dann der Schuß loßgegangen, und die Magd Magdalena Schwertfegerin dadurch auf der rechten Backe und dem Halse dergestalt tödtlich verwundet wurden, daß sie nach einer halben Stunde darauf verstorben.«[1159]

Aus der Sentenz geht hervor, dass nach dem Vorfall neben dem Hauswirt noch weitere Zeugen vernommen wurden, die zwar bestätigten, dass der Inquisit die Schusswaffe vorher in der Hand gehalten habe, die aber während des Schusses weder in der Stube waren noch sagen konnten, ob Leuthner tatsächlich den Schuss mit seinem Knie ausgelöst haben könnte. Der Wirt gibt in seiner vereidigten Aussage sogar unumwunden an, dass der Soldat von der Schrotladung in der Flinte nichts wissen konnte, da diese durch den Wirt erst geladen wurde, als Leuthner seinen Dienst auf der Wache versah.[1160] Dazu kommt die Fürsprache des Wirtes für den jungen Mann, der sich in seinem Quartier offenbar gut aufgeführt hat und bei den Hausangestellten auch beliebt war. Die Sentenz greift dann auch diese Argumentation auf und verurteilt Sigmund Leuthner am 14. März 1721 wegen der Entleibung der Magd Magdalena Schwertfeger, weil »[e]r die Flinthe vorsetzlich nicht loßgeschoßen, noch die Magdt damit zu tödten intendiret«, zu einer vergleichsweise milden Strafe, indem er »mit dem leybl. Eidte sich purgiren könte, von aller Straffe absolviret und frey gesprochen« werde.[1161]

1159 LASA, A 9b Ib, Nr. 19, Bd. III, Bl. 7.
1160 Ebd., Bl. 5.
1161 Ebd., Bl. 6.

4.6.2 Akteure und Personenkonstellationen

Das Verfahren zeigt, dass auch ein Soldat, der sich vermutlich als Freiwilliger das Los des Militärdienstes selbst ausgesucht hatte und weit weg von seiner bayerischen Heimat im Dienste des Regiments von Anhalt war, persönliche Beziehungen in einem Gerichtsverfahren zu seinem Vorteil mobilisieren konnte. Sigmund Leuthner, 21 Jahre alt, katholisch, stammte aus Bayern und übte den Militärdienst erst seit fünfeinhalb Monaten aus. In dieser Zeit hatte er über seinen Quartierswirt in Cönnern, den Bürger Christian Friedrich Nippert, gute Kontakte zu den mit im Haus wohnenden Mägden geknüpft. Wie die Sentenz zusammenfasst, sagen die beiden Frauen, Dorothea Elisabeth Berg und Christiana Florentina Koch, zu seinen Gunsten aus und betonen beide in der Vernehmung, dass sie nicht wüssten, »ob Er sie [die Flinte, d. Verf.] nach dem Schuße noch in der Hand gehabt, sondern der Schuß unvermuthend gefolget«.[1162] Auch der Wirt bestärkt diesen Eindruck und sagt aus, dass Leuthner »das Zeugniß vor sich hatt, daß Er in dem Quartier sich allezeit friedtlich aufgeführet, und weder mit der Entleibeten noch andern Magdt zumahlen sich verunwilliget, oder gezanket gehabt«.[1163] Das urteilende Kriegsgericht lässt daher in der Urteilsbegründung Milde walten und entscheidet sich angesichts der wenigen Erfahrung des jungen Soldaten, der über einen sehr guten Leumund verfügt, für die milde Abstrafung, davon ausgehend, dass der Unfall wohl ohnehin seine Spuren bei dem Militärangehörigen hinterlassen wird.

Das Kriegsgericht setzte sich folgendermaßen zusammen (vgl. Tabelle 15).

Tabelle 15: Zusammensetzung des Kriegsgerichts gegen Leuthner 1721

Präses	Oberstleutnant Caspar von Wachholtz[1164]
Kompaniechefs (Hauptleute)	Major Christian Albrecht von Platen und Kapitän Jonathan Friedrich von Finck[1165]
Sekondeleutnants	Christoph Friedrich von Lattorf[1166] Carl Leopold von Scharowetz

1162 Ebd., Bl. 5.

1163 Ebd., Bl. 5f.

1164 Caspar Joachim von Wachholtz (1673–1736) gehörte 1730 zum Militärgericht über den Kronprinzen Friedrich in Köpenick und stimmte zuerst für eine gnädige Bestrafung Hans Hermann von Kattes, nach der Einkassierung des ersten Urteils in der zweiten Urteilsrunde aber für dessen Tod. Vgl. Kloosterhuis, Kriegsgericht in Köpenick, S. 184–209.

1165 Dieser erhielt seine Kompanie im Jahr 1716, Finck 1718, vgl. Geschichte und Nachrichten von dem Königl. Preuß. Infanterie-Regiment Fürst von Anhalt, S. 158 und S. 161.

1166 Christoph Friedrich von Lattorf (1696–1762) brachte es im Siebenjährigen Krieg bis zum Generalleutnant. Vgl. Poten, Bernhard von: Lattorf, Christof Friedrich von, in: Allgemeine Deutsche Biographie (ADB), Bd. 18, Leipzig 1883, S. 19f.

Fähnriche	Von der Marwitz Joachim Leopold von Bredow[1167]
Sergeanten	Leopold von Gedeller Wurm
Korporale	August von Knor Koch
Gemeine	Gefr. Hermann Lüdecke Martin Schramm Johann Bergemann[1168] Andreas Heizmann

Obwohl die Voten der einzelnen militärischen Klassen nicht mehr erhalten sind, ist anzunehmen, dass über das Urteil weitgehende Einigkeit herrschte, da eine große Differenz bei der Urteilsfindung wohl für ein anderes Strafmaß (das dann irgendwo in einem mittleren Bereich des Gassenlaufens gelegen hätte) sprechen würde. Geführt wurde das Verfahren von dem Regimentsauditeur Johann Friedrich Mayer.[1169] In seiner fiktiven Lebensbeschreibung des Soldaten Basedow beschreibt Martin Guddat, wie die Einberufung eines solchen kriegsgerichtlichen Verfahrens aus der Perspektive eines Soldaten, der ebenfalls als Teil der Gerichtsjury am Verfahren teilnahm, ausgesehen haben könnte.[1170] Hier erläutert Guddat anhand der juristischen Vorschriften, wie sich das Kriegsgericht über einen Soldaten nach 1740 zusammensetzen sollte. Im Vergleich dazu ergibt sich für den Fall von Sigmund Leuthner eine gänzlich andere Zusammensetzung (vgl. Tabelle 16).

1167 Joachim Leopold von Bredow (1699–1759) stieg ebenfalls unter Friedrich II. in den Rang eines Generalmajors auf, vgl. König, Anton Balthasar: Joachim Leopold von Bredow, in: Biographisches Lexikon aller Helden und Militairpersonen, welche sich in Preußischen Diensten berühmt gemacht haben, Bd. 1, Berlin 1788, S. 258.

1168 LASA, A 9b Ib, Nr. 25a: Regimentsbuch von 1723 – hier wird Johann Bergemann als Soldat in der Kompanie des Oberstleutnants von Brandt im vierten Glied mit einer Größe von fünf Fuß und acht Zoll geführt.

1169 Vermutlich ist hier der Sohn des geistlichen Autors des gleichen Namens – Johann Friedrich Mayer – gemeint. Der hier bezeichnete Auditeur wurde 1686 geboren, diente bis 1721 im Regiment Anhalt-Dessau zu Fuß und verstarb später in Berlin. Vgl. Dunkel, Johann Gottlob Wilhelm: Historisch-Critische Nachrichten von verstorbenen Gelehrten und deren Schriften […], Bd. II, Teil 1, Dessau und Cöthen 1755, S. 666.

1170 Vgl. Guddat, Des Königs treuer Diener.

Tabelle 16: Vergleich der Besetzung von Kriegsgerichten

Guddat	Im Fall Leuthner
Präses: Premierleutnant	**Präses: Oberstleutnant**
1 Stabsoffizier	
3 Kapitäne	2 Kapitäne
3 Leutnants	2 Sekondeleutnants
3 Fähnriche	2 Fähnriche
3 Sergeanten	2 Sergeanten
3 Korporale	2 Korporale
3 Gefreite	1 Gefreiter
3 Gemeine[1171]	3 Gemeine
Gesamt: 23 Mann	15 Mann

Da sich der Verfasser an den Vorschriften orientierte, summieren sich hier im Idealfall alle Klassen vom Premierleutnant abwärts in gleicher Gewichtung. Auch das Verfahren gegen Sigmund Leuthner fand in einer friedlichen Phase statt, das Kriegsgericht tagte ordentlich, auch das Verhältnis von Offizieren und Mannschaften ist etwa anteilig je zur Hälfte besetzt: in dem Beispiel von Guddat handelt es sich um ein Verhältnis von Offizieren zu Mannschaftsdienstgraden von 11:12, im konkreten Fall Leuthner sind es 7:8. Offenbar war diese Verteilung der ständischen Vertreter wichtiger als die exakte Ausrichtung nach den Vorschriften: im Ergebnis besaß jede militärische Rangstufe ein gemeinsames Votum, nur der Präses hatte eine eigene Stimme. Die Aufnahme der Unterschriften in der Urteilsbegründung zeigt demnach keineswegs eindeutig, dass der einzelne Gefreite etwa ein eigenes Votum besaß, sondern er könnte vielmehr zur Ergänzung der Gruppe der Gemeinen herangezogen worden sein – das genaue Abstimmungsverhalten bleibt hier leider Spekulation. In einem späteren Verfahren eines Kriegsgerichts des Regiments Anhalt-Zerbst, das im Jahr 1783 ein vermeintliches Desertionskomplott zu beurteilen hatte, waren in dem Kriegsgericht lediglich drei Chargen neben dem Präses und dem Auditeur aufgeführt.[1172]

1171 Ebd., S. 66.

1172 Vgl. LASA, Z92, Bl. 14f.: Urteilsbegründungen der Klassen. Das Regiment stand zu dieser Zeit nicht in preußischen Diensten und anders als in den preußischen Regimentern üblich besaß der Auditeur hier ebenfalls ein zählbares Votum bei der Abstimmung. Die Gruppe der Soldaten wird hier durch ein gemeinsames Veto eines Gefreiten und eines Soldaten vertreten.

4.6.3 Urteilsbegründung und Argumentation

Als mildernde Umstände wurden in der Urteilsfindung die grundlegende friedfertige Aufführung des Soldaten in seinem Quartier,[1173] das gute Einvernehmen mit den Mägden, das jugendliche Alter sowie die kurze Dienstzeit und die daraus resultierenden mangelnden Kenntnisse bei der Sicherung und Begutachtung des Gewehrs anerkannt: Das Gericht erkannte, dass der Soldat weder den Vorsatz noch ein bestimmendes Motiv besaß und durch einen göttlichen Eid seine Aussage in diesem Sinne bekräftigen könne. Dieser Urteilsbegründung stimmte auch der König grundsätzlich zu, verwies aber darauf, dass Leutner als Soldat seiner Majestät den Umgang mit dem Gewehr erlernen müsse:

> »Jedoch, weil Er als ein Soldat mitt dem Gewehr, vorsichtiger hätte umgehen könen, und vorher visitiren sollen, ob die Flinte gelahden gewesen; So ist wegen solcher Unbedachtsahmkeit, undt weiln gleichwohl dadurch Menschenblut vergoßen worden, nach Gutfinden des Commandeurs, Er entweder mitt zehen mahligen Gaßen Lauffen, oder Vierwöchtentlichen Stock Hauße zu bestraffen.«[1174]

Interessanterweise schien der Monarch allerdings mit der Beweissicherung und der Durchführung der Untersuchung des Vorfalls ganz und gar nicht zufrieden zu sein und schrieb gleich darauf:

> »Der Auditeur des Regiments aber, welcher billig observiren sollen, daß die Flinte visitiret werden müßen, wie das Schloß davon beschaffen gewesen, derselbe auch die Zeugen nicht ordentlich und über gewiße Articul examiniret, so doch nach der Criminal Ordnung zumahl in Blut-Sachen seyn muß und sollen; Imgleichen das Mägdgen Christina Florentina Kochin, so ins 14te Jahr gehet, und noch nicht zum heiligen Abendtmahl gegangen, wieder die jetzt angezogene Criminal-Ordnung schwehren laßen, vors Künfftige zu mehrerer Legalität in dergleichen Sachen anzuhalten.«[1175]

In diesem Fall zeigte sich der Grund für die immer wieder auftretende Kritik an der fachlichen Eignung der Auditeure: Entweder beherrschten sie die juristische Materie nicht oder waren im Umgang mit den neueren Anforderungen des Inquisitionsprozesses überfordert. Aus diesem Grund auch hatte der Auditeur des Regiments die Tatwaffe oder Unfallwaffe offenbar gar nicht erst besichtigt, um die Möglichkeit eines vorsätzlichen Mordes auszuschließen.[1176] Darüber hinaus hatte

---

1173 Zu dem fragilen Verhältnis zwischen den einquartierten Soldaten und den quartiergebenden Wirten in Göttingen vgl. Pröve, Ralf: Der Soldat in der ›guten Bürgerstube‹. Das frühneuzeitliche Einquartierungssystem und die sozioökonomischen Folgen, in: Bernhard R. Kroener; Angela Strauß (Hg.): Ralf Pröve: Lebenswelten. Militärische Milieus in der Neuzeit (Gesammelte Abhandlungen), Münster 2010, S. 39–68, hier S. 59.

1174 LASA, A 9b Ib, Nr. 19, Bd. III, Bl. 5.

1175 LASA, Z92, Bl. 14.

1176 KGO von 1712, Art. VI, S. 531: »Anreichend die Criminal-Verbrechen, so erfordert die Nothdurft, daß so bald einer in solche einem delicti betreten oder zur Hafft gebracht ist,

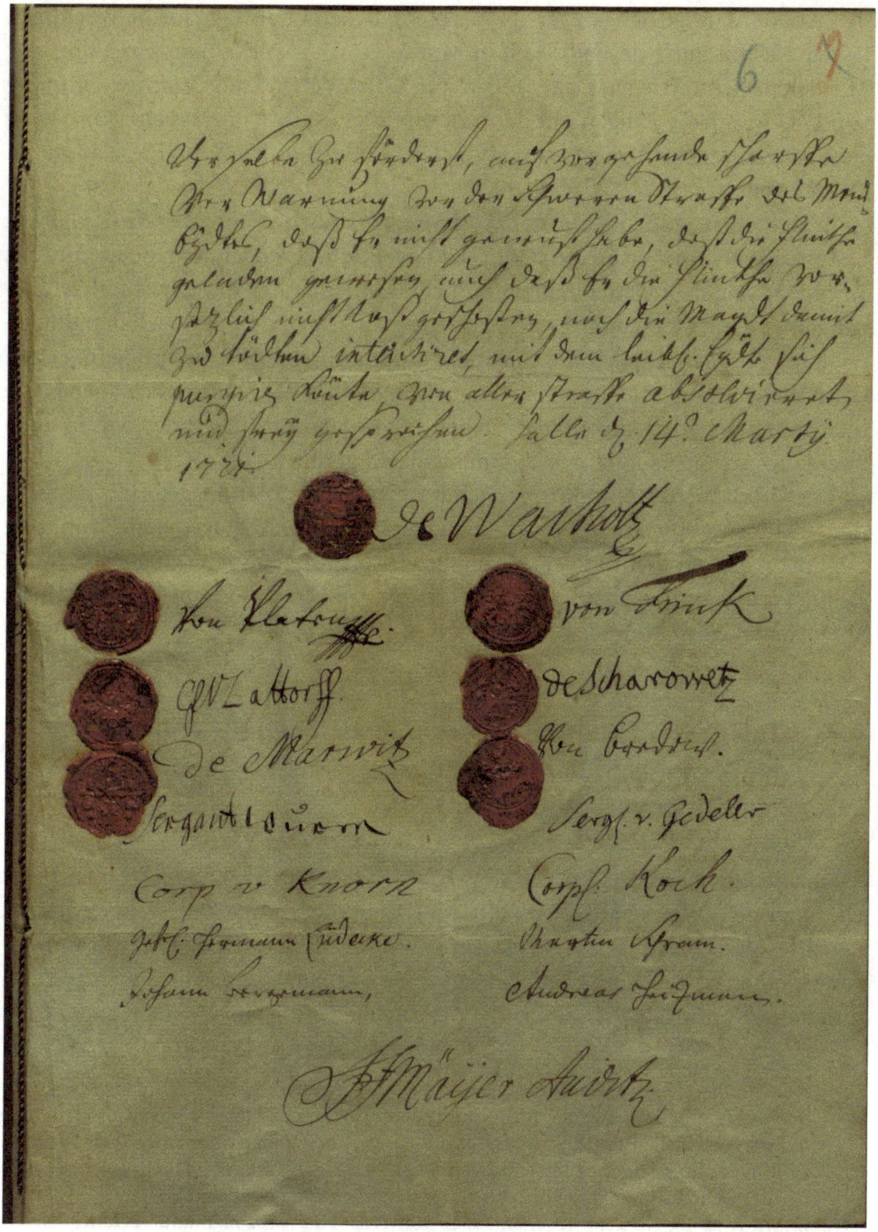

Abbildung 4: Sentenz für Sigmund Leuthner mit Siegeln und Unterschriften der Kriegsrichter 1721

der Auditeur Friedrich Meyer die als Zeugin befragte Magd nicht vereidigen lassen – wohl auch deshalb, weil er von Beginn an von einem Unfalltod der Magdalena Schwertfeger ausgegangen war. Entsprechend der *Criminal-Ordnung* von 1717 waren die Zeugen nur dann zu vereidigen, wenn in Aussicht stand, dass sie eine wesentliche Aussage zurückhielten oder wenn Druck auf diese ausgeübt werden sollte.[1177]

Es ist demnach anzunehmen, dass die Prozessführung über diesen »Unfall« in erster Linie als Zeichen an die städtische Bevölkerung gedacht war. So konnte das Regiment seinen Willen zu einem gütlichen Miteinander mit der Stadtbevölkerung über die Untersuchung der Angelegenheit zeigen und dennoch den jungen Soldaten schonen. Denn Leuthner stand aufgrund seiner Körpergröße im ersten Glied seiner Kompanie – der Gassenlauf scheint ihm dann körperlich auch keine bleibenden Schäden zugefügt zu haben, denn Sigmund Leuthner wurde auch zwei Jahre später noch in den Regimentslisten geführt.[1178]

Das Urteil wurde dem entsprechend am 14. März 1721 ausgefertigt und von den Richtern gezeichnet. Der untersuchende Auditeur Mayer hatte wohl von Beginn an eher in Richtung eines Unfalltodes ermittelt und die Unterlagen auch dementsprechend vor dem Kriegsgericht dargestellt, was die Milde des Urteils ebenfalls erklären könnte.

4.7 Deliktfeld 7: Bedrohung der militärischen Struktur – die Plackerei in der Kompanie von Seel (ein Generalkriegsgericht) 1746

Kaum ein Bereich an Delikten ist so von fehlendem Unrechtsbewusstsein geprägt wie jener der »Wirtschaftskriminalität« – bis in die heutige Zeit. Geht es darum, einen festgesetzten Etat möglichst »kreativ« auszuschöpfen oder gegen Gewährung kleiner Vorteile und Geschenke gewisse Vorgänge zu bewilligen, lassen sich durchaus Kontinuitäten durch die Geschichte verfolgen.[1179] Auch und insbe-

dem Auditeur hiervon Nachricht gegeben, und [...] also wegen Verwahrung des delinquentens, Haußsuchung oder Erforschung derer Complicum, insonderheut zur Erfindung des corporis delicti und inspection cadaveris [...] bey Zeiten alles eingerichtet werde«.

1177 Criminalordnung für die Chur- und Neumarck vom 8.7.1717, Sp. 74, §14: In welchen Fällen bey der General-Inquisition die vorgeforderte Zeugen zu beeydigen?

1178 LASA, A 9b Ib, Nr. 25a: Regimentsbuch von 1723: Hier wird Sigmund »Leidner« in der zweiten Kompanie von Prinz Dietrich von Anhalt-Dessau im ersten Glied mit einer Größe von fünf Fuß und elf Zoll geführt.

1179 Vgl. Zur Korruption im Militär Carl, Horst: »Pavillon de Hanovre« – Korruption im Militär im 18. Jahrhundert, in: Ronald Asch; Birgit Emich; Jens Ivo Engels (Hg.): Integration – Legitimation – Korruption. Politische Patronage in Früher Neuzeit und Moderne, Frankfurt a.M. u.a., S. 233–246

sondere im Bereich der Verwaltung und Organisation führen Freiräume und Entscheidungsspielräume unter Umständen zu Auswüchsen, die durch die Obrigkeit kriminalisiert und schließlich gerichtlich verfolgt werden. Auch im frühneuzeitlichen Militär des 17. und 18. Jahrhunderts waren immer wieder Fälle von Unterschlagung, Bestechung und Erpressung vorgekommen, die im Laufe der Zeit unter dem Begriff der »Plackereien« gegenüber der Bevölkerung zusammengefasst wurden. Für die Betrachtung des Kriminalitätsaspekts dieser Handlungen ist das Delikt, das vor allem wirtschaftliche und strukturelle Folgen nach sich zog, in erster Linie ein Vergehen gewesen, das direkt in die Befugnisse des Landesherrn und Oberbefehlshabers der Armee eingriff und damit insbesondere in den Regierungszeiten Friedrich Wilhelms I. und Friedrichs II. häufiger in den Untersuchungsakten und Kriegsgerichtsurteilen zum Vorschein kam.

Im Folgenden wird ein besonders eklatanter Fall aus dem Jahr 1746 ausgewertet, der das Regiment von Leps[1180] in Westfalen betraf und von der dortigen Kompanie des Obersten von Seel ausging. Der tüchtige Feldwebel und Unteroffizier seiner Kompanie, Friedrich Trosberg, hatte bereits über viele Jahre ein System der »Bewirtschaftung« errichtet, das sich immer wieder an der Grenze zum Erlaubten abspielte und oft auch darüber hinausging. So war der fleißige Trosberg – nach eigenem Vernehmen immer im Auftrag seines Obersten – zur Anlaufstelle für die Enrollierten der Kompanie geworden, die ihren Abschied bzw. eine Befreiung vom Militärdienst von ihm erlangen wollten. Daraus entwickelte sich die Praxis der verkauften Abschiede und Trauscheine, die für das frühneuzeitliche Militär in Europa durchaus gängig war. Diesen Umstand belegte nicht nur das anhaltende Unrechtsbewusstsein des Unteroffiziers, sondern er zeigt sich darüber hinaus an den großen Geldmengen, welche die Enrollierten ganz selbstverständlich an die Kompanie gaben, ebenso Lieferungen an Futtermitteln, ohne dass diese dazu eine Aufforderung erhalten hatten.[1181] Der detaillierte Blick in die Akten zeigt nicht nur auf, welches enorme Akteurs-Feld sich darin aufspannt, sondern wie wenig die Praxis der Rekrutierung und Einrangierung der Soldaten mit den Idealvorstellungen des Königs und seiner militärischen Eliten von der Organisation der Armee zu tun hatte. Neben den Gruppen an Handelnden, die in verschiedenen Prozessen der Untersuchung auftreten (Untersuchungsbeamte, Zeugen, Beklagte, Kriegsgericht und das jeweilige Um-

1180 Nach der Stammliste der Regimenter das Infanterieregiment Nr. 9, vgl. Gieraths, Kampfhandlungen, S. 32–36.

1181 Wie wenig Beachtung diese doch »weiche« Form der Kriminalität allerdings in der Forschung bisher erhalten hat, zeigen m. E. die etwas vagen Ausführungen von Rolf Straubel, der sich als einer der wenigen überhaupt mit dem Thema der »Plackerei« unter Offizieren – anhand der Kabinettsschreiben – auseinandergesetzt hat. Vgl. Straubel, Friedrich II. und seine Offiziere, S. 395.

feld), spielte die Begründung für die beklagten Handlungen durch diese Akteure und aus der Perspektive der Betroffenen eine entscheidende Rolle, um die Bewertung der Plackerei als durchaus deviantes, wohl aber sozial akzeptiertes Handeln innerhalb der Militärgesellschaften in den preußischen Gebieten zu verstehen.[1182] Dabei spielten insbesondere militär-organisatorische und wirtschaftliche Notlagen eine Rolle, wenn der beschuldigte Feldwebel klagte, dass die Enrollierten des Gebietes ohnehin sehr kleinwüchsig seien, oder der Enrollierte den Freikauf damit begründete, dass er den Hof des Vaters übernehmen müsse. Daneben kollidierten offenbar auch die ständischen Ansprüche der Offiziere oft genug mit den Wirklichkeiten der Kompanieführung: der Kompaniechef hatte durchaus Schulden angehäuft durch seine adlige Lebensführung, die der pflichtbewusste Unteroffizier zu begleichen versuchte. Außerdem waren die Auflagen für die Komplettierung der Regimenter durch den Monarchen durchaus streng gehalten und insbesondere Friedrich II. ließ sich von dem Zustand der Regimenter nicht nur regelmäßig berichten, sondern rügte auch die Regimentschefs und -kommandeure, die es mit der Verwaltung ihrer Truppe nicht so genau nahmen.[1183]

Die »Plackerei« als Form der Vorteilsnahme gegenüber den Soldaten und Enrollierten gehörte durchaus zu den Kriminaltatbeständen im Militär während des 18. Jahrhunderts, weil die Regimenter des Königs betroffen waren und weil sie – sofern Gelder im Spiel waren – auch in gewisser Weise einen Diebstahl an dem Oberbefehlshaber, zumindest aber eine schwere Form der Insubordination bedeutete.[1184] In dem vorliegenden Fall stand aber nicht der Oberst von Seel als Kommandeur des Regiments in der Hauptverantwortung und im Fokus der Inquisition, sondern der ihm unterstellte Unteroffizier Trosberg, der als Anlaufstelle für die Soldaten und Enrollierten fungierte und als ebensolcher eine wichtige Maklerfunktion besaß.[1185] Die Untersuchung der angezeigten Verstöße durch den Feldwebel und die Tragweite seiner Handlungen geben also nicht nur Aufschluss über die Bewertung des Delikts durch die Beteiligten, darüber hinaus lassen sie Rückschlüsse auf die Position des Feldwebels innerhalb der Kompanie in der preußischen Armee zu und geben damit Einblicke auf die Verortung von

1182 Dafür bedarf es eines weitgefassten Kriminalitätsbegriffs, der sich an dem Diskurs um das Delikt und dessen Bedeutung für die Machthabenden orientiert. Vgl. Dollinger u. a., Konturen einer Allgemeinen Theorie der Kriminalität als kulturelle Praxis.

1183 Auch dazu verweist Straubel auf die Chancen zum Avancement für die Offiziere, die beträchtlich abnahmen, wenn Friedrich mit deren Regimentsführung unzufrieden war. Vgl. Straubel, Friedrich II. und seine Offiziere, S. 366f.

1184 Die Stellungnahme Friedrich Wilhelms I. zu den »Plackereien« unter dem Obersten von Kleist zeigt, dass auch der König diese »flexible« Wirtschaft mit den Werbegeldern und den Abschieden als Verstoß gegen das Kommandorecht des vorgesetzten Regimentschefs ansah. Vgl. Acta Borussica, Ergänzungsband, S. 190, Nr. 303.

1185 Vgl. Schmidt, Sozialgeschichte des Unteroffiziers, S. 156.

Soldaten und Unteroffizieren im militärischen Milieu und in der militärischen Rechtskultur.

Anhand der umfangreichen Fallakten lassen sich außerdem neben den Bewertungsmustern und Perspektiven auf die Vorgänge auch strukturelle Verschiebungen in der Regimentswirtschaft sowie die obrigkeitlichen Vorstellungen von Ordnung und Subordination im Militär, insbesondere im Offizierkorps, herauslesen. Damit gewinnt diese Form der »Elitenkriminalität« eine besondere Bedeutung für das Ansehen der Offiziere und die Erwartungshaltung, die sowohl der vorgesetzte Monarch als auch der untergebene Unteroffizier und Soldat an diese herantrugen.[1186]

4.7.1 Das Delikt der Plackerei im Militär

Die Kompaniewirtschaft hatte seit dem 17. Jahrhundert das militärische System in den preußischen Gebieten zum einen stabilisiert und zum anderen zu einem einträglichen Geschäft gemacht. Obwohl die Privatisierung des Heeres zugunsten des Oberbefehls eines Landesherrn seit dem Dreißigjährigen Krieg abgelöst wurde, konnten die Regimentsinhaber die Verwaltung ihres Regiments relativ autonom vornehmen, solange die Bedingungen für die Komplettierung der Regimenter erfüllt wurden, die Soldaten und Offiziere sich in den Schlachten auszeichneten und auch sonst keine weiteren Exzesse zu beklagen waren.[1187]

Daher blieben militärinterne Vergehen – erst recht auf Ebene der Kompanie – in Bezug auf die Ökonomie oder Bewirtschaftung derselben oft unentdeckt. Seit der Etablierung des Kantonsystems hatte die Einschreibung der Einwohner in die Enrollierungslisten zu einer gewissen Sicherung der Rekruten für ihre Regimenter gesorgt. Dass darunter auch etliche zu klein gewachsene und für den Militärdienst ungeeignete Untertanen waren, machte aus der Befreiung vom Militärdienst eine mögliche Einnahmequelle für die Kompanie.

Friedrich kannte solche Missstände also offenbar schon als Kronprinz und wollte dieselben nach seinem Regierungsantritt sofort abstellen. So hieß es in einer Order vom 4. Juni 1740 über die Ausstellung der Trauscheine für die Enrollierten, »daß bey Verlust von Ehre und Reputation mit denen Enrollirten des Regiments keine Plackerey gemacht, auch selbigen wenn sie heyrathen wollen, die Trau-Scheine oder Dimissiones gegeben werden sollen, ohne einiges Geld

1186 Dass diese Verbindung durchaus wechselseitig war, zeigen auch die Klagen von Soldaten über die unangemessene Behandlung durch einzelne Offiziere.

1187 Zur Regimentskultur und enormen Bedeutung des militärischen Dienstes vgl. Winkel, Im Netz des Königs, S. 62–74.

davor zu nehmen«.[1188] Bereits im 17. Jahrhundert waren mehrere Edikte wegen der Plackerei ergangen, diese behandelten allerdings die Plackerei als Erpressung und Abpressung von Futter, Essen und Geld bei den Bauern durch die Soldaten nach dem Krieg.[1189]

Damit entwickelte sich der Begriff der Plackerei in den Rechtstexten zu einer Umschreibung von allerhand Beschwernissen, mit denen die Betroffenen belegt wurden.[1190] Im Verlauf des 18. Jahrhunderts und angesichts der neuen Herausforderungen durch das Kantonwesen ergab sich daraus eine wirtschaftliche Bedeutung, welche die Plackerei nun in die Nähe der Bedeutung von »Unterschlagung/Korruption« rückte.

4.7.2 Fallakten und Umstände der Untersuchung

> »Ob ich zwar selbst gestehen muß, daß ich gegen Sr. Königl. May. Allergndsten Ordre, den Verboth aller Geld-Plackereyen in den Compagnie Canton betreffend in ein und ander Stücken zuwider gehandelt habe, so will nur dieses dabey mit anführen, gestalt ich nicht den Vorsatz gehabt, mich dadurch zu bereichern, sondern es hat zum Theil meine grosse Dürfftigkeit und dabey die Absicht die Compagnie durch gute Recruten allemahl im Stande zu halten, mich zu vieles verleitet, was ich gegen Se. Königl. May. anjetzo nicht verantworten kann. Ich habe keinen Enrollirten aus meinem Compagn. Canton jemahls das Geringste abgefordert. Ohne mich also in Ansehung deßen, was geschehen, im geringsten zu rechtfertigen, so muß mich viel erl. Sr. Königl. May. Gnade in aller Unterthänigkeit unterwerffen mit aller Unterthänigster Bitte, Se. Königl. May. geruhen einen alten 62 Jährigen treuen Knecht, welcher Ewr. Königl. May. und dero Hause 45 Jahr gedienet, und gern ferner ›Guth‹ und Blut in Ewr. Königl. May Diensten aufopfern wollte, Gnade vor Recht wieder fahren zu laßen. v. Seel.«[1191]

Dieses Schreiben eröffnet die Gerichtsakte zum Inquisitionsverfahren gegen den Obersten von Seel und Konsorten aus dem Regiment von Leps, das 1746 in den

1188 Mylius, CCM, Cont. T. III, 1. Abt., No. XX, Sp. 341f.: Ordre an alle Regimenter, daß kein Geld von den Enrollirten vor die Trauscheine genommen werden soll, etc. vom 4. Junii 1740.

1189 So beschäftigten sich die Edikte gegen die Plackerei in der ersten Hälfte des 17. Jahrhunderts vor allem mit gewalttätigen Plackereien durch gartende Soldaten, vgl. Edict wider das Herumlauffen und Plackereyen der neugeworbenen Soldaten, und was denen gardenden Soldaten gegeben werden soll, vom 05.05.1620, in: Mylius, CCM, T. III, 1. Abt., Nr. 3, Sp. 9f.

1190 Krünitz, Johann Georg: Ökonomisch-technologische Encyclopädie oder allgemeines System der Staats-, Stadt-, Haus- und Landwirthschaft, und der Kunstgeschichte, in alphabetischer Ordnung, 113. Theil, Berlin 1810, S. 146: »Plackerey, nur im gemeinen Leben, eine mit vieler Beschwerde und Unlust verbundene Bemühung, besonders in engerer Bedeutung von beschwerlichen und unbefugten Erpressungen.«

1191 LASA, A 9b IVb, Nr. 14: Inquisitionsverfahren gegen den Obristen von Seel und Consorten des Regiments von Leps (IR 9) in Westfalen wegen beschuldigter Plackerei (Unterschlagung) 1746, unpag., Bl. 1.

Städten Soest, Hamm und Unna in Westfalen liegt, wegen beschuldigter Plackerei (Veruntreuung/Betrug). Zu dem Verfahren gehören noch sieben weitere Akten im Zuge der Voruntersuchung, welche Verhörprotokolle von betroffenen Enrollierten, verabschiedeten Soldaten, Unteroffizieren und Offizieren enthalten. Diese Akten enthüllen ein System der Vorteilsnahme, das insbesondere von dem Feldwebel Trosberg und mit Wissen seines Obersten Gottfried von Seel (die Akten wurden 1746 während der Untersuchung durch den Feldmarschall Dietrich von Anhalt-Dessau angelegt) errichtet und gepflegt wurde. Im Verlauf des Verfahrens zeigt sich, dass der Feldwebel Abschiede, Trauscheine und Ähnliches gegen hohe Geldbeträge an diejenigen verkaufte, die solche Pässe und Scheine dringend benötigten. Die Zahlenden erhielten aber entweder gar nichts für ihr Geld, mussten lange darauf warten oder zusätzlich noch Fourage für die Pferde in das Haus des Obersten liefern. Vor Gericht zogen diese Militärangehörigen jedoch nicht, entweder weil sie wussten, dass die Vorgänge an den Normen vorbeigingen, oder weil diese Absprachen ein gewisses Vertrauen in die Vorgesetzten voraussetzten.

Dazu gehören noch sieben Akten der Voruntersuchungen in Form der General- wie der Spezialinquisition mit Verhörprotokollen von betroffenen Enrollierten und Soldaten: Neben den drei Enrollierten Johann Wortmann und Anton Beutmann sowie Heinrich Deimel, die um ihren Abschied nachsuchten,[1192] wurde ebenfalls der Enrollierte Albert Neuschütz wegen der Handlungsweisen von Feldwebel Trosberg im Dezember 1746 befragt;[1193] aber auch Soldaten und ehemalige Militärangehörige mussten über die Praxis der Erteilung von Abschieden und Trauscheinen durch den Feldwebel Trosberg und seinen Vorgesetzten, den Obersten von Seel, Auskunft geben: der verabschiedete Musketier Johann Georg Hencke von der Kompanie Seels sowie der ebenfalls verabschiedete Feldwebel Friedrich Hoesterey von der Kompanie des Kapitäns von Kickol wurden eingehend befragt, ob diese für den Abschied gezahlt hätten und in welcher Höhe.[1194]

Zusammengefügt wurden die weiteren Verhöre der Enrollierten Zwangenbrugger, Johann Dietrich Hatwick, Jürgen Escken, Jürgen Sinnemann und Dietrich Schürhoff sowie der Musketiere Andreas Wifus und Caspar Blume.[1195] Darüber hinaus wurde der Hauptmann von Hauss aus dem Regiment von Leps verdächtigt, in Absprache mit dem Obersten von Seel, der als Kommandeur des Regiments auch bedeutende Einflussmöglichkeiten im Regiment besaß, seine

1192 LASA, A 9b IVb, Nr. 20 und 21 (Deimel).
1193 LASA, A 9b IVb, Nr. 16.
1194 LASA, A 9b IVb, Nr. 18.
1195 LASA, A 9b IVb, Nr. 22: Der Enrollierte Andreas Zwangenbrugger wird im Titel der Akte fälschlicherweise als »Zwangenträger« bezeichnet.

Beurlaubung auf die Familiengüter immer wieder verlängert zu haben.[1196] Um die Verlesung der betreffenden Anordnungen des Königs zu rekonstruieren, ließ Dietrich von Anhalt außerdem den ältesten Unteroffizier der Kompanie, den 50-jährigen Albrecht Fied, über die Praxis der Verlesung befragen.[1197]

Darüber hinaus wurden 30 Bauernrichter aus den umliegenden Orten vorgeladen und ebenfalls daraufhin vernommen, ob ihnen Fälle von Zahlungen und Dienstleistungen an die Kompanie durch Enrollierte in ihrem Gerichtsbezirk bekannt seien.[1198] Die meisten der Amtsleute verneinen, auch Richter Henrich Schultze aus Boesingen sagt etwa aus: »Nein, er wüste von gar nichts, weder von Geld Plackereyen noch, daß denen Enrollirten auf ein und ander Weise was abgezwacket worden.«[1199] Lediglich der Richter aus Weslor sagt aus, ihm sei bekannt geworden, »daß Albert Selis unter des Obristen von Seel Compagnie hätte Geld geben müßen, er wüßte aber nicht wie viel«. Außer ihm meldet noch ein Richter aus Müllingsen namens Johann Schultze, »der Enrollirte Johann Diterich Haver hat 10 Rthlr. und 1 ½ Malter Haffer gegeben«.[1200]

Die eigentliche Untersuchungsakte, welche die Voruntersuchungen zusammenfasst und auch das Urteil durch das Kriegsgericht enthält, weist folgende Bestandteile auf:

- Supplik des Obersten von Seel (ohne Datum),
- Zeugenaussage des Musketier Teigeler wegen unerlaubter Ausstellung eines Trauscheins durch den Obersten von Seel, vom 07.12.1746,
- Befragung des Obersten von Seel zu der Zeugenaussage (Zusammenfassung),
- Gruppenbefragung der Offiziere, Unteroffiziere und Gemeinen der in Unna liegenden Grenadier-Kompanie, vom 05.12.1746,
- ebensolche Befragung beim 1. Bataillon in Soest, am 07.12.1746,
- Gruppenbefragung der Offiziere, Unteroffiziere und Gemeinen der Kompanie von Seel, vom 29.11.1746,
- Urteil des Kriegsgerichts und Sentenz,
- Confirmation/Urteilsbegründung des Königs.

1196 Ebd., Nr. 19: Dafür wurde von Hauss in dem abschließenden Urteil schließlich auch bestraft, kam mit einer einmonatigen Arreststrafe wohl aber gut davon.

1197 LASA, A 9b IVb, Nr. 17: Plackereyen des Unteroffiziers Trosberg 1746 – Befragung des Uoff. Fied.

1198 LASA, A 9b IVb, Nr. 17: Vorladung sämtlicher Bauernrichter im Kanton des Obersten von Seel wegen der vom Prinzen Dietrich von Anhalt-Dessau geleiteten Untersuchung der vorgekommenen Geldplackereien. Dezember 1746.

1199 Ebd.

1200 LASA, A 9b IVb, Nr. 17 (unpag.), Bl. 1–3.

4.7.3 Akteure und Personenkonstellationen

Als Akteure traten dabei in erster Linie der Feldwebel Trosberg und die abschiedswilligen Kantonisten und Soldaten sowie der Oberst Gottfried von Seel als stiller Teilhaber und Nutznießer auf. Während die Lebensgeschichte des bürgerlichen Feldwebels schwer zu rekonstruieren ist, lassen sich zu dem ebenfalls aus bürgerlichen Verhältnissen stammenden Gottfried von Seel einige Angaben finden: aus dem Preußischen stammend, hatte er sich in der Armee weit nach oben gedient und sowohl in der Regierungszeit Friedrich Wilhelms als auch in den ersten Schlachten des Österreichischen Erbfolgekrieges ab 1740 so ausgezeichnet, dass Friedrich ihn und seine Familie 1742 in den Adelsstand erhob.[1201] Er hatte insgesamt 49 Jahre im Dienst der Hohenzollern gestanden und war vom Soldaten bis zum ältesten Obersten der Armee aufgestiegen.

Um diese beiden Akteure gruppieren sich die »betroffenen« Enrollierten und Soldaten des Regiments sowie deren Angehörige, die zum Teil dabei halfen, eine beträchtliche Summe an Geldern für die »Rekrutierung« aufzubringen. Vergleichbar sind sowohl die Lebenssituationen und Anfragen/Bitten um Verabschiedung oder einen Trauschein durch die Betroffenen als auch die daraufhin erfolgenden Handlungen von Trosberg und dem Obersten von Seel (vgl. Abbildung 5).

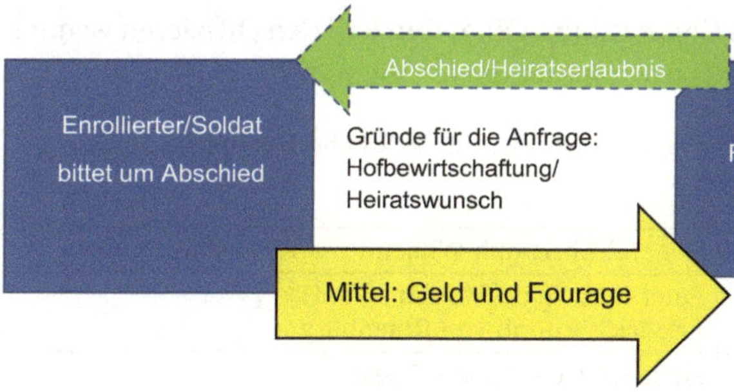

Abbildung 5: Formen des Handels mit dem Abschied in der Kompanie von Seel

An den Feldwebel wandten sich diejenigen Soldaten, Kantonisten und Beurlaubten, die eine Leistung außerhalb des gewünschten und von der Obrigkeit erlaubten Entscheidungsweges erhalten wollten. Aus diesem Grund boten sie dem Unteroffizier sofort Geldsummen für eine bestimmte Leistung wie den Trauschein, den Abschied oder die Werbung eines neuen Rekruten an, damit sich der Feldwebel bei seinem Vorgesetzten für das Anliegen einsetzen konnte.

1201 Vgl. Seyfart, Johann Friedrich: Lebens- und Regierungsgeschichte Friedrichs des andern, Leipzig 1786, Bd. 2, S. 154: Von den Todesfällen einiger großer Männer.

Den Urlaub konnte Gottfried von Seel als Kommandeur des Regiments tatsächlich erteilen, den Trauschein durfte allerdings nur der Regimentsinhaber gegenzeichnen, da er für den Zustand und die Anzahl der verheirateten Soldaten in seinem Regiment gegenüber dem König verantwortlich war. Ebenso war es bei der Erteilung eines Abschieds: dass die Abschiede schließlich doch von dem Obersten von Leps gegengezeichnet wurden, war vermutlich das Ergebnis des persönlichen Engagements des Kommandeurs. In jedem Fall hatte sich der lukrative und informelle Handel mit den ersehnten Abschieden und Trauscheinen im Regiment herumgesprochen und so zu einer Vielzahl an internen Verstößen geführt, von denen in dem Verfahren im Jahr 1746 vermutlich nur die »Spitze des Eisbergs« ersichtlich und Gegenstand der Untersuchung geworden war. Zu dieser Zeit hatte sich um den Obersten und in direktem Kontakt mit seinem Feldwebel eine regelrechte »Galaxie« von Menschen gebildet, die einen Tauschhandel mit den beiden Militärs eingehen wollten (vgl. Abbildung 6).

In dem Verfahren wurden die Fälle von vier Soldaten, die tatsächlich beim Regiment gedient hatten, und von zehn Enrollierten, die sich aus dem Militärdienst durch Geld und Naturalien »freikaufen« wollten, verhandelt. Erst in der Untersuchung der Vorwürfe gegen Seel und Trosberg wurde klar, wie selbstverständlich diese Praxis funktionierte und dass es gewissermaßen für die Enrollierten sowie für einige Soldaten erfolgversprechender ausfiel, wenn die Ausstiegswilligen noch eine Ablösesumme für die Werbung bezahlten. Das Kriegsgericht setzte sich aus Generalstabs-Offizieren und den Offizieren weiterer Regimenter in der Nähe der Garnisonsstandorte zusammen (vgl. Tabelle 17).

Tabelle 17: Richter des Generalkriegsgerichts über den Feldwebel Trosberg und den Obersten von Seel 1746

Präses	General Christoph Wilhelm von Kalckstein
Generalleutnants	Peter Ludwig du Moulin (GQM),[1202] Friedrich Rudolf von Rotenburg
Generalmajore	Heinrich Günther von Bosse, Carl Christoph Graf von Schmettau
Obersten	Friedrich Julius von Schwerin, August Friedrich von Itzenplitz
Oberstleutnants	Johann Friedrich v. Merkatz, Bernhard Asmus Zastrow
Kapitäne	Von Rose,[1203] Von Lopel[1204]

1202 GQM = Generalquartiermeister.
1203 Vermutlich ist hier Kapitän Karl Gustav von Rosen gemeint, der nachweislich beim Regiment stand.

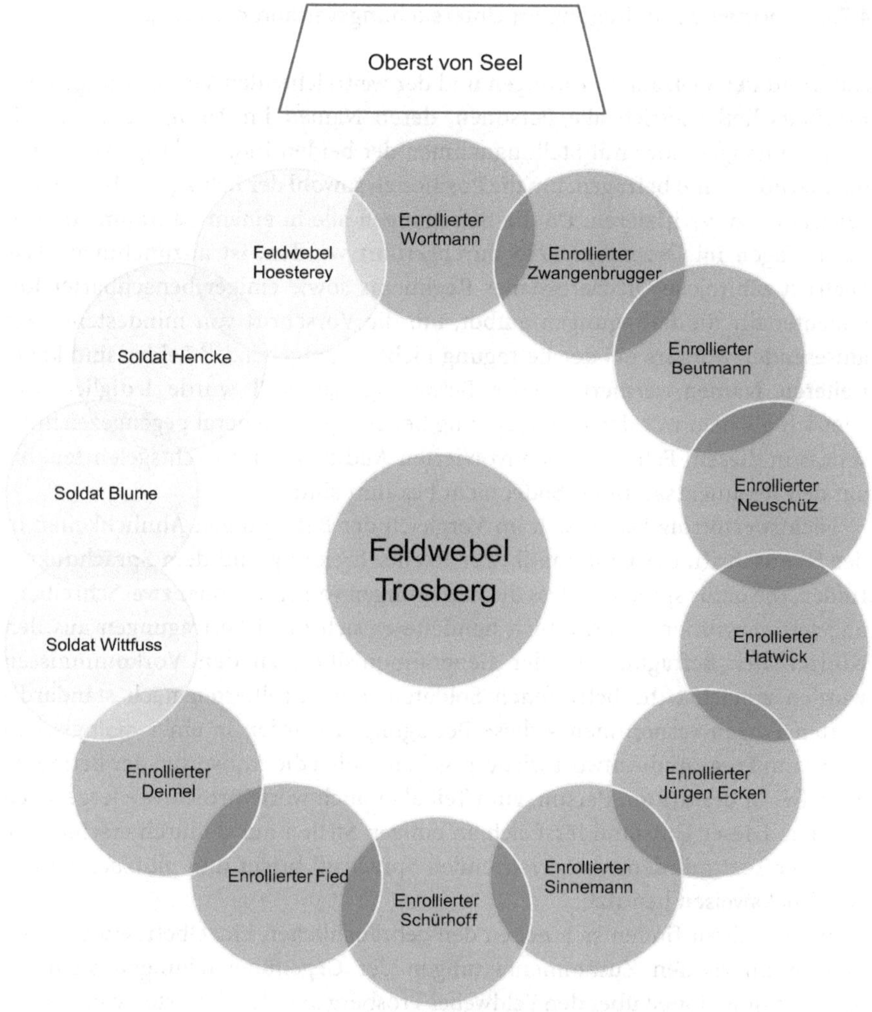

Abbildung 6: Fälle um den Feldwebel Trosberg und Oberst von Seel 1746

1204 Vermutlich handelt es sich um einen Schreibfehler des protokollierenden Auditeurs – eventuell handelte es sich bei dem Benannten um Gustav Philipp Ernst von Lepel (geb. 1709), der schließlich als Oberst im Siebenjährigen Krieg fiel. Vgl. Seyfahrt, Lebens- und Regierungsgeschichte Friedrichs, S. 339.

4.7.4 Formen der Befragung im Untersuchungsverfahren

Aufgrund der Vielzahl an Anzeigen und der weitreichenden Verflechtungen des Konflikts ließ Dietrich alle Personen, deren Namen im Zusammenhang mit Zeugenaussagen oder mit Stellungnahmen der beiden Inquisiten genannt wurden, verhören und befragen, um die Positionen sowohl der Beklagten als auch der Klagenden zu verifizieren. Da die Befragungen alle in einem Zeitraum von wenigen Tagen im Dezember 1746 durchgeführt wurden, ist anzunehmen, dass Dietrich zahlreiche Offiziere seines Regiments sowie einiger benachbarter Regimenter für die Befragungen aufbot, um die Vorschrift von mindestens zwei anwesenden Militärs bei der Befragung nicht zu umgehen.[1205] Leider sind keine weiteren Namen vermerkt, jedes Befragungsprotokoll wurde lediglich von Dietrich als dem mit der Untersuchung beauftragten General gegengezeichnet, sodass in diesem Fall auch die involvierten Auditeure und Rechtsgelehrten, bis auf den Regimentsauditeur Sode, nicht bekannt sind.

Nichtsdestotrotz lassen sich im Vergleich der Befragungen Ähnlichkeiten in der Handschrift, der Grammatik, der Rechtschreibung und dem Sprachduktus finden, die dafür sprechen, dass die Befragungen von einem oder zwei Schreibern angefertigt wurden – vermutlich handelte es sich um Übertragungen aus den Notizen der Befragung. In der Generalinquisition zu den Vorkommnissen wurden zunächst die betroffenen Soldaten und Enrollierten nach standardisierten Fragen vernommen – diese Befragungen wurden in einer dialogischen Form von Frage und Antwort wiedergegeben, wobei die Antworten der Befragten zum Teil in der dritten Person, zum Teil aber auch wortwörtlich wiedergegeben wurden. Dieser Umstand lässt sich an einigen Stellen nur dadurch erschließen, dass der Text mit dem vorherrschenden Sprachstil bricht und plötzlich andere Ausdrucksweisen benutzt.

In den Akten finden sich neben den gebräuchlichen Einzelbefragungen und den summarischen Zusammenfassungen der Gegenüberstellungen auch die Spezialinquisitionen über den Feldwebel Trosberg und den Obersten von Seel.[1206] Daneben wurden zusätzlich anhand der auf eine anonyme Anzeige hin angefertigten Frageartikel Gruppenbefragungen der einzelnen Kompanien vorgenommen, die in ihrer Aussagekraft leicht unterschätzt werden können. Interessant erscheint dabei, dass alle Chargen vernommen wurden – unklar ist, ob dies zur gleichen Zeit oder nacheinander passierte, denn es darf zumindest vermutet werden, dass die Antworten der Offiziere die Antworten ihrer Untergebenen beeinflusst haben könnten. Auch die Struktur des Fragekatalogs ist bemerkenswert, da sie zum einen beleuchtet, welche Anforderungen durch die Ob-

1205 Vgl. Kap. 2.1.1: Das Kriegsgericht.
1206 LASA, A 9b Ib, Nr. 22, Bl. 13f. und 15f.

rigkeiten (König, Generalität, Regimentschef) an die Kompanien gestellt wurden. Zum anderen ergaben sich die Fragestücke aus einer anonymen Anzeige gegen den Kommandeur des Regiments und wurden somit bereits auf den Verdacht hin formuliert, um explizit nach Hinweisen für die Misswirtschaft und die schlechte Führung der Kompanie zu fragen. Ein in den Augen von Friedrich II. wirkliches Vergehen war also die unordentliche Kompanieführung und das nicht nur in finanziellen Belangen, sondern darüber hinaus betraf der Vorwurf auch das Exerzieren und die Führung der Soldaten durch ihre Vorgesetzten. Die ersten Fragen fokussieren vor allem den Wachdienst, der in den Garnisonen ebenfalls ein zentrales Aufgabenfeld der Regimenter darstellte: »Wie viel die hiesigen beyden Grenadier Compag. alle Tage an Officiers, auf die Wache gäben?«[1207]

Die Fragen vier bis sieben zielen dann auf die Berichte über die Wachtparade vor dem Quartier des zuständigen Offiziers, und schließlich wird einer der ersten Anzeigenpunkte direkt benannt. In Frage acht heißt es: »Ob sich wohl zugetragen, daß Leute besoffen auf die Parade gekommen und wie selbige bestraffet worden?«. Obwohl der Genuss von Alkohol wohl ein grundsätzliches Problem in der Armee war, wurde hier nun also gezielt danach gefragt, und damit auch nach der Verantwortung der Vorgesetzten und der Durchsetzungskraft der Offiziere. Alle Chargen verneinen zwar diese Frage und ergänzen, allen voran der Major von Maltitz: »wen es aber geschähe, würden sie Exemplarisch bestraft, auch von allen Officiers sehr scharff darauf gehalten«.[1208] Im Zusammenhang mit den Vorwürfen gegen den Obersten von Seel war es aber auch wahrscheinlich, dass keiner von den Offizieren sich Ähnliches nachsagen lassen wollte.

Die 16. Frage berührt dann das Verhältnis der Soldaten zu den Subaltern-Offizieren und zu deren Vorgesetzten, zwischen denen es offenbar auch zu Streitigkeiten gekommen war.

Schließlich gehen die Fragen immer konkreter in Richtung der Anklagepunkte, die auch später in der Urteilsfindung auftreten: Erteilung von Urlauben, der Heiratserlaubnis oder Abschieden sowie die Ausgabe der kleinen Montur. Hier zeigt sich auch, dass die Untersuchungsrichter bereits gut unterrichtet sind, denn sie konfrontieren die Einheiten mit dem Umstand, dass die Angeklagten Gegenleistungen erhalten hatten, um den Urlaub von Soldaten, die in die Heimat

---

1207 LASA, A 9b Ib, Nr. 22, Bl. 13; die sich anschließenden beiden Fragen formulierten genauso, betrafen aber die Unteroffiziere und Gemeinen: »Wie viel jede Compag. täglich an Unter-Officiers auf die Wache giebet? Wie viel jede Compag. täglich auf die Wache giebet?«

1208 Ebd. Zu Beginn der Befragung werden der Major von Maltitz und die übrigen anwesenden Offiziere, zu denen in der vorliegenden Befragung noch zwei Haupteute, drei Premierleutnants, drei Sekondeleutnants und sechs Fähnriche gehörten, vorgestellt. Die Unteroffiziere und Gemeinen werden nicht vorgestellt. Lediglich bei der abschließenden 24. Frage: »Wie viel Nächte die Musquet. Von der Wache frey haben?«, wurde der Musketier Albas von der Leibkompanie als Vertreter der Soldaten benannt.

gehen wollten, zu erteilen. So fragen die Untersuchungsrichter in der Frage 21: »Ob sichs wohl zugetragen, daß denen Leüten, welche wegen der nöthigen Hauß Geschäffte Urlaub verlanget, solche Urlaub so lange vorenthalten worden, biß sie Geld, Korn oder Schincken gegeben haben?«. Hier wurden die Anzeigen der betroffenen Enrollierten und Soldaten bereits mit aufgenommen und direkt zur Beweisaufnahme an die möglichen Zeugen weitergereicht, damit sie dieses Vorgehen bestätigten könnten. Die Befragten ziehen sich mit einem Hinweis darauf, sie hätten davon noch nie etwas gehört, auf eine abwartende Position zurück.

4.7.5 Das Beispielverhör des Soldaten Wittfuß

Einblicke in die Wahrnehmung der Akteure in diesem Verfahren bieten die Zeugenverhöre der »betroffenen« Enrollierten und Soldaten, die ebenfalls ein Interesse daran hatten, dass ein Geschäft zwischen ihnen und dem Feldwebel bzw. seinem Vorgesetzten zustande kam. In ihrem Umfang unterscheiden sich die Akten hier stark, daher soll als Beispiel eine umfangreichere Befragung des Soldaten Andreas Wittfuß zur Auswertung herangezogen werden.

Wittfuß selbst war zum Zeitpunkt der Befragung nach eigener Aussage 25 oder 26 Jahre alt[1209] und stammte aus dem Dorf Boisingen in der Soester Börde.[1210] Er diente bereits seit fast drei Jahren im zweiten Glied der Kompanie von Seel und versuchte bereits seit einiger Zeit, den Abschied zu erhalten. Da der Feldwebel Trosberg von ihm bereits Geld erhalten hatte, um einen neuen Rekruten zu werben, und dieser auch schon die Montur von Wittfuß erhalten hatte, hoffte der Soldat nun, den Abschied bald zu erhalten.[1211] Auf die Frage hin, warum er denn überhaupt seine »Erlaßung« aus dem Dienst erhalten wollte, antwortete der Soldat: »Weil er der eintzige Sohn vom Hoffe und sein Vater alt wäre, so hätte sein Vater an den Feldwebel Trosberg hier in der Guarnison in deßen Quartier Geld gegeben.«[1212] Die Antwort erscheint etwas zusammenhanglos, aus der Perspektive des Soldaten berührte sie aber sicher den Kern der Auseinandersetzung: wie die folgenden Fragestücke weiter zeigen, wandte sich der Vater Wittfuß eigen-

1209 Er gibt dieses Alter »seines Wißens« nach an, da er das eigentliche Alter offenbar nicht benennen kann. Dass dies im 18. Jahrhundert noch sehr oft vorkam, zeigte Fuchs, Ralf-Peter: Protokolle von Zeugenverhören als Quellen zur Wahrnehmung von Zeit und Lebensalter in der Frühen Neuzeit, in: Anette Baumann; Siegrid Westphal; Stephan Wendehorst; Stefan Ehrenpreis (Hg.): Prozessakten als Quelle. Neue Ansätze zur Erforschung der Höchsten Gerichtsbarkeit im Alten Reich, Köln u. a. 2001, S. 141–164.

1210 LASA, A 9b IVb, Nr. 22: Die Akte Wittfuß, Bl. 1.

1211 Frage 9 betrifft die Abgabe der Montur, obwohl Wittfuß noch in Reihe und Glied stand.

1212 Ebd., Bl. 2, Frage 12.

mächtig an den Feldwebel und übergab in dessen Quartier kurz vor dem Ausmarsch nach Magdeburg 1744 122Taler. Dafür habe ihm der Feldwebel versprochen, einen anderen »Burschen« für seinen Sohn anzuwerben und an dessen Platz zu stellen.[1213]

Allerdings hatte Wittfuß den Feldzug trotz der Geldübergabe miterleben müssen, da er als Soldat im Regiment gebraucht wurde, er war sogar bei der Schlacht von Kesselsdorf beteiligt.[1214] Weitere Detailfragen zur Zahlung des Geldes an den Feldwebel ergeben, dass Wittfuß selbst nicht dabei gewesen war, sondern der Vater, gemeinsam mit dem Schultzen des Ortes, den Betrag an den Feldwebel übergeben hatte.

Danach wollten sie dem Obersten die Zahlung auch melden, der Unteroffizier habe jedoch zu ihnen gemeint: »was das vor Reden wären, der Obriste wüste ja um alles«.[1215] Was mit dem Betrag allerdings geschehen sei, wisse Wittfuß auch nicht, nur habe er den Abschied trotz wiederholter Aufforderung nicht erhalten. Er hatte sich allerdings mit einer Beschwerde an das Kapitul von Soest gewandt, das in seinem Namen an den Obersten geschrieben und den versprochenen Abschied gefordert hatte, die Antwort darauf sei ihm aber ebenfalls nicht bekannt.[1216] Nach diesen 24 Fragen wurde der Befragte nach der erneuten Lesung und Bestätigung der Aussagen entlassen. Nun sollte die Perspektive des neu geworbenen Christian Ibach, der an die Stelle von Wittfuß im Regiment getreten war, das Geschäft mit dem Abschied etwas erhellen.

Der Soldat Ibach, der aus Hessen stamme und mit 22 Jahren noch relativ jung war, gab freimütig Auskunft über die Hintergründe seiner Anwerbung:

> »Im verwichenen Febr. als er von denen Münsterschen desertiret, hätte er sich in den Dorffe Heppen im Brandenburgischen aufgehalten, daselbst nun wäre der Feldwebel Trosberg zum ihm gekommen und hätte ihn befraget, ob er nicht Dienste unter diesen Regiment nehmen wollte, so sollte er an eines Bauern Sohns Platz gehen.«[1217]

Ibach sei mit dem Unteroffizier mitgegangen, weil er von ihm gleich ein Handgeld von 60 Talern erhalten habe und weil Trosberg ihm versprochen habe, »wen er sich gut hielte, und den Dienst gelernet, daß er Unter-Offic. werden könnte«.[1218] Daraufhin seien sie gemeinsam zum Regiment aufgebrochen, sogar »sonder Capitulation«, da ja beim Regiment alles Weitere geregelt werden sollte.

1213 Ebd., Frage 15.

1214 Ebd., Frage 16: »Ob er denn also darauf beym Ausmarch des Regts. zu Hauße gelassen worden?«

1215 LASA, A 9b IVb, Nr. 22: Die Akte Wittfuß, Bl. 2.

1216 Ebd., Frage 22: »Ob er sich nicht deswegen beym Obristen oder sonst einem Officier beschweret?«

1217 Ebd., Bl. 5.

1218 Ebd.

Trosberg war es also gelungen, von dem Handgeld einen Deserteur anzuwerben, der von der Größe her Wittfuß in der Kompanie ersetzen konnte, und diesen ohne Kapitulation zum Regiment zu bringen. Darüber hinaus hatten nun beide Soldaten seitdem Dienst im Regiment getan, ohne dass Wittfuß den Abschied erhalten hatte. Weil nun auch noch eine zivile Behörde, unter die der Mann eigentlich als Untertan gehörte, beim Regiment um den Abschied nachsuchte, war dieses ganze Verfahren auch aktenkundig geworden. Wie auch in allen anderen Fällen wurde Friedrich Trosberg daraufhin summarisch zu den Sachverhalten in dem »Fall Wittfuß« vernommen. In seiner Perspektive waren der Annahme des Geldes allerhand Zweifel und Verhandlungen vorausgegangen.

So hatten der Vater Wittfuß und der Schultze ihm das Geld wirklich gebracht und um die Anwerbung eines anderen Rekruten gebeten. Aber erst nach mehreren Schreiben des Kapituls von Soest und nachdem der Vikar Müller gemeinsam mit dem alten Wittfuß und dessen Bruder erneut zu ihm gekommen seien, kurz bevor sie nach Magdeburg aufbrechen sollten, habe er sich entschieden, das Geld zu nehmen und zu verwenden.[1219] Schließlich beendete er die Befragung mit dem Eingeständnis, er »hätte alles nicht so wie wohl nötig gewesen überleget und das Geld angenommen, wollte also hierunter seine begangenen Fehler bekennen und um Gnade gebeten haben«.[1220]

Nach der Aussage des Vaters Anton Wittfuß habe sich der Feldwebel dagegen schnell bereit erklärt, von dem Geld einen neuen Rekruten zu stellen. Auf dieses Versprechen hin habe er ihm in Gegenwart des Schultzen Johann zu Closen die Summer von 122 Talern bar ausgezahlt.[1221] Dazu sagte der Vater ganz anders als in den bisherigen Darstellungen aus, dass er das Geld nach dem Ausmarsch seines Sohnes durchaus zurückgefordert habe:

> »Kurtz vor den Ausmarch des Regts. wäre Comparent noch zu ihm hier in Soest gegangen, und hätte da er seinen Sohn nicht hier behalten können, seine Gelder zurück gefordert, der Feldwebel aber hätte ihm nur 50 r. dermahln wieder geben wollen, und vielmehr verlanget, er sollte mit bis Lipstadt gehen, da er sein Geld alles wieder empfangen könnte«.[1222]

Gegenüber den Aussagen des Vaters gestand der Feldwebel Trosberg unumwunden ein, dass alle Angaben den Tatsachen entsprächen und er sich wegen dieser Verfehlungen nur der Gnade der Richter unterstellen könne. Auch Gottfried von Seel bestritt jegliche weitere Kenntnisnahme und legte die Verantwortung ganz in die Hände seines Unteroffiziers. In der abschließenden Konfrontation mit den Aussagen seines Hauptmanns stellte Trosberg noch einmal

1219 Ebd., Bl. 6.
1220 Ebd.
1221 Ebd., Bl. 13.
1222 Ebd.

fest, dass der Kommandeur von allem gewusst und ihm auch den Auftrag für die Werbung des neuen Rekruten gegeben habe:

> »und noch dieses mit beygefüget, gestalt er den Obristen offt erinnert, daß Witfus Klagen würde, wenn er nicht seinen Abschied, oder sein Geld wieder erhielte, zumahlen das Capitul aus Soest für denselben als einen Eigenbehörigen bereits an den (Bl. 17r) Obristen desfals geschrieben. Er könnte nicht anders sagen, alß daß der Obriste alles so gut wie er gewust; den beweiß aber davon durch Zeugen zu führen wäre er nicht im Stande, weil der Obriste und er alles sehr geheim gehalten«.[1223]

Um seine Handlungen zu legitimieren und diese Handlungen als von seinem Vorgesetzten abgesegnete Taten zu belegen, führte Trosberg weitere Verwendungen des Geldes sowie dessen Rückzahlung durch den Offizier an. Für diese Vorgänge hatte er allerdings keine Zeugen:

> »Den Tag vor dem letzten Ausmarch des Regiments AO. 1744 hätte er vor den Obristen v. Seel an den Kaufmann Marx hieselbst 50 r. bezahlet, und diese 50 r. von des Witfus Gelder genommen, nachhero aber den Obristen dieses alles gesaget, von welchem er auch die 50 r. wieder erhalten, und bey das übrige Geld von Witfus beygeleget hätte.«[1224]

Doch auch diese Indizien wies der Oberst von Seel zurück, indem er standhaft weiter vorgab, dass er von dem Geld, das der Feldwebel erhalten hatte, erst durch das Schreiben des Vikars Müller erfahren habe.[1225] Natürlich hatte der Oberst diesen Schriftwechsel, wie er in der Zeugenbefragung gestand, nicht behalten, sodass er den Untersuchungsrichtern nicht mehr den Wortlaut benennen konnte.

Innerhalb des Verfahrens wegen des Soldaten Wittfuß wurde ein regelrechter »Betrieb« mit solchen Geschäften offengelegt, der von den Beteiligten auf beiden Seiten auch nicht als problematisch wahrgenommen wurde. So berichtete Trosberg von ähnlichen Fällen in einer anderen Kompanie und einige Zeit zuvor:

> »Dero Zeit wie der Obrist, v. Lange noch des jetzigen Haubtmans v. Plötz Compag. gehabt, hätte ein gewißer Soldat aus der Compag. einen andern an seinen Platz angeworben, und dagegen seinen Abschiedt erhalten, der angeworbene (Bl. 14r) Recrut hätte Sebastian Reisinger geheißen und weil ein gewißer Bursche von seines Obristen v. Seels Compag. um diesen Recruten, so sich auch viele Mühe gegeben und Vieles kosten laßen, so wäre die Sache gründlich untersuchet worden, und wie er der Untersuchung mit beygewohnet, So hätte er von allen dem, daß nemlich dieser Recrute von des andern Platz bey die Compag. gegangen und jener seinen Abschied erhalten genaue Nachricht eingezogen, mithin immer gedacht, daß es eine erlaubte Sache wäre.«[1226]

1223 Ebd., Bl. 17.
1224 Ebd., Bl. 17.
1225 Ebd. Der Oberst konnte sich auch deshalb auf diesen Standpunkt zurückziehen, da es keine schriftlichen Unterlagen oder Quittungen zu diesem Fall gab.
1226 Ebd., Bl. 14.

Der Feldwebel Winnenberg aus der benannten Kompanie wurde über solche Angaben ebenfalls befragt und bestätigte, dass mindestens »2 Exempel vorgefallen wären, daß nehmlich 2 Enrollirte nahmens beyde Overbeck [...] verabschiedet worden; Weil ein jeder ein andern Kerl in seinen Platz bey der Compag. gestellet hätte«. Darüber hinaus seien beide »von Sr. Excellentz Dhl. General Lieut. v. Leps verabschiedet worden, und wären die 2 Recruten alle beyde Ausländer und noch würcklich bey der compag.«.[1227] Damit hatte Friedrich Trosberg ein Argument in der Hand, das sowohl von den Rekruten des Regiments als auch von den Unteroffizieren (und wohl auch von den meisten Offizieren) des Regiments als Legitimierung für diese Praxis der »Auswechslung« betrachtet wurde. Da beide Seiten von dem Austausch profitieren und mitunter noch die Situation des Regiments dabei verbessern konnten, behandelten sie die flexible Gestaltung der Rekrutierung eben als solche: eine Auslegungssache. Dass damit die Regalien des Königs betroffen waren, der allein das Recht beanspruchen konnte, Ausnahmen von den Rechtsnormen zu gestatten, war den Akteuren dabei entweder nicht bewusst oder wurde ignoriert.

4.7.6 Umstrittene Rechtslage und Widerstreit der Rechtspraxis

Neben dem Bereich der Rekrutierung von tauglichen Soldaten war in der Regel von solchen Bestechungen vor allem die Vergabe von Trauscheinen betroffen. Trotz des Verbots, diese gegen zusätzliche Gelder quasi zu »verkaufen«, zeigen die Edikte, die gegen diese Praxis erlassen wurden, dass es relativ häufig gerade dazu kam.[1228] Denn auch die Rechtstexte widersprachen sich in der Frage, wer den Abschied und die Trauscheine erstellen durfte. So bemerkte noch das Edikt *Zur Abstellung des bey dem Enrollirungs-Wesen angemerckten Mißbrauchs* vom 9. Oktober 1738, »[d]aß keinem Staabs-Officier, noch Capitain, sondern bloß und allein dem Chef oder Commandeur des Regiments erlaubt seyn solle, diejenige Enrollirte, so nicht zu Soldaten, noch zu Equipage-Knechten, oder Weiß-Kittels tüchtig, unter seinem Namen und Siegel zu ertheilen«.[1229] Und obwohl Friedrich Wilhelm I. in einem Schreiben an den Fürsten Leopold selbst formulierte, dass das alleinige Recht der Verabschiedung beim Chef des Regiments liege, schien es

1227 Ebd., Bl. 15. Diese Schlussfolgerung des Unteroffiziers scheint auch gegen die Annahme zu sprechen, dass insbesondere die Ausländer in den Regimentern unter den Deserteuren zu finden waren.

1228 Order an alle Regimenter vom 04.06.1740, »daß kein Geld von den Enrollirten vor die Trauscheine genommen werden soll«, in: CCM Cont., Bd. 1, Nr. 20.

1229 Müller, Krieges-Recht, S. 96.

in der Praxis oft anders zu verlaufen.[1230] Damit hätte dem Obersten von Seel als kommandierendem Offizier des Regiments vermutlich doch das Recht zur Verabschiedung zugestanden, allerdings wohl nur in Absprache mit dem Chef des Regiments, dem General von Leps.

Durch den Umstand, dass die meisten der im Verfahren aufgedeckten Fälle im Verborgenen behandelt und dem Chef des Regiments gar nicht erst gemeldet wurden, erschien die dort gepflegte Praxis der Vergabe von Trauscheinen und Abschieden überhaupt erst verdächtig. Auch die Tatsache, dass die Bezahlung solcher Dokumente seit dem Regierungsantritt Friedrichs II. untersagt war und die Enrollierten bis auf eine kleine Schreibgebühr nichts zu zahlen hatten, zeigt, dass der König dem Regiment die Macht über jene Bevölkerungsgruppen nehmen wollte, die zwar faktisch in den Listen der Regimenter geführt wurden, aber aufgrund von körperlichen oder wirtschaftlichen Gegebenheiten zum Dienst nie geeignet waren. Das erkannte auch der König in der Gesamtheit:

> »Jede Einrichtung ist Mißbräuchen ausgesetzt. Mit den Kantonen ist es dasselbe: hier sind sie. Die Offiziere lassen sich oft teuer die Urlaubszeiten bezahlen, die sie den Enrollierten gewähren, oder sie nehmen von dem Geld des Kantons unter verschiedenen Vorwänden oder sie enrollieren Söhne von Kaufleuten oder Gewerbetreibenden.«[1231]

Die Vielzahl der Fälle legt allerdings auch den Schluss nahe, dass diese Umstände den Untertanen ebenfalls bewusst waren. Und so schließt sich an die verschiedenen Argumente der Beteiligten die Frage nach der Reichweite der Edikte und Zirkularien an, die offiziell von der Kanzel verlesen wurden, in den Gemeinden angeschlagen und in den Zeitungen inseriert wurden: all diese Maßnahmen konnten nicht erzwingen, dass die Texte aufgenommen und verinnerlicht wurden. So bestätigte, ganz im Gegensatz zu Friedrich Trosberg, der altgediente Unteroffizier Fied, dass bereits zum Regierungsantritt des Monarchen 1740 die Ordern gegen den Missbrauch der Abschiede und Trauscheine im Regiment publiziert und später des Öfteren wiederholt worden waren.[1232]

Im Oktober 1742 erging eine Instruktion an alle Werbeoffiziere und -soldaten der Kompanien, welche den Offizieren die Pflicht zur Dokumentation der Enrollierten auferlegte und alle Verstöße dagegen unter Strafe stellte. Hier wurde vermerkt, es

> »können die Compagnien nunmehro ihre Cantons bereisen, und werden die Herrn Officiers, so selbige bereisen, alles auf das Genaueste examiniren und verzeichnen, welche Enrollirte, Abschiede und Trauscheine habend, und wer ihnen solche gegeben,

1230 Vgl. dazu den im Folgenden beschriebenen Fall des Obersten von Kleist aus dem Jahr 1722, in welchem dieser Diskurs bereits eine bedeutende Rolle spielte.

1231 Dietrich, Richard (Hg.): Politische Testamente der Hohenzollern, Köln u. a. 1981, S. 225.

1232 LASA, A 9b IVb, Nr. 17, Bl. 1.

auch muß von denen jenigen Leuthen, welche zum Dienst nicht tüchtig sind, und bey denen kein Wachsthum mehr zu hoffen ist, eine accurate Liste verferthiget werden«.[1233]

Diese Instruktion hatte der Unteroffizier Trosberg, der ebenfalls auf Werbung geschickt wurde, für seinen Obersten eigenhändig zu Papier gebracht und an die anderen Kompanien weitergeleitet.[1234] Darüber hinaus ging das Schreiben direkt auf das Verhalten der Bevölkerung ein und warnte vor den Bestechungsversuchen durch Geld und Futterlieferungen. Man sollte den Betroffenen also behutsam erklären, es

»kann denen Leuthen, welche auff diese Liste kommen, nur gesaget werden, daß sie sich wegen des Abschieds bey Sr. Excellence melden sollen, und da vornehmlich anjetzo die Richter und Beambten gnug aufpaßen werden, ob [Bl. 4r] sich etwa ein oder anderer durch Geld Wegen der Abschiede und Trauschein verblenden möchten laßen, so müßen die Unter-Officiers, welche die Hn. Officiers in die Cantons mitnehmen ja ernstlich dahin instruiret werden, daß sich keiner von ihnen bey der schwersten Straffe gelüsten laße, dieser wegen Geld, oder die geringste Verehrung von jemandem zu nehmen, wenn es ihnen auch freywillig angebothen werden sollte.«[1235]

Schon die schiere Masse an Verordnungen und Gesetzestexten, die immer wieder neu oder wiederholt und geschärft an die Kompanien und auch an die Bevölkerung vermittelt werden sollten, führte einerseits zu einer gewissen »Abstumpfung« gegen derlei Publikationen.[1236] Andererseits wurden die Vorschriften klar ignoriert und mit dem Deckmantel der Unwissenheit, wie auch hier durch Trosberg, bedeckt. Die übrigen Fouriere der anderen Kompanien gaben in ihren Befragungen ebenfalls an, dass »ihnen dergleichen Ordres und Königl. Verbote, welche selbigen gleichfals vorgelesen wurde, wohl bekannt wären«, räumten aber gleichzeitig ein, »daß aber eine jede beym Regt. eingelaufene Ordre besonders der Compagn. vorgelesen seyn solte, deßen wüsten sie sich nicht eigentlich zu entsinnen«.[1237]

Doch angesichts der verheerenden Folgen der drei Schlesischen Kriege kam es zu einem Umdenken beim König und seiner Regierung: die Regimenter mussten

1233 Ebd., Bl. 4.

1234 Angesichts dieser belastenden Feststellungen bekannte Trosberg zwar, dass er die Instruktion eigenhändig verfasst hatte, gab aber an, von den weiteren königlichen Edikten nichts gewusst zu haben.

1235 LASA, A 9b IVb, Nr. 17, Bl. 4.

1236 Diese »Bauernschläue«, die in der Forschung auch unter dem Begriff des Eigensinns gegenüber den Regulierungsmaßnahmen durch die Regierung betrachtet wurde, zeigte sich eben in der Tatsache, dass die Taktik, sich »dumm zu stellen«, noch immer die erfolgreichste war. Vgl. Enders, Lieselott: Individuum und Gesellschaft. Bäuerliche Aktionsräume in der frühneuzeitlichen Mark Brandenburg, in: Jan Peters (Hg.): Gutsherrschaft als soziales Modell: vergleichende Betrachtungen zur Funktionsweise frühneuzeitlicher Agrargesellschaften, München 1995, S. 155–178.

1237 LASA, A 9b IVb, Nr. 17, Bl. 2.

sich schließlich auf Rekruten beschränken, welche die Mindestgröße erfüllten – alle Enrollierten, die zu klein gewachsen waren, sollten stattdessen zur Hochzeit ermuntert werden und dazu, sich niederzulassen in den brandenburgischen und preußischen Landen, sodass also »solche zum Einrangiren untüchtige kleine Leuthe auch, auf Anhalten der Obrigkeit, von denen Regimentern gäntzlich loß, und alles fernern Anspruchs erlassen werden, damit so wenig die Peuplirung des Landes, als die Wiederbesetzung derer ledig werdenden Bauer-Höfe gehindert werde«.[1238]

4.7.7 Das Urteil und die Folgen

Am 13. Januar 1747 erging schließlich das Urteil des Kriegsgerichts, das insgesamt neun Fälle von Plackerei als erwiesen ansah, obwohl Gottfried von Seel die bewusste Beteiligung an den Vorfällen, bis auf die Ausstellung der Trauscheine, bis zuletzt abstritt. Der Oberst wurde zur Kassation und zur Rückzahlung des falsch eingenommenen Geldes verurteilt, denn gerade in dem eben ausführlicher analysierten Verfahren um den Soldaten Wittfuß und den für ihn gestellten Ibach sah es das versammelte Kriegsgericht als eine Tatsache an, die gegen den Obersten sprach; dieser könne

> »nicht leugnen, daß er ohne des Chefs vom Regiment Vowißen nach der Zurückkunfft des Regmt. [aus Magdeburg, d. Verf.] einen am 28. Febr. 1746 im Münsterschen gegen 60rthr. angeworbenen Kerl, so 22 Jahre alt und 5 Fuß 8 Zoll 2 Strich, und im 3ten Gliede itzt, nahmens Ibach, an des Witfus Platz eingestellet, und diesem die Mundirung ausgezogen, und keine Dienste weiter thun laßen, noch solches dem Chef gemeldet habe«.[1239]

Von den benannten neun von elf Fällen, in denen zumindest die Verstrickungen des Unteroffiziers nachgewiesen werden konnten, lehnte der Oberst die Beteiligung und Verantwortung ab. Lediglich in zwei Fällen habe er Trauscheine erstellt in seiner Funktion als Kommandeur, die Gelder für die Enrollierten aber habe er nie erhalten oder sofort zurückgezahlt.[1240] Diese Argumente ließen die Militärrichter unter dem Vorsitz des Generals Kalckstein jedoch nicht gelten und begründeten das Urteil mit dem Verweis auf die Verantwortung des kommandierenden Offiziers:

1238 Müller, Krieges-Recht, S. 95.

1239 LASA, A 9b IVb, Nr. 14, Anlage H: Inquisitionsverfahren gegen den Obristen von Seel und Consorten des Regiments von Leps (IR 9) in Westfalen wegen beschuldigter Plackerei (Unterschlagung) 1746, Bl. 4v.

1240 Vgl. LASA, A 9b IVb, Nr. 22: Die Akte Wittfuß, auch hier gab der Oberst von Seel an, das Geld nie gesehen zu haben, sondern erst nach der Rückkehr des Soldaten aus der Schlacht durch den Unteroffizier davon erfahren zu haben.

»Und sind zwahr der Obrist v. Seel und der Feldwebel bey unterschiedenen Puncten wegen des Geldes und des Getreides noch in contradictione: da aber übrigens sattsam erhellet, daß der Obrist v. Seel wider Sr. Königl. Majeste Reglement, und öffters an die Regimenter ergangenen Ordres gehandelt, daß er ohne des Chefs Consens vor Geld Leute dimittiret, und Trauscheine ertheilet, welches er auch als Unrecht erkennet, und Sr. Königkl. Majeste Gnade sich unterwürffet; da seine große dürfftigkeit bey seiner starcken famille ihn dazu verleitet und die Compagn. durch Recruten in guten Stand zu erhalten.«[1241]

Damit habe der Oberst ebenso den Gehorsam gegenüber seinem König (und auch dem Regimentschef gegenüber) verweigert wie bereits 1722 der Oberst von Kleist, indem beide Offiziere die höchste Instanz des Regimentschefs in ihre Entscheidungen zu den Verabschiedungen und Trauscheinen im Regiment nicht mit einbezogen und einfach übergingen. Dieser Aspekt wurde durch die Offiziere stark betont – sicher auch, weil die Subordination und der Gehorsam gegenüber dem König zur grundlegenden Selbsteinschätzung des adligen Offizierkorps gehörten.[1242] Daher sollte Seel eigentlich von seinen militärischen Posten entbunden und aus der Armee ausgegrenzt werden durch die »Kassation«.[1243]

In der Annahme des Urteils am 23. Januar griff Friedrich die Argumentation des alten Obersten aus dem oben zitierten Bittschreiben jedoch wieder auf und änderte das Strafmaß dahingehend, dass der Oberst von Seel aufgrund seiner militärischen Verdienste für das königliche Haus der Hohenzollern lediglich zu drei Monaten Festungshaft auf der Festung Magdeburg, zur Rückzahlung des zu viel eingenommenen Geldes und zu einer »Zurücksetzung des Avancements« verurteilt wurde. Doch der König war auch in der späteren Zeit nicht mehr bereit, den in Ungnade gefallenen Obersten wieder in die ursprüngliche militärische Hierarchie nach Dienstjahren aufzunehmen. Bereits ein Jahr darauf, 1748, supplizierte Gottfried von Seel direkt an Friedrich, weil dieser den Generalmajor von Forcade an seiner statt in ein eigenes Regiment einrücken ließ.[1244] Statt einer Beförderung bekam der Oberst die scharfe Antwort, »daß ihr sobald noch kein Rgt. bekommen werdet, weil ich groß Bedencken tragen muß einen Mann, der

1241 LASA, A 9b IVb, Nr. 14 Anlage H, Bl. 5r. Dabei kam dem Obersten der Umstand zugute, dass die Gespräche mit dem Feldwebel stets unter vier Augen geführt wurden und in dem Verfahren nun Aussage gegen Aussage stand.

1242 Vgl. Winkel, Im Netz des Königs, S. 171.

1243 Tatsächlich wurde in der Armee, vor allem zu Beginn des 18. Jahrhunderts, häufig kassiert und diese Strafe stellte wohl formal den Abschied aus dem Militär, nicht aber aus der Adelsgesellschaft dar. So wurden im Regiment von Saldern in der Zeit von 1711 bis 1716 acht Offiziere kassiert. Dies scheint zumindest ein Indiz zu sein, dass die Kassation in der Rechtspraxis eine reelle Strafe für die Offiziere darstellte. Vgl. Von Saldern Infanterie Regiment, S. 76.

1244 Vgl. Straubel, Rolf: Friedrich II. und seine Offiziere, S. 256. Die Untersuchungsakten lagen Straubel offensichtlich nicht vor, denn er gibt an, der Hintergrund der Zurücksetzung Seels im Avancement sei ihm »unbekannt«.

der Armée ein so schlechtes Exempel gegeben wie ihr gethan«, avancieren zu lassen.[1245] Allzu lange dauerte die Zurückweisung jedoch nicht, denn wie der Anzeige zum Tod des Obersten Gottfried von Seels 1751 zu entnehmen ist, behielt dieser nicht nur sein Regiment, sondern auch das Kommando darüber und konnte so seinen Dienst nach 49 Dienstjahren friedvoll als ältester Oberst der preußischen Armee beschließen.[1246]

Aufgrund der Vielzahl an Fällen konzentrierte sich die Untersuchung von Beginn an auf den Feldwebel Carl Friedrich Trosberg, der durch die zahlreichen Zeugenaussagen der Enrollierten und Soldaten und von Familienmitgliedern, involvierten Behörden und anderen Offizieren und Unteroffizieren stark belastet worden war. Durch sein bewusstes Vorgehen – er hatte sich an Beispielen anderer Regimenter orientiert und war als Werbeoffizier außerdem in der Lage gewesen, den versprochenen Ersatzmann zu werben – hatte er die Struktur des Kantonwesens und damit die Grundlage des preußischen Heeresersatzes infrage gestellt. Von den zwölf Akteuren, die nachgewiesenermaßen in der Zeit zwischen 1740 und 1746 bei dem Feldwebel um Abschiede und Trauscheine nachfragten, hatten Trosberg und der Oberst nach deren Aussage insgesamt 702 Reichstaler und zahlreiche Futterlieferungen für das Quartier des Obersten sowie wertvolle Leinwand und ein Pferd erhalten.[1247]

Das Kriegsgericht unterstellte den Unteroffizier aufgrund des Umfangs der Delikte und Verstöße gegen königliche Ordern allein der Gnade und Erkenntnis des Königs und sprach sich nur vage dafür aus, Trosberg »bis auf Königl. Gnade mit Festungs-Arbeit zu bestraffen«.[1248] Die Begründung für eine härtere Bestrafung des Feldwebels, der eben eine wichtige Rolle als »Makler« zwischen den Soldaten und dem Obersten gespielt hatte, begründeten die Richter damit, dass »der Feldwebel Trosberg aber, welcher in allen solchen verbothenen Dingen geschäfftiget gewesen, auch selbst seinen Commandeur Anlaß gegeben und verleitet«.[1249] Die Verteidigungsstrategie des Obersten war demnach insofern erfolgreich, als dass dieser sich immer auf eine passive Position zurückgezogen hatte und die Kenntnis der meisten Geschäfte mit den Abschieden geleugnet hatte. Damit konnte er der tatsächlichen Mittäterschaft nur in wenigen Fällen (z. B. bezüglich des Soldaten Wittfuß) überführt werden und diese Täterschaft bestand darin, dass er die Machenschaften seines Feldwebels nicht unterbunden, sondern vielmehr geduldet hatte. Dabei hatte Trosberg den eigentlich entschei-

1245 GStA PK, I. HA, Rep. 7, Nr. 13. Litt. S 83 X 10.

1246 Vgl. Seyfart, Lebens- und Regierungs-Geschichte, S. 154.

1247 Dieses hatte sich Trosberg persönlich von dem Enrollierten Zwannenbrügger geliehen und es dann in der nächsten Stadt wiederum versetzt. LASA, A 9b Ib, Nr. 22, Fallakte 1: Zwannenbrügger.

1248 LASA, A 9b IVb, Nr. 14: Inquisitionsverfahren, Sentenz (Blatt 27f.).

1249 Ebd.

denden Part und war der unternehmerische Teil des einträglichen Geschäfts gewesen. Auch Friedrich II. sah die aktive Rolle und treibende Kraft bei dem Unteroffizier Trosberg und formulierte eine weitaus schwerwiegendere Strafe, als sie der verurteilte Oberst erhalten hatte, »so soll derselbe Ein Jahr zu Magdeburg auf der Vestung sitzen und nach deßen Ablauff an das Kleistische Regt. geschicket werden, bey welchem er zeitlebens Musquetier seyn soll«.[1250]

4.7.8 Betrug und Eigensinn – vergleichbare Fälle im 18. Jahrhundert

Bereits in der Regierungszeit Friedrich Wilhelms I. gab es immer wieder anonyme Anzeigen oder Beschwerden gegen einzelne Kompanieführer oder Regimentschefs, die es mit der Praxis der Verabschiedung, Beurlaubung und der Vergabe von Trauscheinen nicht allzu genau nahmen. So bemerkte der König in einem Brief an Fürst Leopold von Anhalt-Dessau zu der Praxis, die Abschiede gegen Geld zu verkaufen und das Geld in die Kompanien zu investieren, »dieser Punckt ist wohl bey alle Regimenter passiret, da will ich meins nit mit ausschließen«.[1251] Und weiter gab der Monarch zu bedenken, dass es sich bei der willkürlichen Verwendung von Geldern durch die Kompaniechefs um eine reelle Praxis gehandelt habe, die es nun erst einmal abzustellen galt. »Es ist nit recht und itzo laße es auch nit mehr zu, aber vor 3. Jahr wahr es gebrauch.«[1252]

Anlass für diesen Briefwechsel war die Klage des Fürsten gegen den Obersten und Kompaniechef seines Regiments Henning Alexander von Kleist (1676–1749), der sich bereits im Spanischen Erbfolgekrieg ausgezeichnet hatte. Diesem warf der Dessauer nicht nur die Misswirtschaft in der Kompanie und damit zum Schaden des Regiments vor, sondern darüber hinaus die Insubordination gegenüber seinen Befehlen. So hatte sein Privatsekretär 1721 wegen einiger Anklagepunkte verhaftet werden sollen. Diesen Befehl verweigerte von Kleist, daraufhin wurde eine Untersuchung in Gang gebracht, die schließlich weitaus mehr Verfehlungen des Kommandeurs ergab: Henning von Kleist musste sich wegen zahlreicher Klagen der Universität von Halle und verschiedener Privatleute von dort, er habe dortige Untertanen, die wegen eines Delikts belangt werden sollten, unter seinen Schutz gestellt und als Soldaten angenommen, die zuständigen Behörden aber bedroht, erklären. Außerdem hatte er gegen Geld Abschiede ausgestellt, Kritiker in Arrest setzen lassen und Soldaten, die einen Diebstahl

1250 Ebd., Anlage G: Confirmation der kriegsrechtlichen Sentenz, vom 23.01.1747.

1251 Acta Borussica, Ergänzungsband: Briefe König Friedrich Wilhelms I. an den Fürsten zu Anhalt-Dessau 1704–1740, Frankfurt a. M. 1986/87, S. 190, Nr. 303.

1252 Ebd.

oder Ähnliches begangen hatten, beurlaubt und danach von Strafe verschont.[1253] Wie sehr den Fürsten dieser ökonomische und Vertrauensmissbrauch in seinem Regiment erzürnte, zeigen die heftigen Beschwerden beim König und die Forderung, durch ein Kriegsgericht Genugtuung zu erhalten. Wohl auch eher, um die »fürstliche Ehre« des Betroffenen wiederherzustellen, ließ der König das Kriegsgericht eine Untersuchung initiieren.[1254]

Der Oberst wurde daraufhin vom Regiment Alt-Dessau im November 1721 in das Regiment von Stillen (IR 20) versetzt und wartete dort sein Urteil ab.[1255] In diesem Fall gab es Parallelen zu dem Gerichtsfall um den Obersten von Seel: auch Kleist hatte Unterstützer in seiner Kompanie, die seine Befehle ohne Nachfrage ausgeführt hatten – und dafür mit Beurlaubungen und Zugeständnissen bei der Strafverfolgung belohnt wurden.[1256] Sowohl der Auditeur Meyer als auch der Musketier Horn wurden in Arrest gesetzt, weil sie eine besondere Nähe zu dem Obersten pflegten und daher ebenfalls in Verdacht gerieten. Somit spielte die Unterstützung durch die Kompanie wohl auch eine Rolle für den Verlauf der »Dienstfehler«, dass die Universität Halle beispielsweise nicht gutheißen konnte, dass der Oberst von Kleist in einem Tumult von Studenten in der Stadt diese in Schutzgewahrsam nahm und als Soldaten anwarb, ist angesichts der ständig auftretenden Gerichtskonkurrenzen zwischen der Universität und dem Regiment von Anhalt-Dessau nachvollziehbar. Bereits die angezeigten Werbeexzesse in den Jahren zuvor hatten bewiesen, dass die Gerichtsobrigkeiten von beiden Seiten mit aller Härte verteidigt wurden, um keinen Verlust an Macht und Einfluss hinzunehmen.[1257]

Andererseits unterscheidet sich der Fall des Obersten von Kleist von dem Verfahren gegen den Obersten von Seel 1746 in fundamentaler Weise, da die beiden Kommandeure eine völlig andere Stellung innerhalb der Vorfälle einnehmen: Während noch 1722 die Vergehen in der Hauptsache wohl auch bei dem Offizier gelegen haben dürften, wie seine Verteidigungsschriften und Hinweise auf die Autonomie des Offizierstandes zum Besten der Kompanie schließen lassen, zog sich der Oberst von Seel 1746 auf den Stand eines völlig Unbeteiligten

1253 Ebd., S. 185, Nr. 297 – Anm. 1. Darüber hinaus hatte der Oberst für sein Vorgehen den Namen seines Regimentschef Leopold von Anhalt-Dessau missbraucht und auf diesen verwiesen.

1254 Dafür sprechen die erwähnten Hinweise auf die »Praxis« der Kompaniewirtschaft durch den König selbst sowie der Umstand, dass die Vergehen des Obersten im Aktentitel auch offiziell als »Dienstfehler« betitelt wurden.

1255 Vgl. Kypke, Heinrich: Art. »Kleist, Henning Alexander von«, in: Allgemeine Deutsche Biographie (ADB), Bd. 16, Leipzig 1882, S. 150f.

1256 LASA, A 9b Ib, Nr. 20: Dienstfehler des Obersten von Kleist 1722. Die umfangreiche Akte vereinte sowohl alle Vorwürfe, Zeugenbefragungen als auch Zeugnisse und Verteidigungsschriften Kleists.

1257 Vgl. Kap. 3.2: Konfliktfeld Rekrutierung und Anwerbung.

zurück. Im Verfahren gegen seinen Untergebenen Unteroffizier Trosberg führte der kommandierende Offizier aus, er habe von den Vorfällen nichts gewusst, mit dem Unteroffizier darüber nie gesprochen und auch nie Abrechnungen über irgendwelche Gelder erhalten. Diese passive Position hatte Henning von Kleist 1722 keineswegs eingenommen: im Gegenteil verteidigte sich der Beklagte mit nicht zureichend definierten Ordern seines Chefs, des Fürsten Leopold von Anhalt-Dessau, und mit besonderen Bestimmungen, etwa im Reglement, die er ganz genau benannte: so verwies er auf das Reglement, »denn p. 419 findet sich, daß, wann ein beßerer Kerl an des anderern Platz gestellet würde, soll der Commendirende Officier die Macht haben, Abschiede zu geben«.[1258]

Die Praxis habe er von dem vormaligen Kommandeur von Winterfeld übernommen und sei sich dabei keiner Schuld bewusst. Die Antwort darauf durch den König fiel knapp und sachlich aus: »Wegen Verabscheidung der Leutte ist gegen den Reglement, da hat sich Kleist sehr gröblich versehen.«[1259] In der Summe der Beschuldigungen wird durch die Untersuchung allerdings einiges zusammengetragen: So verteidigte sich Henning von Kleist gegen den Verdacht, delinquenten Soldaten, die eines Diebstahls oder anderer Dinge verdächtigt wurden (wie eben besagter Musketier Horn), einen Pass verschafft und diese damit zum Austreten verleitet zu haben.[1260] Dazu kommen mehrere Fälle, in denen dem Obersten zumindest die Beugung von Recht vorgeworfen wurde: auf der einen Seite wurden Soldaten und Zivilisten protegiert und unter den Schutz der Kompanie gestellt – andererseits habe der Kommandeur eigenwillig schwere Strafen verhängt und deren Ausführung befohlen, obwohl dies nicht zu seinen Kompetenzen gehört habe. Er verwies auf seine reichen Erfahrungen, die er als alter Soldat, der »30 Jahr gedienet« habe, besitze, und dass er daher wohl wisse, welches Verhalten in den Bereich der Subordination gehöre:

> »Es will mir wegen nicht observirter Subordination zur Last geleget werden, daß ich am 5ten July 1721 einen jungen von 17 Jahren, welcher als Tambour beym Regiment gestanden, aus eigener Authorität zum Schelm, und Spitzbuben gemachet, und ihn, besage meines an den Herrn Gen. Lieutn. v. Stillen abgelaßenes Schreiben nach Magdeburg in die Karre geschicket, und beruffen sich S. Hochfürstl. Durchl. auff diesen Menschen, am 9ten April c. gethane Aussage, worin derselbe angiebet, daß er als Tambour geschwohren.«[1261]

So gab der Oberst von Kleist an, er habe den wahren Charakter des Mannes entdeckt und ihn für dessen Lebenswandel bestraft. In diesem Sinn

1258 LASA, A 9b Ib, Nr. 20, Bl. 61.

1259 Acta Borussica, Ergänzungsband, S. 190, Potsdam, 04. 12. 1721.

1260 LASA, A 9b Ib, Nr. 20, Bl. 60: Hier wehrte sich Kleist gegen den Vorwurf mit dem Hinweis, dass Horn durch keinerlei Untersuchung einer kriminellen Handlung belangt werden könne.

1261 Ebd., Bl. 62.

»habe ich diesen Menschen, welcher zu Halle Redeln ein gesticktes Kleid mit andern Sachen gestohlen, vorhero aber aus den Zuchthauße ausgebrochen, nicht als ein Tambour, welcher bey der Compagnie engagiret, sondern als einen veritablen Spitzbuben, der in flagranti attrapiret worden, nach Magdeburg geschickt, es besaget auch die am 18ten April c. mit dem Auditeur Meyer gehaltene Registratur, daß dieser Mensch dem Regiment nicht geschwohren, und des Auditeurs Meyer Außage wird gestaltener Sachen nach mehr Credit, als eines Spitzbuben, der durch seine Schelmerey infam worden, Deposition bey der gantzen honetten Weldt finden«.[1262]

Hiermit formulierte der Oberst einen Zwiespalt, welcher der Untersuchung zugrunde lag: die gesamte Inquisition erfolgte auf Anzeige des Fürsten Leopold, der von der Schuld und der Insubordination seines Kommandeurs überzeugt zu sein schien. Dementsprechend wurde der Auditeur als »Mittäter« arretiert, die Befragten witterten nun auch die Möglichkeit, durch geschickte Aussagen die eigene Position zu verbessern und den Kommandeur, der ja ohnehin in Misskredit geraten war, weiter zu diskreditieren.

Ähnliche Beschuldigungen und Konflikte in den Aussagen reihen sich in der Verteidigungsschrift und auch in den Befragungen vor Ort aneinander, sodass es auch dem Kriegsgericht unter dem General Gneomar von Natzmer schwergefallen sein dürfte, den Wahrheitsgehalt jeder einzelnen Aussage und der Verteidigungsschrift des Obersten von Kleist zu prüfen. Wie sehr das Zerwürfnis zwischen dem Fürsten Leopold und dem Obersten die Untersuchung beeinflusste, zeigen die direkten Briefe an den König Friedrich Wilhelm aus dieser Zeit im ausgehenden Jahr 1721 und dem Frühjahr 1722. In einem Schreiben vom 14. Dezember 1721 – wohl in Reaktion auf die Verteidigungsschrift des Obersten – erklärt der Fürst ihn kurzerhand zum Lügner: »Und kann also Ew. Königl. Majestät auf meiner Ehre versichern, daß der Obrist Kleist Ew. Königl. Majestät mit Unwahrheit berichtet, daß ich zugegeben hätte, ein Officier möchte sonder mein Wissen und Willen Abschiede geben dörfen.«[1263]

Diesem Schreiben legte Leopold darüber hinaus eine Stellungnahme von seinen Stabsoffizieren und anderen Kapitänen der Regimenter, die sich in der Nähe von Halle befanden, bei, um seine Position zu stärken.[1264] Dass diese Unterstützung durch die Offiziere wenig aussagte über die stillschweigend akzeptierte Praxis der Erteilung von Abschieden, spielte für den Spruch des Kriegsgerichts insofern eine Rolle, als der beklagte Oberst die Verabschiedungen ein-

1262 Ebd.

1263 Acta Borussica, Ergänzungsband, S. 191: Schreiben des Fürsten Leopold, Dessau, 14.12. 1721. Er zielte damit auf den oben erwähnten Hinweis auf die vermeintliche Praxis unter dem Obersten von Winterfeld, dass Abschiede auch durch den Kommandeur erteilt werden könnten, ab.

1264 Bescheinigung der Officierer des Regiments Alt-Anhalt, Halle, 10. Dezember 1721, daß jeder Abschied vom Chef selbst ertheilt und niemand ohne dessen Erlaubniß dimittiret werden sollte.

gestanden hatte. Außerdem hatte er selbst erklärt, dass die Gelder für die Abschiede und die Werbung neuer Soldaten oft nicht an ihn, sondern an die betreffenden Unteroffiziere und Werbeoffiziere gegangen seien. Anders als aber später in dem Verfahren 1746 hatte der Kommandeur die Handlungen seiner Soldaten und Offiziere zu verantworten und in den Bereich seiner »Subordination« mit einzubeziehen.[1265]

Am 24. April 1722 erging dann das Urteil, das eine öffentliche Abbitte des Obersten gegenüber seinem Regimentschef und die Kassation desselben vorsah. Die Abbitte wurde nach Verlesung der Sentenz vor dem versammelten Kriegsgericht verlesen,[1266] die Kompanie des Obersten erhielt der beim Regiment stehende Kapitän Friedrich Leopold von Schwerin.[1267]

Das Verfahren um den Obersten von Kleist 1722 zeigte vor allem, welche Vorstellungen von Subordination gegenüber den Offizieren in der preußischen Armee beim König und den Befehlshabern vorhanden waren, wie eng das Ansehen des Regiments mit dem Ansehen des Chefs verknüpft war und welche Erwartungen die Beteiligten an den Ausgang des Verfahrens stellten: »Gerechtigkeit« gegenüber den betroffenen Soldaten und den Bürgern in Halle, die erzwungenermaßen mehrere hundert Reichstaler für die Werbung gegeben haben sollen, stand dabei aber an zweiter Stelle.[1268] Insbesondere die Wiederherstellung der persönlichen Ehre und die eindeutige Zurechtweisung eines sehr selbstbewusst agierenden Kommandeurs standen hier im Vordergrund, die Struktur der Armee selbst wurde davon – auch aus Sicht des Königs – nicht berührt, da die Praxis besondere Formen der Verwendung der Werbegelder eben bedingte.

Diese der Struktur der Kompaniewirtschaft inhärente Schwäche zeigte sich auch nach dem Verfahren gegen den Obersten von Seel und seinen Unteroffizier Trosberg immer wieder. So kam es 1782 zu mehreren Untersuchungen gegen das Dragonerregiment von Wulffen sowie das Husarenregiment von Werner wegen des Verdachts auf Plackereien.[1269] Ebenso standen in den Jahren 1783, 1784 und 1786 immer wieder einzelne Regimenter und ihre Chefs im Verdacht, die für den

1265 Dazu kam, dass die Taktik, sich als nichtwissend zu bezeichnen, um die Verantwortung für Vergehen nicht übernehmen zu müssen, natürlich bekannt war und hier immer nur die Frage im Raum stand, mit welchen Vergehen gegen die Reglements und Kriegsartikel der Oberst in Zusammenhang gebracht werden konnte. Vgl. Fuchs, Zeugenverhöre als historische Quellen, S. 17.

1266 LASA, A 9b Ib, Nr. 20, Bl. 44f.: Abbitte des Obersten von Kleist.

1267 Ebd., S. 198, Nr. 313, Schreiben des Königs vom 15.04.1722, in dem er die Übergabe der Kompanie an Schwerin nach dem Urteilsspruch erklärt.

1268 Auch andere Streitigkeiten des Fürsten zeigten, dass er im Umgang mit seiner persönlichen Ehre keine Kompromisse machte und auch häufig in Auseinandersetzungen mit anderen Adligen verwickelt war. Vgl. Groehler, Olaf: Leopold I., Fürst von Anhalt-Dessau. Preußischer Generalissimus, kaiserlicher Feldmarschall, Dessau 1987, S. 33.

1269 Vgl. Straubel, Friedrich II. und seine Offiziere, S. 631f. berichtet aus den Kabinettschreiben von Schriftwechseln wegen dieser Vorkommnisse.

Militärdienst ungeeigneten Rekruten gegen Geldzahlungen zu verabschieden und damit neue Soldaten zu werben.[1270] Die Zentralisierung der Gelder für die Werbungen durch das Kriegsdepartement hatte offenbar keine Veränderungen oder Verbesserungen gebracht, sondern nur dazu geführt, dass die »Praxis« mehr und mehr kriminalisiert und untersucht wurde. Insgesamt zeigen die Fälle, deren Dunkelziffer wohl noch weitaus höher gelegen haben dürfte, dass die Kompaniewirtschaft und das preußische Kantonsystem sowie der beständig hohe Bedarf an Soldaten die Form der Unterschlagung und Misswirtschaft über das gesamte 18. Jahrhundert beförderten.

4.8 Zusammenfassung: Die Positionierung der Akteure in den Gerichtsakten

Wie die vorliegenden Fälle im Quellenkapitel gezeigt haben, unterscheiden sich zwar die Betitelungen der Frage-Antwort-Schemen, die mal mit »Nos« (Wir) und »Ille« (Jener) umschrieben werden, mal mit Interrogatio (I oder Int. abgekürzt) und Respondatur (Resp. abgekürzt) für Fragen und Antworten. In einigen Fällen wurden auch die Fragestücke direkt als Artikel/Articul benannt, wie etwa im Fall des Franz Dombruk, der in der Generalinquisition zunächst nach seinem Namen, Herkunftsort, Alter und seiner Dienstzeit befragt wird.[1271] Dann steht bereits seine Einschätzung der Situation zur Debatte, indem Dombruk gefragt wird, ob er wisse, warum er in Arrest sitze. Diese Frage findet sich in zahlreichen Befragungen und zeigte einerseits an, dass der Befragte ab diesem Zeitpunkt als Verdächtiger und nicht mehr als Zeuge vernommen wurde, andererseits sollte die Einschätzung des Delikts durch den Befragten selbst eingeholt werden: Was meinte dieser, warum er verhaftet worden war, und wie begründet sah er diesen Verdacht selbst? Neben den Verhören der Angeklagten geben jedoch vor allem auch die Befragungen von Zeugen, die sich nicht der psychologischen Verteidigungssituation ausgesetzt sahen, Einblicke in die Wahrnehmung von Recht und Unrecht. So ergeben sich für die Untersuchungsrichter im Fall von Dombruk gerade aus dem Verhör etwa der Unteroffiziere heraus wichtige Artikel für die spätere Spezialbefragung des Inquisiten.[1272] So bestätigten der verhörte Wachtmeister und der Capitain d'armes in der Befragung, dass der Inquisit seine Worte nur deswegen gesprochen habe, weil er »besoffen« gewesen sei. Der Wachtmeister

1270 Ebd., S. 633.

1271 LASA, A 9b Ib, Nr. 7, Bd. V, Bl. 181.

1272 Vgl. dazu auch die kritischen Anmerkungen zum Gehalt von Zeugenaussagen bei Schulze, Winfried: Zur Ergiebigkeit von Zeugenbefragungen und Verhören, in: ders. (Hg.): Ego-Dokumente. Annäherung an den Menschen in der Geschichte, Berlin 1996, S. 319–325.

betonte sogar angesichts des Vorwurfs, der Soldat habe sich seinem Vorgesetzten gegenüber ungebührlich verhalten, Dombruk »wäre gantz voll gewesen, wenn er nüchtern gewesen, würde er es nicht gethan haben«.[1273] Nachdem der Auditeur zuvor noch gezielt gefragt hatte, ob die Zeugen meinten, dass der Angeklagte »nicht gewußt, was er gethan« hatte, versicherte sich der Befragende also, welches Ausmaß diese Betrunkenheit bei dem Soldaten tatsächlich gehabt hatte. Und angesichts des Erfahrungshorizontes der Militärs konnte man annehmen, dass die beiden Unteroffiziere diesen Zustand von den Soldaten kannten und ganz gut einschätzen konnten.

Wie schnell die Zeugen der Befragung selbst zu Subjekten der Inquisition und sogar zu Mittätern werden konnten, zeigen die summarischen Interviews zu den übrigen Dragonern, die von dem Auditeur in den Akten außerdem auch kommentiert wurden. So geriet auch der Dragoner Matthias Becker in das Verhör und behauptete zunächst, so wie etliche andere Kameraden vor ihm, dass er von der Sache nichts weiter zu sagen wisse, außer dass er die Aufforderung von Dombruk vor dem Zelt der Kompanie ebenfalls vernommen habe, sich den anderen Kameraden anzuschließen, zum Kommandeur zu gehen und Gerechtigkeit für den abzugebenden Kameraden zu fordern, »worauff Er, Deponent, auch geantwortet: ›Franz du bist betruncken, was wilstu machen?‹ Sonsten wiße er nichts«.[1274]

In seinen weiteren Ausführungen vermerkte der Auditeur Küstner nun dazu: »Hierauff, da Er in Reden sehr variieret, ist ihm vorgestellet worden, daß man schon wüste, daß er auch von den Complot wäre, er möchte also nur mit den Reden sich nicht aufhalten.«[1275] Konfrontiert mit weiteren Zeugenaussagen muss Becker schließlich eingestehen, dass auch er zu den Soldaten gehört habe, die mit dem betrunkenen Dombruk zum Obersten gehen wollten. Da die befragenden Offiziere und der Auditeur sich offenbar schon vor den Verhören eine Übersicht verschafft hatten, wer bei dem »Haufen« dabei gewesen war, um zum Obersten zu gehen, konfrontierten sie einen Zeugen nach dem anderen mit diesem Wissen und erhielten so relativ schnell die Eingeständnisse derjenigen, die tatsächlich den Dragoner Dombruk in seinem Vorhaben unterstützen wollten. Damit zeigten insbesondere die Verhöre das Wissen um bestimmte Verhaltensmuster auch bei den Soldaten, indem sie vor allem versuchten, den Eindruck einer Meuterei und gegenseitigen Absprache zum Widerstand gegen die Offiziere zu zerstreuen. Wenn ihnen das nicht gelang, mussten die Befragten zumindest die nachweis-

1273 LASA, A 9b Ib, Nr. 7, Bd. V, Bl. 191.
1274 Ebd., Bl. 186.
1275 Ebd.

baren Tatumstände einräumen, suchten aber nach Möglichkeiten, die Zugehörigkeit zu einer delinquenten Gruppe abzustreiten.[1276]

Zusammenhängende Befunde zum sozialen Verhalten als Gruppe lieferten außerdem die Zeugenverhöre in Form von Gruppenbefragungen, wie jene im Regiment von Leps im Dezember 1746.[1277] Hierbei handelte es sich um Fragestücke, die gezielt auf die Vorwürfe gegenüber dem Obersten und seinem Unteroffizier erstellt worden waren.[1278] So sollten die Kompanien gemeinsam Auskünfte geben zu den Vorwürfen des Unterschleifs, der Korruption und zu eventuellen Unregelmäßigkeiten in der Organisation des Regiments. Dazu wurden die einzelnen Klassen durch einen ihrer Angehörigen vertreten und mussten die Fragen beantworten, die dann summarisch in einer Fragetabelle zusammengetragen wurden. Bis auf die letzte Frage wurden zunächst die Antworten der Offiziere, dann der Unteroffiziere und schließlich der Soldaten vermerkt.[1279]

In dem vorliegenden Fall handelte es sich um 24 Fragen, die den Bataillonen und der Kompanie des Obersten im Regiment von Seel gestellt wurden. Sie betrafen zunächst die interne Organisation der Wachen, die Wachparade und das Exerzieren, das angemessene Verhalten während der Übungen, das Erlernen von Handgriffen, wie etwa beim Schießen, und schließlich die Anklagepunkte gegen die beiden Militärs selbst. So zielte die Frage 16 exakt darauf ab, zu erfahren, »ob wohl Exempel bey dem Regt. sind, daß die Subaltern Officiers die Soldaten zu ihrem Devoir anhalten, selbige von denen Staabs Officiers und Capitains, mit denen Worten, die Compagnie wäre nicht ihre, und bräuchten sie nicht davon zu repondiren«, angestachelt worden seien.

Auch die abschließenden Fragen setzten sich mit den Kernvorwürfen aus dem Verfahren auseinander: so beinhaltete die Frage 21 die Frage nach der Beurlaubung der Soldaten, die für die Verwaltung des eigenen Gutes Urlaub beantragt hatten und diesen erst erhielten, nachdem sie »Geld, Korn oder Schincken gegeben haben«.[1280] In dem darauffolgenden Artikel wird danach gefragt, »wer die Abschiede und Trauscheine giebet«. Und beide Fragen wurden von den Soldaten,

1276 Vgl. Ralf-Peter Fuchs; Winfried Schulze: Zeugenverhöre als historische Quelle – einige Vorüberlegungen, in: dies. (Hg.): Wahrheit, Wissen, Erinnerung. Zeugenverhörprotokolle als Quellen für soziale Wissensbestände in der Frühen Neuzeit, Münster 2002, S. 7–40.

1277 Vgl. Kap. 4.7 zur Plackerei im Regiment von Leps 1746, angeklagt waren der Kommandeur des Regiments, Gottfried von Seel, und sein Feldwebel Friedrich Trosberg.

1278 LASA, A 9b IVb, Nr. 14, Anlagen D, E und F.

1279 Aus diesen summarischen Verhören ergab sich damit eine Verdichtung und Konzentration der Stellungnahmen aller Truppenteile, die zumindest eine vergleichbare Einstellung gegenüber der organisatorischen Struktur des Militärs vermuten lässt. Vgl. Schnurrer, Ludwig: Zeugenverhörprotokolle als Quellen zur Kultur-, Landes-, Orts- und Familiengeschichte, in: Erlanger Bausteine zur fränkischen Heimatforschung 30 (1983), S. 57–74.

1280 LASA, A 9b IVb, Nr. 14, Anlagen D, E und F, Frage 21.

Unteroffizieren und Offizieren stets gleichlautend beantwortet, indem die einzelnen Gruppen auf die Vorschriften verwiesen. So durfte nur der Regimentschef die Trauscheine ausstellen und die Frage nach dem unrechtmäßig vorenthaltenen Urlaub wurde schlichtweg von allen Dienstgraden mit dem Hinweis abgeschmettert, man »hätte dergleichen niemhals gehöret«.[1281]

Lediglich die letzte, die 24. Frage, in der die Untersuchungsrichter wissen möchten, wie viele Nächte den Musketieren von der Wache freigegeben werden, ist zunächst den Soldaten als Vorlage zugeordnet. Der Soldat Albas gibt zwei Nächte als Standard an und wird von den höheren Dienstchargen bestätigt.[1282] Wie aussagekräftig diese Befragungen für die Urteilsfindung des Gerichts schließlich sind, zeigt die Sentenz gegen den Obersten von Seel: hier wird extra vermerkt, dass die anonymen Hinweise von Misswirtschaft und schlechter Disziplin im Regiment von Leps an keiner Stelle bestätigt werden konnten – auch durch die Gruppenaussagen der Bataillone nicht:

> »So hat doch bey der von des Generals Printzens Dietrichs Durchl. sehr genau vorgenommenen Untersuchung es sich nicht also befunden, wie der Anonymus angegeben hat, weshalb auch über nichts weiter gesprochen werden können.«[1283]

In diesem Fall zeigten sich die wesentlichen Bedeutungsunterschiede zwischen den Zeugenverhören und den Verhören der Angeklagten: Erstere galten als beweiskräftige Aussagen, Letztere wurden von den untersuchenden Richtern und Offizieren von Beginn an infrage gestellt und beleuchteten vielmehr die mentalen Prozesse bei dem Angeklagten und gaben Auskunft über Wissensbestände zu den Delikten, zu Verteidigungsstrategien und Erklärungsmustern. Die Zeugenverhöre erläuterten soziale Praktiken des Zusammenlebens und zeigten etwa auf, nach welchen Kriterien die Abgrenzung von Vagabunden und Sesshaften bei den Befragten vollzogen wurde, ebenso wie Recht und Unrecht innerhalb eines sozialen Verbandes definiert wurden.[1284]

Auch für die vorliegenden Fälle ist in der tiefergehenden Analyse bereits festgestellt worden, dass die Zeugen bei der Nachfrage durch den Auditeur nicht selten mit dem Verweis auf ihr Nicht-Wissen reagierten, was allerdings nicht bedeutete, dass sie keine Ahnung hatten.[1285] Vielmehr würden wir heute darunter die Verweigerung der Aussage verstehen, die es formal im Militärgerichtsver-

1281 Ebd., Fragen 22 und 23.

1282 Ebd., Frage 24.

1283 Ebd., Anlage i.

1284 Scheutz, Martin: Zwischen Mahnung und Normdurchsetzung. Zur Rezeption von Normen in Zeugenverhören des 18. Jahrhunderts, in: Ralf-Peter Fuchs; Winfried Schulze (Hg.): Wahrheit, Wissen, Erinnerung. Zeugenverhörprotokolle als Quellen für soziale Wissensbestände in der Frühen Neuzeit, Münster 2002, S. 357–398, hier S. 361.

1285 Dies wurde an dieser Stelle und in der Analyse des Falles Dombruk bereits an einigen beispielhaften Verhören gezeigt. Vgl. Kap. 4.3.

fahren des 18. Jahrhunderts zwar nicht gab, die aber unter bestimmten Voraussetzungen akzeptiert wurde. Deckten sich die sonstigen Angaben des Zeugen mit den vergleichbaren Beschreibungen weiterer Aussagender, wurden die berichteten Umstände als Tatsachen in den Bericht aufgenommen. Kam es dagegen zu deutlichen Widersprüchen zwischen den Befragten, wurde vom Gericht abgewogen, wessen Glaubwürdigkeit überwog (Fall Paulmann). Ebenso wenig glaubwürdig waren jedoch die Verweigerungen der Inquisiten, die durch ein Geständnis oder die eindeutigen Zeugenaussagen überführt werden sollten. Kam es hier zu Widersprüchen, musste der Angeklagte viele wiederholte Befragungen zu einzelnen Aspekten der Spezialinquisition über sich ergehen lassen (Fall Dombruk) oder verschiedene Einzeldelikte immer wieder neu zurückweisen (Fall des Regiments von Leps).

Dabei konnte in den Analysen auch gezeigt werden, dass selbst in den Militärgerichtsverfahren die Schuld eines Angeklagten nicht immer über ein Geständnis gesucht werden musste. Wenn die Zeugenaussagen glaubwürdig und überzeugend waren, genügten sie, um die Delinquenten einer Strafe zuzuführen (Kap. 4.1). Auch hier zeigte sich aber, dass die Fürsprache durch weitere glaubwürdige Unterstützer aus der Familie oder dem Regiment in der Urteilsfindung ein positives Ergebnis für den Beklagten haben konnte (Fall des Thomas Niemes).

Hinter den Begrifflichkeiten der einzelnen Delikte – von der Desertion bis hin zum versuchten Selbstmord – verbargen sich auch in den militärgerichtlichen Untersuchungen Zuschreibungen durch die verschiedenen Akteure. Nicht immer war dabei auf beiden Seiten klar, wo das »genormte« legale, den Gesetzen entsprechende Verhalten endete und das illegale Handeln begann.

Deutlich wurde aber auch aus den Argumentationen und Strategien, dass es sich dabei um Narrative handelte, die, von den Beteiligten bereitgestellt, eine Perspektive des Handelns beleuchteten. Je glaubwürdiger und authentischer dieses Narrativ war, desto eher ließ es sich in der Befragung dem Gegenüber, also den Offizieren und dem Auditeur, vermitteln. Denn dieser musste später im Verfahren jene, die für und gegen den Angeklagten sprachen, zusammenfassen und benennen. Auch mit dem Verweis auf die Kriegsartikel waren jedoch immer rechtliche Ausnahmen möglich, die allerdings gut begründet werden mussten. Die Konstruktion des seelisch kranken Soldaten, der an der Welt verzweifelt und daher für sein Kind und sich selbst einen Ausweg durch den Freitod suchte, war demgegenüber so überzeugend, dass er freigesprochen wurde. Die beiden Soldaten Wunsch und Hanson dagegen mussten als Begründung gegen eine Argumentation mehr zu bieten haben als nur den Verweis auf den verweigerten Urlaub, den sie sich bei dem nächsthöheren Offizier in der Garnison holen wollten.[1286] Die wiederholten Befragungen und Konfrontationen der beiden miteinander sprechen eher dafür, dass Auditeur und Kriegsgericht von dem Wahrheitsgehalt dieser Aussagen nicht überzeugt waren. Hier verdichteten sich zumindest die Hinweise darauf, dass die beiden eine Strafe durch das Regiment erhalten würden. Wie sich diese Konstruktionen der Perspektiven auf ein Geschehen durchsetzen konnten, lässt sich an der Konklusion der verschiedenen Zuschreibungen in den wenigen überlieferten Urteilen ablesen. Im Fall der fahrlässigen Tötung der Magd Magdalena Schwertfeger fasste die kriegsrechtliche Sentenz zusammen, dass »kein Zeuge dem Inquisiten graviret, noch ein einziges Individuum wieder denselben, als ob er die Entleibete praemeditate geschoßen habe sich herfür thut«,[1287] sondern im Gegenteil alle Zeugen bekräftigen, dass es sich um einen Unfall gehandelt habe. Darüber hinaus bezeugte der Soldat Leuthner »zuförderst, auf vorgehende scharffe Verwarnung von der der schweren Straffe des Meyn-Eydts, daß er nicht gewust habe, daß die Flinthe geladen gewesen, auch daß Er die Flinthe vorsetzlich nicht loßgeschoßen, noch die Magdt damit zu tödten intendiret«.[1288]

Das Narrativ des jungen und unerfahrenen Soldaten, der beim Tanzen mit der Magd versehentlich den Schuss auslöste, war aufgrund der dargestellten Argumente und der eigenen Erzählung des Angeklagten so überzeugend, dass die »Tat« als Unfall angenommen wurde. Damit wurde dem Handeln kein Aspekt der Kriminalität zugeschrieben. Das Urteil über den Obersten Gottfried von Seel und den Unteroffizier Friedrich Trosberg bewertet die Argumente zur Verteidigung des eigenen Verhaltens dagegen ganz anders: beide Angeklagte hatten sich im Verlauf des Untersuchungsverfahrens in ihren eigenen Narrativen verstrickt und etwa, wie Feldwebel Trosberg, die vorgeworfenen und zugeschriebenen »Abweichungen« eingestanden, dabei aber auf das Gebrauchsrecht (andere Kompanien handhabten den Ersatz der Soldaten ebenso) und auf die fehlende Kenntnis der Gesetzeslage verwiesen. Oder, wie im Fall des Obersten, sich immer wieder auf den Standpunkt zurückgezogen, über die Vorgänge selbst nicht informiert gewesen zu sein. Aber:

> »So kann doch der Obrist v. Seel nicht leugnen, daß er ohne des Chefs vom Regiment Vowißen nach der Zurückkunfft des Regmt. einen am 28. Febr. 1746 im Münsterschen gegen 60rthr. angeworbenen Kerl, so 22 Jahre alt und 5 Fuß 8 Zoll 2 Strich, und im 3ten Gliede itzt, nahmens Ibach, an des Witfus Platz eingestellet, und diesem die Mundirung

1286 Vgl. Berger; Luckmann, Gesellschaftliche Konstruktion der Wirklichkeit, S. 21–30. Glaubwürdigkeit ergibt sich über ein gemeinsames Erfahrungswissen, das von den Akteuren geteilt wird. Um eine Argumentation also zu glauben, müssen die Argumente auch von Richtern im Kriegsgericht als schlüssig betrachtet werden.

1287 LASA, A 9b Ib, Nr. 19, Bd. III, Bl. 5.

1288 Ebd.

ausgezogen, und keine Dienste weiter thun laßen, noch solches dem Chef gemeldet habe.«[1289]

Das Kriegsgericht als Instanz der herrscherlichen Gewalt schrieb dem Obersten eine Mitschuld an den Missbräuchen im Regiment zu. Das Verhalten, das gegen Normen verstoßen hatte, musste aus Sicht der Richter sanktioniert werden. In der Begründung ging das Gericht eben auf die Widersprüche in den Narrativen der Angeklagten ein: es wies die Brüche und Irritationen in den Aussagen nach und stellte außerdem die Schicksale der betroffenen Rekruten und Soldaten, die über andere Wege zu ihren Abschieden und zu einer Heiratserlaubnis hätten kommen sollen, als starkes Narrativ dagegen. Das Handeln der beiden Militärs entsprach erstens nicht den Vorschriften und führte zweitens zu einer Benachteiligung der Kantonisten und Soldaten.

Und im Fall des Unteroffiziers Trosberg erkannte das Gericht, der Feldwebel sei »in allen solchen verbothenen Dingen geschäfftiget gewesen, auch selbst seinen Commandeur Anlaß gegeben und verleitet«.[1290] Demnach sahen die Richter die fundamentale Begründung für die Sanktionierung des Verhaltens von Oberst und Unteroffizier darin, dass diese ihre wesentliche soziale Funktion nicht erfüllt hatten: der Offizier war seiner Aufgabe, die Verantwortung, für die Werbungen in seiner Kompanie zu tragen, nicht nachgekommen. Unteroffizier Trosberg dagegen hatte seine Kompetenz als Werber überschritten, indem er Gelder angenommen und Handlungen versprochen hatte, zu denen er gar nicht ermächtigt war.

Als Verbrechen geahndet wurde jenes Verhalten, das angezeigt und abgeurteilt wurde – wobei auch frühere und traditionelle Gewohnheitsrechte unter den Hammer kommen konnten.[1291] Allerdings schufen die rechtswissenschaftlichen Diskurse und die immer kostspieligere Ausbildung Begründungen für eine fortschreitende Einschränkung von Todesstrafen – lediglich im Bereich der Desertion kam es hier immer wieder zu »Verbots- oder Gebotswellen«, um das Weglaufen aus den Regimentern einzudämmen. Wie die Einzelverfahren in der Analyse zeigen, gab es das Wissen um die geeignete Verteidigung in verschiedenen Fällen, die von den Soldaten oder Fürsprechern genutzt wurde: Nicht selten spielte dabei der Alkoholgenuss eine Rolle, der sowohl zur Verteidigung der eigenen Devianz von den Soldaten angeführt wurde, wie im Fall des Franz Dombruk, der einen Aufstand anzettelte, seinen Obersten beleidigte und sich

1289 LASA, A 9b IVb, Nr. 14: Inquisitionsverfahren gegen den Obristen von Seel und Consorten des Regiments von Leps (IR 9) in Westfalen wegen beschuldigter Plackerei (Unterschlagung) 1746, Anlage i: Kriegesrechtliche Sentenz und Urteil.

1290 Ebd.

1291 Hier sei etwa auf das Recht der Holzentnahme verwiesen, die zunehmend durch die Regierungen privatisiert und damit für die Bevölkerung kriminalisiert wurde.

später mit der Begründung, er sei besoffen gewesen, aus der Affäre zu ziehen versuchte. Als mildernder Umstand konnte der Genuss von Alkohol bei entsprechenden Begleitumständen als Entschuldigung zugelassen werden. Dies zeigte etwa das Verfahren gegen den Soldaten Thomas Niemes, der sein Kind und sich selbst zu töten versuchte, diesen Versuch aber allein überlebte und mit dem Hinweis auf seine Melancholie nach dem Tod der Frau und der Überforderung mit dem Kind, gepaart mit dem Genuss von Alkohol, letzten Endes freigesprochen wurde.[1292]

Hinzu kamen aber auch jegliche Formen von Unwissenheit über die Gesetzeslage, die Umstände etc. Andererseits erleichterte die Sondergerichtsbarkeit des Militärs den Soldaten in Auseinandersetzungen mit Zivilisten sehr oft die eigene Rechtsposition, wie dies etwa im Fall des Torschreiber Helmholz geschah.

Die Durchsetzung der Militärgesetze bereitete Probleme, die unter anderem ihre Ursachen in der fehlenden administrativen Durchdringung, als mangelnde Kontrolle durch die Obrigkeit und der vermeintlichen »Unkenntnis« der Edikte hatte. Andererseits wurden Lücken in der juristischen Argumentation, z. B. rechtliche Freiräume und Gebrauchsrechte, in dieser Zeit des »Übergangs« sowohl von lokalen Behörden, militärischen Vorgesetzten als auch von den Soldaten und ihren Familien genutzt.[1293] Dazu kam eine Flexibilität der staatlichen »Rahmenbedingungen«, denn aufgrund des enormen Rekrutenbedarfs wurden in Kriegszeiten größere Zugeständnisse an geflohene Soldaten und an Soldaten mit geringen Vergehen gemacht, während in Friedenszeiten das Durchgreifen härter ausfallen konnte, um die erwünschte Abschreckung zu erzielen.

Insgesamt zeigen die Vielzahl an rechtlichen Bestimmungen, aber auch die Diskussionen im Kabinett um bestimmte rechtliche Entwicklungen und die persönlichen Interventionen von Fürsten, Offizieren beim preußischen König, dass sich auch für das Militär im 18. Jahrhundert ein Aushandlungsprozess um Recht und Ordnung abzeichnete, der keinesfalls statisch bestimmt war. Vielmehr war er das Ergebnis von Nützlichkeitsabwägungen, des Bedarfs an menschlichen Ressourcen und des Handelns der Akteure in einem gewissermaßen »akzeptierten« Rahmen von deviantem Verhalten. Damit rückten die Soldaten noch näher an die zivile Welt heran, denn trotz ihres eigenen Gerichtsstandes waren sie mit denselben Problemen angesichts eines immer weiter ausgreifenden Machtanspruchs der Obrigkeiten konfrontiert.

Die verschiedenen Beispiele aus den Akten haben damit übereinstimmend gezeigt, dass sich die Anwendung von körperlicher Gewalt durch die Soldaten im Alltag vor allem in den Konfliktfeldern ergab, welche durch den Kontakt von

---

1292 Vgl. Kap. 4.5 zum Fall von Thomas Niemes.

1293 Siehe Arbeitsrecht und Recht auf Brennholz und Ähnliches. Vgl. Radkau, Holzverknappung und Krisenbewusstsein, S. 525f.

Zivil- und Militärgesellschaft und durch konkurrierende Normensysteme geprägt wurden. Aber auch in besonderen Krisensituationen, in denen die Militärangehörigen unter enormer Anspannung standen, wie sie etwa die Feldzüge auf fremdem Territorium bildeten, mussten sich die Soldaten gegenüber den Einheimischen abgrenzen (Fall Paulmann). Dass dabei die Aggressionen sowohl von den Militärangehörigen als auch von dem zivilen Gegenüber ausgehen konnten, zeigt, dass Gewalt auch als Fortführung der Kommunikation zwischen den Gruppen angesehen wurde. Im Fall von Paulmann während des Feldzuges in Italien war sie nicht einmal an den fehlenden Italienisch-Kenntnissen gescheitert, sondern an der gegenseitigen Abneigung. Die Anwendung von Gewalt als Mittel der Erziehung und Disziplinierung gehörte auch im militärischen Alltag dazu, wie den Äußerungen in den wenigen überlieferten Selbstzeugnissen, aber auch den Gerichtsakten der preußischen Regimenter zu entnehmen ist. Der besonders drastische »Protest« des Musketiers Kohlmann gegen die aus seiner Sicht übermäßige Züchtigung durch den Unteroffizier stellte wahrscheinlich kein Massenphänomen dar,[1294] auch ist hier nicht klar, inwiefern die Messerattacke eventuell helfen sollte, das eigentliche Delikt – den Diebstahl der Handschuhe des Offiziers – zu verdecken.

Den Werbeoffizieren im Fall Helmholz ging es ganz offensichtlich in erster Linie um die Rekrutierung von jungen Männern bzw. um die Verhinderung von Kritik an den Rekrutierungsmethoden. Aus diesem Grund wurde der Torschreiber Helmholz aus Wernigerode sofort attackiert und mit dem blanken Säbel geschlagen. In der Beschreibung des Tathergangs wird dieser Umstand besonders hervorgehoben, sei es als Ausdruck der außerordentlichen Bedrohung durch die Werbehusaren oder als Metapher für die Gewalthandlungen durch das Militär. Die in den Akten angedeutete Diskussion über den tatsächlichen Gebrauch von Gewehren und Blankwaffen zeigt klare Muster der Anzeige- und Verteidigungstaktik und stärkt die Annahme, dass durchaus unterschiedliche Wahrnehmungen zwischen der Regierung und dem Militär sowie der betroffenen Bevölkerung vorhanden waren.

1294 Vgl. Kap. 3.1.3 Gewalterfahrungen und Gewaltkriminalität im Regiment.

5 Sanktionspraxis und die »Wiederherstellung der Ordnung«

5.1 Dunkelziffer und außergerichtliche Einigungen

> »Welches ist der politische Zweck der Strafen? Die Abschreckung der übrigen Menschen. Aber welches Urteil sollen wir über die geheimen und verborgenen Grausamkeiten fällen, die von der Tyrannei des Herkommens an Schuldigen und Unschuldigen verübt werden? Es ist wichtig, dass kein bekannt gewordenes Verbrechen unbestraft bleibt, aber es nützt nichts, wenn man den Urheber eines Verbrechens entdeckt, das im tiefsten Dunkel begraben gelegen hat.«[1295]

Die Zahl der nicht angezeigten und damit nicht bestraften Delikte im Umfeld der Soldaten lag vermutlich ebenso hoch wie in anderen Ständen und gesellschaftlichen Bereichen auch. Dies begann schon allein mit der Zuschreibung von Devianz für Vergehen, die gegen sittliche Vorschriften verstießen. So hatten die Heiratsbeschränkungen für Soldaten im 18. Jahrhundert vor allem zur Folge, dass Kinder in den unehelichen Beziehungen gesetzlich zwar als illegitime Kinder angesehen wurden, als Begleiterscheinung eines sozialen Systems aber von der Bevölkerung durchaus akzeptiert werden konnten.[1296]

In vielen anderen Bereichen aber konnte es schwierig werden, ein Delikt als solches überhaupt erst nachzuweisen: Vergewaltigungen und Prostitution lagen in einem Bereich, der von der Gesetzgebung nicht erfasst oder ganz pauschal verurteilt wurde.[1297] So musste die vergewaltigte Frau beweisen, dass sie selbst nicht Schuld war an dem Übergriff, und sollte beispielsweise Zeugen benennen. Dagegen war die Prostitution ein Feld, gegen das auch die Militärgesetze nicht ankamen: trotz verschärfter Edikte und ständig wiederholter Parolen gehörten

1295 Esselborn, Karl: Über Verbrechen und Strafen. Von Cesare Beccaria, Leipzig 1905, S. 65.

1296 Vgl. Engelen, Soldatenfrauen in Preußen, S. 184f.

1297 So klagten die Kriegsartikel von 1749 im 23. Artikel gleich beide Verbrechen zusammen mit der Sodomie an: »Ein jeder Soldat soll sich der Hurerey und Ehebruchs bey harter Strafe enthalten, wer aber eine Weibesperson mit Gewalt schändet, oder das Laster der zweyfachen Ehe begehet, soll nach Befinden an Leib oder Leben, die Sodomiterey aber mit dem Feuer bestrafet werden.«

auch im 18. Jahrhundert die Prostituierten in den Lagern der Soldaten im Feld und vor allem in den Garnisonen zur Lebenswelt dazu.[1298] Weil viele Soldatenfamilien außerdem nicht genügend Einkommen besaßen, gab es enge Verbindungen zum Bereich der Prostitution. Aus der Berliner Garnison wurde bereits zu Beginn des 18. Jahrhunderts berichtet, dass zahlreiche Soldatentöchter ihr Einkommen als Prostituierte in den Hurenvierteln verdienten.[1299] Und auch in den Regimentsunterlagen des Regiments Anhalt-Dessau sind hin und wieder Hinweise auf ein regelrechtes »Gewerbe« zu finden, an dem auch Soldatenfamilien beteiligt waren:

So beschwerten sich im Jahr 1717 die Räte von Halberstadt über die Ehefrau des Sergeanten Krüger, die offenbar ein regelrechtes »Bordell« für die Soldaten in der Garnison eingerichtet hatte und bereits in anderen Städten wegen Prostitution verhaftet worden war.[1300] Aber aufgrund ihrer Ehe mit dem Unteroffizier der preußischen Armee konnten die städtischen Behörden nicht einfach gegen sie vorgehen und das Regiment sah offensichtlich keinen Anlass dazu.

Insgesamt erscheinen sexuelle Delikte nur sehr selten in den Regimentsunterlagen, obwohl wir aus anderen Studien dieser Zeit wissen, dass diese Delikte zum Alltag aller Bevölkerungsschichten gehörten.[1301] Zum einen lässt sich dies aus dem gesellschaftlichen Tabu, das auf bestimmte sexuelle Handlungen gelegt wurde – und mit dem Begriff der Sodomie verschiedene sexuelle Orientierungen zugleich als abnorm und deviant abwertete – erklären. Zum anderen wurden bestimmte Delikte innerhalb des Regiments geahndet und waren für die übrigen Stände von außen nicht einsehbar. Die Zuständigkeit für die Militärangehörigen lag beim Regiment und bei verschiedenen Delikten sowie bis zu einer gewissen Höhe der Strafe konnte der Regimentschef selbst entscheiden, welche Strafe verhängt wurde.[1302]

1298 Engelen, Soldatenfrauen in Preußen, S. 439. Engelen verweist auf die Bemühungen vor allem in den Schlesischen Kriegen, die mitreisenden Frauen in den Heeren als »unreine Weibspersonen« zu entlarven und zu verjagen.

1299 Vgl. Schnackenburg, Eduard: Das Invaliden- und Versorgungswesen des brandenburgisch-preußischen Heeres bis zzum Jahre 1806, Berlin 1889, S. 60.

1300 LASA, A 9b Ib, Nr. 19, Bd. III, Bl. 298.

1301 Wobei die Grenzen zwischen Sittendelikt und erlaubtem Sexualverkehr allein durch die Obrigkeit gezogen wurden, das zeigen auch die vielen Verfahren wegen Unzucht in der Frühen Neuzeit. Stellvertretend für die Forschungsliteratur zu dem Thema vgl. Klamer, Peter: In Unehren beschlaffen. Unzucht vor kirchlicher und weltlicher Gerichtsbarkeit im frühneuzeitlichen Salzburger Lungau, Frankfurt a. M. 2004, bes. S. 211–224.

1302 Stephan Kroll beschreibt diesen Vorgang als »Regimentsgericht« zwischen dem Chef bzw. Kommandeur und Auditeur in den sächsischen Regimentern. Tatsächlich sind für die preußische Armee bisher keine ähnlichen Protokolle von Regimentsgerichten nachweisbar. Die Praxis legt aber nahe, dass die Chefs der Regimenter und der Kompanien in einem gewissen Rahmen die Strafzuweisung selbst vornahmen. Vgl. Kroll, Soldaten im 18. Jahrhundert, S. 308.

Ein Fall aus dem Jahr 1766 zeigte am Rande, dass die Strafpraxis in der preußischen Armee stark im Ermessen der kommandierenden Offiziere lag. Die Dienstmagd Margarete Riebow hatte einen langen Rechtsstreit gegen Joachim Erdmann Mahnecke geführt, der sie zuerst vergewaltigt und dann unter falschen Eheversprechungen zum Schweigen angestiftet haben sollte.[1303] Sein Bruder diente als Reiter im Regiment von Manstein und wurde von Margarete angeklagt, sie auf offener Straße überfallen und verprügelt zu haben, weil er sie zum Schweigen habe bringen wollen.[1304] Ob der Reiter tatsächlich an der Gewalttat beteiligt war, konnte nie geklärt werden, aber sein Verhalten gegenüber der Klägerin und abfällige Bemerkungen, die er immer wieder zu dem Fall äußerte, entstanden auch aus dem Selbstbewusstsein, sich der rechtlichen Vertretung durch seinen Regimentschef sicher sein zu können: »allein Borstel thut mir nichts«.[1305] Tatsächlich erbrachte eine direkte Nachfrage durch den Generalauditeur beim Obersten von Manstein am 5. Mai 1766 die Antwort:

> »Weil die Reuters Schmidt und Manicke der an die Riebauen verübt haben sollenden Thätlichkeiten nicht überführet werden können, ich solche damals nicht bestrafen laßen, sondern ihrem Capitain, dem Rittmeister v. Borstel befohlen, zur Verhütung alles fernern Unfugs, selbige nicht wieder zu beurlauben.«[1306]

Weil die Klägerin jedoch ihre Ansprüche nicht aufgeben wollte und sich auch durch die zivilen Gerichte nicht ernst genommen fühlte, war sie bereits mehrfach zu den Standorten des Regiments in Salzwedel und Tangermünde gekommen und hatte vor Ort um die Eröffnung eines Verfahrens gegen die Reiter gebeten. Da sich die beschuldigten Reiter daraufhin nur noch mehr über Margarete aufregten und ihr wohl auch Prügel androhten, ließ der Regimentschef die Männer schließlich doch »präventiv« für ihre Drohungen bestrafen:

> »Weil aber die Riebauen darauf wieder geklaget, daß die beyden Reuters droheten, weil sie unschuldig leiden müssen, sich an ihr zu rächen, so habe er, da die Reuters solches nicht in Abrede seyn konten, selbige expost mit Prügeln bestrafen laßen.«[1307]

Schließlich kam es im Anschluss daran zu einer friedlichen Einigung, indem die nochmals vorstellige Klägerin Margarete einer erneuten Befragung der beiden

1303 GStA PK, I. HA, Rep. 9 Allgemeine Verwaltung, A19 Fasc. 19: Acta betr. Klage der Margarete Riebow cta. die Reiter Schmidt und Manniko und den Bruder des letztern. 1765/66, Bl. 1–4: Supplik der Riebow an den König vom 20.01.1766.

1304 Hierbei handelte es sich um das Kürrassierregiment Nr. 7 unter seinem Chef Leopold Sebastian von Manstein, der das Regiment von 1762 bis 1777 kommandierte.

1305 GStA PK, I. HA, Rep. 9 Allgemeine Verwaltung, A19 Fasc. 19. Mit »Borstel« ist der Rittmeister Hans Friedrich Heinrich von Borstell (1730–1804) gemeint, der als Eskadronchef auch der unmittelbare Vorgesetzte der beiden Reiter war. Vgl. Priesdorff, Kurt von: Soldatisches Führertum, Bd. 2, Hamburg 1937, S. 297–298.

1306 GStA PK, I. HA, Rep. 9 Allgemeine Verwaltung, A19 Fasc. 19.

1307 So Manstein in seinem Bericht vom 05.05.1766 an den Generalauditeur Reinecke, Bl. 28.

Reiter beiwohnen durfte und sich dieselben durch einen Reinigungseid vor ihren Augen von dem Vorwurf freisprachen. Beide Soldaten erklärten sich bereit, den folgenden Eid körperlich, also mit dem Handschwur, zu beeiden:

> »Ich Johann Michael Schmidt / Johann Joachim Manecke schwöre hiermit zu Gott dem Allmächtigen einen wahren leiblichen Eyd, daß alles, was ich in dem heutigen Verhör angesaget, wie solches niedergeschrieben, und mir nochmahls vorgelesen worden, die reine Wahrheit, und ich so wenig weiß, wer die Schlägerey quaest., an der Ribauen begangen, noch auch wer dazu Anlaß gegeben, oder wo die Schläger ihre Zusammenkunft gehabt, und die weiße Hembden, nebst Prügel herbekommen haben: So wahr mir Gott helffen soll, zur ewigen Seeligkeit durch Jesum Christum.«[1308]

In Verfahren, in denen die Indizien nicht ausreichten, um eine Schuld festzustellen (etwa bei Unfällen oder ungeklärten Todesfällen), sowie in gemischten Verfahren, in denen sich beide Seiten widersprachen, wie hier in dem Beispielfall der jungen Margarete Riebow, kam es in letzter Konsequenz also entweder zu einem gütlichen Vergleich oder zu einem Reinigungseid, der auch im Militär genutzt wurde, um die Soldaten auf ihr Gewissen und vor Gott zu vereidigen.[1309]

Der *Purgationseid* oder Reinigungseid war bereits im 18. Jahrhundert stark in die Kritik geraten. Im Zuge der religiösen Aufklärungsbewegung innerhalb Europas setzten sich Juristen und Philosophen vermehrt mit der Bindung des Eides an Gott auseinander. Insbesondere der Mailänder Rechtsgelehrte Cesare Beccaria sah in ihm eine Hinderung der Durchsetzung von Rechtsnormen, da sich die Schwörenden mit ihrem Bezug auf Gott von jeglicher Schuld freisprechen konnten, ohne dass sie eventuelle starke Beweise entkräften mussten.[1310] Mehr noch, in der natürlichen Veranlagung des Menschen sah Beccaria einen entscheidenden Grund für die Nichterfüllung eines solchen Eides:

> »Wie nutzlos diese Eide sind, hat die Erfahrung gezeigt; denn jeder Richter wird mir bezeugen können, daß noch niemals ein Eid einen Angeklagten dazu veranlaßt hat, die Wahrheit zu sagen; es zeigt dies auch die Vernunft, die alle Gesetze für unnütz und daher für schädlich erklärt, die den natürlichen Gefühlen des Menschen widerstrebt.«[1311]

1308 GStA PK, I. HA, Rep. 9 Allgemeine Verwaltung, A19 Fasc. 19, Anlage 27, Bl. 3.

1309 Dieser Reinigungseid stand in einem anderen Verhältnis zur Aussage vor Gericht als der Zeugeneid, der geleistet wurde, bevor die Befragung begann. Die »Purgation« wurde als eine Berufung vor Gott angesehen.

1310 Das Werk erschien 1766 im italienischen Original unter dem Titel *Die Delitti e delle pene* in Livorno, bereits ein Jahr später lag eine deutsche Übersetzung vor: Beccaria, Cesare: Von den Verbrechen und Strafen. Aus dem Italienischen mit des Hrn Verfasssers noch nicht gedruckten Ergänzungen nach der neuesten Auflage ins Deutsche übersetzt und mit vielen Anmerkungen versehen, Ulm 1767.

1311 Esselborn, Über Verbrechen und Strafen, S. 68.

Dies wurde auch von deutschen Rechtsgelehrten im Verlauf des Jahrhunderts zunehmend diskutiert und mit dem Hinweis auf die eigentlich benötigte Gesetzeslage verbunden: wo keine aussagekräftigen Gesetze vorhanden waren, konnten auch die Eide nicht helfen.[1312] Dieses Spannungsfeld lässt sich auch in der Militärgerichtsbarkeit des 18. Jahrhunderts immer wieder beobachten: für rein »militärische« Delikte wie die Desertion gab es bereits seit dem 16. Jahrhundert Gesetze und Verbote, während viele andere Delikte in den Gesetzen im 18. Jahrhundert überhaupt erst aufgenommen wurden, weil sie für die Soldaten ebenfalls eine Rolle spielten und die rechtliche Regelung den gesamten Alltag der Soldaten erfassen sollte.

Weil in der Regierungszeit Friedrichs II. der Regimentschef als Gerichtsherr eine weitere Stärkung erfuhr, lassen sich viele Standrechte, die nicht in den Regimentsunterlagen erhalten sind, nur durch Zufall und Berichterstattung an anderer Stelle (wie im obigen Fall) erschließen.[1313] Zu der verschwiegenen Devianz kam also die Dunkelziffer an Bestrafungen innerhalb des Regiments, die nicht unbedingt nach außen dringen musste, wenn ein bestimmtes Strafmaß nicht überschritten wurde und es sich nicht um ein kapitales Verbrechen handelte. Darüber hinaus lassen sich aus den Unterlagen der Regimenter die Mechanismen der Strafpraxis an einigen Beispielen gut ablesen.

5.2 Strafpraxis im Regiment

> »Letzlich und überhaupt ist jeder Soldat verbunden, seines Commandeurs Geboten nachzuleben, und allen öffentlichen unter Trommel, Paucken und Trompeten angekündigten Gebothen und Verbothen bey der darinen alsdenn gesetzten Straffe nachzukommen und gehorsame Folge zu leisten.«[1314]

Die Strafpraxis im preußischen Militär gestaltete sich noch in der ersten Hälfte des 18. Jahrhunderts sehr vielfältig. Für Disziplinarvergehen und leichtere Verstöße im Dienst wurden vor allem Ehrenstrafen verhängt, welche den Soldaten körperlich nicht stark schädigen sollten, aber dennoch sehr unangenehm waren. Die Unteroffiziere wurden etwa im Falle leichter Vergehen mit dem »Pfahlste-

1312 Hommel, Carl Ferdinand: Des Herren Marquis von Beccaria unsterbliches Werk von Verbrechen und Strafen, Auf das Neue selbst aus dem Italiänischen übersetzt mit durchgängigen Anmerkungen, Breslau 1778, S. 20f.

1313 So ließ Friedrich II. nach seinem Regierungsantritt diverse Kabinettsordern zum Kriegsrecht unter den Obersten ergehen, z. B. am 06.08.1744: »Desgleichen ist auch denen Chefs und Commandeurs jeden Regiments, von Sr. Königl. Maj. überlassen, wenn nur allein auf Spieß-Ruthen erkannt ist, es sey durch ein geschworenes Krieges-Recht oder durch ein Stand-Recht, solchen Spruch pflichtmäßig zu schärffen, oder zu mindern, oder lediglich zu confirmiren.«

1314 Kriegs-Articul 1713, Art. XXXV, S. 216.

hen« bestraft, indem die erhobenen Arme an einen langen Holzpfahl angebunden wurden und der Delinquent auf angespitzten Holzpflöcken eine bestimmte Anzahl von Stunden verharren musste.[1315]

Das Verhängen eines kurzen Arrestes, der sich von einigen Stunden bis zu einem Tag erstreckte, konnte von einem vorgesetzten Offizier jederzeit verhängt werden. Der Arrest stellte auch die übliche Strafe für Verfehlungen innerhalb des Offizierkorps dar. Die militärischen, meist adligen Eliten waren von körperlichen Strafen ausgenommen, im Falle eines ernsten Vergehens aber konnten die Offiziere ihre Patente verlieren, wegen Desertionskomplotts oder der schweren Insubordination drohte gar die Strafe am Leben.[1316] In der Strafpraxis waren dennoch die Unteroffiziere und einfachen Soldaten wesentlich öfter von der Todesstrafe bedroht als die Offiziere.[1317] Auch Vergehen im Wachdienst, wie das Einschlafen oder Betrinken während des Dienstes, konnten mit harten leiblichen Strafen oder gar mit dem Tode bestraft werden.[1318] Nach dem Regierungsantritt Friedrichs II. 1740 wurden die verschiedenen rituellen Strafmaßnahmen zunehmend aufgehoben und vermehrt durch das »Gassenlaufen« oder »Spießrutenlaufen« und anschließenden Arrest oder Haft ersetzt. Diese Strafform ist wie kaum eine andere mit dem preußischen Militär in Verbindung gebracht worden, obwohl sie als reguläre »militärische Strafe« auch in anderen deutschen Territorien und europäischen Ländern eingesetzt wurde.[1319]

1315 Vgl. Unterofffizier-Reglement 1726, S. 156, Artic. L.

1316 Die Doppelfunktion des Offizierkorps als militärische Elite einerseits und als moralische Vorzeigeinstanz andererseits konnte den Offizieren bei Vergehen, die vom König als besonders arglistig eingestuft wurden, große Probleme bereiten. Vgl. Straubel, Friedrich II. und seine Offiziere, S. 620.

1317 So wurden Gewalttätigkeiten hart geahndet, der Übergriff auf Zivilisten, Kameraden oder Vorgesetzte sollte nach den Kriegsartikeln in der Urteilsfindung des Militärgerichtes vollzogen werden. Dabei waren der Stand des Opfers, die Umstände der Tat und der eventuell nachweisbare Vorsatz entscheidend. Art. 26 der Kriegsartikel 1713 sowie Art. 25 der Kriegsartikel 1749 sahen zumindest ernste Strafen an Leib und Leben für Vergehen an den Wirtsleuten und ihrem Gesinde vor, Art. VIII sah 1713 für vorsätzliche Körperverletzung (auch mit Todesfolge) harte körperliche Strafen bis zur Todesstrafe vor. Vgl. Kriegs-Articul 1713, Art. IX, S. 212 und Kriegs-Articul 1749, ebenfalls Art. 9, S. 3.

1318 Vgl. Kriegs-Articul 1713, Art. XV, S. 212f.: »Wer auf der Schildwache schläffet, oder gehet vor der Ablösung weg, oder trincket sich voll, daß er die Wache nicht versehen kan, soll, wann es im Felde und bey Belagerungen, da man gegen den Feind stehet, geschiehet, arquebusiret, ausser dem aber, wo dergleichen Gefahr nicht ist, mit dreyßigmahligen Gassen-Lauffen gestraffet werden.«

1319 Vgl. Lünig, CJM, S. 745 – gerade der Vergleich mit den Kriegsrechten in den deutschen Territorien sowie in den europäischen Ländern zeigt, dass der Gang durch die Spießruten sowie durch die Gasse seit dem 17. Jahrhundert zum Standardrepertoire der Disziplinierung und des Strafrechts im Militär gehörte.

5.2.1 Ehrenstrafen

Der Militärdienst war mit dem Idealbild einer vorbildlichen Lebensführung und Haltung der Soldaten verknüpft und jegliches davon abweichende Verhalten sollte durch Unteroffiziere und Offiziere geahndet werden. Das Strafsystem zielte dabei in erster Linie auf die Unterdrückung von Delikten und eine damit einhergehende Abschreckung ab. Je nach Bedeutung des Delikts in Bezug auf die jeweiligen Auswirkungen auf die Armee und darüber hinaus waren auch hier die Strafen gestaffelt, Disziplinarvergehen wurden meist mit leichten Ehrenstrafen abgetan – analog zu den Ehren- und Prangerstrafen in der zivilen Gesellschaft.[1320] Die Ehrenstrafen konnten jedoch grundsätzlich die gesamte Bandbreite der Strafformen im Militär durchziehen und beinhalteten neben der Beeinträchtigung der Ehre unter anderem auch körperliche Strafen und sogar die Lebensstrafe: das Erhängen galt den Zeitgenossen als unehrenhafte Todesstrafe.[1321] Dabei wurde auch im Militär grundsätzlich zwischen den reinen Ehrenstrafen, die zwar die Ehre des Einzelnen belasteten, ihn aber nicht als ehrlos aus der Gesellschaft entließen, und den entehrenden Strafen, die entweder vorübergehender Natur sein konnten oder von Dauer waren, unterschieden.[1322] Zu dem ersten Bereich gehörten die Strafen, die von Offizieren ohne Gerichtsverfahren als Disziplinarstrafen verhängt werden konnten – in diesem Sinn nahm das hölzerne Pferd (zumindest in der Literatur) einen bedeutenden Platz ein. Dabei mussten die Soldaten auf dem »Pferd«, einem nach oben hin angespitzten Holzgerüst mit Pferdekopf, sitzen. Dieser Bock bzw. das Pferd wurde meist in der Nähe des Exerzierplatzes gut sichtbar aufgestellt.[1323] Dem Grad des Vergehens angemessen, musste der Delinquent, dessen Arme hinter dem Rücken zusammengebunden wurden, eine bestimmte Zahl von Stunden auf dem Pferd verbringen, zusätzliche Gewichte an den Beinen konnten diese unangenehme »Sitzposition« noch verstärken. Die so innerhalb des Regiments öffentlich zur Schau gestellten Soldaten erhielten damit quasi eine »Prangerstrafe«, da sie sich gegen die Reaktionen der übrigen Kameraden und der übrigen Militärs nicht zur Wehr setzen konnten und Demütigungen ertragen mussten. Dem zeitgenössi-

1320 Vgl. Schnabel-Schüle, Helga: Überwachen und Strafen im Territorialstaat. Bedingungen und Auswirkungen des Systems strafrechtlicher Sanktionen im frühneuzeitlichen Württemberg, Köln 1997, S. 77.

1321 Vgl. Dülmen, Richard van: Der ehrlose Mensch. Unehrlichkeit und soziale Ausgrenzung in der frühen Neuzeit, Köln u.a. 1999, S. 68f.

1322 Zu den verschiedenen Formen der Ehren- und Schandstrafen im Militär vgl. Flemming, Teutsche Soldat, S. 461.

1323 Vgl. GStA PK, I. HA, Rep. 49 Fiscalia, A1, Nr. 76: Wegen der Abschaffung der hölzernen Böcke als Strafinstrument 1754.

schen Verständnis entsprechend handelte es sich dabei jedoch um eine vorübergehende Ehrverletzung, die mit der Strafe abgegolten wurde.[1324]

In der Praxis fand dieses Sitzen auf dem hölzernen Pferd vor allem in der ersten Hälfte des 18. Jahrhunderts Anwendung, eine zivile Entsprechung dazu stellten die Holzböcke dar.[1325] Die Beeinträchtigung der persönlichen Ehre wurde auch durch Friedrich II. als so ernst angesehen, dass er kurz nach seinem Regierungsantritt für die zivilen Gerichte die Abschaffung der Holzböcke forderte und sich von seinen Amtsleuten die überhaupt noch vorhandenen Strafböcke benennen ließ. In der Antwort wurde dagegen klar, dass die Pferde kaum noch genutzt wurden, zum Teil waren sie sogar »irgendwo« abhandengekommen, obwohl sie eigentlich noch im Besitz des jeweiligen Gerichts geführt wurden.[1326]

> »Da aus denen von dem Inquirenten Hoff-Fiscal Polac [...] gemachten Abriß- und Beschreibung der so genannten höltzernen Böcke, so in der Commenderie Lietzen, und in Ewr. Königl. Maytl. Domainen-Ämtern, Lebus, Goltzow, imgleichen in der Ordens-Residentz Sonnenburg zu Bestraffung der Unterthanen bisher gebräuchlich gewesen, augenscheinlich erhellet, daß sothane Art von Straffen, nicht einer Züchtigung, vielmehr einer Peinigung gleichen.«[1327]

Auch im Militär stellte das hölzerne Pferd eine Form der Züchtigung dar, weil diese unmittelbare »Strafe« direkt ausgesprochen und angewandt werden konnte, um das Fehlverhalten der Soldaten zu »korrigieren«. Eine peinliche Strafe aber konnte nur nach dem Standrecht oder einem ordentlichen Kriegsgericht verordnet und durchgeführt werden.[1328] Trotzdem musste auch diese Bestrafung auf dem Pferd ganz bestimmten Vorschriften folgen:

> »Die Schild-Wachten vor die Arrestanten müssen davor stehen, daß die Arrestanten, wenn sie mit dem Pfahl, Esel und Holtz-tragen gestrafet, oder krum geschlossen werden, ihre Strafe recht leiden, nehmlich recht am Pfahl stehen, recht auf dem Esel sitzen, das Holtz nicht ablegen, keiner, wenn er krum geschlossen ist, loßgeschlossen werde, und keiner in währender Strafe sich besauffet, Toback rauche, oder schreye und lärme.«[1329]

1324 Insofern muss die Feststellung von Richard van Dülmen, dass diese Strafe in einer Zeit, in der Ehre eine besondere Form von Kapital darstellte, als relativ hart verstanden werden konnte, zumindest relativiert werden. Ähnlich wie die Pranger waren die hölzernen Pferde für die Soldaten in den Garnisonen oft auch an öffentlichen Plätzen aufgestellt. Vgl. Dülmen, Der ehrlose Mensch, S. 70.

1325 Vgl. ebd.

1326 So gab es zum Amt Köpenick die Angabe, dass die Gerichtsdiener erst im Zuge der Ankündigung der Abschaffung in Erfahrung brachten, dass solche Böcke noch vorhanden waren. GStA PK, I. HA, Rep. 49, A1 Nr. 76: Abschaffung der so genannten hölzernen Böcke als Strafinstrument 1753–54.

1327 GStA PK, I. HA, Rep. 49 Fiscalia, A1 Nr. 54 (1747), Bl. 3.

1328 Vgl. KGO 1712, Art. XX, S. 533.

1329 Unterofffizier-Reglement, vor die Königliche Preußische Infanterie, worin enthalten die Hand-Griffe mit der Flinte, Kurtz-Gewehr, und mit den Fahnen, und was die Unter-Offi-

Der Unterschied in der Bewertung dieser Strafmaßnahmen bestand einerseits in der Unmittelbarkeit der Anwendung, andererseits hatten die Delinquenten nach dem Vollzug des Sitzens auf dem Pferd oder Esel sowie nach dem Pfahlstehen ihre Ehre wiederhergestellt. Einen anderen Einfluss auf die Ehre des Soldaten bedeuteten die Arbeits- oder Festungsstrafen, die den Delinquenten zumindest vorübergehend an der Ehre trafen, da die Festungsarbeit als harte körperliche Strafe angesehen wurde. Noch deutlicher wurde dies, wenn ein Delinquent zu »niederen« Arbeiten innerhalb und außerhalb des Lagers verurteilt wurde: »Mein Lieber Obr. von Münchow, Ich habe euer Schreiben vom 14ten dieses erhalten und ist euch darauf zur Antwort, daß der Deserteur Frommen 30 mahl die Gaße lauffen und bey dem Regt. 3 Monathe Karren oder die Straße fegen soll bey Waßer u. Brodt.«[1330]

Damit stellte diese Form der schweren Ehrenstrafe nicht selten eine Ergänzung zu den Körperstrafen wegen besonders bedeutender Delikte dar. Die Desertion, welche auch im 18. Jahrhundert in den Kriegsartikeln mit dem Tod geahndet werden sollte, konnte auf diese Art und Weise von den übrigen leichten Vergehen gut unterschieden werden. Eine Rückkehr in den Schoß des Regiments war nach dem Abgelten der Strafe jedoch wiederum möglich, indem die Ehrenstrafe zeitlich befristet war oder dem Gnadenrecht des Kommandeurs unterlag.[1331] Neben den benannten Strafen für die Soldaten und Unteroffiziere stellte die Degradierung eines Offiziers oder Unteroffiziers eine leichtere Ehrenstrafe dar, die jedoch nicht zur Infamie des Betroffenen führte, während die infame Degradierung durch den Profos des Regiments vorgenommen wurde und meist den Verweis des Delinquenten aus der Garnison zur Folge hatte.[1332] Auch das Stäupen, das in der frühneuzeitlichen Gemeinschaft zu den Ehrenstrafen gezählt wurde, konnte im Einzelfall verhängt werden.[1333]

Eine besonders schwere Form der Ehren- und Körperstrafen stellten jene Methoden dar, die zum einen nach außen sichtbar und zum anderen nicht mehr rückgängig zu machen waren: in der leichteren Form beinhaltete dies das Anschlagen von Namen oder Bildnis der Deserteure an den Galgen, um diesen die Ehrlosmachung zu versinnbildlichen. In der schweren Form, wenn der Angeklagte zu fassen war und nicht zum Tod durch den Strang verurteilt wurde,

---

ciers in der Chargirung im marchiren auch sonst zu observiren haben, auch wie der Dienst im Felde und Guarnison von den Unter-Officiers geschehen soll. Potsdam 1726, S. 156.

1330 GStA PK, I. HA Rep. 96 B Minüten, Nr. 2, Bl. 91, Nr. 518.

1331 Zu den weitreichenden Strafbefugnissen des Regimentschefs bzw. seines Kommandeurs vgl. Kap. 2.2.1 Der Regimentschef als Gerichtsherr.

1332 Flemming, Teutsche Soldat, S. 385 nennt als fünfte Klasse der Militärstrafen die Ehrenstrafen.

1333 Vgl. Schild, Wolfgang: Alte Gerichtsbarkeit. Vom Gottesurteil bis zum Beginn der modernen Rechtsprechung, 2. Aufl., München 1985, S. 204.

konnte dies die Strafe der Verstümmelung beinhalten. Darunter fielen sowohl das Abhauen der Hand bei Diebstahl oder der Schwurfinger im Falle des Eidbruchs sowie das Abschneiden von Nase und Ohr, eine Form des Schandmals, die in europäischen Kulturen bereits seit der Antike bekannt war und noch in der Frühen Neuzeit dazu diente, den Makel durch das Delikt nach außen kenntlich zu machen.[1334] Allerdings führte diese Kennzeichnung auch dazu, dass der Mann, der diese Makel trug, keinen ehrlichen Beruf mehr ausüben konnte und für den Militärdienst nicht mehr infrage kam. Tatsächlich gab es zu Beginn des 18. Jahrhunderts in Preußen einen Diskurs über diese Strafe, die anstelle des Aufhängens der Deserteure zur Abschreckung angewendet werden sollte.[1335]

Friedrich Wilhelm sprach sich bereits als Kronprinz vehement für diese harte Ehrenstrafe aus, da diese nach seiner Meinung mehr Wirkung auf die Soldaten habe als die unbestimmte Gefahr des Aufhängens. In einem Schreiben des Generalauditeurs Katsch an Leopold von Anhalt-Dessau vom Mai 1711 im Zuge der Planung eines neuen Edikts gegen die Desertion formulierte der Militärrichter die dahinterstehenden Beweggründe:

> »[...] die bisherige starcke Desertion hat Se. Königl. May. bewogen daß Sie auf Instance des Cron Printzen Königl. Hoheit in Geheimen Krieges rath resolviret, weil die Straffe des Hängens keinen Schrecken geben wollen, daß man es Vors Künfftige mit Nasen und Ohren abschneiden probiren will.«

Daher habe Friedrich Wilhelm ihn mit der Formulierung des Edikts beauftragt, das er schließlich wenige Tage später vorlegte.[1336] Einige wenige Fälle von Soldaten, die diese Strafe meist erst nach mehreren Vergehen erhielten, zeigen auch, dass die lokalen Obrigkeiten vor der Brandmarkung zurückschreckten.[1337] Gleichwohl war die Verbindung zwischen der äußeren Verstümmelung und der Untauglichkeit zum Militärdienst wohl bekannt, wie die Formulierung des Kriegsartikels 36 von 1749 belegt:

> »Wenn einer Gassen laufen soll, und sich vorher ohne Opposition in die Nase oder Ohr, oder Leib verletzet, oder eine Infamie von sich angiebt, oder ins Wasser sich zu verlaufen bemühet, soll er dennoch die erkandte Strafe ausstehen, und hernach mit Vestungs-

1334 Ebd., S. 386.

1335 Vgl. »Edikt wieder die stark einreißende Desertion, daß wieder die Deserteurs binnen 24 Stunden der Process gemacht, und statt der Todes-Straffe des Stranges sie zu Schelmen declariret, die Nase und ein Ohr ihnen abgeschnitten und in einer Festung an die Karre geschmiedet, auch nie pardoniret, diejenige aber, so zum Feinde übergelauffen, sofort gehencket werden sollen«, vom 15.05.1711, in: Mylius, CCM, T. III, 1. Abt., Nr. 97.

1336 LASA, A 9b Ia, Nr. 139, Fürst Leopold von Sachsen-Anhalt: Correspondenzen des Fürsten Leopold zu Anhalt-Dessau: u. a. mit Generalauditeur v. Katsch. 1703–1714, Bl. 54f.

1337 Hier sei auf den Fall des Christoph Sack verwiesen, der zuvor ein regelrechtes Geschäft aus dem Desertieren gemacht hatte und sich nach der Verstümmelung weiter kriminell betätigte. Siehe Kap. 5.5 Deviante Lebensformen und kriminelle Karrieren von Soldaten.

Arbeit bestrafet werden, findet sich aber, daß er eine solche Infamie, welche ihn zum ferneren Dienst untüchtig gemacht hätte, fälschlich angiebt, so soll er eben so, als wenn sie wahr wäre bestrafet, durch den Schinder zum Schelm gemacht und Zeit seines Lebens zur Vestungs-Arbeit condemniret werden.«[1338]

Details über die Ausführung der Strafe sind in den Militärgerichtsakten nicht zu fassen und nur über die Gerichtsakten der städtischen Gerichtsbarkeiten greifbar oder im Zusammenhang mit anderen Delikten nachvollziehbar, weil die so Bestraften den Militärdienst verlassen hatten. Vermutlich wurde die Strafe durch den Scharfrichter des Regiments, den Schinder oder seine Knechte ausgeführt.

Scharfrichter als Teil des Strafvollzugs

Wie schwerwiegend die Folgen eines körperlichen Kontakts mit dem Scharfrichter oder »Nachrichter«[1339] waren, zeigte die zeitgenössische Diskussion um die Anwendung der Folter im Militär.[1340] So waren sich auch die rechtskundigen Auditeure und Juristen nicht einig in der Frage, ob die Anwendung der Folter, obwohl diese für Soldaten nicht ausdrücklich untersagt war, in der Praxis Anwendung finden durfte:

»Zu dem verleurt ein Soldat, der auf der Folter gewesen, ettlicher maßen seine Reputation, ob er wohl unschuldig befunden wird. Dann man andern Soldaten schwerlich wird einbilden können, daß der ehrlich sey, der in des Nachrichters Hand und auf der Folter gewesen.«[1341]

Die peinliche Befragung besaß also aus zwei Gründen für den Soldaten schwerwiegende Folgen: einerseits machte ihn schon der bloße körperliche Kontakt mit dem Henker im 18. Jahrhundert in den Augen der Kameraden zu unehrlich und andererseits untersagten die Kriegsartikel den Dienst für alle Männer, die je unter der Hand des Henkers gewesen waren, strikt, denn sie galten als Unglücksbringer im Kampf, die der göttlichen Unterstützung verlustig gegangen waren.[1342]

1338 Kriegs-Articul 1749, Art. 36, S. 9.

1339 Der Henker wurde in seiner Funktion als derjenige, der die Gerichtsbeschlüsse umsetzte, auch als »Nachrichter« bezeichnet. Daneben waren die Begriffe Scharfrichter, Henker, Büttel, Freimann oder Carnifex, im Volksmund auch »Meister Hans«, seit dem 16. Jahrhundert gebräuchlich.

1340 Vgl. Schnabel-Schüle, Helga: Anprangern – Ehrverluste als Strafe, in: Rainer Schulze u. a. (Hg.): Strafzweck und Strafform zwischen religiöser und weltlicher Wertevermittlung (= Symbolische Kommunikation und gesellschaftliche Wertesysteme, 25), Münster 2008, S. 133–144, hier S. 138.

1341 Lünig, CJM, Anhang, Sp. 491.

1342 Zur peinlichen Befragung und zum Diskurs um die Folter vgl. Kap. 2.1.3 Der Inquisitionsprozess im Militär, interessanterweise fehlen die genauen Bestimmungen zum Umgang mit unehrlichen Personen, die in dem Kriegsrecht von 1685 noch vorhanden waren, in den

Auch im Militär wurden Scharfrichter benötigt, denn neben den Aufgaben als unmittelbare Vollstrecker eines Urteils erledigten sie auch Arbeiten, die von Soldaten nicht geleistet werden durften, da sie als unehrenhaft galten: das Abdecken von Tieren und die Beerdigung von Straftätern fiel ihnen zu.[1343] Im Militär kamen dazu noch weitere entscheidende Posten:

> »Und da auch verschiedentlich darüber geklaget worden, daß, wann bey unseren Regimentern executiones vorgenommen werden müssen, die Scharff-Richter mit einem billigen Lohn sich nicht begnügen wollen, sondern die Gebühren weit höher, als sie befugt sind, zu setzen sich unterfangen, wir aber solchen, zum Beschwer unserer Regimenter gereichenden Unfug, ferner nicht gestatten wollen; als befehlen, setzen und verordnen wir hiermit, daß, wann die Namen der Deserteurs an den Galgen zu schlagen sind, der Hencker, wenn er nur einen Namen allein anzuhefften hat, vor solche Affigirung 5 Rthlr. bekommen, wenn er aber mehr Namen anschlägt, es mögen seyn so viel es wollen, er sich davor überhaupt mit 10 Rthlrn. begnügen soll.«[1344]

Dem Scharfrichter oblagen auch im Heer Friedrichs II. noch die Aufgaben der peinlichen Befragung (zumindest theoretisch) und die Durchführung der Exekutionen an den Soldaten, sowie besondere Formen der Infam-Machung von Delinquenten.[1345] Dabei kam die unehrliche Tätigkeit des Scharfrichters, welche dazu geführt hatte, dass selbst die von diesem berührten Gegenstände als unrein betrachtet wurden, in diesen Fällen den Zwecken der Obrigkeit entgegen: rechtlich gesehen wurde der Deserteur unehrlich gemacht und zum Schelm erklärt, wenn er sich nicht innerhalb einer vorgeschriebenen Frist wieder beim Regiment einfand. In diesem Sinn gehörten sowohl der Akt des Anschlags eines Bildes am Galgen als auch die Person des anschlagenden Scharfrichters zum Prozess der Entehrung des Soldaten.[1346]

Damit erfüllte der Henker in der Militärgerichtsbarkeit aus Sicht der Obrigkeit eine wesentliche Funktion: die auch in der zivilen Welt bekannte Unterscheidung zwischen Ehre und Unehre lag auch im Militär in den Händen des Henkers. So berichtete Generalauditeur Pawlowsky zu Beginn des Siebenjährigen Krieges über das wiederholte Engagement des Feldscharfrichters Caspar Friedrich Kühne:

Kriegsartikeln 1713 beinahe völlig, während sie in den Artikeln von 1749 mit gleich fünf Bestimmungen einen großen Raum einnehmen. Vgl. Kriegs-Articul 1713 und 1749.

1343 Vgl. Schild, Alte Gerichtsbarkeit, S. 198.

1344 Edict, das Forum der Scharff-Richter und deren Lohn vor die Anschläge an den Galgen bey der Miliz betreffend, in: Frisch, CJM Novissimum, Sp. 719.

1345 Das Amt des Scharfrichters gehörte wohl schon seit dem frühen 17. Jahrhundert mit zunehmender Vereinheitlichung der Rechtsprechung in den Söldnerheeren fest zum Regiment. Vgl. Keller, Albrecht: Der Scharfrichter in der deutschen Kulturgeschichte, Leipzig 1921, S. 293f.

1346 Zur Anprangerung vgl. Schild, Alte Gerichtsbarkeit, S. 204.

»Es nimmt gedachter Kühne über sich, bey bemeltem Corps d'Armée als Feld-Scharfrichter aufs fordersamste sich einzufinden; und bey demselben alle vorfallende Executiones am Leib und Leben, so bey denen Regimentern vorgehen möchten, bestmöglichst zu verrichten, u. was etwa hierbey, insonderheit aber, bey etwanigen Torturen oder Territionen vorkommen, und ihm zu Ohren oder in Erfahrung gelangen dürfte, in allergrößter Verschwiegenheit bey sich zu behalten, ingleichen hatt derselbe alle zu Executionen und zur etwanigen Tortur nöthige Instrumente mitzunehmen, und sich nebst seinem Knecht fordersamst bey der Armee einzufinden.«[1347]

In seiner Kulturgeschichte der Scharfrichter gab Albrecht Keller einen Fall aus Frankfurt am Main von 1766 von einem Scharfrichtersohn wieder, der Medizin studiert und ordentlich promoviert hatte. Anschließend suchte dieser um die Aufnahme in das dortige medizinische Kollegium nach. In der Begründung für die Ablehnung des Antragstellers flossen denn auch alle Vorstellungen von der Unehrlichkeit des Scharfrichterberufs mit ein. Die Vertreter des Kollegiums führten abschließend gar die Einführung der Erschießungsstrafe im Militär auf den bekanntermaßen unehrlichen Status des Scharfrichterstandes zurück:

»Unläugbar ist es, daß eben aus dieser Ursache beym Militari das Arquebusiren entstanden, damit die Infamie, welche durch des Scharfrichters oder Schinders Hand irrogirt wird, in Fällen, wo man es vor nöthig erachtet, vermieden werde, und der Verbrecher von denen Händen seiner ehrlichen Cameraden sterbe.«[1348]

5.2.2 Leib- und Lebensstrafen

Die Trennlinie zwischen Ehren- und Körperstrafen konnte in der Frühen Neuzeit nicht gezogen werden, denn die Strafe richtete sich nach der Form des Delikts und seiner Bedeutung innerhalb des christlichen, militärischen und politischen Wertesystems. Dennoch bot der frühneuzeitliche Strafenkatalog immer wieder Anlass, den vermeintlichen gesellschaftlichen Fortschritt an der Entwicklung zu »humaneren« Strafmethoden abzulesen.[1349] Analog zur zivilen Gesellschaft vollzog auch die Armee einen Bedeutungswandel von stark christlich aufgeladenen und individuellen Strafen zu »rationalisierten« Formen der Bestrafung, die zunehmend die Rehabilitation des Straftäters in den Blick nahmen.[1350]

1347 GStA PK, IV. HA, Rep. 6 Generalauditoriat, Nr. 9: Acta betreffend Corps d'Armée unter Sr. Maytt. des Königes Commando in Sachsen, und Böhmen. Acta wegen Bestellung des Ober-Auditeurs und deßen Instruction. 1756–1757. Bl. 6: Bericht des Pawlowsky über die Annahme des Kühne (Bl. 7 Kopie für die Akten in Berlin), vom 25.09.1756.

1348 Keller, Scharfrichter, S. 276.

1349 Vgl. Schild, Alte Gerichtsbarkeit.

1350 Vgl. Schnabel-Schüle, Überwachen im Territorialstaat, S. 20.

Der Strafenkatalog im Militär umfasste im Großen und Ganzen dieselben Strafformen wie in der zivilen Gesellschaft – bis auf einzelne Strafarten, die aufgrund ihrer auch symbolischen Überzeugungskraft nur im Militär galten (Gassenlaufen). Je nach Bedeutung des Delikts für den Gerichtsherrn drohten den Militärangehörigen Ehrenstrafen (meist für die Offiziere) sowie Leib- und Lebensstrafen bei Vergehen, die direkt gegen den König und seine Armee zielten (Desertion, Meuterei oder Verrat).[1351] Für besonders verabscheuungswürdige Verbrechen oder für heimlich ausgeführte Delikte, die sich auf die Struktur des Militärs auswirken konnten, wurde die Todesstrafe verhängt: neben der Desertion, dem Hochverrat, der Verschwörung und Meuterei waren dies auch schwerer Diebstahl und der Angriff auf Vorgesetzte. Bereits das brandenburgische Kriegsrecht von 1673 sah dafür das Erschießen oder »Arquebusieren« vor.[1352]

In Ausnahmefällen konnten diese Strafen auch in Kriegsgerichten gegen Offiziere Verwendung finden. Im Verlauf des 18. Jahrhunderts veränderte sich das Strafmaß, weg von der direkten leiblichen Strafe (etwa durch Erschießen etc.) hin zu den Arbeits- und Festungsstrafen (vgl. Tabelle 18).

Tabelle 18: Strafformen in den preußischen Kriegsartikeln[1353]

Strafformen in den Artikeln	**Kriegsartikel 1713 (35 Artikel)**	**Kriegsartikel 1749 (49 Artikel)**
Ehrenstrafe (allgemein)	2	2
Infamierung	–	3
Stockhaus, Pfahl	1	1
Degradierung	–	1
Verlust der Kapitulation	–	5
Spinnhaus (Arbeitsstrafe)	1	1
Festung (Arbeitsstrafe)	1	9
Gassen- oder Spießrutenlauf	11	20
Leib- und Lebensstrafen (allgemein)	8	13
Todesstrafe (unspezifisch)	6	7
Tod durch Feuer	–	1
Erschießen	3	4
Erhängen	2	4

1351 In den ersten Kriegsartikeln, die nur für die Mannschaften und Unteroffiziere galten, ab 1713, waren diese Vergehen jedoch mit recht unspezifischen Strafen versehen, sodass die Schwere des Delikts durch den Gerichtsherrn oder seinen Stellvertreter beurteilt wurde. Auf Majestätsbeleidigung und Widersetzung gegen vorgesetzte Offiziere stand 1713 lediglich die Strafe an »Ehre, Leib und Leben«. Vgl. Kriegs-Articul 1713.

1352 Vgl. Kriegs-Articul 1673, Art. XIX, in: Schulze, Kriegs-Recht, S. 24.

1353 Zusammengestellt nach den Kriegsartikeln für Soldaten und Unteroffiziere von 1713 und 1749.

(Fortsetzung)

Strafformen in den Artikeln	Kriegsartikel 1713 (35 Artikel)	Kriegsartikel 1749 (49 Artikel)
Anschlagen des Namens an den Galgen	1	2
Landesverweis	–	2
Erkenntnis der Kriegsartikel (unspezifisch)	2	1

Wie in der frühneuzeitlichen Rechtsprechung üblich, waren die Delikte in ihrer Bedeutung ungefähr umrissen, die jeweiligen Strafen jedoch wurden oft nur unspezifisch angedeutet – für viele Vergehen gab es einfach »Leib- und Lebensstrafen«, deren Umfang vor allem im Ermessen des Kriegsgerichts lag.[1354] Hinzu kamen die Umstände der Tat, die Persönlichkeit des Delinquenten sowie dessen persönlicher Lebenswandel und außerdem die Fürsprecher bei den Unteroffizieren und aus dem Offizierkorps. All diese Faktoren nahmen Einfluss auf den Strafprozess und führten dazu, dass ein Delikt unter verschiedenen Voraussetzungen völlig anders bewertet und mit verschiedenen Urteilen bedacht werden konnte.

Besonders augenfällig waren in diesem Punkt die vielen Pardonbriefe für Soldaten, die nach einer Desertion darum baten. Dem gegenüber stand die Praxis der standrechtlichen Verurteilung von Desertionsfällen während der Feldzüge, in deren Folge einzelne Deserteure aufgehängt und die übrigen zu schweren Leibesstrafen verurteilt wurden. Weiter zeigt der Vergleich der Kriegsartikel, dass sogar in den normativen Texten ein eindeutiges Urteil nicht vorgesehen war – auch die Todesstrafe (vielmehr als Lebensstrafe bezeichnet) sollte je nach Umständen des Delikts festgelegt werden. Da von den Soldaten vor allem eine körperliche Eignung für den Militärdienst gefordert wurde, wurden die Strafen für die verschiedenen Vergehen in gewissem Maße »angepasst«. Sowohl die Züchtigungen als auch jene Ehrenstrafen, die mit Leibesstrafen verbunden waren, sollten nicht zur dauerhaften Schädigung des Delinquenten beitragen, sondern dessen Reue und Buße (im Idealfall) auslösen.[1355]

1354 Kabinettsordern von Friedrich Wilhelm I. zeigen, dass der König diese Autonomie in der Entscheidung auch nur dann angefochten hat, wenn das Strafmaß vollkommen von den Kriegsartikeln abwich oder wenn seiner Meinung nach wichtige Beweise nicht genügend Berücksichtigung gefunden hatten. Vgl. GStA PK, I. HA Rep. 96 B (Minüten), Nr. 6: Kabinettsordern vom 22.08.– 31.08.1731, Schreiben an den Minister Moritz von Viebahn wegen eines neuen Kriegsgerichts gg. Major v. Eldit.

1355 So sind auch die Begründungen für die Strafformen in den Reglements und Kriegsartikeln in die christlichen Vorstellungen von Buße und Wiedergutmachung, zunehmend aber auch in die Vorstellungen von Erziehung und Aufklärung eingebettet. Vgl. Kriegs-Articul 1749, Art. 1–3.

Im älteren Kriegsrecht von 1685 war es den Soldaten verboten, sich für die Musterung anstelle eines anderen Kameraden zu vermieten, bei dreimaligem Verstoß gegen dieses Verbot drohte der Tod durch das Schwert.[1356] Dieser Artikel war in den Bestimmungen von 1713 noch vorhanden – doch es fehlte hier bereits eine Abstufung und Differenzierung bei mehrmaligen Vergehen, stattdessen drohte den Soldaten, die wegen der »Vermietung« verurteilt wurden, jegliche Form der »Lebensstrafe«. Diese lag wiederum im Ermessen des Kriegsgerichts und konnte somit vom Tod durch das »ehrliche« Schwert bis zum unehrenhaften Aufknüpfen am Galgen alle Formen des Strafenkatalogs beinhalten.[1357] In den Artikeln von 1749 war dieses Delikt nicht mehr verzeichnet, das Kantonsystem und die veränderte Rekrutierungspraxis hatten zu anderen Formen des illegalen Heeresersatzes geführt, die vor allem mit Geld vergolten wurden.[1358] Ein Blick auf die Strafformen in den verschiedenen Delikten zeigt außerdem, dass die Strafvielfalt entgegen der Annahme einer vermeintlichen »Rationalisierung« des Strafsystems nicht stetig ab-, sondern zeitweise sogar zunahm. Das wiederum war aber auf eine gründliche Erweiterung des Deliktspektrums an sich zurückzuführen, wenn etwa die Brandstiftung und die verschiedenen Formen der Entziehung aus dem Militärdienst durch absichtliche »Infamie« oder Verstümmelung etc. ergänzt wurden.[1359]

Dahingegen überdauerte der einführende Artikel, der eine christliche Lebensführung anmahnte und den Besuch des Gottesdienstes sowie allgemein ein gottesfürchtiges Leben der Soldaten mit einschloss, aus dem älteren Kriegsrecht (1685) bis in die Kriegsartikel zur Regierungszeit Friedrichs II. Dieser Artikel wurde in den Kriegsartikeln 1713 inklusive der Bestrafung wortwörtlich übernommen und formulierte als einziger die mit der zivilen Welt vergleichbaren Strafen des Stockhauses oder des Pfahls (ergänzt um das Spießrutenlaufen als Äquivalent).[1360] Da viele Artikel mehr als eine Leibes- oder Lebensstrafe vermerkten oder eben unspezifisch blieben, sind die Formen des Spießruten- oder

1356 Vgl. Kriegs-Recht 1673, Art. LLXXV.

1357 Vgl. Kriegs-Articul 1713, Art. XXXII.

1358 Vgl. Quellenkapitel zur Plackerei. Dieser Fall zeigt symptomatisch die Bandbreite der Bereicherung durch die Verabschiedung von Enrollierten und ungeeigneten Soldaten durch Vorgesetzte im 18. Jahrhundert.

1359 So zeigten die Artikel 1749 eine starke Tendenz zur Bestrafung durch harte körperliche Schandmale bzw. durch schwere Ehrenstrafen, welche die Delinquenten zum »Schelm« machten. So umfassten insgesamt fünf neue Artikel den Bereich, sich der Bestrafung durch Widerworte, Verstümmelung, ein unehrliches Handwerk oder Selbstmord zu entziehen. Vgl. Kriegs-Articul 1749, Art. 35 bis 39.

1360 Vgl. Kriegs-Articul 1713, Art. I.

Gassenlaufens augenfällig, da diese zum Teil auch mit einer speziellen Anzahl genannt werden.[1361]

Ihre Zahl nimmt mit den neu eingeführten Artikeln zu: während 1713 in elf Delikten (von 35) auf die Möglichkeit des Spießruten- oder Gassenlaufens verwiesen wird, beinhalten die Artikel von 1749 bereits in 20 (von 49) Artikeln diese körperliche Strafe. Das Verhältnis dieser Strafform zur Gesamtzahl der sanktionierten Delikte änderte sich zwar nicht. Zumindest aber ist anzunehmen, dass die normativen Artikel und die Kabinettspolitik für eine zunehmende Ausweitung dieser Strafpraxis sprachen.

5.2.3 Der Gassenlauf

> »Den peinlichen Leibes-Strafen werden beygezehlet [...] das Gassen- oder Spißruthenlaufen, und geschiehet solches durch ein, zwey und mehr hundert Soldaten 3. 4. 5. biß 12. und mehrmal, nach dem das Verbrechen groß oder geringe ist; dafern aber einer 2. biß 3. Tage nacheinander zu lauffen bestrafft wird, so geschiehet es nicht so vielmahl; es wird auch wohl am Tage ausgesetzt, da denn der Delinquent, weil die Wunden so dann schon etwas verharschet, noch grössere Schmerzen empfindet.«[1362]

Mit diesen Worten beschrieb der Militärschriftsteller Hanss Friedrich von Flemming die bereits 1726 übliche Strafpraxis in den deutschen Heeren. Das Bild vom Soldaten, der durch die Gasse seiner Kameraden getrieben und dabei schwer verletzt wurde, brannte sich ein in den historischen Diskurs, der in Preußens Militarismus den »falschen« Sonderweg sah.[1363]

Und tatsächlich scheinen die frühneuzeitlichen Reglements, Kabinettsschreiben des Königs sowie die Berichte in den soldatischen und zivilen Selbstzeugnissen diese Annahme zu untermauern.[1364] Ein weiterer Blick in die Akten zeigt jedoch, dass der Strafenkatalog auch im Militär in dieser Zeit weitaus umfangreicher gestaltet war. Ehrenstrafen gingen bis zum Ende des 18. Jahr-

1361 Die Begriffe werden in den Artikeln analog verwendet. Es ist anzunehmen, dass es sich bei dem Begriff des »Spießrutenlaufens« um die ältere Form handelte, die sich auf die traditionellen Spießgerichte bezog und auch in den älteren Kriegsrechten zu finden war. Der Begriff des Gassenlaufens wurde im 17. Jahrhundert zwar bereits verwendet, wurde aber vor allem im 18. Jahrhundert zum vorherrschenden Quellenbegriff, daher wird er auch hier als Oberbegriff verwendet.

1362 Flemming, Teutsche Soldat, S. 515.

1363 So sprach z. B. Hans-Ulrich Wehler dem territorial zersplitterten Heiligen Römischen Reich zu, dass es eine einheitliche politische und juristische Entwicklung verhinderte. Vgl. Wehler, Hans-Ulrich: Deutsche Gesellschaftsgeschichte, Bd. 1: Vom Feudalismus des Alten Reiches bis zur defensiven Modernisierung, durchges. Auflage, München 2008, S. 44–48.

1364 Besonders die Berichte Ulrich Bräkers über die Strafpraxis im Regiment Itzenplitz zu Beginn des Siebenjährigen Krieges haben die Wahrnehmung der preußischen Armee ganz sicher beeinflusst. Vgl. Kloosterhuis, Donner, Blitz und Bräker, S. 137.

hunderts mit den Körperstrafen und »Lebensstrafen« einher.[1365] Das zeigte sich unter anderem an der Prozedur des Gassenlaufs, der vor den Augen der Kameraden durchgeführt wurde. Der Delinquent musste dabei durch eine Gasse von 200 bis 300 Mann laufen, die alle vom Steckenknecht des Regiments mit Ruten ausgestattet wurden und den Verurteilten damit zu schlagen hatten.[1366] Ein vorgesetzter Offizier überwachte die exakte Durchführung der Strafmaßnahme und ließ auch jene Kameraden bestrafen, welche die Rutenschläge nicht oder nur halbherzig ausführten. Ein Unteroffizier konnte den Verurteilten zusätzlich durch die Reihen führen, um eine gute Anbringung aller Schläge zu erreichen. König Friedrich Wilhelm I. ließ diese Praxis schließlich 1737 bei allen Regimentern einführen:

> »Betreffend die Straffe derer Spieß-Ruthen: So soll 1) wenn ein Soldat dazu condemniret wird, solcher nicht fernerhin, wie ehedem geschehen, lauffen, sondern allemahl von einem Unter-Officier durchgeführt werden, weil durch das Lauffen viele Soldaten nur ungesund worden, die Schwindsucht bekommen haben, und vor der Zeit gestorben sind.«[1367]

Je nach der Härte des Vergehens konnte der Delinquent somit zwischen viermal und 30-mal durch die Gasse laufen müssen, oft über mehrere Tage verteilt. Diese Strafmaßnahme, an der die Kameraden des Regiments beteiligt wurden, wurde aufgrund ihres halböffentlichen Charakters und der oft daraus resultierenden blutigen Verletzungen in zeitgenössischen Selbstzeugnissen von Militärangehörigen und Zivilisten in eindringlichen Farben geschildert. Vieles spricht dafür, dass diese Form der Bestrafung nicht auf den Tod des Soldaten, sondern vielmehr auf die gemeinschaftliche Sanktionierung durch die Militärangehörigen abzielte.[1368]

In einer Urteilsbegründung aus dem Jahr 1711 bestätigte König Friedrich I. die Bestrafung von sieben Deserteuren, da das Kriegsgericht zwei von ihnen zur Abschreckung von weiteren Desertionen hängen lassen und die übrigen fünf mit »10mahligem Gaßen Lauffen durch 300 Mann abgestraffet« sehen wollte.[1369] Diese militärische Strafe, die in der Zeit der aufkommenden »Aufklärung« zum Ende des 18. Jahrhunderts zunehmend als kritisiert und während der militärischen Reformen 1808/09 in der preußischen Armee abgeschafft wurde, wurde als

1365 So war die sichtbare Entehrung, einen delinquenten Soldaten zum Schelm zu machen, zu Beginn des 18. Jahrhunderts wieder eingeführt worden.

1366 Vgl. Flemming, Teutsche Soldat, S. 396.

1367 Ordre an alle Regimenter den 20. Juni 1737, zitiert nach: Müller, Corpus Juris Militaris, S. 738.

1368 Dafür spricht allein die Häufigkeit der Anwendung: denn als disziplinare Maßnahme, die der Regimentschef selbst jederzeit verhängen konnte, war das Gassenlaufen eine häufige und eventuell auch erfolgversprechende Möglichkeit der Bestrafung und Abschreckung.

1369 LASA, A 9b Ib, Nr. 19, Bd. II, Bl. 387.

Gruppenstrafe durch 100, 200 oder 300 Mann vollzogen. Diese Bestimmung führte im 19. Jahrhundert zu der These, das Gassenlaufen komme der Todesstrafe vollkommen gleich, da es nur schwer körperlich zu überstehen sei: »Ein sechsmaliges S[pießrutenlaufen, d. Verf.] durch 300 Mann an 3 Tagen mit Überschlagen je eines Tags wurde der Todesstrafe gleich geachtet, hatte aber auch gewöhnlich den Tod zur Folge.«[1370] Andererseits schrieben die Reglements Mitte des 18. Jahrhunderts die Strafe für bestimmte Delikte schon mit einer gewissen Anzahl von »Läufen« vor – die entweder an einem Tag oder an mehreren Tagen abzuleisten waren.[1371] Diese militärische Sanktion war sehr schmerzhaft. So erbat der Markgraf Friedrich Wilhelm aus diesem Grund in einem Schreiben an seinen königlichen Vetter Friedrich Wilhelm I. im Januar 1726 für einen Deserteur aus seiner Kompanie:

> »Daß Sie doch dem Deserteur Schwartz von meiner Compag., welcher auf Dero Allgndst. Befehl 2 Jahre in Cüstrin sitzen soll, allergndsgt. Pardon widerfahren laßen, indehm derselbe durch das 30. Mahl Steigriem Lauffen, so übel zugerichtet ist, daß er nicht in der Karre arbeiten kann, sondern wenn er anders zum Dienst wieder tüchtig werden soll, sorgsahmst curiret werden muß.«[1372]

Solche Hinweise finden sich selten in den Regimentsunterlagen und Schriftwechseln, zeigen sie doch ganz offen, dass das Strafsystem auch schwerwiegende Folgen für die Soldaten haben konnte, ganz abgesehen davon, dass der Soldat in den Augen des Monarchen einen hohen Wert besaß. Dieser Deserteur hatte das Steigriemenlaufen[1373] überlebt, war aber nach Aussage des Regimentschefs in einem Zustand, der ihn die Strapazen der Arbeitshaft nicht mehr überstehen ließ. Obwohl auch hier angesichts der Intention des Schreibens Vorsicht geboten ist, erscheint es dennoch schlüssig, dass die besonders harte Form des Gassenlaufs mit der Invalidität des Soldaten enden konnte. Den Zusammenhang von Disziplin, Strafe und Desertion sahen die Zeitgenossen von Ulrich Bräker in der zweiten Hälfte des 18. Jahrhunderts zunehmend kritisch. Populäre satirische Lieder wie »O König von Preußen«, das im Ausklang des 18. Jahrhunderts quasi als Rückschau auf die Herrschaftspraxis des gesamten Jahrhunderts gedichtet und auch als »Deserteurslied« bekannt wurde, zeigten diese Beurteilung recht

1370 Spießrutenlaufen, in: Meyers Konversations-Lexikon, 4. Aufl., Bd. 15, Leipzig/Wien 1885–1892, S. 145.

1371 Vgl. Kriegs-Articul 1749, Art. 35.

1372 GStA PK, I. HA, Rep. 96 Nr. 13 M: Des Marggrafen Friedrich Wilhelm von Brandenburg-Schwedt Immediat-Correspondenz, Vol. I, Schreiben vom 26.01.1726.

1373 In den Kavallerieregimentern wurden die Soldaten nicht mit Ruten, sondern mit den Lederriemen, an denen die Steigbügel aus Metall befestigt sind, geschlagen. Diese Strafe erschien selbst den Zeitgenossen härter als die reine Gassenstrafe mit den Weidenruten, sodass sie unter Friedrich II. auch bei den Kavallerieregimentern durch das Gassenlaufen ersetzt wurde. Vgl. Fleming, Teutsche Soldat, S. 366. Müller, Krieges-Recht, S. 739.

anschaulich. Der Text wurde nach der Melodie des Marschliedes »Wir preußischen Husaren« gesungen und gelangte in der Zeit des Vormärz nach 1815 in den Volksliederschatz.[1374] Während die Liedzeilen den autoritären Stil der preußischen Monarchen seit Friedrich Wilhelm I. aufgreifen, gehen die vorletzten beiden Strophen ins Detail, was die Motive und Umstände für das Desertieren und den Zusammenhang mit einem als rigide und überkommen verstandenen Strafsystem anbelangt:

»Ihr Herren nehmt's nicht wunder wenn einer desertiert,
Wir werden wie die Hunde mit Schlägen strapaziert«.

Noch eindeutiger benennen aber die abschließenden zwei Liedzeilen dieser Strophe den Widerspruch zwischen Strafandrohung und Strafpraxis:

»Und bringen Sie uns wieder, sie hängen uns nicht auf,
Das Kriegsrecht wird gesprochen: Der Kerl muß Gassen lauf!«[1375]

Die Strafe des Gassenlaufens hatte im 19. Jahrhundert in der Wahrnehmung vieler Soldaten und auch in der öffentlichen Darstellung des Militärs den Platz aller weiteren Ehren- und Körperstrafen eingenommen:

»Und wann wir Gassen laufen so spielet man uns auf
Mit Waldhorn und Trompeten, dann geht es tapfer drauf.
Da werden wir gehauen von manchem Musketier
Der eine hats Bedauern, der andre gönnt es mir.«[1376]

Die eigentlich gemeinschaftliche Strafe, die aus dem Recht der Spießruten hervorging, wurde hier zum Lehrstück durch die strafende Obrigkeit herabgesetzt; der ausführende Soldat, welcher an der Strafe mitwirken musste, konnte sich entweder durch Mitleid und Barmherzigkeit auszeichnen oder durch Schadenfreude, denn viele Soldaten werden die Strafe des Gassenlaufens wohl selbst irgendwann einmal erduldet haben.

1374 Vgl. Steinitz, Wolfgang: Deutsche Volkslieder demokratischen Charakters aus sechs Jahrhunderten, Berlin 1972, S. 143.

1375 Ebd.

1376 Ebd.

5.3 Freiheitsstrafen

5.3.1 Arrest und Gefängnis

Als Begrifflichkeit des 18. Jahrhunderts bezeichnete der Arrest jede Form von Haft, sowohl die kurze Inhaftierung auf der Wache als auch die Gefangenschaft auf der Festung.[1377] Hier soll in diesem Sinn zwischen dem Arrest als »Untersuchungshaft« und dem Arrest als Teil der Strafe, vor allem für die Offiziere, sowie dem »Festungsarrest« unterschieden werden.[1378] In diesem Sinn stellte der Arrest oder die Gefangennahme im Regiment sowohl eine Bestrafungsmaßnahme als auch den Beginn der gerichtlichen Untersuchung dar.[1379] Für die Offiziere bedeutete der Arrest aufgrund ihrer ständischen Privilegien oft die Bestrafung in disziplinaren Angelegenheiten, denn er konnte sofort verhängt werden (durch den vorgesetzten Offizier) und in verschiedenen Abstufungen geschehen (im eigenen Quartier, in der Wache, außerhalb des Lagers).[1380]

Für die Unteroffiziere und Soldaten stellte der Arrest dagegen meist den Beginn einer gerichtlichen Untersuchung aufgrund eines Tatverdachts dar und bedeutete daher vielmehr »Untersuchungshaft«.[1381] Hiermit sollte in erster Linie die Flucht des Verdächtigen verhindert werden, um in der Zwischenzeit Beweise und Belastungszeugen für die Schuld des Gefangenen oder Indizien, die gegen seine Täterschaft sprachen, ausfindig zu machen.[1382] Neben den Personen konnten auch Gegenstände in Arrest gesetzt werden: Dies erlebte auch der Soldat Johann Gottfried Müller, als er im September 1723 in Storkow gefangen genommen wurde. Er war mit einem Wagen und Pferd sowie seiner Frau auf dem Weg zur Messe nach Frankfurt gewesen und wurde im Zuge der Ermittlungen

1377 Unter dem Begriff des Arrestes wurden von den Zeitgenossen sowohl die disziplinarischen Arreststrafen verstanden als auch die richtigen Gefägnisstrafen, es war also mitunter auch vom »Vestungs-Arrest« der Soldaten die Rede, obwohl sich der eigentliche Arrest auf die Strafe der Arretierung oder auf die Untersuchungshaft beschränkte.Vgl. Hammer-Luza, Elke: Im Arrest. Zucht-, Arbeits- und Strafhäuser in Graz, Wien 2019, S. 20.

1378 So wurde der Arrest auch eingesetzt, um säumige Schuldner zur Zahlung oder zu einem Vergleichsangebot zu zwingen. Vgl. GStA PK, I. HA, Rep. 49, A1 Nr. Nr. 27: Arretierung des Andreas Wegener bis zur Befriedigung der Ansprüche des Grenadiers Jacob Paul, 1720.

1379 Nach dem Verständnis des Rechtsgelehrten Benedikt Carpzov stellte die Verhaftung an sich bereits den Beginn des Inquisitionsprozesses dar. Vgl. Bollmann, Klaus: Die Stellung des Inquisiten bei Carpzov. Eine Untersuchung über den gemeinen deutschen Strafprozeß des 17. Jahrhunderts, Marburg 1963, S. 122f.

1380 Vgl. GStA PK, I. HA Rep. 96 B, Nr. 6: Kabinettsordern 1731, Schreiben S25 vom 24.08.1731, in dem König Friedrich Wilhelm die Erlassung aus dem Arrest für den Rittmeister von Ziethen anordnete.

1381 Zu diesem Zweck sollten Beschuldigte dann auch sofort durch einen Unteroffizier oder Offizier in den Arrest geführt werden. Vgl. KGO 1712, Art. XVI.

1382 Ebd., S. 531, Art. VII.

gegen potenzielle Diebesbanden auf dem Storkower Markt verhaftet, weil sein Pass nicht richtig ausgestellt war:

> »so hat mann solchen Karren, nebst denen beyden Pferden mit Arrest beleget, worauff sich die beyden Soldaten Nahmens Johann Gottfried Müllers, und Gregorius Pohl angefunden und weil sie ihre Weiber dem Vorgeben nach in Arrest gesehen, sich gutwillig arretiren laßen«.[1383]

Dass sich der Soldat ohne große Gegenwehr in das Gefängnis begab, wurde hier als Argument für den Angeklagten ins Feld geführt, dennoch war er vor allem aufgrund der Personen, in deren Umfeld er mit seiner Frau gereist war, verhaftet worden. Auch noch nach seiner Überstellung an das Regiment drei Monate später hatte er sein Eigentum nicht zurückerhalten, weil dieses Teil der Untersuchung gegen ihn war und es in seinem Pass keine Eintragung für den Karren gab. Der ihn begleitende Unteroffizier Schiebold meldete dann auch: »Dieser Müller hette unterwegens über nichts mehr alß den Magistrat zu Storckau beschweret, alß welcher ihm ohne Uhrsache seinen Karren benebst dem Pferde arretiret und bis dato noch hette.«[1384]

Obwohl Müller im Verhör umfangreiche Auskunft gab, um seine Unschuld zu belegen, und auch ansonsten kein grundlegendes Motiv zur Desertion geboten hatte, auch vorher nicht durch Diebstahl aufgefallen war, hatte ihn die Nähe zu einem Kartenspieler in Verruf gebracht und eine Untersuchung bei seinem Regiment in Gang gesetzt. Der Unteroffizier Schiebold war daraufhin mit der Abholung des Verdächtigen Müller aus Storkow nach Halberstadt beauftragt worden und hatte den Arrestanten so schnell wie möglich in den Bereich des Kriegsgerichts zu überführen.[1385] Dass sich der Beklagte dem Arrest gegenüber relativ gleichmütig verhielt, könnte ihm in den weiteren Verhandlungen seines Falles dann auch von Nutzen gewesen sein. Bereits in den Kriegsartikeln von 1687 heißt es zum Arrest für die Offiziere und Soldaten:

> »Wann ein Officirer im Nahmen und von wegen des Regiments einigen andern niedrigen Officirer oder Soldaten in Arrest commandiren und weisen thäte, ob derselbe

1383 LASA, A 9b Ib, Bd. 19, Nr. III, Bl. 433. Nach Zedler wurden solche »gemischten« Festnahmen als Arresta »Re et corpore« bezeichnet. Vgl. Arrestum, in: Zedler, Universal Lexicon, Bd. 2, S. 839.

1384 LASA, A 9b Ib, Bd. 19, Nr. III, Bl. 435.

1385 Dies entsprach ebenfalls den Vorschriften der Militärgerichtlichen Instruktion, auch wenn dort von wenigen Tagen nach dem Delikt die Rede ist, wenn sich das Regiment an Ort und Stelle des Delikts befindet. Vgl. Militärgerichtliche Instruktion für die Auditeure 1712, in: Fritsch, CIMN, S. 532.

schon nicht von seiner Compagnie wäre, sol derselbe doch schuldig seyn, ohne eine Wiederrede zu gehorsamen.«[1386]

Die Wachen sollten demnach alle aufgegriffenen Verdächtigen oder die bei frischer Tat ertappten Delinquenten (zum Beispiel im Fall der verhinderten Desertion) in der Hauptwache in den Arrest führen und eine Meldung an den Kommandanten veranlassen.

Außerdem waren den Soldaten und Offizieren im Arrest die Waffen abzunehmen, wohl auch um sich selbst und andere Mitgefangene nicht zu verletzen.[1387] Die Regimenter führten in ihren Regimentsunterlagen die Listen der Gefangenen und die Gründe für die Festnahmen. Bereits in dem Reglement von 1714 wurde geregelt, dass die Zahl und Umstände von Festnahmen immer an lokale Stellen zu melden waren:

»Die Arrestanten, wenn sie in Arrest und aus dem Arrest loß kommen, auch in Arrest abgestraft werden, müssen an den Gouverneur und Commendanten, wie auch an den Commandirenden Officier vom Regiment und Compagnie gemeldet werden.«[1388]

Die Kosten für die Unterbringung der Arrestanten, für die tägliche Verpflegung und Einquartierung, mussten auch in der Garnison von der jeweiligen Gerichtsobrigkeit getragen werden. Im Fall der Gefangennahme eines Soldaten übergaben die zivilen Behörden den Delinquenten an das Regiment, das ihn von nun an zu versorgen hatte:

»und ist ohnedem ein Magistrat, wann derselbe einen Soldaten, nach commitirenden Verbrechen, arrestiret, mehr als zu willig und bereit, selben seinen Officierern abfolgen zu lassen, um die Inquisitions-Kosten zu ersparen«.[1389]

Der Auditeur koordinierte und dokumentierte die Haft und die gerichtliche Untersuchung.[1390] Die Namen der Soldaten und Offiziere, die im Arrest saßen, wurden tabellarisch erfasst und mit Anmerkungen versehen, etwa ob die Strafe mit dem Arrest abgegolten war oder ob es sich um eine Untersuchungshaft handelte. Diese Tabellen wurden ebenfalls mit den Untersuchungsakten an das Generalauditoriat eingesandt, vor allem wenn eine kriegsrechtliche Sentenz

1386 Militärische Practica oder Kriegs-Ordnung, welche in Festungen, Städten, und öffentlichen Feldlägern, von hohen und niedrigen Officirern, bey sonderlichen Begebenheiten zu gebrauchen, und von denen Soldaten wohl zu beobachten, in: Schultze, CJM, S. 301.

1387 Ebd. Dass diese Gefahr offenbar gegeben war, zeigen die Kriegs-Articul von 1749 in Art. 46: »Wenn einer seinen Mitarrestanten tückischer Weise verwundet, soll 30 mahl Gassenlaufen, und nach Befinden noch in die Karre geschickt werden.«

1388 Reglement 1714, als Extrakt abgedruckt bei Lünig, CJM 1723, S. 937.

1389 Müller, Krieges-Recht, S. 625.

1390 So räumte schon Kaspar Stieler unter seinem Pseudonym »der Spaten« Ende des 17. Jahrhunderts ein, dass der Auditeur in diesem Punkt doch eine gewisse Macht besaß: »Daß er die Verbrecher, sie seyn hoch oder niediger, auff frischer Taht, und sonsten, in Arrest nehmen und wieder dieselben executive verfahren darf.« Spaten, Auditeur, S. 483.

folgte. Hatte der Arrest dagegen selbst als Strafe gedient, war die Erfassung lediglich ein Nachweis darüber, dass eine disziplinarische Maßnahme stattgefunden hatte. Leider sind diese Listen durch den Versand an das Generalauditoriat sowie durch die Nachnutzung des Papiers auch für das Regiment Anhalt-Dessau zum großen Teil nicht mehr vorhanden. Aus den wenigen Überresten, die erhalten blieben, wird ersichtlich, dass auch im Regimentsalltag tägliche Vergehen und Verstöße, etwa beim Exerzieren, durch den Genuss von Alkohol begünstigt wurden, die dann wiederum einen Arrest zur Folge hatten.[1391]

Insofern mag es nicht verwundern, dass alkoholische Exzesse auch insbesondere für die Zeit der Haft in der Wache ausdrücklich untersagt werden mussten:

> »Gleichergestalt sollen die Schildwachten vor die Arrestanten, welche bloß mit Arrest abgestraft werden, nicht zugeben, daß sie sich in Arrest besauffen, und ihnen auch alles Lärmen inhibiren, auch keinen Arrestanten herauslassen.«[1392]

Insbesondere die Verhaftung von Offizieren konnte mitunter einige Konflikte mit sich bringen, wenn sich ein Widerspruch zwischen den militärischen und disziplinarischen Ansprüchen des Regiments und dem sozialen Ehrverständnis des Offiziers ergab.[1393] Fühlten sich die Militärs in ihrer Ehre angegriffen, konnte auch der angesagte Arrest durch einen vorgesetzten Offizier als weiteres Mittel der Ehrabschneidung und der Missachtung betrachtet werden. In einem Schreiben an Fürst Leopold von Anhalt-Dessau berichtete der Kapitän von Sydow am 29. Oktober 1710 von einem Zerwürfnis mit dem General von Pannewitz, das schließlich zum Arrest des Kapitäns und zu weiteren ehrabschneidenden Maßnahmen durch den Vorgesetzten führte. Die Formulierung der Klage an den Fürsten Leopold verdeutlichte das Unverständnis, das der Offizier über diese Behandlung durch seinen General hatte, und dass diese Form der Auseinandersetzung über den Arrest nur ein Mittel unter vielen war, um den Offizier in seiner Ehre zu kränken:

> »Indeßen sitze noch in Arrest, wer weiß wie lange und wirt uns Capitains das Dienen auf solche Art sehr schwer, indem dem Capit. v. Körbener und mir in des Majors Quartier von dem H. Obristen [General von Pannewitz, Anm. d. Verf.] die Thür gewiesen wurde, welches Compliment uns der Major machen muste.«[1394]

1391 Vgl. Kap. 3.3.4 Alkohol als Problemlöser.

1392 Müller, Krieges-Recht 1760, S. 740.

1393 Vgl. Winkel, Im Netz des Königs, S. 154.

1394 LASA, A 9b Ib, Nr. 19, Bd. II, Bl. 531. Diese Form der Demütigung wurde von allen anwesenden Offizieren sehr wohl verstanden und von dem Befehlshaber weiter inszeniert, wenn der Kapitän von Sydow weiter berichtet, »wie ich mit meinen Cameraden dar weggegangen, der H. Obrist zu dem Capitain Wachholtz, welcher allein nur dageblieben, nachgesaget, er wollte uns notamba tractiren«. Bl. 534.

Hintergrund dieser Auseinandersetzung war die eigenmächtige Verhandlung des Kapitäns mit einer italienischen Gemeinde wegen eines erschossenen Soldaten aus seiner Kompanie. Bauern aus dem Dorf hatten den Rekruten während der Jagd erschossen und suchten beim Kapitän um eine Verhandlung an. Sie boten diesem 60 Pistolen, wenn er gemeinsam mit dem Obersten eine Erklärung unterzeichnete, dass das Regiment keine Revanche an dem Dorf nehmen werde. Der Oberst hatte diese Einwilligung nicht geben wollen, da er die Verhandlungen im Namen des Regiments selbst führen wollte, und nutzte nun die Form der persönlichen Demütigung sowie den andauernden Arrest für den Kompaniechef, um seine Verstimmung zu zeigen.

Dazu passt auch ein späteres Beispiel eines Offiziers des Dessauer Regiments vom Mai 1738, der wegen Insubordination in den Arrest geschickt wurde: der Leutnant von Zehmen war während des Exerzierens mit dem Prinzen Moritz von Anhalt-Dessau, der bereits Kommandeur des Regiments war, aneinandergeraten und befürchtete, daraufhin in den Arrest gesetzt zu werden. Aus diesem Grund legte er, als sich ein weiterer Offizier näherte, seinen Ringkragen, der als Standes- und Dienstabzeichen diente, ab. Erst nach diesem Vorfall wurde Zehmen in einen 14-tägigen Arrest geschickt, nicht weil er mit dem Vorgesetzten diskutiert, sondern weil er den Ringkragen vor dem anwesenden Regiment abgesetzt und somit seinem Protest in der symbolischen Handlung Wirkung verliehen hatte.[1395] Der Offizier hatte sich zudem beschwert, dass er durch nicht-standesgemäße Begleitung in den Arrest geführt worden sei.[1396] Die öffentliche Inszenierung dieser Verhaftung zur Mittagszeit führte sowohl in der eigenen Wahrnehmung als auch in der Wahrnehmung der übrigen Offiziere dazu, dass Zehmen an seiner Ehre angegriffen worden war. Damit wurde sein Ansehen in der sozialen Gruppe beschädigt und Zehmen von den übrigen Mitgliedern der adligen Wertegemeinschaft ausgeschlossen.[1397]

Dabei war der Arrest an sich für einen Offizier durchaus keine entehrende Angelegenheit und wurde auch ertragen, zumal es den Militärs im Gegensatz zu den unteren Chargen nicht an Komfort fehlte.[1398] Aber die Form, in welcher der

1395 Winkel, Im Netz des Königs, S. 154., S. 157.

1396 Krauske, Otto; Treue, Wilhelm (Hg.): Die Briefe König Friedrich Wilhelms I. an den Fürsten Leopold zu Anhalt-Dessau: 1704–1740, Frankfurt a.M. 1986/87, S. 647: So wurde Zehmen nach eigenem Empfinden mit liederlichen Charakteren, Deserteuren, die soeben wieder eingefangen worden waren, durch die Stadt zur Mittagszeit in die Wache gebracht.

1397 Vgl. Winkel, Carmen: Adliger Stand und militärischer Rang. Konfliktmuster hochadliger Offiziere in der brandenburgisch-preußischen Armee (1713–1786), in: Militärgeschichtliche Zeitschrift 72 (2013), 2, S. 172–199; Schattenberg, Susanne: Die korrupte Provinz? Russische Beamte im 19. Jahrhundert, Frankfurt a. M. 2008, S. 60.

1398 So richteten sich die Bestimmungen wegen des Alkoholgenusses im Arrest gezielt an die Offiziere, die während der Gefangenschaft oft ihren Lebensstandard weiterführen konnten und dieselben Lebensmittel und Getränke genossen. Meist zahlten die Festungsinsassen

Arrest angesagt wurde und wie der Arrestant abgeführt wurde, war ebenso den ständischen Konventionen unterworfen und durch Ehrvorstellungen des Offiziers geprägt. Im Fall von Leopold von Zehmen kam es offenbar im Laufe der Zeit zu einer Rehabilitation, denn nach der Regimentschronik verblieb er im Regiment und fiel schließlich 1745 in der Schlacht bei Hohenfriedberg.[1399]

Wie bereits in der Auswertung im Quellenkapitel an verschiedenen Stellen geschildert, wurden Verdächtige, die entweder direkt bei einem Delikt ertappt wurden (wie man es bei den Soldaten Wunsch und Hanson 1707 vermutete)[1400] oder nach der Entdeckung einer Straftat durch Indizien als Verdächtige vernommen werden sollten, verhaftet und für die Zeit der Untersuchung in Haft behalten. Diese Haft konnte darüber hinaus den Offizieren die Möglichkeit bieten, einen verdächtigen Soldaten, der über die gesuchten körperlichen Parameter verfügte, abzuwerben und bei der eigenen Kompanie einzusetzen. An einem Beispiel von 1707 lässt sich ganz gut zeigen, dass der Wettstreit um einen großgewachsenen Soldaten schnell zu Konflikten im Regiment führen konnte und dass der Arrest für so manchen Offizier auch eine Börse für die Verteilung von geeigneten Soldaten darstellte. So berichtete der Kapitän von Below im April 1707 an den Fürsten Leopold von einem Mann aus der Türkei, der zunächst als Übersetzer in den Diensten des Regiments gestanden und sich dabei Waren und Geld von der Bevölkerung erpresst hatte. Da er großgewachsen und kräftig von Statur war, wollte der Kapitän ihn jedoch in Dienst stellen und damit die Vergehen des Inquisiten ausgleichen. Die offenbar ansprechende Erscheinung des neuen Rekruten brachte bald auch andere Offiziere auf den Plan und sie setzten dem Verhafteten nach:

> »H. Haubtman Kleist erfährt, daß ich diesem Türcken Dienst gäben will, der schickt sogleich zu ihm auf die Wache, und verspricht ihm einen Corporals-Platz, schickt ihm auch Corporals Lönnung, der Kerl acceptirt beydes worauf der H. Haubtman zu mir schickt und mir sagen läßt er hätte dem Kerl zum Corporal gemacht«.[1401]

Eigentlich wollte der Kapitän den Verhafteten in seinem Regiment als Soldat dienen lassen und war über die vorschnelle Aktion des Offiziers dementsprechend irritiert und empört: »es wunderte mich sehr, daß er sich unterstünde einen Menschen, ohne meinen Wissen, und den ich wegen liederlicher Händel in

---

noch eine Gebühr, bevor sie ehrenhaft aus der Haft entlassen wurden, wie es der Fall eines Offiziers aus der Familie von Arnim zeigt, der 1722 seine Kaution bezahlte und aus der Haft entlassen wurde. GStA PK, IV. HA, Rep. 6 Generalauditoriat, Nr. 2: Autographa aus kassierten Akten des Generalauditoriats 1694–1853, Schreiben des Magdeburger Rates Johann Christian von Dürfeld an den Generalauditeur, vom 16.09.1722.

1399 Vgl. Ekkehard, Forschungen, S. 11, Nr. 172.

1400 Siehe Quellenkapitel 4.1.: Recht auf Widerstand – ein Desertionsversuch 1707.

1401 LASA, A 9b Ib, Nr. 19, Bd. II: Regimentsberichte 1707/08, Bl. 62f.: Schreiben vom 23.04.1707.

Arrest hätte, zum Corporal zu machen«.[1402] Daraufhin gab der Hauptmann den Verhafteten, der sich als Sekretär des Fürsten ausgegeben hatte, tatsächlich an die Offiziere der Leibkompanie ab, die ihn als Fourierschützen einsetzten. Wurde der Arrest als Strafe oder zur Einleitung einer Untersuchung jedoch in einer Konfliktsituation eingesetzt, konnte das Vorhaben der kommandierenden Offiziere auch in die andere Richtung umschlagen. Weil die Subordination ein wesentlicher Grundpfeiler der Disziplin und der Ordnung in der Armee war, versuchten die Offiziere, jede Form der Beschwerde oder von Unmut in den Reihen der Soldaten durch die Androhung von Verhaftungen zu verhindern.

Kam es also zu Protesten der Soldaten gegen die Lebens- oder Arbeitsbedingungen im Regiment, suchten die Vorgesetzten schnell nach Wegen, die Anstifter zu identifizieren und im Arrest von den übrigen Soldaten zu isolieren. Wie der Fall des Soldaten Donnerstag, der sich über den Umfang der Schanzarbeiten im Regiment Anhalt-Dessau im Jahr 1721 beschwerte, gezeigt hatte, führte diese Verfahrensweise mitunter zu dem umgekehrten Effekt und verstärkte die Empörung der Mannschaften nur noch.[1403] Als die Kameraden registrierten, dass Donnerstag in den Arrest geführt wurde, waren sie »darauff stille gestanden, und gesaget, Sie wolten lieber alle mit einander in Arrest gehen, auch schon im Begriff hierin in die Wache zugehen«.[1404] Der wachhabende Offizier stellte sich ihnen in den Weg und der Hauptmann der betroffenen Kompanie schickte die Soldaten schließlich wieder an ihre Arbeit, indem er ihnen eine spätere Verhandlung der Sache versprach. Gemeinsame Protestaktionen wie diese zeigten, dass den Soldaten, die ja ebenfalls an den Wachen beteiligt waren, die Bedingungen für die meist auf der Wache verwahrten Gefangenen gut bekannt waren: waren die räumlichen Kapazitäten ausgereizt, musste auf andere Gebäude ausgewichen werden. Kurze Arrestzeiten von bis zu drei Wochen, die lediglich der Bestrafung von disziplinaren Vergehen dienten, wurden auf der Wache abgesessen, längere Haftstrafen wurden dann ohnehin an die Festungen überwiesen. Damit funktionierte der Arrest als Disziplinierungsinstrument auf verschiedenen Ebenen: zum einen diente er vor allem für die meist adligen Offiziere als Disziplinarmaßnahme, andererseits wurden Soldaten, die eines Delikts verdächtig waren, auf der Wache arretiert und dort meistens auch befragt.[1405]

1402 Ebd., Bl. 63.

1403 Vgl. Kap. 3.3.1 Insubordination und Widerstand gegen Vorgesetzte.

1404 LASA, A 9b Ib, Nr. 19, Bd. III, Bl. 292.

1405 GStA PK, IV. HA, Rep 16, Nr. 461: MGI 1712, Art. 22, Bl. 3: »Wie denn auch in dem Fall, da das Verhör an einer Haupt-Wache verrichtet wird, dergleichen Sisitation auf des Auditeurs Gutbefinden, sofort ohne eingeholtes Commando von dem wachthabenden Offizier /: soferne es ein Ober-Offizier ist :/ angestellet werden kann.«

Im Konflikt mit den Zivilisten kam es dagegen zu zahlreichen Auseinandersetzungen, wenn die Militärangehörigen versuchten, ihren militärischen Status gegenüber den übrigen Ständen auszuspielen. Die Klagen der Gemeinden, in denen Soldaten und Offiziere eigenmächtig vorgingen und sich an Mitgliedern vergriffen, führten zu neuen Anordnungen der Monarchen gegen diese Praxis bei den Regimentern. Auch Friedrich II. stellte noch 1763 in einem Schreiben an den Generalmajor von Mosel klar, dass

> »kein Officier von dem höchsten bis zum Untersten, geschweige denn ein Unter Officier oder gemeiner Soldat wenn er mit einem Bürger Demeles[1406] bekommt, sich unterstehen soll, sich selbst Recht zu sprechen, am allerwenigsten aber einen Bürger zu schimpfen, mit Worten übel zu tractiren, oder gar zu schlagen, und in Arrest setzen zu lassen«.[1407]

5.3.2 Festungsarrest und Festungsstrafe als »opus publicus«

Die Festungshaft für einfache Soldaten und Unteroffiziere sowie der Festungsarrest ohne ehrabschneidende Folgen für die Offiziere stellte bis in das 19. Jahrhundert hinein eine vornehmlich militärische Strafe dar.[1408] Bereits im *Brandenburgischen Landrecht* von 1685 wurde für mehrfachen Diebstahl nicht mehr nur auf die harten Strafen an Leib und Leben verwiesen, sondern bereits für wiederholte Straftaten mit dem Arbeitsdienst auf der Festung gedroht, um den Schaden durch das Delikt zu ersetzen.[1409] Die Festungshaft setzte sich als Teil des formalen Strafenkatalogs im Militär erst in der zweiten Hälfte des Jahrhunderts durch. Wie die Formulierungen des Kriegsrechts von 1685 und noch die Kriegsartikel von 1713 zeigen, war der Strafvollzug noch stark auf die Entscheidungen der Kriegsgerichte ausgelegt. So gab es im 17. Jahrhundert keinen Hinweis auf eine explizite Festungshaft, in den Artikeln von 1713 zeigte lediglich der Artikel neun wegen der Duelle und Händel der Militärangehörigen eine maximale Verurteilung zu lebenslanger Festungshaft an. Im Jahr 1749 wurde bereits in neun Artikeln die Verurteilung zur Festungshaft in der Kombination mit der Arbeitsstrafe an der Karre angedroht.[1410]

1406 Franz. *démêlés* für »Ärger«.

1407 GStA PK, IV. HA, Rep. 6 Generalauditoriat, Nr. 161: Order vom 30.05.1763 an den Generalmajor von Mosel.

1408 Vgl. Henze, Martina: Art. »Strafvollzug«, in: EdN, Bd. 12, Stuttgart 2010, Sp. 1118f.; in Preußen etablierte sich die Strafe in der Regierungszeit Friedrichs II. jedoch auch zunehmend für die unteren gesellschaftlichen Schichten als Arbeitsstrafe vor allem bei Diebstahldelikten.

1409 Vgl. Kaul, Fritz: Die Entwicklung der Freiheitsstrafe zur Zentralstrafe im Strafensystem Preußens, Würzburg 1932, S. 7.

1410 Vgl. Kriegs-Articul 1713, Art. 9; Kriegs-Articul 1749, Art. IX.

Die Haft auf der Festung war geprägt von den harten Haftbedingungen vor Ort, denn die Zellen waren meistens kalt, feucht und dunkel, wie selbst Leopold von Anhalt-Dessau in einem Schreiben an den Generalauditeur einräumte.[1411] Auch die tägliche Verpflegung wurde bewusst als Teil der Strafe eingesetzt. Gab es zunächst einen Zehrgroschen für die Gefangenen, wurde dies nach dem Regierungsantritt Friedrich Wilhelms I. 1713 geändert:

> »und wird dagegen vorbesagten Gefangenen, aus dem bey jeder Festung vorhandenen Magazinen täglich zwey Pfund Brod, weiter aber nichts, weder von denen Compagnien, dazu sie gehören, noch sonsten gereichet«.[1412]

Die Haft in den Festungen bedeutete für die Gefangenen oft an sich ein hartes körperliches Los, dazu kam die angesprochene Versorgung der Inhaftierten nur mit Wasser und Brot, während sie selbst schwere körperliche Arbeit leisten mussten.[1413]

Die mangelnde Hygiene, Ungeziefer, Kälte und Zugwind taten das Übrige, um die Delinquenten leiden zu lassen. In dieser Hinsicht waren die Insassen doppelt gestraft: sie wurden am Leben gelassen, um zu arbeiten und zu büßen, und konnten nach der überstandenen Zeit, die ihnen zugemessen wurde, doch nicht immer wieder ganz genesen. Auch wenn die Strafe abgetragen und der Delinquent als freier Mann entlassen wurde, war er nicht selten körperlich gezeichnet oder gar schwer krank. Die Verurteilung zu Wasser und Brot war dabei ganz bewusst Teil der Strafe und sollte den Gefangenen Verzicht lehren und ihn so ebenfalls zur Reue bewegen.

Im Verlauf des 18. Jahrhunderts waren die preußischen Festungen weiter ausgebaut und verstärkt worden, insgesamt verfügte das Herrschaftsgebiet über 24 Festungen in den verschiedenen Landesteilen von Minden und Kleve bis nach Ostpreußen.[1414] Zu den wichtigsten preußischen Festungen, die auch als Gefängnisse dienten, gehörten die seit 1680 in brandenburgischem Besitz befindliche Festung Magdeburg und die nahe der Hauptstadt gelegene Zitadelle

---

1411 Schreiben von Leopold von Anhalt-Dessau an den Generalauditeur Pawlowsky vom 11.02. 1748: »Da Ich vernehme, daß die Arrestanten in denen Stockhäusern über allzu große Dungstigkeit klagen, so werden Ew. Excellenz die Löcher zu denen Stockhäusern etwas weiter machen laßen, damit es nicht mehr so dungstigst darin ist.«

1412 Müller, Krieges-Recht, S. 739.

1413 Während es den hohen Generälen und Stabsoffizieren selbst in der Festungshaft relativ gut erging, hatten selbst Hautptleute sowie Beamte, Unteroffiziere und Soldaten mit den harten Lebensbedingungen zu kämpfen. So schrieb der Kapitän von Niepöck über seine Haftbedingungen »à la Citadelle de Magdeburg ou je fus gardé plus de deux ans, dans un etat tres pitoyable, nourri au pain, et à l'eau«, dass er dort dem Spott der Wachmannschaften ausgesetzt gewesen sei. GStA PK, I. HA, Rep. 9 Allgemeine Verwaltung, A19 Fasc. 15.

1414 Mai, Bernhard; Mai, Christiane: Festung Magdeburg (hrsg. von der Landeshauptstadt Magdeburg), Dössel 2006, S. 62f.

Spandau. Die Grafen zu Lynar hatten den Ausbau der Spandauer Festungsanlagen und der Wohngebäude innerhalb der Festung im Auftrag der brandenburgischen Kurfürsten seit dem 16. Jahrhundert vorangetrieben. Im Jahr 1687 verkauften die gräflich-lynarschen Erben schließlich das »Grafenhaus« samt Nebengebäuden wieder an Kurfürst Friedrich Wilhelm, der noch im selben Jahr das Gebäude zu einem Zucht- und Spinnhaus umbauen ließ.[1415] Noch bis in das 19. Jahrhundert war die Zitadelle Spandau ein wichtiges Gefängnis bzw. eine Festung, die Militärpersonal und wichtige Personen verwahrte, weil sie auch aufgrund der starken Mauern als wehrhaft und kaum einnehmbar galt.

Leopold von Anhalt-Dessau war seit 1701 auch Gouverneur der Festung Magdeburg – diese war »die größte Festung Preußens« im 18. Jahrhundert.[1416] Unter seiner Regentschaft standen zwischen 2000 bis 5000 Soldaten in der Garnison und belasteten damit die Stadt durch die geforderten Einquartierungs- und Servicegelder, außerdem musste nahezu jede einfache Bürgerfamilie Soldaten aufnehmen. Wegen der starken Befestigung eignete sich die Festung nicht nur als Gefängnis und Haftanstalt für Soldaten, die gegen die Kriegsartikel verstießen, sondern wurde darüber hinaus zu einem Haftort für »Staatsverbrecher«, die gegen den König opponiert hatten oder an vermeintlichen Komplotten beteiligt gewesen waren. Neben dem berühmt gewordenen Freiherrn Friedrich von der Trenck 1754/55 waren dies unter anderem in der Zeit von 1747 bis 1773 Gerhard Cornelius Walrave, der die Festung im 18. Jahrhundert selbst ausgebaut hatte, und der Theologe und Pädagoge Karl Friedrich Barth zum Ende des 18. Jahrhunderts.[1417] Die Entwicklung der Stadt und Festung Magdeburg konnte Leopold als Gouverneur entscheidend beeinflussen: neben den Festungsbauten widmete er sich auch der Modernisierung der Stadt, ließ Abwasserkanäle anlegen, die Elbe begradigen, Straßen und Plätze pflastern und verbreitern und passte sie dem Bedarf des Militärs an. Auf dem Domplatz oder Neuen Markt, den Leopold grundlegend umgestalten ließ, fanden die Wachtparade und Exerzierübungen statt.[1418]

Obwohl die Festungshaft und die damit einhergehende schwere körperliche Arbeit für den Soldaten und Unteroffizier durchaus ehrmindernd sein konnten, verschwammen diese Grenzen und Ansprüche, wenn es darauf ankam, einen brauchbaren und stattlichen Rekruten aus der Haft zu holen. Am 3. Oktober 1782

1415 Krüger, Anton: Chronik der Stadt und Festung Spandau. Von den ältesten Zeiten bis auf die Gegenwart, Spandau 1867, S. 220.

1416 Buchholz, Ingelore: Leben in der Festungsstadt, in: Peter Petsch; Matthias Puhle (Hg.): Magdeburg. Die Geschichte der Stadt 805–2005, Dössel 2005, S. 451–478, hier S. 455.

1417 Asmus, Helmut: 1200 Jahre Magdeburg. Von der Kaiserpfalz zur Landeshauptstadt, Bd. 2: Die Jahre 1631 bis 1848, Leipzig 2002, S. 152f. Zu Barth selbst vgl. Strobel, Wolf: Art. »Carl Friedrich Bahrdt«, in: NDB) (in German, 1, Berlin 1953, S. 542f.

1418 Ebd., S. 167f.

schrieb Friedrich II. an den Kommandeur seines Regiments, Oberst von Brünning, in Reaktion auf die Anfrage des Kapitäns von Bardeleben aus dem Regiment des Prinzen Heinrich nach einem auf der Festung in Haft sitzenden Soldaten namens Wehe, der im Garderegiment verurteilt worden war: »Er zeigt aber dabey so wenig an, auf wie lange er zur Vestung verurtheilet worden ist, noch worinn sein Verbrechen bestanden hat. Hierüber erfordere Ich demnach Euren Rapport.«[1419] Nachdem der König über den Fall offenbar Aufklärung erhielt und auch noch versichert wurde, dass der Platz des Verurteilten im Regiment Garde bereits wieder nachbesetzt worden war, gab der Monarch die Zustimmung: »so bin ich davon wohl zufrieden, wenn deßen Vestungs-Arrest vorbey, daß der Capitain von Bardeleben, beym Regiment Printz Heinrich, ihn sodann kriegt«.[1420]

Fürst Leopold selbst setzte sich bei Friedrich II. kurz nach dessen Regierungsantritt für den Leutnant von Wechmann ein, der auf der Festung Spandau in Arrest saß, aber vor allem ein »guter braver und der schönste Officier vom Regimente« sei. Der Fürst bat darum, den Offizier zu begnadigen »und deshalb an das Spandauische Gouvernement allergnädigst zu befehlen geruhen, daß derselbe des Arrestes erlaßen und mit einen Ober-Officier von das dort liegende Regiment zu das Meinige gebracht werde«.[1421] Die Festungshaft als Strafinstrument nahm im Verlauf des 18. Jahrhunderts immer mehr zu:[1422] Während Friedrich I. und auch Friedrich Wilhelm I. vor allem in der Arbeitsstrafe einen geldwerten Vorteil sahen, war Friedrich II. in seinem Rechtsverständnis bereits von der Frühaufklärung und einem grundsätzlich anderen Menschenbild geprägt. So formulierte er in einem Kabinettsschreiben an den Minister von Arnim, dass auch im Fall der »Sodomie« die Todesstrafe letzten Endes durch die Festungshaft zu ersetzen sei, denn zum einen werde die harte Strafe dem Umfang des Verbrechens nicht gerecht und würde dieses in der Öffentlichkeit nur skandalisieren. Zum anderen würden dadurch oft junge Menschen unnötig »verheizt« und zu früh aufgegeben:

> »So abscheulich dieses Verbrechen an sich ist, so zeiget sich doch in den allermehresten Fällen, daß diejenige, von denen solches unternommen worden, gemeiniglich Leute sein, die so wenig einige Begriffe von der Religion [haben], als von der Größe ihres horrenden Verbrechens informiret seind und daß also solche, sonder die Enormité

1419 GStA PK, IV. HA, Rep. 11 Kommando- und Verwaltungsbehörden sowie Truppenteile der Alten Armee, Nr. 11: Kabinettsorder Friedrichs II. für das II. und III. Bataillon Garde (IR 15) 1773–1785, Bl. 53.

1420 Ebd., Bl. 54.

1421 GStA PK, I. HA, Rep. 96 Nr. 97 A: Des reg. Fürsten Leopolds Immediat-Korrespondenz Vol. 1 (1740 Juni–Dec.), Bl. 6: Schreiben aus dem Juni 1740. In der Stammliste des Regiments wurde ein Offizier mit diesem Namen im Verlauf des 18. Jahrhunderts jedoch nicht geführt.

1422 GStA PK, I. HA, Rep. 49, A1 Nr. 294: Einholung der Bestätigung durch den König vor Ablieferung der Delinquenten auf den Festungen, 1714.

ihres Verbrechens zu erkennnen, ohne Sentiment ihrem brutalen Triebe gefolget haben. [...], aus welchen Ursachen denn mein Wille ist, daß auf dergleichen Verbrechen künftighin [nicht] auf die Todesstrafe erkannt, sondern vielmehr auf eine proportionirte Festungsarbeit gesprochen [werden soll, Anm. d. Verf.].«[1423]

5.3.3 Resozialisierung oder Ausschluss

Bei der Betrachtung eines Strafsystems steht immer auch die Frage nach dem Kern und der Ausrichtung desselben im Mittelpunkt: ging es den preußischen Monarchen, ihren Generälen, vorgesetzten Offizieren und Unteroffizieren um die Resozialisierung der rechtlich verurteilten Soldaten? Oder war auch das Militärsystem im 18. Jahrhundert noch eher von dem christlichen Sühneprinzip »Auge um Auge« geprägt? Auf den ersten Blick erscheinen die Strafen sowohl in den normativen Texten als auch in den Gerichtsunterlagen als Maßnahmen einer harten und gnadenlosen Strafpraxis. Denn zumindest körperliche Strafen wurden in beinahe jedem Fall verhängt, außerdem zusätzlich noch schwere Arbeitsstrafen, welche den einzelnen Soldaten ebenfalls schwer schädigen konnten.[1424]

Dennoch lassen sich an dem Diskurs um die schweren Strafen auch in der Zivilgesellschaft sowie in der Strafpraxis, in der Begnadigungen der Militärangehörigen eher zur Regel denn zur Ausnahme gehörten, Indizien finden, die für eine Rationalisierung des Strafvollzugs im Militär im Verlauf des 18. Jahrhunderts sprechen. Grund für diese Entwicklung war neben der aufkommenden Aufklärungsbewegung von oben die Entwicklung neuer pädagogischer Ideen und Ansätze zur Resozialisierung von Straftätern. Dieser Zusammenhang wurde insbesondere an der Entwicklung der Zucht- und Arbeitshäuser deutlich, in denen es zunehmend darum ging, »dem Entlassenen den Weg zu ebnen, ja ihm durch die im Zuchthaus gelernte Arbeit eine soziale Wiedereingliederung in die Gesellschaft zu ermöglichen«.[1425]

Dabei nahmen die Fürsprachen der Offiziere und Vorgesetzten für den Delinquenten eine wesentliche Rolle ein. So lautete die Kabinettsorder vom 9. März 1730 an den Obersten von der Marwitz: »Mein lieber Obrister v. Marwitz. Ich mache euch hiedurch bekandt, daß ich den desertirten Musquetier Weichhardt Friedrich Fillicke von des Capitaine v. Blumenthal Compagnie von der Lebens-

1423 Acta Borussica, Bd. 7, S. 134.

1424 Order von Friedrich Wilhelm I. vom 25.08.1731, der Oberst von der Goltz solle »den Holtzdieb Martin Zerl, welchen euch das Amt Potsdam hiebey schicken wird, zum Vestungs Arrest annehmen, und denselben 8 Monathl. Karren fh. laßen«. GStA PK, I. HA Rep. 96 B, Nr. 6: Kabinettsordern vom 22.08.1731–31.08.1732 (Abschrift/Minüten), Bl. 8.

1425 Kaul, Freiheitsstrafe, S. 35.

Straffe pardonnire.«[1426] Offenbar hatte nicht nur der Oberst um Pardon für den in seinem Regiment stehenden Soldaten gebeten – auch ein Schreiben des Kapitäns von Blumenthal gab am darauffolgenden Tag Anlass für eine kurze Order: »Se. K. M. perdonnirten den Musquetier Frillicken von der Lebens-Straffe und wäre schon Ordre ergangen.«[1427]

Auch in anderen Fällen reagierte der Monarch auf Gesuche von Offizieren und Regimentsinhabern, diesen oder jenen Deserteur von der harten Strafe zu befreien und ihn stattdessen mit einer »leichteren« körperlichen Strafe zu belegen, die dann fast immer im Gassenlauf bestand. Die Hintergründe für die auf den ersten Blick inkonsequente Haltung der Offiziere und des preußischen Königs gegenüber Deserteuren oder Desertionsversuchen lagen in dem allgemeinen Mangel an zum Militärdienst fähigen Leuten.[1428] Nicht nur die Ausbildung und Montur steigerten den Wert des Rekruten beträchtlich, auch seine allgemeine Lebensführung, sein Verhältnis zu Kameraden und Vorgesetzten sowie Kampferfahrung machten den Soldaten oder Unteroffizier immer wertvoller, selbst wenn dieser nicht der vorgegebenen Größe und Statur entsprach. Da die gut ausgebildeten Soldaten demnach einen großen Wert für die Militärführung und damit für den König besaßen, ließe sich also leicht schlussfolgern, dass hier ein Unterscheidungskriterium gegenüber den Zivilisten vorlag – die Durchsicht der Kabinettsbeschlüsse sowie der Einblick in die strafrechtlichen Verfahren in der Mark Brandenburg und den Kernprovinzen lassen allerdings viel eher vermuten, dass den Wandlungen im Strafverfahren ein grundsätzlicher Wandel im Wertesystem zugrunde lag.

5.4 Die verhandelte Kriminalität – Akteure vor Gericht

Die Militärgerichtsakten scheinen trotz der militärischen Sondergerichtsbarkeit und den damit verbundenen Ansprüchen an die Rechtsprechung den Befund aus der zivilen Justiz des Spätmittelalters und der Frühen Neuzeit zu bestätigen, dem zufolge der Einfluss des sozialen Umfeldes der Delinquenten auf das spätere Urteil entscheidend sein konnte – auch im Militär:

> »Die Strafe am Ende des Verfahrens lässt sich nicht mehr als einseitiger Akt der Obrigkeit fassen, sondern war Resultat eines Aushandelns, an dem durch Anzeigen, Zeugenaussagen und Suppliken oder auch als Publikum viele Personen beteiligt waren. Nicht nur der für Art und Höhe der Strafe maßgebliche Leumund, sondern in diesem

1426 GStA PK, I. HA Rep. 96 B, Nr. 3: Kabinettsordern vom 02.11.1729–30.09.1730 (Minüten/Abschriften), Nr. 854.

1427 Ebd., Nr. 862.

1428 Vgl. dazu die Quellendiskussion im Kap. 3.4.3: Desertion als Verhandlungssache.

Zusammenhang auch sozialer Status und Geschlechterrolle wurden zwischen Gericht und Umwelt ausgehandelt«.[1429]

Diese Feststellung lässt sich auf jeden Fall für die gemischten Verfahren, in denen Soldaten und zivile Gesellschaft aufeinandertrafen, untermauern. So waren doch besonders die einheimischen Enrollierten, die für die meiste Zeit des Jahres in ihre Heimat beurlaubt wurden, Teil einer Gemeinschaft, standen mit anderen Gemeindemitgliedern im Austausch und konnten auf deren Unterstützung zählen. Im Fall der Kriegsgerichte übernahmen diese Funktion zum Teil die Kameraden und Vorgesetzten: die zahlreichen Suppliken für desertierte Soldaten sowie die insgesamt sehr detaillierte Abwägung der Umstände eines Delikts, der Rolle der Beteiligten und der Möglichkeiten der Reintegration zeigen, dass auch die Militärs in ihren Urteilen auf soziale Aspekte achteten.

5.4.1 Soziale Netzwerke um die Soldaten

Die Militärangehörigen standen den gerichtlichen Verfahren nicht nur als Angeklagte gegenüber, sie waren ebenso Zeugen, Mitwisser, Unterstützer oder gar Kläger, die vor den Kriegsgerichten ihr Recht einforderten. In diesem Zusammenhang traten diese zu Zivil- und Amtspersonen sowie zu weiteren Militärangehörigen in persönlichen Kontakt und bildeten wiederum eigene Netzwerke, die ihre Strategien vor Gericht unterstützen konnten. In der Forschung ist bereits eindrücklich auf das Geschlecht der Angeklagten als wesentliche Kategorie für die Bewertung des Verhaltens vor Gericht eingegangen worden.[1430] Die einzelnen Untersuchungen zum Sonderstatus der akademischen Gerichtsbarkeit von Studenten haben bereits gezeigt, wie fragil das Verhältnis zwischen der Universität und der Stadt, die sie beherbergte, sein konnte, wenn der akademische Senat die eigenen Angehörigen bei Vergehen nicht genug abstrafte und sich somit eine unterschiedliche Bewertung von Kriminalität ergab.[1431]

Auch die Soldaten besaßen das Privileg der eigenen Gerichtsbarkeit und erhielten mit dem Eintritt in ein Regiment das Recht, vor dem Gericht des Regiments beklagt zu werden und nicht etwa in der eigenen Heimatstadt. Insbesondere in gemischten Verfahren mit Angehörigen der Zivilgesellschaft trat die Konkurrenz der Gerichte dann klar zutage: obwohl die Regierung die Gerichte

1429 Eibach, Joachim: Art. »Strafe«, in: Enzyklopädie der Neuzeit, Bd. 12, Sp. 1059.

1430 Dazu im Wesentlichen die allgemeine Einführung bei Ulbricht, Otto: Einleitung. Für eine Geschichte der weiblichen Kriminalität in der Frühen Neuzeit oder Geschlechtergeschichte, historische Kriminalitätsforschung und weibliche Kriminalität, in: ders.: Von Huren und Rabenmüttern. Weibliche Kriminalität in der Frühen Neuzeit, Köln u. a. 1995, S. 1–39.

1431 Vgl. Brüdermann, Stefan: Göttinger Studenten und akademische Gerichtsbarkeit im 18. Jahrhundert, Göttingen 1990, bes. S. 97f.

immer wieder dazu anhielt, im Interesse einer Lösung von Konflikten zusammenzuarbeiten, zeigen die Akten, dass insbesondere die zivilen Kläger ihr Glück sowohl bei den zivilen Gerichten als auch beim Regiment selbst suchen mussten, um Gehör zu finden.[1432] In den Untersuchungen innerhalb der Regimenter waren für die Soldaten vor allem die Beziehungen zu Kameraden und Vorgesetzten von Bedeutung.

Das Zusammenhalten als soziale Gruppe konnte über den Ausgang des Verfahrens und damit auch über die Strafzumessung entscheiden. Denn auch für die Beurteilung der Gründe, die ein Delinquent für sein Vergehen angab, benötigte er Leumundszeugen, die seinen Lebenswandel, seinen persönliche Haltung zum Militärdienst und sonstige charakterliche Eigenschaften bestätigen konnten. Das System der Kameradschaft bildete in den militärischen Einheiten die grundlegende Form des Zusammenlebens der Soldaten und war im Fall einer Schlacht ebenso von Bedeutung, wie es angesichts eines Gerichtsverfahrens entscheidend sein konnte. Der Fall des Franz Dombruk aus dem Quellenkapitel zeigt, dass diese soldatischen Gruppenbeziehungen mehrere Aspekte aufwiesen: zum einen war die Zugehörigkeit zu einer Waffengattung und zu einem bestimmten Regiment von entscheidender Bedeutung.[1433]

Gleichzeitig zeigten sich auch Strukturen innerhalb der Mannschaft, denn nicht alle Kameraden hatten Verständnis für das Eintreten von Dombruk gegen den Abtransport des Reiters. Im Verlauf des Verfahrens zeigte sich, dass sich eine gewisse Anzahl von Kameraden sowohl für als auch gegen dessen Engagement in diesem Fall aussprach. Seine Unterstützer bekräftigten die Gründe für den Protest. Das Verhalten des Dragoners schien demnach nicht unmittelbar einem Verhaltenskodex der Reiter zu entsprechen, sondern war gespeist sowohl von persönlichen Zuordnungsmustern als auch von Vorstellungen darüber, was »Recht und Unrecht« in diesem Kontext bedeuteten.[1434]

Diese Zugehörigkeit zum militärischen Stand, wohl aber auch zu einer Gruppe von Menschen, die besondere Erfahrungen im Umgang mit Gewalt teilten, zeigt sich in den Akten an verschiedenen Stellen in den Verhörprotokollen. Obwohl der Soldat Matthes Paulmann im Jahr 1711 von italienischen Bauern erschossen worden war und es in der Untersuchung vor allem um die Frage nach dem eigentlichen Auslöser dieser Tat ging, handelten die verhörten Kameraden auffällig im Namen des Verstorbenen.[1435] Sie machten sich im Gegenteil geradezu verdächtig, indem sie zunächst verschwiegen, dass der erschossene Kamerad wohl eine Waffe bei sich trug, die er möglicherweise auch auf die Bauern gerichtet

1432 Vgl. Nowosadtko, Der Militairstand ist ein privilegierter Stand.
1433 Vgl. Kap. 4.3: Insubordination – der Fall des Franz Dombruk 1711.
1434 Vgl. Köstlin, Die Verrechtlichung der Volkskultur.
1435 Vgl. Kap. 4.4: Soldaten als Opfer von Gewalt – der Tod des Paulmann 1711.

hatte.[1436] Die Argumentation der Militärangehörigen legt nahe, dass sie den Verdacht von ihrem Kameraden ablenken und diesen nicht als Verursacher der Schüsse dargestellt sehen wollten – obwohl oder gerade weil er dabei den Tod gefunden hatte.

So reichten Solidarität und Kameradschaft unter den Soldaten manches Mal angesichts eines gemeinsamen »Feindes« über den Tod hinaus. Aber auch die Netzwerke außerhalb des Regiments konnten den Soldaten in ihren Verfahren als Begründung dienen: wenn zum Beispiel die Sehnsucht nach der Familie oder eine Erledigung in der Heimat als Grund für die Desertion angegeben wurde. Auch im Fall einer Anklage von außen waren die Soldaten in ihre lokalen Netzwerke eingebunden, konnten sich aber zusätzlich auf die Unterstützung des Regiments bzw. auf die Zuständigkeit ihres Gerichtsherrn berufen. Der weiter oben angeführte Fall von Margarete Riebow, die von den beiden Reitern des Regiments von Manstein 1766 eine Wiedergutmachung für erlittene Gewalttätigkeiten verlangte, liegt in dem Bereich des »Iudicium mixtum« zwischen Angehörigen verschiedener Gerichtsstände.[1437] Weil die Klägerin aber ihr Interesse bei den Soldaten suchte, musste sie sich dafür an das Regiment wenden und sich außerdem noch mit der Glaubwürdigkeit innerhalb ihrer Gemeinde und vor Gericht auseinandersetzen. Ein Blick auf die jeweils mobilisierten Kreise von familiärer Unterstützung und dörflichen Fürsprechern zeigt dann auch, dass beide Seiten über Netzwerke und Unterstützung verfügten (vgl. Abbildung 7).

Obwohl beide Parteien vergleichbare Nachweise von familiärer Unterstützung und Leumundszeugen aufwiesen, hatten die Soldaten, die im Verlauf des Verfahrens in den Fokus der Untersuchung rückten, die Vorteile auf ihrer Seite: zu den familiären Verbindungen der beiden Reiter aus Schorstedt, die sich offenbar auch im Zivilleben nahestanden, kam die rechtliche Unterstützung aus dem Regiment. Der Prediger Schmidt aus der Gemeinde Schorstedt, der zugleich der Vater jenes Reiters Johann Schmidt war, der ebenfalls an dem gewalttätigen Überfall beteiligt gewesen sein soll, verfasste gemeinsam mit seiner Frau und Freunden der Familie Mahnecke Widersprüche gegen Margarete.[1438] Dazu kam schließlich noch der Umstand, dass der Chef des Kürassierregiments, Leopold von Manstein, den Nachweis forderte, dass seine Soldaten tatsächlich an dem

1436 Vgl. Kap. 2.1.4: Das Verhör in den Kriegsgerichtsakten.

1437 Vgl. Kap. 2.1.5: Das »forum militare« und »iudicium mixtum«. Diese Bezeichnung war nicht auf Konflikte zwischen Militärangehörigen und Zivilisten begrenzt, lässt sich in den Akten aber insbesondere in diesem Zusammenhang auffinden. Vgl. Wiggerich, Sandro: Militärgerichtsbarkeit und Jurisdiktionskonflikte 1648–1806, in: Militär und Gesellschaft in der Frühen Neuzeit 14 (2010), S. 384–390.

1438 So berichtet etwa der Prediger von einem Zwischenfall während des Gottesdienstes, als Margarete sich in Richtung der Familie Mahnecke begeben habe und der Soldat Johann Mahnecke sie aus der Bank hinausgeworfen habe. Vgl. Klage der Margarete Riebow, Bl. 22.

Übergriff beteiligt gewesen waren. Da dies durch die Klägerin kaum möglich war und den zivilen Ermittlungsbehörden die Hände gebunden waren, blieb ihr nichts weiter übrig, als immer wieder beim Regiment anzufragen und sich schließlich gütlich zu einigen. Den Soldaten aber konnte kein Fehlverhalten nachgewiesen werden, auch weil die Unterstützung der Beurlaubten sowohl in ihrem Heimatort als auch durch die Gerichtsobrigkeit des Regiments nicht zu überwinden war.

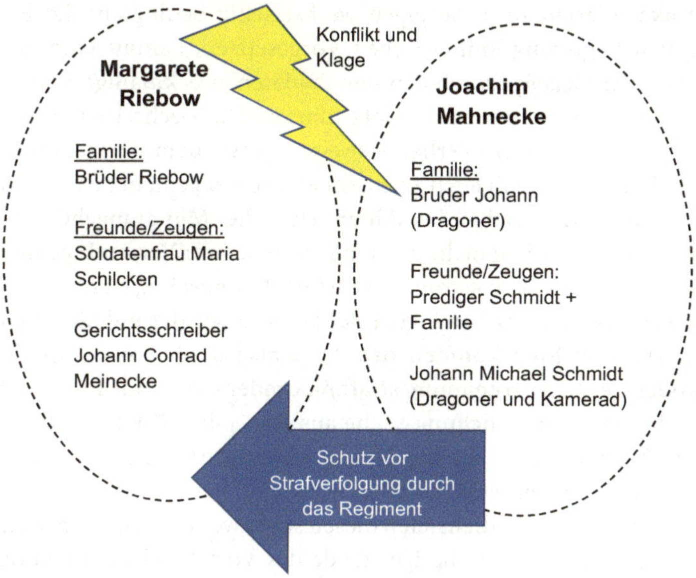

Abbildung 7: Fürsprecher der Parteien im Klagefall Riebow 1766[1439]

5.4.2 Verteidigungsstrategien der Soldaten

Wie das Agieren der Soldaten und ihrer Angehörigen bzw. Gegner vor den zivilen und militärischen Gerichten zeigte, war die Kriminalisierung der Gewalt durch Militärangehörige von gewissen Kriterien abhängig: die Soldaten konnten entweder eine Aggression durch das Gegenüber geltend machen oder zeigen, dass die Eskalation nicht bis zum Endstadium vollzogen wurde (der Pallasch wurde nicht aus der Scheide gezogen).[1440] Im schlimmsten Fall wurde die Unzurechnungsfähigkeit vorgebracht, meist bedingt durch übermäßigen Alkoholgenuss,

1439 Eigene Zusammenstellung nach den Unterlagen in: GStA PK, I. HA, Rep. 9 Allgemeine Verwaltung, A19 Fasc. 19.

1440 Vgl. Kap. 3.1.3: Gewalterfahrungen und Gewaltkriminalität im Regiment.

um das eigene Handeln zu verteidigen.[1441] Insbesondere die Strategie der Unzurechnungsfähigkeit, die uns auch aus heutigen Gerichtsverfahren gut bekannt ist, war auch Folge der Strafpraxis in den Regimentern. Denn obwohl die Kriegsartikel die Strafen für Vergehen unter Alkoholeinfluss verdoppelten, wurde Trunkenheit in der Praxis als Milderungsgrund bewertet – die Soldaten waren nicht mehr in der Lage, zwischen der legitimen und der illegitimen Gewaltanwendung zu unterscheiden.[1442] Auch sonst zeigen die Fragmente von Gerichtsakten und Inquisitionsakten, dass sich die Strategien der Soldaten vor Gericht und die akzeptierten Begründungen wechselseitig bedingten: die Erwartungshaltung von Regierung, militärischen Vorgesetzten, Familienangehörigen und sogar von der Gegenpartei boten den Soldaten zweckmäßige Verteidigungsstrategien, die nicht selten zum Erfolg führten. Die wechselseitige Beurteilung von Soldaten und ihren »Verhaltensweisen«, etwa dem übermäßigen Genuss von Alkohol, führten damit auch zu einem Bild von allgemein bekannten strafmildernden Umständen. Dabei bemühten sich die Militärangehörigen meistens, zu belegen, dass sie nicht mehr im Stande waren, ihrer Vernunft gemäß zu handeln – oder dass sie sogar vollkommen unzurechnungsfähig waren.[1443]

Aber auch die Perspektiven der beteiligten Behörden sowie der militärischen Vorgesetzten auf ein Verfahren konnten den Ausschlag dafür geben, ob ein Soldat verurteilt oder wegen Anerkennung strafmildernder Umstände nur leicht abgestraft wurde. In einer Untersuchungssache aus dem Jahr 1721 formulierte Friedrich Wilhelm I. seine Sicht auf die Untersuchungsverfahren. Angeklagt waren zwei Soldaten des Regiments namens Berg und Belisch, die in einer Auseinandersetzung mit einem Bediensteten diesen so schwer verwundeten, dass er seinen Verletzungen erlag.[1444] Da die Umstände des Vorfalls nicht eindeutig erhellt werden konnten, drang der Monarch auf die schnelle Klärung der Sache

1441 Der Genuss von Alkohol gehörte bereits in der Antike zum Alltagsleben vorwiegend der männlichen Bevölkerung dazu – insbesondere die aufputschende Wirkung von Wein, Bier oder Gebranntem wurde bewusst im Militär als Motivationshilfe eingesetzt. Die gesellige Form des gemeinsamen Trinkens fand sich jedoch über die Zeiten hinweg in allen ständischen Gesellschaften und sozialen Gruppen. Vgl. Heggen, Alkohol und bürgerliche Gesellschaft im 19. Jahrhundert, S. 8f.; zum Brauch des Zutrinkens vgl. Löffler, Vom Zutrinken.

1442 So wurde in die Kriegsartikeln von 1749 der Art. 32 eingefügt: »Würde ein Soldat in Trunckenheit ein Verbrechen begehen, so soll ihm die Trunckenheit nicht entschuldiget, sondern er nach Befinden doppelt gestrafet werden.« Kriegs-Articul 1749, Art. 32. In der Praxis wurde den Soldaten der Alkoholmissbrauch jedoch als Milderungsgrund ausgelegt und zugunsten des Beschuldigten ausgewiesen, dass dieser nur vermindert schuldfähig gewesen sei.

1443 In diesem Sinn hatte ja auch Franz Dombruk argumentiert, dass er sich an die Auslassungen gegenüber seinen Vorgesetzten nicht mehr erinnern könne, er sei viel zu betrunken gewesen. Vgl. Kap. 4.3: Insubordination – der Fall des Franz Dombruk 1711.

1444 LASA, A 9b Ib, Nr. 19, Bd. III, Bl. 406.

und skizzierte in seiner Anordnung, auf welche Aspekte der Untersuchung es ihm besonders ankam:

> »Wer an Seiten der Soldaten den Laquayen der von Hahns dermaßen gehauen, und verwundet, daß derselbe davon verstorben, und wie es eigentl. dabey zugegangen. Ob nicht die Soldaten vielmehr in status defensionis gewesen, und selbige sich wieder derer von Hahne Domestiquen verteidigen mußten, und wer also Uhrheber dieser vorgegangenen Thätlichkeiten, daraus nachher das Unglück erfolget, gewesen, ob nicht die zu solcher Zeit anwesenden Gebr. von Hahn, oder deroselben Beamten ihre Domestiquen selbst dazu angereizet und ihnen aufgegeben, sich den Commando mit solcher Hefftigkeit und Thätlichkeit zu wieder setzen.«[1445]

Immer wieder finden sich ähnlich lautende Passagen in den königlichen Anordnungen sowohl bei Friedrich Wilhelm I. als auch bei seinem Nachfolger Friedrich II., die belegen, dass die Soldaten in den Verfahren ebensolche Argumente anbrachten, die sich in ähnlichen Situationen vor Gericht bereits bewährt hatten und somit zu einem »Repertoire der Verteidigungsstrategien« hinzugefügt wurden.[1446] In den Gerichtsakten zu gemischten Verfahren zwischen Zivilisten und Soldaten wird deutlich, dass die Soldaten eine Differenzierung von legitimer Gewalt und Gewaltkriminalität anhand des Strafrechtskatalogs nicht nur kannten – sondern dass die dort formulierten »mildernden Umstände« in solchen Verfahren quasi als »Wissenspool« vorhanden waren.[1447]

So lassen sich in der Auswertung der Befragungen, Urteile und Schriftwechsel über die einzelnen Fälle in der preußischen Armee im 18. Jahrhundert die für andere Armeen auch »gängigen« Verteidigungsstrategien bestätigen. So wählten beinahe alle Angeklagten, angepasst an das Delikt, das man ihnen vorwarf, eine Strategie, die sie vor allem der Verantwortung für das Delikt enthob (vgl. Tabelle 19).[1448]

Tabelle 19: Gründe für die Unzurechnungsfähigkeit in militärgerichtlichen Verfahren

1. Schlechte Einflüsse von außen (Verführung oder Überredung)
2. Unwissenheit (Gesetze waren nicht bekannt)
3. Verletzung der individuellen oder sozialen Ehre (Handlungsdruck)
4. Alkohol und Trunkenheit (kein Bewusstsein von der Tat)
5. Melancholie oder geistige Beeinträchtigung/Krankheit
6. Gewohnheitsrechte
7. Lebensnotwendigkeit (Armut oder Hunger)

1445 Ebd.

1446 Vgl. Kroll, Soldaten im 18. Jahrhundert, S. 135.

1447 Auf diese Praxis verweisen auch die Edikte selbst, die immer wieder das Verhalten von Soldaten unter Alkohol oder generell das Problem der Selbstrache zwischen den verschiedenen sozialen Gruppen anklagen.

1448 Heggen, Alkohol und bürgerliche Gesellschaft, S. 67.

Jeder einzelne dieser Aspekte konnte in den verschiedenen Zusammenhängen geltend gemacht werden, wenn er durch Zeugen belegt wurde: erst die Bestätigung eines Arztes oder einer vertrauensvollen Person mit einer gewissen Autorität innerhalb der Gemeinschaft untermauerte etwa medizinische Gründe für die Unzurechnungsfähigkeit.[1449]

Und obwohl der Aspekt der Unwissenheit in den Edikten und Gesetzestexten immer wieder angeprangert wurde, wurde er dennoch in zahlreichen Fällen im gesamten Untersuchungszeitraum immer wieder angebracht. So entschuldigte sich etwa der Unteroffizier Trosberg in dem Verfahren gegen ihn im Jahr 1746 mit dem Umstand, dass ihm die Gesetzeslage wegen Plackerei nicht bekannt gewesen sei, obwohl der altgediente Unteroffizier Albrecht Fied aus demselben Regiment bestätigte, dass zu diesem Thema bereits einige Parolen ergangen waren.[1450] Darüber hinaus hatte der vorgesetzte Oberst von Seel im Oktober 1742 eine Instruktion für die Offiziere und Unteroffiziere, die auf Werbung geschickt wurden, ausgerechnet durch Feldwebel Trosberg verfassen lassen. Dennoch: »Der Feld-Webel Trosberg bekannte, daß er bemelte Instruction dero Zeit mit eigener Hand geschrieben, blieb aber dabey, er hätte vom Königl. Verboth überall nichts erfahren.«[1451] Diese Argumentation half dem beklagten Feldwebel ebendarum nicht, weil sie durch glaubwürdige Zeugenaussagen entkräftet wurde und es aus Sicht der Untersuchungsrichter nicht plausibel erschien, dass Trosberg diese Bestimmungen von 1740 nicht kannte. Damit wurde im Urteil gegen den Unteroffizier die mögliche Unkenntnis der Bestimmungen auch nicht zugelassen.[1452]

1449 Im Fall von Thomas Niemes 1712 war dies die Aussage des Pastors, der die Aussagen des Soldaten und seinen melancholischen Zustand bestätigte. Vgl. Kap. 4.5.

1450 LASA, A 9b IVb, Nr. 17. So sagte Fied nicht nur aus, dass dieses Edikt bereits kurz nach dem Regierungsantritt Friedrichs II. im Regiment publiziert, sondern zu verschiedenen Gelegenheiten noch wiederholt worden war.

1451 Ebd.

1452 LASA, A 9b IVb, Nr. 14, Anlage I: Kriegsrechtliche Sentenz. Da in den Vorgaben für die Auditeure neben den strafverschärfenden auch die strafmildernden Umstände genannt werden sollten, ist in diesem Fall aufgrund des Fehlens dieses Arguments anzunehmen, dass es für das Kriegsgericht schlichtweg nicht glaubwürdig war. Vgl. Schlumbohm, Jürgen: Gesetze, die nicht durchgesetzt werden – ein Strukturmerkmal des frühneuzeitlichen Staates?, in: Geschichte und Gesellschaft 23 (1997), S. 647–663.

5.5 Deviante Lebensformen und kriminelle Karrieren von Soldaten

5.5.1 Infamie und Stigma im Militär

Die Kriminalisierung bestimmter Handlungen im Militär zog nicht nur Disziplinierungsmaßnamen und Bestrafungen nach sich, sondern konnte durch die Bestrafung eine endgültige Infamie des Soldaten mit sich bringen. War dieser nach außen als »Schelm« zu erkennen, konnte er auch außerhalb des Militärs keinem ehrbaren Beruf mehr nachgehen. Zu solchen drastischen Maßnahmen, welche die Lebensbedingungen des Soldaten komplett veränderten, gehörte etwa das Abschneiden von Nase und Ohren, welche die Entehrung des Soldaten nach außen deutlich sichtbar machte. Der ehemalige Musketier Johann Christoph Sack nutzte diesen Umstand jedoch, um sich als Angehöriger der ehrlosen Berufsgruppen, als Freimann sowie als Abdecker, auszugeben, dafür Geld zu beziehen und sich aus dem Staub zu machen. Die Infamie machte ihn für den weiteren Kriegsdienst sowie für ehrliche Berufe ohnehin untüchtig. Der Nachweis über die Zugehörigkeit zum »freien« (d. h. von keinerlei Rechtsprivilegien belegten) Stand allerdings konnte oft vertuscht werden und war immer wieder Anlass zu gerichtlichen Untersuchungen und Verfahren.[1453] Andererseits gab es auch in den Berufsfeldern der unehrlichen Berufe Möglichkeiten, sich zu engagieren und das eigene Fortkommen zu befördern. Manchmal ging damit jedoch eine zunehmende Kriminalisierung einher; so waren verurteilte Soldaten eben auch unter delinquenten Gruppen wie Räubern und Dieben zu finden.[1454]

Eine Berufsethik besaßen einige dieser unehrlichen Berufe, etwa die Scharfrichter, ebenso wie alle anderen Stände und Gewerke auch – dafür sprechen die regelrechten »Familiengeschäfte« und die Hochzeiten innerhalb der Stände.[1455] Diese sind also durchaus nicht mit den bewusst devianten Lebensformen gleichzusetzen, wie sie sich etwa bei Angehörigen der unteren Schichten, die sich auf das »Diebeshandwerk« und Ähnliches verlegt hatten, zeigten.[1456] Darüber

1453 So führte das Generalauditoriat noch im Jahr 1803 ein Verfahren gegen den Musketier Nesbetha wegen des Verschweigens seiner Tätigkeit als Scharfrichter-Knecht, die ihn gar nicht erst zum Soldatenstand zugelassen hätte. GStA PK, IV. HA, Rep. 6 Generalauditoriat, Nr. 154.

1454 So benannten die im 18. Jahrhundert durch die Regierungen häufig publizierten »Diebeslisten« unter den namentlich bekannten Dieben immer wieder auch Soldaten oder zumindest Personen, die »einen Pass« von einem Regiment haben sollten, vgl. Designation der Spitzbuben und Diebe, so von den in Cottbus in Haft sitzenden Spitzbübinnen [...] angegeben und beschrieben worden, den 3. Mart. 1729.

1455 Vgl. Genesis, Marita: Scharfrichter in der Stadt Brandenburg. Betrachtung eines Berufsbildes, (Magisterarbeit), Potsdam 2006 – online u. a. über http://hvbrb.de/fileadmin/user_upload/dokumente/Scharfrichter.pdf [letzter Abruf: 31.20.2020], S. 30.

1456 Vgl. Gerstenmayer, Spitzbuben und Erzbösewichter, S. 82.

hinaus zeigen schon die so genannten »Diebeslisten«, dass es sich bei den Gesuchten meist um Leute handelte, die sich für eine kurze Zeit zusammenschlossen, aus allen Berufsgruppen stammen konnten und keine homogene Gruppe darstellten.

Für kurze Raubzüge, Überfälle usw. schlossen sich die gesuchten Personen zusammen und gingen ansonsten mit ihren (oft) mitgeführten Familien eigene Wege.[1457] In einigen Fällen lassen sich aus den Untersuchungsakten mit Glück regelrechte kriminellen »Karrieren« rekonstruieren, die zum Teil vom Militär in das Milieu der Diebe und Kriminellen führten – ebenso wie umgekehrt auch mancher Dieb durch Verschweigen der bisherigen kriminellen Tätigkeiten im Militär seinen Sold verdienen konnte.[1458] Solche Funde führten dann auch in den 1970er Jahren zu einer gewissen Renaissance der »Räuber-Forschung«, die dann in den Soldaten einen großen Teil der mobilen devianten Gruppen sah, die sich mit Diebstählen, Einbrüchen, Raub und schlimmeren Dingen ihre Lebensgrundlage erwirtschafteten.[1459]

Dieser Auffassung sollte jedoch mit Vorsicht begegnet werden, denn ein Großteil der Soldaten war sozial sehr wohl integriert und besaß außerhalb des Militärs soziale Wurzeln in der Heimatgemeinde. Allerdings traten Soldaten wohl häufiger mit sozialen Gruppen in Kontakt, die sich auf eine kriminelle Karriere verlegt hatten, etwa im Wirtshaus oder im Quartier, allein diese Begegnung konnte für eine negative Beurteilung des Soldaten durch das Umfeld ausreichen.[1460] Diese Erfahrung musste auch der Soldat Johann Gottfried Müller machen, als er im September 1723 durch Storkow reiste. Weil es zu Beginn des Monats auf dem Markt der Stadt zu zahlreichen Taschendiebstählen gekommen war, hatten die dort arbeitenden Krämer Alarm geschlagen. Daraufhin wurden alle Fremden, die nur irgendwie verdächtig sein konnten, durch die Stadtwachen arretiert,

> »gestaldt Sie [die Krämer, d. Verf.] den auch einige gezeiget, und sich erbothen Eydl. zu erhalten, daß sie nicht richtig wären, sondern hie und da ohne Geld kauffen. So ist Magistratus genöthiget worden nach Anleutung derer vielen Verordnungen insonderheit des letztern Edicts von Aufhebung verdächtiger Leute, sich solcher Personen zu

1457 In den Listen werden beinahe allen männlichen Delinquenten weibliche Pendants und oft auch Kinder »zugeordnet«, von denen angenommen werden kann, dass sie eine »Gemeinschaft« bildeten, oft waren diese Paare auch verheiratet und der Ort der Hochzeit wurde sogar in den Listen mit angegeben.

1458 So zeigen die Beschwerden von Regimentschefs, dass Soldaten zum Teil in den Militärdienst getreten waren, um der Strafverfolgung durch die zivilen Gerichte zu entgehen.

1459 Vgl. Küther, Carsten: Räuber und Gauner in Deutschland, Göttingen 1987; Danker, Uwe: Die Geschichte der Räuber und Gauner, Düsseldorf u. a. 2001.

1460 Vgl. Kap. 3.3.2: Diebstahl und Eigentumsdelikte – hier reichte schon die zufällige Begegnung mit einem Verdächtigen während eines Fußmarsches aus, um den Soldaten einer Befragung zu unterziehen.

> bemächtigen, welche wann auch so gleich, da der Erstere angefast worden, da her distingiren können, daß sich die Übrigen Complices auf die Flucht begeben, und echappiren wollen, davon man aber vorgebeuget, und eine Anzahl von 12 Personen in Arrest gebracht.«[1461]

Dieser ersten Denunziationswelle folgte eine Befragung aller in der Stadt ansässigen Wirte, ob diese ebenfalls verdächtige Personen benennen könnten, und

> »als der hiesige Gast Wirth Matthias Heyde denunciret, wie von denen zur Hafft gebrachten verdächtigen Leuten einer nahmens Christoph Lehnhardt des Abendts vorher geritten gekommen, und nebst 2 Soldaten und 2en Weibern bey ihm des Nachts logiret, des andern Morgens aber da sie vorher von denen Übrigen, worunter ein so genannter Glücks Spieler beständl. besuchet worden, unter den Schein, als wen Sie wegreyseten, das Quartier verändert, und sich nahe an das Thor bey einen Ackers Mann einlogiret«.[1462]

Durch den Wechsel des Quartiers sowie durch die zweifelhafte Begleitung gerieten die Soldaten nun selbst in Verdacht, mit den Diebstählen etwas zu tun zu haben und diese gemeinsam mit den eigentlichen Dieben zu organisieren.

Der Anzeige durch den Wirt folgte also logischerweise die Verhaftung der beiden Militärangehörigen, die nicht nur mit ihren Frauen unterwegs waren, sondern auch einen Karren mit Pferd und ihre Waffen mit sich führten:

> »So hat man solche ertapet, und den bey sich habenden Karren untersuchet, als Mann nun darauf ein paar Pistolen davon die eine scharf geladen, die aber mit Züntkraut auf der Pfanne versehen, auch noch ein aparter Degen [...] vorhanden gewesen, so hat mann solchen Karren, nebst denen beyden Pferden mit Arrest beleget, worauff sich die beyden Soldaten Nahmens Johann Gottfried Müllers, und Gregorius Pohl angefunden und weil sie ihre Weiber (dem Vorgeben nach) in Arrest gesehen, sich gutwillig arretiren laßen.«[1463]

Schließlich wurden Müller und Pohl vernommen und sowohl auf die näheren Umstände ihrer Reise wie auch nach ihren Kontaktpersonen befragt. Dieses Vorgehen musste durch den Magistrat jedoch gut begründet werden, da es sich bei den beiden Arretierten schließlich um preußische Soldaten handelte. Da dieselben allerdings weitab von ihren Regimentern mit dem Karren und den Frauen unterwegs waren, nahmen die lokalen Obrigkeiten dies als Anlass für eine genauere Prüfung der Hintergründe:

> »So hat mann dennoch nicht anders gekont, da in deren Passen keines Pferdes oder Karrens gedacht wird, wieder ihre Passe hirher gelautet, und dieses weder der Cours nach Franckforth, nach Berlin noch von Halle nacher Dresden ist, sie auch in Specie Johann Gottfried Müller seinen Pass Königl. Allergdst. Verordnung nach, an keinen

1461 LASA, A 9b Ib, Nr. 19, III, Bl. 432.
1462 Ebd., Bl. 433v.
1463 Ebd., Bl. 433r.

Orthe unterschreiben lassen, auch deßen zu Anfangs sich geweygerth, und sonderlich da sie in solchen verdächtigen Compagnien, davon der eine bereits in Beckün vorn Jahre [...] bereits gefängl. geseßen, und an vielen Orthen als ein Spitzbube angetroffen, und arretiret worden.«[1464]

Wie sich aus dem Extrakt der Befragungen ergibt, streiten zunächst alle Befragten das Wissen um die Diebstähle in der Stadt ab. Müller gibt an, das Pferd und den Karren selbst angeschafft zu haben, da er in eigentlicher Profession ebenfalls Kaufmann sei und eigentlich nach Frankfurt an der Oder habe reisen wollen, um dort Bernstein zu erwerben, den er in der Garnison in Halle weiterveräußern könnte. Nach mehreren Befragungen und Konfrontationen brach zumindest der zweite Soldat Gregorius Pohl sein Schweigen[1465] und berichtete weiter, dass

»dieser Leonhardt, habe noch 29 r. Geld, so er mit unrecht erworben, weil er ihm verrathen, daß das eine Pferdt nicht sein wäre. So wollte er es auch so machen, wie sichs denn in der That wahr befunden, daß ermelter Leonhardt die 29 r. als er visitiret worden, gehabt, und also der Außgang gezeiget, daß diese beyde Soldaten mit diesen verdächtigen Leuten über alle Märckte gezogen und ein verbothenes Handwerck zu treiben sich unterfangen«.[1466]

Damit wurden die Akten Ende November 1723 an das Regiment Anhalt und den Oberstleutnant von Wachholz, unter dessen Kompanie Müller diente, weitergegeben. Der Soldat wurde zunächst von Sergeant Schiebold, einem Unteroffizier des Regiments, von Berlin nach Halle eskortiert und anschließend befragt. Der Unteroffizier berichtete, dass Müller auf der gesamten gemeinsamen Reise geäußert habe, man habe ihm den Karren und sein Pferd unrechtmäßig abgenommen.[1467] In der Befragung gab Müller außerdem an, einen Pass für die Reise nach Hause beantragt zu haben, wo er eine Erbschaftsangelegenheit regeln wollte, danach sei er auf dem Weg von Frankfurt gewesen, um mit Bernstein zu handeln. Erst hier habe er den anderen Soldaten Pohl kennengelernt:

»Er kenne ihn nicht weiter, alß daß er hinter Fürstenwalde zu Fuß nebst seiner Frau zu ihm gekommen und gebethen seinen Tornister auf den Wagen zu legen, so Arrestat ihm auch erlaubt. Dieser wäre zwahr auch in Franckfurth gewesen, allein Arrestat habe ihn daselbst nicht gesehen. Hiernechst wären sie zusammen auf Storckow gegangen, vor Storckow wäre auch einer, welcher sich vor einen FlachstMann ausgegeben, zu Sie

1464 Ebd.

1465 Ebd.: »So haben Sie dennoch beyde endl., als mann die andern sämtlich vernommen, und aus deren Depositionen satsam convinciren können, umgekehret, sich ein ander selbst verrathen, der Soldat Pohle revociret, daß das eine Pferdt nicht sein sey, sondern vielmehr dem aretirten Christoph Leonhardt zugehöre.«

1466 Ebd.

1467 Ebd., Bl. 435r.

gekommen, und mit ihnen im Wilden Mann daselbst eingekehret, er kenne denselben weiter nicht, wüste auch nichts von ihm zu sagen.«[1468]

Auf Anraten der Mitreisenden sei Müller dann in Frankfurt zum Bürgermeister gegangen, um seinen Pass unterschreiben zu lassen, und dieser hatte ihn »nebst verschiedenen andern so er nicht kenne in Arrest nehmen« lassen. Obwohl aus den Befragungsprotokollen und dem Extrakt der ersten Befragung in Storkow nicht zu ermessen ist, inwieweit der Soldat wirklich involviert war, zeigt sich an Müllers Fall zumindest die Schwierigkeit, die in Kontakten zu fremden Personen in dieser Zeit bestand. Da für ihn nicht auf den ersten Blick ersichtlich sein konnte, ob der vermeintliche »Flachsmann« auch wirklich ein solcher war und dass der Soldat, der mit ihm reiste, Berührung mit illegalen Geschäften hatte, klingen die Entschuldigungen in den Verhören zumindest plausibel. Müller wurde weder auf frischer Tat ertappt, noch konnte bei ihm Geld aus den Diebstählen gefunden werden. Der merkwürdige Umgang mit seinem Pass sowie die freundliche Begegnung mit dem offenbar umtriebigen Leonhardt haben aber gereicht, um auch Müller in Verdacht zu ziehen. Der Magistrat in Storkow fand dann auch noch in den Aussagen des zweiten Soldaten Pohl solche Widersprüche, dass auch der zweite Soldat in Misskredit geriet. Sich dieses Verdachts wieder sich von diesem Verdacht wieder zu befreien und das scheint zumindest aus dem Verfahren klar zu werden, war eine schwierige Aufgabe für den Soldaten Müller.

Tatsächlich gab es auch unter den Soldaten jene, die den Militärdienst lediglich als eine von vielen Möglichkeiten des Broterwerbs ansahen und jede Gelegenheit nutzten, sich zu bereichern. Die Lebenswege waren dabei eben auch geprägt von Netzwerken zu Personen im devianten Milieu, andererseits eröffnete paradoxerweise die Flut an Normen und Vorschriften die Möglichkeit, dass Wiederholungstäter, die sich zwischen den Grenzen der frühneuzeitlichen Herrschaftsgebiete zu bewegen wussten, oft ungeschoren davonkamen. Ein solcher Fall, der gewissermaßen die »Karriere« eines Soldaten in diesem kriminellen Umfeld beschreibt, gab es 1755 auch im preußischen Militär. Am 19. Juli erging ein Gutachten des Criminal-Senats der Stadt Brandenburg a. H. an den preußischen König mit folgendem Inhalt:

»Ewr. Königl. Majt. werden aus denen hierbeygefügten wieder einen gewesenen Soldaten, nahmens Johann Christoph Sack, und deßen Ehefrau Christinen Margarethen Gruben vor dem Magistrat zu Brandenburg ergangenen summarischen Untersuchungs-Acten in höchsten Gnaden zu ersehen geruhen, welchergestalt benanndter Sack von verschiedenen Regimentern Ew. Königl. Majt. Armée [...], unter welchen er nach und nach gedienet, desertiret, und in Oesterreichische Krieges-Dienste, aus denen er eben dermaßen einige mahl durch die Desertion entkommen, sich begeben, da ihm dann, seiner Außage [...] nach, wegen seines öfftern Desertirens, und weilen er einen Hund

1468 Ebd., Bl. 436r.

todt getreten, bey dem Gräfl. Wallischen Regimente, die Nase und Ohren abgeschnitten, und er auf solche Weise infam gemachet worden.«[1469]

Den Soldaten Sack ereilte zwar die harte Bestrafung des Nasen-und-Ohren-Abschneidens, aber eben erst nachdem er mehrmals von verschiedenen Regimentern desertiert war, jedes Mal wieder das Handgeld angenommen und sich »auf Zeit« hatte engagieren lassen.[1470] Damit war er nun erkennbar für den ehrlichen Dienst als Soldat nicht mehr zu gebrauchen und fand in der Form der Bestrafung eine neue Möglichkeit des Broterwerbs – und auch hier nur zu seinem Vorteil:

»Welchemnächst er in dem Lande herumgegangen, und sich zum theil für einen Freymann, oder Abdecker ausgegeben, auf selbige Handtierung auch bey ein paar Scharff-Richtern in dem Mecklenburgischen einen Zehr-Pfennig erhalten, jedoch das Abdecken niemals verrichtet habe. Derselbe ist darauf nach Brandenburg gekommen, allwo er auch unter dem Vorgeben ein Freymann zu seyn einpassiret ist.«[1471]

Da die Scharfrichter einen immerwährenden Bedarf an tüchtigen Knechten hatten, die ihnen bei den Tätigkeiten als Abdecker und Nachrichter zur Hand gingen, stellte es für Sack wohl kein Problem dar, sich als Infamer von verschiedenen Abdeckern in Dienst nehmen zu lassen. Da Sesshaftigkeit offenbar gar nicht sein Ziel war, zog Johann Christoph Sack immer weiter und prellte dabei auch seine Brotherren. Zum Verhängnis wurde ihm dann aber ein Familienmitglied, das er offenbar ebenfalls betrogen hatte: Sack wurde schließlich von seiner Ehefrau angezeigt, offenbar weil er ohne Beteiligung seiner Gattin weitere Diebstähle im Brandenburgischen verübt hatte. Wie die Untersuchung des brandenburgischen Magistrats ergab, handelte es sich bei seiner Frau allerdings ebenfalls um eine Person mit Erfahrung im Grenzbereich des devianten, kriminellen Handelns. Verschiedener Diebstähle verdächtigt, wurden ihr darüber hinaus Unzucht mit Soldaten sowie das gemeinsame Desertieren mit Johann Sack vorgeworfen.[1472]

Der zuständige Magistrat in Brandenburg setzte den Delinquenten fest und informierte den Obersten von Kahlden, von dessen Regiment der angesprochene Johann Sack zuletzt aus preußischen Diensten desertiert war. Der Regimentschef

1469 GStA PK, I. HA, Rep. 9 Allgemeine Verwaltung, A 19 Generalauditoriat, Fasc. 14: Generalauditoriat: Acta betr. General-Auditoriatssachen 1752–1761, Bl. 51: »als von denen Leib-Carabiniers, dem ehemhahligen Stillischen Regiment Cavallerie, und vormahligen Bühlaischen jetzigen Kahldenschen Bataillon Grenadiers«.

1470 Obwohl die Kriegsrechte vermerken, dass Deserteure nicht in Dienst gestellt werden sollten, gab es aufgrund fehlender schriftlicher Zeugnisse keine Verzeichnisse über dieselben. Erst die Augenzeugenschaft eines Offiziers, der zuvor in einem anderen Regiment gedient hatte, aus dem Sack auch schon desertiert war, brachte den Soldaten vor das Kriegsgericht.

1471 GStA PK, I. HA, Rep. 9 Allgemeine Verwaltung, A 19 Generalauditoriat, Fasc. 14: Acta betr. General-Auditoriatssachen 1752–1761, Bl. 50.

1472 Ebd., Bl. 52.

aber lehnte jegliche Zuständigkeit für den ehemaligen Soldaten ab und verwies den Fall an den Magistrat der Stadt Brandenburg. Daraufhin suchte der Magistrat rechtlichen Beistand durch den Kriminalrat. In einem Schreiben an das Generalauditoriat formulierte der Rat wiederum die Gründe, weshalb sich auch der Magistrat von Brandenburg dieses Falles nicht annehmen könne:

»Nun bestehet des Inquisiti schwerstes, und eine Todes-Straffe nach sich ziehendes Verbrechen in der offtermahlen wiederhohlten Desertion, aus Ew. Königl. Majt. Krieges-Diensten; mithin ist solches ein Delictum militare, wesfalls eine Civil-Obrigkeit die Inquisition zu führen, auch ein dergleichen Collegium darüber zu erkennnen nicht gehalten, vielmahr würden solche durch Anmaßung einer Cognition in der Sache der Gebühr, und denen von Ew. Königl. Majt. publicirten Reglements zu wieder handeln.«[1473]

Die vom Magistrat und dem Kriminalrat angegebenen Bedenken sollten die Stadt einerseits vor späteren Schadensersatzansprüchen durch das Regiment und andererseits wohl auch vor den Kosten für Unterbringung und Verpflegung des Delinquenten bewahren.

Tatsächlich gehörte Sack zu diesem Zeitpunkt jedoch nicht mehr unter die Soldaten (er war ja als Ausgestoßener gekennzeichnet) und war damit nicht mehr rechtlich »privilegiert«. Also fiel er entweder unter die Gerichtsbarkeit seines Heimatortes oder unter die Gerichtsbarkeit der Stadt Brandenburg.[1474] Vermutlich um sich des komplizierten Falles zu entledigen, verwies der brandenburgische Magistrat auf die militärischen Verbrechen in Form der mehrmaligen Desertionen, um die Zuständigkeit der militärischen Gerichtsbarkeit zu belegen. Interessanterweise werden die Diebstähle, die der ehemalige Soldat als letzte kriminelle Handlungen in der Nähe der Stadt vollzog und die an sich schon schwer zu bestrafen gewesen wären, in der abschließenden Begründung nicht mehr angeführt. So versuchte die Stadt jene »Justiz-Konkurrenz« zwischen zivilen und militärischen Gerichten für sich zu nutzen und war dabei auch erfolgreich.[1475]

Denn am 15. August 1755 wies der preußische Generalauditeur Pawlowsky in einem Schreiben an das Justizdepartement darauf hin, dass auf seine Weisung Johann Christoph Sack unter die Infamen der Festung Spandau aufgenommen worden sei:

»Auf dasjenige, was das Königliche Justiz-Departement wegen des vorhin aus hiesigen Diensten von verschiedenen Regimentern desertirten und bey denen Oesterreichern

1473 Ebd., Bl. 50.

1474 Vgl. Schmidt, Sebastian: Kinderarmut, Fürsorgemaßnahmen und Lebenslaufperspektiven in den geistlichen Kurfürstentümern, in: ders. (Hg.): Arme und ihre Lebensperspektiven in der Frühen Neuzeit, Frankfurt a. M. 2008, S. 51–85, bes. S. 74.

1475 Vgl. Kraus, Militärstrafverfahren, S. 38f.

infam gemachten Johann Christoph Sack, welcher bey dem Magistrat zu Brandenburg in Arrest und Inquisition gerathen, an mich [...] gelangen laßen, habe hiermit dienstlich in Antwort benachrichtigen wollen, daß unterm 13ten hujus die Ordre zu des Inquisiti Sack Annehmung unter die Infamen an das Gouvernement in Spandow ergangen, und solche dem Magistrat zu Brandenburg, zur Ablieferung zugesandt worden ist.«[1476]

So wie die Gerichtsbarkeiten in diesem Fall bestimmte Deliktformen zur Begründung des Rechtsstandes instrumentalisiert hatten, gestaltete sich scheinbar auch der Umgang mit »Wiederholungstätern« aus dem Militär, die sowohl im militärischen als auch im zivilen Bereich strafbar wurden. Die Akten zeigen, dass Desertionen, Diebstahl und mobile Lebensweise sowie der Kontakt zu »verdächtigen« Personengruppen zur Lebenssituation einzelner Soldaten, vor allem aus dem »Ausland«, dazugehörten. Auch in den strafrechtlichen Sammlungen, die vor allem für die Auditeure in den Regimentern als Musterbücher und Vorlagen dienen sollten, waren Fälle mit Schilderungen von kriminellen Karrieren solcher »Intensivtäter« bis hin zum Urteil angeführt.

5.5.2 Vom Soldaten zum Räuber? Deviante Lebensweisen

So liest sich auch der Fall des namenlosen Soldaten, welcher der Einfachheit halber als Johann bezeichnet und in Lünigs *Corpus Juris Militaris* 1723 als Beispielfall für eine solche Verkettung von Deliktformen und devianten Lebensweisen dargestellt wurde. Von dem jungen Soldaten heißt es, dass er »3 Tage nach seiner Anwerbung vor Musquetier bey des Herrn Obristen von N. Compagnie des N. Regiments zu Fuß, vor zwey und ein halb Jahr, als er nach N. Uhrlaub genommen, gleich wiederum desertirt«.[1477] Nachdem der Deserteur für einige Zeit von der Bildfläche verschwunden war, wurde Johann

> »wegen eines an einen Bauren auf öffentlichen Marckte am 27. Febr. a.c. allda begangenen Diebstahls, nebst andern Spitzbuben arretiret, und nachdem er, laut des in actis befindlichen Extracts aus denen, vor den Stadt-Gerichten zu N. wider Inquisiten ergangenen Inquisitions-Acten frey und ungezwungen bekennet, daß er über 91 Rthlr. unbekannten Leuten nach und nach gestohlen, [...] durch Urtheil und Recht erkandt worden, daß er mit Staupen-Schlägen des Landes ewig zu verweisen, und weil er nicht verheelet, daß er sich vorgesetzet habe ferner zu stehlen, in ein Zucht-Hauß zu bringen sey«.[1478]

1476 GStA PK, I. HA, Rep. 9 Allgemeine Verwaltung, A 19 Generalauditoriat, Fasc. 14: Acta betr. General-Auditoriatssachen 1752–1761, Bl. 56.

1477 Lünig, CJM, Sp. 335.

1478 Ebd., Sp. 336.

Das Stadtgericht verhängte über den geständigen Dieb demnach die übliche Leib- und Arbeitsstrafe, doch nachdem bekannt wurde, dass es sich bei dem Verurteilten um einen Deserteur handelte, brachte man den Delinquenten zu seinem ehemaligen Regiment, um ihn dort vor Gericht zu stellen.[1479] Sonstige Kontakte zu anderen Soldaten aus dem Regiment spielten in dem (re-)konstruierten Fall keine Rolle: eine Unterstützung durch Fürsprecher aus dem Militär heraus war nicht auszumachen.

In der ausführlichen Beschreibung des Gerichtsverfahrens heißt es dann, Johann habe sich im Umkreis der falschen Personen bewegt, »weiln er, Zeit seiner Abwesenheit von Regiment, mit solchen Leuten, welche Profession von Stehlen gemachet, und den Leuten das Geld auf den Märckten aus den Ficken gezogen, wissentlich umgegangen, gezehret, und gereiset«[1480] und dabei eine Lebensweise im Bereich der Kriminalität angenommen hatte. Da es sich bei dem Text im *Corpus Juris Militaris* um eine Nacherzählung des Falles handelte, sind die Bemerkungen des Verfassers interessant.

Lünig ordnet für den Leser die vorgefallenen Ereignisse, die Positionen der am Fall beteiligten Gerichte und Akteure sowie die vermeintlich echten Dokumente zur Strafpraxis im Fall dieses entflohenen Soldaten.[1481] So wird die Notwendigkeit der Bestrafung auch damit begründet, dass die Gerichte keine Chance auf eine Rehabilitierung des Delinquenten sahen. Und auch die wiedergegebenen Protokolle schienen die rundweg »schlechte« Einstellung des Soldaten zur Allgemeinheit zu bestätigen:

> »Nicht weniger, da er sich einmahl zur bösen Gesellschaft gewöhnet, und von einen boßhafften und verstockten Gemüthe ist, zu befürchten, daß er, wenn er auff freyen Fuß gestellet würde, von derselben Gesellschafft nicht ablassen, und, da er nichts gelernet, wovon er sich ehrlich zu ernähren vermag, die vorige lose Lebens-Art wieder anfange, und andern Leuten das Ihrige dieblichen entwenden würde«.

Daraufhin fällte das Kriegsgericht also das Urteil und ordnete für den Delinquenten an:

> »immassen denn, Inquisit, wie er sich solches vorgesetzet gehabt, in den N. Gerichten nicht verheelet hat, nach obbemeldten ausgestandenen 12mahligen Gassen-Lauffen

1479 Im Vergleich zu dem Soldaten Müller, der sich in einer ebensolchen Situation befunden hatte, erhob jedoch keine Behörde und kein Regiment Anspruch auf den Delinquenten, was auch an der sehr kurzen Dienstzeit gelegen haben könnte.

1480 Lünig, CJM, Sp. 336.

1481 Damit konstruierte Lünig für den Auditeur und für interessierte Militärs einen Idealfall, der nicht nur das abweichende Verhalten klar benannte, sondern auch die Momente aufzeigte, in denen sich der ehemalige Soldat kriminalisierte. Vgl. Böker, Uwe: Literatur, Kriminalität und Rechtskultur. Ein Forschungsbericht, in: ders. (Hg.): Literatur, Kriminalität und Rechtskultur im 17. und 18. Jahrhundert. Tagung am 17. und 18. Juni 1994 an der Technischen Universität Dresden, Essen 1996, S. 11–35, hier S. 15.

durch 300 Mann, auf dem Vestungs-Bau nach N. gebracht und allda Zeit seines Lebens zu steter harter Arbeit angehalten«.[1482]

Auch in den Zeitungsberichten fanden sich immer wieder Hinweise auf gemeinsame Raubzüge von (ehemaligen) Soldaten und Handwerkern – dabei symbolisierte das erlernte Handwerk auch die Person, aus den Berichten lässt sich jedoch nicht herauslesen, ob es sich tatsächlich um aktive Soldaten handelte:

> »Unter den alhier Strangulirten befindet sich ein Bruchschneider, ein Tablet-Krämer und 2 Soldaten, welche erstern wegen ihrer Handtierung Gelegenheit genug gefunden, die Umstände der Häuser und Leute zu recognosciren, auch darauf die projectirten Diebstahle ins Werck zu richten.«[1483]

Entweder handelte es sich bei den benannten Delinquenten um entlaufene Soldaten, die sich durch Desertion, ähnlich wie in den bereits angeführten Beispielen, dem Militärdienst entzogen hatten. In den meisten Fällen handelte es sich jedoch um ehemalige Soldaten, die schon nicht mehr unter der Gerichtsbarkeit des Regiments standen. Dafür spricht, dass sie durch die zivile Gerichtsbarkeit in Mecklenburg der Strafe zugeführt wurden und diese auch durch einen zivilen Scharfrichter vollstreckt wurde. Festzuhalten bleibt, dass sowohl für den Verfasser des Berichts als auch für die Leserschaft die soziale Zusammensetzung der Diebesbande vermutlich von Interesse gewesen ist, daher erfolgte die Nennung der erlernten Berufe, einschließlich des Soldatenhandwerks. Die Handwerksdienste hatten den Dieben wohl die Gelegenheit gegeben, die möglichen Ziele vor den Überfällen unter einem Vorwand auszukundschaften, wie es der Hinweis auf die Bruchschneider vermuten lässt.[1484]

Auch in den gedruckten Diebeslisten sind Hinweise darauf zu finden, dass ehemalige Soldaten oder Deserteure bei den locker zusammengewürfelten Diebesbanden mitgewirkt haben. Ebenso wie die übrigen Verdächtigen, die in den Listen beschrieben wurden, machte bereits die Beschreibung den Status der »Kriminellen« klar. Neben den neutralen Attributen wurden körperliche Zeichen von Stigmata ebenso erwähnt wie die erlernte Profession: »Fritz Bülow, ein grosser langer junger Kerl, lang und breit von Gesicht, hat eine lahm-gehauene Hand, ist unter Rittmeisters Elditten Compagnie in Havelberg Reuter gewesen, von dannen er auch gebürtig.«[1485] In der gleichen Liste finden sich noch weitere vier Personen, bei denen auf eine militärische Vergangenheit oder zumindest die Berührung damit angespielt wurde: der gesuchte Leon Hoffmann, der sich als Feldscher ausgab und früher einmal ein Kaufmann war, hatte viel Geld gestohlen

1482 Lünig, CJM, Sp. 337.
1483 Berlinische Privilegirte Zeitung, Nr. 2, 04.01.1724, S. 3f.
1484 Vgl. Gerstenmayer, Spitzbuben und Erzbösewichter, S. 163f.
1485 Liste der Kirchen-Räuber und Diebe, welche von denen zu Strelitz den 17. August 1728 gehangenen 4 Ertz-Dieben [...] gerichtlich benannt und beschrieben worden, S. 1.

und war deswegen gar unter der Tortur gewesen.[1486] Immer wieder findet sich der Hinweis, dass ein Gesuchter sich des »Feldscher-Handwerks« bedient habe, allerdings lassen diese Hinweise eine Fülle an Auswertungsmöglichkeiten zu. So konnte mit diesen Hinweisen auch einfach darauf verwiesen werden, dass der Beschuldigte über medizinische Kenntnisse verfügte, eventuell als Bader gearbeitet hatte und dieses Wissen bei der Versorgung der »Kameraden« eventuell noch zusätzlich nutzte.[1487]

Noch genauer wird der militärische Bezug bei Johann Claudius, genannt »Potschiebel«, benannt, »ein kleiner Kerl, etwas pockengrübig, von schwarzen langen Haaren, mit einem Stutz-Barte, ist Corporal unter den Mecklenburgischen gewesen, hat viele Kirchen- und andere Diebstähle begangen, und soll anjetzo auf eine gewisse Zeit zu Spandau sitzen«.[1488] In den meisten Fällen sind die Gesuchten als »pockennarbig« beschrieben, »lang« im Gesicht, oder sie haben ein besonders einprägsames Zeichen wie eine Narbe im Gesicht vorzuweisen. Generell bemühen sich die Beschreibungen jedoch um eine vergleichbare Basis, auf der die so Benannten auch tatsächlich identifizierbar waren: Neben dem Gesicht, der Haarfarbe und Größe sowie den besonderen Zeichen oder Stigmata durch eine frühere Bestrafung werden die Herkunft, eventuelle Gefängnis- und Zuchthausaufenthalte, bekannte Strafen und peinliche Verhöre sowie die mit ihnen in Kontakt stehenden Personen angegeben.[1489] Nur bei einem kleinen Teil der Akteure ist ein Hinweis auf die Berührung mit dem Militärdienst zu finden.

Zum Tross der gesuchten Männer gehörten etwa die mitziehenden Frauen und Kinder, die eventuell ebenfalls bereits aktenkundig geworden waren. Wenn diese Frauen bereits Kinder aus weiteren Bekanntschaften hatten oder gar in wilder Ehe mit den Delinquenten lebten, blieb ihnen oft nichts anderes übrig, als weiter mitzugehen. Daher waren auch diese Frauen, selbst wenn sie offiziell verheiratet waren, in verschiedene Delikte verwickelt, wie der obige Fall des Soldatenpärchens Sack zeigte. Nicht selten ließen die fehlenden Verdienstmöglichkeiten, eine eventuell vorhandene Stigmatisierung und die Zugehörigkeit zur

1486 Ebd., S. 2.

1487 Bader galten neben den Hebammen als Heiler für die einfache Bevölkerung, aufgrund ihrer Pflegetätigkeit haftete ihnen jedoch auch der Ruf der Unehrlichkeit an, was sie ebenfalls für die Mitgliedschaft in vagierenden Gruppen anfällig machte. Zum medizinischen Wissen der Bader vgl. Widmann, Martin: Bader und Wundarzt: Medizinisches Handwerk in vergangenen Tagen, Zürich 1998, S. 86–94; zur Entwicklung des Baderberufs, auch im Bereich der Unehrlichkeit seit dem Mittelalter, vgl. Stolz, Susanna: Die Handwerke des Körpers. Bader, Barbiere, Perückenmacher, Friseur – Folge und Ausdruck historischen Körperverständnisses, Marburg 1992, S. 98–100.

1488 Ebd.

1489 Vgl. Blauert, Andreas: Gauner- und Diebslisten: Registrieren, Identifizieren und Fahnden im 18. Jahrhundert. Mit einem Repertorium gedruckter südwestdeutscher, schweizerischer und österreichischer Listen sowie einem Faksimile der Schäffer'schen oder Sulzer Liste von 1784, Frankfurt a. M. 2001.

Unterschicht kein alternatives Auskommen zu. Und so bot die Existenz am Rande der Gesellschaft auch einen sozialen Ort für ehemalige Soldaten, die aus den unteren gesellschaftlichen Schichten stammten.

In seinem Werk *Verbrecher aus verlorener Ehre* von 1786 beschrieb Friedrich Schiller den Abstieg des Wilddiebs Christian Wolf, der zunächst aus purer Not stehlen musste, dann immer weiter ins soziale Abseits geriet, sich einer Räuberbande anschloss und sogar zum Hauptmann der Bande aufstieg. Schließlich verübte Wolf im Umfeld der vielen Delikte, welche die Räuber begingen, einen Mord an einem verhassten Kontrahenten aus dem Heimatdorf.[1490] Diese Tat erschütterte den Protagonisten selbst so schwer und nachhaltig, dass er bei seinem Landesherrn um Gnade ersuchte. Der Räuber schlug in seiner Supplik vor, seine Sünden gegenüber der Gesellschaft durch den Dienst als Soldat wieder abzutragen.[1491] Als diese Supplik und weitere Schreiben unbeantwortet blieben, wollte sich der reumütige Wolf in das benachbarte Territorium nach Preußen begeben, um sich dort anwerben zu lassen.[1492]

Vor dem Grenzübertritt wurde er jedoch von einem aufmerksamen Torschreiber festgesetzt und nach einer Nacht im Gefängnis enthüllte Wolf diesem seine wahre Identität und bekannte sich zu seinen Taten.[1493] In seiner Darstellung führte Schiller immer wieder das Seelenleben des »Verbrechers« ausführlich vor Augen, um zu zeigen, dass auch die schlimmsten Delikte von gewissen äußeren Umständen und inneren Konflikten begleitet wurden.[1494] Der Dienst als Soldat wurde von Schiller hier nicht als Strafe, sondern vielmehr als Ausgleichshandlung vorgestellt – jedoch ohne Aussicht auf Erfolg. Die ausbleibende Antwort des Landesfürsten mag schon gezeigt haben, dass ein gefallener Mann für das stehende Heer nicht infrage kam.

Aus den Untersuchungsakten von Prozessen gegen bekannte Räuber des 18. Jahrhunderts lassen sich die Lebenswege der Räuber gut rekonstruieren: auch das reale Vorbild für Schillers Novelle, Johann Friedrich Schwan, hatte sich mehrmals von verschiedenen Regimentern anwerben lassen und war dann de-

1490 Friedrich Schillers *Verbrecher aus verlorener Ehre* wurde von ihm bereits acht Jahre vor der Veröffentlichung unter dem Titel *Verbrecher aus Infamie* fertig gestellt und zeigt an, in welchem Spektrum der gesellschaftlichen Verurteilung der beschriebenen Randexistenzen der Dichter diese Geschichte ansiedelte.

1491 Die Novelle basierte auf dem wahren Fall des Räubers und Mörders Johann Friedrich Schwan, genannt »Sonnenwirt«, vgl. Schott, Theodor: »Johann Friedrich Schwan«, in: Allgemeine Deutsche Biographie 33 (1891), S. 177–181.

1492 Schiller, Friedrich: Der Verbrecher aus verlorener Ehre (= Neuer deutscher Novellenschatz, 24), München u. a. 1887, S. 87.

1493 Vgl. Schiller, Verbrecher aus verlorener Ehre, S. 88f.

1494 Vgl. Limbach, Jutta: Schiller und das Recht, in: Ulrich Ott (Hg.): Marbacher Schillerreden, Marbach am Neckar 2001, S. 5.

sertiert.[1495] Doch diese Fälle waren nicht zahlreich, wie ein Abgleich mit den festgenommenen Räubern der verschiedenen Banden in Württemberg oder Sachsen zeigte.[1496] Die Mehrzahl der Mitglieder, die in lockerer Anordnung immer wieder einmal zusammen stahlen und raubten, kam aus den Handwerksberufen, meist aus den unteren Schichten oder gar aus den wenig angesehenen und unehrlichen Professionen.

Auch in der Gaunerliste von 1728 sind nur wenige Männer mit einem militärischen Erfahrungswissen vermerkt: von den insgesamt 38 angegebenen Namen haben fünf vermeintlich im Militär gedient, entweder als Soldat oder als Feldscher.[1497] Da diese Angaben aber oft von den Personen selbst gemacht wurden, konnte im Nachhinein nur schwer geprüft werden, bei wem es sich tatsächlich um einen abgedankten Soldaten handelte. Auch wenn aufgrund der fehlenden Dokumente keine zahlenmäßige Aussage zu den Professionen in den Diebesbanden geleistet werden kann, sprechen die Hinweise doch dafür, das Bandenwesen eher als Aktion innerhalb einer sozialen Gruppe, die zudem auch juristisch belastet war, anzusiedeln; dazu konnten unter Umständen auch Soldaten gehören.

5.6 Zusammenfassung: die Strafpraxis zwischen Vergeltung und Gnade

Zu den militärischen Verfahren in den preußischen Heeren gehörte neben dem Urteil die dazugehörige Sanktion. Diese konnte je nach Delikt und Hintergründen einer Tat variieren, einige Straftatbestände waren in den Kriegsartikeln bereits mit den üblichen Maßnahmen bedacht, die vor allem zwischen Gassenlauf, Festungshaft und Erhängen wechselten. Den eigentlichen Umfang der Strafe bestimmte letzten Endes in peinlichen Fällen der König durch seine Bestätigung von Urteil und Strafmaß, da diese Delikte meist Leib und Leben des Soldaten betrafen. Für die wenigen uns bekannten Akten, die neben den Tathergängen auch Urteile mit Strafen und deren Begründungen nachweisen, zeigte sich ein recht heterogenes Bild sowohl in der Strafzumessung als auch in der Strafpraxis.[1498] Nicht in allen Fällen ist klar, dass die Maßnahme auch in der Praxis entsprechend dem Urteil durchgeführt wurde (vgl. Tabelle 20).

1495 Vgl. Schott, Johann Friedrich Schwan, S. 180.

1496 Vgl. Gerstenmayer, Spitzbuben und Erzbösewichter, S. 135f.

1497 Vgl. Liste der Kirchen-Räuber 1728.

1498 Vgl. Kap. 1.4.2: Der Dessauer Bestand (hier mit einer Tabelle zu den Tatbeständen in den Dessauer Akten zwischen 1695 und 1755.

Tabelle 20: Strafmaß in den Dessauer Akten zwischen 1708 und 1755

Delikt	Fälle	Erkannte Strafe/Urteil	Durchführung
Desertion	4 Fälle	1 x Erhängen + Gassenlauf 3 x Gassenlauf	nicht belegt durchgeführt
Kindsmord und versuchter Selbstmord	1 Fall	Reinigungseid	wahrscheinlich
Fahrlässige Tötung	2 Fälle	1 x Reinigungseid (bzw. Gassenlauf) 1 x Rädern/Enthaupten	nur Gassenlauf durchgeführt
Betrug/Korruption	3 Fälle	1 x Abbitte und Geldstrafe 1 x Festungshaft + Geldstrafe 1 x Festung + Degradierung	Abbitte geleistet Festungshaft erlassen wahrscheinlich
Diebstahl und Raub	1 Fall	Erhängen	durchgeführt
Kindsmord und Trunkenheit	1 Fall	Rädern und Enthauptung	durchgeführt
Selbstmord	3 Fälle	Verscharren durch Schinder-hannes	durchgeführt
Mord	1 Fall	Rädern und Enthauptung	durchgeführt
Diebstahl (vermeintlich)	1 Fall	Freispruch wegen fehlender Beweise	durchgeführt

In den Urteilen ist dennoch gut zu erkennen, dass neben den Todesstrafen vor allem die Leibstrafen durch das Gassenlaufen an Gewicht und Bedeutung zulegten. Die Härte der Bestrafung hing aber nicht nur von dem Delikt und der verordneten Strafe ab, sondern auch von den sonstigen Verhaltensweisen der Vorgesetzten während der Bestrafung. In einigen Regimentern gingen die Kommandeure und die jeweiligen Stabsoffiziere, für diese wiederum die Unteroffiziere, außerordentlich grob mit ihren Soldaten um. Aus diesen Einheiten flüchteten die Soldaten eben aus Furcht vor übermäßigen oder ungerechtfertigten Prügeln. So bat Louise Regina Grieppen 1755/56 um Nachsicht für ihre ausgetretenen Brüder. Einer von ihnen,

> »der Dragoner Christian Griep habe auch auf des Herrn General-Lieutenants v. Schwerins Guth gearbeitet. Diesen habe der dasige Schreiber geschlagen, und weil er sich zur Währe gesetzet, sey er nach Pasewalck herein geschicket worden, umb daselbst bestraffet zu werden. Wie er wieder nach Busow zurück gehen sollen, wäre er davon und ins Mecklenburgische oder Schwedische gegangen«.[1499]

1499 LASA, A 9b VIb, Nr. 7, Bl. 29.

Der Bruder war also erst nach dem Erhalt der Strafe ausgetreten, was für eine besonders rigide Strafpraxis sprechen könnte oder auch nur dafür, dass der Soldat nicht wieder in den Dienst auf das Gut des Generalleutnants zurückgehen wollte. Beides waren gute Gründe für eine Desertion, denn selbst der König räumte in seinen Generalprinzipien ein, man könne die Desertion in Zukunft nur verhüten, indem zum Beispiel auf das leibliche Wohl der Soldaten stets ein Auge gerichtet werde.[1500] Darüber hinaus bedeuteten gehäufte Fälle von Desertionen ein strukturelles, systemisches Problem, das der König unbedingt beseitigen wollte:

> »Daß man nach den Ursachen forscht, wenn die Desertion bei einem Regiment oder einer Kompagnie einreißt, und feststellt, ob der Soldat seine Löhnung und alle ihm zustehenden Vergünstigungen regelmäßig bekommt, oder ob der Hauptmann eines Unterschleifs schuldig ist.«[1501]

Dass gerade im Feld der Desertionen milde Strafen, zumindest außerhalb der Feldzüge und Kriegszeiten, den eigentlich drastischen Strafandrohungen in den Kriegsartikeln und Ordern der Zeit widersprachen, zeigte die Auswertung verschiedener Fälle zu diesem Thema.[1502] Gerade der Wechsel zwischen Strafandrohung und Straferlass stellte im 17. und 18. Jahrhundert kommunikative Situationen über das Delikt wieder her, sodass ein Regiment etwa auf einen ehemaligen Angehörigen im Nachbarland Zugriff bekommen konnte, sobald sich dieser aus dem Exil heraus bereit erklärte, wieder in den Dienst des Militärs einzutreten.

1500 Friedrich II.: Generalprinzipien des Krieges, S. 6: So sollten den Soldaten vor allem Fleisch, Brot, Stroh und Branntwein zur Verfügung gestellt werden.
1501 Ebd., S. 5.
1502 Vgl. Kap. 3.4: Konfliktfeld IV: das Ende der Dienstzeit.

6 Fazit: Kriminalität, Militärgerichtsbarkeit und Herrschaft in der preußischen Armee

Das Strafmaß eines Urteils hing von der Art des Delikts, den Beweggründen, den Umständen der Tat, möglicher Beeinflussung und, in nicht geringem Maße, von der sozialen Position des Angeklagten ab. Ein besonders eindringliches Beispiel etwa schildert Georg Tessin in einer Untersuchung zum mecklenburgischen Militär im 17. und 18. Jahrhundert: Während der Auseinandersetzungen mit Frankreich im Spanischen Erbfolgekrieg waren im Jahr 1709 drei Musketiere desertiert und wieder eingefangen worden. Von dem sofort einberufenen Standgericht wurden sie daraufhin aufgrund fehlender Begründungen ihrer Vorhaben zum Tode verurteilt. Der Regimentschef ließ sie daraufhin um ihr Leben würfeln,[1503] mit dem Ergebnis, dass der Soldat mit dem geringsten Würfelglück unverzüglich hingerichtet und den anderen beiden das Leben geschenkt wurde.[1504] Das Kriegsgericht war neben dem Obersten und einem Auditeur mit Offizieren, Unteroffizieren und Gemeinen besetzt und fällte mit Mehrheit das Todesurteil. Der hingerichtete Gemeine kann hier als abschreckendes Beispiel gesehen werden, der die Folgen der verbotenen Fahnenflucht auch dem anwesenden Bataillon, das bei der Hinrichtung zugegen war, klar vor Augen führte.[1505]

Die Einzelfälle zeigten in der Quellenanalyse ein breites Bild an möglichen »Tätern« und Angeklagten, die sich den Befragungen zu stellen hatten und eine Verteidigungsstrategie wählen mussten. Sie kamen aus allen Altersklassen, waren Ausländer und Inländer aus den zugeteilten Kantonen, traten als Einzelkämpfer

1503 Das Prinzip der »Dezimation« durch eine zufällige Bestimmung des repräsentativen Verurteilten war ein eher theoretisches Konstrukt, um die Zahl der Soldaten während der Feldzüge nicht zu sehr zu verringern. Die Praxis, einige Anstifter von Desertionen zur Prävention hinzurichten, war aber im Spanischen Erbfolgekrieg noch präsent. Vgl. Stollberg-Rillinger, Barbara: Um das Leben würfeln. Losentscheid, Kriegsrecht und inszenierte Willkür in der Frühen Neuzeit, in: Historische Anthropologie 22 (2014), S. 182–209, bes. S. 185f.

1504 Tessin, Georg: Mecklenburgisches Militär in Türken- und Franzosenkriegen 1648–1718, Köln/Graz 1966, S. 188.

1505 Ebd.; vgl. Keubke, Klaus-Ulrich: Die Militärjustiz in Mecklenburg-Schwerin an der Wende vom 18. zum 19. Jahrhundert, in: Zeitschrift für Heereskunde 426 (2007), S. 167–174.

vor Gericht auf oder gemeinsam in der Gruppe. Die behandelten Delikte waren vielfältig, einige davon bezogen sich direkt auf den Dienst im Regiment, andere gehörten in den Bereich der »allgemeinen« Delikte. Neben der versuchten Desertion (Soldaten Wunsch und Hanson) bildeten Werbeexzesse (Soldaten Otto und Lampe), Insubordination (Dragoner Dombruk), Totschlag (Fall Paulmann), versuchter Selbstmord und Kindsmord (Soldat Niemes), fahrlässige Tötung (Soldat Leuthner) und Betrug sowie Bestechung (Unteroffizier Trosberg und sein Oberst von Seel) sehr gegensätzliche Deliktformen und Verhandlungsmechanismen ab.

Doch alle spielten sich in direkter Auseinandersetzung mit dem Dienst als Soldat in der preußischen Armee ab. Die damit einhergehenden Motive sind in der Forschung unter anderem von Michael Sikora und Stephan Kroll bereits benannt worden. Die Deserteure Wunsch und Hanson verwiesen beide auf ihr Recht auf Beurlaubung und sprachen damit tatsächlich einen schwierigen Punkt an: denn die Kantonisten sollten außerhalb der Exerzierzeit auf den heimischen Feldern zur Verfügung stehen und daher beurlaubt werden. Dass diese Regelung zu Kriegszeiten geändert wurde, war sicher dem Bedarf an Soldaten geschuldet. Aber auch in Friedenszeiten wurden die Bauernsöhne trotz der Auflagen durch den König von ihren Regimentern teilweise zum Dienst eingezogen, auch die ältesten und einzigen Söhne. Das zeigte auch Johann Matthias Zander an, der 1749 um den Abschied seines Bruders ansuchte, da dieser auf der Wirtschaft der Familie gebraucht wurde.[1506] Obwohl der Abschied bereits bezahlt worden war, weigerte sich der vorgesetzte Offizier, diesen Abschied an den Obersten des Regiments weiterzureichen. Auch die beiden Soldaten Wunsch und Hanson wollten den Abschied, der ihnen durch ihren direkten Vorgesetzten verweigert worden war.

Im Fall der Gewalttat gegen den Torschreiber Heinrich Helmholz 1708 hatten die Soldaten nur angegeben, dass er sie beleidigt habe und sie lediglich ihre Ehre verteidigt hätten. Zu dem Vorwurf der rohen Gewalt gegen einen Bauern aus der Region nahmen die beiden in ihrem Verhör gar nicht erst Stellung. Auch so mussten sie die Motive des Übergriffs gar nicht weiter begründen, da ein gemischtes Verfahren, das in solch einem Fall hätte konstruiert werden müssen, an der abweisenden Haltung des Regiments scheiterte. Die seltenen Angaben zur sozialen Verortung der Dragoner zeigt die Auswertung in Tabelle 21.

1506 Vgl. Zander, Fundstücke, S. 23, Brief Nr. 2, vom 18.06.1749.

Tabelle 21: Akteure in den Fallakten

Name	Alter	Dienstzeit	Herkunft	Familienstand
Fall 1: Wunsch (Soldat) Hanson (Soldat	 k. A. k. A.	 k. A. k. A.	 unbekannt unbekannt	 nicht verheiratet nicht verheiratet
Fall 2: Andreas Otto (Musketier)	 k. A.	 k. A.	 unbekannt	 unbekannt
Peter Lampe (Musketier)	k. A.	k. A.	unbekannt	unbekannt
Fall 3: Franz Dombruk (Dragoner)	38	12 Jahre	Westfalen/Hamm	nicht verheiratet
Fall 4: Hans Strehle	 22	 k. A.	 unbekannt	 nicht verheiratet
Christian Macher	28	k. A.	unbekannt	nicht verheiratet
Fall 5: Thomas Niemes	 k. A.	 k. A.	 unbekannt	 verheiratet, 1 Kind
Fall 6: Sigmund Leuthner	 21	 5 ½ Monate	 Bayern	 nicht verheiratet
Fall 7: Friedrich Trosberg	 23	 6 Jahre	 Moritzburg/ Dresden	 nicht verheiratet
Gottfried von Seel[1507]	62	45	Westfalen	verheiratet

Der Dragoner Franz Dombruk, der sich einen offenen Protest gegen die Abtretung des Kameraden an die Infanterie leistete, sah sich ebenfalls im Recht, da eine solche Übergabe an die Fußtruppen als Abwertung verstanden wurde.

Da er zusätzlich betrunken gewesen war und in der Befragung ausschließlich mit dem Vorwurf der Meuterei und Anstiftung zum Aufruhr konfrontiert wurde, verlegte er sich auf den Alkohol als hauptsächlichen Beweggrund für sein Handeln. Im Fall des erschossenen Soldaten Paulmann hatten seine Kameraden nachweislich keinen Anteil an der Tat, allerdings beförderten sie durch falsche Zeugenaussagen erst den Eindruck, dass hinter der Tat durch italienische Bauern eine Vorgeschichte zwischen den Parteien gestanden und der Erschossene die Bauern durch beleidigende Schimpfworte gereizt habe. Demgegenüber besaß Thomas Niemes bei seinem Selbstmordversuch, bei dem er schließlich auch sein eigenes Kind tötete, eine für die Gerichtsinstanzen überzeugende Argumentation: Seine Frau war auf dem Marsch verstorben und hatte ihn mit dem kleinen Kind und einer schweren Krankheit zurückgelassen. Aus diesem Grund entwickelte der Soldat wohl eine Melancholie, die ihn zu seinen Taten trieb.

1507 Vgl. Sammlung ungedruckter Nachrichten, so die Geschichte der Feldzüge der Preußen 1740 bis 1779, Erster Theil, Dresden 1782, S. 438.

Im Fall von Sigmund Leuthner 1721 gab es für das eigentliche Delikt, die Tötung der Magd seines Wirtes, gar keine Motivation, sondern es handelte sich aus Sicht der Akteure, die an diesem Verfahren beteiligt waren, um einen bedauerlichen Unfall. In dem letzten Verfahren gegen den Unteroffizier Friedrich Trosberg, der mit Wissen seines vorgesetzten Obersten Abschiede und Trauscheine verkaufte, lässt sich die eigentliche Motivation gar nicht festmachen, da der Feldwebel seine Fehler zwar einräumte, aber bis zuletzt darauf bestand, von den gesetzlichen Verboten dieser Praxis nichts gewusst zu haben.

In den Gerichtsakten sind neben den Beklagten viele weitere Akteure sichtbar geworden, die jeweils einen Einfluss auf das Verfahren nehmen konnten: Befragungen wurden zunächst gemeinsam von Auditeur und Offizieren vorgenommen, in den Verfahren wurden mitunter Zeugen, auch aus der übrigen Bevölkerung, befragt und Protokolle von Amtsleuten oder den Auditeuren aufgesetzt. Auch die Kommandeure und vorgesetzten Offiziere konnten die militärgerichtlichen Verfahren beeinflussen. Die Schriftwechsel zwischen dem König und seinen Regimentschefs spiegelten Probleme mit der Disziplin und mit verschiedenen Delikten in den Regimentern wider. Gerade auf dieser oberen Ebene wurden Delikt, Strafmaß und der Wert des Soldaten oder Unteroffiziers gegeneinander abgewogen und verhandelt. Denn die Stellungnahme der Chefs für ihre Soldaten zeigte, dass dieselben auch von den Vorgesetzten Unterstützung erhielten, sofern sie sich bis zum Zeitpunkt ihrer Verfehlung vorbildlich benommen hatten.

Anhand der ausgewählten Beispiele in den Gerichtsakten der preußischen Armee ließ sich in der Analyse lediglich feststellen, dass Gewalthandlungen durch Soldaten oft Anlass zu Anzeigen durch die Bevölkerung boten und diese auch wahrgenommen wurden. Über die tatsächliche Quantität und Qualität von »militärischer Gewalt« im Alltag können die Dokumente allerdings keine endgültigen Aussagen liefern, da die Gerichtsakten selbst an die Entstehungsbedingungen und die Intention der Verfasser und Untersuchungsbeamten gebunden sind. Sie ermöglichen aber einen Einblick in die Konfliktsituation zwischen Soldaten und Zivilgesellschaft, auch für das preußische Militär, dessen Ausleuchtung bisher an der problematischen empirischen Basis scheiterte.

In der Forschung ist längst erkannt worden, dass auch im preußischen Königreich in der Herrschaftspraxis die Kommunikation zwischen Monarchen und Untertanen in den Herrschaftsgebieten keine Einbahnstraße darstellte, sondern sich vielmehr als ein gegenseitiges Wechselspiel zwischen Gesetzgebung, traditionell begründeten Rechtsansprüchen und Erwartungshaltungen gestaltete.[1508]

1508 Rischke, Janine; Winkel, Carmen: »Hierdurch in Gnaden …«. Supplikationswesen und Herrschaftspraxis in Brandenburg-Preußen im 18. Jahrhundert, in: Jahrbuch für die Ge-

Gerade die Angehörigen des Militärs erhielten durch ihren privilegierten Gerichtsstand im Fall eines Verfahrens das Privileg, bis vor den König zu gehen, um ihr Recht einzufordern oder um Gnade zu bitten. In der vorliegenden Arbeit an den Gerichtsakten aus den preußischen Regimentern spielen die Akteure, an deren Spitze der preußische König stand, in dem Verständigungsprozess über Kriminalität und abweichendes Verhalten eine entscheidende Rolle. Der Monarch selbst trat in diesem Verfahren als oberste Instanz der Militärgerichtsbarkeit meistens erst nach Ende des Verfahrens oder im Fall von besonderen Umständen der Causa oder gegenüber besonderen Akteuren (etwa gegen die Offiziere im Generalkriegsgericht) auf.[1509]

Im Zentrum der Auswertungen standen die Kriminalitätsdiskurse, die sich durch das Agieren der Soldaten und Unteroffiziere in den Gerichtsakten herauslesen lassen. Die Militärgerichtsakten waren je nach Fall unterschiedlich umfangreich, nahmen Zeugenaussagen in der Generalinquisition, Visitationsprotokolle, die Untersuchung des Corpus Delicti, die Spezialinquisition der Verdächtigen und andere Anlagen und Notizen auf.[1510] Eine formale Struktur, zumindest der schriftlichen Verhörprotokolle, war in der Kriegsgerichtsordnung von 1712 niedergelegt worden und bildete die Grundlage für den Inquisitionsprozess im preußischen Heer. Aufgrund der besseren Überlieferungslage bot hier das Regiment des Fürsten Leopold von Anhalt-Dessau zu Fuß (später als Infanterieregiment Nr. 3 in der Dessauer Spezifikation geführt) die Grundlage für die vorliegende mikrohistorische Betrachtung. Nicht nur der relativ lange Zeitraum, den das Regiment unter einem Inhaber erlebte, machte es für die Auswertung interessant, sondern auch die Nachvollziehbarkeit der verschiedenen Lager und Garnisonen, die einzelne Kompanien oder das ganze Regiment erlebt hatten. In der gesamten Zeit zwischen 1705 und 1747, als Leopold von Anhalt-Dessau verstarb, nahm die Aktenverwaltung im Regiment eine große Bedeutung ein: Neben den entscheidenden Unterlagen zur Buchhaltung, zu logistischen Fragen und zur Versorgung der Mannschaften und Offiziere spielten auch Probleme des Alltags in den Garnisonen, die Unterbringung der Soldaten mit Familien, die Heiratswünsche der Soldaten und die Erstellung sowie die Vollstreckung von Testamenten im Regimentsalltag eine wichtige Rolle. Daneben war der Alltag auch geprägt von Grenzüberschreitungen: Die Soldaten vergnügten sich in den Garnisonen, sie tranken, spielten, besuchten Bordelle, verliehen Geld, beteiligten sich an Schmuggelaktionen, Holzdiebstahl aus königlichen Forsten

schichte Mittel- und Ostdeutschlands. Zeitschrift für vergleichende und preußische Landesgeschichte 57 (2011), S. 57–86, hier S. 80f.

1509 Vgl. Kap. 2.1.2: Das Generalkriegsgericht.

1510 Vgl. Kap. 2.1.3 Der Inquisitionsprozess im Militär.

und waren mitunter gewalttätig und vorlaut[1511] – ebenso wie die Zivilbevölkerung.[1512] Aufgrund der gemeinsamen sozialen Herkunft von Soldaten und Bauern wie Handwerkern ist sogar nachzuvollziehen, dass es zu gemeinsamen illegalen Aktionen von Soldaten und Zivilisten kam, etwa, wenn die beurlaubten Soldaten in ihrer Heimat ein Delikt verübten. So wurde die Magd Margarete Riebow vermutlich gemeinsam von zwei beurlaubten Reitern eines Dragonerregiments verprügelt, um die Ehre und das Ansehen eines Bruders, der nicht in der Armee stand, zu verteidigen.[1513] Auch bei der Entwendung von Rohstoffen, wie etwa von Brennholz aus den Wäldern, wurden gemeinsame Aktionen von Zivilisten und Soldaten bezeugt.[1514]

Kam es zu einem Verfahren, wurden diese Delikte als »Iudicium mixtum« verfolgt und sollten gemeinsam untersucht und geahndet werden.[1515] Hierbei kam es jedoch oft zu Kompetenzstreitigkeiten und zu Uneinigkeiten, die meistens zulasten der dem Militär gegenüberstehenden Seite gingen: So berichteten auch im Fall Riebow die beteiligten Behörden, dass sie nicht wüssten, ob es in der beklagten Kompanie überhaupt zu einem Verfahren kommen würde. Und auch der misshandelte Torschreiber Helmholz schrieb vergeblich an das Regiment der Soldaten, die ihn schwer verletzt hatten sodass er sich schließlich an den Fürsten als Landesherrn wandte.[1516] Die Soldaten waren nebenbei ohne Anwesenheit eines zivilen Amtsmannes durch die Offiziere im Regiment befragt worden und deren Aussagen nur summarisch zusammengefasst worden, was selbst bei dem Amtsschreiber vor Ort Missbilligung hervorrief. Darüber hinaus boten die militärinternen Akten einen tieferen Einblick in die Wahrnehmung von Gewalt, Devianz und Kriminalität durch die Soldaten, als die städtischen Parallelakten dies vermochten.

Daher konzentrierte sich die Analyse vor allem auf jene Fälle, in denen wesentliche Bestandteile des gerichtlichen Verfahrens nachgezeichnet werden konnten und die somit zu einem Bild der gerichtlichen Praxis und zum Ablauf des Verfahrens in den Kriegsgerichten beitrugen. Kriminalität und Strafe waren dabei Ergebnisse eines Zuschreibungsprozesses oder mehrerer, die aus dem Zusammenspiel von Verhör, Indizienbeweisen, Zeugenaussagen und weiteren Informationen zum Delikt und den Umständen dazu resultierten. Wie sich ein

1511 Schwark, Lübecks Stadtmilitär, S. 305f. berichtet, dass insbesondere Eigentumsdelikte häufig vorkamen und sowohl Militärangehörige als auch Zivilisten stahlen, um das Diebesgut zu Geld zu machen oder auch nur um einen Streit auf anderem Weg auszutragen.

1512 Vgl. Pröve, Stehendes Heer, S. 263f.; Nowosadtko, Stehendes Heer im Ständestaat, S. 138f.; Kroll, Soldaten im 18. Jahrhundert, S. 220–297.

1513 Vgl. Kap. 3.3.6: Konflikte zwischen den Geschlechtern.

1514 Vgl. Kap. 3.3.2: Diebstahl und Eigentumsdelikte. In der ausgewerteten Akte wurde diese Kooperation zwischen Soldaten und Tagelöhnern betont.

1515 Vgl. Kap. 2.1.5: Das »forum militare« und das »iudicium mixtum«.

1516 Vgl. Kap. 4.2: Der Fall Helmholz.

Soldat in einer Befragung präsentierte, trug zur Bewertung seines Vergehens ebenso bei wie akzeptierte Argumentationsmuster, sprachliche Ausdrucksweise und allgemein die Diskurse um Eigentumsdelikte, Mord, Gewalttaten oder auch Desertion. Wie wichtig es war, dass das »richtige« Agieren vor Gericht auf ein dazu passendes Erwartungsmanagement traf, zeigte sich unter anderem in dem Fall des melancholischen Thomas Niemes, der aufgrund seiner anerkannten Vorerkrankung aus dem Verfahren genommen wurde. Im Dessauer Regiment zeigte sich diese Form des Kriminalitätsdiskurses an verschiedenen historischen Knotenpunkten in den Militärgerichtsakten: während der Kampagne in Italien zu Beginn des 18. Jahrhunderts 1705–1712, in der relativ friedlichen Phase in den Garnisonen zwischen 1720 und 1740 sowie danach in einzelnen Phasen von Krieg und Frieden bis 1747. So prägten die unterschiedlichen Erfahrungen der Soldaten mit Gewalt und Tod auch die Zuschreibungen von Kriminalität durch Soldaten und Vorgesetzte. Demnach stellte die Erschießung von Matthes Paulmann durch italienische Bauern 1711 keinen Einzelfall dar und war vor dem Hintergrund der militärischen Übergriffe auf die Bevölkerung für die Untersuchungsrichter nachvollziehbar.[1517] So ist auch zu erklären, warum die beiden anwesenden Soldaten immer wieder befragt wurden, ob der verstorbene Paulmann seinerseits eine Waffe in der Hand gehabt und dem Bauern gedroht habe. Offenbar hatten die Behörden vor Ort ihre Erfahrungen im Umgang mit den Soldaten gesammelt und dies spiegelte sich in der Befragung durch einen zivilen hohen Amtsträger gemeinsam mit dem Auditeur des Regiments wider.

Im Rahmen ihrer Möglichkeiten versuchten die Soldaten verständlicherweise, die härtesten Strafen zu vermeiden. Sie entwickelten in der Verteidigung neben sozialen Strategien für die Identifikation und Verteidigung einer ganzen Gruppe von »Soldaten« oder »Musketieren«, »Dragonern« oder kleinerer Gruppen von Enrollierten und Gleichgesinnten auch individuelle Ansätze. Wie einige Verhöre und überdies ein Blick in die Supplikationen zeigen, nutzten die Soldaten die Erwartungshaltung ihrer Vorgesetzten, sogar des Monarchen, um die Argumentation in ihrem Sinn zu drehen und zu beeinflussen. Dabei spielte auch das transportierte »Wir«-Gefühl eine wichtige Rolle. Die Analyse belegte aber auch, dass nicht in jedem Fall die Identifikation mit der sozialen Gruppe als Verteidigungsstrategie von den Soldaten selbst gewählt wurde. Die Erfolgsaussichten waren in der Folge, auch das zeigen die Akten, deutlich geringer als in Verfahren mit »Rückendeckung« durch die Kameraden.

Während in den meisten Fällen eine Gruppe von Reitern, Musketieren oder allgemein von Militärangehörigen gemeinsam auftrat, war dies in dem untersuchten Verfahren wegen versuchter Desertion nicht der Fall. Doch sowohl im Fall des Franz Dombruk wegen Insubordination als auch in der Fürsprache für

1517 Vgl. Kap. 4.4: Der Tod des Paulmann 1711.

den toten Kameraden Paulmann, sogar im Verfahren des verhinderten Selbstmörders Thomas Niemes, treten Momente der Identifikation und Anteilnahme zutage. Die unterstützenden Aussagen der übrigen Soldaten belegten den psychischen Zustand von Niemes und eine Vielzahl der Dragoner sprach sich für den verhafteten Franz Dombruk aus, der unter Alkoholeinfluss offenbar eine grundsätzliche Wahrnehmung äußerte: dass ein Angehöriger des Dragonerregiments nicht einfach an die Infanterie abgegeben werden durfte. Dafür trat er ein und sprach sich mit den Kameraden ab und geriet damit nicht nur in den Verdacht der Insubordination, sondern gar der Meuterei und Aufhetzung.

Dass er sich jedoch selbst nicht in diesem Bewusstsein sah, zeigte auch seine Aussage, er sei »doch kein Rebell«, sondern ein Soldat, der sich für den Kameraden einsetze.[1518] In diesem Moment akkumulieren Vorstellungen von ständischer Ehre, sozialer Zugehörigkeit und der individuellen Deutung dessen, was Recht und Unrecht ist, in einem Verfahren, das zumindest die Vorgesetzten als rechtmäßig ansahen. Aber schon die Unteroffiziere hatten Zweifel an der Zurechnungsfähigkeit des Dragoners sowie an den verschärfenden Zeugenaussagen der ebenfalls befragten Offiziere.

Noch etwas anderes drückte der Ausruf »Ich bin ja kein Rebell« in diesem Zusammenhang aus: das Wissen um die prinzipiellen Zuschreibungen von Kriminalität vor dem Hintergrund der Normen in den Kriegsartikeln. Im Fall der festgestellten Insubordination und Desertion konnte es zu entehrenden Strafen kommen, die aus dem Soldaten einen Schelm machten und ihn damit von ehrlichen Berufen und einem ehrlichen Leben ausschlossen. In vielen Fällen aber, und auch das zeigen die wenigen nachzuverfolgenden Lebensläufe von unehrlich gewordenen Soldaten, konnte im Gerichtsverfahren oder danach gegengesteuert werden. So lesen sich die Urteile und die Begründungen als Verhandlungsangebote, die sowohl vom König als auch von den Verurteilten selbst bis zu einem gewissen Grad durch akzeptierte Argumentationen und Verhaltensweisen beeinflussbar waren. Hinter all den beschriebenen Delikten, sei es aus der Perspektive der Verhörten oder der Verhörenden, aber auch aus der Darstellung in den normativen und rechtsetzenden Quellen, verbergen sich Vorstellungen von Recht und Unrecht. Und damit auch von Kriminalität und »Nicht-Kriminalität«. Vor allem von den Zuschreibungen der Regierenden war in der Praxis abhängig, welches Verhalten sanktioniert und damit als kriminell deklariert werden sollte. In Bezug auf diese Zuschreibung von Kriminalität fanden bei den übrigen Akteuren, die in den jeweiligen Verfahren sichtbar werden, ebenfalls Wahrneh-

1518 Vgl. Kap. 4.3: Der Fall des Franz Dombruk; obwohl Dombruk den abzugebenden Soldaten auch nicht besonders gut kannte, setzte er sich beim Obersten für den Verbleib im Regiment ein, weil es ihm weniger um den individuellen Fall des Soldaten als mehr um die prinzipiell anerkannte Behandlung des Soldaten ging.

mungsprozesse statt. Entweder lehnten die Soldaten es ab, ihr Verhalten überhaupt als *Kriminalität* bezeichnen zu lassen (»Ich bin ja kein Rebell«), oder sie gestanden die Tat, begründeten den Vorgang aber mit mildernden Umständen, die wiederum zu einer Justierung des Kriminalitätsbegriffs beitragen sollten.[1519]

Angesichts der politischen und gesellschaftlichen Mittel war es naheliegend, anzunehmen, dass die Deutungshoheit über Kriminalität bei der Regierung und ihren Institutionen, auch für die Angehörigen im Militär, lag.[1520] Dabei zeichneten die Edikte, Reglements, Kriegsartikel und Polizeiordnungen, ergänzt durch Kabinettsordern und Einzelbefehle, ein Bild dessen, was die preußischen Monarchen in den Regimentern als Recht und Unrecht ansahen. Diese »Scharfzeichnung« von idealisierten Ordnungsvorstellungen führte in der historischen Auseinandersetzung mit dem Militärstrafrecht, zum Teil bis heute, zu einer Übernahme der skizzierten Ziele als gegebene Fakten.[1521] Dazu kamen jedoch die »Weichzeichner« in der Praxis, die durch den Bedarf an gut ausgebildeten Soldaten ebenso beeinflusst wurden wie durch moralische Grundvorstellungen und soziale Aspekte.

Um den tatsächlichen Mechanismen von Strafandrohung und Strafpraxis in den preußischen Regimentern vor dem Hintergrund verschiedener Kriminalitätsentwürfe nachzugehen, war es notwendig, bis auf die Ebene der Regimentsgerichtsbarkeit zu gehen. In den Kriegsgerichten selbst wurden die Gründe für den vermeintlichen Widerspruch zwischen Norm und Wirklichkeit verständlich:

1519 So zielte etwa der *Labeling Approach* der Kriminologie darauf ab, die Zuschreibung von Kriminalität gesellschaftlichen Kräften zu überlassen und nicht als determinierten Zustand aufzufassen. Vgl. Becker, Howard S.: Außenseiter. Zur Soziologie abweichenden Verhaltens, Frankfurt a. M. 1981, S. 8.

1520 Dollinger u. a., Konturen einer Allgemeinen Theorie der Kriminalität als kulturelle Praxis, S. 13 stellten etwa in Bezug auf den Bedeutungsgehalt des Kriminalitätsbegriffs fest, »überdeterminiert ist Kriminalität dagegen, da er zahlreiche partikulare Bedeutungsgehalte über Kriminalität und Nicht-Kriminalität transportiert und dadurch mit Bedeutung überladen wird – denn zahlreiche Institutionen und Disziplinen sprechen über Kriminalität in einem jeweils anderen Zusammenhang – das entleert seine Sinnhaftigkeit, eröffnet aber auch die Möglichkeit, durch einen Konsens viele Akteure und Institutionen unter seiner Bezeichnung zu umfassen«.

1521 So beschäftigte sich etwa die Dissertation von Oliver Prinz bewusst mit dem »Soldatenbild« und der Heeresverfassung in den Reglements und Kriegsartikeln, ohne diese wirklich als Konstruktion zu entlarven. Vgl. Prinz, Oliver: Der Einfluss von Heeresverfassung und Soldatenbild auf die Entwicklung des Militärstrafrechts, Göttingen 2005, bes. S. 43–74; als frühe Kritik an dieser noch immer andauernden unkommentierten Übernahme von normativen Texten in den Bereich der tatsächlichen Gegebenheiten zu lesen ist Dinges, Martin: Frühneuzeitliche Justiz: Justizphantasien als Justiznutzung am Beispiel von Klagen bei der Pariser Polizei im 18. Jahrhundert, in: Heinz Mohnhaupt; Dieter Simon (Hg.): Vorträge zur Justizforschung. Geschichte und Theorien, Bd. 1, Frankfurt a. M. 1992, S. 269–292, bes. S. 275–277.

Ohne die gesetzgebende Norm gab es keine Verhandlung über das angemessene, normale und »nicht-kriminelle« Verhalten.

In diesem Sinn wurden Überschreitungen bis zu einem gewissen Grad und gestützt durch nachvollziehbare Argumente akzeptiert. Diese »Konstriktionen« wurden mit den Vorschriften abgeglichen und veränderten die Strafpraxis immer wieder. Diese Ausübung von Herrschaft führte in der modernen historischen Forschung zu dem Urteil, dass Soldaten gegenüber Zivilisten aufgrund der hohen Kosten ihrer Ausbildung und Montur höher gewichtet wurden.[1522] Auch wenn die zahlreichen Quellenverluste die Aufgabe erschwerten, bot doch das Regiment Anhalt-Dessau mit seinen erhalten gebliebenen Regimentsunterlagen im Landeshauptarchiv Sachsen-Anhalt eine Grundlage für die Analyse dieser Zuschreibung von Kriminalität.

Die Gerichtsakten zeigten, dass alle beteiligten Akteure mit gewissen Erwartungshaltungen in den Untersuchungen auftraten. Die Offiziere begleiteten die Verhöre und lieferten als Zeugen ihre Perspektiven auf abweichende Verhaltensweisen bei den Soldaten ab.

Auch die beteiligten Unteroffiziere schilderten, sofern sie nicht selbst als Täter im Mittelpunkt des Verfahrens standen, ihre Sicht auf das Delikt, den Inquisiten und die Untersuchungssache. Ebenso interessengeleitet aber war das Agieren der Soldaten, die sowohl als soziale Gruppe in Abgrenzung zu anderen Soldaten und Waffengattungen auftraten als auch individuell ihren Rechtsanspruch durchsetzen wollten. Mitunter war dies ein »gefühltes« Recht auf Urlaub oder faire Arbeitsbedingungen. Oder es musste von ihnen auch das Recht auf einen Abschied wegen Untauglichkeit umständlich beim Regimentschef eingeholt werden, im Gegenzug wurden Beurlaubungen den Mannschaften oft lange vorbehalten. Eine Loslösung aus dem Dienst musste dann in der Konsequenz der beteiligten Soldaten »mit anderen Mitteln« stattfinden. Fügt man die Auswertungsergebnisse und die Hinweise, die sich aus den unvollständigen Akten und Querverweisen ergeben, mit den normativen Texten und den öffentlich publizierten politischen Programmen der Hohenzollern-Könige zusammen, so ergibt sich ein ganz anderes Bild, als es Oliver Prinz noch 2005 in den Rechtstexten zu finden glaubte:

> »Der absolutistisch geprägte Herrscher betrachtet die Armee als ›sein‹ politisches Instrument. Dieses läßt entsprechend dem absolutistischen Staatsaufbau eine durchgängige Struktur von Befehl und Gehorsam von der Spitze hinunter bis zu den einfachen Soldaten erkennen. Unteroffiziere und einfache Soldaten sind nur ausführende Organe ohne jede eigene Persönlichkeit.«[1523]

1522 Vgl. Kroll, Soldaten; Lorenz, Das Rad der Gewalt.

1523 Prinz, Der Einfluss von Heeresverfassung und Soldatenbild auf die Entwicklung des Militärstrafrechts, S. 73.

Sowohl die Vielfalt der Delikte als auch die jeweilige Reaktion der preußischen Monarchen darauf zeigt vielmehr, dass selbst die Reglements der Offiziere und die weitaus härter formulierten Kriegsartikel für die Soldaten und Unteroffiziere vor allem als Basis der Rechtsprechung dienten. Die Kommunikation über Beweggründe und Motive für ein Vergehen eröffnete bereits Perspektiven, die der Soldat nutzen oder verwerfen konnte, indem er sich der richtigen Strategie bediente. Durch bewährte Argumentationsmuster, aber auch durch den Verweis auf individuelle und soziale Ehrkonzepte, die einem abweichenden Verhalten, etwa im Fall von gewalttätigen Auseinandersetzungen, zugrunde lagen, konnten Strafen gemildert und Verständnis für die Situation der Soldaten geweckt werden. Auf der anderen Seite wurde es dann gefährlich, wenn ein Soldat diese Argumentation nicht bediente und seine Strategie in den Augen von Zeugen und Untersuchungsrichtern unschlüssig war.

Wenn der Delinquent keinerlei soziale Unterstützung erfuhr, konnte für ihn ein höheres Strafmaß verhängt werden als in den Fällen, in denen Kameraden und Familienmitglieder als Fürsprecher auftraten.

Der »kranke« Soldat, der aus einem Anfall von Melancholie (nach eigener Angabe) ein Verbrechen beging, wurde durch die Argumentation und durch die Fürsprecher eher gestützt als ein Unteroffizier, der Teil eines korrupten Systems gewesen war, an dem viele Akteure beteiligt waren, der aber nun allein dafür verantwortlich gemacht werden sollte. Friedrich Trosberg verlor noch in der Untersuchung gegen ihn wegen Plackerei und Betrugs die Unterstützung durch seinen Obersten, der alle Mitwisserschaft bezüglich der Taten abstritt. Auch die vormaligen Interessenten, die seine Dienste genutzt hatten, um sich aus dem Militärdienst freizukaufen, gaben ihm kein gutes Zeugnis und sagten gegen ihn aus. Sogar die übrigen Unteroffiziere, die betonten, dass die Gesetze gegen Plackerei im Regiment bekannt gewesen seien, fielen ihm mit dieser Argumentation in den Rücken. Hier fehlte ihm demnach der soziale Rückhalt, der es ihm ermöglichte, in einen Diskurs einzusteigen.

An den Einzelfällen in den Regimentern zeigte sich, was für die gesamte Gesellschaft der Frühen Neuzeit in Preußen galt: Die Regierung und die Bevölkerung fanden sich in einem Austauschprozess über Gesetze, kulturelle Normen und den sozialen Status wieder. Regeln und Normen waren nicht in Stein gemeißelt, sondern wurden durch neue Entwicklungen in der Rechtspraxis beeinflusst und verändert.[1524] Auch noch im 18. Jahrhundert bewegte sich die Rechtsprechung durch Laiengerichte wie im Militär und auch durch das Vetorecht des Königs in einem weiten Spannungsfeld, das immer wieder Lücken oder Handlungsspielräume aufwies. Diese Lücken wussten auch die Bürger und Soldaten zu nutzen. In diesem Sinn ähnelte auch das Regiment einer Kleinstadt

1524 Vgl. Schlumbohm, Gesetze, die nicht durchgesetzt werden.

mit eigener Gerichtsbarkeit: Hier wie dort waren soziale Normen ebenso einflussreich wie die obrigkeitlichen Vorschriften, die Richter besaßen in ihrem Wirken eine gewisse Autonomie.[1525] Doch anders als in der frühneuzeitlichen Kleinstadt stellte das Militär in Preußen selbst ein Konstrukt dar, das den Idealen und Ideen der Monarchen und Offiziere entsprach und in der Praxis mit den Erfahrungen abgeglichen werden musste. Hierbei war beides möglich: Einerseits konnte der Soldat das Privileg seines Gerichtsstandes mit allen Vorteilen gegenüber zivilen Gerichten verteidigen.[1526] Andererseits war es jedoch auch möglich, dass er im Lauf des Verfahrens vom Zeugen in der Generalinquisition zum Täter in der Spezialinquisition wurde, der sich detaillierten Anklagen und nachteiligen Zeugenaussagen gegenübergestellt sah. So konnte aus einem betrunkenen Dragoner, der die soziale Ehre seiner Kompanie und der Dragoner verteidigen wollte, ein angeklagter Meuterer und Aufwiegler werden.[1527] Auch die Gewalttätigkeit von Soldaten war keineswegs eine allgemein akzeptierte Tatsache; erst recht, wenn sich das Verhalten gegen offizielle Amtsträger richtete. Zwischen diesen Optionen war alles möglich, denn die Soldaten waren kostbar:

> »Desertiert ein ungeschickter Kerl und wird er durch einen anderen Tölpel ersetzt, so ist das einerlei. Geht aber der Truppe ein Soldat verloren, den man zwei Jahre gedrillt hat, um ihm die nöthige körperliche Gewandtheit beizubringen, und wird er schlecht oder garnicht ersetzt, so hat das auf die Dauer schlimme Folgen.«[1528]

Doch die Disziplin der Soldaten stellte auch einen ideellen Wert dar, der durch Kommunikation und Aushandlung vollzogen werden musste.[1529] Eine hohe Zahl an Desertionen musste ebenso untersucht werden wie die Gründe für eine Meuterei oder für anhaltende Klagen und Beschwerden von Soldaten. Diese Kontinuität zog sich durch die Regierungsphasen aller drei Monarchen von Friedrich I. bis zu seinem Enkel Friedrich II. Doch während die ersten beiden preußischen Könige vor allem die Ordnung des Regiments und die dafür notwendige »Disziplin« durch die Militärgerichtsbarkeit gesichert sehen wollten, ging der Philosoph auf dem Thron einen Schritt weiter. Er wollte die Regeln für ein angenehmes Leben bei den Soldaten implementiert wissen:

1525 Franke, Von Schelmen, Schlägern, Schimpf und Schande, S. 33–64.

1526 Dass diese Zugehörigkeit zum Regiment durchaus von einigen Zeitgenossen als Privileg verstanden wurde, zeigen vor allem die gemischten Verfahren, in denen die Militärangehörigen oft die besseren Karten hatten. Vgl. Kap. 2.1.5 Das »forum militare« und »iudicium mixtum«.

1527 Vgl. Lorenz, Das Rad der Gewalt, S. 54.

1528 Generalprinzipien des Krieges, S. 5.

1529 Reinhard, Wolfgang: Zusammenfassung: Staatsbildung durch »Aushandeln«?, in: Ronald G. Asch; Dagmar Freist (Hg.): Staatsbildung als kultureller Prozess, Köln u. a. 2005, S. 429–439, bes. S. 430.

»Die Disziplin hält den Soldaten in Schranken und verpflichtet ihn, ein vernünftiges und geregeltes Leben zu führen; sie hält ihn von Gewalttat, Diebstahl, Trunkenheit und Spiel zurück und nötigt ihn, beim Zapfenstreich in seinem Quartier zu sein. In einem gut disziplinierten Heer muß es ehrbarer zugehen als in einem Mönchskloster [...].«[1530]

Friedrich II. war mitnichten ein Menschenfreund, aber klug genug, die Bedeutung dieser Kommunikation zwischen Regierenden und Regierten als Grundlage einer soliden Rechtspraxis anzuerkennen. Dafür war es notwendig, auf die Beweggründe für deviantes und strafbares Verhalten zu reagieren, um die Disziplin in der preußischen Armee langfristig durchzusetzen.[1531]

In diesem Sinne zeichnete den gesamten hier analysierten Zeitraum der preußischen Geschichte des Militärs ebenjene Kontinuität aus: Die Strafpraxis im Militär, Wahrnehmungen von Devianz und Kriminalität bei den beteiligten Akteuren auf allen Seiten und die Rezeption von traditionellen und neu gesetztem Recht bedingten eine »flexible« Rechtspraxis.

1530 Dietrich, Politische Testamente, S. 229.

1531 Friedrich II.: Geheimer Unterricht, enthaltend die den Offiziers Dero Armee, besonders denen von der Cavallerie, im Jahr 1778 ertheilten geheimen Befehle, wie sie sich bey gegenwärthigen Umständen verhalten sollen (Mit Anmerkungen des Prinzen von Ligne), Berlin 1799, S. 565: »Was für den Offizier dienen soll, kann auch für den Soldaten dienen. Wenn der Commandant die Gemüthsart und den Character desselben studirt, so wird der glückliche Erfolg leicht und gewiß sein. Unter den Escadrons findet man Alte, welche viele Einsichten besitzen und etwas Neues entdecken, oder die Entdeckung desselben verschaffen können. Ein Offizier muß sich sich oft mit ihnen unterhalten; dadurch erhält er Unterricht und erwirbt sich jenes Vertrauen, welches bei allen Arten von Unternehmungen sehr nützlich ist.«

7 Quellen- und Literaturverzeichnis

7.1 Ungedruckte Quellen

Geheimes Staatsarchiv Preußischer Kulturbesitz (GStA PK)

I. HA,
- NL Alexander von Dohna
- Rep. 9 Allgemeine Verwaltung, A19 Generalauditoriatssachen
- Rep. 41 Beziehungen zu Kursachsen
- Rep. 46B
- Rep. 49 Fiskalische Sachen
- Rep. 52 Städtesachen
- Rep. 63 Neuere Kriegssachen
- Rep. 94 Kleine Erwerbungen
- Rep. 94 A Sammlung Nebenzahl, Sammlung Adam
- Rep. 96 Geheimes Zivilkabinett, ältere Periode (1688–1797)
- Rep. 96 B Geheimes Zivilkabinett, ältere Periode (Minüten)
- Rep. 125

II. HA,
- Abt. 13 Neumark
- Abt. 33 Magdeburg
- Rep. 13 Materien, Handwerks-Privilegien
- Rep. 24

IV. HA,
- Rep. 1 Geheime Kriegskanzler
- Rep. 6 Generalauditoriat
- Rep. 11 Truppenteile
- Rep. 16 Militärvorschriften
- u.a. Nr. 461: Kriegsgerichtsordnung und Instruktionen König Friedrich I. über das Militärgerichtswesen 1712. Pag. = KGO
- Ebd. Militärgerichtliche Instruktion für die Auditeure 1712 = MGI

VI. HA,
NL Gneisenau

X. HA,
Rep. 2 A Domänenregistratur

BPH,
Rep. 36

Landeshauptarchiv Sachsen-Anhalt, Abteilung Dessau (LASA),

Z44 Abteilung Dessau
A Das Fürstenhaus (1337–1921)
A 9 Militärische, politische und schriftstellerische Tätigkeiten der Mitglieder des herzoglichen Hauses
I Fürst Leopold selbst
IV Fürst Dietrich
VI Fürst Moritz
VII Fürst Leopold Friedrich Franz

7.2 Gedruckte Quellen

Anonym: Actenmässige Nachricht an das Publicum von der Inquisition, wider die in Stargard inhaftirte Räuber-Bande, oder kurzgefaßter Auszug aus denen bey dem Stadt-Gericht zu Stargard aufgenommenen Inquisitions-Acten [...], o. O. 1773

Anonym: Philosophische und Historische Betrachtungen, eines Rechts-Gelehrten über das gerichtliche Verfahren, imgleichen die Macht-Sprüche und unmittelbahre Entscheidungen der Souverains; in einem Schreiben an seinen Freund zu Turin, o. O. 1765

Anonym [Spaten]: Auditeur oder Kriegs-Schultheiß, das ist richtige und untrügliche Anweisung, was maassen ein General- und Regiments-Auditör ihr hochangelegenes richterliches Amt, so in Feldlägern, als Fest- und Besatzungen, wie nicht weniger in den Quartieren, auf Zügen und Rasttagen, denen Kriegesrechten und Gewohnheiten gemäß klüglich, geschicklich, gewissenhaft und löblich verwalten und beobachten sollen. [...] Aus selbsteigener Beleb- und Erfahrung herausgegeben von dem Spaten, Nürnberg 1694

Beccaria, Cesare: Von den Verbrechen und Strafen. Aus dem Italienischen mit des Hrn Verfasssers noch nicht gedruckten Ergänzungen nach der neuesten Auflage ins Deutsche übersetzt und mit vielen Anmerkungen versehen, Ulm 1767

Berlinische Monatsschrift, 57 Bände, Bielefeld 1783–1811, Band 2: 1784

Berlinische Zeitung (Vossische), Ausgaben: 13.01.1724, 19.02.1724, 09.03.1724

Biographisches Lexikon aller Helden und Militairpersonen, welche sich in Preußischen Diensten berühmt gemacht haben (hrsg. von Anton Balthasar König), Bd. 1, Berlin 1788

Bleckwenn, Hans (Hg.): Preußische Soldatenbriefe (= Altpreußischer Kommiss, 19), Osnabrück 1982

Bleckwenn, Hans (Hg.): Geschichte des Füsilier-Regiments von Kleist (= Altpreußischer Kommiss, 12), Neudruck der Ausgabe von 1767, Osnabrück 1978

Bleckwenn, Hans (Hg.): Geschichte des Infanterie-Regiments Friedrich August von Braunschweig (Neudruck der Ausgabe Halle 1767, mit einer Einführung von Hans Bleckwenn) (= Altpreußischer Kommiss, 11), Osnabrück 1975

Bräker, Ulrich: Was gehen mich eure Kriege an? Soldatsein unter dem Großen Friedrich, Hürtgenwald 1985

Bräker, Ulrich: Lebensgeschichte und Natürliche Ebentheuer des Armen Mannes im Tockenburg, ND Zürich 1993

Cavan, Georg Wilhelm: Das Krieges- oder Militär-Recht wie solches jetzt bei der Königlich Preußischen Armee bestehet, Bd. 1, Berlin 1801

Dancko, Johann Stephan: Kurtzer Entwurf des Kriegs-Rechts, wie solches vornehmlich in denen Königlichen Preußischen und Churfürstl. Brandenburgischen Land-Tags-Abschieden/ Kriegs-Articulen, Ordonnanzien/ Reglementen/ Edicten & c. enthalten, Bad Honnef 982 (Neudruck der Ausgabe 1725)

Designation der Spitzbuben und Diebe, so von den in Cottbus in Haft sitzenden [4 benannten] Spitzbübinnen [...] angegeben und beschrieben worden, den 3. Mart, o. O. 1729

Dölfer, Johann Anthon: Das wolleingerichtete Krieges-Recht oder Rechts gegründete Information Auff was Art Bey Krieges-Berichten vornemlich aber in Criminal-Sachen ein Process vorsichtig zu formiren, wie bey Inquisitionen, Incarcerationen, Todes- und andern Straffen, wie auch Torturen und allen dergleichen bey Kriegs-Sachen vorfallenden Handlungen vorsichtig und den Rechten gemäß zu verfahren: Allen Krieges-Richtern und Assessoren, ... wie auch Hohen und Niedrigen Officiren sehr nütz und dienlich; Nicht nur aus den bewehrten Scribenten zusammen gezogen, sondern auch aus eigener Erfahrung gefasset und dem Publico zum besten gestellet, Leipzig 1718

Dreyer, Joseph Ferdinand: Leben und Thaten eines preußischen Regiments-Tambours. Mit einer Einführung von Hans Bleckwenn (Neudruck der Ausgabe Breslau 1810), Osnabrück 1975

Dreyhaupt, Johann Christph von: Pagus Neletici et Nudzici, Ausführliche diplomatisch-historische Beschreibung des zum ehemaligen Primat und Ertz-Stifft, nunmehr aber durch den westphälischen Friedens-Schluß secularisirten Herzogthum Magdeburg gehörigen Saal-Creyses [...] insonderheit der Städte Halle, Neumarckt, Glaucha, Wettin, Lobegun, Cönnern und Alsleben, Erster Theil, Halle 1755

Dunkel, Johann Gottlob Wilhelm: Historisch-Critische Nachrichten von verstorbenen Gelehrten und deren Schriften [...], Bd. II, Teil 1, Dessau und Cöthen 1755

Ergänzungen und Erläuterungen der Preußischen Rechtsbücher durch Gesetzgebung und Wissenschaft, Supplementband 2: zu den Ergänzungen der Criminal-Ordnung, Theil II des Allgemeinen Landrechts, Breslau 1840

Esselborn, Karl: Über Verbrechen und Strafen. Von Cesare Beccaria, Leipzig 1905

Extract aus Ihrer Königl. Maj. in Preussen den 28. Febr. 1714 zu Potsdamm gegebenem und gedruckten Reglement, wie bey dero gantzen Infanterie der Dienst im Felde und in Guarnisonen geschehen soll, und wornach sich die Feld-Marschalls, Generals, Commendanten, Obristen, oder Commandeurs von denen Bataillons und die sämtliche Officirer von der Infanterie zu halten haben, in: Johann Christian Lünig: Corpus Iuris Militaris des Heil. Röm. Reichs, worinn das Kriegs-Recht sowol der Röm. Kayserl.

Majestät, als auch desselben Reichs und dessen Creisse insgemein, ingleichen aller Churfürsten, und derer mächtigsten Fürsten und Stände in Teutschland insonderheit, enthalten ist, Leipzig 1723, S. 936

Fassmann, David: Leben und Taten des [...] Königs Friderici Wilhelmi I. [...], Hamburg/ Breslau 1735

Fleming, Hans Friedrich von: Der vollkommene Teutsche Soldat (Neudruck der Ausgabe Leipzig 1726), Leipzig 1967

Friccius, Carl: Entwurf einer Verordnung über die Einführung des mündlichen Verfahrens in den kriegsgerichtlichen Untersuchungssachen, Berlin 1853

Friccius, Carl: Entwurf eines deutschen Kriegsrechts, erläutert durch eine Geschichte des deutschen Kriegsrechts und einen Rechtfertigungs-Bericht, Berlin 1848

Friderici I., König in Preußen und Churfürst zu Brandenburg: Krieges-Artickul vor die enrollirte Miliz in den Städten, 1705, in: Thomas Fritsch: Corpus Iuris Militaris Novissimum. Oder Neuestes Krieges-Recht, worinnen die militair-verordnungen, welche die Römischen Kayser, die geist- und weltliche Chur-Fürsten, die mächtigste Fürsten und andere vornehme Stände des Heil. Röm. Reichs, ingleichen die auswärtigen Könige und Republiquen bis auf die Zeit ergehen lassen, zu finden, Leipzig 1724

Friedrich II.: Geheimer Unterricht, enthaltend die den Offiziers Dero Armee, besonders denen von der Cavallerie, im Jahr 1778 ertheilten geheimen Befehle, wie sie sich bey gegenwärthigen Umständen verhalten sollen (Mit Anmerkungen des Prinzen von Ligne), Berlin 1799

Friedrich II.: 102 Edicte für Schlesien. 1742–1756 (Sammlung der Staatsbibliothek Berlin).

Friedrich II., König in Preußen: Seiner Königl. Majestät in Preussen, etc. Alergnädigst neu approbirte Krieges-Articul vor Unter-Officier und gemeine Soldaten, sowohl von der Infanterie als auch Cavallerie, Dragoner und Artillerie, 1749 (De Dato Potsdam, den 16. Juni 1749)

Friedrich II.: Die Generalprinzipien des Krieges und ihre Anwendung auf die Taktik und Disziplin der preußischen Truppen (1748), in: Volz, Berthold: Die Werke Friedrichs des Großen in deutscher Übersetzung, Bd. 6, Berlin 1913, S. 5–86

Fritsch, Thomas (Hg.): Corpus Iuris Militaris Novissimum. Oder Neuestes Krieges-Recht, worinnen die militair-verordnungen, welche die Römischen Kayser, die geist- und weltliche Chur-Fürsten, die mächtigste Fürsten und andere vornehme Stände des Heil. Röm. Reichs, ingleichen die auswärtigen Könige und Republiquen bis auf die Zeit ergehen lassen, zu finden, Leipzig 1724 = CIMN

Gansauge, H. von: Das brandenburgisch-preußische Kriegswesen um die Jahre 1440, 1640 und 1740, o. O. 1839

Gaudlitz, Gottlieb: Die Höchst verdammliche Sünde des grausamen Selbst-Mords, wurde [...] allen Sündern, zu ihrer nötigen Warnung vorgestellet, Leipzig 1736

Gesammelte Werke Friedrichs des Großen in Prosa – Ausgabe in einem Bande (hrsg. von Isaak Jost), Berlin 1837

Geschichte und Nachrichten von dem Königl. Preuß. Infanterieregimente Fürst Leopold von Anhalt-Dessau, Halle 1767

Geschichte und Nachrichten von dem königl. preuß. Infanterieregimente Fürst Franz Adolph von Anhalt-Bernburg von der Zeit seiner Stiftung bis zum 18sten Aug. des Jahres 1767

Gespräche In dem Reiche derer Todten: Bestehende In einer Fortsetzung und Vollendung der nechst-vorhergehenden, zwischen dem Printzen Maximilian Emanuel des Hertzogs von Würtemberg Herren Gebrüderen einem, und dem Kayserlichen Feldmarschall, Grafen von Mercy, Deer 1735

Grünhagen, Colmar; Wachter, Franz (Hg.): Akten des Kriegsgerichts von 1758 wegen der Kapitulation von Breslau am 24. November 1757, Breslau 1895

Hagendorf, Peter: Tagebuch eines Söldners aus dem Dreißigjährigen Krieg, Göttingen 2013

Härter, Karl (Hg.): Repertorium der Policeyordnungen der frühen Neuzeit, 2 Bde.: Brandenburg-Preußen, Frankfurt a. M. 1998

Hausmann, Jost: Grundzüge der Strafrechtsgeschichte, in: Heinz-Günther Borck (Hg.): »Recht und Unrecht.« Kriminalität und Gesellschaft im Wandel von 1500–2000 (Gemeinsame Landesausstellung der Rheinland-Pfälzischen und Saarländischen Archive). Wissenschaftlicher Begleitband, Koblenz 2002

Hellfeld, Johann August (Hg.): Repertorium Reale Practicum Iuris private Imperii Romano–Germanici oder: Vollständige Sammlung aller üblichen und brauchbaren Rechte im Heiligen Römischen Reiche und den benachbarten Landen […], Jena 1760

Hommel, Carl Ferdinand: Des Herren Marquis von Beccaria unsterbliches Werk von Verbrechen und Strafen, Auf das Neue selbst aus dem Italiänischen übersetzt mit gurchgängigen Anmerkungen, Breslau 1778

Kant, Immanuel: Idee zu einer allgemeinen Geschichte in weltbürgerlicher Absicht (1784), in: Kants gesammelte Schriften (hrsg. von der Königlich Preußischen Akademie der Wissenschaften), Bd. VIII, o. O. 1912

Kant, Immanuel: Metaphysik der Sitten. Erster Teil: Metaphysische Anfangsgründe der Rechtslehre (1797), Bd. VI, o. O. 1914

Kerler, Dietrich (Hg.): Dominicus – Aus dem Siebenjährigen Krieg. Tagebuch des preußischen Musketiers Dominicus (Neudruck der Ausgabe München 1891), Osnabrück 1972

Kloosterhuis, Jürgen: Bauern, Bürger und Soldaten. Quellen zur Sozialisation des Militärs im preußischen Westfalen 1713–1803, Regesten 1992

Knorre, Carl Gottlieb: Gründliche Anleitung zum Krieges-Proceß, worinnen von denen Ober- und Unter-Gerichten, Malefitz-, Stand-, Spieß- und Cammer-Rechte, Personen und Sachen, welche vor die Krieges-Gerichte gehören, dem Krieges-Proceß in bürgerlichen und peinlichen Sachen […] wie auch denen Krieges-Straffen, nach denen Römisch- und Rußisch-Kayserlichen, Königl. Preußischen etc. […] publicirten Krieges-Rechten umständlich gehandelt wird, Halle an der Saale 1738

Liste der Kirchen-Räuber und Diebe, welche von denen zu Strelitz den 17. August 1728 gehangenen 4 Ertz-Dieben […] gerichtlich benannt und beschrieben worden (Druck)

Ludovici, Jacob Friederich: Einleitung zum Kriegs-Proceß, Halle 1715

Lünig, Johann Christian: Corpus Iuris Militaris des Heil. Röm. Reichs, worinn das Kriegs-Recht sowol der Röm. Kayserl. Majestät, als auch desselben Reichs und dessen Creisse insgemein, ingleichen aller Churfürsten, und derer mächtigsten Fürsten und Stände in Teutschland insonderheit, enthalten ist, Leipzig 1723

Lyncker, Nicolai Christophorus de: Tractatio Iuridica de Amputatione Membrorum in his qui delinquent. Vom Abhauen des Kopfs, Hände, Füsse, und Abschneiden der Ohren, Nase u.s.f, Berlin 1742

Magister F. Ch. Laukhards Leben und Schicksale: von ihm selbst beschrieben. Deutsche und französische Kultur- und Sittenbilder aus dem 18. Jahrhundert, 8. Aufl., Stuttgart 1910

(Post-täglicher) Mercurius oder Besondere Relation, von denen wichtigsten in Europa vorgehenden Affairen und Begebenheiten, denen Neu-Begierigen zu beliebter Vergnügung zusammen getragen in der kayserlichen Residentz-Stadt Wienn, den 12. Juni 1710

Militarische Briefe oder freye Gedanken über das jetzige Kriegeswesen nach dem französischen Original übersetzt von B**, Münster 1780

Moehsen, Johann Karl Wilhelm: Betrachtungen über die Berlinischen Selbstmörder, in: Berlinische Monatsschrift, Bd. 12, 1788, S. 200–223

Müller, George Friedrich: Königlich-Preußisches Krieges-Recht, oder vollständiger Innbegriff aller derjenigen publicirten Gesetze, Observantzen und Gewohnheiten, welche bey der Königl. Preußl. Armée zu beobachten sind, und ein jeder Officier und Soldate, auch sämmtliche Auditeurs, Räthe, Richters und Advocaten zu wissen nöthig haben. Nebst einer Vorrede, worinnen von denen Ursachen, weshalb die Krieges-Rechts-Wissenschaft bishero versäumt ist, gehandelt, und die Frage: Ob ein Positivum Jus Militare Commune existire? Untersucht worden, Berlin 1760

Müller, Johann Conrad: Der wohl exercirte Preußische Soldat (mit Kommentar und der Lebensgeschichte Müllers von Helmut Eckert), Osnabrück 1978 (Neudruck der Ausgabe Schaffhausen 1759)

Mylius, Christian Otto (Hg.): Corpus Constitutionum Marchicarum [...] oder Königl.-Preußis. und Churfürstl.-Brandenburgische in der Chur- und Marck Brandenburg auch incorporirten Landen publicirte und ergangene Ordnungen, Edicta, Mandata, Rescripta etc., Berlin/Halle 1737–1751 (CCM)

Mylius, Christian Otto (Hg.): Corpus Constitutionum Marchicarum Continuationum I–III. Supplementa einiger in der Chur- und Marck Brandenburg, auch incorporirten Landen, ergangenen Edicten, Mandaten, Rescripten etc. von 1737 biß 1747, Berlin 1737–1751

Mylius, Christian Otto (Hg.): Corpus Constitutionum Magdeburgicarum novissimum oder Königl. Preuß. Und Churfl. Brandenb. Landes-Ordnungen, Edicta und Mandata im Herzogthum Magdeburg, wie auch in der Grafschafft Mansfeld. Von Anno 1680 biß 1714 publiciret und samt einigen Rescripten ans Licht gegeben, Magdeburg/Halle 1714 (CCMagd)

Nencke, Carl Christoph: Desertion aus unbekannten Beweggründen, in: Gnothi Sauton oder Magazin der Erfahrungsseelenkunde, Bd. II, Stück 1 (1784), S. 16f.

Neue Genealogisch-historische Nachrichten [...], Leipzig 1753

Oberländer, Samuel: Lexicon Juridicium Romano-Teutonicum, hrsg. und eingeleitet von Rainer Polley, Köln u. a. 2000 (Neudruck der 4. Aufl., Nürnberg 1753)

Pagus Nelecti et Nudzici oder Ausführliche Diplomatisch-Historische Beschreibung des zum ehemaligen Primat und Ertz-Stifft, nunmehr aber durch den westphälischen Friedens-Schluß secularisirten Herzogthum Magdeburg gehörigen Saal-Creyses, und aller darinnen befindlichen Städte, Schlösser, Aemter, Rittergüter, adelichen Familien, Kirchen, Clöster, Pfarren und Dörffer, Insonderheit der Städte Halle, Neumarck, Glaucha, Wettin, Lobegun, Cönnern und Alsleben, aus Actis publicis und glaubwürdigen Nachrichten mit Fleiß zusammen getragen, mit vielen ungedruckten Documenten bestärcket, mit Kupferstichen und Abrissen gezieret, und mit nöthigen Registern versehen von Johann Christoph von Dreyhaupt [...], Zweyter Theil, Halle, in Verlegung des Waysenhauses 1755

Pickert, Johann Christoph: Lebens-Geschichte des Unterofficier Pickert. Invalide bey der 7ten Compagnie (mit einem Nachwort versehen und hrsg. von Gotthardt Frühsorge und Christoph Schreckenberg), 2. Aufl., Göttingen 2006

Petri's Handbuch der Fremdwörter, 13. Aufl., Leipzig 1899

Preuß, Johann David Erdmann: Urkundenbuch zu der Lebensgeschichte Friedrichs des Großen, Vierter Theil, Berlin 1834

Reglement vor die Königl. Preußische Infanterie von 1726. Faksimiledruck der Ausgabe Berlin 1726. Mit einer Einleitung von Hans Bleckwenn (= Bibliotheca Rerum Militarum. Quellen und Darstellungen zur Militärwissenschaft und Militärgeschichte, 4), Osnabrück 1968

Reglement vor die Königl. Preußische Infanterie 1743. Faksimiledruck der Ausgabe Berlin 1743. Mit einer Einleitung von Hans Bleckwenn, Hälfte 1.2. (= Altpreußischer Kommiss, 33–34), Osnabrück 1976

Rieck, Gustav (Hg.): Friedrich des Großen letzter Dragoner, Johann Gottlieb Allfärtty: geboren 1740 am 10. August, gestorben 1838 am 19. Mai. Vom Verfasser des »Alten Sergeanten«, Breslau: Verlags-Komptoir 1838

Sammlung ungedruckter Nachrichten, so die Geschichte der Feldzüge der Preußen 1740 bis 1779, Erster Theil, Dresden 1782

Sanson, Henri: Tagebücher der Henker von Paris 1685–1847, Bd. 1, Leipzig 1982

Scharnhorst, Gerhard von: Private und dienstliche Schriften, Bd. 5: Preußen 1808–1809. Leiter der Militärreorganisation (hrsg. von Johannes Kunisch in Verbindung mit Michael Sikora, bearbeitet von Tilman Stieve), Köln u. a. 2009

Schiller, Friedrich: Der Verbrecher aus verlorener Ehre (= Neuer deutscher Novellenschatz, 24), München u. a. 1887

Schlesische Instantien-Notiz oder das ietzt lebende Schlesien, des 1753sten Jahres, im Gebrauch der Hohen und Niederen, Breslau 1753

Schröder, Herr Dr.: Graumsamkeit eines gefangenen Soldaten gegen seinen eigenen Körper, in: Gnothi Sauton oder Magazin der Erfahrungsseelenkunde, Bd. II (1788), Stück 1, Kap. VIII, S. 60–64

[J. F. Schultze]: Corpus Juris Militaris, darinnen insonderheit das Churfürstl. Brandenburgische Kriegs-Recht, und Artickels-Brieff, von neuen übersetzt und verbeßert, wie auch verschiedner anderer hohen Potentaten, Krieges-Satzungen und Observantien enthalten [...], Frankfurt und Leipzig 1687

»Selbst-Mord«, in: Johann Heinrich Zedler: Grosses vollständiges Universal-Lexikon, Bd. 36, Leipzig und Halle 1743, Sp. 1595–1614

Seyfart, Johann Friedrich: Vollständige Geschichte aller preußischen Regimenter von ihrer Errichtung bis auf die gegenwärtige Zeit [...], Fünftes Stück, No. XLIV Geschichte und Nachrichten von dem Königl. Preuß. Fuselierregimente von Brietzke von der Zeit seiner Stiftung bis zum 28sten Aug. des Jahres 1767, Halle 1767

Seyfart, Johann Friedrich: Lebens- und Regierungsgeschichte Friedrichs des andern, 2 Bände, Leipzig 1786

Statistische Nachrichten über die Armee Friedrich Wilhelms I., in: Mitteilungen aus dem Archiv des Königlichen Ministeriums 1891, Heft 2, S. 59–65

Teller, Johann Friedrich: Vernunft- und Schriftmäßige Abhandlung über den Selbstmord, Leipzig 1776

Umständliche Nachricht von der grausamen Mordthat, welche Joseph Zahnhofer, ein Füsilier aus der Berlinischen Garnison, 44 Jahre alt [...], bey seiner Desertion, den 15ten September 1784, bey dem Liebenwaldischen Amts-Dorfe Hammer, an einem 18jährigen Schneiderburschen [...] verübet, [...] für welche ruchlose Frevelthat derselbe heute [...] nach Urtheil und Recht, von unten auf gerädert, und sein Körper aufs Rad geflochten werden soll, Berlin 1784

Unter-Officier Reglement, vor die Königliche Preußische Infanterie, worin enthalten die Hand-Griffe mit der Flinte, Kurtz-Gewehr, und mit den Fahnen, und was die Unter-Officiers in der Chargirung im marchiren auch sonsten zu observiren haben, auch wie der Dienst im Felde und Guarnison von den Unter-Officiers geschehen soll, Potsdam 1. März 1726

Volz, Berthold: Die Werke Friedrichs des Großen in deutscher Übersetzung, Bd. 2, Berlin 1913

Von Saldern Infanterie Regiment Anno 1771. Nach einem Manuskript der Zeit. Mit einer Einführung von Werner Hanne (= Altpreußischer Kommiss, 30), Osnabrück 1986

Wachter, Franz (Hg.): Akten des Kriegsgerichts von 1763 wegen der Eroberung von Glatz 1760 und Schweidnitz 1761, Breslau 1897

Wagner, Johann Jacob: Moral, in: Beispiele für die Jugend, Berlin 1796, S. 93–100

Zander, Christian: Fundstücke. Dokumente und Briefe einer preußischen Bauernfamilie (1747–1953), Hamburg 2015

Zedler, Johann Heinrich: Grosses vollständiges Universal Lexicon aller Wissenschaften und Künste [...], Leipzig u. a. 1732–1754

Zedler, Johann Heinrich: Art. »Regimentsquartiermeister«, in: Ders., Universal Lexicon, Bd. 30, Sp. 1846f.

X [Anonym]: Etwas über die Zuchthäuser, in: Ephemeriden der Menschheit oder Bibliothek der Sittenlehre, der Politik und der Gesetzgebung, Bd. II: 1786, S. 576–585

7.3 Literatur

Abel, Wilhelm: Stufen der Ernährung – eine historische Skizze, Göttingen 1981

Acta Borussica 6,1: Einleitende Darstellung der Behördenorganisation und allgemeinen Verwaltung in Preußen beim Regierungsantritt Friedrichs II., Berlin 1901

Adloff, Frank: Kollektives Handeln und kollektive Akteure, in: Friedrich Jaeger; Jürgen Straub (Hg.): Handbuch der Kulturwissenschaften, Bd. 2: Paradigmen und Disziplinen, Stuttgart 2004, S. 308–326

Allgemeine Deutsche Biographie (ADB), 56 Bände, Leipzig 1875–1912

Allkämper, Urte: Die Braut des Soldaten. Symbolische Kommunikation mit der Waffe von der Frühen Neuzeit bis zur Gegenwart, in: Militär und Gesellschaft in der Frühen Neuzeit 8 (2004), S. 45–48

Althoff, Martina: »Kriminalität« – eine diskursive Praxis. Foucaults Anstöße für eine Kritische Kriminologie (mit einem Vorwort von Fritz Sack), Münster 1995

Anderson, Perry: Hegemonie. Konjunkturen eines Begriffs (aus dem Englischen von Frank Jakubzik), Berlin 2018

Arlinghaus, Franz-Josef: Sprachformeln und Fachsprache. Zur kommunikativen Funktion verschiedener Sprachmodi im vormodernen Gerichtswesen, in: Reiner Schulze (Hg.): Symbolische Kommunikation vor Gericht in der Frühen Neuzeit (= Schriften zur Europäischen Rechts- und Verfassungsgeschichte, 51), Berlin 2006, S. 57–72

Asch, Ronald G.; Freist, Dagmar (Hg.): Staatsbildung als kultureller Prozess, Köln u. a. 2005

Asmus, Helmut: 1200 Jahre Magdeburg. Von der Kaiserpfalz zur Landeshauptstadt, Bd. 2: Die Jahre 1631 bis 1848, Leipzig 2002

Assmann, Aleida; Assmann, Jan: Kultur und Konflikt. Aspekte einer Theorie des unkommunikativen Handelns, in: Jan Assmann; Dietrich Harth (Hg.): Kultur und Konflikt, Frankfurt a. M. 1990, S. 11–48

Astleitner, Hermann: Theorieentwicklung für SozialwissenschaftlerInnen, Wien u. a. 2011

Auffermann: Friedrichs des Großen Bedeutung für die Strafrechtspflege, in: Zeitschrift für Wehrrecht II Nr. 3/4 (1937), S. 148–149

Bähr, Andreas: Gottes Wort, Gottes Macht und Gottes Furcht. Gewaltdrohung und Sprache im 17. Jahrhundert, in: Jutta Eming; Claudia Jarzebowski (Hg.): Blutige Worte. Internationales und interdisziplinäres Kolloquium zum Verhältnis von Sprache und Gewalt in Mittelalter und Früher Neuzeit, Göttingen 2008, S. 213–232

Bähr, Matthias: Die Sprache der Zeugen. Argumentationsstrategien bäuerlicher Gemeinden vor dem Reichskammergericht (1693–1806), Konstanz 2012

Batelka, Philipp; Weise, Michael; Xenakis, Stefan; Carl, Horst: Berufsmäßige Gewalttäter. Wie Söldnergewalt in der Frühen Neuzeit entfesselt und begrenzt wurde, in: Winfried Speitkamp (Hg.): Gewaltgemeinschaften in der Geschichte. Entstehung, Kohäsionskraft und Zerfall, Göttingen 2017, S. 83–100

Baumann, Ursula: Vom Recht auf den eigenen Tod. Die Geschichte des Suizids vom 18. bis zum 20. Jahrhundert, Weimar 2001

Baumgart, Peter (Hg.): Die Preussische Armee zwischen Ancien Régime und Reichsgründung, Paderborn u. a. 2008

Baumgart, Peter: Friedrich Wilhelm I. – ein Soldatenkönig?, in: Ders. (Hg.): Die Preussische Armee zwischen Ancien Régime und Reichsgründung, Paderborn u. a. 2008, S. 3–26

Becker, Frank (Hg.): Zivilisten und Soldaten. Entgrenzte Gewalt in der Geschichte, Essen 2015

Becker, Howard S.: Außenseiter. Zur Soziologie abweichenden Verhaltens, Frankfurt a. M. 1981

Behrisch, Lars: Gerichtsnutzung ohne Herrschaftskonsens. Kriminalität in Görlitz im 15. und 16. Jahrhundert, in: Rebekka Habermas; Gerd Schwerhoff (Hg.): Verbrechen im Blick. Perspektiven der neuzeitlichen Kriminalitätsgeschichte, Frankfurt a. M. u. a. 2009, S. 219–248

Berding, Helmut u. a. (Hg.): Kriminalität und abweichendes Verhalten: Deutschland im 18. und 19. Jahrhundert, Göttingen 1999

Berger, Peter L.; Luckmann, Thomas: Die gesellschaftliche Konstruktion der Wirklichkeit – eine Theorie der Wissenssoziologie, Frankfurt a. M. 1987

Berkovich, Ilya: Motivation in War. The Experience of Common Soldiers in Old-Regime Europe, Cambridge 2017

Berlin, Otto von: Die preussische Militärgerichtsbarkeit, Freiburg i. Br. 1891

Berneck, Karl Gustav von: Die Welt in Waffen – Von der Urzeit bis zu Gegenwart, Bd. 2: Kriegswesen und Kriegführung in der neuen Zeit – Vom Dreißigjährigen Kriege bis zum Schlusse der deutschen Befreiungskriege, Leipzig 1870

Bienert, Michael: Das Kammergericht in Berlin. Orte – Prozesse – Ereignisse (hrsg. von dem Präsidenten des Kammergerichts), Berlin 2018

Binding, Karl: Grundriss des deutschen Strafrechts. Allgemeiner Teil, Aalen 1975 (Neudruck der Ausgabe Leipzig 1913)

Blasius, Dirk: Bürgerliche Gesellschaft und Kriminalität. Zur Sozialgeschichte Preußens im Vormärz, Göttingen 1976

Blauert, Andreas: Gauner- und Diebslisten: Registrieren, Identifizieren und Fahnden im 18. Jahrhundert. Mit einem Repertorium gedruckter südwestdeutscher, schweizerischer und österreichischer Listen sowie einem Faksimile der Schäffer'schen oder Sulzer Liste von 1784, Frankfurt a. M. 2001

Blauert, Andreas; Schwerhoff, Gerd (Hg.): Mit den Waffen der Justiz. Zur Kriminalitätsgeschichte des späten Mittelalters und der Frühen Neuzeit, Frankfurt a. M. 1993

Bleckwenn, Hans (Hg.): Zum Militärwesen des Ancien Régime. Drei grundlegende Aufsätze (mit einer biographischen Einleitung und einem Verzeichnis der Veröffentlichungen von Joachim Niemeyer), Osnabrück 1987

Bleckwenn, Hans: Bauernfreiheit durch Wehrpflicht – ein neues Bild der altpreußischen Armee, in: ders.: Zum Militärwesen des Ancien Régime. Drei grundlegende Aufsätze (mit einer biographischen Einleitung und einem Verzeichnis der Veröffentlichungen von Joachim Niemeyer), Osnabrück 1987, S. 45–72

Bleckwenn, Hans: Unter dem Preußen-Adler. Das brandenburgisch-preußische Heer 1640–1807, Osnabrück 1978

Blickle, Peter (Hg.): Gemeinde und Staat im alten Europa, München 1998

Böker, Uwe (Hg.): Literatur, Kriminalität und Rechtskultur im 17. und 18. Jahrhundert. Tagung am 17. und 18. Juni 1994 an der Technischen Universität Dresden, Essen 1996

Böker, Uwe: Literatur, Kriminalität und Rechtskultur. Ein Forschungsbericht, in: ders. (Hg.): Literatur, Kriminalität und Rechtskultur im 17. und 18. Jahrhundert. Tagung am 17. und 18. Juni 1994 an der Technischen Universität Dresden, Essen 1996, S. 11–35

Bollmann, Klaus: Die Stellung des Inquisiten bei Carpzov. Eine Untersuchung über den gemeinen deutschen Strafprozeß des 17. Jahrhunderts, Marburg 1963

Bonin, Burkhard von: Grundzüge der Rechtsverfassung in den deutschen Heeren zu Beginn der Neuzeit, Weimar 1904

Bonin, Burkhard von: Der erste brandenburgische Generalauditeur, in: Zeitschrift für Wehrrecht II (1937), Nr. 8/9, S. 386–389

Bonin, Burkhard von: Die brandenburgischen Artikelsbriefe, in: Zeitschrift für Wehrrecht I (1936/37), S. 119–122

Bonin, Burkhard von: Entwicklung des deutschen Kriegsgerichtswesens. Vortrag gehalten vor Breslauer Juristen, mit urkundlichen Beilagen (= Sammlung militärischer Abhandlungen und Studien, I, 6), Rastatt 1912

Bonin, Burkhard von: Das Heeresrecht. Ein unerforschtes Gebiet des deutschen Rechtslebens, Berlin 1912

Böning, Holger: Krieg und der »gemeine Mann« im 18. Jahrhundert. Selbstzeugnisse – neue Medien – Informationsstrukturen, in: Stefanie Stockhorst (Hg.): Krieg und Frieden im 18. Jahrhundert. Kulturgeschichtliche Studien [wissenschaftliche Jahrestagung der

Deutschen Gesellschaft für die Erforschung des 18. Jahrhunderts (DGEJ), die am 13. bis 16. September 2012 an der Universität Potsdam stattfand], Hannover 2015, S. 51–74
Böning, Holger: Kriminalitätsgeschichte – Kriminalitätsgeschichten: Verbrechen und Strafen im Medienverbund des 16. und 17. Jahrhunderts, in: Rebekka Habermas; Gerd Schwerhoff (Hg.): Verbrechen im Blick. Perspektiven der neuzeitlichen Kriminalitätsgeschichte, Frankfurt a. M. u. a. 2009, S. 295–322
Bornschier, Volker: Konflikt, Gewalt, Kriminalität und abweichendes Verhalten. Ursachen, Zeit- und Gesellschaftsvergleiche, Berlin 2007
Bourdieu, Pierre: Die verborgenen Mechanismen der Macht (= Schriften zu Politik und Kultur, 1), 2. Aufl., Hamburg 1997
Bourdieu, Pierre: Rede und Antwort, Frankfurt a. M. 1992
Bourdieu, Pierre: Sozialer Sinn. Kritik der theoretischen Vernunft, Frankfurt a. M. 1987
Bourdieu, Pierre: Die feinen Unterschiede. Kritik der gesellschaftlichen Urteilskraft, Frankfurt a. M. 1982
Brändle, Fabian: »Darmit ich aber auch etwas freide hab auff erden, so thue ich schreiben und leßen.« Populare soziale Außenseiter des 17. Jahrhunderts als Selbtszeugnisautoren, in: Kaspar von Greyers; Hans Medick; Patrice Veit (Hg.): Von der dargestellten Person zum erinnerten Ich. Europäische Selbstzeugnisse als historische Quellen (1500–1800), Köln u. a. 2001, S. 439–458
Branig, Hans: Dietrich, Fürst von Anhalt-Dessau, in: NDB, Bd. 3, Berlin 1957, S. 676
Brendle, Franz; Schindling, Anton (Hg.): Geistliche im Krieg, Münster 2009
Bröckling, Ulrich: Disziplin. Soziologie und Geschichte militärischer Gehorsamsproduktion, München 1997
Bröckling, Ulrich; Sikora, Michael (Hg.): Armeen und ihre Deserteure. Vernachlässigte Kapitel einer Militärgeschichte der Neuzeit, Göttingen 1998
Brüdermann, Stefan: Göttinger Studenten und akademische Gerichtsbarkeit im 18. Jahrhundert, Göttingen 1990
Bruner, Jerome: Vergangenheit und Gegenwart als narrative Konstruktionen, in: Jürgen Straub (Hg.): Erzählung, Identität und historisches Bewußtsein. Die psychologische Konstruktion von Zeit und Geschichte (= Erinnerung, Geschichte, Identität, 1), Frankfurt a. M. 1998, S. 46–80
Buchholz, Ingelore: Leben in der Festungsstadt, in: Peter Petsch; Matthias Puhle (Hg.): Magdeburg. Die Geschichte der Stadt 805–2005, Dössel 2005, S. 451–478
Burghartz, Susanna: Geschlecht – Körper – Ehre. Überlegungen zur weiblichen Ehre in der frühen Neuzeit am Beispiel der Basler Ehegerichtsprotokolle, in: Klaus Schreiner; Gerd Schwerhoff (Hg.): Verletzte Ehre. Ehrkonflikte in Gesellschaften des Mittelalters und der Frühen Neuzeit (= Norm und Struktur. Studien zum sozialen Wandel in Mittelalter und früher Neuzeit, 5), Köln u. a. 1995, S. 214–234
Burke, Peter: Was ist Kulturgeschichte? Berlin 2005
Burschel, Peter: Söldner im Nordwestdeutschland des 16. und 17. Jahrhunderts. Sozialgeschichtliche Studien, Göttingen 1994
Burschel, Peter: Die Erfindung der Desertion. Strukturprobleme in deutschen Söldnerheeren des 17. Jahrhunderts, in: Ulrich Bröckling; Michael Sikora (Hg.): Armeen und ihre Deserteure. Vernachlässigte Kapitel einer Militärgeschichte der Neuzeit, Göttingen 1998, S. 72–85

Busch, Michael: Der Bauer als Soldat. Ein gescheitertes Konzept der Heeresaufbringung?, in: Ralf Pröve (Hg.): Klio in Uniform? Probleme und Perspektiven einer modernen Militärgeschichte der Frühen Neuzeit, Köln 1997, S. 143–166

Büsch, Otto: Militärsystem und Sozialleben im alten Preußen 1713–1807. Die Anfänge der sozialen Militarisierung der preußisch-deutschen Gesellschaft, Berlin 1981

Buschmann, Nikolaus: »Treue« als Forschungskonzept? Begriffliche und methodische Sondierungen, in: Nikolaus Buschmann; Karl Borromäus Murr (Hg.): Treue. Politische Loyalität und militärische Gefolgschaft in der Moderne, Göttingen 2008, S. 11–35

Buschmann, Nikolaus; Murr, Karl Boormäus (Hg.): Treue. Politische Loyalität und militärische Gefolgschaft in der Moderne, Göttingen 2008

Carl, Horst: »Pavillon de Hanovre« – Korruption im Militär im 18. Jahrhundert, in: Ronald Asch; Birgit Emich; Jens Ivo Engels (Hg.): Integration – Legitimation – Korruption. Politische Patronage in Früher Neuzeit und Moderne, Frankfurt a.M. u.a., S. 2

Carl, Horst: »Brüssel 1695« – Kriegszerstörung und ihre Visualisierung im späten 17. und 18. Jahrhundert, in: Beate Emich; Gabriela Signori (Hg.): Kriegs/Bilder in Mittelalter und Früher Neuzeit, Berlin 2009, S. 295–315

Castan, Yves: Honnêteté et relations sociales en Languedoc 1715–1780, Toulouse 1974

Chaunu, Pierre: Histoire, science sociale. La durée, l'espace et l'homme à l'époque moderne, Paris 1974

Claessens, Dieter: Gruppe und Gruppenverbände. Systematische Einführung in die Folgen von Vergesellschaftung, Darmstadt 1977

Corsten, Michael: Quantitative und qualitative Methoden: Methodenpluralismus in den Kulturwissenschaften?, in: Friedrich Jaeger; Jürgen Straub (Hg.): Handbuch der Kulturwissenschaften, Bd. 2: Paradigmen und Disziplinen, Stuttgart 2004, S. 175–192

Cottier, Maurice: Fatale Gewalt. Ehre, Subjekt und Kriminalität am Übergang zur Moderne, Das Beispiel Bern 1868–1941, Konstanz u. a. 2017

Daniel, Ute: Kompendium Kulturgeschichte. Theorien, Praxis, Schlüsselwörter, Frankfurt a. M. 2001

Danker, Uwe: Die Geschichte der Räuber und Gauner, Düsseldorf u. a. 2001

Danker, Uwe: Räuberbanden im Alten Reich um 1700. Ein Beitrag zur Geschichte von Herrschaft und Kriminalität in der Frühen Neuzeit, Frankfurt a. M. 1988

Davis, Belinda; Lindenberger, Thomas; Wildt, Michael (Hg.): Alltag, Erfahrung, Eigensinn: historisch-anthropologische Erkundungen, Frankfurt a. M. 2008

Deist, Wilhelm (Hg.): Militär, Staat und Gesellschaft. Studien zur preußisch-deutschen Militärgeschichte, München 1991

Demeter, Karl: Das deutsche Offizierkorps in Gesellschaft und Staat – 1650–1945, 2. Aufl., Berlin 1962

Deutsch, Andreas: Spannende Späne. Beispiele zum Bedeutungswandel aus der Werkstatt des Deutschen Rechtswörterbuchs, in: Luise Czaikowski; Sabrina Ulbrich-Bösch; Christina Waldvogel (Hg.): Sprachwandel im Deutschen, Berlin/Boston 2018, S. 145

Dietrich, Richard (Hg.): Politische Testamente der Hohenzollern, Köln u. a. 1981

Dinges, Martin (Hg.): Männer – Macht – Körper. Hegemoniale Männlichkeiten vom Mittelalter bis heute (= Geschichte und Geschlechter, 49), Frankfurt a. M. 2005

Dinges, Martin: »Hegemoniale Männlichkeit« – Ein Konzept auf dem Prüfstand, in: ders. (Hg.): Männer – Macht – Körper. Hegemoniale Männlichkeiten vom Mittelalter bis heute (= Geschichte und Geschlechter, 49), Frankfurt a. M. 2005, S. 7–36

Dinges, Martin: Justiznutzungen als soziale Kontrolle in der Frühen Neuzeit, in: Gerd Schwerhoff; Andreas Blauert (Hg.): Kriminalitätsgeschichte. Beiträge zur Sozial- und Kulturgeschichte der Vormoderne (= Konflikte und Kultur – Historische Perspektiven, 1), Konstanz 2000, S. 503–544

Dinges, Martin: Formenwandel der Gewalt in der Neuzeit. Zur Kritik der Zivilisationstheorie von Norbert Elias, in: Rolf Peter Sieferle; Helga Breuninger (Hg.): Kulturen der Gewalt. Ritualisierung und Symbolisierung von Gewalt in der Geschichte, Frankfurt a. M. 1998, S. 171–194

Dinges, Martin: Soldatenkörper in der Frühen Neuzeit – Erfahrungen mit einem unzureichend geschützten, formierten und verletzten Körper in Selbstzeugnissen, in: Richard van Dülmen (Hg.): Körpergeschichten, Frankfurt a. M. 1996, S. 71–98

Dinges, Martin: Die Ehre als Thema der historischen Anthropologie. Bemerkungen zur Wissenschaftsgeschichte und zur Konzeptualisierung, in: Klaus Schreiner; Gerd Schwerhoff (Hg.): Verletzte Ehre. Ehrkonflikte in Gesellschaften des Mittelalters und der Frühen Neuzeit (= Norm und Struktur. Studien zum sozialen Wandel in Mittelalter und früher Neuzeit, 5), Köln u. a. 1995, S. 29–62

Dinges, Martin: Gewalt und Zivilisationsprozess, in: Traverse. Zeitschrift für Geschichte = Revue d'histoire 1 (1995), S. 70–82

Dinges, Martin: Frühneuzeitliche Justiz: Justizphantasien als Justiznutzung am Beispiel von Klagen bei der Pariser Polizei im 18. Jahrhundert, in: Heinz Mohnhaupt; Dieter Simon (Hg.): Vorträge zur Justizforschung. Geschichte und Theorien, Bd. 1, Frankfurt a. M. 1992, S. 269–292

Dollinger, Bernd; Rudolph, Matthias; Schmidt-Semisch, Henning; Urban, Monika: Konturen einer Allgemeinen Theorie der Kriminalität als kulturelle Praxis (ATKAP). Poststrukturalistische Perspektiven, in: Kriminologisches Journal 46 (2014), S. 67–88

Dorn, Franz: Not kennt kein Gebot. Der Notdiebstahl (›Stehlen in rechter Hungersnot‹) in der frühneuzeitlichen Strafrechtsdogmatik, in: Sebastian Schmidt (Hg.): Arme und ihre Lebensperspektiven in der Frühen Neuzeit, Frankfurt a. M. 2008, S. 207–236

Duffy, Christopher: Friedrich der Große und seine Armee, Stuttgart 2009

Dülmen, Richard van: Der ehrlose Mensch. Unehrlichkeit und soziale Ausgrenzung in der frühen Neuzeit, Köln u. a. 1999

Dülmen, Richard van (Hg.): Gesellschaft der Frühen Neuzeit: Kulturelles Handeln und sozialer Prozess. Beiträge zur historischen Kulturforschung (= Kulturstudien – Bibliothek der Kulturgeschichte, 28), Wien u. a. 1993

Dülmen, Richard van: Das Schauspiel des Todes. Hinrichtungsrituale in der Frühen Neuzeit, in: ders. (Hg.): Gesellschaft der Frühen Neuzeit: Kulturelles Handeln und sozialer Prozess. Beiträge zur historischen Kulturforschung (= Kulturstudien – Bibliothek der Kulturgeschichte, 28), Wien u. a. 1993, S. 103–156

Dülmen, Richard van: Der infame Mensch. Unehrliche Arbeit und soziale Ausgrenzung in der Frühen Neuzeit, in: ders. (Hg.): Gesellschaft der Frühen Neuzeit: Kulturelles Handeln und sozialer Prozess. Beiträge zur historischen Kulturforschung (= Kulturstudien – Bibliothek der Kulturgeschichte, 28), Wien u. a. 1993, S. 236–278

Dülmen, Richard von: Theater des Schreckens. Gerichtspraxis und Strafrituale in der frühen Neuzeit, München 1988

Durkheim, Émile: Der Selbstmord. Mit einer Einleitung von Klaus Dörner und einem Nachwort von René König, Neuwied u. a. 1973

Eckert, Helmut: Ulrich Bräkers Soldatenzeit und die preußische Werbung in Schaffhausen, in: Schaffhauser Beiträge zur Geschichte 53 (1976), S. 122–190

Eibach, Joachim: Männer vor Gericht, Frauen vor Gericht, in: Christine Roll; Frank Pohle; Matthias Myrczek (Hg.): Grenzen und Grenzüberschreitungen. Bilanz und Perspektiven der Frühneuzeitforschung, Köln u. a. 2010, S. 559–572

Eibach, Joachim: Art. »Strafe«, in: Enzyklopädie der Neuzeit, Bd. 12 (2010), Sp. 1059

Eibach, Joachim: Gibt es eine Geschichte der Gewalt? Zur Praxis des Konflikts heute, in der Vormoderne und im 19. Jahrhundert, in: Rebekka Habermas; Gerd Schwerhoff (Hg.): Verbrechen im Blick. Perspektiven der neuzeitlichen Kriminalitätsgeschichte, Frankfurt a. M. u. a. 2009, S. 182–216

Eibach, Joachim: Frankfurter Verhöre. Städtische Lebenswelt und Kriminalität im 18. Jahrhundert, Paderborn u. a. 2003

Eibach, Joachim: Böse Weiber und grobe Kerle. Delinquenz, Geschlecht und soziokulturelle Räume in der frühneuzeitlichen Stadt, in: Gerd Schwerhoff; Andreas Blauert (Hg.): Kriminalitätsgeschichte. Beiträge zur Sozial- und Kulturgeschichte der Vormoderne (= Konflikte und Kultur – Historische Perspektiven, 1), Konstanz 2000, S. 669–688

Eibach, Joachim: Kriminalitätsgeschichte zwischen Sozialgeschichte und Historischer Kulturforschung, in: Historische Zeitschrift 263 (1996), S. 681–715

Eichberg, Henning: Desertion zwischen Individualisierung, Zivilgesellschaft, Macht und Markt. Militärgeschichte aus der Perspektive des Weglaufens, in: Zeitschrift für Historische Forschung 27 (2000), S. 229–247

Eichler, Wolfgang: Die Rechtspflege des Kriegsgerichtsrats in Militärstrafgerichtsverfahren, Berlin 1935

Eisner, Manuel: Individuelle Gewalt und Modernisierung in Europa, 1200–2000, in: Günther Albrecht (Hg.): Gewaltkriminalität zwischen Mythos und Realität, Frankfurt a. M. 2001, S. 71–100

Emich, Birgit (Hg.): Kriegs/Bilder in Mittelalter und Früher Neuzeit, Berlin 2009

Eming, Jutta (Hg.): Blutige Worte. Internationales und interdisziplinäres Kolloquium zum Verhältnis von Sprache und Gewalt in Mittelalter und Früher Neuzeit, Göttingen 2008

Eming, Jutta; Jarzebowski, Claudia (Hg.): Einführende Bemerkungen, in: Jutta Eming (Hg.): Blutige Worte. Internationales und interdisziplinäres Kolloquium zum Verhältnis von Sprache und Gewalt in Mittelalter und Früher Neuzeit, Göttingen 2008, S. 7–15

Enders, Lieselott: Die Altmark. Geschichte einer kurmärkischen Landschaft in der Frühneuzeit – Ende des 15. bis Anfang des 19. Jahrhunderts (= Veröffentlichungen des Brandenburgischen Landeshauptarchivs, 56), Berlin 2008

Enders, Lieselott: Die Prignitz. Geschichte einer kurmärkischen Landschaft vom 12. bis zum 18. Jahrhundert (= Veröffentlichungen des Brandenburgischen Landeshauptarchivs, 38), Berlin 2000

Enders, Lieselott: Individuum und Gesellschaft. Bäuerliche Aktionsräume in der frühneuzeitlichen Mark Brandenburg, in: Jan Peters (Hg.): Gutsherrschaft als soziales Modell: vergleichende Betrachtungen zur Funktionsweise frühneuzeitlicher Agrargesellschaften, München 1995, S. 155–178

Enders, Lieselott: Emanzipation der Agrargesellschaften im 18. Jahrhundert – Trends und Gegentrends in der Mark Brandenburg, in: Jan Peters (Hg.): Konflikt und Kontrolle in

Gutsherrschaftsgesellschaften – über Resistenz- und Herrschaftsverhalten in ländlichen Sozialgebilden der Frühen Neuzeit, Göttingen 1995, S. 404–433

Engelen, Beate: Soldatenfrauen in Preußen. Eine Strukturanalyse der Garnisonsgesellschaft im späten 17. und im 18. Jahrhundert (= Herrschaft und soziale Systeme in der Frühen Neuzeit, 7), Berlin u. a. 2005

Epple, Angelika: Wahrheit, Macht und Subjekt. Historische Kategorien im Werk Michel Foucaults, in: Friedrich Jaeger; Jürgen Straub (Hg.): Handbuch der Kulturwissenschaften, Bd. 2: Paradigmen und Disziplinen, Stuttgart 2004, S. 416–429

Eriksson, Magnus; Krug-Richter, Barbara (Hg.): Streitkulturen. Gewalt, Konflikt und Kommunikation in der ländlichen Gesellschaft. 16.–19. Jahrhundert, Köln u. a. 2003

Eriksson, Magnus; Krug-Richter, Barbara: Streitkulturen – eine Einführung, in: dies. (Hg.): Streitkulturen. Gewalt, Konflikt und Kommunikation in der ländlichen Gesellschaft. 16.–19. Jahrhundert, Köln u. a. 2003, S. 1–16

Erler, Adalbert (Hg.): Handwörterbuch zur deutschen Rechtsgeschichte (HRG), Bd. 2: Haustür–Lippe, München 1978

Ernst, Sebastian: Ärgerliche Räume und Räume der Ergötzlichkeit. Emotionale Topografien in der Frühen Neuzeit, Göttingen 2018

Erwin, Holger: Machtsprüche. Das herrscherliche Gestaltungsrecht »ex plenitudine potestatis« in der Frühen Neuzeit, Köln u. a. 2009

Esser, Hartmut: Sinn, Kultur und »Rational Choice«, in: Friedrich Jaeger; Jürgen Straub (Hg.): Handbuch der Kulturwissenschaften, Bd. 2: Paradigmen und Disziplinen, Stuttgart 2004, S. 249–265

Evans, Richard J.: Rituale der Vergeltung. Die Todesstrafe in der deutschen Geschichte 1532–1987, Hamburg 2001

Fahrig, Ute: »Er hätte eben nicht über die Soldaten zu klagen, daß sie ihm malefiziret hätten.« Brandenburg-preußisches Militär in Halle (1680–1740), in: Werner Freitag; Katrin Minner; Andreas Ranft (Hg.): Geschichte der Stadt Halle, Bd. 1: Halle im Mittelalter und in der Frühen Neuzeit, Halle 2006, S. 430–446

Farge, Arlette: Le désordre des Familles. Lettres de Cachet des Archives de la Bastille, Paris 1982

Foltis, Richard: Verbrechen und Willkür. Von den Anfängen der Verbrechensdiskussion – Zugleich ein Beitrag zur Geschichte des strafbaren Betruges (= Nomos-Universitätsschriften, 139), Baden-Baden 1994

Foucault, Michel: Archäologie des Wissens, Frankfurt a. M. 1981

Frank, Michael: Dörfliche Gesellschaft und Kriminalität. Das Fallbeispiel Lippe 1650–1800, Paderborn u. a. 1995

Frank, Michael: Die fehlende Geduld Hiobs. Suizid und Gesellschaft in der Grafschaft Lippe (1600–1800), in: Gabriela Signori (Hg.): Trauer, Verzweiflung und Anfechtung. Selbstmord und Selbstmordversuche in mittelalterlichen und frühneuzeitlichen Gesellschaften, Tübingen 1994, S. 152–188

Franke, Ellen: Von Schelmen, Schlägern, Schimpf und Schande. Kriminalität in einer frühneuzeitlichen Kleinstadt. Strasburg in der Uckermark (= Konflikt, Verbrechen und Sanktion in der Gesellschaft Alteuropas, Fallstudien, 10), Köln u. a. 2013

Franke, Johannes: Die Gerichtsbarkeit in den Söldnerheeren vom 16. bis zur Mitte des 17. Jahrhunderts, Köln 1974

Frauenholz, Eugen von: Entwicklungsgeschichte des Deutschen Heerwesens, Bd. IV: Das Heerwesen in der Zeit des Absolutismus, München 1940, Beilage VII

Freist, Dagmar: »Ich will dir selbst ein Bild von mir entwerfen«. Praktiken der Selbstbildung im Spannungsfeld ständischer Normen und gesellschaftlicher Diskurse, in: Thomas Alkemeyer; Gunilla Budde, Dagmar Freist (Hg.): Selbst-Bildungen. Soziale und kulturelle Praktiken der Subjektivierung, Bielefeld 2013, S. 151–174

Freitag, Werner; Minner, Katrin; Ranft, Andreas (Hg.): Geschichte der Stadt Halle, Bd. 1: Halle im Mittelalter und in der Frühen Neuzeit, Halle 2006

Freitag, Winfried: Das Netzwerk der Wilderei. Wildbretschützen, ihre Helfer und Abnehmer in den Landgerichten um München im späten 17. Jahrhundert, in: Gerd Schwerhoff; Andreas Blauert (Hg.): Kriminalitätsgeschichte. Beiträge zur Sozial- und Kulturgeschichte der Vormoderne (= Konflikte und Kultur – Historische Perspektiven, 1), Konstanz 2000, S. 707–757

Frevert, Ute: Ehrenmänner. Das Duell in der bürgerlichen Gesellschaft, München 1991

Friccius, Carl: Entwurf eines deutschen Kriegsrechts, erläutert durch eine Geschichte des deutschen Kriegsrechts und einen Rechtfertigungs-Bericht, Berlin 1848

Friccius, Carl: Geschichte des deutschen, insbesondere Preuss. Kriegsrechts, Berlin 1848

Friedeburg, Robert von: Lebenswelten und Kultur der unterständischen Schichten in der Frühen Neuzeit (= Enzyklopädie Deutscher Geschichte, 62), München 2002

Friedeburg, Robert von (Hg.): Widerstandsrecht in der Frühen Neuzeit. Erträge und Perspektiven der Forschung im deutsch-britischen Vergleich, Berlin 2001

Fuchs, Ralf-Peter (Hg.): Wahrheit, Wissen, Erinnerung. Zeugenverhörprotokolle als Quellen für soziale Wissensbestände in der Frühen Neuzeit, Münster 2002

Fuchs, Ralf-Peter: Unordnung durch Recht? Zum Bedeutungsverlust gesellschaftlicher Rangordnung im frühneuzeitlichen Injurienprozess, in: Marian Füssel; Thomas Weller (Hg.): Ordnung und Distinktion. Praktiken sozialer Präsentation in der ständischen Gesellschaft, Münster 2005, S. 165–180

Fuchs, Ralf-Peter: Zeugenverhöre als historische Quelle – einige Vorüberlegungen, in: Ralf-Peter Fuchs; Winfried Schulze (Hg.): Wahrheit, Wissen, Erinnerung. Zeugenverhörprotokolle als Quellen für soziale Wissensbestände in der Frühen Neuzeit, Münster 2002, S. 7–40

Fuchs, Ralf-Peter: Protokolle von Zeugenverhören als Quellen zur Wahrnehmung von Zeit und Lebensalter in der Frühen Neuzeit, in: Prozessakten als Quelle. Neue Ansätze zur Erforschung der Höchsten Gerichtsbarkeit im Alten Reich, Köln u. a. 2001, S. 141–164

Fuchs, Ralf-Peter; Schulze, Winfried (Hg.): Wahrheit, Wissen, Erinnerung. Zeugenverhörprotokolle als Quellen für soziale Wissensbestände in der Frühen Neuzeit, Münster 2002

Füssel, Marian: Gelehrtenkultur als symbolische Praxis. Rang, Ritual und Konflikt an der Universität der Frühen Neuzeit, Darmstadt 2006

Füssel, Marian: Die feinen Unterschiede in der Ständegesellschaft. Der praxeologische Ansatz Pierre Bourdieus, in: Marian Füssel; Thomas Weller (Hg.): Soziale Ungleichheit und ständische Gesellschaft. Theorien und Debatten in der Frühneuzeitforschung (= Zeitsprünge. Forschungen zur Frühen Neuzeit, 15.1), Frankfurt a. M. 2011, S. 24–46

Füssel, Marian: Studentenkultur als Ort hegemonialer Männlichkeit? Überlegungen zum Wandel akademischer Habitusformen vom Ancien Régime zur Moderne, in: Martin

Dinges (Hg.): Männer – Macht – Körper. Hegemoniale Männlichkeiten vom Mittelalter bis heute, Frankfurt a. M. 2005, S. 85–102

Füssel, Marian; Neu, Tim: Diskursforschung in der Geschichtswissenschaft, in: Diskursforschung. Ein interdisziplinäres Handbuch, Bd. 1: Theorien, Methodologien und Kontroversen, Bielefeld 2014, S. 145–161

Füssel, Marian; Weller, Thomas (Hg.): Ordnung und Distinktion. Praktiken sozialer Präsentation in der ständischen Gesellschaft, Münster 2005

Gehrlach, Andreas; Kimmich, Dorothee (Hg.): Diebstahl! Zur Kulturgeschichte eines Gründungsmythos, Paderborn 2018

Gehring, Petra: Dekonstruktion – Philosophie? Programm? Verfahren?, in: Friedrich Jaeger; Jürgen Straub (Hg.): Handbuch der Kulturwissenschaften, Bd. 2: Paradigmen und Disziplinen, Stuttgart 2004, S. 377–394

Genesis, Marita: Scharfrichter in der Stadt Brandenburg. Betrachtung eines Berufsbildes, (Magisterarbeit), Potsdam 2006

Gergen, Kenneth: Erzählung, moralische Identität und historisches Bewußtsein. Eine sozialkonstruktionistische Darstellung, in: Jürgen Straub (Hg.): Erzählung, Identität und historisches Bewußtsein. Die psychologische Konstruktion von Zeit und Geschichte (= Erinnerung, Geschichte, Identität, 1), Frankfurt a. M. 1998, S. 170–202

Gerstenmayer, Christina: Spitzbuben und Erzbösewichter. Räuberbanden in Sachsen zwischen Strafverfolgung und Repräsentation, Konstanz 2013

Geus, Elmar: Mörder, Diebe, Räuber. Historische Betrachtung des deutschen Strafrechts von der Carolina bis zum Reichsstrafgesetzbuch, Berlin 2002

Gieraths, Günther: Die Kampfhandlungen der brandenburgisch-preußischen Armee 1626–1807. Ein Quellenhandbuch, Berlin 1964

Gleixner, Ulrike: »Das Mensch« und »Der Kerl«. Die Konstruktion von Geschlecht in Unzuchtsverfahren der Frühen Neuzeit (1700–1760), Frankfurt a. M. 1994

Gloning, Thomas: Organisation und Entwicklung historischer Wortschätze: lexikologische Konzeption und exemplarische Untersuchung zum deutschen Wortschatz um 1600, Tübingen 2003

Göbel, Andreas: Die Kulturwissenschaften zwischen Handlungs- und Systemtheorie, in: Friedrich Jaeger; Jürgen Straub (Hg.): Handbuch der Kulturwissenschaften, Bd. 2: Paradigmen und Disziplinen, Stuttgart 2004, S. 193–219

Goffman, Erving: Stigma. Über Techniken der Bewältigung beschädigter Identität, Frankfurt a. M. 1985

Göse, Frank: Friedrich I. (1657–1713). Ein König in Preußen, Regensburg 2012

Göse, Frank: Rittergut – Garnison – Residenz. Studien zur Sozialstruktur und politischen Wirksamkeit des brandenburgischen Adels 1648–1763 (= Veröffentlichungen des Brandenburgischen Landesarchivs, 51), Berlin 2005

Göse, Frank: Landstände und Militär. Die Haltung der kur- und neumärkischen Ständerepräsentanten zum brandenburgisch-preußischen Militärsystem im ausgehenden 17. und 18. Jahrhundert, in: Stefan Kroll; Kersten Krüger (Hg.): Militär und ländliche Gesellschaft in der frühen Neuzeit (= Herrschaft und soziale Systeme in der Frühen Neuzeit, 1), Münster u. a. 2000, S. 191–222

Göse, Frank: Zwischen Garnison und Rittergut. Aspekte der Verknüpfung von Adelsforschung und Militärgeschichte am Beispiel Brandenburg-Preußen, in: Ralf Pröve (Hg.):

Klio in Uniform? Probleme und Perspektiven einer modernen Militärgeschichte der Frühen Neuzeit, Köln 1997, S. 109–142

Göttsch, Silke: Körpererfahrung und soziale Schicht, in: Paul Münch (Hg.): »Erfahrung« als Kategorie der Frühneuzeitgeschichte, München 2001, S. 107–114

Grateau, Philippe: Les Cahiers de Doléances. Une Relecture Culturelle (Préface de Daniel Roche), Rennes 2001

Greyers, Kaspar von; Medick, Hans; Veit, Patrice (Hg.): Von der dargestellten Person zum erinnerten Ich. Europäische Selbstzeugnisse als historische Quellen (1500–1800), Köln u. a. 2001

Grimm, Paul: Ein mittelalterliches Gehöft bei Altenrode Kreis Wernigerode, in: Zeitschrift des Harz-Vereins für Geschichte und Altertumskunde 67 (1934), S. 23–37

Groebner, Valentin: Ungestalten. Die visuelle Kultur der Gewalt im Mittelalter, München 2003

Groehler, Olaf: Das Heerwesen in Brandenburg und Preußen von 1640 bis 1806, Berlin 1993

Groehler, Olaf: Leopold I., Fürst von Anhalt-Dessau. Preußischer Generalissimus, kaiserlicher Feldmarschall, Dessau 1987

Groehler, Olaf: Die Kriege Friedrichs II., Berlin 1966

Grosse, Siegfried: »Denn das Schreiben gehört nicht zu meiner täglichen Beschäftigung«. Der Alltag kleiner Leute in Bittschriften, Briefen und Berichten aus dem 19. Jahrhundert – Ein Lesebuch, Bonn 1989

Guddat, Martin: Des Königs treuer Diener. Als Soldat unter Friedrich dem Großen, Hamburg 2006

Guddat, Martin: Handbuch zur preußischen Militärgeschichte 1701–1786, Hamburg 2001

Gugger, Rudolf: Preußische Werbungen in der Eidgenossenschaft im 18. Jahrhundert, Berlin 1997

Gulczynski, Andrej: Pranger in Polen. Stand und Forschungsperspektiven, in: Dieter Pötschke (Hg.): Stadtrecht, Roland, Pranger. Zur Rechtsgeschichte von Halberstadt, Goslar, Bremen und märkischen Städten, Berlin 2002, S. 352–377

Gwinner, Heinrich; Radbruch, Gustav: Geschichte des Verbrechens. Versuch einer historischen Kriminologie, Stuttgart 1951

Häberlein, Mark (Hg.): Devianz, Widerstand und Herrschaftspraxis in der Vormoderne. Studien zu Konflikten im südwestdeutschen Raum (15.–18. Jahrhundert), Konstanz 1999

Haberling, Wilhelm: Das Dirnenwesen in den Heeren und seine Bekämpfung. Eine geschichtliche Studie, Leipzig 1914

Habermas, Rebekka: Rechts- und Kriminalitätsgeschichte revisited – ein Plädoyer, in: Rebekka Habermas; Gerd Schwerhoff (Hg.): Verbrechen im Blick. Perspektiven der neuzeitlichen Kriminalitätsgeschichte, Frankfurt a. M. u. a. 2009, S. 19–41

Habermas, Rebekka; Schwerhoff, Gerd (Hg.): Verbrechen im Blick. Perspektiven der neuzeitlichen Kriminalitätsgeschichte, Frankfurt a. M. 2009

Hagemann, Karen: Militär, Krieg und Geschlechterverhältnisse. Untersuchungen, Überlegungen und Fragen zur Militärgeschichte der Frühen Neuzeit, in: Ralf Pröve (Hg.): Klio in Uniform? Probleme und Perspektiven einer modernen Militärgeschichte der Frühen Neuzeit, Köln 1997, S. 35–88

Hahn, Peter-Michael: Die Gerichtspraxis der altständischen Gesellschaft im Zeitalter des »Absolutismus«. Die Gutachtertätigkeit der Helmstedter Juristenfakultät für die brandenburg.-preußischen Territorien 1675–1710, Berlin 1989

Halbleib, Henrik: Kriminalitätsgeschichte in Frankreich, in: Andreas Blauert; Gerd Schwerhoff (Hg.): Kriminalitätsgeschichte. Beiträge zur Sozial- und Kulturgeschichte der Vormoderne, Konstanz 2000, S. 89–121

Hammer-Luza, Elke: Im Arrest. Zucht-, Arbeits- und Strafhäuser in Graz, Wien 2019

Hanne, Wolfgang: Die Ausländer in der altpreußischen Armee, in: Zeitschrift für Heereskunde 376 (1995), S. 41–48

Hanne, Wolfgang: »Meine Herren Brüder und Söhne«. Das altpreußische Offizierkorps unter König Friedrich Wilhelm I. (1713–1740), in: Zeitschrift für Heereskunde 365 (1993), S. 5–10

Hanne, Wolfgang: Die Freiwächter in der altpreußischen Armee, in: Zeitschrift für Heereskunde 56 (1992), S. 32–35

Hanne, Wolfgang: Anmerkungen zur Körpergröße des altpreußischen Soldaten – taktischer Hintergrund, Anforderungen und Praxis, in: Zeitschrift für Heereskunde 51 (1991), S. 43–47

Hanne, Wolfgang: Das Lebens- und Dienstalter des altpreußischen Soldaten, in: Zeitschrift für Heereskunde 55 (1991), S. 141–144

Hardtwig, Wolfgang; Wehler, Hans-Ulrich (Hg.): Kulturgeschichte heute (= Geschichte und Gesellschaft Sonderhefte, 16), Göttingen 1996

Härter, Karl: Das Aushandeln von Sanktionen und Normen. Zu Funktion und Bedeutung von Supplikationen in der frühneuzeitlichen Strafjustiz, in: Cecilia Nubola; Andreas Würgler (Hg.): Bittschriften und Gravamina. Politik, Verwaltung und Justiz in Europa (14.–18. Jahrhundert), Berlin 2005, S. 243–274

Härter, Karl: Strafverfahren im frühneuzeitlichen Territorialstaat: Inquisition, Entscheidungsfindung, Supplikation, in: Gerd Schwerhoff; Andreas Blauert (Hg.): Kriminalitätsgeschichte. Beiträge zur Sozial- und Kulturgeschichte der Vormoderne (= Konflikte und Kultur – Historische Perspektiven, 1), Konstanz 2000, S. 459–480

Heggen, Alfred: Alkohol und bürgerliche Gesellschaft im 19. Jahrhundert. Eine Studie zur deutschen Sozialgeschichte (mit einem Geleitwort von Wilhelm Treue), Berlin 1988

Helfritz, Hans: Geschichte der preußischen Heeresverwaltung, Berlin 1938

Henning, Eckart: Selbstzeugnisse. Quellenwert und Quellenkritik, Berlin 2012

Henze, Martina: Art. »Strafvollzug«, in: EdN, Bd. 12, Stuttgart 2010, Sp. 1118f.

Heyn, Oliver: Das Militär des Fürstentums Sachsen-Hildburghausen 1680–1806, Köln u. a. 2015

Hinrichs, Carl: Preußentum und Pietismus. Der Pietismus in Brandenburg-Preußen als religiös-soziale Reformbewegung, Göttingen 1971

Hippel, Wolfgang von: Armut, Unterschichten, Randgruppen in der Frühen Neuzeit, 2. Aufl., München 2013

Hobsbawm, Eric: Sozialrebellen. Archaische Sozialbewegungen im 19. und 20. Jahrhundert, Neuwied 1962

Hochedlinger, Michael: Aktenkunde. Urkunden- und Aktenlehre der Neuzeit, Wien u. a. 2009

Hofmann, Carl A.: Außergerichtliche Einigung bei Straftaten als vertikale und horizontale soziale Kontrolle im 16. Jahrhundert, in: Gerd Schwerhoff; Andreas Blauert (Hg.):

Kriminalitätsgeschichte. Beiträge zur Sozial- und Kulturgeschichte der Vormoderne (= Konflikte und Kultur - Historische Perspektiven, 1), Konstanz 2000, S. 563–579

Holenstein, André: »Ad supplicandum verweisen«. Supplikationen, Dispensationen und die Policeygesetzgebung im Staat des Ancien Régime, in: Cecilia Nubola; Andreas Würgler (Hg.): Bittschriften und Gravamina. Politik, Verwaltung und Justiz in Europa (14.–18. Jahrhundert), Berlin 2005, S. 167–210

Holzem, Andreas: Geistliche im Krieg und die Normen des Kriegsverstehens: ein religionsgeschichtliches Modell zu Ritual, Ethik und Trost zwischen militärischer Kulttradition und christlicher Friedenspflicht, in: Franz Brendle; Anton Schindling (Hg.): Geistliche im Krieg, Münster 2009, S. 41–85

Hubatsch, Walter: Friedrich der Große und die preußische Verwaltung, Köln u. a. 1982

Hübner, Regina; Hübner, Manfred: Trink, Brüderlein, Trink. Illustrierte Kultur- und Sozialgeschichte deutscher Trinkgewohnheiten, Leipzig 2004

Hülle, Werner: Das Auditoriat in Brandenburg-Preußen. Ein rechtshistorischer Beitrag zur Geschichte seines Heerwesens mit einem Exkurs über Österreich, Wien 1971

Hülle, Werner: Kriegsartikel, in: Handwörterbuch zur deutschen Rechtsgeschichte, Bd. 2: Haustür-Lippe, Berlin 1978, S. 1196–1198

Huntebrinker, Jan Willem: »Fromme Knechte« und »Garteteufel«. Söldner als soziale Gruppe im 16. und 17. Jahrhundert, Konstanz 2010

Ignor, Alexander: Geschichte des Strafprozesses in Deutschland 1532–1846. Von der Carolina Karls V. bis zu den Reformen des Vormärz, Paderborn 2002

Institut für Europäische Ethnologie der Universität Wien (Hg.): Begegnungen. Festschrift für Konrad Köstlin zur Emeritierung am 30. September 2008, Wien 2008

Isenmann, Eberhard: Widerstandsrecht und Verfassung in Spätmittelalter und früher Neuzeit, in: Helmut Neuhaus; Barbara Stollberg-Rillinger (Hg.): Menschen und Strukturen in der Geschichte Alteuropas. Festschrift für Johannes Kunisch zur Vollendung seines 65. Lebensjahres, dargebracht von Schülern, Freunden und Kollegen, Berlin 2002, S. 37–70

Jacobi, Eduard: Martini, Ludwig Günther, in: Allgemeine Deutsche Biographie, Bd. 20 (1884), S. 512f.

Jaeger, Friedrich: Der Mensch und die Gewalt. Perspektiven der historischen Forschung, in: Friedrich Jaeger; Jürgen Straub (Hg.): Was ist der Mensch, was Geschichte? Annäherungen an eine kulturwissenschaftliche Anthropologie. Jörn Rüsen zum 65. Geburtstag, Bielefeld 2005, S. 301–323

Jaeger, Friedrich: Historische Kulturwissenschaft, in: Friedrich Jäger; Jürgen Straub (Hg.): Handbuch der Kulturwissenschaften, Bd. 2: Paradigmen und Disziplinen, Stuttgart 2004, S. 518–545

Jaeger, Friedrich; Straub, Jürgen (Hg.): Handbuch der Kulturwissenschaften, Bd. 2: Paradigmen und Disziplinen, Stuttgart 2004

Jähns, Max: Heeresverfassungen und Völkerleben. Eine Umschau, Berlin 1885

Jany, Curt: Geschichte der Preußischen Armee vom 15. Jahrhundert bis 1914, Bd. 2: Die Armee Friedrichs des Großen 1740–1786, Osnabrück 1967

Jarzebowski, Claudia: Gewalt und Erfahrung. Überlegungen zu den Memoiren der Wilhelmine von Bayreuth, in: Jutta Eming; Claudia Jarzebowski (Hg.): Blutige Worte. Internationales und interdisziplinäres Kolloquium zum Verhältnis von Sprache und Gewalt in Mittelalter und Früher Neuzeit, Göttingen 2008, S. 187–212

Kaak, Heinrich: Soldaten aus dem Dorf, Soldaten im Dorf, Soldaten gegen das Dorf – Militär in den Augen der brandenburgischen Landbevölkerung 1725–1780, in: Stefan Kroll; Kersten Krüger (Hg.): Militär und ländliche Gesellschaft in der frühen Neuzeit (= Herrschaft und soziale Systeme in der Frühen Neuzeit, 1), Münster u. a. 2000, S. 297–326

Kästner, Alexander: Tödliche Geschichte(n). Selbsttötungen in Kursachsen im Spannungsfeld von Normen und Praktiken 1517–1815, Konstanz 2012

Kästner, Alexander: Zwischen Mitleid und Stigmatisierung – Selbstmord als Kriminaldelikt?, in: Eide, Statuten und Prozesse. Ein Quellen- und Lesebuch zur Stadtgeschichte von Bautzen (hrsg. von Gerd Schwerhoff, Marion Völker und der Stadt Bautzen), Bautzen 2002, S. 208–215

Kathe, Heinz: Preußen zwischen Mars und Musen. Eine Kulturgeschichte von 1100 bis 1920, München 1993

Kathe, Heinz: Der Soldatenkönig. Friedrich Wilhelm I. 1688–1740 König in Preußen. Eine Biographie, Berlin 1978

Kaufhold, Karl Heinrich: Die preußische Wirtschaft unter König Friedrich II., dem Großen, in: Patrick Merziger; Rudolf Stöber; Esther-Beate Körber; Jürgen Michael Schulz (Hg.): Geschichte, Öffentlichkeit, Kommunikation. Festschrift für Bernd Sösemann zum 65. Geburtstag, Stuttgart 2010, S. 283–298

Kaul, Fritz: Die Entwicklung der Freiheitsstrafe zur Zentralstrafe im Strafensystem Preußens, Würzburg 1932

Keller, Albrecht: Der Scharfrichter in der deutschen Kulturgeschichte, Leipzig 1921

Kertscher, Hans-Joachim: Halle an der Saale, in: Wolfgang Adam; Siegrid Westphal (Hg.): Handbuch kultureller Zentren der Frühen Neuzeit. Städte und Residenzen im alten deutschen Sprachraum, Bd. 2: Halberstadt–Münster, Berlin/Boston 2012, S. 757–796

Kesper-Biermann, Sylvia; Klippel, Diethelm (Hg.): Kriminalität in Mittelalter und Früher Neuzeit. Soziale, rechtliche, philosophische und literarische Aspekte, Wiesbaden 2007

Keubke, Klaus-Ulrich: Die Militärjustiz in Mecklenburg-Schwerin an der Wende vom 18. zum 19. Jahrhundert, in: Zeitschrift für Heereskunde 426, 2007, S. 167–174

Kischkel, Thomas: Die Spruchtätigkeit der Gießener Juristenfakultät: Grundlagen – Verlauf – Inhalt, Hildesheim u. a. 2016

Klamer, Peter: In Unehren beschlaffen. Unzucht vor kirchlicher und weltlicher Gerichtsbarkeit im frühneuzeitlichen Salzburger Lungau, Frankfurt a. M. 2004

Klein, Paul: Abweichendes Verhalten von Soldaten im Auslandseinsatz, in: Gerhard Kümmel (Hg.): Streitkräfte im Einsatz. Zur Soziologie militärischer Interventionen (= Militär und Sozialwissenschaften, 42), Baden-Baden 2008, S. 97–111

Kloosterhuis, Jürgen: Kriegsgericht in Köpenick. Anno 1730: Kronprinz – Katte – Königswort (Katalog zur Ausstellung), Berlin 2011

Kloosterhuis, Jürgen: Katte. Ordre und Kriegsartikel. Aktenanalytische und militärhistorische Aspekte einer »facheusen« Geschichte, Berlin 2006

Kloosterhuis, Jürgen: Donner, Blitz und Bräker. Der Soldatendienst des »armen Mannes im Trockenburg« aus der Sicht des preußischen Militärsystems, in: Alfred Messerli (Hg.): Schreibsucht. Autobiografische Schriften des Pietisten Ulrich Bräker (1735–1798), Göttingen 2004, S. 129–187

Kloosterhuis, Jürgen: Officiers, Cadets et Mousquetaires: Refugiés in kurbrandenburgischen Diensten, in: Zeitschrift für Heereskunde 378 (1995), S. 128–136

Kloosterhuis, Jürgen: Das preußische Offizierkorps von 1690 bis 1790 – in einer Datenbank, in: Zeitschrift für Heereskunde 378 (1995), S. 137–141

Kloosterhuis, Jürgen; Kroener, Bernhard R.; Neitmann, Klaus; Pröve, Ralf (Hg.): Militär und Gesellschaft in Preußen. Quellen zur Militärsozialisation 1713–1806: Archivalien in Berlin, Dessau und Leipzig (bearbeitet von Peter Bahl, Claudia Nowak und Ralf Pröve), 3 Bde., Berlin 2015

Knöbl, Wolfgang; Schmidt, Gunnar: Einleitung: Warum brauchen wir eine Soziologie des Krieges?, in: dies. (Hg.): Die Gegenwart des Krieges. Staatliche Gewalt in der Moderne, Frankfurt a. M. 2000, S. 7–24

Koch, Arnd: Die *denunciatio* im Strafprozeß des 16.–18. Jahrhunderts, in: Michael Schröter (Hg.): Der willkommene Verrat. Beiträge zur Denunziationsforschung, Weilerswist 2017, S. 71–80

Kolesch, Doris: Rollen, Rituale und Inszenierungen, in: Friedrich Jaeger; Jürgen Straub (Hg.): Handbuch der Kulturwissenschaften, Bd. 2: Paradigmen und Disziplinen, Stuttgart 2004, S. 277–292

Köbler, Gerhard (Hg.): Historisches Lexikon der Deutschen Länder. Die deutschen Territorien vom Mittelalter bis zur Gegenwart, 7. Aufl. München 2007

Köstlin, Konrad (Hg.): Das Recht der kleinen Leute. Beiträge zur Rechtlichen Volkskunde (Festschrift für Karl Sigismund Kramer zum 60. Geburtstag), Berlin 1976

Köstlin, Konrad: Die Verrechtlichung der Volkskultur, in: ders. (Hg.): Das Recht der kleinen Leute. Beiträge zur Rechtlichen Volkskunde (Festschrift für Karl Sigismund Kramer zum 60. Geburtstag), Berlin 1976, S. 109–124

Köstlin, Konrad: Sicherheit im Volksleben, München 1968

Kraus, Karl: Das deutsche Militärstrafverfahren. Seine Stellung im Staatswesen und im Rechtsgebiet, München 1896

Krauske, Otto; Treue, Wilhelm (Hg.): Die Briefe König Friedrich Wilhelms I. an den Fürsten Leopold zu Anhalt-Dessau: 1704–1740, Frankfurt a.M. 1986/87

Krischer, André: Neue Forschungen zur Kriminalitätsgeschichte, in: Zeitschrift für Historische Forschung 33 (2006), S. 387–415

Krüssmann, Walter: Ernst von Mansfeld (1580–1626). Grafensohn, Söldnerführer, Kriegsunternehmer gegen Habsburg im Dreißigjährigen Krieg, Berlin 2010

Kroener, Bernhard R.: Kriegswesen, Herrschaft und Gesellschaft 1300–1800 (= Enzyklopädie deutscher Geschichte, 92), München 2013

Kroener, Bernhard R.: Kriegerische Gewalt und militärische Präsenz in der Neuzeit. Ausgewählte Schriften, Paderborn 2008

Kroener, Bernhard R: Des Königs Rock. Das Offizierkorps in Frankreich, Österreich und Preußen im 18. Jahrhundert – Werkzeug sozialer Militarisierung oder Symbol gesellschaftlicher Integration?, in: Peter Baumgart (Hg.): Die Preussische Armee zwischen Ancien Régime und Reichsgründung, Paderborn u. a. 2008, S. 72–95

Kroener, Bernhard R. (Hg.): Europa im Zeitalter Friedrichs des Großen: Wirtschaft, Gesellschaft, Kriege, München 1989

Kroener, Bernhard R.: Vom »extraordinari Kriegsvolck« zum »miles perpetuus«. Zur Rolle der bewaffneten Macht in der europäischen Gesellschaft der Frühen Neuzeit. Ein Forschungs- und Literaturbericht, in: ders. (Hg.): Kriegerische Gewalt und militärische Präsenz in der Neuzeit. Ausgewählte Schriften, Paderborn 2008, S. 3–64

Kroener, Bernhard R.: »Des Königs Rock.« Das Offizierkorps in Frankreich, Österreich und Preußen im 18. Jahrhundert - Werkzeug sozialer Militarisierung oder Symbol gesellschaftlicher Integration?, in: Peter Baumgart (Hg.): Die Preussische Armee zwischen Ancien Régime und Reichsgründung, Paderborn u. a. 2008, S. 72–95

Kroener, Bernhard R.: Kriegsgurgeln, Freireuter und Merodebrüder, in: Wolfram Wette (Hg.): Der Krieg des kleinen Mannes. Eine Militärgeschichte von unten, München 1992, S. 51–68

Kroener, Bernhard R.: Vom »extraordinari Kriegsvolck« zum »miles perpetuus«. Zur Rolle der bewaffneten Macht in der europäischen Gesellschaft der Frühen Neuzeit, in: Militärgeschichtliche Mitteilungen (MGM) 43, Freiburg i. Br. 1988, S. 141–189

Kroener, Bernhard R.: Fürst Leopold von Anhalt-Dessau und das Kriegswesen in der ersten Hälfte des 18. Jahrhunderts, in: Fürst Leopold I. von Anhalt-Dessau (1676–1747). »Der alte Dessauer«: Ausstellung zum 250. Todestag (hrsg. vom Museum für Naturkunde/ Vorgeschichte Dessau und Stadtarchiv Dessau), Dessau 1997, S. 16–25

Kroeschell, Karl: Deutsche Rechtsgeschichte, Bd. 3: Seit 1650, Köln u. a. 2008

Kroll, Stefan: Soldaten im 18. Jahrhundert zwischen Friedensalltag und Kriegserfahrung. Lebenswelten und Kultur in der kursächsischen Armee 1728–1796 (= Krieg in der Geschichte, 26), Paderborn 2006

Kroll, Stefan: Erziehung, Bildung und Ausbildung von Soldatenkindern im 18. Jahrhundert, in: Alexander Denzler u. a. (Hg.): Kinder und Krieg. Von der Antike bis in die Gegenwart, Berlin 2016 (= HZ Beihefte, NF 68), S. 81–104

Kroll, Stefan: Kursächsisches Militär und Randgruppen im 18. Jahrhundert, in: Stefan Kroll; Kersten Krüger (Hg.): Militär und ländliche Gesellschaft in der Frühen Neuzeit (= Herrschaft und soziale Systeme in der Frühen Neuzeit, 1), Münster u. a. 2000, S. 275–296

Kroll, Stefan; Krüger, Kersten (Hg.): Militär und ländliche Gesellschaft in der Frühen Neuzeit (= Herrschaft und soziale Systeme in der Frühen Neuzeit, 1), Münster u. a. 2000

Krüger, Anton: Chronik der Stadt und Festung Spandau. Von den ältesten Zeiten bis auf die Gegenwart, Spandau 1867

Krünitz, Johann Georg: Ökonomisch-technologisches Encyklopädie, oder allgemeines System der Staats-, Stadt-, Haus- und Landwirthschaft und der Kunstgeschichte in alphabetischer Ordnung, Th. 157, Berlin 1833

Kuczynski, Jürgen: Geschichte des Alltags des deutschen Volkes, Teil 2: 1650–1810, Köln u. a. 1982

Kuczynski, Jürgen: Der Alltag des Soldaten (1650–1810), in: Wolfram Wette (Hg.): Der Krieg des kleinen Mannes. Eine Militärgeschichte von unten, München 1992, S. 68–75

Kümin, Beat (Hg.): Public Drinking in the Early Modern World. Voices from the Tavern 1500–1800, Bd. 2, London 2011

Kümmel, Gerhard (Hg.): Streitkräfte im Einsatz. Zur Soziologie militärischer Interventionen (= Militär und Sozialwissenschaften, 42), Baden-Baden 2008

Kümmel, Gerhard; Klein, Paul; Kozielski, Peter Michael: Die gewalttätige Gesellschaft. Erscheinungsformen und Ursachen von Gewalt. Handlungsmöglichkeiten für die Bundeswehr, Strausberg 2004.

Kunczik, Michael: Gewalt und Medien. Ein Studienhandbuch, Köln u. a. 2006

Kurt, Ronald: Hermeneutik. Eine sozialwissenschaftliche Einführung, Konstanz 2004

Küther, Carsten: Räuber und Gauner in Deutschland, Göttingen 1987

Kypke, Heinrich: Art. »Kleist, Henning Alexander von«, in: Allgemeine Deutsche Biographie (ADB), Bd. 16, Leipzig 1882, S. 150f

Lambert, William R.: Alkohol und Arbeitsdisziplin in den Industriegebieten von Südwales 1800 bis 1870, in: Detlev Puls; Edward Palmer Thompson (Hg.): Wahrnehmungsformen und Protestverhalten. Studien zur Lage der Unterschichten im 18. und 19. Jahrhundert, Frankfurt a. M. 1979, S. 296–316

Landwehr, Achim: Foucault und die Ungleichheit. Die Kulturgeschichte des Sozialen, in: Marian Füssel; Thomas Weller (Hg.): Soziale Ungleichheit und ständische Gesellschaft. Theorien und Debatten in der Frühneuzeitforschung (= Zeitsprünge. Forschungen zur Frühen Neuzeit, 15.1), Frankfurt a. M. 2011, S. 64–84

Landwehr, Achim: Jenseits von Diskursen und Praktiken: Perspektiven kriminalitätshistorischer Forschung, in: Rebekka Habermas; Gerd Schwerhoff (Hg.): Verbrechen im Blick. Perspektiven der neuzeitlichen Kriminalitätsgeschichte, Frankfurt a. M. u. a. 2009, S. 42–67

Landwehr, Achim: Die Rhetorik der »Guten Policey«, in: Zeitschrift für Historische Forschung 30 (2003), S. 251–287

Lange, Hermann: Römisches Recht im Mittelalter, Bd. I, München 1997

Lange, Karl: Preußische Soldaten im 18. Jahrhundert, Oberhausen 2003

Lange, Katrin: Gesellschaft und Kriminalität. Räuberbanden im 18. und frühen 19. Jahrhundert, Frankfurt a. M. 1994

Lange, Martin: Räuber und Gauner ganz privat. Räuberbanden und Justiz im 18. und frühen 19. Jahrhundert, Marburg 2007

Lange, Sven: Der Fahneneid. Die Geschichte der Schwurverpflichtung im deutschen Militär, Bremen 2002

Latzel, Klaus: »Schlachtbank« oder »Feld der Ehre«?, in: Wolfram Wette (Hg.): Der Krieg des kleinen Mannes. Eine Militärgeschichte von unten, München 1992, S. 76–94

Ledebur, Ferdinand von: Die Geschichte des deutschen Unteroffiziers, Berlin 1939

Lehmann, Max: Werbung, Wehrpflicht und Beurlaubung im Heere Friedrich Wilhelm's I., in: Historische Zeitschrift 21 (1891), S. 254–289

Lienemann, Wolfgang; Zwahlen, Sara (Hg.): Kollektive Gewalt, Bern 2006

Limbach, Jutta: Schiller und das Recht (= Marbacher Schillerreden, 2), Marbach 2001

Lind, Vera: Selbstmord in der Frühen Neuzeit. Diskurs, Lebenswelt und kultureller Wandel am Beispiel der Herzogtümer Schleswig und Holstein, Göttingen 1999

Lindemann, Mary: Armen- und Eselbegräbnis in der europäischen Frühneuzeit, eine Methode sozialer Kontrolle, in: Paul Richard Blum (Hg.): Studien zur Thematik des Todes im 16. Jahrhundert. Herzog August Bibliothek, Wolfenbüttel 1983, S. 125–139

Lipp, Anne: Diskurs und Praxis. Militärgeschichte als Kulturgeschichte, in: Thomas Kühne; Benjamin Ziemann (Hg.): Was ist Militärgeschichte? (= Krieg in der Geschichte, 6), Paderborn u. a. 2000, S. 211–227

Löffler, Klemens: Vom Zutrinken, in: Archiv für Kulturgeschichte 6 (1908), S. 71–78

Löffler, Ursula: Dörfliche Amtsträger im Staatswerdungsprozess der Frühen Neuzeit: die Vermittlung von Herrschaft auf dem Lande im Herzogtum Magdeburg 17. und 18. Jahrhundert (= Herrschaft und soziale Systeme in der Frühen Neuzeit, 8), Münster u. a. 2005

Lorenz, Maren: Das Rad der Gewalt. Militär und Zivilbevölkerung in Norddeutschland nach dem Dreißigjährigen Krieg (1650–1700), Köln u. a. 2007

Lorenz, Maren: Kriminelle Körper – Gestörte Gemüter. Die Normierung des Individuums in Gerichtsmedizin und Psychiatrie der Aufklärung, Hamburg 1999

Lorenz, Maren: »… da der anfängliche Schmerz in Liebeshitze übergehen kann …«. Das Delikt der Nothzucht im gerichtsmedizinischen Diskurs des 18. Jahrhunderts, in: Christine Künzel (Hg.): Unzucht – Notzucht – Vergewaltigung. Definitionen und Deutungen sexueller Gewalt von der Aufklärung bis heute, Frankfurt a. M. 2003, S. 63–88

Lotz, Wolfgang: Kriegsgerichtsprozesse des Siebenjährigen Krieges in Preussen. Untersuchungen zur Beurteilung militärischer Leistung durch Friedrich II., Frankfurt a. M. 1981

Löw, Peter: Der preußische Unteroffizier im stehenden Heer des Absolutismus bis 1806 am Beispiel der Infanteriekompanie, Konstanz 1989

Lück, Heiner: »… die Sachsen in daß Gebürge gejaget …«. Zur zeitgenössischen Wahrnehmung kriegerischer Ereignisse in einem preußisch-sächsischen Grenzdorf (1706–1871), in: Renate Wißuwa; Gabriele Viertel; Nina Krüger (Hg.): Sachsen. Beiträge zur Landesgeschichte 2002, Dresden 2002, S. 287–306

Ludi, Regula: Die Fabrikation des Verbrechens. Zur Geschichte der modernen Kriminalpolitik 1750–1850, Tübingen 1999

Lüdtke, Alf (Hg.): Herrschaft als soziale Praxis. Historische und sozial-anthropologische Studien, Göttingen 1991

Lüdtke, Alf: Geschichte und Eigensinn, in: Berliner Geschichtswerkstatt (Hg.): Alltagskultur, Subjektivität und Geschichte. Zur Theorie und Praxis von Alltagsgeschichte, Münster 1994, S. 139–156

Lüdtke, Alf: Herrschaft als soziale Praxis, in: ders. (Hg.): Herrschaft als soziale Praxis. Historische und sozial-anthropologische Studien, Göttingen 1991, S. 9–63

Lüdtke, Alf; Medick, Hans: »Geschichte – für wen?« Grenzen und Notwendigkeit des Reformismus in der westdeutschen Geschichtswissenschaft (1977), in: Belinda Davis; Thomas Lindenberger; Michael Wildt (Hg.): Alltag, Erfahrung, Eigensinn: historisch-anthropologische Erkundungen, Frankfurt a. M. 2008, S. 43–60

Ludwig, Ulrike: Das Duell im Alten Reich. Transformation und Variation frühneuzeitlicher Ehrkonflikte, Berlin 2016

Ludwig, Ulrike: Rituale der Vergemeinschaftung? Das Duell als Phänomen einer militärischen Gewaltkultur, in: Ralf Pröve; Carmen Winkel (Hg.): Übergänge schaffen. Ritual und Performanz in der frühneuzeitlichen Militärgesellschaft (= Herrschaft und soziale Systeme in der Frühen Neuzeit, 16), Göttingen 2012, S. 61–80

Mai, Bernhard; Mai, Christiane: Festung Magdeburg (hrsg. von der Landeshauptstadt Magdeburg), Dössel 2006

Martschukat, Jürgen: Ein Freitod durch die Hand des Henkers. Erörterungen zur Komplementarität von Diskursen und Praktiken am Beispiel von »Mord aus Lebens-Überdruß« und Todesstrafe im 18. Jahrhundert, in: Zeitschrift für Historische Forschung 27 (2000), S. 53–74

Maurer, Michael (Hg.): Abriss der Historischen Wissenschaften, Bd. 4: Quellen, Stuttgart 2002

Mayer, Helmut: Militärjustiz im neuzeitlichen Krieg, in: Zeitschrift für Wehrrecht II (1937), S. 329–356

Meier, Brigitte: Das brandenburgische Stadtbürgertum als Mitgestalter der Moderne: die kommunale Selbstverwaltung und die politische Kultur des Gemeindeliberalismus (= Veröffentlichungen des Brandenburgischen Landeshauptarchivs, 44), Berlin 2001

Meisner, Heinrich Otto: Übersicht über die Bestände des Geheimen Staatsarchivs zu Berlin-Dahlem, Teil 2: II.–IX. Hauptabteilung, Leipzig 1935

Mergel, Thomas; Welskopp, Thomas (Hg.): Geschichte zwischen Kultur und Gesellschaft. Beiträge zur Theoriedebatte, München 1997

Mertens, Karl: Die Leiblichkeit des Handelns, in: Friedrich Jaeger; Jürgen Straub (Hg.): Handbuch der Kulturwissenschaften, Bd. 2: Paradigmen und Disziplinen, Stuttgart 2004, S. 327–340

Merziger, Patrick; Stöber, Rudolf; Körber, Esther-Beate; Schulz, Jürgen Michael (Hg.): Geschichte, Öffentlichkeit, Kommunikation. Festschrift für Bernd Sösemann zum 65. Geburtstag, Stuttgart 2010

Messerli, Alfred (Hg.): Schreibsucht. Autobiografische Schriften des Pietisten Ulrich Bräker (1735–1798), Göttingen 2004

Messerschmidt, Manfred: Das Preußische Militärwesen, in: Handbuch der Preußischen Geschichte, Bd. 3: Vom Kaiserreich zum 20. Jahrhundert und Große Themen der Geschichte Preußens, ND Berlin u. a. 2001, S. 319–546

Meumann, Markus: Soldatenfamilien und uneheliche Kinder. Ein soziales Problem im Gefolge der stehenden Heere, in Bernhard R. Kroener; Ralf Pröve (Hg.): Krieg und Frieden. Militär und Gesellschaft in der Frühen Neuzeit, Paderborn 1996, S. 219–236

Meuser, Michael: Hegemoniale Männlichkeit. Versuch einer Begriffsklärung aus soziologischer Perspektive, in: Martin Dinges (Hg.): Männer – Macht – Körper. Hegemoniale Männlichkeiten vom Mittelalter bis heute, Frankfurt a. M. 2005, S. 211–228

Meuter, Norbert: Geschichten erzählen, Geschichten analysieren: Das narrativistische Paradigma in den Kulturwissenschaften, in: Friedrich Jaeger; Jürgen Straub (Hg.): Handbuch der Kulturwissenschaften, Bd. 2: Paradigmen und Disziplinen, Stuttgart 2004, S. 140–155

Möbius, Sascha: Die Kommunikation zwischen preußischen Soldaten und Offizieren im Siebenjährigen Krieg zwischen Gewalt und Konsens, in: Militärgeschichtliche Zeitschrift 63 (2004), S. 325–353

Möbius, Sascha: »Bravthun«, »Entmannende Furcht« und »Schöne Überläuferinnen«. Zum Männlichkeitsbild Preußischer Soldaten im Siebenjährigen Krieg in Quellen aus Magdeburg, Halle und der Altmark, in: Eva Labovie (Hg.): Leben in der Stadt – eine Kultur- und Geschlechtergeschichte Magdeburgs, Köln u. a. 2004, S. 79–96

Möbius, Sascha: »Von Jast und Hitze wie vertaumelt«. Überlegungen zur Wahrnehmung von Gewalt durch preußische Soldaten im Siebenjährigen Krieg, in: Forschungen zur Brandenburgischen und Preußischen Geschichte, N. F. 12 (2002), 1, S. 33

Mohnhaupt, Heinz: Zur Kodifikation des Prozeßrechts in Brandenburg-Preußen: Samuel von Coccejiis »Project des Codicis Friedriciani Marchici« von 1748, in: Helmut Neuhaus (Hg.): Menschen und Strukturen in der Geschichte Alteuropas. Festschrift für Johannes Kunisch zur Vollendung seines 65. Lebensjahres, dargebracht von Schülern, Freunden und Kollegen, Berlin 2002, S. 279–298

Mohnhaupt, Heinz: Privileg, neuzeitlich, in: Adalbert Erler, Ekkehard Kaufmann (Hg.): Handwörterbuch zur deutschen Rechtsgeschichte, Bd. 3, Berlin 1984, Sp. 2005–2011

Möller, Hans-Michael: Das Regiment der Landsknechte. Untersuchungen zu Verfassungen, Recht und Selbstverständnis in deutschen Söldnerheeren des 16. Jahrhunderts, Wiesbaden 1976

Motz, Konrad: Korbgalgen und Pranger. Rechtsinstrumente und Rechtsverordnungen, in: Dieter Pötschke (Hg.): Stadtrecht, Roland, Pranger. Zur Rechtsgeschichte von Halberstadt, Goslar, Bremen und märkischen Städten, Berlin 2002, S. 309–351

Müller, Rudolf: Fahnenflucht und eigenmächtige Abwesenheit in geschichtlicher Sicht, in: Wehrwissenschaftliche Rundschau 10 (1960), Nr. 4, S. 177–187

Müchler, Karl: Vielfaches Verbrechen aus geringer Ursache, in: Kriminalgeschichten. Aus gerichtlichen Akten gezogen, Berlin 1792 (Nachdruck Hannover 2011), S. 34–43

Münch, Paul (Hg.): »Erfahrung« als Kategorie der Frühneuzeitgeschichte, München 2001

Muth, Bastian: »damit der Name dieses Regiments aus der löblichen Armada getilget und außgerottet werde.« Eine quellenkritische Untersuchung der Hinrichtung des Regiments Madlo nach der Schlacht bei Breitenfeld im Jahre 1642, in: Ralf Pröve; Carmen Winkel (Hg.): Übergänge schaffen. Ritual und Performanz in der frühneuzeitlichen Militärgesellschaft (= Herrschaft und soziale Systeme in der Frühen Neuzeit, 16), Göttingen 2012, S. 81–108

Muth, Jörg: Flucht aus dem militärischen Alltag. Ursachen und individuelle Ausprägung der Desertion in der Armee Friedrichs des Großen, Freiburg i. Br. 2003

Naegle, Gisela: Gerichtsbarkeit und Streitentscheidung. Justizforschung zum französischen Mittelalter, in: Zeitschrift für Historische Forschung 33 (2006), Nr. 4, S. 169–196

Neufeld, Hans: Die Friedericianische Justizreform bis zum Jahre 1780, Göttingen 1910

Neuhaus, Helmut (Hg.): Menschen und Strukturen in der Geschichte Alteuropas. Festschrift für Johannes Kunisch zur Vollendung seines 65. Lebensjahres, dargebracht von Schülern, Freunden und Kollegen, Berlin 2002

Neumann, Johann Ernst Neumann: Aus der Festungszeit preußischer Kammergerichts- und Regierungsräte auf Spandau 1780. Tagebuch des Regierungsrates Neumann, geschrieben während der von Friedrich dem Grossen über die Richter im Müller-Arnold-Prozess verhängten Festungshaft, Berlin 1910

Niehaus, Michael: Das Verhör: Geschichte – Theorie – Fiktion, München 2003

Noack, Lothar: »Andreas Schmid«, in: Lothar Noack; Jürgen Splett (Hg.): Bio-Bibliographien. Brandenburgische Gelehrte der Frühen Neuzeit (Berlin-Cölln 1688–1713), Berlin 2000 (= Veröffentlichungen zur brandenburgischen Geschichte der Frühen Neuzeit, 2), S. 403–414

Nowosadtko, Jutta: Stehendes Heer im Ständestaat: das Zusammenleben von Militär- und Zivilbevölkerung im Fürstbistum Münster 1650–1803, Paderborn 2011

Nowosadtko, Jutta: Krieg, Gewalt und Ordnung. Einführung in die Militärgeschichte, Tübingen 2002

Nowosadtko, Jutta: Träger der Bürokratisierung – Sekretär des Chefs? Erste Überlegungen zur Rolle der Militärjuristen im 17. und 18. Jahrhundert, in: Jutta Nowosadtko; Diethelm Klippel; Kai Lohsträter (Hg.): Militär und Recht vom 16. bis 19. Jahrhundert. Gelehrter Diskurs – Praxis – Transformationen (= Herrschaft und soziale Systeme in der Frühen Neuzeit, 19), Göttingen 2016, S. 269–286

Nowosadtko, Jutta: »Gehegter Krieg« – »Gezähmte Bellona«. Kombattanten, Partheygänger, Privatiers und Zivilbevölkerung im sogenannten Kleinen Krieg in der Frühen

Neuzeit, in: Frank Becker (Hg.): Zivilisten und Soldaten. Entgrenzte Gewalt in der Geschichte, Essen 2015, S. 51–78

Nowosadtko, Jutta: Militärjustiz im 17. und 18. Jahrhundert am Beispiel des Fürstbistums Münster, in: Sylvia Kesper-Biermann; Diethelm Klippel (Hg.): Kriminalität in Mittelalter und Früher Neuzeit. Soziale, rechtliche, philosophische und literarische Aspekte, Wiesbaden 2007, S. 115–140

Nowosadtko, Jutta: Der Militairstand ist ein privilegierter Stand, der seine eigenen Gesetze, obrigkeitliche Ordnung und Gerichtsbarkeit hat. Die »Verstaatlichung« stehender Heere in systemtheoretischer Perspektive, in: Ralf Pröve; Markus Meumann (Hg.): Herrschaft in der Frühen Neuzeit. Umrisse eines dynamisch-kommunikativen Prozesses (= Herrschaft und soziale Systeme in der Frühen Neuzeit, 2), Münster 2004, S. 121–141

Nowosadtko, Jutta: Der Militärdienst als Räuberschule? Anmerkungen zu einer verbreiteten Argumentationsfigur der historischen Kriminalitätsforschung, in: Westfälische Forschungen 54 (2004), S. 167–175

Nowosadtko, Jutta: Militärjustiz in der Frühen Neuzeit. Anmerkungen zu einem vernachlässigten Feld der historischen Kriminalitätsforschung, in: Unrecht und Recht. Kriminalität und Gesellschaft im Wandel von 1500–2000: gemeinsame Landesausstellung der rheinland-pfälzischen und saarländischen Archive (hrsg. von der Landesarchivverwaltung Rheinland-Pfalz), Koblenz 2002, S. 638–651Nowosadtko, Jutta: Ordnungselement oder Störfaktor? Zur Rolle stehender Heere innerhalb der frühneuzeitlichen Gesellschaft, in: Ralf Pröve (Hg.): Klio in Uniform? Probleme und Perspektiven einer modernen Militärgeschichte der Frühen Neuzeit, Köln 1997, S. 5–34

Nowosadtko, Jutta; Klippel, Diethelm; Lohsträter, Kai (Hg.): Militär und Recht vom 16. bis 19. Jahrhundert. Gelehrter Diskurs – Praxis – Transformationen (= Herrschaft und soziale Systeme in der Frühen Neuzeit, 19), Göttingen 2016

Nubola, Cecilia; Würgler, Andreas (Hg.): Bittschriften und Gravamina. Politik, Verwaltung und Justiz in Europa (14.–18. Jahrhundert), Berlin 2005

Nubola, Cecilia: Supplications between Politics and Justice: The Northern and Central Italian States in the Early Modern Age, in: Lex Heerma van Voss (Hg.): Petitions in social history, Cambridge 2001, S. 35–56

Nussbaumer, Alex: Zuger Militär. Im Spannungsfeld von Politik, Wirtschaft und Gesellschaft – das Zuger Militärwesen im 18. Jahrhundert, Rotkreuz 1998

Nutz, Thomas: Strafanstalt als Besserungsmaschine. Reformdiskurs und Gefängniswissenschaft 1775–1848, München 2001

Oelsnitz, Alexander Bernhard Ernst von der: Das Grenadier-Regiment Kronprinz (1. Ostpreußisches) Nr. 1 von seiner Errichtung bis zur Gegenwart 1655–1904. Kurze Darstellung der Geschichte des Regiments und seiner Fahnen, Königsberg in Preußen 1904

Oestreich, Gerhard: Der brandenburg-preußische Geheime Rat vom Regierungsantritt des Großen Kurfürsten bis zu der Neuordnung im Jahre 1651. Eine behördengeschichtliche Studie, Würzburg-Aumühle 1937

Opgenoorth, Ernst: Politische Prozesse unter Kurfürst Friedrich Wilhelm. Eine Studie über Macht und Recht im Absolutismus, in: Forschungen zur Brandenburgischen und Preußischen Geschichte 18 (2008), Nr. 2, S. 135–152

Osten-Sacken, Ottomar von der: Preußens Heer von seinen Anfängen bis zur Gegenwart, Bd. 1: Die alte Armee bis zum Frieden von Tilsit, Berlin 1911

Osterroht, Hermann: Geschichte des Dragoner-Regiments Prinz Albrecht von Preußen (Litthauisches) Nr. 1, 1717–1919, Berlin 1930

Ostwaldt, Lars: Was ist ein Rechtsritual?, in: Reiner Schulze (Hg.): Symbolische Kommunikation vor Gericht in der Frühen Neuzeit (= Schriften zur Europäischen Rechts- und Verfassungsgeschichte, 51), Berlin 2006, S. 125–152

Pelz, Siegfried: Die Preussischen und Reichsdeutschen Kriegsartikel. Historische Entwicklung und rechtliche Einordnung, Hamburg 1979

Peters, Jan (Hg.): Gutsherrschaft als soziales Modell – Vergleichende Betrachtungen zur Funktionsweise frühneuzeitlicher Agrargesellschaften, München 1995

Jan Peters (Hg.): Konflikt und Kontrolle in Gutsherrschaftsgesellschaften – über Resistenz- und Herrschaftsverhalten in ländlichen Sozialgebilden der Frühen Neuzeit, Göttingen 1995

Peters, Jan: Ein Söldnerleben im Dreißigjährigen Krieg. Ein Quellenhandbuch, Berlin 1993

Peters, Jan: Wegweiser zum Innenleben? Möglichkeiten und Grenzen der Untersuchung popularer Selbstzeugnisse der Frühen Neuzeit, in: Historische Anthropologie. Kultur – Gesellschaft – Alltag 1 (1993), Heft 2, S. 235–249

Peters, Kirsten: Kindsmord als schöne Kunst betrachtet: eine motivgeschichtliche Untersuchung der Literatur des 18. Jahrhunderts, Würzburg 2001

Plessix-Buisset, Christiane: Du supernaturel au rationnel aux XVIIe et XVIIIe siècles. Le rituel des gestes de l'épreuve du cadavre dans la procédure criminelle, in: Reiner Schulze (Hg.): Symbolische Kommunikation vor Gericht in der Frühen Neuzeit (= Schriften zur Europäischen Rechts- und Verfassungsgeschichte, 51), Berlin 2006, S. 197–212

Poten, Bernhard von: Lattorf, Christof Friedrich von, in: Allgemeine Deutsche Biographie (ADB), Bd. 18, Leipzig 1883, S. 19f

Pötschke, Dieter (Hg.): Stadtrecht, Roland, Pranger. Zur Rechtsgeschichte von Halberstadt, Goslar, Bremen und märkischen Städten, Berlin 2002

Preitz, Max: Prinz Moritz von Dessau im Siebenjährigen Krieg, München 1912

Priesdorff, Kurt von: Soldatisches Führertum, 10 Bände, Hamburg 1937–1942

Prinz, Oliver: Der Einfluss von Heeresverfassung und Soldatenbild auf die Entwicklung des Militärstrafrechts, Göttingen 2005

Prodi, Paolo: Das Sakrament der Herrschaft. Der politische Eid in der Verfassungsgeschichte des Okzidents, Berlin 1997

Pröve, Ralf: Lebenswelten. Militärische Milieus in der Neuzeit – Gesammelte Abhandlungen, hrsg. von Bernard Kroener und Angela Strauß (= Herrschaft und Soziale Systeme in der Frühen Neuzeit, 11), Berlin u. a. 2010

Pröve, Ralf (Hg.): Klio in Uniform? Probleme und Perspektiven einer modernen Militärgeschichte der Frühen Neuzeit, Köln 1997

Pröve, Ralf: Stehendes Heer und städtische Gesellschaft im 18. Jahrhundert. Göttingen und seine Militärbevölkerung 1713–1756, München 1995

Pröve, Ralf: Systemische Herrschaftskonkurrenz durch Instanzenzüge und Patronatsbeziehungen. Probleme im Verwaltungshandeln des 18. Jahrhunderts, in: Jutta Nowosadtko; Diethelm Klippel; Kai Lohsträter (Hg.): Militär und Recht vom 16. bis zum 19. Jahrhundert. Gelehrter Diskurs – Praxis – Transformationen (= Herrschaft und soziale Systeme in der Frühen Neuzeit, 19), Göttingen 2016, S. 251–268

Pröve, Ralf: Gewalt und Herrschaft in der Frühen Neuzeit, in: ders.: Lebenswelten. Militärische Milieus in der Neuzeit – Gesammelte Abhandlungen, hrsg. von Bernard Kroener und Angela Strauß (= Herrschaft und Soziale Systeme in der Frühen Neuzeit, 11), Berlin u. a. 2010, S. 87–104

Pröve, Ralf: Der Soldat in der ›guten Bürgerstube‹. Das frühneuzeitliche Einquartierungssystem und die sozioökonomischen Folgen, in: ders.: Lebenswelten. Militärische Milieus in der Neuzeit, hrsg. von Bernhard Kroener und Angela Strauß (= Herrschaft und Soziale Systeme in der Frühen Neuzeit, 11), Berlin u. a. 2010, S. 39–68

Pröve, Ralf: Dimension und Reichweite der Paradigmen »Sozialdisziplinierung« und »Militarisierung« im Heiligen Römischen Reich, in: Heinz Schilling (Hg.): Institutionen, Instrumente und Akteure sozialer Kontrolle und Disziplinierung im frühneuzeitlichen Europa, Frankfurt a. M. 1999, S. 65–85

Pröve, Ralf: Zum Verhältnis von Militär und Gesellschaft im Spiegel gewaltsamer Rekrutierungen (1648–1789), in: Zeitschrift für Historische Forschung 22 (1995), S. 191–217

Pröve, Ralf: Der Höckelheimer »Tumult« vom Jahre 1728, in: Northeimer Jahrbuch 56 (1991), S. 133–137

Pröve, Ralf; Meumann, Markus (Hg.): Herrschaft in der Frühen Neuzeit. Umrisse eines dynamisch-kommunikativen Prozesses (= Herrschaft und soziale Systeme in der Frühen Neuzeit, 2), Münster 2004

Pröve, Ralf; Winkel, Carmen (Hg.): Übergänge schaffen. Ritual und Performanz in der frühneuzeitlichen Militärgesellschaft (= Herrschaft und soziale Systeme in der Frühen Neuzeit, 16), Göttingen 2012

Puls, Detlev; Thompson, Edward Palmer (Hg.): Wahrnehmungsformen und Protestverhalten. Studien zur Lage der Unterschichten im 18. und 19. Jahrhundert, Frankfurt a. M. 1979

Quanter, Rudolf: Die Folter in der deutschen Rechtspflege sonst und jetzt. Ein Beitrag zur Geschichte des deutschen Strafrechts, Aalen 1970 (Neudruck der Ausgabe Dresden 1900)

Radbruch, Gustav: Geschichte des Verbrechens. Versuch einer Historischen Kriminologie, Stuttgart 1951

Radkau, Joachim: Holzverknappung und Krisenbewusstsein im 18. Jahrhundert, in: Geschichte und Gesellschaft 9 (1983), S. 513–543

Radtke, Dieter: Friedrich der Große und der Alte Dessauer: des Königs Verhältnis zum Fürsten, Hildesheim 2015

Radtke, Dieter: Gehorsam gegen Gott und König. Die Armee Friedrichs des Großen, Hildesheim 2006

Raphael, Lutz: Habitus und sozialer Sinn. Der Ansatz Pierre Bourdieus, in: Friedrich Jaeger; Jürgen Straub (Hg.): Handbuch der Kulturwissenschaften, Bd. 2: Paradigmen und Disziplinen, Stuttgart 2004, S. 266–276

Rastinger, Nina: Sodomie und Galeerenstrafe. Georg Weber und sein Prozess 1719, in: Martin Scheutz; Thomas Winkelbauer (Hg.): Diebe, Sodomiten und Wilderer? Waldviertler Gerichtsakten aus dem 18. Jahrhundert als Beitrag zur Sozialgeschichte, St. Pölten 2005, S. 287–298

Rechenberg, Falk von: Die außerdienstliche Wohlverhaltenspflicht des Soldaten im Spiegel der Rechtsprechung des Bundesverwaltungsgerichts. Zugleich eine Untersuchung ihrer rechtshistorischen Wurzeln insbesondere im brandenburgisch-preußischen Wehrrecht, Frankfurt a. M. 2004

Regge, Jürgen: Das Justizwesen – Strafrecht und Strafrechtspflege, in: Jürgen Ziechmann (Hg.): Panorama der Fridericianischen Zeit. Friedrich der Große und seine Epoche – Ein Handbuch, Bremen 1985

Rehse, Birgit: Die Supplikations- und Gnadenpraxis in Brandenburg-Preußen. Eine Untersuchung am Beispiel der Kurmark unter Friedrich Wilhelm II. (1786–1797) (= Quellen und Forschungen zur brandenburgischen und preußischen Geschichte, 35), Berlin 2008

Reinhard, Wolfgang: Zusammenfassung: Staatsbildung durch »Aushandeln«?, in: Ronald G. Asch; Dagmar Freist (Hg.): Staatsbildung als kultureller Prozess, Köln u. a. 2005, S. 429–439

Reiter, Uli: Illegalität. Phänomen und Funktion, Wiesbaden 2016

Renn, Ludwig; Schnitter, Helmut: Krieger, Landsknecht und Soldat, Berlin 1972

Riehm, Friedrich: Christoph von Katsch 1665–1729, der erste preußische Justizminister und seine Verwandten. Ein Beitrag zur Geschichte eines Hallischen Pfännergeschlechts, Halle (Saale) 1930

Rischke-Neß, Janine: »Freiheit der Rücken« – Der Wandel des Militärstrafrechts im preußischen Reformprozess, in: Eberhard Birk; Thorsten Loch; Peter Popp (Hg.): Wie Napoleon nach Waterloo kam, Potsdam 2015, S. 119–124

Rischke, Janine: »Mit dem bloßen Pallasch ihm etliche Male über den Kopf geschlagen.« Gewalttätigkeiten von Soldaten in Gerichtsakten des preußischen Militärs im 18. Jahrhundert, in: Christian Th. Müller; Matthias Rogg (Hg.): Das ist Militärgeschichte! Probleme – Projekte – Perspektiven (Festschrift für Bernhard R. Kroener zum 65. Geburtstag), Paderborn 2013, S. 292–311

Rischke, Janine: Gegen das Recht – Deviantes Verhalten und Militärgerichtsbarkeit in der preußischen Armee, in: Eberhard Birk; Thorsten Loch; Peter Popp (Hg.): Wie Friedrich »der Große« wurde. Eine kleine Geschichte des Siebenjährigen Krieges 1756 bis 1763, Freiburg i. Br. 2012, S. 102–107

Rischke, Janine: »Auß höchster landesherrlicher Macht und Gewalt«. Zum Einfluss von Naturrecht und politischem Wertehorizont auf die Rechtspflege Friedrichs II. in Kriminalsachen in den ersten Jahren seiner Regierung, in: Frank Göse (Hg.): Friedrich der Große und die Mark Brandenburg, Berlin 2012, S. 246–265

Rischke, Janine: Kriegsbericht oder Gaukeley? Militär und Gesellschaft in Berliner Zeitungsartikeln in der ersten Hälfte des 18. Jahrhunderts, in: Militär und Gesellschaft in der Frühen Neuzeit 14 (2010), Heft 2, S. 318–347

Rischke, Janine; Winkel, Carmen: »Hierdurch in Gnaden …«. Supplikationswesen und Herrschaftspraxis in Brandenburg-Preußen im 18. Jahrhundert, in: Jahrbuch für die Geschichte Mittel- und Ostdeutschlands. Zeitschrift für vergleichende und preußische Landesgeschichte 57 (2011), S. 57–86

Rödenbeck, Karl Heinrich Siegfried: Tagebuch oder Geschichtskalender aus Friedrich's des Großen Regentenleben (1740–1786), Bd. 1, Berlin 1840

Rohrschneider, Michael: Leopold I. von Anhalt-Dessau, die oranische Heeresreform und die Reorganisation der preußischen Armee unter Friedrich Wilhelm I., in: Peter Baumgart (Hg.): Die Preussische Armee zwischen Ancien Régime und Reichsgründung, Paderborn u. a. 2008, S. 45–71

Rölli, Marc; Nigro, Roberto (Hg.): Vierzig Jahre »Überwachen und Strafen«. Zur Aktualität der Foucault'schen Machtanalyse, Bielefeld 2017

Rosencrantz, Helmuth: Über Kriegsgerichte im 17. und 18. Jahrhundert, in: Zeitschrift für Wehrrecht II (1937), Nr. 1.2, S. 40–47

Ross, Hartmut: Moritz Prinz von Anhalt-Dessau, in: NDB, Bd. 18, Berlin 1997, S. 134f.

Roth, Klaus: Geschichte des Widerstandsdenkens – ein ideengeschichtlicher Überblick, in: Bernd Ladwig; Klaus Roth (Hg.): Recht auf Widerstand? Ideengeschichtliche und philosophische Perspektiven (= Studien zu Grund- und Menschenrechten, 12), Potsdam 2006, S. 7–55

Rummel, Walter: Verletzung von Körper, Ehre und Eigentum. Varianten im Umgang mit Gewalt in Dörfern des 17. Jahrhunderts, in: Andreas Blauert; Gerd Schwerhoff (Hg.): Mit den Waffen der Justiz. Zur Kriminalitätsgeschichte des späten Mittelalters und der Frühen Neuzeit, Frankfurt a. M. 1993, S. 86–114

Ruppert, Stefan; Vec, Milos (Hg.): Michael Stolleis – Ausgewählte Aufsätze und Beiträge, Bd. 1, Frankfurt a. M. 2011

Sarasin, Philipp: Subjekte, Diskurse, Körper. Überlegungen zu einer diskursanalytischen Kulturgeschichte, in: Wolfgang Hardtwig; Hans-Ulrich Wehler (Hg.): Kulturgeschichte heute (= Sonderheft, 16), Göttingen 1996, S. 131–164

Schaper, Uwe (Hg.): Kurzübersicht über die Archivbestände der Kreise, Städte und Gemeinden im Lande Brandenburg, Brandenburg 2001

Schattenberg, Susanne: Die korrupte Provinz? Russische Beamte im 19. Jahrhundert (= Campus Historische Studien, 45), Frankfurt a. M. 2008

Schemann, Hans: Deutsche Idiomatik. Wörterbuch der deutschen Redewendungen im Kontext, 2. Aufl., Berlin 2011

Schennach, Martin: Jagdrecht, Wilderei und »gute Policey«: Normen und ihre Durchsetzung im frühneuzeitlichen Tirol, Frankfurt a. M. 2007

Scheutz, Martin: Scheiternde Mütter oder reulose Kindsmörderinnen? Gerichtsakten in der Frühen Neuzeit als Quelle, in: Martin Scheutz; Thomas Winkelbauer (Hg.): Diebe, Sodomiten und Wilderer? Waldviertler Gerichtsakten aus dem 18. Jahrhundert als Beitrag zur Sozialgeschichte, St. Pölten 2005, S. 13–58

Scheutz, Martin: Zwischen Mahnung und Normdurchsetzung. Zur Rezeption von Normen in Zeugenverhören des 18. Jahrhunderts, in: Ralf-Peter Fuchs; Winfried Schulze (Hg.): Wahrheit, Wissen, Erinnerung. Zeugenverhörprotokolle als Quellen für soziale Wissensbestände in der Frühen Neuzeit, Münster 2002, S. 357–398

Scheutz, Martin: Frühneuzeitliche Gerichtsakten als »Ego-Dokumente«. Eine problematische Zuschreibung am Beispiel der Gaminger Gerichtsakten aus dem 18. Jahrhundert, in: Thomas Winkelbauer (Hg.): Vom Lebenslauf zur Biographie. Geschichte, Quellen und Probleme der historischen Biographik und Autobiographik, Waidhofen/Thayna 2000, S. 99–134

Scheutz, Martin; Winkelbauer, Thomas (Hg.): Diebe, Sodomiten und Wilderer? Waldviertler Gerichtsakten aus dem 18. Jahrhundert als Beitrag zur Sozialgeschichte, St. Pölten 2005

Scheutz, Martin; Winkelbauer, Thomas: Ein »Forschungsseminar« nimmt seinen Lauf. Vom Lesenlernen, Fragenstellen und Schreiben, in: dies. (Hg.): Diebe, Sodomiten und Wilderer? Waldviertler Gerichtsakten aus dem 18. Jahrhundert als Beitrag zur Sozialgeschichte, St. Pölten 2005, S. 7–12

Schick, Rupert: Petitionen. Von der Untertanenbitte zum Bürgerrecht, 3. neubearb. Aufl., Heidelberg 1996

Schiffauer, Werner: Der cultural turn in der Ethnologie und der Kulturanthropologie, in: Friedrich Jaeger; Jürgen Straub (Hg.): Handbuch der Kulturwissenschaften, Bd. 2: Paradigmen und Disziplinen, Stuttgart 2004, S. 502–517

Schild, Wolfgang: Folter, Pranger, Scheiterhaufen. Rechtsprechung im Mittelalter, München 2010

Schild, Wolfgang: Die Strafgerichtsverhandlungen als Theater des Rechts, in: Reiner Schulze (Hg.): Symbolische Kommunikation vor Gericht in der Frühen Neuzeit (= Schriften zur Europäischen Rechts- und Verfassungsgeschichte, 51), Berlin 2006, S. 107–124

Schild, Wolfgang: Alte Gerichtsbarkeit. Vom Gottesurteil bis zum Beginn der modernen Rechtsprechung, 2. Aufl., München 1985

Schindler, Norbert: Wilderer im Zeitalter der Französischen Revolution. Ein Kapitel alpiner Sozialgeschichte, München 2001

Schindler, Norbert (Hg.): Widerspenstige Leute. Studien zur Volkskultur in der Frühen Neuzeit, Frankfurt a. M. 1992

Schindler, Norbert: Bäuerliche Heldensagen und ihr Gegenteil: Zur Alltagsgeschichte der Wilderei im Salzburger Land im 18. Jahrhundert, in: Belinda Davis; Thomas Lindenberger; Michael Wildt (Hg.): Alltag, Erfahrung, Eigensinn: historisch-anthropologische Erkundungen, Frankfurt a. M. 2008, S. 150–168

Schlumbohm, Jürgen: Gesetze, die nicht durchgesetzt werden – ein Strukturmerkmal des frühneuzeitlichen Staates?, in: Geschichte und Gesellschaft 23 (1997), S. 647–663

Schmale, Wolfgang; »Den faulen Müßiggängern, soviel alß möglich steuern«. Zur Rechtskultur im frühneuzeitlichen Kursachsen, in: Institut für Europäische Ethnologie der Universität Wien: Begegnungen. Festschrift für Konrad Köstlin zur Emeritierung am 30. September 2008, Wien 2008, S. 288–301

Schmidt, Eberhard: Kammergericht und Rechtsstaat. Eine Erinnerungsschrift, Berlin 1968

Schmidt, Eberhard: Rechtssprüche und Machtsprüche der preußischen Könige des 18. Jahrhunderts, Leipzig 1943

Schmidt, Hilde-Lore: Die soziale Lage der Landbevölkerung im 18. Jahrhundert sowie Probleme ihrer Umgestaltung. Darstellung und vergleichende Untersuchung der Gegebenheiten in den östlichen preußischen Provinzen und in Mecklenburg, Berlin 1962

Schmidt, Oliver H.: Zur Sozialgeschichte des Unteroffiziers der altpreußischen Armee 1726–1806. Vorüberlegungen zu einer genealogisch-prosopographischen Analyse, in: Herold Jahrbuch, NF 3 (1998), S. 109–158

Schmidt, Sebastian (Hg.): Arme und ihre Lebensperspektiven in der Frühen Neuzeit, Frankfurt a. M. 2008

Schmidt, Sebastian: Kinderarmut, Fürsorgemaßnahmen und Lebenslaufperspektiven in den geistlichen Kurfürstentümern, in: ders. (Hg.): Arme und ihre Lebensperspektiven in der Frühen Neuzeit, Frankfurt a. M. 2008, S. 51–85

Schmoeckel, Matthias: Inquisitionsprozess, in: Enzyklopädie der Neuzeit. Band 5, Stuttgart/Weimar 2007, Sp. 1021–1033.

Schnabel-Schüle, Helga: Anprangern – Ehrverluste als Strafe, in: Rainer Schulze u. a. (Hg.): Strafzweck und Strafform zwischen religiöser und weltlicher Wertevermittlung (= Symbolische Kommunikation und gesellschaftliche Wertesysteme, 25), Münster 2008, S. 133–144

Schnabel-Schüle, Helga: Überwachen und Strafen im Territorialstaat. Bedingungen und Auswirkungen des Systems strafrechtlicher Sanktionen im frühneuzeitlichen Württemberg, Köln u. a. 1997

Schnackenburg, Eduard: Das Invaliden- und Versorgungswesen des brandenburgisch-preußischen Heeres bis zzum Jahre 1806, Berlin 1889

Schnettger, Matthias: Der Spanische Erbfolgekrieg 1701–1713/14, München 2014

Schnitter, Helmut: Desertion im 18. Jahrhundert. Zwei Dokumente zum Verhältnis von Volk und Armee im spätfeudalen preußischen Militarismus, in: Militärgeschichte 13 (1974), S. 54–60

Schnurrer, Ludwig: Zeugenverhörprotokolle als Quellen zur Kultur-, Landes-, Orts- und Familiengeschichte, in: Erlanger Bausteine zur fränkischen Heimatforschung 30 (1983), S. 57–74

Scholz, Sylka: Männlichkeitssoziologie. Studien aus den sozialen Feldern Arbeit, Politik und Militär im vereinten Deutschland, Münster 2012

Schort, Manfred: Politik und Propaganda. Der siebenjährige Krieg in den zeitgenössischen Flugschriften, Frankfurt a. M. 2006

Schott, Theodor: »Johann Friedrich Schwan«, in: Allgemeine Deutsche Biographie 33 (1891), S. 177–181

Schreiner, Julia: Jenseits vom Glück. Suizid, Melancholie und Hypochondrie in deutschsprachigen Texten des späten 18. Jahrhunderts, München 2003

Schreiner, Klaus; Schwerhoff, Gerd (Hg.): Verletzte Ehre. Ehrkonflikte in Gesellschaften des Mittelalters und der Frühen Neuzeit (= Norm und Struktur. Studien zum sozialen Wandel in Mittelalter und früher Neuzeit, 5), Köln u. a. 1995

Schreiner, Klaus; Schwerhoff, Gerd: Verletzte Ehre – Überlegungen zu einem Forschungskonzept, in: dies. (Hg.): Verletzte Ehre. Ehrkonflikte in Gesellschaften des Mittelalters und der Frühen Neuzeit (= Norm und Struktur. Studien zum sozialen Wandel in Mittelalter und früher Neuzeit, 5), Köln u. a. 1995, S. 1–28

Schroll, Heike (Hg.): Das Landesarchiv Berlin und seine Bestände, Teil I: Übersicht der Bestände aus der Zeit bis 1945, Berlin 2003

Schröter, Michael (Hg.): Der willkommene Verrat. Beiträge zur Denunziationsforschung, Weilerswist 2017

Schröter, Michael: Wandlungen des Denunziationsbegriffs, in: ders. (Hg.): Der willkommene Verrat. Beiträge zur Denunziationsforschung, Weilerswist 2017, S. 13–32

Schröter, Michael: Denunziation in den Hexenverfolgungen des 16./17. Jahrhunderts, in: ders. (Hg.): Der willkommene Verrat. Beiträge zur Denunziationsforschung, Weilerswist 2017, S. 81–114

Schrötter, Robert Freiherr von: Das preußische Offizierskorps unter dem ersten König von Preußen, in: Forschungen zur Brandenburgischen und Preußischen Geschichte 27 (1914), S. 97–167

Schultz, Wilhelm von: Die preußischen Werbungen unter Friedrich Wilhelm I. und Friedrich dem Großen bis zum Beginn des 7jährigen Krieges mit besonderer Berücksichtigung Mecklenburg-Schwerins, Schwerin 1887

Schulz, Leopold: Der Dienst als Militärgerichtsschreiber (im Generalauditoriat), Berlin 1900

Schulze, Reiner (Hg.): Symbolische Kommunikation vor Gericht in der Frühen Neuzeit (= Schriften zur Europäischen Rechts- und Verfassungsgeschichte, 51), Berlin 2006

Schulze, Reiner: Policey und Gesetzgebungslehre im 18. Jahrhundert, Berlin 1982
Schulze, Reiner: Symbolische Kommunikation vor Gericht während der frühen Neuzeit in historisch-vergleichender Perspektive, in: ders. (Hg.): Symbolische Kommunikation vor Gericht in der Frühen Neuzeit, Berlin 2006 (= Schriften zur Europäischen Rechts- und Verfassungsgeschichte, 51), S. 13–25
Schulze, Winfried: Die Frühe Neuzeit zwischen individueller Erfahrung und strukturgeschichtlichem Zugriff: Erfahrungen, Defizite, Konzepte, in: Helmut Neuhaus; Barbara Stollberg-Rillinger (Hg.): Menschen und Strukturen in der Geschichte Alteuropas. Festschrift für Johannes Kunisch zur Vollendung seines 65. Lebensjahres, dargebracht von Schülern, Freunden und Kollegen, Berlin 2002, S. 71–90
Schulze, Winfried: Zur Ergiebigkeit von Zeugenbefragungen und Verhören, in: ders. (Hg.): Ego-Dokumente. Annäherung an den Menschen in der Geschichte, Berlin 1996, S. 319–325
Schulze, Winfried: Bäuerlicher Widerstand und feudale Herrschaft in der frühen Neuzeit, Stuttgart 1980Schumann, Ilse: Forschungen zu brandenburgischen Scharfrichter- und Abdeckerfamilien. Eine Zwischenbilanz, in: Herold-Jahrbuch 1 (1996), S. 127–156
Schuster, Peter: Eine Stadt vor Gericht. Recht und Alltag im spätmittelalterlichen Konstanz, Paderborn 2000
Schütz, Alfred: Strukturen der Lebenswelt, 2. durchges. Aufl., Konstanz 2017.
Schwark, Thomas: Lübecks Stadtmilitär im 17. und 18. Jahrhundert. Untersuchungen zur Sozialgeschichte einer reichsstädtischen Berufsgruppe, Lübeck 1990
Schwenke, Stephan: Die gezähmte Bellona? Bürger und Soldaten in den hessischen Festungs- und Garnisonsstädten Marburg und Ziegenhain im 17. und 18. Jahrhundert, Marburg 2004
Schwerhoff, Gerd: Historische Kriminalitätsforschung (= Historische Einführungen, 9), Frankfurt a. M. 2011
Schwerhoff, Gerd: Straf-Akte(n). Zur visuellen Repräsentation der Kriminaljustiz in frühneuzeitlichen Gerichtsbüchern, in: Reiner Schulze (Hg.): Symbolische Kommunikation vor Gericht in der Frühen Neuzeit (= Schriften zur Europäischen Rechts- und Verfassungsgeschichte, 51), Berlin 2006, S. 317–334
Schwerhoff, Gerd: Social Control of Violence – Violence as Social Control: The Case of Early Modern Germany, in: Hermann Roodenburg; Pieter Spierenburg (Hg.): Social Control in Europe, Bd. 1: 1500–1800, Columbus u. a. 2004, S. 220–246
Schwerhoff, Gerd: Gerichtsakten und andere Quellen zur Kriminalitätsgeschichte, in: Michael Maurer (Hg.): Abriss der Historischen Wissenschaften, Bd. 4: Quellen, Stuttgart 2002, S. 267–301
Schwerhoff, Gerd: Justiz-Erfahrungen. Einige einleitende Gedanken, in: Paul Münch (Hg.): »Erfahrung« als Kategorie der Frühneuzeitgeschichte, München 2001, S. 341–348
Schwerhoff, Gerd: Kriminalitätsgeschichte im deutschen Sprachraum. Zum Profil eines »verspäteten« Forschungszweiges, in: Andreas Blauert; Gerd Schwerhoff (Hg.): Kriminalitätsgeschichte. Beiträge zur Sozial- und Kulturgeschichte der Vormoderne (= Konflikte und Kultur – Historische Perspektiven, 1), Konstanz 2000, S. 21–69
Schwerhoff, Gerd (Hg.): Kriminalitätsgeschichte. Beiträge zur Sozial- und Kulturgeschichte der Vormoderne (= Konflikte und Kultur – Historische Perspektiven, 1), Konstanz 2000
Schwerhoff, Gerd: Aktenkundig und gerichtsnotorisch. Einführung in die Historische Kriminalitätsforschung, Frankfurt a. M. 1999

Schwerhoff, Gerd: Devianz in der alteuropäischen Gesellschaft. Umrisse einer historischen Kriminalitätsforschung, in: Zeitschrift für Historische Forschung 4 (1992), S. 385–414

Schwerhoff, Gerd: Köln im Kreuzverhör. Kriminalität, Herrschaft und Gesellschaft in einer frühneuzeitlichen Stadt, Bonn u. a. 1991

Schwietring, Thomas: Was ist Gesellschaft? Einführung in soziologische Grundbegriffe, Bonn 2011

Schwind, Hans-Dieter: Kurze Geschichte der deutschen Kriegsgerichte, München 1966

Seidler, Michael: Qualification and Standing in Pufendorf's Two English Revolutions, in: Robert von Friedeburg (Hg.): Widerstandsrecht in der Frühen Neuzeit. Erträge und Perspektiven der Forschung im deutsch-britischen Vergleich, Berlin 2001, S. 329–351

Sider, Gerald: Anthropology, History and the Problem of Everyday Life: Issues from the Field and for Discussion, in: Belinda Davis; Thomas Lindenberger; Michael Wildt (Hg.): Alltag, Erfahrung, Eigensinn: historisch-anthropologische Erkundungen, Frankfurt a. M. 2008, S. 121–134

Sieferle, Rolf Peter (Hg.): Kulturen der Gewalt. Ritualisierung und Symbolisierung von Gewalt in der Geschichte, Frankfurt a. M. u. a. 1998

Signori, Gabriela (Hg.): Trauer, Verzweiflung und Anfechtung. Selbstmord und Selbstmordversuche in mittelalterlichen und frühneuzeitlichen Gesellschaften, Tübingen 1994

Sikora, Michael: Das 18. Jahrhundert: Die Zeit der Deserteure, in: Ulrich Bröckling; Michael Sikora (Hg.): Armeen und ihre Deserteure. Vernachlässigte Kapitel einer Militärgeschichte der Neuzeit, Göttingen 1998, S. 86–111

Sikora, Michael: Disziplin und Desertion. Strukturprobleme militärischer Organisation im 18. Jahrhundert, Berlin 1996

Skalweit, Stephan: Jariges, Philipp Joseph von, in: Neue Deutsche Biographie 10 (1974), S. 354–357

Speitkamp, Winfried: Gewaltgemeinschaften in der Geschichte. Entstehung, Kohäsionskraft und Zerfall, Göttingen 2017

»Spießrutenlaufen«, in: Meyers Konversations-Lexikon, 4. Aufl., Bd. 15, Leipzig/Wien 1885–1892, S. 145

Spode, Hasso: Die Macht der Trunkenheit. Kultur- und Sozialgeschichte des Alkohols in Deutschland, Opladen 1994

Steinitz, Wolfgang: Deutsche Volkslieder demokratischen Charakters aus sechs Jahrhunderten, Berlin 1972

Stockhorst, Stefanie (Hg.): Krieg und Frieden im 18. Jahrhundert. Kulturgeschichtliche Studien, Hannover 2015

Stockhorst, Stefanie: Einleitung. Krieg und Frieden im 18. Jahrhundert als Forschungsdesiderat einer Kulturgeschichte der Moderne, in: dies. (Hg.): Krieg und Frieden im 18. Jahrhundert. Kulturgeschichtliche Studien, Hannover 2015, S. 11–28

Stollberg-Rillinger, Barbara: Um das Leben würfeln. Losentscheid, Kriegsrecht und inszenierte Willkür in der Frühen Neuzeit, in: Historische Anthropologie 22 (2014), S. 182–209

Stollberg-Rillinger, Barbara: Rang vor Gericht. Zur Verrechtlichung sozialer Rangkonflikte in der frühen Neuzeit, in: Zeitschrift für Historische Forschung 28 (2001), S. 385–418

Stolleis, Michael: Was bedeutet »Normdurchsetzung« bei Policeyordnungen der Frühen Neuzeit?, in: Stefan Ruppert und Milos Vec (Hg.): Michael Stolleis – Ausgewählte Aufsätze und Beiträge, Bd. 1, Frankfurt a. M. 2011, S. 219–240

Stolz, Susanna: Die Handwerke des Körpers. Bader, Barbiere, Perückenmacher, Friseur – Folge und Ausdruck historischen Körperverständnisses, Marburg 1992

Straub, Jürgen (Hg.): Erzählung, Identität und historisches Bewußtsein. Die psychologische Konstruktion von Zeit und Geschichte (= Erinnerung, Geschichte, Identität, 1), Frankfurt a. M. 1998

Straub, Jürgen: Geschichten erzählen, Geschichte bilden. Grundzüge einer narrativen Psychologie historischer Sinnbildung, in: ders. (Hg.): Erzählung, Identität und historisches Bewußtsein. Die psychologische Konstruktion von Zeit und Geschichte (= Erinnerung, Geschichte, Identität, 1), Frankfurt a. M. 1998, S. 81–169

Straubel, Rolf: »Er möchte nur wißen, daß die Armée mir gehöret.« Friedrich II. und seine Offiziere. Ausgewählte Aspekte der königlichen Personalpolitik, Berlin 2012

Straubel, Rolf: Biographisches Handbuch der preußischen Verwaltungs- und Justizbeamten 1740–1806/15, 2 Bände, München 2009

Strobel, Wolf: Art. »Carl Friedrich Bahrdt«, in: NDB 1, Berlin 1953, S. 542f.

Tajfel, Henri: Gruppenkonflikt und Vorurteil. Entstehung und Funktion sozialer Stereotypen (mit einem Vorwort von Wolfgang Stroebe), Bern u. a. 1982

Tersch, Harald: Vielfalt der Formen. Selbstzeugnisse der Frühen Neuzeit als historische Quelle, in: Thomas Winkelbauer (Hg.): Vom Lebenslauf zur Biographie. Geschichte, Quellen und Probleme der historischen Biographik und Autobiographik, Krems an der Donau 2000, S. 69–98

Teske, Herrmann: Berlin und seine Soldaten. 200 Jahre Berliner Garnison, Berlin 1968

Tessin, Georg: Mecklenburgisches Militär in Türken- und Franzosenkriegen 1648–1718, Köln/Graz 1966

Thauer, Jenny: Gerichtspraxis in der ländlichen Gesellschaft. Eine mikrohistorische Untersuchung am Beispiel eines altmärkischen Patrimonialgerichts um 1700, Berlin 2001

Thompson, Edward P.: Plebejische Kultur und moralische Ökonomie. Aufsätze zur englischen Sozialgeschichte des 18. und 19. Jahrhunderts, Frankfurt a. M. 1980

Thompson, Edward P.: Die ›sittliche Ökonomie‹ der englischen Unterschichten im 18. Jahrhundert, in: Detlev Puls; Edward Palmer Thompson (Hg.): Wahrnehmungsformen und Protestverhalten. Studien zur Lage der Unterschichten im 18. und 19. Jahrhundert, Frankfurt a. M. 1979, S. 13–80

Thumfart, Alexander: Von Dieben und Räuberbanden. Wiedergänger in der politischen Theorie der Moderne, in: Andreas Gehrlach; Dorothee Kimmich (Hg.): Diebstahl! Zur Kulturgeschichte eines Gründungsmythos, Paderborn 2018, S. 67–82

Transfeldt, Walter: Wort und Brauch in Heer und Flotte (hrsg. von Hans-Peter Stein), Stuttgart 1986 (überarbeitete und erweiterte Aufl.)

Treichel, Fritz: Scharfrichter und Abdecker im deutschsprachigen Raum, in: Herold-Jahrbuch 1 (1996), S. 157–173

Tschopp, Silvia Serena; Weber, Wolfgang (Hg.): Grundfragen der Kulturgeschichte, Darmstadt 2007

Ulbrich, Claudia: Ständische Ungleichheit und Geschlechterforschung, in: Marian Füssel; Thomas Weller (Hg.): Soziale Ungleichheit und ständische Gesellschaft. Theorien und

Debatten in der Frühneuzeitforschung (= Zeitsprünge. Forschungen zur Frühen Neuzeit, 15.1), Frankfurt a. M. 2011, S. 85–104

Ulbricht, Otto: Einleitung. Für eine Geschichte der weiblichen Kriminalität in der Frühen Neuzeit oder Geschlechtergeschichte, historische Kriminalitätsforschung und weibliche Kriminalität, in: ders.: Von Huren und Rabenmüttern. Weibliche Kriminalität in der Frühen Neuzeit, Köln u. a. 1995, S. 1–39

Unbekannt: Lebensbilder: Fürst Leopold von Anhalt-Dessau. Der Alte Dessauer, in: Der Soldaten-Freund 53 (1885) Heft 6, S. 16–26, 277–291, 552–570

Unrecht und Recht. Kriminalität und Gesellschaft im Wandel von 1500–2000: gemeinsame Landesausstellung der rheinland-pfälzischen und saarländischen Archive (hrsg. von der Landesarchivverwaltung Rheinland-Pfalz), Koblenz 2002

Unterthurner, Gerhard: »Die Welt ist eine große Anstalt«. Exklusionen in Foucaultschen Geschichten des Strafens, in: Marc Rölli, Roberto Nigro (Hg.): Vierzig Jahre »Überwachen und Strafen«. Zur Aktualität der Foucault'schen Machtanalyse, Bielefeld 2017, S. 63–94

Van Dülmen, Richard: Kultur und Alltag in der Frühen Neuzeit, Bd. 2: Dorf und Stadt 16.–18. Jahrhundert, München 1992

Van Dülmen, Richard: Theater des Schreckens. Gerichtspraxis und Strafrituale in der Frühen Neuzeit, München 1988

Van Voss, Lex Heerma (Hg.): Petitions in Social History, Cambridge 2001

Vester, Heinz-Günther: Kompendium der Soziologie I: Grundbegriffe, Wiesbaden 2009

Vierhaus, Rudolf: Die Rekonstruktion historischer Lebenswelten. Probleme moderner Kulturgeschichtsschreibung, in: Hartmut Lehmann (Hg.): Wege zu einer neuen Kulturgeschichte, Göttingen 1995, S. 7–28

Vogel, Christian: Das Heeresrecht – ein Vorbild ständischen Rechts, in: Zeitschrift für Wehrrecht II (1937), Nr. 1.2, S. 17–28

Wallmann, Johannes: Theologiestudent, Kürassier, Waisenhauspräzeptor, Feldprediger und Zivilpfarrer. Der seltsame Lebenslauf des Johann Hermann Blume, in: Pietismus und Neuzeit – Ein Jahrbuch zur Geschichte des Neueren Protestantismus, Bd. 39, Göttingen 2014, S. 277–297

Walz, Rainer: Agonale Kommunikation im Dorf der Frühen Neuzeit, in: Westfälische Forschungen 42 (1992), S. 215–251

Weber, Ottocar: Die Quadrupel-Allianz vom Jahre 1718: ein Beitrag zur Geschichte der Diplomatie im 18. Jahrhundert, Wien 1887

Wehler, Hans-Ulrich: Deutsche Gesellschaftsgeschichte, Bd. 1: Vom Feudalismus des Alten Reiches bis zur defensiven Modernisierung, durchges. Auflage, München 2008

Wehler, Hans-Ulrich: Die Herausforderung der Kulturgeschichte, München 1998

Weitin, Thomas: Literaturen des Kriminellen, in: Rebekka Habermas; Gerd Schwerhoff (Hg.): Verbrechen im Blick. Perspektiven der neuzeitlichen Kriminalitätsgeschichte, Frankfurt a. M. u. a. 2009, S. 367–382

Weller, Thomas: Soziale Ungleichheit und ständische Gesellschaft. Stand und Perspektiven der Forschung, in: Marian Füssel; Thomas Weller (Hg.): Soziale Ungleichheit und ständische Gesellschaft. Theorien und Debatten in der Frühneuzeitforschung (= Zeitsprünge. Forschungen zur Frühen Neuzeit, 15.1), Frankfurt a. M. 2011, S. 3–23

Welskopp, Thomas: Der Mensch und die Verhältnisse. »Handeln« und »Struktur« bei Max Weber und Anthony Giddens, in: Thomas Mergel; Thomas Welskopp (Hg.): Geschichte zwischen Kultur und Gesellschaft. Beiträge zur Theoriedebatte, München 1997, S. 39–70

Wette, Wolfram (Hg.): Der Krieg des kleinen Mannes. Eine Militärgeschichte von unten, München 1992

Wettmann-Jungblut, Peter: Modern times, modern crimes? Kriminalität und Strafpraxis im badischen Raum 1700–1850, in: Rebekka Habermas; Gerd Schwerhoff (Hg.): Verbrechen im Blick. Perspektiven der neuzeitlichen Kriminalitätsgeschichte, Frankfurt a. M. u. a. 2009, S. 148–181

Wettmann-Jungblut, Peter: Von Robin Hood zu Jack the Ripper. Kriminalität und Strafrecht in England vom 14. bis 19. Jahrhundert, in: Gerd Schwerhoff; Andreas Blauert (Hg.): Kriminalitätsgeschichte. Beiträge zur Sozial- und Kulturgeschichte der Vormoderne (= Konflikte und Kultur – Historische Perspektiven, 1), Konstanz 2000, S. 69–89

Widmann, Martin: Bader und Wundarzt: Medizinisches Handwerk in vergangenen Tagen, Zürich 1998

Wienfort, Monika: Patrimonialgerichte in Preußen. Ländliche Gesellschaft und bürgerliches Recht 1770–1848/49, Göttingen 2001

Wiggerich, Sandro: Der Körper als Uniform. Die Normierung der soldatischen Haartracht in Preußen und in der Bundesrepublik, in: Sandro Wiggerich; Steven Kensy (Hg.): Staat Macht Uniform. Uniformen als Zeichen staatlicher Macht im Wandel?, Stuttgart 2011, S. 161–183

Wiggerich, Sandro: Militärgerichtsbarkeit und Jurisdiktionskonflikte 1648–1806, in: Militär und Gesellschaft in der Frühen Neuzeit 14 (2010), S. 384–390

Wilbertz, Gisela: Scharfrichter, Medizin und Strafvollzug in der Frühen Neuzeit, in: Zeitschrift für Historische Forschung 26, 4 (1999), S. 515–555

Wiltenburg, Joy: Formen des Sensationalismus in frühneuzeitlichen Kriminalberichten, in: Rebekka Habermas; Gerd Schwerhoff (Hg.): Verbrechen im Blick. Perspektiven der neuzeitlichen Kriminalitätsgeschichte, Frankfurt a. M. u. a. 2009, S. 323–338

Winkel, Carmen: Im Netz des Königs. Netzwerke und Patronage in der preußischen Armee 1713–1786 (= Krieg in der Geschichte, 79), Paderborn 2013

Winkel, Carmen: Adliger Stand und militärischer Rang. Konfliktmuster hochadliger Offiziere in der brandenburgisch-preußischen Armee (1713–1786), in: Militärgeschichtliche Zeitschrift 72 (2013), 2, S. 172–199

Winkel, Carmen; Pröve, Ralf (Hg.): Übergänge schaffen. Ritual und Performanz in der frühneuzeitlichen Militärgesellschaft (= Herrschaft und soziale Systeme in der Frühen Neuzeit, 16), Göttingen 2012

Winkelbauer, Thomas (Hg.): Vom Lebenslauf zur Biographie. Geschichte, Quellen und Probleme der historischen Biographik und Autobiographik, Krems an der Donau 2000

Winter, Martin: Untertanengeist durch Militärpflicht? Das preußische Kantonsystem in brandenburgischen Städten im 18. Jahrhundert, Bielefeld 2005

Winter, Martin: Desertionsprozesse in der preußischen Armee nach dem Siebenjährigen Krieg, in: Jutta Nowosadtko; Diethelm Klippel; Kai Lohsträter (Hg.): Militär und Recht vom 16. bis 19. Jahrhundert. Gelehrter Diskurs – Praxis – Transformationen (= Herrschaft und soziale Systeme in der Frühen Neuzeit, 19), Göttingen 2016, S. 187–208

Wittenauer, Volker: Im Dienste der Macht. Kultur und Sprache am Hof der Hohenzollern – vom Großen Kurfürst bis zu Wilhelm II., Paderborn u. a. 2007

Wittmütz, Volkmar: Die Gravamina der bayerischen Stände im 16. und 17. Jahrhundert als Quelle für die wirtschaftliche Situation und Entwicklung Bayerns, München 1970

Witzleben, Alexander von: Aus alten Parolebüchern der Berliner Garnison zur Zeit Friedrichs des Großen, Berlin 1851

Woche, Klaus-Rainer: Vom Wecken bis zum Zapfenstreich. Vier Jahrhunderte Garnison Berlin, Berg am Starnberger See 1986

Wohlfeil, Rainer: Überlegungen zum Begriff »Militärgeschichte«, in: Stefan Kroll; Kersten Krüger (Hg.): Militär und ländliche Gesellschaft in der frühen Neuzeit (= Herrschaft und soziale Systeme in der Frühen Neuzeit, 1), Münster u. a. 2000, S. 15–22

Wollschläger, Thomas: Die Military Revolution und der deutsche Territorialstaat. Determinanten der Staatskonsolidierung im europäischen Kontext 1670–1740, Norderstedt 2002

Würgler, Andreas: Bitten und Begehren. Suppliken und Gravamina in der deutschsprachigen Frühneuzeitforschung, in: Cecilia Nubola; Andreas Würgler (Hg.): Bittschriften und Gravamina. Politik, Verwaltung und Justiz in Europa (14.–18. Jahrhundert), Berlin 2005, S. 17–52

Würgler, Andreas: Voices from among the »Silent masses«. Humble Petitions and Social Conflicts in Early Modern Central Europe, in: Lex Heerma van Voss: Petitions in Social History, Cambridge 2001, S. 11–34

Xylander, Joseph von; Kretschmer, L. (Hg.): Militärische Mitteilungen 4, München 1830

8 Anhang

8.1 Abkürzungsverzeichnis

Abt.	Abteilung
Aud. Instr.	Auditeur-Instruktion
Anm.	Anmerkung
Ao.	Anno
Artic./Art.	Articul/Artikel
Bd./Bde.	Band/Bände
bes.	besonders
betr.	betreffend
Bl.	Blatt
bzw.	beziehungsweise
Cap./Capit.	Capitain/Kapitän
CCM	Corpus Constitutionum Marchicorum
CCMagd.	Corpus Constitutionum Magdeburgensis
CIMN	Corpus Iuris Militaris Novissimum
CJM	Corpus Juris Militaris
Compag.	Compagnie/Kompanie
Cont.	Continuatio
Cta.	Contra
d. Verf.	der Verfasserin
dergl.	dergleichen
Durchl.	Durchlaucht
Ebd.	Ebenda
enth.	enthält
etc.	etcetera
etl.	etliche
Ew./Ewr.	Ewer/Euer
f.	folgende (Seiten)
Fasc./ Fasz.	Fascinotum/Faszinotum
Fol.	Folio
GA	Generalauditeur
Gefr.	Gefreiter

GKG	Generalkriegsgericht
gl.	Gulden (Währung)
GQM	Generalquartiermeister
GStA PK	Geheimes Staatsarchiv Preußischer Kulturbesitz
HA	Hauptabteilung
Hg.	Herzog
Hn.	Herrn
Hochfürstl.	Hochfürstl.
HRG	Handbuch der Rechtsgeschichte
IR	Infanterieregiment
KG	Kriegsgericht
KGO	Kriegsgerichtsordnung
Königl.	Königlich
May.	Mayestät
MGI	Militärgerichtliche Instruktion
o.O.	Ohne Ort
Obr.	Obrist
p.	page
PK	Preußischer Kulturbesitz
r.	Reichstaler
Rth./Rthlr.rthlr./rthr.	Reichstaler
Se.	Seine
Th./Tl.	Theil/Teil
unpag.	unpaginiert
Uoff.	Unteroffizier

8.2 Abbildungsverzeichnis

8.3 Tabellenverzeichnis

Schriften des Frühneuzeitzentrums Potsdam

Herausgegeben von
Iwan-Michelangelo D'Aprile, Cornelia Klettke, Andreas Köstler, Ralf Pröve, Stefanie Stockhorst und Dirk Wiemann

Im Fokus dieser Schriftenreihe steht die weit gefasste und kulturwissenschaftlich ausgerichtete Frühneuzeitforschung. Grundlage ist dabei ein umfassender Begriff von Kultur, der diese als den Kern aller menschlichen Lebensformen – einschließlich der geisteswissenschaftlichen und naturwissenschaftlichen Entwicklungen – versteht, d.h. als eine Praxis, in der sich die Selbstreflexion von Gesellschaften vollzieht. Von besonderem Interesse ist die interdisziplinäre Zusammenarbeit, die durch eine Bündelung unterschiedlicher Perspektiven etwa aus der Anglistik/Amerikanistik, der Allgemeinen und Vergleichenden Literaturwissenschaft, Germanistik, Geschichte, den Jüdischen Studien, der Kunstgeschichte, Philosophie, den Religionswissenschaften und der Romanistik erreicht werden soll. Ziel ist es, Potenziale dieser Disziplinen auszuschöpfen und Synergieeffekte zu schaffen, um ein wirkliches Ineinandergreifen der Fächer zu erreichen. Die Reihe ist am Frühneuzeitzentrum Potsdam verortet. Erscheinen werden sowohl die Ergebnisse der hier verantworteten Workshops und Tagungen als auch Monographien.

Weitere Bände dieser Reihe:

Band 9: Søren Peter Hansen / Stefanie Stockhorst (Hg.), Deutsch-dänische Kulturbeziehungen im 18. Jahrhundert. German-Danish Cultural Relations in the 18th Century, 2019, 196 Seiten, ISBN 978-3-8471-0920-4.

Band 8: Sebastian Ernst, Ärgerliche Räume und Räume der Ergötzlichkeit. Emotionale Topografien in der Frühen Neuzeit, 2018, 457 Seiten, ISBN 978-3-8471-0860-3.

Band 7: Alix Winter, Protektionismus und Freihandel. Europäische Pressedebatten um globale Märkte zur Zeit Napoleons, 2018, 330 Seiten, ISBN 978-3-8471-0769-9.

Band 6: Anja Bittner, Eine königliche Mission. Der französisch-jakobitische Invasionsversuch von 1708 im europäischen Kontext, 2017, 277 Seiten, ISBN 978-3-8471-0737-8.

Band 5: Hannah Lotte Lund / Ulrike Schneider / Ulrike Wels (Hg.), Die Kommunikations-, Wissens- und Handlungsräume der Henriette Herz (1764–1847), 2017, 308 Seiten, ISBN 978-3-8471-0624-1.

Band 4: Dirk Niefanger / Werner Wilhelm Schnabel (Hg.), Positionierungen. Pragmatische Perspektiven auf Literatur und Musik der Frühneuzeit, 2017, 391 Seiten, ISBN 978-3-8471-0623-4.

Band 3: Mathias Palm, Dialogische Ordnung. Machtdiskurs und Körperbilder in der höfischen Trauerdichtung Johann von Bessers (1654–1729), 2014, 204 Seiten, ISBN 978-3-8471-0221-2.

Band 2: Stefanie Stockhorst (Hg.), Friedrich Nicolai im Kontext der kritischen Kultur der Aufklärung, 2013, 368 Seiten, ISBN 978-3-89971-909-3.

Band 1: Cornelia Klettke / Ralf Pröve (Hg.), Brennpunkte kultureller Begegnungen auf dem Weg zu einem modernen Europa. Identitäten und Alteritäten eines Kontinents, 2011, 277 Seiten, ISBN 978-3-89971-877-5.